Logística

e gerenciamento da

CADEIA DE ABASTECIMENTO

PAULO ROBERTO BERTAGLIA

Logística

e gerenciamento da CADEIA DE ABASTECIMENTO

4ª edição
revista e atualizada

saraiva uni

saraiva EDUCAÇÃO | saraiva uni

Av. Paulista, 901, 4º andar
Bela Vista – São Paulo – SP – CEP: 01311-100

SAC | Dúvidas referentes a conteúdo editorial, material de apoio e reclamações:
sac.sets@saraivaeducacao.com.br

Direção executiva Flávia Alves Bravin
Direção editorial Renata Pascual Müller
Gerência editorial Rita de Cássia S. Puoço
Coordenação editorial Fernando Alves
Edição Ana Laura Valerio
Neto Bach
Thiago Fraga
Produção editorial Daniela Nogueira Secondo
Projetos e serviços editoriais Breno Lopes de Souza
Josiane de Araujo Rodrigues
Kelli Priscila Pinto
Laura Paraíso Buldrini Filogônio
Marília Cordeiro
Mônica Gonçalves Dias

Preparação Queni Winters
Revisão Vero Verbo Serviços Editoriais
Diagramação Join Bureau
Capa Tiago Dela Rosa
Impressão e acabamento Gráfica Paym

ERP 351.664.004.001

DADOS INTERNACIONAIS DE CATALOGAÇÃO NA PUBLICAÇÃO (CIP)
ANGÉLICA ILACQUA CRB-8/7057

Bertaglia, Paulo Roberto
Logística e gerenciamento da cadeia de abastecimento / Paulo Roberto Bertaglia – 4. ed. – São Paulo : Saraiva Educação, 2020.
544 p.

Bibliografia
ISBN 978-85-7144-095-1

1. Logística empresarial 2. Cadeia de suprimentos 3. Entrega de mercadorias I. Título.

20-1283 CDD 658.78
CDU 658.78

Índice para catálogo sistemático:
1. Logística empresarial

4ª edição
4ª tiragem: 2023

COD. OBRA 7277 CL 651854 CAE 725687

"Ao criar, a pessoa encontra seu eu, seu mundo, seu Deus."
Erich Fromm

Dedicatória

Este livro é dedicado à minha amada e paciente esposa, Maria do Carmo, aos meus filhos Marcus Vinícius e Bárbara e aos meus pais Izaltino e Nair (*in memoriam*), pela dedicação e pelo carinho com que eles me criaram. Sem esquecer nossa netinha, Mel, cujo nome remete à doçura e à ternura. Ao citá-la, estendo meu carinho a todas as crianças, símbolos de pureza e simplicidade.

Dedico a obra, ainda, à minha Itatiba e a todos os talentos, de qualquer parte do mundo, em sua plena juventude ou no auge da experiência. Pessoas que sonham, que têm ideais, que transformam, que agem e lutam incansavelmente por seus objetivos – para viver, para sobreviver.

Agradecimentos

Causou-me muita alegria quando comecei a compilar minha lista de agradecimentos, incluindo aquelas pessoas que, de alguma forma, me incentivaram para que este livro viesse a se tornar realidade. O número é alto e me coloca em uma posição privilegiada por fazer e manter amigos.

Escrever um livro exige tempo, paciência e muita pesquisa. Sem motivação e incentivo é inconcebível sua realização. Os amigos são essenciais para manter a chama sempre acesa, principalmente quando o período é muito longo. Foram quase cinco anos. E hoje, após dezessete anos, estamos partindo para a quarta edição. Para se orgulhar, não? Os amigos e as amigas listados aqui não necessariamente se encontram nas empresas referenciadas, afinal, o tempo é dinâmico.

Dentro da Unilever no Brasil, recebi de muitos amigos incentivos importantes, como os de Roberto Vilarinho, Sergio Sassi, Renato Cantarelli, Rogério Fava, André Rheimboldt, Flávio Pasini, Sergio Ferreira, Carlos Ronaldo de Castro, Wagner Lima, Wânia Marques, Décio Vianna, Jane Tavares, Pablo Marzoratti, Milton Lopes, Fernando Rocha, Denise Paschoal, Antonio Luis Braga e Bento Lira.

Contudo, são dignos de destaque outros apoios igualmente importantes provenientes da Unilever Argentina – Sergio Schapira, Gonzalo Huertas (*in memoriam*) e Mário Pizarro; e da Unilever Andina, por meio de Norberto Rossi, Norberto Coelho, Luz Marina Paes, Liana Stoppa, Maria Isabel Fernandez e Jan Figueira. Também Vinícius Prianti. Agradeço, ainda, a Carolina Ramirez, da Unilever Chile, e Patrick Horn, também do Chile.

Gostaria de expressar minha gratidão aos amigos da Hewlett-Packard: Carlos Ribeiro, Luiz Cesar Verdi, Juarez Zortea, Vera Vasconcellos, Guilherme Bujes, Walter Favaretto, Paulo Novaes, Maurício Ghigonetto, Alexandre Lima, Lucien

Repellin, Manoel Laranja, Ricardo Medina, Carlos Salgado (*in memoriam*), Cláudio Gentil e Antônio Bogado, que de alguma maneira contribuíram com o livro. Também agradeço a Mang-Teck Tan, da HP de Cingapura, cujo incentivo foi muito valioso.

Não poderia deixar de agradecer a Ricardo Neves, Paulo de Tarso Ziccardi e Sergio Lozinsky, da PwC; a Carlos Bremer e Alberto Franco, então da Deloitte Consulting; e a Marcos Isaac, então da Ernst & Young.

Também aos meus amigos norte-americanos ou ali radicados que me apoiaram nessa empreitada no período em que lá estive: Pamela Lopker, Conrad Schmidt (*in memoriam*), David Myers, Dan Reder; Roy Brown e Dennis Sookikian, da QAD; David Taylor, da Enterprise Engines (EUA); Vincent Keller, da Firmenich; e Michel Legein.

Aos amigos Massuo Uemura e Ricardo Godoy, da Gedas; Hélio Silva, da General Motors; Gerson Silvestre Vidal, da Nivea; Adrian de Wilde, da Avon; Mauro Pozzan e Carlos Abdalla, então da Bosch; Gilberto Dantas, do Carrefour; Fred José Fernandes, da Danone; Flávio Almeida, da Colgate-Palmolive; Marcos Resca, da Avon; Ana Maria D'Arco, dos Supermercados Sé; Rolim de Camargo Jr., da Usiminas; Wagner Montagner, da Volkswagen; Manoel de Andrade e Silva Reis, professor de Logística da FGV; Adalberto Panzan Jr., da Logistar; e Luiz Albertin, da Ryuma.

Prestaram-me muito apoio nos aspectos voltados à Tecnologia da Informação: Laércio Cosentino e Marcos Bregantim, da Microsiga, depois Totvs; José Ayres Monteiro, Antônio Rossi, Marcelo Italiano, Flávio Mentone e Robson Bombonatti, da WA Informática; Paulo Sergio Rodrigues; Luiz Soldatelli; José Manuel de Almeida, da Prodacon; Mathias Mangels, Aerton Paiva, Eliseu Correia, então da Symnetics; e Meva Su Duran, da SAP.

Outras pessoas com as quais tive o prazer de trabalhar em algumas fases do livro e que enriqueceram sobremaneira seu conteúdo: Luiz Antônio de Lucca, da Volkswagen Caminhões; José Hélio Contador, Maurício de Oliveira e Celso Silva, da Visteon; Luiza Helena Trajano, do Magazine Luiza; Marcos Correa do Prado e Cezar Kimura, da Cargill; Antônio Grandini, da Nivea; Alber Penteado e o Departamento de Assuntos Corporativos da Nestlé; e José Roberto Fornazza e André Negro, da Bic; Márcio Abreu; Alfredo Ferraz, então da I2; Osvaldo Cézar Bacciotti, da Continental Teves; e Luiz Fernando Novaes.

Agradeço ainda aos estudantes e aos professores da Universidade São Francisco, de Itatiba, entre eles, Benedito Décio Camargo.

Aos amigos do Canal Logística, Roberto de Lazari e Daniel Perassolli, pois foi por intermédio deles que cheguei até a Editora Saraiva.

Agradeço também aos amigos da Saraiva: Henrique Farinha, Flávia Alves e Angela de Marco, que ajudaram a transformar o sonho em realidade.

Ao "velho" amigo Aldo de Lucca, que, a cada encontro, telefonema ou correio eletrônico, queria saber como estava o livro.

Meus agradecimentos póstumos a Sérgio Guiraldello, companheiro de Unilever, e ao meu amigo venezuelano Eduardo Febrero, que não puderam ver esta obra terminada. Muitas outras pessoas foram extremamente importantes no suporte para transformar em realidade a minha empreitada. Algumas delas: Acácio Feliciano Neto (*in memoriam*), Paulo Arasaki, Luiz Bairão, Wagner Bianchini, André Borges, Eduardo Sallum, Elaine Mainardi, Lucimara Desidera, Marisa Dias, Carlos Missao, Gustavo Basso, José Predebon, Marcos Mattiuzzo, Flávio Noronha e Alonso Soler.

Outros colegas, mesmo não participando diretamente na execução do conteúdo, colaboram intensamente na divulgação da obra. Meus agradecimentos a Renato Binoto, Octaviano Silveira, Fernando Trigueiro, Marcilio Cunha, professor Marcos Maia, professor Francesco Bordignon, professor Orlando Fontes, professor Osvaldo Contador Jr. (Buga), professor Palmerio Gusmão, professor Alexandre Sanchez, professor Cícero Silva e professor Robson Santos.

Muitas são as pessoas com as quais podemos contar em iniciativas de tal porte. Muitos nomes não foram aqui mencionados. Mas a todos sou extremamente grato e radiante estou por atingir este momento, que para mim simboliza o supremo ato de compartilhar o conhecimento. Obrigado a todos!

Sobre o autor

Paulo Roberto Bertaglia

É fundador e diretor executivo da Berthas (www.berthas.com.br), empresa que oferece serviços de consultoria, educação e mentoria para executivos. Trabalhou em importantes empresas globais como: IBM, Unilever, Hewlett-Packard e Oracle. No decorrer da carreira executiva, especializou-se nas áreas de *Supply Chain Management*, Gestão Estratégica de Negócios, Liderança, Vendas e Terceirização de Serviços. Atua como escritor, professor de MBA e de pós-graduação em *Supply Chain*/Logística, Gestão Estratégica de Negócios, Vendas Estratégicas e Tecnologia da Informação, e é articulista de importantes mídias de comunicação. Além disso, realiza mentorias empresariais para executivos que buscam uma visão ampliada de liderança baseada em valores.

Com o intuito de disseminar o conhecimento, ministra palestras envolvendo temas estratégicos e atuais, incluindo Indústria 4.0, transformação digital, *supply chain*/logística, estratégia e liderança empresarial para organizações empresariais e instituições educacionais. Dedica parte de seu tempo para mentorias e aconselhamentos voluntários a profissionais e estudantes.

Bertaglia acredita que a educação transforma as pessoas e as tira da ignorância. Com base nisso, trabalha com iniciativas voluntárias voltadas para o mundo dos negócios, tocando temas como liderança, *supply chain*/logística, planejamento estratégico e desenvolvimento pessoal.

Saiba mais sobre o autor em: https://www.linkedin.com/in/paulobertaglia.

Prefácio

Parafraseando Khalil Gibran, livros são flechas que, quando lançadas, viram pássaros e disseminam ideias pelo mundo.

Para atirar flechas, você precisa escolher um bom alvo, utilizar um arco adequado e ser um habilidoso arqueiro. Este livro é resultado da união de três aspectos.

Comecemos pelo alvo.

Logística, transportes e cadeias de suprimentos acompanham a humanidade desde suas origens. Tratam do movimento de coisas e pessoas. Não é à toa que a roda é considerada uma das mais importantes invenções do homem.

Desde os primórdios até hoje, a importância de uma boa gestão da cadeia de suprimentos só cresceu. Vivemos em uma sociedade de fluxos e movimentos cada vez maiores. Como diria Zygmunt Bauman, estamos na realidade liquida. Essa realidade está repleta de novos desafios logísticos: prazos de entrega, antes estabelecidos em dias, agora são em horas, o físico está migrando para o digital, os robôs e a inteligência artificial aumentando a eficiência dos processos, as coisas sendo agentes nos processos, graças a internet das coisas e o *blockchain*, os canais de distribuição se integrando nos *marketplaces* e nas estratégias *omnichanel*, os volumes de dados são cada vez maiores. Tudo isso demanda novas soluções para a gestão da cadeia de suprimentos.

A tarefa agora é dominar as novas competências para produzir soluções assertivas, simples, de alta performance, sustentáveis e inteligentes. E fazer tudo isso sem esquecer de equilibrar as tecnologias que chegam de forma disruptiva com nossas características humanas.

Aqui você vai encontrar bastante material para lhe ajudar a enfrentar essas novas situações. O arco oferecido é muito bom e bem atual.

Três pontos fortes deste livro merecem destaque. O primeiro deles é que os assuntos são abordados de forma equilibrada, considerando igualmente aspectos tecnológicos e humanos das cadeias de suprimentos. Da mesma forma que discute o uso das tecnologias emergentes, trata de estratégias e ações voltadas para o lado humano das soluções.

Outro aspecto a destacar é que este livro é brasileiro e foi construído considerando as particularidades de nossa realidade. Não é mera transcrição de práticas internacionais.

Isso tem muito a ver com a trajetória do autor, que nas últimas décadas ocupou importantes posições em empresas que lhe permitiram entender como, de fato, a logística e a gestão da cadeia de suprimentos acontece no Brasil. E esse também é o motivo do terceiro ponto forte que destaco. O livro equilibra bem teoria e prática e apresenta técnicas e casos que podem ser aplicados pelo leitor no seu dia a dia para obter resultados efetivos.

Os conceitos, as técnicas e os casos são apresentados de forma simples e clara sem superficialidade, oferecendo um conteúdo prático e aplicável para o profissional e para o estudante de Logística.

O conteúdo permite que o profissional iniciante aprenda de forma consistente e completa os principais elementos da gestão da cadeia de suprimentos. Ao profissional maduro, permite que conheça as recentes técnicas e tecnologias que estão transformando a gestão das cadeias de suprimentos.

O mesmo acontece no seu uso acadêmico, disponibilizando bom conteúdo, casos práticos e questões para revisão. Constitui-se num rico material para cursos das áreas de Tecnologia, Engenharia e Administração, tanto de graduação quanto de pós-graduação, MBA e especialização.

Finalmente, vamos falar do arqueiro.

Paulo Bertaglia é uma das pessoas que ajudaram a construir a logística e o *supply chain* no Brasil. Já atuava no mercado na época em que esse termo ainda não era usual por aqui e contribuiu bastante para sua difusão escrevendo artigos, dando palestras e publicando edições anteriores deste livro.

Quero aqui destacar sua capacidade de perceber tendências e se ajustar a elas. Um exemplo disso é que seu lema hoje é "com educação vem a transformação" de valorização das pessoas em relação à tecnologia.

Aproveite a leitura!

Orlando Fontes Lima Jr.
Professor titular em Logística e Transportes da Faculdade de Engenharia Civil, Arquitetura e Urbanismo da Universidade de Campinas (Unicamp). Foi professor da Escola Politécnica da Universidade de São Paulo (USP), prefeito da Cidade Universitária Zeferino Vaz, vice-reitor executivo de Administração da Unicamp e presidente da Associação Nacional de Pesquisa e Ensino de Transportes (Anpet). Criador e coordenador do Laboratório de Aprendizagem em Logística e Transportes (LALT). Atualmente, desenvolve projetos e pesquisas relacionados a Tecnologias Disruptivas na Logística.

Apresentação

Olhar para frente é conseguir mirar o futuro como porto seguro, buscando construir um caminho baseado no que está por vir, nas tendências, criando modelos, teorias e contextos que estejam fundamentados no que passou, sempre com inteligência e sabedoria.

Dirigimos um carro olhando mais para o para-brisa ou para o retrovisor? Por que insistimos em um momento no qual o VUCA (volátil, incerto, complexo e ambíguo) virou MUVUCA (acrescente propósito, *meaningfull*, em inglês, e universalidade ao já complicado contexto anterior) ao fazer o planejamento de nossos negócios olhando para trás, dirigindo nossos carros na certeza de que bateremos na primeira parede à nossa frente?

Passamos muitos anos achando que vivíamos o difícil, o complicado, que de forma nenhuma ficaria pior, que enfrentávamos a crise e que depois da tempestade viria a calmaria, a bonança, basta ver todas as crises que enfrentamos no Brasil, nas últimas três décadas, rezando para passarem logo e esperando pela próxima.

Essa nostalgia deveria nos dar saudade, comparada ao que vem pela frente! Isso quando olhamos para frente! Deixamos um período em que tudo era, por mais que disséssemos e quiséssemos acreditar que não, estável, previsível, linear e sólido. Nossa realidade passou a ser instável, imprevisível, exponencial e liquida, fluída, e neste caso não precisamos olhar para frente. Já é o mundo em que navegamos agora. Está acontecendo!

Estamos no meio da Quarta Revolução Industrial, ainda em nossa infância nos negócios 4.0. Se comparados ao segmento de varejo, no qual a transformação digital tem avançado a passos largos no que concerne aos parâmetros transacionais de procura, mobilidade e mídias sociais, outros setores da economia, como os de bens de consumo, saúde, educação, estão ainda em estágios iniciais ou básicos.

O primeiro *smartphone*, o iPhone, foi lançado em 2007 e revolucionou a forma como nos conectamos. Uma década depois, cerca de metade da população mundial está conectada, e a outra metade deve conectar-se até 2025. Em 2019, a cada 60 segundos, tínhamos 41,6 milhões de mensagens de WhatsApp ou Telegram enviadas, 4,5 milhões de vídeos vistos no YouTube, 1 milhão de pessoas fazendo *login* no Facebook e 188 milhões de *e-mails* enviados, entre outros números espantosos. Veja bem, estou falando que tudo isso acontece em um minuto!

E podemos dizer que estamos no meio do caminho, momento da mudança de era, da transição entre o analógico e o digital. Com tecnologias digitais avançando cada vez mais depressa e com baixo custo, com o 5G batendo à nossa porta, já se fala em 6G, com a Quinta Revolução Industrial marcada para acontecer até 2030, ou seja, literalmente, daqui para a frente, não teríamos melhor termo para qualificar o que vai acontecer do que uma real e verdadeira MUVUCA.

Por essas razões, sinto nostalgia quando me lembro das "tranquilas" décadas de 1980 e 1990, já que, atualmente, aprendemos a lidar não mais com crises, como fazíamos 20, 30 anos atrás, mas sim com a "crise da vez".

Faço esta breve introdução pois quero pontuar que a cadeia de suprimentos, operações e todas as suas áreas, como planejamento, compras, qualidade, produção, logística, atendimento aos clientes, entre outras, ainda são responsáveis por praticamente 70% das despesas das empresas. Em alguns segmentos, chega a 100% como as *commodities*. As organizações precisam garantir a eficiência do *sourcing* e o nível de serviço das entregas, o atendimento à demanda, a disponibilidade e a receita no mesmo demonstrativo de resultados, ou seja, como garantir o equilíbrio financeiro, em um mundo onde cada vez mais o consumidor passa a ser não mais o centro, sem intermediários, mas diretamente o usuário final do seu produto ou serviço, o dono do seu negócio, pois ele tem não só o poder financeiro, mas sua reputação nas mãos. Com o poder das mídias sociais, da sua rede de relacionamento, ele pode levar sua empresa ao Olimpo, ou derrubá-la e tirá-la totalmente do mercado, em horas. E isso, volto a ressaltar, com 50% do mundo conectado!

É neste mundo em que vivemos e com esses desafios que estão por vir, que Bertaglia, corajosamente nos oferece a 4ª edição do seu livro *Logística e gerenciamento da cadeia de abastecimento*, que você terá a chance de começar a ler e, antes de mais nada, entenda que todo esse contexto, apresentado até aqui, será aplicado em todos os processos de *plan*, *make*, *order* e *delivery* do seu negócio, e como compreendê-los profundamente, o que, com certeza, você poderá fazer acompanhando o incrível conteúdo aqui oferecido. Essa compreensão pode ser o diferencial para definir quão longevo seu negócio e empresa serão, neste mundo que tanto se transforma, nos desafia, mas nos encanta, por todas as possibilidades de aprendizado e evolução que nos oferece. Será muito bom ter esta obra conosco nesta jornada.

Boa leitura!

Antonio Grandini
Palestrante, professor e experiente profissional de Operações e *Supply Chain*.
Ocupou posições de liderança em importantes empresas do mercado nacional e global, entre elas: Unilever, Nivea Beiersdorf, Baxter, Jequiti e L'Oreal.

Sumário

1 Entendendo a cadeia de abastecimento integrada

OBJETIVOS

Após a leitura deste capítulo, você será capaz de entender:

✓ conceitos, definições e a importância da cadeia de abastecimento;
✓ fatores que afetam o comportamento dessa cadeia;
✓ modelos de negócios disruptivos;
✓ principais elementos e processos desses modelos.

FIGURA 1.1 Cadeia de abastecimento integrada

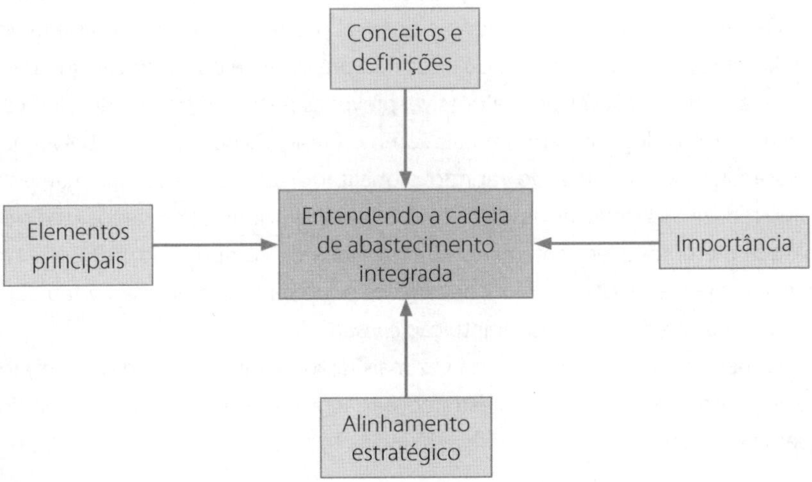

Fonte: elaborada pelo autor.

1.1 VISÃO GERAL

Atualmente, as organizações enfrentam cada vez mais desafios importantes – desde aspectos estratégicos até condições operacionais que mobilizam e afetam o ecossistema, produzindo conflitos na organização, entre colaboradores e clientes, no âmbito de mercado e em seus concorrentes. Esses desafios envolvem, ainda, a resolução de interesses e conflitos com acionistas, os padrões de qualidade de vida dos funcionários e o foco no futuro sem perder o contato com o presente.

As empresas necessitam estar centradas nos clientes, com base em conhecimento e em informação, investindo fortemente em processos colaborativos, gerando soluções de negócios próprias ou em conjunto com outras organizações. Ainda que o conceito de colaboração seja apregoado no mundo empresarial, a desconfiança no relacionamento continua grande. O processo do ganha-ganha, tão enfatizado na década de 1990, gerou poucos resultados positivos. Os grandes acabam sempre pressionando os pequenos, cujos lucros ficam cada vez mais reduzidos.

Colaborar é um relacionamento, e o começo sempre gera desconfiança. A nova economia está associada à geração de ideias, à inovação, à criação de modelos de negócios disruptivos e à colocação desses elementos em prática. Intuição, imaginação e inteligência são conceitos mágicos para a nossa era. Isso significa mudanças frequentes e mais dinamismo, pois os ciclos de tempo se reduzem cada vez mais, as invenções levam menos tempo para ser desenvolvidas e o tempo de vida dela é cada vez mais curto.

Modelos de negócios, processos e metodologias não são perenes. São mutáveis. Devemos ser todos criativos, todos inventores, se quisermos vencer.

Para inovar continuamente e desenvolver negócios competitivos, as organizações precisam de líderes intuitivos, humanos e visionários. Sim, visionários e prudentes, que entendam o caminho a ser tomado, que analisem os riscos e criem estratégias para enfrentá-los.

Os caminhos são incertos. Como é possível prever mudanças cíclicas e radicais na economia, regras governamentais e políticas não previsíveis e outras forças que transformam e afetam as organizações? Como é possível prever as restrições de energia elétrica, de água e de infraestrutura logística em um país como o Brasil? Como é possível prever atentados, os quais abalam a economia do mundo globalizado? Como realizar estimativas confiáveis? Como reduzir as incertezas das decisões? Como criar modelos de negócios disruptivos, que coloquem empresas em patamares diferenciados de competitividade? Como monitorar o mercado e perceber que o maior concorrente pode ser uma empresa *startup* que está emergindo? Para isso, é necessário ter intuição e visão.

O mercado se movimenta cada vez mais rapidamente. Nem todas as empresas terão o privilégio de contar com líderes estrategistas, inovadores e visionários. Quem investir, terá. Quem tiver, vencerá.

1.2 CADEIA DE ABASTECIMENTO: CONCEITOS E IMPACTOS NAS ORGANIZAÇÕES E NA SOCIEDADE

O perfeito entendimento da cadeia de abastecimento integrada tem sido reconhecidamente um fator de vantagem competitiva para as organizações que de fato compreendem seu papel estratégico.

Nosso dia a dia está repleto de exemplos de comportamento relacionados às demandas que desencadeiam atividades muito parecidas com aquelas executadas dentro das organizações. A preparação de uma feijoada exige processos administrativos e logísticos importantes e complexos, como estimativa de demanda, que vai variar em função do número de pessoas; planejamento, compra e armazenagem dos ingredientes, alguns exigindo tratamentos especiais; tempo de preparação, distribuição do produto e retroalimentação (*feedback*) – quando os consumidores emitem opiniões, favoráveis ou não, relacionadas diretamente com a qualidade da feijoada, a acomodação, o ambiente e outros fatores. A experiência do cliente é fundamental. As avaliações de produtos e serviços podem alavancar vendas, mas, ao mesmo tempo, podem destruir a imagem deles e de quem os produziu ou preparou.

A administração da cadeia de abastecimento exige o entendimento dos impactos que serão causados nas organizações, em seus processos e na sociedade. Entendê-la não se limita a saber que a demanda afeta todo o processo e que, portanto, estimativas e pedidos devem ser bem elaborados para satisfazer às necessidades de clientes e consumidores.

A cadeia de abastecimento integrada está vinculada a variáveis internas e externas que afetam a organização e os diferentes modelos de negócio estabelecidos para os segmentos industriais ou para as empresas de serviços.

Os desafios são enormes. Os impactos não se limitam apenas às organizações, mas atingem a sociedade: na educação – para a preparação de bons profissionais; na preservação do meio ambiente, na infraestrutura de transporte – permitindo que os países possam competir em uma esfera regional e global; e no intercâmbio entre países – desenvolvendo necessidades de comunicação e entendimento de culturas.

Antes de melhorar a cadeia de abastecimento, o profissional da área precisa entender como a empresa está organizada e como se comporta o processo de abastecimento. Esse entendimento está relacionado aos requerimentos provenientes dos consumidores, clientes e fornecedores, às informações sobre como movimentar, manusear e armazenar os produtos, além de associado a como essas informações são usadas e como fluem no processo.

1.3 CONCEITOS

A cadeia de abastecimento[1] corresponde ao conjunto de processos requeridos para obter materiais, agregar-lhes valor de acordo com a concepção dos clientes e consumidores e

[1] O termo "cadeia de abastecimento" está relacionado à expressão proveniente do inglês *supply chain management*.

disponibilizar os produtos no lugar (onde) e na data (quando) que eles desejarem. Além de ser um processo bastante extenso, a cadeia apresenta modelos que variam de acordo com as características do negócio, do produto e das estratégias utilizadas pelas empresas para fazer com que o bem chegue às mãos dos clientes e consumidores. Ela é essencialmente afetada pelos modelos de negócios disruptivos e inovadores que são criados. Embora tenha toda uma complexidade, é responsável por fazer com que os clientes experimentem serviços e produtos. Ainda que grande parte das organizações administrem suas cadeias com foco em custo, deve-se salientar que a agilidade e a eficácia trazem enorme valor agregado ao contexto da experiência de clientes e consumidores.

FIGURA 1.2 Modelo de cadeia de abastecimento integrada: fluxo de materiais e organizações inseridas no processo

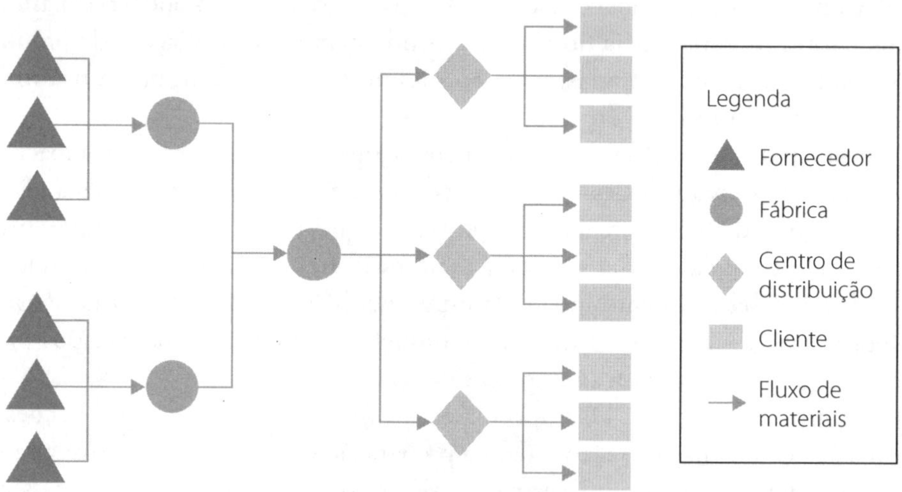

Fonte: elaborada pelo autor.

O conceito sofreu evoluções importantes durante os últimos anos. A cadeia de abastecimento integrada apresenta uma visão mais ampla do que conhecemos como cadeia logística, esta mais concentrada na estocagem, movimentação física de produtos e materiais. Ainda que à mercê de um papel mais operacional, a logística é a mola propulsora da cadeia de abastecimento. Nunca, em nenhuma circunstância, as empresas podem deixar de priorizá-la.

A tecnologia da informação e a inovação tecnológica tornam possível um futuro no qual a cadeia de abastecimento possa ser realmente integrada.

Nunca se falou tanto em atender às exigências dos consumidores como tem acontecido ultimamente. Por outro lado, eles nunca foram tão exigentes. Conceitos importantes foram criados e empregados com êxito. O conceito voltado para a resposta eficiente às demandas do consumidor é uma das iniciativas mais ricas do atual mundo dos negócios. Ainda que sua lógica pareça ser simples, sua implantação é rigorosamente complexa, uma vez que implica mudanças radicais de cultura, de relacionamento entre organizações, de conhecimentos e da forma convencional de administrar os negócios. A resposta eficiente às necessidades do consumidor (ECR, sigla do termo em inglês *Efficient Consumer Response*) corresponde à execução conjunta e sincronizada das atividades desenvolvidas pelas organizações, cuja finalidade principal é atender eficientemente às necessidades dos consumidores. Essa integração implica a existência de atividades cooperativas entre as diferentes operações, desde a obtenção de matéria-prima e a produção na fábrica até a chegada dos produtos às prateleiras ou às gôndolas dos supermercados.

Dar respostas ágeis às necessidades dos consumidores afeta significativamente o comportamento da cadeia de abastecimento.

A implantação total ou parcial de conceitos voltados para as necessidades dos consumidores afeta sobremaneira o comportamento da cadeia de abastecimento. É nela que se identificam as atividades físicas e os procedimentos que agregam importância aos processos, contribuindo para a redução de custos e para o aumento da velocidade da cadeia, desde a obtenção de material até a compra do produto pelo consumidor.

O gerenciamento efetivo e apropriado da cadeia de abastecimento deve considerar todos os aspectos relevantes e as peças fundamentais do processo da forma mais ágil possível, sem comprometer a qualidade ou a satisfação do cliente, mantendo ainda o custo total competitivo.

As decisões são orientadas tanto para o curto como para o longo prazo. As decisões estratégicas envolvem principalmente as políticas corporativas da empresa ou das empresas participantes do ecossistema, visto que o conceito de cadeia de abastecimento integrada extrapola os limites de determinada empresa, estendendo-se aos fornecedores e aos clientes. As decisões operacionais são aquelas que lidam com o dia a dia da empresa, procurando soluções para seus problemas diários. No entanto, as decisões estratégicas devem, guardadas as proporções, orientar as atividades operacionais, ou seja, deve existir alinhamento entre as decisões operacionais e aquelas que estrategicamente a organização persegue a médio e longo prazos. Embora essa afirmação pareça evidente, muitas organizações têm seus resultados estratégicos afetados em virtude das decisões operacionais erroneamente tomadas e sem vínculo com os objetivos traçados para longo prazo. O conceito de planejamento integrado de vendas e operações (S&OP, sigla do termo em inglês *Sales and Operations Planning*) deve ser aplicado em sua essência para certificar que as decisões tomadas pelas áreas mais operacionais sejam orientadas por um plano superior, que considere as variáveis da organização, e não de determinado setor.

Deve existir alinhamento entre as decisões operacionais e aquelas que estrategicamente a organização persegue a médio e longo prazos.

A estruturação da cadeia de abastecimento exige um conhecimento profundo dos processos e de suas variáveis, como padrões de mercado e suas respectivas demandas, modelos de produção e distribuição, níveis de serviço e sua relativa importância, distâncias, modos de transporte, elementos de custos, características dos produtos, canais de distribuição, distribuição geográfica e outros fatores não menos importantes. Deve-se observar ainda que os fatores mencionados são bastante variáveis e, em qualquer análise que se faça do processo, essas variações precisam ser levadas em consideração.

É necessário investir em conhecimento.

1.4 CARACTERÍSTICAS DA CADEIA DE ABASTECIMENTO INTEGRADA

Muitos modelos de cadeias de abastecimento são extremamente complexos, e é fundamental identificar a quantidade de fornecedores e clientes. Além disso, saber onde eles estão localizados e a importância de cada um em termos de volume de compras e vendas é outra tarefa importante e que afeta a malha física e as operações. A seguir, são apresentadas algumas características para se entender melhor a cadeia de abastecimento e sua complexidade.

1.4.1 Malha logística – localização física das organizações

O posicionamento geográfico dos locais tem implicações importantes nos custos e nos fluxos logísticos. Estudos para a identificação de novos locais devem sempre considerar a localização dos clientes e fornecedores e as facilidades de transporte.

1.4.2 Distribuição física

Produtos e materiais são movimentados ao longo da cadeia de abastecimento, fluindo dos fornecedores para as plantas, delas para os centros de distribuição e daí para os clientes, dependendo do modelo estabelecido pela empresa. Esse modelo pode ser simples, contando com a recepção dos materiais, a conversão para o produto final e a distribuição. Tudo isso pode ocorrer em um único local. Outros modelos são mais complexos, apresentando vários locais produtivos, vários centros de distribuição, intermediários, operadores logísticos e assim por diante.

Ou seja, existem modelos simples e complexos para fazer a distribuição física dos produtos e materiais. É necessário, portanto, identificar como e por quem esses materiais e produtos são movimentados e a eficiência com que são realizadas as movimentações. A distribuição física tem impactos importantes não somente nos custos mas também na qualidade dos serviços prestados, principalmente no cumprimento da entrega dos produtos aos clientes.

1.4.3 Administração dos estoques

A administração dos estoques deve receber atenção especial, uma vez que produtos e materiais podem ser armazenados em diferentes etapas do processo, apresentando características diversas, como matéria-prima, produto semiacabado, produto acabado ou produto com valor agregado para o cliente e o consumidor. A visão departamentalizada ou segmentada da organização pode oferecer restrições quanto à identificação do volume real de estoque existente. Dessa forma, o controle do estoque global e holístico é fundamental para a redução do nível de capital investido. A visibilidade das informações relacionadas aos estoques tem sido uma busca incessante das organizações na obtenção de vantagem competitiva e melhor atendimento aos requisitos de clientes e consumidores.

A visão global permite que os estoques sejam "vistos" como um todo.

1.4.4 Modo de transporte[2]

A forma como o material ou o produto será transportado depende das vantagens e desvantagens relacionadas à infraestrutura de transporte, ao volume a ser transportado, aos canais logísticos existentes, à confiabilidade da entrega e aos custos de movimentação, entre outras análises.

No que diz respeito ao serviço prestado, o Brasil tem apresentado situações críticas em alguns tipos de transporte, principalmente o ferroviário. Com a iniciativa da privatização, esse tipo de transporte tende a melhorar, mas, enquanto isso não acontece, o meio de transporte preferido é o rodoviário.

1.4.5 Fluxo de informação

O fluxo de informação está extremamente ligado ao movimento físico de produtos e materiais. Todo o processo se relaciona intimamente: processamento de pedidos, estimativa de vendas, planejamento de produção, compras e aquisições, capacidades, armazenagem e manuseio. Por essa razão, a tecnologia da informação desempenha, nos dias atuais, um papel fundamental, proporcionando maior confiabilidade ao processo, pois informações erradas levam a movimentações erradas.

O entendimento do fluxo de informação permite identificar as informações que realmente agregam valor ao processo, de modo que se possa descartar aquelas que nada somam, aumentando a velocidade e a confiabilidade das transações. Além disso, outras análises devem ser feitas para se identificar os agentes geradores de informações e seus usuários, quem deve recebê-las e para que efetivamente são utilizadas.

Os fluxos físico e de informação fazem parte do mesmo sistema.

---

[2] Veja o Capítulo 7.

A relação custo-benefício para se obter a informação é outro aspecto relevante na análise. As organizações devem estabelecer quais informações são realmente prioritárias e fundamentais para administrar o negócio. Muitas vezes, investe-se demasiado tempo e/ou dinheiro na captura da informação e sua utilização é apenas parcial. Essa decisão gera custos adicionais, muitas vezes não interpretados corretamente.

1.4.6 Estimativas e previsões

As previsões são elementos fundamentais na cadeia de abastecimento integrada. As organizações investem em tecnologia avançada e melhorias de processo a fim de obter melhores resultados com suas previsões. Ferramentas de informática e atitudes de colaboração entre as organizações que compõem a cadeia são extremamente úteis na obtenção de estimativas mais bem elaboradas e maior precisão. Deve-se considerar que, quanto melhor é o planejamento, melhor e mais eficaz é a resposta da cadeia de abastecimento, possibilitando que se proporcione um serviço melhor ao cliente.

Melhores estimativas correspondem a melhores níveis de serviço.

1.4.7 Relacionamentos

A cadeia de abastecimento é composta de diferentes organizações internas e externas. Todas elas demandam forte relacionamento. Clientes, fornecedores de materiais e serviços, operadores logísticos, distribuidores, entre outros, envolvem fluxos de produtos, materiais e informações.

*Dependendo do modelo de relacionamento praticado,
pode haver maior vantagem competitiva.*

A forma de trabalhar com essas organizações pode representar uma vantagem competitiva em relação à concorrência, dependendo da maneira como se definem os relacionamentos. A parceria deve definir as responsabilidades das partes, e o foco final será sempre o atendimento ao cliente. Os contratos precisam ser estabelecidos para formalizar a relação de parceria existente entre as organizações.

O ponto interessante da cadeia de abastecimento é que ela atua como elemento de vantagem competitiva, e não apenas como centro de custo, como insistem alguns catedráticos. Para tanto, é fundamental administrá-la eficazmente, pois seus modelos variam de acordo com as características do produto, o número de organizações envolvidas, a geografia, a infraestrutura e outros fatores.

1.5 IMPORTÂNCIA DA CADEIA DE ABASTECIMENTO

A gestão da cadeia de abastecimento, em qualquer organização, deve considerar a integração financeira, o serviço ao cliente e os processos internos da empresa. Sem dúvida, começamos a viver a era da otimização da cadeia de abastecimento aliada à gestão do relacionamento com o cliente (CRM, sigla do termo em inglês *Customer Relationship Management*), e as empresas que não atentarem para essas iniciativas terão sérias dificuldades para sobreviver no mercado.

FIGURA 1.3 Relacionamento entre as organizações

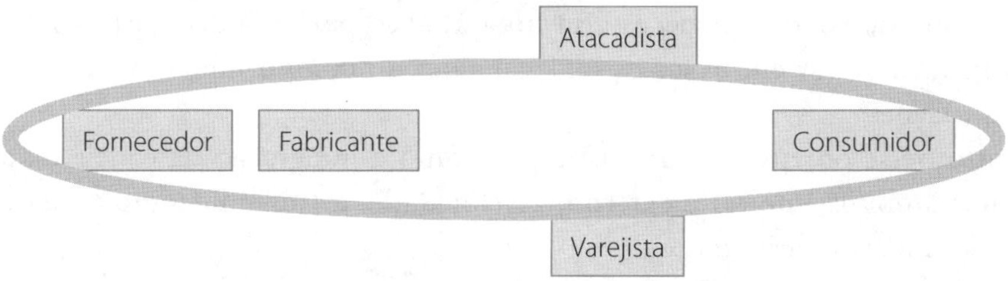

Fonte: elaborada pelo autor.

O relacionamento entre as várias organizações do processo é fundamental para levar um produto competitivo ao consumidor.

As organizações procuram ter maior visibilidade e reduzir o tempo e o custo ao longo da cadeia de abastecimento, a fim de obter uma resposta mais efetiva às necessidades do consumidor. Assim, novas medidas, diferentes das tradicionais, devem ser empregadas para atender às expectativas dos clientes.

Os processos internos e externos devem ser amplamente estudados, uma vez que cada passo dado pode significar um custo adicional ou um atraso em potencial, representando um ponto em que nenhum valor agregado é adicionado.

Uma boa administração da cadeia de abastecimento pode representar, para a organização, uma vantagem competitiva em termos de serviço, redução de custo e velocidade de resposta às necessidades do mercado (*time to market*).

Os canais de distribuição e os fornecedores devem ser monitorados e medidas de desempenho devem ser implementadas para o sucesso de todo o processo, incluindo aquelas voltadas para as operações de manufatura.

No entanto, essas medidas não podem ser adotadas de forma isolada; ao contrário, devem ser integradas aos procedimentos financeiros, à gestão de clientes e aos processos internos da organização. Uma preocupação constante deve ser *order to cash*, que corresponde a um conjunto de processos, desde o recebimento e processamento dos pedidos ou ordens de produtos acabados – ou mesmo serviços – até o efetivo pagamento deles. Tais processos são essenciais em qualquer segmento de negócio e o desempenho deles ditará a saúde financeira, bem como a imagem e a reputação da organização para o mercado.

O objetivo clássico da cadeia de abastecimento é possibilitar que os produtos certos, na quantidade certa, estejam nos pontos de venda no momento certo, considerando o menor custo possível. Existem muitos chavões e variações da expressão relacionados ao tópico mencionado, como "estar em todos os lugares com produtos acessíveis para todos os consumidores". É evidente que tais expressões deveriam orientar as estratégias das empresas e, portanto, deveriam ser cuidadosamente analisadas, visto que estar em todos os lugares pode significar um aumento no custo logístico se comparado a um baixo volume de vendas. É necessária uma análise para ponderar as vantagens e as desvantagens de estar em todos os lugares, além do comportamento da concorrência em tais situações.

Dentro desse objetivo, alguns aspectos, como a integração da cadeia de abastecimento nos âmbitos interno e externo, a velocidade, a flexibilidade e a qualidade de serviço, devem ser considerados.

O foco da organização é a obtenção do lucro e a gestão correta da cadeia de valor, e a cadeia de abastecimento pode trazer a vantagem competitiva arduamente perseguida pelas empresas nos dias de hoje.

1.6 ALINHAMENTO ESTRATÉGICO DA CADEIA DE ABASTECIMENTO

A cadeia de abastecimento deve ser vista pelas organizações como um processo integrado que permite obter vantagem competitiva no fornecimento de serviços ou produtos para clientes e consumidores, independentemente do lugar onde eles estejam, e não apenas um processo no qual os custos devem ser ajustados com prioridade.

Por razões diversas, essa cadeia tem sofrido alterações radicais nos últimos anos. Na era industrial, o processo se restringia a produzir e empurrar o produto para o mercado, como mostra a Figura 1.4.

A evolução da cadeia de abastecimento passa do conceito de "empurrar" para o de "puxar".

Com a globalização, em que a concorrência aumentou em razão do maior número de ofertas de produtos e serviços, aliada à maior disponibilidade de informação, consumidores e distribuidores passaram a exigir mais na hora da compra. Fatores como preço e qualidade são questionados. Com exceção de alguns casos, o fator fidelidade à marca não tem se mantido com a mesma força que se manteve na era industrial. Marcas como

Coca-Cola, Bombril e Gillette não podem sobreviver apenas com base na tradição e na fidelidade. Precisam ser competitivas também em preço, qualidade e diferenciação. Ainda que adquirida pela Procter & Gamble, a Gillette é um exemplo categórico no quesito de inovação, deixando seus concorrentes em visível situação de desvantagem. Já a Coca-Cola, apesar de estar presente em quase todos os pontos de consumo do planeta, tem enfrentado dificuldades com a forte concorrência da Pepsi-Cola e, principalmente, de competidores locais. Aliás, esta tem sido, nos dias atuais, uma característica muito diferenciada: modelos de negócios inovadores derrubam empresas que insistem em analisar o mercado olhando para os atuais concorrentes ou aqueles que eventualmente podem se transformar em um. Contudo, não há uma visão para os emergentes. Por outro lado, a conscientização sobre sustentabilidade e produtos saudáveis por parte da população mundial também coloca em xeque certos produtos e serviços. Modelos de negócios, serviços e produtos passam a ser repensados.

FIGURA 1.4 Evolução da cadeia de abastecimento

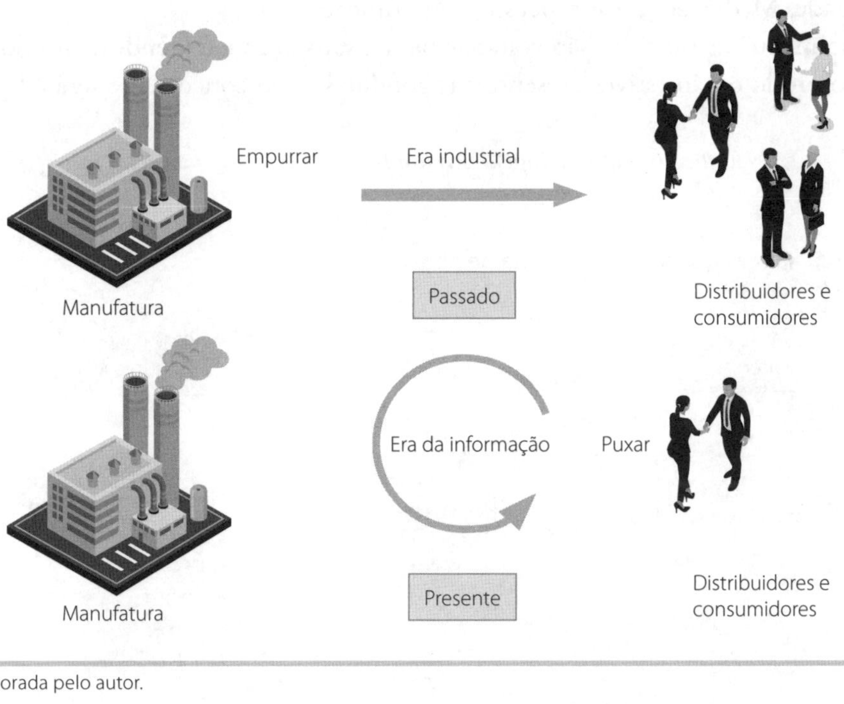

Fonte: elaborada pelo autor.

A globalização permite o acesso a uma maior variedade de produtos, forçando o preço para baixo e aumentando a qualidade.

A globalização, como já mencionamos, vem sendo o grande vilão para muitas empresas acostumadas a atuar sozinhas no mercado. Analisemos a situação do mercado de automóveis no Brasil. Anos atrás, a produção de veículos era centralizada em Volkswagen, Ford, Fiat e General Motors. Hoje, temos as japonesas Honda e Toyota, as francesas Renault, Citroën e Peugeot, além da Mercedes-Benz, Hyundai e BMW, entre outras. O mercado brasileiro de automóveis saiu de quatro montadoras para mais de uma dezena, forçando as grandes a repartir sua participação de mercado.

O mercado globalizado tornou a competição mais forte e acirrada. Essa competitividade exige novos modelos de negócios, processos industriais e logísticos competentes e com custo reduzido. A cadeia de abastecimento é fundamental para resolver a temática da concorrência em função de preço e qualidade. Empresas que não atentarem para detalhes de eficácia da cadeia terão seu futuro muito afetado.

Na era industrial, a preocupação era reduzir os custos por meio da automação industrial, ou seja, com a redução de mão de obra. Media-se a eficiência pela quantidade de homens/hora sobre certo volume de produção. Esse indicador de desempenho, de natureza isolada, não media a eficiência da cadeia e a capacidade de concorrer em custo e qualidade. Media, sim, um processo, uma função.

Atualmente, as medidas são voltadas para a satisfação e o atendimento do cliente, pois se o produto não estiver presente nas gôndolas, o do concorrente será adquirido.

As medidas de desempenho voltam-se para o serviço ao cliente.

FIGURA 1.5 Forças que afetam a cadeia de abastecimento

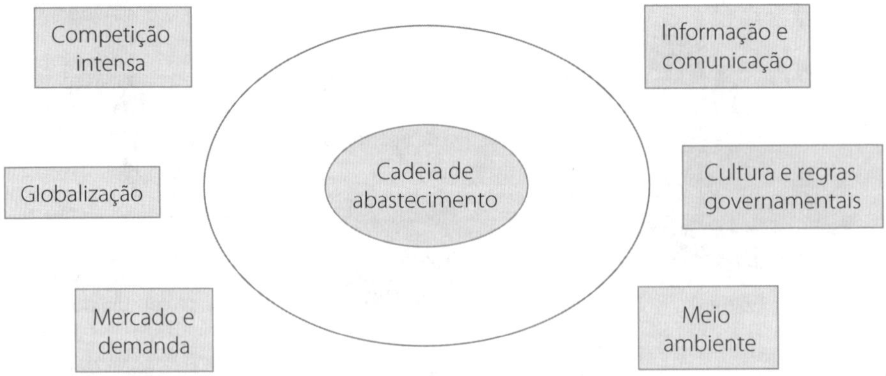

Fonte: elaborada pelo autor.

O jargão de que o produto certo deve estar presente em todo lugar, no momento certo e por um preço justo é uma resposta à necessidade de as organizações se preocuparem cada vez mais com a cadeia de valor.

1.6.1 Forças externas

Quando focalizamos o alinhamento estratégico, devemos considerar algumas forças que afetam sobremaneira a cadeia de abastecimento. São elas: globalização, mercado e demanda do consumidor, competição, informação e comunicação, cultura e regras governamentais, meio ambiente.

1.6.1.1 Globalização

A abertura de mercado nos permite dizer que o mundo entrou em um novo estágio de desenvolvimento. Acordos regionais como Zona do Euro, Mercosul, Nafta, Pacto Andino e muitos outros, bem como a globalização da economia, têm exposto as empresas brasileiras a uma concorrência com as economias mais competitivas do mundo. Essas empresas são obrigadas a ser mais eficazes nos seus processos produtivos e administrativos, lançando mão de modelos diferentes de fazer negócios, por exemplo, a internacionalização, adquirindo empresas ou atuando diretamente no exterior. Com relação aos acordos, o que se tem notado é que, embora dito econômicos, possuem uma agenda política bastante forte e oscilam em função dos interesses e das estratégias adotadas.

GRÁFICO 1.1 Projeção da população mundial até 2030, segundo a ONU

Ano	1970	1980	1990	2000	2010	2020	2030
■ População	3,7	4,4	5,3	6,1	6,9	8,0	8,6

Fonte: ONU. *World Population Prospects 2019*. Disponível em: https://population.un.org/wpp/. Acesso em: 23 nov. 2019.

A pressão sobre a globalização do mercado é bastante intensa em razão da limitação do mercado interno das nações desenvolvidas, como é o caso dos Estados Unidos, do Japão, da Inglaterra e da Alemanha, entre outras. As empresas ficam estagnadas pelo crescimento populacional desses países, expondo-se cada vez mais à forte concorrência externa e eventual estagnação de mercado. O caso do mercado de automóveis nos Estados Unidos é bastante característico. Com a entrada dos automóveis compactos japoneses com custos competitivos, as empresas norte-americanas tiveram sua participação de mercado reduzida. Por outro lado, nações em desenvolvimento – Brasil e México são exemplos clássicos – oferecem incentivos para que empresas estrangeiras invistam no país a fim de melhorar a economia com a entrada de divisas e a geração de empregos.

Assim, as oportunidades de mercado são direcionadas para os países emergentes, como é o caso de Brasil, Argentina, México, Índia, China, África do Sul e Rússia, entre outros, uma vez que a globalização pode ser o catalisador que possibilita o desenvolvimento de novos mercados, oportunidades de vendas, aumento de produção e aumento de lucro – este o principal objetivo para satisfazer o investidor.

Ultimamente, temos visto uma enorme quantidade de aquisições e associações de empresas, licenciamento de produtos e serviços, o que demonstra com clareza o efeito da globalização sobre a economia. Outras organizações se desfazem de linhas de produto que, para elas, deixam de ser estratégicas, como é o caso da IBM, que vendeu sua linha de computadores pessoais para a chinesa Lenovo.

QUADRO 1.1 Exemplos de aquisições ocorridas nos mercados global e nacional

EMPRESAS ADQUIRENTES	EMPRESAS ADQUIRIDAS
Unilever	Anderson Clayton, Kibon, Cica, Bestfoods
Nestlé	Yopa, Garoto
Google	Waze, Android, YouTube, Motorola
Facebook	WhatsApp, Instagram
Microsoft	Skype, Hotmail, Nokia
Vale	Inco
Procter & Gamble	Gillette, Phebo, BomBril (Pós)
Colgate-Palmolive	Kolynos
Gol	Varig, Webjet
Itaú	Unibanco
Natura	Bodyshop, Avon
Amazon	Whole Foods
Disney	21 st Century Fox
Magazine Luiza	Netshoes

Fonte: elaborada pelo autor.

Nesse processo, as empresas de serviço têm se especializado em mercado internacional, efetuando estudos financeiros, análises de mercado, análises de concorrência e projetos da rede de distribuição, em busca de oportunidades para adquirir outras empresas. Essas atividades têm extremo destaque na área logística com relação à integração das funções na cadeia de abastecimento, otimizando transportes, vendas e canais de distribuição. Além dessas análises, outras devem ser consideradas, como os aspectos econômicos e os riscos políticos para ingressar no país e iniciar ou expandir um negócio.

As fusões podem tornar as empresas mais competitivas.

QUADRO 1.2 Ranking dos principais supermercados no Brasil

REDE	FATURAMENTO Bilhões de R$ (2018)	ORIGEM
Carrefour	56,3	França
Pão de Açúcar	53,6	Brasil-França
Walmart[3]	24,0 (estimado)	EUA
Cencosud	8,5	Chile
Makro	6,9	Holanda
Irmãos Mufatto	6,9	Brasil

Fonte: PORTAL ABRAS. Setor supermercadista fatura R$ 355,7 bilhões em 2018. *Abras Brasil*. Disponível em: http://www.abras.com.br/clipping.php?area=20&clipping=67505. Acesso em: 23 nov. 2019.

QUADRO 1.3 Entendendo a globalização

O QUE É GLOBALIZAÇÃO?	O QUE NÃO É GLOBALIZAÇÃO?
• Processo no qual a organização busca foco em suas competências, utilizando conhecimentos e recursos espalhados pelo globo.	• Globalização não significa ter escritórios de vendas espalhados pelo mundo ou vender internacionalmente.
• A globalização permite o desenvolvimento de soluções locais.	• Globalização não é domínio exclusivo de grandes empresas com potencial financeiro.
• A globalização cria sinergias e economias de escala entre as organizações, combinando volume de compras e consolidando distribuição e produção para tornar a empresa mais eficiente.	• Globalização não significa atender a todos os clientes e segmentos de mercado, vendendo todos os produtos.
• Globalização significa transitar pelas diferentes culturas, entendendo e respeitando suas crenças, seus aspectos econômicos, sua história e seu idioma.	• Globalização não é organizar um grupo de indivíduos tomando decisões centralmente sem conhecimento da cultura, do idioma e da história das regiões onde vão atuar.
	• A globalização não significa redução de empregos.

Fonte: elaborada pelo autor.

[3] As lojas do Walmart foram compradas pela rede de supermercados BIG, no Brasil.

1.6.1.2 Mercado e demanda do consumidor

Entender as necessidades do cliente é o fator principal para o sucesso da organização e das soluções que ela apresenta em forma de serviço ou produto. As melhores empresas ouvem o cliente nas fases iniciais de desenvolvimento do produto em busca do valor agregado. Um novo produto ou serviço deve apresentar um valor adicional ao cliente a um preço que ele queira pagar. Se não for assim, a solução deixará de atingir seus objetivos e fracassará. De forma global, a inovação alcança o sucesso quando combina alguns fatores, como preço, função e tempo, e atende às necessidades de mercado. Ultimamente, as empresas têm se preocupado com os *inputs* externos, concentrando-se nas buscas de informações que vêm de fora para dentro. Esse processo chama-se *outside in* e afeta sobremaneira os processos e os resultados internos. Em adição, surgem conceitos mercadológicos, como oceano azul ou *blue ocean*, em que produtos e serviços são criados visando a nichos de mercado. É o caso da Apple com o iTunes, Wikipedia, Cirque du Soleil e o próprio Ford T, de Henry Ford, lá em 1908.

Ouvir o cliente passou a ser prática comum entre as organizações.

As expectativas do cliente quanto à possibilidade de escolha, à qualidade de serviço, à velocidade no atendimento e ao custo são elementos fundamentais para que as organizações possam entender as demandas de consumo. Na verdade, a demanda do consumidor, diferentemente do passado, em que o mercado era mais limitado, está relacionada às respostas para as seguintes perguntas:

- Necessidade: Qual produto?
- Disponibilidade: Onde e quando consegui-lo?
- Qualidade e serviço: Serão confiáveis?
- Preço: Quanto custa?
- Valor: Qual é o valor agregado e qual é o benefício para o adquirente?

O consumidor é disputado pelas empresas.

FIGURA 1.6 Mercado e demanda do consumidor

Fonte: elaborada pelo autor.

As organizações têm procurado conquistar a confiança do consumidor oferecendo-lhe produtos diferenciados, seja em qualidade, seja em preço.

Uma das grandes preocupações do indivíduo moderno é a saúde. Certos produtos, como os dietéticos, com menor teor de açúcar e colesterol, têm invadido as gôndolas dos supermercados. Margarinas, chocolates, sorvetes, refrigerantes e iogurtes têm disputado a preferência dos consumidores mais preocupados em manter a forma física e a saúde.

Do outro lado, a flexibilidade imposta às embalagens, tanto na armazenagem como no uso – sejam os bicos econômicos nos frascos de detergentes, sejam as características especiais das caixas de leite –, atrai a atenção dos consumidores.

Fórmulas especiais são apresentadas nos xampus e cremes para cuidar dos cabelos mais exigentes. Ao mesmo tempo, os cremes dentais oferecem variações para combater as placas bacterianas e possibilitar um hálito cada vez mais puro.

O consumidor tem se tornado cada vez mais exigente, obrigando as organizações a preocupar-se principalmente com preço, qualidade e nível de serviço.

Em termos de serviço, temos a Federal Express (FedEx), que modificou totalmente a forma de entregar correspondências, tanto em velocidade como em confiabilidade, oferecendo ainda um serviço de rastreamento das encomendas. Na mesma linha, os Correios apresentam estratégias e processos diferenciados, como é o caso do Sedex, que pode ser entregue rapidamente. Objetivando solidez e robustez também nesse segmento ocorrem as fusões e aquisições, como é o caso da DHL, que adquiriu a Exel Logistics, e a TNT, que comprou a Expresso Mercúrio

As empresas automobilísticas querem de toda forma conquistar a preferência do consumidor por meio de preços, inovações, promoções ou serviços pós-venda.

Organizações de cartões de crédito aliam-se a outras empresas para atrair o consumidor por intermédio de associações com empresas aéreas ou descontos em hotéis. Por sua vez, agências de viagem, empresas aéreas e hotéis possibilitam reservas pela internet, em uma clara tendência de que os intermediários devem apresentar valor agregado ou ficarão fora do processo. Aqueles intermediários que representam apenas aumento de custo, sem adição de valor às necessidades do cliente, precisam urgentemente rever seus negócios.

Os produtos e serviços inundam o mercado em todos os segmentos, muitas vezes provocando dúvidas no consumidor. Computadores, cuja tecnologia tem evoluído surpreendentemente, apresentam características inovadoras com muita frequência, tornando-se obsoletos em um período bastante curto. Aliás, a cadeia de demanda de produtos com ciclo de vida curto tem sido o grande calcanhar de Aquiles de grandes organizações, como a HP, a IBM, a Dell, a Lenovo, a Samsung, a Apple, entre outras.

São tantas as empresas e os produtos no mundo globalizado que, muitas vezes, lotes de produtos danificados ou em mau estado de conservação são encontrados no mercado, liberados por empresas que atuam com má-fé. Por isso, entidades foram criadas para proteger os direitos do consumidor, como é o caso da Fundação de Proteção e Defesa do Consumidor (Procon), que intercede quando a empresa e o consumidor não conseguem chegar a bom termo. Outras instituições de apoio também foram criadas, como é o caso do *site* Reclame Aqui. São iniciativas que visam preservar o consumidor e oferecer canais de atendimento para ele depositar ali sua indignação em busca de resultados.

Ainda existem alguns segmentos de mercado que prometem muito, mas deixam a desejar em qualidade de produtos e de serviços pós-venda. Com a exigência cada vez maior do consumidor, as organizações com esse perfil deixarão de existir, sobrevivendo apenas aquelas cujos produtos sejam plenamente confiáveis e que ofereçam serviços relevantes antes e depois da venda.

Organizações mais amadurecidas criaram o Serviço de Atendimento ao Consumidor/Cliente (SAC), que também auxilia as empresas a desenvolver melhores produtos e serviços por meio da comunicação direta com os consumidores, ouvindo suas sugestões. Muitas das características apresentadas nos produtos advêm de opiniões emitidas pelos consumidores, como a mudança de embalagem, sabores e até o lançamento e o relançamento de produtos.

Antigamente, os produtos não apresentavam data de vencimento. Hoje, todos os produtos de mercado são obrigados a informar prazos de validade em suas embalagens. Outra característica importante é a exigência de apresentar a composição do produto e suas respectivas informações nutricionais nos alimentícios, demonstrando, de certa forma, preocupação com a saúde e o bem-estar do cidadão.

1.6.1.3 Competição

O processo de globalização gera uma acirrada disputa no mercado mundial. Essa competição, provocada também por avanços na tecnologia da informação e na tecnologia de processos, coloca os líderes de mercado em posições incômodas. Os modelos de negócios são repensados, gerando estratégias variadas em um mundo repleto de transformações em todos os segmentos, tanto em serviços como em bens duráveis.

Os competidores empregam diferentes estratégias, sempre lutando por uma posição de vantagem. Os mais ferrenhos tentam suprir as necessidades dos clientes utilizando tecnologias que dificilmente podem ser imitadas em curto e médio prazos.

Poderíamos enumerar um grande número de alternativas para atrair os clientes, com base em novidades e conveniência. O objetivo, nessa luta pela sobrevivência no mercado, é efetuar movimentos que possam neutralizar os investimentos efetuados pelos concorrentes, a fim de conquistar o cliente, satisfazendo a suas necessidades. Importante salientar que lojas lotadas não é sinal de maiores vendas. Os clientes e os consumidores buscam muitas lojas físicas para olhar produtos e comparar preços e, muitas vezes, compram *on-line*, não necessariamente da mesma empresa. No final, muitas dessas organizações, principalmente no segmento de varejo, podem atuar infelizmente como grandes *showrooms*, onde produtos físicos são pesquisados e sua compra, realizada em outro lugar.

O futuro é incerto. Liderar hoje não significa liderar amanhã.

Esse novo ambiente, comparado ao de dez ou quinze anos atrás, é muito diferente. Ele é rápido e mortal. O fato de liderar o mercado hoje não garante a posição no dia de amanhã. O futuro é extremamente incerto e nada pode ser assumido como garantido. Exemplo disso são as redes de supermercado – Carrefour, Pão de Açúcar e Walmart –, que variam suas posições de maior faturamento por meio da compra daqueles considerados menores. Essa estratégia, porém, não garante a sobrevivência. Vejamos casos em que a competição tem sido extremamente forte.

- Comércio de livros: as grandes livrarias norte-americanas, entre elas Barnes & Noble e Borders, receberam um golpe forte quando a Amazon.com, hoje a maior livraria virtual do mundo, resolveu implantar seu sistema de pedidos e revisão de livros pela internet. Apenas recentemente as livrarias concorrentes reagiram e também ingressaram no mundo da tecnologia, fazendo uso inclusive do seu estoque, visto que a Amazon.com é uma livraria virtual e não possui estoque.
- Com a criação do Kindle pela Amazon, que é um dispositivo/aplicativo para leitura, é possível ler livros diretamente nos computadores e mesmo nos aplicativos móveis, como celulares e *tablets*. Contudo, pelo fato de ter uma cadeia de abastecimento com custo reduzido, a Amazon consegue vender títulos mais baratos que a concorrência. No Brasil, grandes livrarias e editoras, como Saraiva, Cultura, Makron, Nobel e Loyola, entre outras, também entraram no mercado de vendas de livros pela internet, ao mesmo tempo que surgiu uma quantidade enorme de livrarias virtuais.
- Companhias aéreas: com o objetivo de atrair passageiros, as grandes empresas aéreas começaram a premiar aqueles que viajam frequentemente com seus planos de milhagem. Em vez de investir contra as empresas concorrentes, elas formaram grupos que compartilham códigos de voo, visando aumentar a utilização de assentos nos aviões e a redução do número de voos.

Além do processo de adquirir (ou associar-se a) outra empresa, a competição exige das empresas muito mais criatividade em todos os aspectos organizacionais, partindo do desenvolvimento e da arquitetura de marcas e produtos, da redução de custo na cadeia de abastecimento, da velocidade de distribuição, da percepção do produto pelo consumidor, inclusive obtendo as informações necessárias para poder reagir rapidamente quando o fluxo assim o exigir.

Pela necessidade de valorizar os investimentos dos acionistas, elas precisam redefinir suas estratégias para alcançar um crescimento com lucro e vantagem competitiva. Uma iniciativa estratégica e de alta prioridade é o crescimento pela introdução de produtos que são percebidos pelo consumidor como diferenciados, irresistíveis e de alto valor agregado, classificados como "estratégia do oceano azul", nomenclatura vinculada à capacidade da empresa de se reinventar e/ou inovar, como é caso da Apple e do Cirque du Soleil, além da Wikipedia, da GE, entre outros poucos.

A estratégia de lançamento de produtos e todas as atividades de inovação devem ser formuladas no contexto estratégico de negócios da empresa, e não de forma isolada. Os planos e os objetivos organizacionais devem estar em conformidade com a estratégia e os padrões de desempenho.

A inovação pode ser definida como a criação e a introdução de mudanças, oferecendo uma solução que agregue valor aos clientes e aos consumidores. Essa solução pode ser um produto inovador ou um serviço diferenciado, entendido pelo cliente como algo que agrega valor e pelo qual ele está disposto a pagar.

Empresas que têm concorrido com sucesso em um mercado global cada vez mais difícil demonstram claramente seu senso inovador. Contudo, o que determina a inovação, o sucesso do produto desenvolvido e a velocidade de colocá-lo no mercado? O que diferencia essas empresas? Considere os aspectos a seguir.

- Visão e conhecimento de mercado, aliados ao claro entendimento das necessidades do mercado, do cliente e do consumidor, considerando características globais e locais em uma economia com requintes globalizados.
- Modelos de negócios alinhados às experiências que os clientes querem ter.
- Objetivos e estratégias claros quanto ao lançamento de novos produtos ou soluções, avaliando-se inclusive a capacidade de atender ao mercado em caso de alta demanda.
- Processo consistente no desenvolvimento da solução, estendendo-se até o processo de execução da estratégia.
- Cultura organizacional voltada para a inovação. A inovação não deve ser característica específica do setor de novos produtos.
- Definição clara do nicho de mercado em que a organização vai atuar e as competências que ela possui, uma vez que as qualificações corretas serão determinantes para o sucesso ou o fracasso.
- Extrema flexibilidade e capacidade de adaptação às oscilações impostas pelo mercado de acordo com a concorrência e as exigências do consumidor.

- Sistemas bem definidos de prêmios e incentivos aos funcionários, uma vez que a empresa global considera o funcionário também global, abrindo-lhe as portas para o mercado de trabalho.

Para ser saudável nesse mercado altamente concorrido e em constante mudança, a empresa necessita inovar ou deixará de existir.

Muitas empresas descobriram que a cadeia de abastecimento pode trazer-lhes a tão almejada vantagem competitiva por meio da otimização da cadeia de abastecimento e criação de modelos diferenciados de negócios.

Existem objetivos comuns para algumas empresas no mercado com relação ao bom gerenciamento da cadeia de abastecimento a fim de alcançar uma vantagem competitiva. Podemos citar alguns praticados por empresas como Apple, McDonald's, Amazon, Hewlett-Packard, Unilever, Nestlé, Walmart, Samsung, Cisco, 3M, Colgate-Palmolive, Pepsico, Dell e outras não menos importantes.

- Alianças estratégicas: profissionais da área de compras estão desenvolvendo um relacionamento estreito com fornecedores, resultando em benefícios comuns para os dois lados.
- Agilidade no desenvolvimento de novos produtos: a qualidade e a velocidade com que um produto deve atingir o mercado após seu desenvolvimento é crucial. Toda a cadeia é extremamente afetada quando ocorre o desenvolvimento de um novo produto. Para que o objetivo tenha sucesso, a fluidez de comunicação e atuação em todos os processos é fundamental.
- Redução de custo: as empresas estão trabalhando conjuntamente em um esforço para remover custos do processo, sobretudo aqueles relacionados às atividades que não agregam valor. Em muitas situações, os benefícios são compartilhados entre o fabricante e o fornecedor. Essa iniciativa é bastante comum na utilização de processos de *just in time.*[4]
- Redução dos tempos de entrega: algumas organizações têm reduzido dramaticamente o tempo de fornecimento e abastecimento de materiais e produtos.

1.6.1.4 Informação e comunicação[5]

A explosão na área de informação deve ser extremamente aproveitada pelas organizações em sua cadeia de abastecimento, em razão da velocidade com que vem evoluindo. As empresas que demorarem a aproveitar os benefícios da tecnologia da

---

4 *Just in time* é uma filosofia que objetiva a eliminação de perdas em processos. Nasceu com a Toyota, no Japão, e visa colocar esforços naquilo que é realmente necessário, quando necessário e na quantidade necessária. Com isso, é possível notar um excepcional aumento de produtividade.

5 Veja o Capítulo 11.

informação podem ficar muito distantes dos concorrentes e dos clientes e perder oportunidades importantes. A internet afeta de forma considerável a maneira como os produtos são vendidos e distribuídos. No início, o processo estava mais voltado para a compra de livros, como foi o caso do mundialmente conhecido Amazon Books. Hoje, é possível comprar produtos pela internet das redes voltadas para bens eletrônicos, das redes de supermercados, vestuário, calçados, alimentos, entre muitos outros. Essa comodidade e conveniência deve-se à evolução da tecnologia, o que possibilita ao usuário do sistema maior disponibilidade para outras atividades sem a necessidade de deslocar-se para fazer suas compras, ainda que muitos gostem de ir ao supermercado e "sentir" o produto que estão comprando. O importante é que o consumidor que utiliza o meio eletrônico para efetuar suas compras tem facilidade para pesquisar e comparar preços sem sair de casa.

As organizações estão usando a tecnologia como ferramenta de vantagem competitiva.

Muitas empresas estão preparadas para receber os pedidos dos clientes pela rede, o que é outro fator importante de mudança organizacional e cultural. A tecnologia está sendo usada para atender a demandas nos vários relacionamentos existentes no mercado, seja ele consumidor-comércio, comércio-comércio, seja empresas-comércio ou outros. As empresas de computadores e aplicativos nunca viram um período de tanta explosão e necessidade de consumo na área, apesar da forte concorrência.

Muitas organizações já fazem ou recebem seus pedidos pela internet ou pela troca eletrônica de dados.

As tarifas telefônicas vêm sendo gradualmente reduzidas. A telefonia fixa vem tendo baixa demanda, uma vez que a telefonia móvel ocupa esse espaço e cresce a uma velocidade enorme. A concorrência acentua-se cada vez mais no mundo da telefonia celular: o Brasil possuía cerca de 228 milhões de linhas ativas em maio de 2019, conforme dados da Agência Nacional de Telecomunicações (Anatel) contra 207,6 milhões de habitantes, de acordo com os dados do IBGE de 2018.

1.6.1.5 Cultura e regras governamentais

A evolução da cadeia de abastecimento recebe um impacto bastante importante proveniente de decisões políticas e governamentais. A transformação da Europa em um mercado único e os acordos econômicos como o Mercosul mostram como ela reage a essas mudanças.

No Brasil, os desafios econômicos forçam as empresas a reduzir custos na cadeia de abastecimento para se tornarem competitivas. No entanto, a intervenção governamental, aumentando impostos e investindo pouco em infraestrutura logística, gera desafios importantes para as organizações em solo nacional.

As reduções de produção por impactos de energia, crises econômicas, corrupção, desemprego e falta de infraestrutura adequada são fatos lamentáveis que demonstram falta de planejamento e afetam sobremaneira a produtividade das organizações, independentemente dos segmentos em que atuam. Sem falar na redução da credibilidade do país por parte dos investidores internacionais e nacionais.

Os países necessitam estar preparados para enfrentar a concorrência global. Abertura de mercado, privatizações e redução de impostos são algumas das características internas que devem ser consideradas pelos governos.

O protecionismo a certos segmentos de mercado não se sustentará. Regulamentos como a famosa Lei da Informática existente no Brasil anos atrás, cujo objetivo era proteger empresas nacionais, não podem voltar a se repetir, uma vez que nos colocam em desvantagem em relação aos países desenvolvidos.

Naturalmente, a abertura de mercado pode trazer sérios problemas para o país que não estiver preparado para enfrentar a globalização, mesmo para os chamados emergentes. Os países não emergentes, sem riquezas próprias, enfrentarão dificuldades ainda maiores. Quando se fala em riquezas próprias, naturais ou não, é ainda necessário considerar que hoje o conceito de *commodity* vem se fortalecendo cada vez mais, o que obriga os países a serem mais competitivos nos seus custos. Temos o exemplo da Venezuela, cuja riqueza petrolífera colocou o país no auge décadas atrás. Hoje, sua situação é bastante modesta, mesmo contando com suas riquezas naturais. No entanto, como o petróleo é *commodity*, os preços equivalem-se mundialmente e, assim, somente conseguem vantagens financeiras os países que têm maior potencial e tecnologia para a extração. No segmento siderúrgico, o Brasil é um dos países que apresenta o melhor desempenho na relação custo-benefício, forçando os Estados Unidos a criarem barreiras importantes para a exportação. Mesmo assim, deveríamos trabalhar mais adequadamente nossos recursos naturais, agregando-lhes valor para uma comercialização mais vantajosa. Exportamos matéria-prima e importamos produtos de valor agregado que poderíamos produzir em nosso país, gerando mais empregos e maiores divisas. Uma vez mais estamos falando da cadeia de abastecimento e dos modelos de negócios que a afetam.

Investimentos em alternativas de transporte[6] são fundamentais para o desenvolvimento e o perfeito funcionamento da cadeia de abastecimento, com o objetivo de fazer com que os produtos possam atingir o consumidor por um custo cada vez mais competitivo.

---

[6] Veja o Capítulo 7.

1.6.1.6 Meio ambiente

O meio ambiente deve ser considerado parte do processo econômico e empresarial, e não ser tratado de forma isolada. O ecossistema deve ser protegido com o intuito de evitar danos à flora e à fauna. A exploração de florestas para fornecer matéria-prima ao setor produtivo tem contribuído negativamente com o meio ambiente, e a reciclagem de material tem como objetivo protegê-lo. Contudo, isso não é suficiente, visto que poucas iniciativas nesse sentido são levadas adiante. Os pneus usados são focos de doença, carcaças de veículos enfeiam a natureza, dejetos industriais despejados em rios e lagos matam peixes e outras formas de vida.

Por outro lado, a poluição de rios, lagos e atmosfera é visível tanto em países desenvolvidos como naqueles em desenvolvimento. O homem precisa ter consciência de que é necessário proteger a natureza, e não depredá-la.

O bom gerenciamento da cadeia de abastecimento também considera a valorização do meio ambiente, seja na obtenção de matéria-prima, seja na produção, no transporte dos produtos ou na reciclagem de produtos já usados. A logística reversa embrionariamente praticada pelos países é fundamental para a criação de condições sustentáveis para o meio ambiente.

No ano de 2010, após duas décadas de profundas discussões, o governo brasileiro sancionou a lei que instituiu a Política Nacional de Resíduos Sólidos (PNRS). Com a referida lei, é possível fazer distinção entre o resíduo, que é o lixo que pode ser reciclado, e o rejeito, que não pode ser reaproveitado. Outros tipos de resíduo também foram discutidos e mereceram atenção especial, como é o caso de lixo doméstico, industrial, da construção civil, eletroeletrônico, hospitalar, além de embalagens de defensivos agrícolas e lâmpadas de vapor de mercúrio. Os principais objetivos da lei são:

- não geração, redução, reutilização e tratamento de resíduos sólidos;
- destinação final ambientalmente adequada dos rejeitos;
- diminuição do uso dos recursos naturais, como água e energia, no processo de fabricação de novos produtos;
- conscientização e educação ambiental;
- maior atenção às possibilidades de reciclagem no país;
- criação de emprego para catadores de materiais recicláveis.

A iniciativa é extremamente importante no contexto do compartilhamento das responsabilidades entre produtores, importadores, distribuidores, comerciantes, consumidores, entre outros atores da cadeia.

A conscientização ecológica tem influenciado o comportamento das organizações para a valorização e a preservação do meio ambiente.

1.7 ELEMENTOS DA CADEIA DE ABASTECIMENTO INTEGRADA

A fim de analisar a cadeia de abastecimento e seus processos, preferimos dividi-la em processos menores, de acordo com os conceitos praticados pelo Supply Chain Council.[7]

FIGURA 1.7 Elementos da cadeia de abastecimento

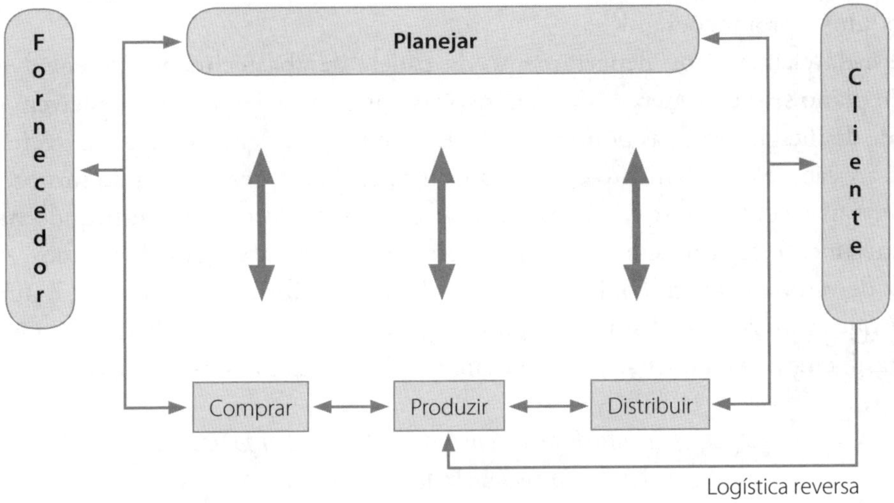

Fonte: elaborada pelo autor.

Sob essa perspectiva, os elementos da cadeia de abastecimento[8] podem ser divididos em planejamento, compras, produção e distribuição.

1.7.1 Planejamento

Muitas organizações ainda administram seus negócios de maneira não integrada. O processo de planejamento não deve estar voltado somente para produção, compras ou distribuição. Ele precisa cobrir toda a cadeia de abastecimento, possibilitando a avaliação de perspectivas estratégicas de demanda e abastecimento. Essa visão determinará de que forma as decisões tomadas isoladamente podem afetar os diferentes processos ou seus componentes.

[7] Supply Chain Council é uma entidade norte-americana criada com a finalidade de estabelecer processos padronizados para a cadeia de abastecimento nos diferentes segmentos de indústria, com foco principal no segmento de bens de consumo, na indústria discreta ou de processo. A associação tem estado em constante evolução e trazido importante contribuição para a indústria, principalmente na criação de valores que possibilitam o relacionamento colaborativo entre as organizações. Em abril de 2014, a American Production and Inventory Control Society (Apics) integrou o Supply Chain Council.

[8] Veja o Capítulo 3.

As organizações devem ter um processo de planejamento integrado e com visão do todo.

Com o objetivo de atingir a integração do planejamento, as empresas necessitam concentrar seus esforços em algumas atividades que afetarão seu desempenho, como o desenvolvimento de canais; o planejamento de estoque, produção e distribuição (envolvendo transporte); a estimativa de vendas e o planejamento da demanda; o lançamento de produtos e promoções.

Se cada elemento ou departamento da cadeia de abastecimento desenvolver seu próprio plano sem considerar as características dos outros elementos, não haverá possibilidade de integrar as duas pontas do processo, ou seja, a demanda e o abastecimento.

Essa visão de planejamento extrapola os limites da empresa, afetando fornecedores de materiais e compradores de bens ou serviços. Conceitos novos têm surgido na área de planejamento organizacional a fim de aumentar a confiabilidade dos planos. A estimativa de vendas feita em conjunto com os clientes, de forma colaborativa, é uma atividade que se iniciou nos Estados Unidos e que tem alcançado resultados formidáveis. No Brasil, empresas multinacionais ou globais têm adotado essas técnicas.

O planejamento deve ir além das fronteiras da organização, estendendo-se aos clientes e fornecedores.

1.7.2 Compras

Comprar é o conceito utilizado na indústria com a finalidade de obter materiais, componentes, acessórios ou serviços. É o processo de aquisição que também inclui a seleção dos fornecedores, os contratos de negociação e as decisões que envolvem compras locais ou centrais.

A aquisição compreende a elaboração e a colocação de um pedido de compra com um fornecedor já selecionado e a monitoração contínua desse pedido a fim de evitar atrasos no processo. Contudo, a gestão de compras não se limita ao ato de comprar e monitorar. É um processo estratégico, que envolve custo, qualidade e velocidade de resposta. É uma tarefa crucial para a organização, independentemente do tipo: manufatura, distribuição, varejo, atacado ou outros.

Os profissionais da área de compras devem ter um entendimento global de negócios e tecnologia. O comprador, hoje, em função da tecnologia, é muito mais um analista de suprimentos e um negociador do que propriamente um operador de transações que faz pedidos e os monitora.

Em compras, os papéis são outros.
Follow-ups *serão coisa do passado.*

1.7.2.1 Compras centralizadas *versus* descentralizadas

Algumas características de compras são usadas pelas empresas com a finalidade de obter vantagens no processo. Com compras centralizadas, elas podem obter melhores preços e serviços em função do maior volume praticado com os fornecedores, recebendo atenção especial deles. Os valores de transporte também podem ser reduzidos em função do volume de compra.

As compras descentralizadas, por sua vez, podem oferecer maior velocidade de atendimento se praticadas localmente, influenciando ainda o custo de transporte.

Algumas organizações optam por utilizar os dois conceitos, comprando itens mais estratégicos e de maior volume de forma centralizada, o que propicia vantagens na negociação, enquanto compram os de menor quantidade localmente. A área de compras é uma função que correntemente é considerada escopo de serviços compartilhados, visando beneficiar-se da escala de serviços juntamente com outras funções, como Recursos Humanos, Tecnologia da Informação, Contas a pagar, Contas a receber etc.

Estudos de viabilidade econômica devem ser conduzidos levando-se em conta variáveis como preços, disponibilidade local e global, disponibilidade e modo de transporte, volume e frequência de compras e lote econômico.

1.7.2.2 Relações com fornecedores

As organizações modernas estão se conscientizando cada vez mais da necessidade de manter alianças com fornecedores em vez de manter uma relação puramente de compra e venda, com tendências de animosidade na maioria das circunstâncias. Em materiais e componentes estratégicos, buscam a redução na quantidade de fornecedores, mantendo um relacionamento mais colaborativo e de longo prazo, com altos volumes e maior flexibilidade, o que permite que as trocas de informações sejam efetuadas no âmbito global de planejamento, de modo que se possa verificar os impactos provenientes de restrições de capacidade e prazos de entrega.

1.7.3 Produção

Produzir refere-se ao elemento cujo processo fundamental é composto de operações que convertem um conjunto de matérias em um produto acabado ou semiacabado. A estratégia básica de produção e estoque adotada pela organização afeta significativamente o comportamento da cadeia de abastecimento. O processo de manufatura ou fabricação pode suportar as variações descritas a seguir.

1.7.3.1 Produção para atender a níveis de estoque

Também chamado de *sistema de produção contínua* ou *produção repetitiva*, esse sistema de fabricação visa atender às previsões de vendas antes que um pedido seja recebido. O tempo de entrega do produto ao cliente é minimizado. O fluxo de materiais é contínuo durante o processo produtivo. Exemplos de produtos característicos desse sistema são detergentes, cremes dentais, enlatados, sorvetes, margarinas, bebidas, rádios, televisores, derivados de petróleo e cimento, entre outros.

Os produtos são armazenados, uma vez que são produzidos em quantidades econômicas. Estoques de segurança costumam ser mantidos para enfrentar as oscilações de mercado.

Esse tipo de produção divide-se em dois segmentos industriais: a indústria discreta e a indústria de processo. A indústria discreta apresenta como exemplo o refrigerador e o televisor, e a indústria de processo é representada pelos derivados de petróleo e até pelos detergentes. Na indústria chamada discreta, os lotes de materiais são facilmente identificados, enquanto na indústria de processo, como ocorre uma mistura dos ingredientes, há maior dificuldade para identificar e rastrear os lotes de materiais, apesar de que a automatização dos processos hoje facilita e muito esse trabalho.

1.7.3.2 Produção para atender a um pedido específico[9]

Essa é uma estratégia de manufatura em que a produção se inicia no momento em que um cliente faz um pedido. Normalmente, os componentes e os acessórios se encontram armazenados e, uma vez recebido o pedido, ele é produzido conforme solicitação. Esse sistema envolve a obtenção de materiais, a fabricação e a montagem do produto. Os planos em geral são definidos pelo cliente. Caso o fabricante use alguns materiais ou componentes com frequência, poderá mantê-los em estoque; do contrário, o cliente terá de esperar que os materiais sejam obtidos para iniciar a produção. Esse tipo de processo apresenta um tempo de espera superior ao do sistema de produção contra estoque.

1.7.3.3 Montagem[10]

Um exemplo característico desse sistema de produção é a indústria automobilística que, ao receber o pedido de uma concessionária, monta o veículo de acordo com as escolhas do cliente, como ar-condicionado, cor, sistema de som e opções de motor. Nesse tipo de sistema, o fabricante monta uma quantidade bastante diversificada de produtos finais, com diferentes características. O processo de montagem, também conhecido como produção em massa, concentra-se na especialização. Múltiplas estações de trabalho interagem com a linha de montagem e executam suas tarefas. O trabalho é feito e cada estação de trabalho ou célula tem a responsabilidade por dada

[9] Do inglês *make to order.*

[10] Do inglês *assemble to order.*

especialização, resultando em eficiência, produtividade e agilidade. Em um contexto evolutivo, muitas vezes denominado Indústria 4.0, as empresas têm lançado mão de robôs para executar tarefas nas estações.

Os produtos podem ser configurados conforme solicitação do cliente.

1.7.3.4 Projetos sob medida[11]

Esse é um sistema que envolve desenho, projeto, obtenção de materiais e componentes, fabricação e montagem. As especificações costumam ser estabelecidas pelo cliente em função da necessidade do produto. Em geral, é um processo de longa duração, muitas vezes chegando a meses ou anos, que envolve uma quantidade muito grande de pessoas e empresas. Exemplos desses projetos correspondem à construção de navios, máquinas específicas, caldeiras, aviões, satélites, edifícios, estradas e pontes.

Esses projetos são tipicamente relacionados à construção de aviões, navios e à construção civil, como estradas e pontes.

1.7.3.5 Combinação de sistemas de produção

Os sistemas anteriores podem sofrer variações. As combinações são utilizadas principalmente nos sistemas de produção para estoque. A manutenção de estoque sugere um custo adicional, onerando a cadeia de abastecimento. Algumas organizações adotam estratégias híbridas, em que alguns itens são produzidos a partir do recebimento do pedido, mantendo em estoque aqueles produtos ou materiais mais críticos de se obter.

1.7.4 Distribuição

A distribuição é um processo que está associado ao movimento de material de um ponto de produção ou armazenagem até o cliente. As atividades abrangem as funções de gestão e controle de estoque, manuseio de materiais ou produtos acabados, transporte, armazenagem, administração de pedidos, análises de locais e redes de distribuição, entre outras. O retorno de produtos em bom ou mau estado de conservação também é parte desse processo, embora pouca atenção seja dada a essa função em alguns segmentos. No entanto, a preocupação com o retorno de produto está começando a receber mais atenção, uma vez que a consciência também se volta para o meio ambiente, sem mencionar os custos provocados na cadeia de abastecimento, seja por devoluções totais e parciais de produtos em bom estado, seja por devoluções de produtos vencidos ou obsoletos. É a logística reversa que, nos dias atuais, tem alcançado uma importância significativa.

---

[11] Do inglês *design to order* ou *engineer to order.*

O processo de distribuição tem sido foco permanente das organizações, uma vez que seus custos são elevados e as oportunidades são muitas. Modelos de distribuição são discutidos a fim de obter-se a vantagem competitiva e colocar os produtos, principalmente bens de consumo, ao alcance dos consumidores. Características de distribuição como as apresentadas pelos setores de bebidas e sorvetes possuem custo alto em virtude da quantidade e da dispersão dos pontos de venda, somando-se ainda o fato de que as características de temperatura são relevantes, principalmente para sorvetes ou outros congelados.

O Brasil tem evoluído no aspecto de distribuição com empresas muito profissionais, tanto na armazenagem como no transporte. No entanto, nossa infraestrutura para transporte e distribuição contínua ainda é extremamente centralizada nas rodovias, que apresentam leitos bastante críticos, aumentando os custos de transporte pela necessidade de manutenção de veículos que transitam por elas. Os países desenvolvidos usam meios alternativos e combinados para efetuar a distribuição dos produtos por via marítima, rodoviária, ferroviária e aérea.

A terceirização da distribuição traz algumas vantagens para o processo, uma vez que empresas capacitadas já atuam no mercado nacional, devendo muito ao ingresso de organizações internacionais que nivelaram positivamente a qualidade da logística. Isso favorece o mercado interno, pois quem deseja se manter competitivo necessita igualar-se em custos e qualidade de serviços. Muitas empresas brasileiras estão qualificadas para exercer essa atividade no mesmo nível das grandes organizações internacionais.

Várias empresas de transporte começam a descobrir que estão no nicho de distribuição, e não apenas no de movimentação de cargas. Dessa forma, evoluíram em termos de conceito e estão também trabalhando com o conceito de armazenagem e distribuição, conhecidos como "operadores logísticos".

CONSIDERAÇÕES FINAIS

As organizações que querem obter sucesso no mercado competitivo global dependem extremamente do relacionamento que mantêm com seus fornecedores para atender, de modo eficiente, à demanda requerida pelos clientes. O corpo gerencial dessas empresas precisa ter flexibilidade e agilidade para responder prontamente às mudanças. O entendimento da cadeia de abastecimento e de seus subprocessos é fundamental para se atingir os resultados esperados. Repensar processos e modelos de negócios é pré-requisito para a sobrevivência em um ambiente de profundas transformações.

Utilizar as boas práticas de negócio é fundamental.

A orientação externa é essencial. "Ficar de olho" na concorrência é importante, mas entender o comportamento dos consumidores e suas necessidades é princípio de liderança. A evolução tecnológica tem sido rápida, e esperar demais pode ser extremamente prejudicial – primeiro porque a empresa tende à estagnação e segundo porque os funcionários partem para experiências mais arrojadas ou se sentem desmotivados por trabalhar em empresas pré-históricas.

Entender o consumidor é fundamental.

É evidente que se deve tomar cuidado com todas as oportunidades que são oferecidas. Nem todas trazem vantagens significativas e "trocar seis por meia dúzia" não faz muito sentido.

CASO

ZARA: COMO USAR *SUPPLY CHAIN* PARA OBTER VANTAGEM COMPETITIVA[12]

A Zara é uma varejista de moda internacional que regularmente lança produtos no mercado, geralmente mais rápido do que seus concorrentes em razão de sua forte cadeia de suprimentos. Apesar disso, a organização está enfrentando desafios contínuos, tanto em termos de demanda do consumidor quanto de custos finais. É necessário fazer uma análise estratégica pormenorizada, olhar para as forças mais amplas que se encontram na indústria e identificar como a empresa pode, então, utilizar os próprios pontos fortes e as oportunidades para estabelecer uma posição ainda mais encorpada na indústria da moda.

Ao longo dos anos, a Zara tornou-se uma das maiores e mais conhecidas marcas de varejo em escala global. Originada na Espanha, em 1963, a empresa é reconhecida internacionalmente, com mais de 7 mil lojas em 96 países, 174 mil funcionários – dados do início de 2019 – e receita superior a 26 bilhões de dólares também nesse ano.

Para efetivar sua presença na indústria da moda, a Zara conseguiu criar um alto nível de diferenciação e é vista como uma organização única, capaz de fornecer aos clientes produtos que os concorrentes não podem imitar facilmente. Essa imagem, que tem pleno reconhecimento do ambiente externo – apesar da forte pressão competitiva enfrentada por organizações dessa natureza –, é algo particularmente relevante em tempos econômicos difíceis, em que os consumidores têm menos renda disponível para comprar roupas.

---

[12] Estudo de caso elaborado pelo autor com base em pesquisas de textos, entrevistas e vídeos disponibilizados em diferentes meios de comunicação, como televisão, internet, jornais e livros.

Uma das principais estratégias da Zara para alcançar uma vantagem competitiva no mercado foi reduzir o prazo de produção de novos produtos de aproximadamente seis meses para apenas dois meses, o que significa que os clientes podem adquirir os melhores modelos rapidamente. Isso também é vantagem porque, uma vez que a empesa é capaz de oferecer continuamente novos produtos, torna-se urgente para os clientes a aquisição desses itens, levando ao receio de que não estejam disponíveis na próxima semana. Isso se reflete no fato de que a média global de visitas à rede por ano, por cliente, é de 17, em comparação a uma média geral de três em outras organizações semelhantes.

O mercado

Atentando especificamente para o que possibilita à Zara se manter tão forte dentro da indústria, é fundamental identificar o ambiente externo no qual a empresa se encaixa. Essa informação é, então, usada para criar a estratégia organizacional.

A indústria têxtil sofreu algumas modificações importantes no aspecto global, e a abertura de mercado foi um fator de destaque nessa indústria. Isso tornou o mercado muito mais competitivo, obrigando as empresas a buscar alternativas, seja criando modelos de negócios, seja reduzindo seus custos com o objetivo de atrair mais clientes. A desregulamentação da indústria têxtil favoreceu as organizações que tinham capacidade de produzir em escala, como é o caso da Zara. Além disso, a eliminação das cotas de importação por boa parte dos países com alto consumo de têxteis permitiu ao varejista espanhol um maior acesso aos mercados internacionais.

As crises globais geram enormes impactos na indústria da moda, obrigando os consumidores a fazer escolhas considerando os aspectos econômicos, reduzindo o montante de seus gastos, em especial com artigos de vestuário. Com isso, a competitividade se vê orientada ao preço mais baixo. E nisso a Zara tornou-se particularmente muito competente, atingindo extremo sucesso em tempos de dificuldades econômicas.

Não se pode negar que, quando se trata de moda, os fatores sociais desempenham um papel muito importante. A Zara mantém popularidade e aceitação social por ter identidade bastante forte e amplamente reconhecida.

Os avanços tecnológicos também tiveram um impacto sobre a indústria da moda, principalmente no *design*. Além disso, o uso de novas tecnologias permite que a cadeia de abastecimento seja mais eficiente, assegurando que os produtos estejam nas ruas muito mais rápido.

Dois dos problemas enfrentados pela indústria da moda são a concorrência e a habilidade de se plagiar produtos. Um fator de propriedade intelectual, muitas vezes difícil e caro de coibir. A Zara superou essa ameaça reduzindo os prazos em sua cadeia de abastecimento. Isso significa que ela terá sempre uma vantagem por se movimentar primeiro e de forma acelerada.

Os fatores ambientais e sociais de manufatura têxtil também são importantes, seja na produção, seja no aspecto de terceirização de mão de obra. A nova abordagem da Zara, de lançamentos rápidos e frequentes, gera nos consumidores uma sensação de produto descartável, o que é muito nocivo ao meio ambiente, principalmente se os produtos forem descartados ao invés de reciclados.

Zara e *supply chain*

A Zara mantém o consumidor no centro de sua estratégia operacional. E uma das principais forças dela é sua cadeia de abastecimento altamente desenvolvida, que lhe permite oferecer novos produtos ao mercado rapidamente. O varejo torna-se cada vez mais fragmentado, e os clientes têm uma variedade de canais para adquirir produtos. Contudo, a Zara tem usado com habilidade a máquina para obter eficiência inovadora, ágil e com baixo custo. Sua *supply chain* é ágil o suficiente para reagir às necessidades dos consumidores. Isso se denota pela sua capacidade de entregar novos produtos quinzenalmente a uma rede global de lojas, minimizando o desperdício e maximizando a qualidade.

Para realizar esse modelo de varejo multicanais (*omnichannel*) totalmente integrado, usa tecnologia de ponta principalmente onde há contato com o consumidor. Desde a fabricação do vestuário até o controle de qualidade e logística, todos os elementos essenciais do produto e da experiência da marca são projetados visando atender ao desejo do cliente, na loja física ou *on-line*. A experiência dele é um componente do processo de inovação. Isso não só garante que o desenvolvimento de produtos seja relevante para as necessidades de seus consumidores mas também possibilita cultivar uma conexão forte entre eles e a marca.

A Zara adota uma abordagem diferenciada em relação à sua cadeia de abastecimento com a finalidade de atender aos requisitos básicos de agilidade e preço. Os principais são citados a seguir.

- Compras de insumo
  Os colaboradores da área de compras buscam otimizar as necessidades de aquisição obtendo aquilo que é essencial para produzir, reduzindo, assim, a quantidade de descartáveis e lixo têxtil. Aqueles produtos que não atendem às necessidades de mercado podem ser reutilizados em projetos diferentes.

- Relacionamento colaborativo com os fornecedores
  Os fornecedores têm um relacionamento cordial com as fábricas da Zara. Com isso, conseguem realizar um planejamento adequado para atender aos volumes demandados pela empresa.

- Integração e *feedback* das lojas para as fábricas
  Os gerentes de loja relacionam-se com os *designers* e com as fábricas para retroalimentar a cadeia com sugestões e recomendações dos clientes. Isso possibilita agilidade para entender o mercado.

- Gestão da demanda

  A Zara utiliza modelos avançados de gestão de estoques para identificar a quantidade exata de itens necessários em cada loja da empresa. Os lotes são enviados uma ou duas vezes por semana para as lojas. Essa estratégia faz com que haja um controle maior dos itens não vendidos e evita a falta de produto. Enviando os artigos em menor quantidade, há possibilidade de se tomar decisões de mudança caso não haja aceitação de determinado item em algum lugar do planeta em algum momento. Agindo dessa forma, a Zara tem a possibilidade de determinar com exatidão quais produtos estão sendo vendidos e eventualmente aumentar a reposição deles.

- Produção de lotes pequenos

  Para seguir o modelo de manufatura enxuta e *just in time*, a Zara fabrica pequenos lotes, uma vez que esse mercado oferece muitas incertezas de consumo. As estratégias de *supply chain* aplicadas pela Zara têm colocado a empresa em uma posição de vanguarda em relação à concorrência. Trata-se de um exemplo bastante característico do uso da cadeia de valor para ganhar notoriedade e espaço de mercado sem necessariamente orientar-se apenas pelas otimizações de custos.

Questões para revisão

1. **O que é uma cadeia de abastecimento integrada? Descreva a relação entre a eficiência da cadeia de abastecimento de uma organização e a satisfação do cliente.**
2. **Por que a cadeia de abastecimento integrada é tão importante para as organizações? Explique a expressão: "estar em todos os lugares com produtos acessíveis para todos os consumidores".**
3. **Escolha três forças que atuam na cadeia de abastecimento e descreva-as, enriquecendo sua descrição com exemplos característicos.**
4. **Quais são os elementos da cadeia de abastecimento integrada? Selecione um desses elementos e descreva seu processo.**
5. **Explique a diferença entre "produção para atender a níveis de estoque" e "produção para atender a um pedido específico". Em qual deles o estoque de produto acabado é mais elevado?**

2 Alinhando a cadeia de abastecimento às estratégias de negócio

OBJETIVOS

Após a leitura deste capítulo, você será capaz de entender:

- ✓ conceitos e definições das estratégias empresariais;
- ✓ a importância da formulação de estratégias;
- ✓ valores de competitividade estratégica e vantagem competitiva;
- ✓ como alinhar as estratégias corporativas.

FIGURA 2.1 Alinhamento da cadeia de abastecimento às estratégias de negócio

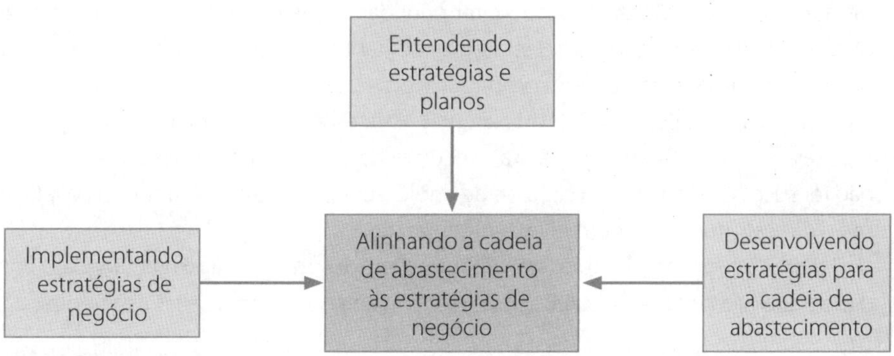

Fonte: elaborada pelo autor.

2.1 VISÃO GERAL

Estratégia é a combinação de decisões e atividades que as organizações executam para atingir os objetivos de negócios e assegurar a vantagem competitiva no mercado. A essência da estratégia é realizar atividades de modo diferente da concorrência e manter a vantagem competitiva. Essa afirmação não é recente; foi feita em 1985 por Michael Porter.[1]

A confusão que permeia o conceito é que muitas vezes se entende por estratégia a forma mais eficiente de realizar determinada tarefa. Isso não é estratégia competitiva, mas uma maneira de ser mais eficiente operacionalmente. Estratégia é realizar de maneira diferente as atividades que os concorrentes realizam e que, por conseguinte, geram uma vantagem competitiva.

As forças, fraquezas, oportunidades e ameaças formam a estrutura mais comum para se definir uma estratégia de negócio. A realização de uma análise Swot[2] envolve trabalhos direcionados às análises internas – forças e fraquezas –, relacionadas às oportunidades e ameaças do ambiente externo em que se compete. As organizações são obrigadas a adotar ações estratégicas para manter suas forças, eliminar fraquezas, aliviar ameaças e capitalizar oportunidades.

A técnica Swot, embora parcialmente questionada nos tempos modernos, tem sido aplicada por décadas, com resultados interessantes para as empresas, e amplamente utilizada não apenas nas esferas mais altas da organização mas também em seminários com o intuito de identificar problemas e ineficiências nos processos organizacionais.

A distância entre a situação atual e o estado competitivo desejado representa o espaço estratégico a ser preenchido. Criar alternativas que levem de um estado a outro é uma abordagem de raro conhecimento, ou seja, é o planejamento estratégico.

Outra avaliação importante no processo estratégico refere-se ao que a empresa ou organização deve realizar para competir, o que ela pode executar considerando as competências internas e, ainda, o que ela deve conhecer para executar a estratégia e o que ela já conhece. Em resumo, a geração de uma estratégia é fundamental para a organização, porém a disciplina em sua execução deve também ter prioridade. Este é um dos elos mais fracos na condução dos planos estratégicos. Estratégias brilhantes e criativas, mas mal executadas, não darão à empresa a vantagem competitiva esperada; ao contrário, podem gerar reveses. A organização incapaz de gerar ou executar estratégias deve adquirir conhecimentos externos, seja para a geração, seja para a execução da estratégia. Grandes estrategistas podem não ter sucesso se não forem capazes de implementar suas estratégias por si próprios ou por meio das estruturas que permeiam a organização.

Não são raros os exemplos de organizações, dos mais variados tamanhos e complexidades, que não possuem qualificação e disciplina na execução de suas estratégias.

---

1 Michael Porter, nascido em 1947, é professor da Harvard Business School e escreveu artigos e livros de estratégia que se tornaram importantes fontes de pesquisa para estudiosos, empresários e líderes organizacionais e governamentais.

2 Sigla dos termos em inglês *strengths, weaknesses, opportunities, threats.*

2.2 ENTENDENDO ESTRATÉGIAS E PLANOS

O planejamento estratégico de uma organização está relacionado ao processo de desenvolver e construir estratégias e administrar a empresa de acordo com as decisões e os objetivos estabelecidos em médio e longo prazos. Esses objetivos devem orientar as estratégias. As organizações que adotam o planejamento estratégico preocupando-se com o futuro buscam claramente definir onde querem estar em determinado período. Em vez de estar constantemente reagindo às oscilações do mercado e aos posicionamentos da concorrência, elas tomam suas decisões orientadas pela estratégia desenvolvida, compondo as atividades operacionais de curto prazo e, ao mesmo tempo, projetando seu futuro. Não é tarefa simples; exige visão e desprendimento do presente, habilidades essas que poucas empresas têm.

A estratégia deve ser criada para direcionar os investimentos futuros, os produtos a serem comercializados, os modelos de negócios, o enfoque de mercado, as habilidades pessoais necessárias e as estratégias operacionais. Servirá também para avaliar os pontos fracos e fortes da empresa, a situação de competitividade e o que pode e deve ser feito para melhorar o relacionamento com os clientes e o posicionamento de mercado. As organizações estão em constante mudança, pressionadas pelas forças econômicas, competitivas, políticas e ambientais. Os acordos comerciais multilaterais, a globalização, a evolução da tecnologia, os novos modelos de negócios, as redes sociais e a mudança de hábitos dos consumidores são variáveis externas que colocam as organizações em xeque, desafiando suas decisões e sua capacidade de construir estratégias vencedoras e de sobrevivência.

A seguir, alguns desafios enfrentados pelas organizações, que devem ser focalizados no desenvolvimento estratégico.

FIGURA 2.2 Desafios centrais do desenvolvimento estratégico

Intensa competição
Novos concorrentes
Participação de mercado
Regras governamentais
Problemas financeiros
Visão futura
Comportamento dos consumidores

Fonte: elaborada pelo autor.

Os desafios estratégicos são enormes. As situações de mercado cada vez mais se revelam difíceis. O que talvez minimize as preocupações é que os problemas pertencem a todos, e todas as organizações precisam enfrentar de alguma maneira essa dura realidade. Preocupações como competição intensa, novos concorrentes, variação na participação de mercado, regras impostas pelo governo, hábitos dos consumidores e problemas financeiros devem ser foco quando da elaboração do planejamento estratégico.

A definição de uma estratégia corporativa determinará as estratégias a serem adotadas pelas áreas funcionais da organização, como marketing, vendas e operações.

É fundamental entender que vivemos em um ambiente de riscos, e os desafios na construção das estratégias devem considerar a convivência com as incertezas do futuro, os processos de aprendizado, a administração das mudanças e a gestão de organizações complexas em mercados globais.

2.3 PLANEJAMENTO ESTRATÉGICO

O planejamento estratégico é um esforço para produzir decisões que orientarão as ações da organização. Deve ser simples, claro e conter a missão, os princípios, as metas e os objetivos da empresa, com base nas premissas e variáveis internas e externas.

As variáveis internas concentram-se nos recursos financeiros, humanos e tecnológicos. Apresentam maior grau de controle, uma vez que as ações sobre elas podem ser imediatas. Já as variáveis externas apresentam maiores riscos e menor nível de controle (ou nenhum controle). Correspondem ao mercado e aos clientes, à concorrência, à conjuntura social, política e econômica e aos fornecedores.

A elaboração do planejamento estratégico é fundamental para que a empresa possa conhecer e identificar as variáveis que a cercam.

2.3.1 Visão

Uma visão realista do negócio é o primeiro passo no processo de planejamento estratégico. Estabelecer objetivos viáveis e passíveis de serem alcançados é o grande desafio. Não é proibido sonhar. O sonho faz parte do processo, mas os passos seguintes serão responsáveis por transformar sonhos em objetivos concretos. A função principal e universal de um líder é ter uma visão clara dos negócios da companhia, transmitindo-a para toda a organização e compartilhando-a com os colaboradores, para assegurar o comprometimento no sentido de que essa visão seja perseguida e priorizada dentro da empresa, não só nos níveis superiores como também naqueles mais operacionais. Aliás, o grande desafio do líder não é apenas transformar o sonho em objetivos alcançáveis mas também comunicar esses objetivos de tal forma que sejam entendidos e perseguidos por toda a organização.

Uma visão de sucesso deve ser breve, enfocar um futuro melhor, com objetivos e resultados positivos, além de inspirar entusiasmo.

Para ter uma boa visão empresarial, três aspectos relevantes devem ser considerados em uma organização:[3] os valores importantes para ela, a proposta de existência e a missão.

A visão trata de estabelecer, na teoria, o salto para o futuro, enquanto a estratégia define os meios para dar esse salto.

2.3.2 Valores

Os valores representam os princípios que governam a operação dos negócios da organização. É a forma como a organização se relaciona com seus funcionários, seus investidores, seus clientes, seus fornecedores e a sociedade em geral. Os valores e as crenças devem permear a organização em todos os aspectos: nas decisões, nas políticas e nas ações que serão tomadas. São os valores da organização que revelam sua grandiosidade, que produzem satisfação ou insatisfação nos funcionários, que causam confiança e credibilidade nos fornecedores, nos clientes e na sociedade em geral. Os valores impulsionam os sentimentos para fora da organização, possibilitando ações sociais, como as geradas pela Basf com o Projeto Crescer, que concede bolsas a estudantes; a Nestlé com o programa Nutrir, o qual compartilha com as comunidades conhecimentos sobre nutrição; a HP, a Unilever e a Natura em relação à sustentabilidade; o Magazine Luiza com a iniciativa Rede do Bem, representada por voluntários incentivados pela empresa a atender às comunidades mais carentes. Os valores da organização são defendidos pelos seus funcionários, que fazem questão de propagá-los.

As organizações de sucesso definem seus valores e eles se mantêm ao longo do tempo, enquanto as estratégias, os objetivos e os planos se alteram a fim de que sobrevivam em um mundo extremamente competitivo. Esses valores transcendem as lutas para sobreviver no mercado competitivo, nas tendências tecnológicas e nas inovações organizacionais. Eles determinam a cultura da organização. Alguns dos normalmente considerados pelas organizações são honestidade, integridade, responsabilidade, competência e persistência.

Por meio dos valores justifica-se a classificação de empresas como "melhores" ou "piores" para se trabalhar. Eles nascem com a liderança através dos tempos e permeiam a organização, ainda que o objetivo seja o lucro. Organizações que visam ao lucro devem trabalhar de tal forma que possam atingi-lo. Contudo, é perfeitamente possível obter lucro e, ao mesmo tempo, ter valores morais e culturais que permitam ao ser humano sentir-se bem no trabalho e realizar com satisfação as suas atividades.

---

3 COLLINS, J. C.; PORRAS, J. I. *Built to last:* successful habits of visionary companies. New York: Harper Business, 2004.

2.3.2.1 Propósito de existência

O propósito ou a intenção de existência da empresa está extremamente conectado aos valores da organização. O propósito nada mais é que uma definição clara e objetiva do motivo que leva uma organização a existir, fornecendo-lhe um senso de direção.

QUADRO 2.1 Exemplos do propósito de existência de algumas organizações

ORGANIZAÇÃO	PROPÓSITO
Walt Disney	Fazer as pessoas felizes.
3M	Resolver problemas não solucionados de forma inovadora.
Mary Kay	Dar oportunidade ilimitada às mulheres.
Walmart	Dar às pessoas comuns a chance de comprar as mesmas coisas que os ricos compram.

Fonte: elaborado pelo autor.

2.3.2.2 Missão

A missão corresponde a um esforço genérico da organização, na qual todos se envolvem e seguem uma única direção com a finalidade de obter resultados. Ela deve focalizar os potenciais econômicos de longo prazo, as atitudes em relação aos clientes e consumidores, os níveis de qualidade de serviços e produtos, a convivência e o relacionamento entre empregados e as atitudes em relação aos investidores e proprietários. Cria uma identidade para a empresa e atua como elemento-chave na elaboração das estratégias em todos os níveis. A missão deve orientar os esforços da organização para uma única direção.

Certa empresa pode determinar sua missão da seguinte forma: "Nossa missão é projetar, desenvolver, produzir e vender produtos que possam satisfazer às necessidades específicas de um grupo de clientes por meio de canais de distribuição em uma área geográfica definida".

O direcionamento dado pela missão é de grande importância, uma vez que ela atua como elemento fundamental na consolidação das propostas da organização, impulsiona e direciona a alocação de recursos, e estabelece o ambiente interno dessa organização.

As declarações existentes em uma missão, comunicadas eficientemente a toda a organização, criam um comportamento cultural e servem como base para o desenvolvimento do respeito mútuo, afetando a empresa internamente e as organizações externas que interagem com ela, como fornecedores e clientes.

QUADRO 2.2 Exemplos de missão de algumas organizações

EMPRESA	MISSÃO
Natura	Nossa razão de ser é criar e comercializar produtos e serviços que promovam o bem-estar/estar bem. Bem-estar é a relação harmoniosa, agradável do indivíduo consigo mesmo, com seu corpo.
Unilever	Levar vitalidade para o dia a dia. Atendemos às necessidades diárias de nutrição, higiene e cuidados pessoais com marcas que ajudam as pessoas a se sentirem bem, bonitas e aproveitarem mais a vida.
Magazine Luiza	Ser uma empresa competitiva, inovadora e ousada que visa sempre o bem-estar comum.
Ford	Oferecer produtos e serviços excepcionais, que melhorem a vida das pessoas.
Google	Organizar as informações do mundo e torná-las universalmente acessíveis e úteis.

Fonte: elaborado pelo autor.

2.3.3 Objetivos

Os objetivos são traçados com o intuito de obter resultados em médio e longo prazos. Normalmente, tendem a ser uma meta genérica para a organização ou uma melhora específica nos processos – todos eles acompanhados de indicadores preestabelecidos que mostrarão se os resultados estão sendo alcançados.

Os objetivos devem ser acompanhados de indicadores de desempenho.

Eis alguns exemplos de formulação de objetivos.

- Redução do ciclo de desenvolvimento de um produto em 30% nos próximos três anos.
- Expansão das operações para atingir outras áreas geográficas em dois anos.
- Conquistar dez pontos na participação de mercado no próximo ano.
- Reduzir a rotatividade dos funcionários nos próximos dois anos.
- Triplicar o número de pontos de vendas nos próximos três anos.
- Transformar-se em uma organização mundial em três anos.

Esses exemplos demonstram claramente o intuito de mudar uma posição, indicando também em quanto tempo essa mudança deve ser realizada. As estratégias são elaboradas para atender a essas necessidades.

2.3.4 Estratégias

Estratégias, no campo da administração de empresas e seus negócios, estão vinculadas aos planos que integram a organização. Elas definem como esta vai sair da situação em que está no momento para alcançar os objetivos que foram estabelecidos. Podem considerar aspectos variados, como aquisição e construção de novas plantas ou novas organizações, fechamento de plantas, diversificação de produtos e canais de distribuição, descontinuação de produtos, associação com outras empresas, terceirização de atividades não afins, entre outros. As estratégias definem também os negócios que a empresa estará administrando, sua estrutura organizacional e as contribuições que serão feitas aos investidores, aos empregados, aos clientes e à comunidade.

O termo **estratégia** provém da arte da guerra e foi usado para descrever o processo de planejamento e implementação de táticas para vencer os inimigos. Nos anos 1970, após a crise do petróleo, ele passou a ser usado pelas organizações empresariais. Esse ambiente, conhecido como "ambiente hostil", foi caracterizado por um crescimento lento e irregular, agravado por pressões inflacionárias, imposições governamentais, competição intensa e decisões inconstantes com relação aos investimentos. Nesse cenário, as empresas precisaram adotar "estratégias" que pudessem mantê-las em posição de competição no mercado ou, então, seriam eliminadas.

As grandes organizações definem e documentam suas estratégias. Nas pequenas, as estratégias são quase sempre informais e administradas por deduções.

2.3.4.1 Tipologias estratégicas de Miles e Snow[4]

As estratégias organizacionais estão geralmente vinculadas ao comportamento assumido pelas empresas, o qual pode apresentar quatro perfis estratégicos nos processos de adaptação às mudanças externas. Esse comportamento pode ser: defensivo, prospectivo, analítico ou reativo. Há estudos que analisam a importância relativa das áreas funcionais em relação a um conjunto de estratégias.

2.3.4.2 Comportamento defensivo

Organizações com comportamento defensivo buscam incessantemente a eficiência.

O comportamento defensivo é próprio das organizações que se entrincheiram em seus nichos de mercado, otimizando e melhorando o que fazem por meio do aumento de eficiência. São organizações altamente capazes de responder às necessidades do

[4] MILES, R. E.; SNOW, C. C. *Organizational strategy, structure and process*. California: Stanford University Press, 2003.

mundo atual no aspecto produtivo. Se houver similaridade entre o futuro e o presente, o comportamento defensivo e protecionista de mercado pode dar resultados. No entanto, se sérias modificações tecnológicas de produto e processo ocorrerem, como vem acontecendo na economia moderna, dificuldades serão encontradas.

Grandes organizações apresentam o comportamento defensivo, mantendo seus nichos com produtos relativamente estáveis. Essas empresas focam os produtos ou serviços e protegem seu espaço no mercado com itens de alta qualidade, nível de serviço elevado e preços inferiores aos da concorrência, preservando sua presença de forma segura e tendendo a um número mais limitado de produtos e serviços que a concorrência. Uma empresa com características defensivas normalmente não está à frente do seu segmento de indústria em termos de pesquisa e desenvolvimento. Esse comportamento evita riscos e tende a ficar para trás em termos de inovação.

Uma forma de comportamento defensivo, e que vem ocorrendo muito ultimamente, é a aquisição de concorrentes.

2.3.4.3 Comportamento prospectivo

Organizações com comportamento prospectivo são inovadoras.

O comportamento prospectivo corresponde às organizações que estão em constante busca de oportunidades e que, em geral, estão mais avançadas que seus concorrentes, sempre lançando novos produtos e identificando as necessidades do mercado ou produzindo ideias bem-aceitas pelos compradores. São quase sempre imunes às pressões de mercado, uma vez que esse tipo de organização está continuamente monitorando o mercado em busca de oportunidades e inovações. Focam mudanças e incertezas por meio da inovação.

2.3.4.4 Comportamento analítico

Organizações com comportamento analítico tendem a imitar empresas inovadoras.

O comportamento analítico é próprio dos imitadores astutos e cautelosos, que combinam comportamento defensivo com prospectivo. Mantêm-se eficientes e produtivos quando o mercado está estável; contudo, aceleram seu processo de inovação e reagem a partir do momento em que se sentem ameaçados de alguma forma pela concorrência. As organizações que se enquadram nesse tipo de comportamento são também qualificadas como seguidoras bastante rápidas. Buscam equilibrar os riscos e os retornos comparando e seguindo outras empresas – normalmente, aquelas de comportamento prospectivo.

2.3.4.5 Comportamento reativo

Organizações instáveis, sem estratégias definidas,
apresentam comportamento reativo.

Têm esse comportamento as organizações que reagem sob pressão, são sempre instáveis e não possuem mecanismos que permitam responder rápida e consistentemente às demandas do mercado e do ambiente em que atuam. Na verdade, a estratégia de reação não é uma estratégia eficaz, uma vez que a organização é forçada a responder ao mercado impulsionada pela concorrência. Além disso, as empresas que se enquadram nesse tipo de comportamento não têm uma orientação planejada para o mercado ou produto; como resultado, encontram-se sempre em crise. Trabalham orientadas para o curto prazo, e não para o longo prazo.

2.3.4.6 Estratégias competitivas de Porter

Em 1980, Michael Porter, conhecido estudioso das estratégias, propôs modelos de estratégias genéricas associadas ao desempenho das organizações, acrescentando o que ele chama de "manter-se no meio ou ficar em cima do muro", o que gera um impacto extremamente negativo no desempenho. Embora muito se tenha evoluído em termos de estratégia, os estudos de Porter continuam em evidência com algumas adequações. As estratégias são liderança com predominância em custo, diferenciação e foco.

2.3.4.7 Liderança com predominância em custo

As organizações que perseguem esse modelo objetivam atingir custos mais baixos em termos de distribuição e produção. Dessa forma, seus preços são inferiores aos da concorrência, e elas conseguem ganhar participação de mercado. As empresas que adotam essa estratégia devem apresentar bons requisitos em termos de engenharia, compras, produção e distribuição. O grande problema enfrentado por elas é que normalmente aparecem outras companhias que também praticam custos mais baixos. O grande segredo, nesse caso, é buscar os custos mais baixos entre os concorrentes e, ao mesmo tempo, adotar diferenciações de produtos similares e focalizar a estratégia.

Na atualidade, as empresas investem muito na cadeia de demanda e abastecimento, exatamente porque o potencial competitivo de redução de custos reside nesses processos. Aquelas que não adequarem sua cadeia de valor também em termos de custos terão sérios problemas de competitividade.

FIGURA 2.3 Estratégias competitivas de Porter

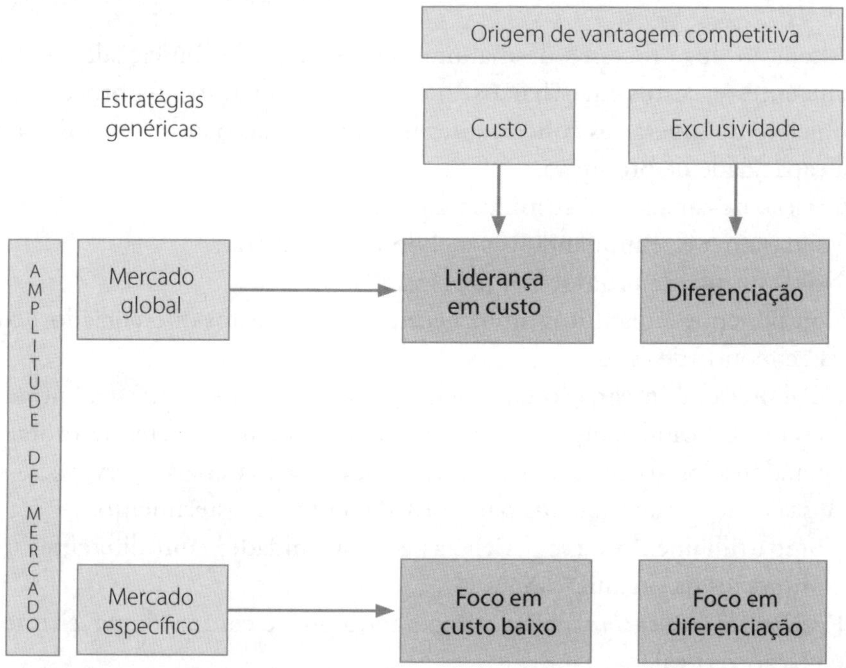

Fonte: elaborada pelo autor.

Os critérios básicos para ter liderança em custos são produtos e serviços padronizados, aceitação das características dos produtos ou serviços por uma grande quantidade de clientes e consumidores, e preços competitivos.

Em um mercado extremamente competitivo, não é tarefa simples atingir a posição de liderança em custos, por isso a organização deve estabelecer metas claras para atingir esse objetivo.

Para reduzir custos, é necessário administrar os custos das atividades geradas externamente, como serviços e obtenção de materiais. Também é preciso manter um controle rigoroso sobre as operações produtivas, simplificar os processos, possuir instalações de manufatura "classe mundial", ter um excelente processo produtivo, ágil e enxuto, que possa gerar economia de escala, e manter em patamares reduzidos os custos de serviços, vendas, pesquisa e desenvolvimento.

As organizações que buscam o posicionamento de liderança em custos estão permanentemente monitorando seus custos e procurando alternativas para sua redução. As vantagens nesse aspecto podem ser obtidas com o entendimento dos geradores de custos e a realização de uma revisão ou transformação da cadeia de valor, que pode ser amplamente efetivada, englobando atividades como as seguintes.

- Alteração dos processos de manufatura e serviços ao buscar alternativas mais eficientes e custos mais baixos, incluindo automação dos processos, com o objetivo de superar os concorrentes na administração desses custos e aumentar a capacidade de produção.
- Criação de canais de distribuição alternativos.
- Vendas diretas, eliminando o papel do intermediário.
- Novas formas de promoção e propaganda.
- Componentes substitutos ou fornecedores com custos diferenciados, com base na economia de escala.
- Colaboração e integração da cadeia de abastecimento, tanto na entrada como na saída, buscando sinergias na cadeia de valor com os diferentes protagonistas: operadores logísticos, clientes e fornecedores de materiais e serviços.
- Busca de locais alternativos para fornecimento e abastecimento.
- Compartilhamento de experiências e oportunidades com diferentes unidades de negócios da organização.
- Realização do *benchmarking*, comparando prós e contras de terceirização e integração vertical.
- Simplificação do ciclo de desenvolvimento e lançamento de produtos e serviços.
- Foco em produtos e serviços, buscando especialização em mercados específicos.

Uma organização que apresenta características voltadas para a liderança em custos possui uma cultura empresarial direcionada para o controle intenso de custos e análises detalhadas de orçamentos. Perdas de qualquer natureza não são toleradas. Todos os funcionários devem conhecer a importância da redução de custos para a organização. Os administradores buscam incessantemente identificar as atividades que os geram e utilizam sua experiência para baixar ou eliminar procedimentos e processos da cadeia de valor que originam custos desnecessários.

A estratégia para liderar em termos de custo tem algumas características de solidez interessantes, uma vez que possibilita à empresa enfrentar a concorrência por estar mais bem posicionada em termos de preço e, com isso, ter um maior poder de barganha com grandes clientes. Além disso, manter os preços baixos contribui para dificultar a entrada de novos concorrentes no mercado.

No entanto, manter-se extremamente centrado em custo pode trazer inconvenientes. A organização que se fixa em demasia na redução de custos pode apresentar falhas ao responder às necessidades do mercado, às inovações, aos serviços e aos produtos.

Caso o consumidor ou cliente, por alguma razão, deixe de ser sensível apenas ao preço final do produto, a estratégia de custo baixo pode trazer problemas significativos. Avanços tecnológicos podem ainda gerar reduções de custos para os concorrentes, anulando certas eficiências do fabricante de custo baixo.

2.3.4.8 Diferenciação

Nesse modelo estratégico, as empresas concentram-se para atingir um desempenho superior, gerando benefícios para os clientes. Elas podem ter como objetivo ser líder em serviço, qualidade ou tecnologia, mas é impossível ter todas essas qualificações ao mesmo tempo. Assim, cultivam os benefícios que trarão vantagem competitiva. Uma empresa que deseja liderança em qualidade deve comprar os melhores componentes, investindo inclusive em inspeção.

Para obter diferenciação, é fundamental que produtos e serviços tenham características únicas, aquelas não disponíveis nos produtos dos concorrentes e com qualidade visivelmente superior, e que influenciem a preferência do cliente ou consumidor. Identificação de formas que adicionam valor aos produtos e aos serviços que não são fáceis de ser imitadas pelos concorrentes, alto nível de serviço ao cliente e ciclo de inovação rápido também são pontos que possibilitam diferenciação.

As diferenciações de sucesso em produtos e serviços permitem que a organização possa comandar os preços de mercado, aumentar as vendas e obter a fidelidade do cliente em relação ao produto ou serviço.

Existem muitas abordagens sobre o processo de diferenciação de produtos ou serviços, entre as quais podemos mencionar prestígio superior, nível de serviço elevado, produto diferenciado, qualidade indiscutível e liderança tecnológica.

Os esforços determinantes para obter a diferenciação requerem enfoque em qualidade e alta capacidade no processo de inovação. Além disso, desenvolver novos processos e novas tecnologias e ter habilidade em comunicar o diferencial por meio de propagandas tornam-se essenciais para ser diferente. Um último item também deve ser levado em conta: manter o quadro de funcionários estável, com baixa rotatividade, gera motivação ímpar. Empregados de empresas que atuam com estratégias diferenciadas possuem competências das quais o mercado tem constante necessidade e, portanto, eles são frequentemente assediados pelos concorrentes. A perda desses funcionários pode ser desastrosa.

As atividades ou áreas das organizações nas quais as oportunidades de diferenciação são prioritárias são compras, pesquisa e desenvolvimento, vendas, marketing, distribuição, produção e serviços.

A estratégia de diferenciação tem aspectos competitivos bastante fortes. Essa característica se deve principalmente à credibilidade e à fidelidade dos clientes e dos consumidores.

As diferenciações de sucesso em produtos e serviços permitem que a organização possa comandar os preços de mercado, aumentar as vendas e obter a fidelidade do cliente em relação ao serviço ou ao produto.

Também é necessário considerar o tipo de diferenciação que se deseja, como os serviços ou produtos que apresentam maior dificuldade de ser copiados ou imitados. De outro lado, oferecer produtos e serviços mais atrativos, como tecnologia superior, suporte, garantia, modelos de negócios alternativos, qualidade e maior valor agregado para o cliente e o consumidor, conduz à diferenciação.

Contudo, as estratégias de diferenciação também apresentam alguns aspectos negativos, principalmente com relação às características de diferenciação não notadas pelos clientes e consumidores. Outro fator importante é a diferenciação extrema, que ultrapassa as necessidades dos clientes e consumidores, obrigando a prática de um preço elevado. Essas características não identificam, muitas vezes, o que o comprador interpreta como valor agregado em serviço e produto, influenciando diretamente o binômio preço-valor.

No panorama de estratégia competitiva, uma organização que utiliza o conceito de liderança em custo pode superar aquela que aplica a estratégia de diferenciação, sobretudo quando o cliente está satisfeito com os serviços ou produtos padrões de mercado e não vê valor agregado ao gastar somas adicionais.

2.3.4.9 Foco

As empresas mantêm o foco em um ou mais segmentos de mercado em vez de atuar em todos eles. Buscam entender as necessidades dos segmentos e perseguem, ainda, a liderança em custos como uma maneira de diferenciar-se dos concorrentes.

As estratégias de foco correspondem à concentração de esforços e ao desenvolvimento de habilidades para atender a segmentos específicos do mercado, ou seja, para atuar de forma superior aos concorrentes, selecionando um nicho no qual clientes e consumidores têm preferências e necessidades específicas. Essa tipologia estratégica baseia-se principalmente no tipo de cliente ou consumidor, nos tipos de produto ou serviço e nas características geográficas.

Concentrar os esforços em um nicho de mercado significa ter custos inferiores ou ofertas diferenciadas, ou as duas coisas, em relação aos concorrentes. Percebe-se, então, que as estratégias de baixo custo e diferenciação estão presentes nas estratégias de foco de mercado. Comprar um carro da marca Ferrari não é privilégio de todos; no entanto, existe um mercado consumidor interessado – e com poder aquisitivo – nesse tipo de veículo. E assim ocorre com perfumes, alimentos, *smartphones*, roupas e uma infinidade de bens de consumo disponíveis para aquisição.

Na área de serviços, é muito comum a atuação em diferentes nichos. Restaurantes cujos pratos apresentam preços elevadíssimos buscam atender a classes e segmentos específicos. Cabeleireiros, manicures, oficinas mecânicas, cinemas e hotéis são exemplos categóricos de atuação em nichos diferenciados em custos e valor agregado de serviços ou produtos.

Então, o que pode fazer com que uma organização venha a se sentir atraída a investir em determinado nicho de mercado? Algumas respostas a essa indagação podem ser: segmento com potencial de gerar bons lucros; concorrentes que não se interessam pelo segmento, o que pode deixar a organização em situação tranquila, pelo menos por algum tempo; o nicho apresenta potencial para desenvolvimento e crescimento; e aproveitamento de alguns recursos já existentes na organização e que podem servir a um nicho adicional sem grandes esforços administrativos ou financeiros.

A estratégia de foco apresenta características fortes, oferecendo resistências significativas aos ataques da concorrência, quando esta não tem capacidade de responder às necessidades específicas de um grupo de clientes. Da mesma forma, as competências de uma organização que estrategicamente prioriza um segmento de mercado podem atuar como barreiras à entrada de novos concorrentes.

Essa estratégia exige uma identificação muito forte das necessidades específicas dos clientes. Ela funciona melhor quando nenhum concorrente está atuando no segmento, ou a indústria tem muitos segmentos oferecendo oportunidade para focar determinados nichos. Além disso, organizações que atuam em múltiplos segmentos podem não encontrar vantagens em investir nos nichos específicos. No entanto, podem existir alguns riscos relevantes nessa estratégia: uma vez descoberto e explorado o nicho, caso ofereça vantagens significativas, ele pode atrair a atenção de concorrentes importantes, diminuindo os lucros. As preferências dos consumidores e dos clientes podem mudar para características mais globais de produtos.

2.3.4.10 Integração das estratégias de custo baixo e diferenciação

As estratégias mencionadas não são excludentes e podem ser combinadas entre si. Embora, para Porter, essa alternativa seja perigosa para as organizações e possa trazer impactos negativos, as empresas têm feito uso dela. A integração das estratégias de custo baixo e diferenciação pode ser obtida pelas organizações por meio de utilização de sistemas flexíveis de manufatura em busca de redução de custos e diferenciação de produtos, bem como pelo uso do conceito de qualidade total para gerar produtos e serviços de alta qualidade e, simultaneamente, reduzir os custos.

O risco associado a esse tipo de estratégia seria a organização não ter nenhuma estratégia propriamente definida, permanecendo no meio das duas e deixando de desenvolver as competências necessárias para efetivamente enfrentar os concorrentes.

2.3.4.11 Estratégias de Arnoldo Hax

Arnoldo Hax é um conhecido professor do Massachussets Institute of Technology (MIT), de origem chilena, que elaborou algumas teorias referentes à estratégia das corporações e tem trabalhado com grandes organizações na coordenação de seus elementos estratégicos.

Um dos aspectos que tem chamado atenção em sua teoria é a evolução das empresas, que migram do conceito de produto ou serviço de forma isolada para o conceito de solução, associando o binômio produto e serviço como elementos obrigatórios na competitividade das empresas.

A Figura 2.4 (modelo delta) demonstra que no topo residem as organizações com tecnologia avançada, dominando totalmente o mercado, como é o caso da Microsoft e da Intel. A sobrevivência das organizações está vinculada à velocidade com que podem migrar do conceito de "melhor produto ou serviço" para o conceito de "melhor solução". As empresas devem estrategicamente caminhar para o conceito de melhor solução, a fim de manter seus consumidores satisfeitos. Os fabricantes de impressoras não oferecem apenas o produto, mas uma solução que permite ao usuário ler um documento, admirar seu trabalho impresso, "escanear" documentos e fazer cópias. É uma mudança de paradigma. Quem compra um aparelho celular está interessado em estabelecer uma comunicação e, portanto, necessita do dispositivo, da linha e da disponibilidade do serviço com boa qualidade. Esse é o grande desafio que os líderes empresariais modernos têm pela frente. Portanto, fazer alianças para compor a solução total é essencial para atender às necessidades do consumidor moderno.

FIGURA 2.4 Estratégias de Arnoldo Hax

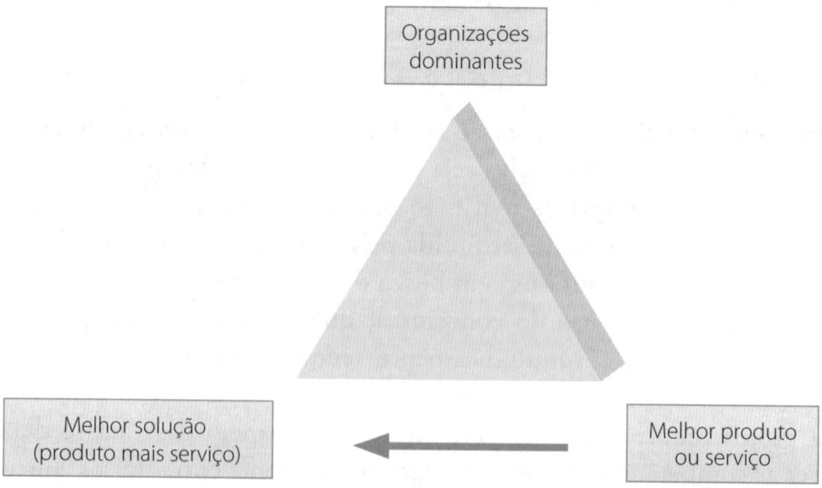

Fonte: elaborada pelo autor.

2.3.4.12 Estratégias no contexto da mudança organizacional

Razões externas e internas têm sido exploradas para explicar por que as organizações sofrem mudanças. Elas mudam não porque querem mudar, mas porque têm essa necessidade. Muitas teorias têm surgido para explicar tal fato. Miles[5] parte do pressuposto de que o ambiente em que as organizações estão inseridas é dinâmico e, portanto, impõe condições, restrições e contingências a elas. Dessa forma, devem buscar um alinhamento entre suas estruturas e seus processos – ambiente interno – e o ambiente externo, visto que são um sistema aberto que interage com o exterior, recebendo e fornecendo informações, produtos e serviços.

No conceito estabelecido, as organizações estão em constante processo de adaptação, modificando suas operações, seus processos e suas estruturas, e até manipulando seu ambiente quando possível, a fim de sustentarem-se e manterem-se competitivas no mercado.

A adaptação organizacional é a habilidade que os administradores têm para entender, interpretar e implementar estratégias, conforme as necessidades e as mudanças notadas no seu ambiente. Essa habilidade é fundamental para assegurar a sobrevivência das organizações por meio das vantagens competitivas.

As organizações mudam não porque querem mudar, mas porque têm essa necessidade.

2.3.4.13 Níveis de estratégias na organização

As estratégias são geradas e implementadas em três diferentes níveis nas organizações, como segue.[6]

- Estratégias corporativas: estão ligadas aos objetivos estabelecidos pela direção da empresa. Nesse nível, são definidos os objetivos para as unidades de negócio que formam a organização.
- Estratégias de negócio: têm responsabilidade de transformar as estratégias corporativas em objetivos funcionais e estratégias individuais em unidade de negócio. Identificam ainda quais métodos devem ser adotados no nível individual de negócios para que possam ser competitivos. Nas grandes organizações, o desenvolvimento e a implementação dessas estratégias são de responsabilidade das divisões ou unidades de negócio; no entanto, isso requer a aprovação do escalão mais elevado.

---

5 MILES; SNOW, 2003.

6 PEARCE, J. A.; ROBINSON, R. B. *Strategic management:* strategy formulation, implementation and control. New York: McGraw-Hill, 2000.

- Estratégias funcionais: ocorrem no nível operacional da organização. São os meios pelos quais as estratégias corporativas e de negócio são implementadas. Essas estratégias, cujos períodos de implantação são relativamente curtos, estão associadas às áreas de produção, marketing, logística, pessoal, finanças, pesquisa e desenvolvimento e vendas.

Normalmente, a gerência intermediária é responsável pela formulação e implementação das estratégias funcionais; contudo, sua aprovação depende dos níveis superiores.

FIGURA 2.5 Níveis de estratégias na organização

Fonte: elaborada pelo autor.

2.3.5 Metas

As metas são definidas com base em parâmetros alcançáveis e mensuráveis fundamentados na relação tempo/cronograma. Elas devem ser atingidas pela implantação de estratégias que perseguem os objetivos da organização; por exemplo, obter receita bruta de 500 milhões de reais no período de um ano ou valores percentuais para a margem líquida desejada.

2.3.6 Projetos e programas

Os projetos e os programas são os elementos que estabelecem os planos de implantação para as estratégias principais e transformam o discurso genérico em atividades que devem ser executadas para atingir os objetivos previamente definidos.

FIGURA 2.6 Passos para a elaboração de uma estratégia empresarial

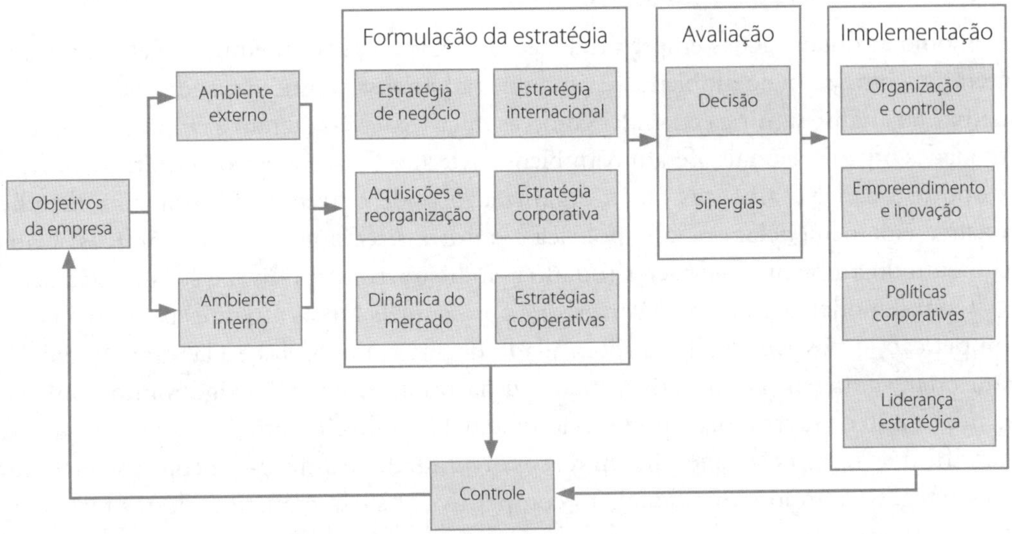

Fonte: elaborada pelo autor.

2.4 PROCESSO: ESTRATÉGIAS EMPRESARIAIS

2.4.1 Objetivos da empresa

A formulação dos objetivos da organização refere-se ao conjunto de metas organizacionais. Cada empresa deve ter objetivos claros e consistentes no contexto global, direcionados para suas respectivas unidades de negócio. Esses objetivos devem refletir as pretensões e expectativas dos investidores ou proprietários.

2.4.2 Análise dos pontos fortes e fracos e das oportunidades e ameaças

A análise Swot foi criada por Kenneth Andrews e Roland Christensen, dois professores da Harvard Business School, nos Estados Unidos. É uma ferramenta estratégica, talvez a mais aplicada pelas empresas, que permite estudar a competitividade de uma organização segundo quatro variáveis: forças (*strengths*), fraquezas (*weaknesses*), oportunidades (*opportunities*) e ameaças (*threats*). Com essa metodologia, é possível identificar os pontos fortes e fracos da organização, as oportunidades e as ameaças do meio ambiente, e o grau de adequação entre eles. Quando os pontos fortes de uma organização estão de acordo com os fatores críticos de sucesso para aproveitar as oportunidades de mercado, a empresa tem grandes chances de ser competitiva em longo prazo.

2.4.2.1 Análise do ambiente externo

Como as organizações empresariais são sistemas abertos, dinâmicos e em constante interação com seu meio ambiente, é fundamental analisar a interdependência entre eles. Efetuar tal análise significa entender como as forças externas afetam a empresa e como as atividades organizacionais afetam o ambiente externo. Essa avaliação permite identificar as oportunidades e ameaças que a organização pode enfrentar. O ambiente externo consiste em influências sociais, políticas, culturais, ecológicas e econômicas. Cada segmento do ambiente pode ser estudado pelo histórico disponível e suas tendências.

Com o modelo de Michael Porter, que apresenta as forças atuantes no ambiente de competição, é possível avaliar a intensidade de cada uma delas e elaborar estratégias para criar vantagem competitiva. Não é uma tarefa simples e exige muito conhecimento e visão de mercado, além de criatividade. O conhecimento dessas forças permite identificar as tendências que surgem das oportunidades e ameaças, e com isso elaborar as estratégias visando obter vantagem competitiva. As características dessas forças são abordadas a seguir.

Intensidade de competição

Algumas empresas enfrentam uma concorrência pequena, e os esforços com o objetivo de diferenciar produtos não são tão relevantes. Por outro lado, algumas são caracterizadas por um nível altíssimo de atividades competitivas, lutando sempre pela participação no mercado. Essas companhias são obrigadas a desenvolver complexos programas promocionais para ganhar a confiança do consumidor. Além disso, a competitividade intensa leva as organizações a adotar estratégias interessantes na luta por espaço, como competição de preços, busca de uma posição estratégica e vantajosa no mercado, batalhas promocionais, melhoria dos serviços e das garantias dos produtos, lançamento e relançamento de produtos.

FIGURA 2.7 Modelo de competição segundo Michael Porter

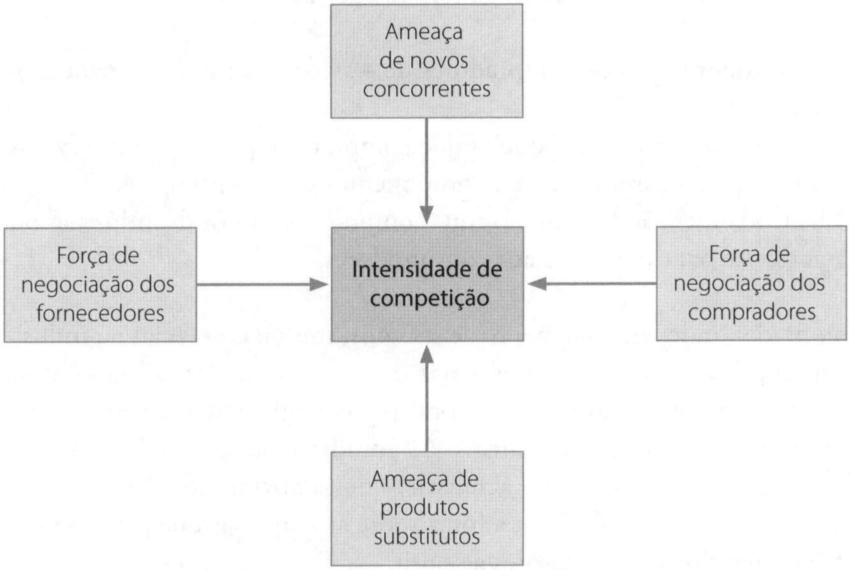

Fonte: elaborada pelo autor.

É necessário, ainda, entender por que as empresas concorrem tão intensivamente no mercado. Seguem alguns fatores que levam à intensa atividade competitiva.

- Equilíbrio de forças, em tamanho e poder, entre os muitos competidores.
- Crescimento estagnado da demanda, fazendo que a expansão de um concorrente se dê pela perda de outro.
- Produtos não diferenciados.
- Baixo custo de mudança de produto ou serviço do ponto de vista do comprador.
- Custos fixos extremamente elevados.
- Complexas barreiras para deixar o negócio, forçando as organizações a suportar perdas ou baixos retornos em investimentos. Muitas vezes, mesmo quando as empresas querem sair do negócio no qual se encontram, enfrentam barreiras fortíssimas e complexas. Fatores econômicos, estratégicos e até emocionais forçam uma organização a continuar atuando, mesmo quando o retorno financeiro é questionável. Entre esses fatores, destacamos os relacionamentos estratégicos, os custos fixos de saída (pagamento aos funcionários), as restrições sociais, as restrições governamentais e os ativos.

2.4.2.2 Força de negociação dos clientes

Os clientes podem ser divididos em três categorias.

- Consumidores: são os compradores de serviços ou produtos para uso ou consumo próprio.
- Clientes industriais: são aqueles que compram os produtos ou serviços de uma empresa para utilizá-los como componentes de seus produtos.
- Clientes comerciais: são aqueles que compram produtos de indústrias ou grandes atacadistas para vendê-los aos consumidores.

O comprador, independentemente de ser consumidor, comercial ou industrial, tem posições fortalecidas sobre as empresas das quais compra. Por exemplo, uma grande loja, em virtude de seu volume de compra, pode exigir, entre outros fatores, preços menores e prazos de entrega mais curtos. As grandes redes de varejo – supermercados e hipermercados – são exemplos característicos dessa afirmação. Quanto maior a concentração no setor, mais predomina a força sobre as empresas que produzem. O poder do cliente está relacionado aos fatores a seguir.

- Os clientes estão concentrados em grupos, como cooperativas, e compram volumes altos, aumentando seu poder de barganha e negociação.
- Os produtos não são diferenciados ou padronizados.
- Os valores e volumes de compras são relativamente altos.
- Os custos de mudança para outro produto são baixos.
- Os clientes estão obtendo lucros baixos, portanto, são muito sensíveis ao preço.
- O produto não é crítico para os clientes.
- Existe a possibilidade de que os clientes fabriquem o produto comprado.
- O comércio em geral tem poder de negociação com a indústria em razão da influência que pode exercer sobre as decisões de compra deste ou daquele produto.

2.4.2.3 Força de negociação dos fornecedores

Os fornecedores de bens de consumo e serviços para o setor industrial exercem poder sobre os clientes por meio de aumento de preços, queda do nível de qualidade, prazos de entrega ou quantidade pedida. Se não houver margem de negociação para um produto ou serviço, a lucratividade pode ser afetada. O poder dos fornecedores pode ser representativo nas situações abaixo.

- Segmento industrial dominado por poucos fornecedores.
- Fornecedor oferece produto ou serviço diferenciado.
- Troca de fornecedor representa custo alto.

- Cliente não é importante para o fornecedor.
- Produto do fornecedor é fundamental para o cliente.
- Produto do fornecedor não tem substitutos, sendo exclusivo no mercado.

2.4.2.4 Produtos substitutos

As empresas devem constantemente explorar o mercado para saber se seus produtos têm substitutos. Produtos que apresentam funções ou características similares podem limitar os preços que as empresas praticam.

2.4.2.5 Novos concorrentes

Os concorrentes novos apresentam várias ameaças para as organizações existentes. Podem reduzir o volume de todos os participantes do mercado, dividindo-o em fatias menores. Ademais, podem apresentar novas tecnologias e melhores recursos ainda não disponíveis no mercado. Com isso, podem ocupar posições vantajosas. Grandes corporações que buscam diversificar seus segmentos por meio de aquisições são particularmente perigosas para a concorrência em razão do potencial de recursos para investimento e da capacidade e habilidade do seu corpo gerencial.

Novos concorrentes podem reduzir o volume de todos os participantes do mercado, dividindo-o em fatias menores.

Quando existem poucas barreiras para a entrada de concorrentes potenciais, as ameaças são relativamente grandes. De outro lado, quando existem barreiras substanciais, as ameaças são menores.

As principais características que podem ser interpretadas como barreiras para a entrada de novos concorrentes são descritas a seguir.

- Economia de escala: a redução do custo unitário dos produtos em decorrência das grandes quantidades comercializadas é um fator importante, que pode afetar a entrada de concorrentes. Quanto maior o volume de vendas, menor o valor unitário em função da diminuição dos custos fixos por unidade.
- Diferenciação de produtos ou serviços: produtos ou serviços que não exigem muitas diferenciações facilitam a entrada de concorrentes.
- Magnitude do investimento requerido: mercados com investimentos tecnológicos baixos são mais suscetíveis a ameaças. Um exemplo bastante significativo é o segmento de sorvetes. No Brasil, temos hoje cerca de 10 mil organizações que produzam sorvetes. Nas grandes redes de supermercado, é possível perceber a quantidade de alternativas existentes, principalmente para as embalagens de um a dois litros.

- Custos de troca de fornecedor: quando os custos adicionais não afetam a mudança de fornecedor, a possibilidade de entrada de novos concorrentes é alta, uma vez que não existe incentivo para que o cliente se mantenha fiel a esta ou àquela empresa. Exemplo característico são os combustíveis. Dificilmente encontraremos um cliente fiel a uma "bandeira", seja ela Shell, Ipiranga ou Petrobras, sem que haja um atrativo adicional.
- Acesso a canais de distribuição: para que um produto seja comercializado, é necessária a utilização dos canais de distribuição. Quanto maior a dificuldade para acessar esses canais, maior será a barreira para ingressar no mercado. Tomemos como exemplo as máquinas para refrigerantes nos pontos de vendas ou conservadoras para sorvetes. Pequenos varejistas não têm espaço para instalar diversas máquinas; portanto, aqueles que oferecerem maiores vantagens no início das operações, incluindo volume de vendas, terão a preferência.
- Desvantagens de custo independentemente de escala: empresas que atuam em diversos segmentos podem ter vantagens de custos que não necessariamente serão dadas aos novos participantes. É o caso de organizações que recebem subsídios governamentais, possuem tecnologia proprietária do produto ou têm acesso a locais favoráveis para a obtenção de matéria-prima.
- Políticas governamentais: as regras impostas pelos governos tanto no nível doméstico como internacional podem impor barreiras significativas e reduzir as ameaças. A proteção de mercado aos computadores nacionais nos anos 1980 inviabilizou as ameaças que poderiam vir de grandes organizações, como IBM ou HP, e fortaleceu as indústrias nacionais (na época).
- Análise da concorrência: é fundamental que as empresas elaborem um plano estratégico que considere a análise da concorrência. Esse plano deve ser individual e focalizar os concorrentes mais importantes.

A análise do segmento de mercado em que a organização atua passa pela análise dos concorrentes da empresa.

Essa análise deve considerar os aspectos a seguir.

- Objetivos futuros: é necessário entender qual a relação entre os objetivos da organização e os objetivos dos concorrentes e quais fatores estratégicos estão sendo enfatizados.
- Estratégia atual: analisa o que os concorrentes estão fazendo e o que podem vir a fazer.
- Premissas: é o entendimento de como os concorrentes estão analisando as tendências de mercado e seus competidores.

- Competências: essa análise corresponde ao entendimento dos pontos fortes e fracos dos concorrentes e como estão essas características em relação à organização.

Todas essas análises devem gerar informações suficientes para que se possa elaborar um plano estratégico que resulte em vantagens competitivas para a organização de uma forma sustentada, de modo que clientes e consumidores possam identificar quais produtos e serviços realmente têm valor agregado.

2.4.2.6 Análise do ambiente interno

A análise dos recursos internos permite identificar os pontos fortes e fracos da organização. Durante essa análise, são avaliados sistematicamente os recursos disponíveis para cada unidade de negócio e, nela, os recursos de suas áreas funcionais, como manufatura, vendas, tecnologia da informação, marketing, finanças e outros.

As decisões administrativas que dizem respeito aos recursos, ao poder de realização e às competências essenciais da organização são caracterizadas por três condições: incertezas, complexidade e conflitos internos.

FIGURA 2.8 Competências essenciais à organização

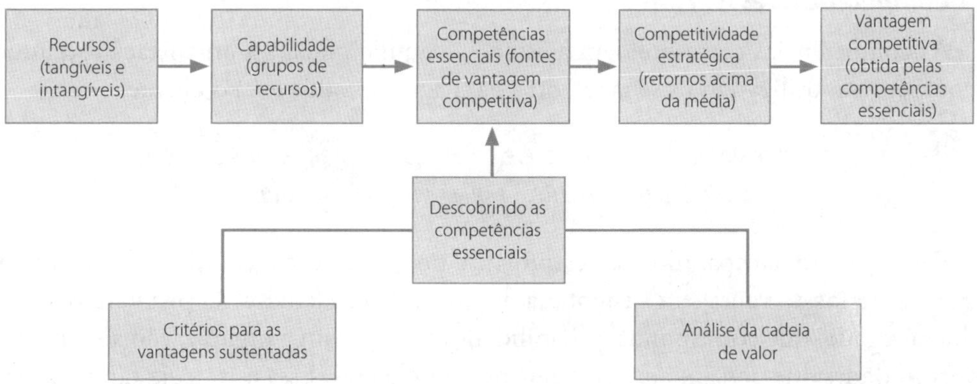

Fonte: elaborada pelo autor.

Recursos

Os recursos correspondem aos *inputs* para os processos produtivos da empresa, como equipamentos, pessoas, marcas e produtos. São de dois tipos, como segue.

- Recursos tangíveis: abrangem os recursos físicos, financeiros e humanos da organização. Os recursos humanos, considerados os ativos mais importantes da empresa, incluem competências, conhecimentos, atitudes e habilidade nas tomadas de decisão.

- Recursos intangíveis: muitas vezes difíceis de ser identificados, estão relacionados à credibilidade e à tecnologia. Um exemplo de recurso intangível de credibilidade é o reconhecimento e o valor que se dá a determinada marca.

Poder de realização

Poder de realização é a capacidade e a habilidade de uma empresa em integrar os recursos individuais da organização com a finalidade de atingir os objetivos estabelecidos. O "poder de realizar" é desenvolvido com o tempo por meio das interações entre os funcionários e os recursos tangíveis e intangíveis da organização. Esse relacionamento baseia-se no compartilhamento das informações e no desenvolvimento do conhecimento, possibilitando vantagens importantes para a organização. Dessa forma, quanto mais os funcionários puderem participar dos processos internos, incluindo as estratégias, melhores serão o desempenho e a realização.

Quando agrupadas, as habilidades e as capacidades de realizar podem criar competências essenciais à organização, as quais têm valor estratégico e podem levar a uma vantagem competitiva.

Competências essenciais

As competências correspondem à essência daquilo que faz a organização ser única e competitiva, utilizando os seus talentos para agregar valor para o cliente.[7]

As competências essenciais se referem ao que a organização faz melhor que o seu concorrente... e que é vital para o negócio.

Para que uma capabilidade[8] estratégica possa ser uma competência essencial, alguns critérios de vantagem sustentada devem ser considerados. O primeiro deles é o valor agregado, que corresponde às habilidades que ajudam a organização a identificar oportunidades que possam agregar valor para os clientes. Essa estratégia também deve auxiliar a empresa a enfrentar as ameaças provenientes do ambiente externo.

Ser único (raro) é uma qualificação que poucos têm, principalmente os concorrentes. Para as empresas, esse é um elemento de vantagem competitiva fundamental. Ser difícil de ser copiado: algumas organizações têm dificuldades para imitar ou copiar estratégias. Por fim, ser insubstituível: não existem equivalentes estratégicos para essa habilidade, como no caso dos conhecimentos específicos.

---

[7] BOWEN, H. K. et al. Development projects: the engine of renewal. *Harvard Business Review*, aug. 1994.

[8] Poder de realização.

FIGURA 2.9 Cadeia de valor de Michael Porter

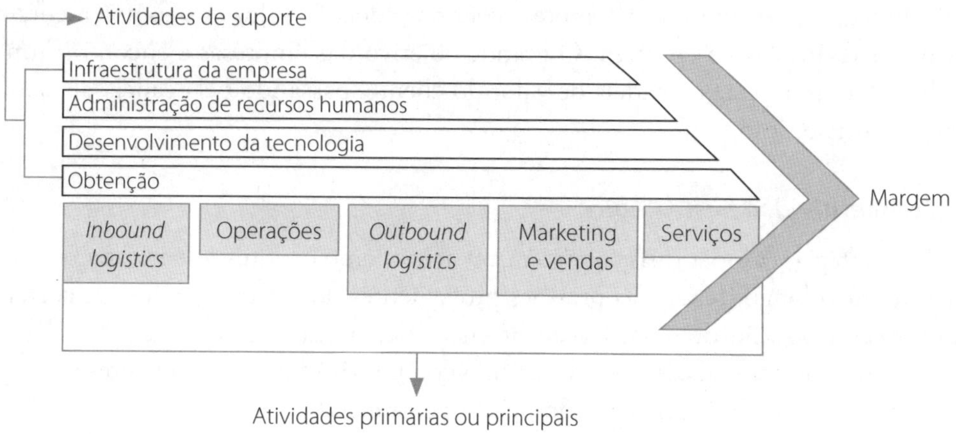

Fonte: elaborada pelo autor.

Análise da cadeia de valor

As organizações são formadas por um conjunto de atividades realizadas para projetar, produzir, vender, entregar e suportar produtos e serviços. Todas essas atividades podem ser representadas utilizando-se a cadeia de valor. Cada atividade contribui para a posição relativa de custo da organização e cria uma base para a diferenciação, dando-lhe vantagem competitiva. Portanto, as funções que agregam valor aos produtos e serviços que a organização comercializa e pelos quais recebe um pagamento são denominadas "cadeia de valor".

FIGURA 2.10 Cadeia de valor

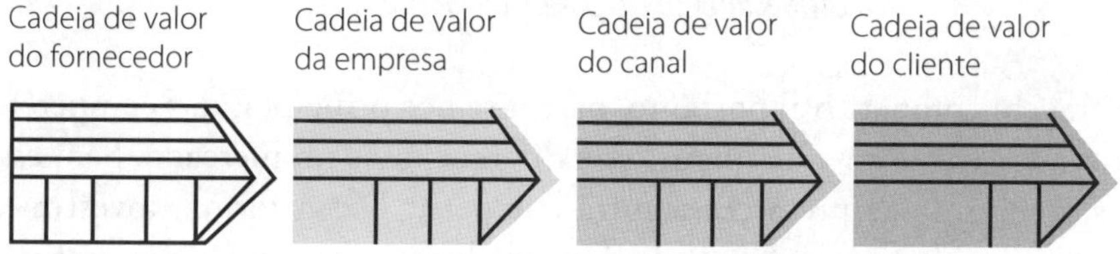

Fonte: elaborada pelo autor.

As cadeias de valor fazem parte de um sistema total de valores.

Em geral, a cadeia de valor varia de empresa para empresa, refletindo suas forças e qualidades relacionadas à capacidade de gerar estratégias e de implementá-las.

A cadeia de valor faz parte de um sistema total de valores, composto da cadeia do fornecedor, cadeia da empresa, cadeia do canal de distribuição e cadeia do cliente. Os fornecedores executam importantes ações na cadeia de valor que complementam as atividades realizadas na empresa. O grande objetivo das empresas é encontrar um caminho para fazer parte da cadeia de valor do cliente, passando pela cadeia de valor do canal de distribuição.

Competitividade estratégica

As estratégias competitivas consistem em ações como conquistar e manter os clientes por um prazo longo, resistir às pressões provenientes do mercado e dos concorrentes, e fortalecer a posição da organização no mercado. A realização dessas ações leva aos objetivos organizacionais de obter vantagem competitiva, manter os clientes e conquistar o espaço que poderia ser ocupado pela concorrência.

Vantagem competitiva

A principal competência de qualquer organização é o conhecimento e o potencial de suas pessoas. É o capital humano em evidência.

As competências sustentáveis são básicas para a vantagem competitiva, que passa a existir quando uma organização apresenta aspectos superiores em algumas práticas e utilização de seus recursos, como a habilidade para defender-se das forças competitivas e manter os clientes satisfeitos, possibilitando relacionamentos de longo prazo; a capacidade para convencer os clientes do valor agregado que seus produtos ou serviços podem oferecer; habilidade para criar e diferenciar os produtos e serviços, dando ao cliente a certeza de que vale a pena pagar mais por algo com qualidade superior; e a possibilidade de oferecer bons produtos por um preço inferior ao da concorrência.

A principal competência de qualquer organização é o conhecimento e o potencial de suas pessoas.

A vantagem competitiva, portanto, baseia-se nos princípios das competências que capacitam a organização a distinguir-se e diferenciar-se no mercado. Sem essas competências, nenhuma empresa conseguirá competir. Dessa forma, investimentos em desenvolvimento de pessoas, tecnologias, produtos e processos são essenciais para obter vantagem competitiva. Algumas formas de obtê-la seriam: oferecer produtos e serviços confiáveis, diferenciados e com valor agregado, ter capacidade de produzir e atender o cliente ou consumidor a um custo extremamente baixo e com qualidade superior à da concorrência.

Modelos de negócios

Um elemento estratégico no mundo empresarial atualmente corresponde ao modelo de negócios. Como as empresas estão se reinventando para atender às necessidades dos clientes? Como estão fazendo para fazer chegar aos clientes seus produtos e serviços de maneira diferenciada e disruptiva? Temos vários exemplos, ainda sob avaliação com relação a efetivos resultados financeiros, mas que apresentam modelos inteiramente voltados para as necessidades do mercado. Exemplos: o Airbnb, que sequer possui uma cama de hotel, é o maior fornecedor de acomodações do mundo; a Uber é a maior empresa de transporte de passageiros sem possuir um único veículo; o Alibaba é uma organização que não possui estoques. A lista de empresas com modelos de negócios disruptivos e diferenciados não para por aí: Tesla, Wikipedia, Zara, Easybank são mais alguns exemplos para engrossar a quantidade de organizações que buscam diferenciação. Como mencionado, os lucros de algumas delas ainda é questionável, como é o caso da Uber que, apenas no segundo trimestre de 2019, apresentou uma perda de 5,4 bilhões de dólares.

2.5 FORMULAÇÃO DA ESTRATÉGIA

A formulação da estratégia está relacionada ao desenvolvimento das estratégias em conjunto com os planos e os programas. As análises das condições externas e internas são essenciais para formular as estratégias e devem ser efetuadas no nível corporativo e no nível de unidade de negócio. A partir disso, elaboram-se planos e programas estratégicos que correspondem a um conjunto de ações para que sejam atingidos os objetivos estratégicos da organização.

Essa etapa do planejamento estratégico é a ligação entre a visão de futuro, ou seja, onde a organização deseja estar, e a situação atual, isto é, onde se encontra no presente. É de fundamental importância entender que as estratégias podem se basear na redução de custos por meio de otimizações e reorganizações, mas isso não é suficiente para assegurar o sucesso. A busca da satisfação dos clientes por meio de produtos e serviços é uma resposta mais inteligente para a elaboração das estratégias.

2.5.1 Estratégias por unidade de negócio

As estratégias por unidade de negócio correspondem às ações que são executadas para agregar valor aos produtos, processos e serviços e obter vantagem competitiva, explorando as competências específicas de uma categoria de produtos ou de um segmento de mercado.

As diferentes unidades de negócio devem estar alinhadas com as estratégias de crescimento e de lucratividade, definidas no nível corporativo. Cada unidade de negócio deve desenvolver seu plano considerando as estratégias corporativas estabelecidas, que deverão servir como base para que grupos de líderes definam prioridades e ações. Uma vez estabelecidos os passos e as ações que sustentarão as estratégias, deve-se realizar o planejamento de recursos, incluindo o aspecto financeiro.

2.5.2 Avaliação da estratégia

As estratégias devem ser avaliadas para que sua viabilidade seja verificada. Somente aquelas viáveis devem merecer o comprometimento e a atenção da organização no que diz respeito à destinação de recursos. Essa avaliação deve garantir que a estratégia seja consistente com os objetivos da empresa, os requerimentos externos e os recursos internos. Inconsistências devem ser identificadas e eliminadas.

2.5.3 Características das estratégias escolhidas

Avaliar as estratégias, distinguir quais oferecem maior vantagem competitiva e se estão alinhadas com as necessidades e os objetivos da organização não é empreendimento fácil. A seguir, apresentamos algumas características relacionadas à seleção das estratégias.

- Consistência: devem ser consistentes com as condições da organização quanto a ambiente organizacional, competências, disponibilidade de recursos e relação entre nível de riscos a serem assumidos e o retorno que elas trarão à organização.
- Cronograma: devem ter um cronograma factível de implementação, considerando os recursos existentes e aqueles que serão demandados pela sua implementação.
- Plano de contingência: devem ter um plano de contingência em caso de alterações abruptas, provenientes do mercado ou de necessidades internas.
- Ajustes: devem permitir acertos decorrentes das reações do mercado e dos concorrentes.
- Comprometimento: devem ter o comprometimento das lideranças da organização.

2.6 PLANEJAMENTO E IMPLEMENTAÇÃO DA ESTRATÉGIA

O plano de implementação é o elo entre o desenvolvimento da estratégia e seu processo de implementação, considerando os riscos e as dificuldades que serão encontrados para colocá-lo em prática.

Para assegurar uma efetiva implantação do planejamento estratégico, deve-se criar um comitê executivo constituído por equipes multidisciplinares capazes de enfrentar mudanças organizacionais e preparar pessoas-chave na organização. Esse planejamento deve atingir todos os níveis da corporação; para tanto, a comunicação clara e eficaz do plano deve assegurar o entendimento e o comprometimento das pessoas. O estabelecimento de fatores críticos e o acompanhamento do processo devem ser observados para evitar transtornos, assim como a alocação dos recursos corretos para viabilizar as mudanças. Por fim, a identificação clara das atividades a serem realizadas e de como os resultados serão medidos garantem o sucesso do plano.

O plano estratégico deve ser comunicado a toda a organização, não deve ser privilégio de poucos. Muitas organizações armam seus planos apenas com a diretoria, não discutem com os demais níveis envolvidos se são factíveis e, posteriormente, têm problemas de comprometimento e execução. Empresas que administram seus negócios dessa forma podem enfrentar forte resistência de seus funcionários e vir a perder valores e competências importantes.

A implementação é a tarefa de colocar a estratégia em ação e fazê-la trabalhar para a organização. Pessoas e recursos humanos são necessários para colocá-la em prática. Para obter êxito na implantação da estratégia, os administradores ou gerentes precisam muitas vezes fazer modificações importantes nas estruturas, nos sistemas e nas pessoas. Novas culturas organizacionais, capacitação e liderança são elementos fundamentais na condução da estratégia. É ainda necessário projetar sistemas de compensações para premiar resultados.

O plano estratégico deve ser comunicado a toda a organização, não deve ser privilégio de poucos.

Como já mencionamos, é imprescindível a formação de um comitê executivo que realize reuniões periódicas para assegurar que as ações em curso estejam surtindo os efeitos desejados. Ajustes podem ser necessários.

O processo de implementação deve manter o foco nos pontos essenciais da estratégia. Esses pontos são liderança e administração da estratégia, alinhamento dos processos de negócio e foco em clientes, e avaliação dos produtos e serviços que estão sendo entregues a eles.

Cuidados específicos devem ser tomados quanto ao comitê executivo, que, muitas vezes, é nominalmente formado, mas não faz o acompanhamento da estratégia e não se reúne para discutir as ações e o *feedback*.

2.7 ACOMPANHAMENTO E CONTROLE DA ESTRATÉGIA

As estratégias precisam ser monitoradas e controladas, de modo que se possa analisar se os objetivos traçados estão sendo efetiva e eficientemente alcançados. Modificações podem ser necessárias se elas se desviarem dos seus objetivos ou planos. Tanto o processo de implementação como o de acompanhamento e controle são críticos para o gerenciamento estratégico. Assim, dois aspectos no controle da estratégia devem ser considerados: o desempenho suficientemente adequado para se alcançar os objetivos da organização e a eficiência com a qual as estratégias estão sendo cumpridas.

As metas e os planos de ação são definidos durante os processos anteriores à implementação das estratégias. Assim, no decorrer do processo de implementação da estratégia, os controles são restritos ao desempenho organizacional, em que os fracassos para atingir as metas são entendidos muito mais como problemas de desempenho do que como de definição de metas.

2.7.1 Eficácia e eficiência

Essas são duas palavras utilizadas com frequência e que, em geral, confundem as pessoas quanto ao seu significado.

Eficácia refere-se à forma pela qual uma organização atinge suas metas, produzindo os resultados esperados. Já a eficiência é a quantidade de esforço necessário para se atingir essa meta. Quanto menos esforço for utilizado, mais eficiente será a organização. A eficiência relaciona-se mais à natureza interna da operação do que propriamente à organização, uma vez que não está relacionada diretamente com a meta a ser atingida. Uma organização eficiente é aquela que realiza suas tarefas gastando o mínimo de recursos.

Sempre que possível, os dois conceitos devem ser aplicados ao mesmo tempo nas atividades organizacionais: fazer as coisas certas de forma certa, ou seja, atingir os resultados gastando o mínimo de recursos.

2.7.2 Etapas de controle

O processo de controle engloba a definição dos indicadores-chave usados como critério para avaliar se os objetivos estratégicos estão sendo alcançados. As medidas de lucratividade e os fatores estratégicos são os mais usados. Esses indicadores devem refletir os elementos essenciais de sucesso das estratégias, podendo ser medidos objetivamente, atribuindo-lhes valores que representam um nível satisfatório de desempenho. Seus reflexos devem ser automáticos. Qualquer mudança nos resultados da organização deve se refletir nos indicadores de desempenho.

Analisar o desempenho real e compará-lo com padrões preestabelecidos, quando possível, ajuda a verificar os desvios existentes, possibilitando eventualmente corrigir falhas.

2.7.3 Definição dos indicadores

O conjunto de indicadores a ser definido pode variar de organização para organização. Existem, porém, alguns que são comuns e peculiares a determinadas funções. A seguir, é apresentado um conjunto de indicadores de desempenho com a intenção de exemplificar os tipos de variável que são usados nos processos para monitorar e controlar as estratégias. A intenção não é esgotar a quantidade de indicadores, mas "saborear" alguns exemplos mais típicos, principalmente, da indústria.

O conjunto de indicadores a ser definido pode variar de organização para organização.

- Indicadores de marketing e vendas:
  - volume de vendas;
  - participação no mercado;
  - margem de contribuição;
  - pedidos dos clientes principais;
  - indicadores de promoções;
  - vendas perdidas;
  - abertura de novos pontos de vendas (novos clientes).
- Indicadores de produção:
  - níveis de qualidade;
  - volume de produção;
  - horas extras;
  - utilização da capacidade produtiva;
  - custo de materiais.
- Indicadores financeiros:
  - valor do estoque;
  - contas a receber e a pagar;
  - retorno sobre o investimento.

2.7.3.1 Definição dos padrões

Depois que os indicadores de desempenho são selecionados, deve-se estabelecer os valores-padrão para eles. Esses valores referem-se a parâmetros numéricos ou de qualidade aceitáveis. Existem basicamente três tipos de padrões que podem ser estabelecidos.

- Os padrões predeterminados correspondem ao conjunto de metas estabelecidas durante o processo de elaboração da estratégia. Como exemplo, temos a definição de crescer 10% nos próximos cinco anos. Padrões intermediários, digamos anuais, devem ser determinados com o propósito de controlar as estratégias. Esse é o melhor tipo de padrão a ser usado como indicador para a administração estratégica.
- Os padrões históricos baseiam-se em desempenhos passados, ou seja, os desempenhos atuais são comparados com os obtidos no passado. Esse tipo de medição é válido quando as condições não sofreram alterações e o desempenho anterior é aceitável ou que serve de aprendizado para atuações futuras.

- Os padrões externos são provenientes de fontes externas à empresa. Normalmente, essas comparações são efetuadas com empresas de mesmo segmento, ou seja, com os concorrentes. Medidas como retorno em ativos, participação de mercado e valor de ações são exemplos característicos.

2.7.3.2 Desempenho real *versus* desempenho-padrão

Nessa etapa, realiza-se a comparação entre as medidas de desempenho reais com aquelas definidas como padrões. Desvios podem ser detectados, e as correções necessárias devem ser efetuadas. Deve, portanto, existir um mecanismo para informar os resultados. Pode ser um relatório ou, dependendo da situação, reuniões mais formais para discutir os indicadores e os resultados alcançados. Esse é um bom momento para reunir o comitê executivo da empresa. Independentemente do método, deve-se estabelecer critérios para que ações apropriadas sejam tomadas quando necessário.

2.7.3.3 Ações corretivas

Quando existem desvios no processo, é necessário analisar os problemas. As decisões para corrigir esses problemas e fazer os ajustes necessários são atividades de importância vital para alcançar o sucesso da estratégia.

Nessa etapa, realiza-se a comparação entre as medidas de desempenho reais com aquelas definidas como padrões.

2.7.4 Sistemas de controle

Controlar não é uma atividade que provoca paixão nos funcionários, principalmente se não se dá a esse ato o valor devido e o enfoque correto. Qualquer atividade que não seja devidamente valorizada pode cair no descrédito e, com ele, a estratégia da empresa. Relacionamos algumas sugestões para desenvolver um sistema de controle: fornecer suporte do alto escalão a fim de que os recursos corretos sejam alocados, definir a estrutura organizacional em conjunto com as responsabilidades e os níveis de autoridade, e simplificar o máximo possível o processo.

A participação deve ser encorajada nas mais diversas definições (apenas controlar e divulgar resultados pode ser frustrante). Os controles devem ter significados importantes; indicadores de desempenho que não tragam benefícios não devem fazer parte do conjunto. Cuidado ao avaliar indicadores de forma isolada; muitas vezes, eles só fazem sentido quando analisados em conjunto e segundo uma visão holística.

2.8 DESENVOLVENDO ESTRATÉGIAS PARA A CADEIA DE ABASTECIMENTO

Organizações visionárias têm se preparado para competir melhor na nova economia chamada de "era da internet". Elas estão aliando o poder da rede mundial às modernas estruturas de processos para eliminar as barreiras funcionais e corporativas, incluindo as restrições geográficas. Percebe-se, claramente, que os negócios devem fluir na velocidade da internet para satisfazer às exigências dos clientes e consumidores. Para competir em um mundo com mudanças rápidas, as organizações devem ir além das atividades funcionais do correio eletrônico e dos *sites*. A cadeia de abastecimento é um dos caminhos nos quais as organizações têm apostado para revolucionar e melhorar os serviços aos clientes.

As cadeias de demanda e de abastecimento criam caminhos de comunicação mais efetivos entre parceiros, fornecedores, fabricantes, distribuidores e clientes. A distribuição e o atendimento ao cliente são utilizados como armas estratégicas em um mercado de acirrada competição. Os relacionamentos puramente transacionais estão evoluindo para o relacionamento colaborativo, no qual as partes se comunicam para obter resultados que adicionem valor à cadeia de abastecimento.

A cadeia de abastecimento cria caminhos de comunicação mais efetivos entre parceiros, fornecedores, fabricantes, distribuidores e clientes.

As empresas necessitam estabelecer cada vez mais um portfólio de estratégias na cadeia de abastecimento totalmente alinhadas às metas corporativas. Para tanto, é necessário que as organizações, e isso inclui a concorrência, se baseiem muito mais em processos de negócio do que simplesmente em produto. Também a tendência de passar do conceito transacional puro para o colaborativo está se tornando cada vez mais evidente. Por fim, as condições críticas da cadeia de abastecimento para um fornecedor estratégico devem ser adequadamente consideradas para determinar o nível de relacionamento, levando em conta os elementos estratégicos.

Além disso, deve ser entendido que alianças estratégicas, com enfoque em relacionamento colaborativo, significam altos investimentos de tempo e capital, devendo obrigatoriamente ser perseguidas por situações críticas, como altos volumes e importância do fornecimento na composição do serviço ou do produto.

Por ser um tema estratégico, a cadeia de abastecimento tem recebido atenção especial das organizações. É um assunto que exige visão, criatividade e que apresenta desafios homéricos no momento da implantação de estratégias. No entanto, para vencer na era em que o foco é o cliente, a capacidade imaginativa dos líderes e dos profissionais que atuam na área tem sido cada vez mais exigida.

A estratégia da cadeia de abastecimento está vinculada às metas e políticas que influenciam como devem ser usadas suas competências para sustentar a implementação da estratégia de negócio.

FIGURA 2.11 Estratégia da cadeia de abastecimento

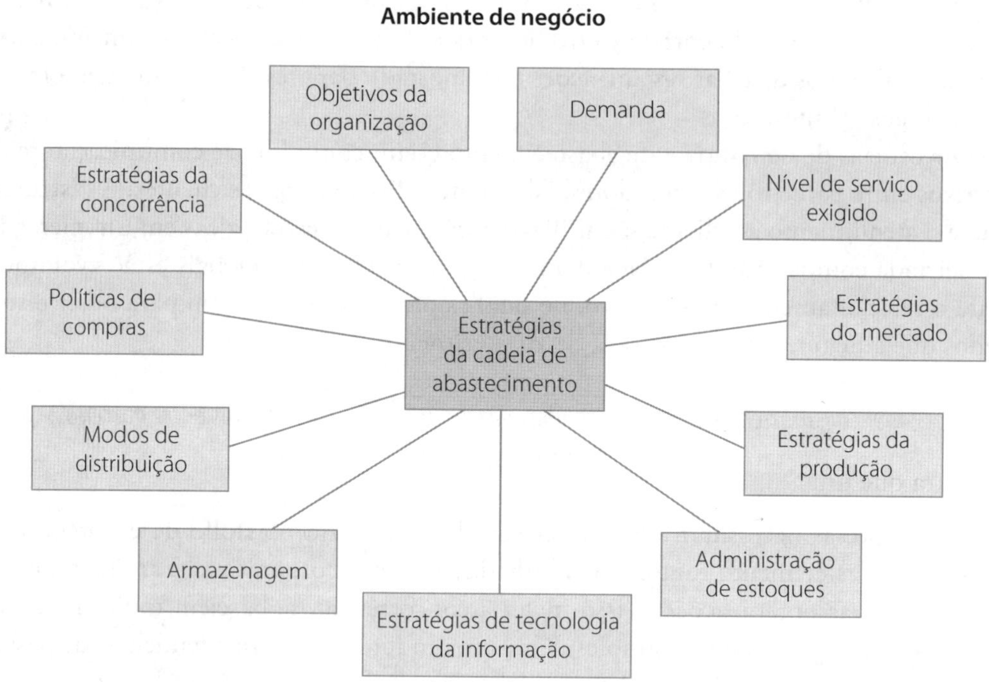

Fonte: elaborada pelo autor.

O desenvolvimento de estratégias na cadeia de abastecimento deve considerar os fatores externos do mercado em que o cliente está inserido. O grande impulsionador das estratégias é o mercado consumidor, seja ele no segmento de bens de consumo, seja no de serviços. As grandes cadeias de serviços de alimentação, como o McDonald's, devem se preocupar com suas estratégias da mesma forma que as organizações que fabricam bens. Uma vez que as estratégias devem ser orientadas pelo mercado, conhecê-lo é imprescindível para fazer com que o produto ou serviço chegue até o cliente com qualidade, velocidade e preço compatível.

2.8.1 Estratégias de integração vertical

A integração vertical corresponde a um aumento de escopo das atividades da empresa dentro do mesmo segmento industrial, estendendo-se para o início da cadeia – características de fornecimento – e para o final da cadeia – características de distribuição. O processo pode ser total ou parcialmente integrado. Uma integração vertical somente é interessante se aumentar de forma significativa a posição competitiva da empresa.

2.8.1.1 Atrativos da integração do ponto de vista de fornecimento para produção

Esse tipo de integração vertical trará benefícios quando o volume necessário for realmente grande, de tal forma que possa capturar as eficiências dos fornecedores.

Os potenciais benefícios serão maiores em caso de fornecedores com alta rentabilidade, fornecimento crítico e fornecedores com nível baixo de atendimento, quando materiais fornecidos implicarem componentes de maior custo e quando habilidades técnicas necessárias forem facilmente encontradas.

2.8.1.2 Atrativos da integração do ponto de vista de distribuição para o mercado

Para que uma organização produtiva implemente seu próprio canal de distribuição, ela deve considerar uma integração em que a distribuição e o varejo apresentem menor custo do que utilizar distribuidores independentes. O canal de distribuição pode representar característica positiva não só quanto à proximidade dos consumidores como por permitir maior diferenciação do produto, evitando a guerra de preços com a concorrência.

2.8.1.3 Desvantagens da utilização da integração vertical

A integração vertical apresenta algumas desvantagens, como: necessidade adicional de investimentos; redução da flexibilidade de fornecimento, uma vez que fixa as fontes de obtenção; aumento de problemas de capacidade ao longo da cadeia de valor; necessidade de diferentes habilidades; redução da flexibilidade e capacidade de introduzir novos produtos.

2.8.2 Estratégia de terceirização

Essa estratégia baseia-se em fornecedores externos de componentes e de serviços, externalizando certos estágios da cadeia de valor. As vantagens seriam um fornecimento realizado por um custo inferior e com melhor qualidade, a atividade não ser essencial para obter vantagem competitiva e a redução de riscos relacionados às mudanças de tecnologia ou à seleção de outros fornecedores.

Além dos pontos apresentados, essa estratégia pode orientar a organização a reduzir tempos de ciclos, aumentar a velocidade nas tomadas de decisão, reduzir custos indiretos e concentrar-se na essência do negócio.

A implementação da integração vertical passa por análises adicionais; contudo, mesmo que apresente as características mencionadas no Quadro 2.3, ela pode ser válida, em decorrência da vantagem competitiva que poderá trazer.

QUADRO 2.3 Características da integração vertical

PRÓS	CONTRAS
Custos reduzidos	Investimentos
Aumento da diferenciação	Tempos de resposta e flexibilidade
	Aumento dos custos indiretos

Fonte: elaborado pelo autor.

2.8.3 Oportunidades na cadeia de abastecimento

Com o objetivo de integrar a cadeia de abastecimento, fornecedores, fabricantes, distribuidores e comerciantes estão se alinhando e estabelecendo uma enorme empresa virtual para alcançar a vantagem competitiva e atender melhor seus clientes e consumidores. Organizações como a Procter & Gamble, Unilever, Alibaba, Airbnb, Zara, Apple, Nestlé, Federal Express, Amazon, Dell e Walmart têm utilizado suas cadeias para transformar o panorama de seus mercados pela criação de modelos de negócios diferenciados e disruptivos.

A cadeia de abastecimento, estrategicamente utilizada, permite que se atenda melhor às demandas dos clientes por meio do comércio eletrônico, proporcionando compromissos consistentes, entregas pontuais, produtos com qualidade e custos acessíveis. Os clientes efetuam seus pedidos na *web* e são informados de quando receberão seus produtos com base na disponibilidade da cadeia de abastecimento integrada.

Com certeza, para implementar a estratégia de competitividade mencionada anteriormente, muitos obstáculos e desafios, tanto técnicos como organizacionais, devem ser enfrentados.

Apesar de diversas empresas investirem pesado na cadeia de abastecimento, preparando-a para a implantação do comércio eletrônico, muitas iniciam ou iniciaram pelo lado extremo, fortalecendo o relacionamento com o cliente sem antes preparar a cadeia para atender à demanda. Esse é um erro estratégico que tem traumatizado o mercado e eliminado muitas empresas. Se a cadeia de abastecimento não estiver convenientemente preparada, os clientes migrarão para a concorrência, fato que tem ocorrido com muitos *sites* que comercializam livros e discos.

2.8.4 Estratégia de canal de distribuição

Os canais de distribuição são organizações que movimentam produtos e serviços entre os elementos pertencentes a um segmento de mercado. Essas organizações ou estruturas são indispensáveis para o processo de distribuição, pois se comprometem a atender à demanda.

As fases de desenvolvimento e implementação desses canais têm como objetivo principal relacionar a estrutura e as características dos processos logísticos de uma organização com sua estratégia, o mercado que deseja atingir, os recursos técnicos e financeiros disponíveis, as necessidades dos clientes atuais e potenciais e as iniciativas da concorrência.

Para realizar o processo de planejamento e desenvolvimento dos canais de distribuição, os seguintes fatores devem ser meticulosamente analisados: mercado, concorrência, conjuntura econômica e normas e regulamentos governamentais.

O êxito na implementação da estratégia do canal de distribuição é fundamental para obter sucesso no mercado. Contudo, essa é uma atividade extremamente complexa. Para efetivar a implementação, os passos relacionados a seguir devem ser observados.

2.8.4.1 Avaliação da situação atual e coleta de dados

A base da elaboração da estratégia do canal de distribuição deve ser construída fundamentada em dados concretos. Por essa razão, a coleta de dados deve ser rigidamente executada para evitar as tomadas de decisão com base em dados incorretos ou em suposições. Para isso, os aspectos a seguir devem ser pesquisados e analisados:

- preferências dos clientes e dos consumidores;
- características dos produtos a serem distribuídos;
- impacto nos processos de produção e distribuição;
- avaliação das características dos canais existentes;
- avaliação da concorrência em relação ao canal de distribuição;
- alinhamento dos objetivos de negócio;
- análise de organizações e futuros parceiros que viabilizem a implementação do canal.

2.8.4.2 Construção e avaliação de cenários e riscos

Nessa etapa, o grupo responsável por delinear a estratégia entra em um processo imaginativo e criativo, desenvolvendo os cenários possíveis. Os riscos e os benefícios são potencialmente analisados considerando-se os canais existentes ou suas combinações com base nos dados obtidos na etapa anterior.

Para efetuar essa análise, apenas imaginação e criatividade não são suficientes. O grupo necessita conhecer profundamente os processos de tal forma que possa analisar seus impactos na cadeia. Alguns fatores devem ser considerados, entre eles, o eventual impacto aos distribuidores estratégicos e aos clientes e consumidores na parte final da cadeia. Uma mudança na estratégia de canal pode trazer impactos importantes nas margens dos sócios estratégicos.

Os cálculos de riscos e benefícios são fundamentais na análise e na comparação dos cenários e devem considerar aspectos relevantes, como:

- a mudança nos processos organizacionais;
- a necessidade de adequação ou implantação de novos sistemas;
- as mudanças no arranjo físico das plantas e dos centros de distribuição;
- os investimentos em plantas, equipamentos, estoques e pessoas.

Um fluxo de caixa também deve ser feito juntamente com uma análise de retorno de investimento.

2.8.4.3 Desenvolvimento da estratégia e plano de implementação

O desenvolvimento de uma estratégia para o canal de distribuição afeta toda a organização. Dessa forma, todos devem ser envolvidos no processo, analisar os impactos causados em suas áreas e contribuir para que a estratégia caminhe para os rumos estabelecidos. Os cenários devem ser analisados pelos envolvidos de modo que ocorra o comprometimento para o sucesso do projeto. A partir daí, a estratégia deve ser definida, e suas prioridades endereçadas juntamente com o plano de implementação.

O plano de implementação precisa ser detalhado, uma vez que a estratégia supostamente demandará muitas competências que podem ou não existir internamente. Projetos paralelos talvez sejam necessários, pois a mudança do canal pode culminar com alterações de embalagem do produto, revisão organizacional, mudanças físicas, terceirização, entre outras.

O gerenciamento de mudança é um aspecto fundamental que deve ser administrado cuidadosamente, visto que poderá envolver clientes, funcionários, sócios e fornecedores.

A implementação deve ocorrer em fases. Um plano-piloto deve ser elaborado a fim de exaurir os problemas e minimizar os riscos potenciais, que, em uma escala maior, poderiam ser drásticos e até fazer a organização sucumbir. Portanto, escolher um cliente estratégico, com quem a empresa mantenha um relacionamento positivo, para realizar o piloto pode ser a alternativa ideal para testar a estratégia do canal de distribuição.

2.9 FORMATO DA CADEIA DE ABASTECIMENTO

Com a finalidade de alocar recursos que efetivamente gerem a tão sonhada vantagem competitiva, as organizações precisam rever sua infraestrutura e, se necessário, redesenhar toda a cadeia de abastecimento, configurando-a para focalizar os mercados ou as indústrias almejados.

O redesenho da cadeia de abastecimento deve contemplar todas as organizações que a compõem.

Esse redesenho deve contemplar os vários constituintes da cadeia de abastecimento, e não somente a parte interna da organização. O sucesso ou a vantagem competitiva apenas será obtido se houver um esforço combinado entre as empresas, em um trabalho conjunto e organizado. O individualismo não promove o florescimento. Esse aspecto da estratégia é extremamente relevante, uma vez que migra do conceito tradicional, no qual a preocupação é ganhar ou perder, para um conceito em que a cooperação, a colaboração e a confiança mútua devem prevalecer.

2.9.1 Construindo uma infraestrutura cooperativa

Organizações globais entenderam que a cadeia de abastecimento desempenha um papel crítico para que obtenham o êxito almejado. Na verdade, ela é o único caminho para as organizações alcançarem qualidade de produto ou serviço e o atendimento ao cliente de acordo com os parâmetros exigidos.

O relacionamento colaborativo, ou aliança, entre fornecedores e fabricantes ou fabricantes e clientes é essencial para a administração eficaz da cadeia de abastecimento e para se alcançar vantagem competitiva por meio do *just in time* e dos conceitos de qualidade total.

Os esforços estratégicos devem também ser direcionados para a parte externa da organização, alcançando os fornecedores e os clientes, assim como os fornecedores dos fornecedores e os clientes dos clientes. O êxito da cadeia de abastecimento depende de como é administrado esse relacionamento, o qual implica abrir a caixa-preta empresarial e compartilhar informações que agreguem valor ao modelo, permitindo ainda que fornecedores e clientes opinem nas tomadas de decisão que os afetam na organização.

A cadeia de abastecimento significa mais que apenas administrar materiais e produtos. Significa relacionar-se com cada organização fora da empresa que possa afetar a rentabilidade e a satisfação do cliente.

Conhecidos os requerimentos da cadeia de abastecimento, deve-se identificar os fornecedores críticos e estabelecer relacionamentos de longo prazo.

É necessário construir alianças estratégicas, compartilhando objetivos comuns e informações que possam sustentar esse relacionamento. Naturalmente, um dos objetivos que deve constar da agenda de ambos é o comprometimento com a redução dos custos por meio da melhoria da cadeia que permeia ambas as organizações.

Um dos primeiros passos para estabelecer essa parceria estratégica é reduzir o número de fornecedores, tornando o processo mais fácil de ser gerenciado. De um grupo seleto de participantes da estratégia virá uma melhor contribuição para que sejam alcançados os objetivos, uma vez que se tornam mais dependentes entre si. Contudo, esta não é uma tarefa simples. Exige desprendimento, capacidade e intuição, pois é uma decisão que une elementos emocionais, políticos, qualitativos e financeiros.

Naturalmente, um dos objetivos que deve constar da agenda de ambos é o comprometimento com a redução dos custos por meio da melhoria da cadeia que permeia ambas as organizações.

FIGURA 2.12 Colaboração na cadeia de abastecimento

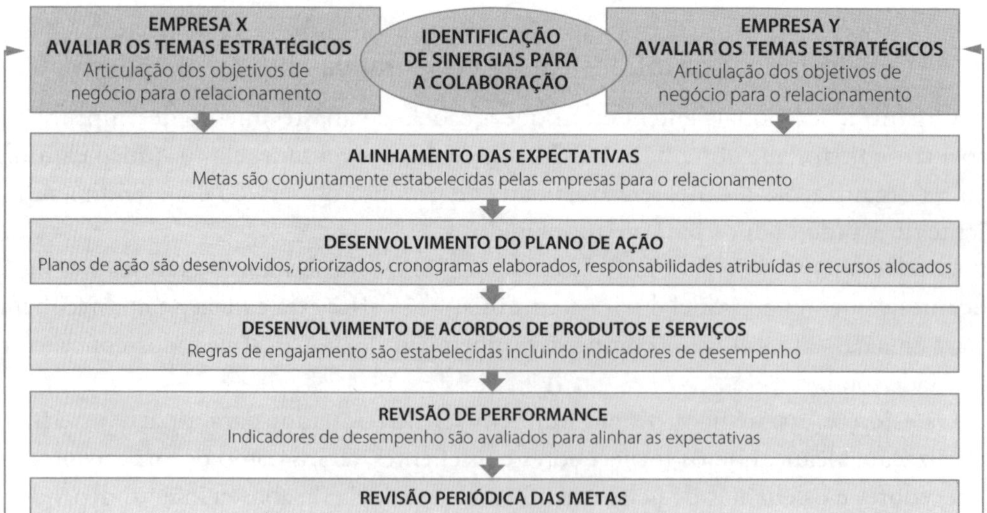

Fonte: elaborada pelo autor.

Entregas programadas e a utilização do conceito do *just in time* poderão levar à redução do nível de estoques na cadeia. Esse processo deverá ser desenvolvido, implantado e monitorado pelas partes. A cadeia do fornecedor também deve ser melhorada para atender adequadamente à demanda. Nos dias de hoje, as comunicações podem ser feitas direta e rapidamente, permitindo analisar níveis de estoque em tempo real. A utilização da tecnologia da informação é fundamental para trazer agilidade e acurácia ao fluxo de comunicação.

Outra característica importante no aspecto da cooperação é o envolvimento de fornecedores críticos no desenvolvimento do produto em sua fase inicial, possibilitando a redução de custos na etapa de desenvolvimento. Estimativas de vendas em conjunto com os clientes poderão reduzir os tempos de ciclo e o nível dos estoques, além de aumentar a precisão dos dados.

2.9.2 Satisfação do fornecedor

A satisfação do cliente é, para a empresa, um dogma que deve ser seguido e deve orientar as estratégias. Contudo, do outro lado da cadeia está o fornecedor, e ele também anseia por satisfação. A satisfação do fornecedor inclui um relacionamento de negócios estável, cujas regras devem ser claras para ambos. Os anseios de êxito e rentabilidade no negócio são considerações importantes no relacionamento. Ninguém entra no barco para cooperar só porque é "bonzinho". Todos estão buscando algo que satisfaça proprietários e acionistas: o lucro.

O compartilhamento dos objetivos de negócio é uma demonstração clara do foco que se quer ter no relacionamento cooperativo e colaborativo.

Operacionalmente, o envolvimento do fornecedor no desenvolvimento de produtos é fundamental e deve se refletir na definição das responsabilidades pelos investimentos requeridos.

2.9.3 Relacionamento na cadeia de abastecimento

Existe um conjunto de atividades, o qual denominamos cadeia de valor, que tem como objetivo principal entregar produtos e serviços aos clientes e consumidores. Nesse contexto, as empresas relacionam-se externa e internamente, envolvendo uma gama de funções com características que podem sofrer diferenciações de acordo com o tipo dos atributos dos produtos e materiais, como sua origem, a maneira com que são movimentados e armazenados, seu processo de transformação, seus prazos de validade e assim por diante.

Os derivados do leite são exemplos característicos de como deve fluir a cadeia de abastecimento. O fornecedor de leite está em uma das pontas da cadeia de abastecimento, a empresa de transformação está no meio e a distribuição do produto para consumo está no final. Todas as partes devem trabalhar em harmonia a fim de eliminar custos extras e atrasos na entrega do produto aos clientes.

2.9.4 Criando alianças na cadeia de abastecimento

Da relação voltada para a colaboração mútua começam a emergir conceitos importantes, como estoque administrado pelo fornecedor, estimativas em conjunto, estoques em consignação, entre outros. Esses conceitos, amparados por técnicas de administração mais modernas, dão maior velocidade e confiabilidade ao processo. Muitos documentos são eliminados, gerando benefícios relevantes, uma vez que um fornecedor pode diretamente analisar os estoques do cliente e abastecê-lo, sem a inconveniência de esperar por cotação, requisição e aprovação. É claro que problemas no relacionamento continuarão a existir; contudo, estabelecer parâmetros para resolver os conflitos deve ser um objetivo fundamental.

FIGURA 2.13 Exemplos de relacionamento na cadeia de abastecimento

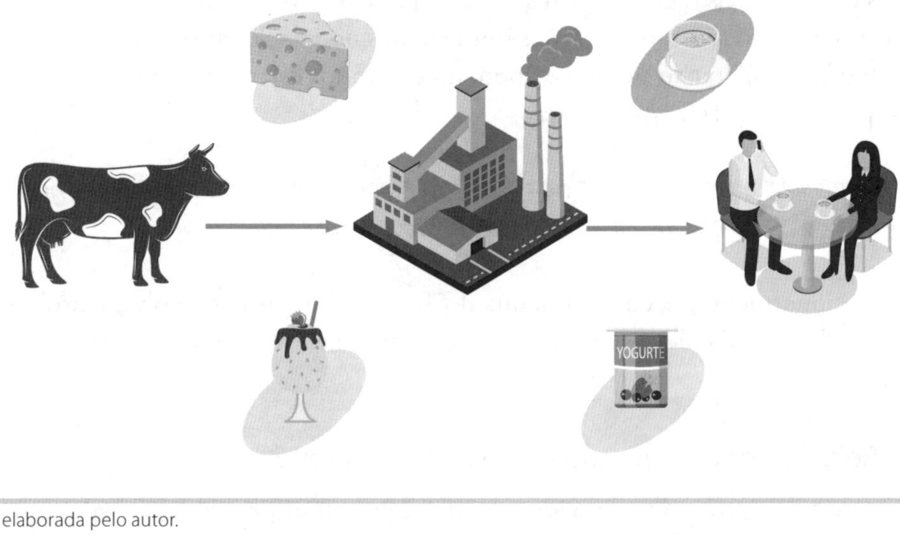

Fonte: elaborada pelo autor.

2.10 OTIMIZAÇÃO DA CADEIA DE ABASTECIMENTO

Com o advento de avançadas tecnologias, tanto em máquinas quanto em aplicações, a otimização da cadeia de abastecimento tornou-se realidade. Essas inovações possibilitam que as empresas otimizem depressa suas cadeias, em uma frequência bastante superior àquela costumeira, de modo que possam se adaptar com rapidez às mudanças que o mercado global impõe.

A otimização é uma tecnologia empregada na cadeia de abastecimento com o objetivo de maximizar o retorno dos investimentos por meio da redução de custos, do aumento das margens de lucro dos produtos, do aumento da capacidade das plantas e da redução do nível de estoques.

Atualmente, a otimização da cadeia tem chamado a atenção em virtude dos desafios impostos às organizações, que necessitam ser mais eficientes, mais efetivas e mais competitivas. Essa atividade está fortemente vinculada à transformação dos negócios empresariais, por meio de provisionamento de informações e simulações muito rápidas de modelos de negócio.

A verdadeira cadeia de abastecimento requer um alinhamento não somente interno mas que também se estenda aos parceiros existentes nos seus dois extremos.

Embora os aplicativos para otimização sejam "extremados" e ardentes comilões de máquinas, exigindo computadores poderosos, os avanços tecnológicos e a queda nos preços dos computadores e seus respectivos processadores têm permitido que as otimizações sejam geradas de forma mais constante e a baixo custo. Por outro lado, os rápidos avanços no desenvolvimento de novos algoritmos e modernas linguagens de programação têm possibilitado acesso mais amplo à aplicação do conceito.

Os avanços tecnológicos e a queda nos preços dos computadores e seus respectivos processadores têm permitido que as otimizações sejam geradas de forma mais constante e a baixo custo.

A tecnologia atual de otimização da cadeia de abastecimento pelo uso de avançados e complexos algoritmos pode analisar milhares ou milhões de variáveis, resolvendo problemas em tempos nunca antes imaginados.

A otimização pode ajudar uma organização a construir uma efetiva e eficiente cadeia de abastecimento.

Na cadeia de abastecimento, a otimização abrange aspectos operacionais e estratégicos. Contudo, sua aplicação é mais útil em situações em que a organização ou o produto apresentam uma complexa rede de fornecimento e distribuição, um complexo processo produtivo e uma demanda extremamente variável.

2.10.1 Onde utilizar a otimização

A otimização da cadeia de abastecimento pode ser relevante em diferentes áreas funcionais, ainda que sua eficácia seja superior caso enfocada como um todo, e não apenas como uma função em particular. As decisões que maior impacto recebem quando da sua otimização são: obtenção de materiais, decisão entre produzir internamente ou comprar, alocação da produção, distribuição, vendas, posição e construção de depósitos e/ou fábricas e desenho da rede/estrutura da cadeia de abastecimento.

As áreas operacionais, como distribuição e manufatura, são as mais afetadas em um processo de otimização, uma vez que a tecnologia ajuda a identificar os gargalos ou os fornecedores não confiáveis. A aplicação pode sugerir melhorias e ajudar os planejadores nas tomadas de decisão. Toda a organização produtiva pode fazer uso de ferramentas de otimização e extrair resultados bastante positivos. Contudo, existem algumas organizações que vêm investindo mais no uso da otimização em virtude das características do negócio, como:

- organizações de distribuição intensiva, como é o caso das empresas de alimentos e bebidas, pela otimização de transportes e pela distribuição dos estoques;
- organizações de uso intensivo de ativos, como é o caso de usinas siderúrgicas, usinas de açúcar e refinarias de petróleo;
- organizações de material intensivo, como é o caso das empresas de eletrônicos e têxteis, cujas decisões estão orientadas para "o que" e "onde" produzir e "de quem" obter os componentes para gerar maiores margens.

Um aplicativo de otimização consegue avaliar uma quantidade enorme de dados instantaneamente e analisar com rapidez várias alternativas, o que uma pessoa demoraria dias ou até semanas para fazer. A tecnologia de otimização tem-se desenvolvido ainda graças aos avanços matemáticos e científicos ocorridos nas últimas décadas. Um deles, que é a programação linear, é uma área da pesquisa operacional com aplicação no apoio à decisão. Não confunda programação linear com linguagens de computadores. O termo nasceu da necessidade de resolver os problemas nas indústrias e relaciona-se com o planejamento de recursos que apresentam restrições, buscando melhorar o fluxo operacional. O uso da programação linear está sempre relacionado a um objetivo que se quer alcançar, por exemplo, a otimização da utilização de recursos operacionais. Otimizar recursos para maximizar lucros. Este é o objetivo. Enquanto a programação linear imperou durante os últimos anos, auxiliando as organizações, hoje a programação por restrições foi desenvolvida principalmente para resolver problemas com limitação de recursos e que exijam decisões rápidas.[9]

---

[9] A programação por restrições é uma técnica em que se seleciona um conjunto de restrições com o objetivo de encontrar soluções viáveis e que satisfaçam às restrições preestabelecidas.

QUADRO 2.4 Estágios de evolução na cadeia de abastecimento

CARACTERÍSTICAS DE UMA CADEIA DE ABASTECIMENTO INTEGRADA	FRAGMENTAÇÃO	ORGANIZAÇÃO	INTEGRAÇÃO
Clareza de responsabilidades	Não definidas claramente	Responsabilidades claras e documentadas	Profissionais competentes e liderança com autonomia para a tomada de decisões
Agilidade	Inflexível, incapaz de responder rapidamente	Respostas esporádicas a algumas mudanças de ambiente	Respostas imediatas às mudanças de ambiente, demanda de mercado e necessidades dos clientes
Processos	Indefinidos e não documentados	Processos bem definidos e executados	Processos otimizados e continuamente melhorados
Visibilidade da informação	Informações logísticas não disponíveis e não compartilhadas	Dados logísticos principais são coletados e informados	Informações de demanda e fornecimento são visíveis e usadas para as tomadas de decisão
Colaboração	Sem colaboração sistemática	As empresas valorizam a colaboração, mas nem sempre alcançam os resultados	As empresas confiam e colaboram entre si
Alinhamento de objetivos	Inexistência de estratégia para a cadeia de abastecimento	Estratégia em desenvolvimento	Uma estratégia é holisticamente desenvolvida e implantada

DESEMPENHO DA CADEIA DE ABASTECIMENTO →

Fonte: adaptado de LOCKAMY, A.; MCCORMACK, K. The development of a supply chain management process maturity model using the concepts of business process orientation. *Supply Chain Management: an International Journal*, v. 9, p. 272-278, 2004.

2.10.2 A solução de problemas com a otimização

Para entender a essência da otimização, é necessário entender os atributos relacionados ao negócio da organização, como a quantidade e a localização de fábricas; os produtos a serem fabricados e estocados; os níveis de estoque dos produtos; a quantidade, a localização de centros de distribuição e os clientes atendidos por estes; a seleção de fornecedores e o tipo de transporte.

Para obter as respostas para esses atributos, uma série de cenários deve ser analisada. As novas técnicas de otimização são muitas e graças ao uso de computadores é possível avaliar os cenários e chegar a uma ótima solução. Além disso, as respostas não são independentes, visto que as variáveis e os constituintes que compõem a rede da cadeia de abastecimento se inter-relacionam.

Uma informação-chave para o "otimizador", conhecida como "função objetiva", é a que representa a meta principal a ser alcançada. Essas funções podem ser a maximização dos níveis de serviço e a minimização do tempo de ciclo e de custo, devendo estar alinhadas com os objetivos corporativos da organização.

2.10.2.1 Tipos de análise

Uma vez que o modelo da cadeia de abastecimento tenha sido construído, as seguintes análises podem ser realizadas:

- rede de fornecedores com o menor custo;
- rede da cadeia de abastecimento mais ágil;
- simulações com custos fixos e variáveis para encontrar o ponto de equilíbrio;
- simulações com cenários reais de limites de capacidade.

FIGURA 2.14 Exemplo de uma rede de cadeia de abastecimento

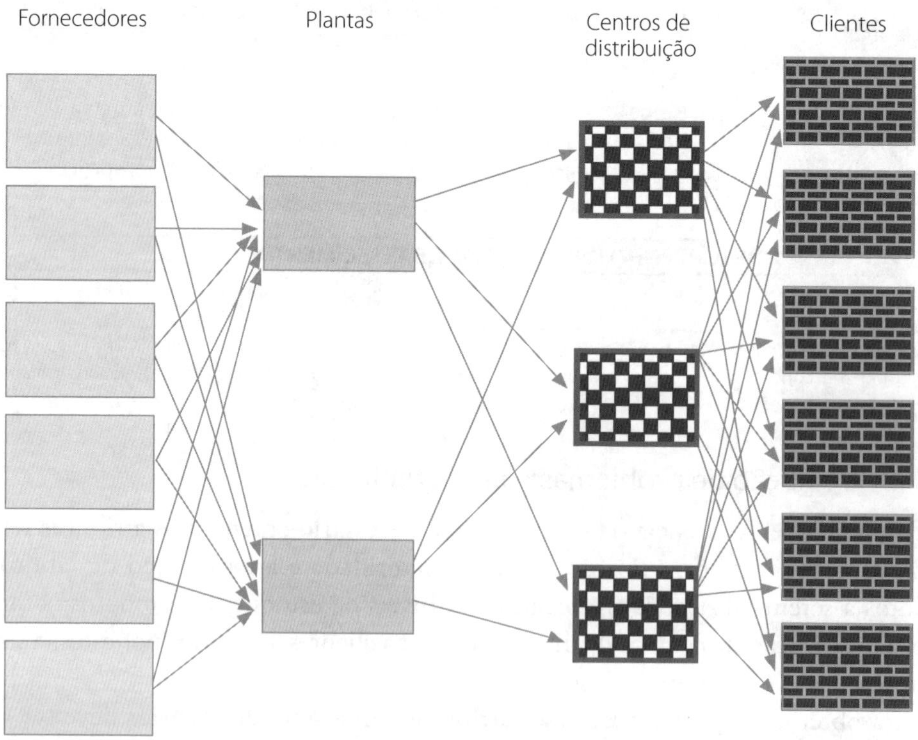

Fonte: elaborada pelo autor.

A fase mais complexa para se efetuar essas análises corresponde à coleta dos dados. Essa fase consome muito tempo e nem sempre os dados são confiáveis. Durante o estudo, o modelo deve ser simulado centenas de vezes para avaliar os efeitos dos fatores custo, capacidade e tempo, entre outros.

2.10.3 Benefício da otimização

A vantagem competitiva do uso das técnicas de otimização na cadeia de abastecimento pode advir da redução do tempo de ciclo, da redução dos níveis de estoques, do aumento nas vendas e da melhor utilização dos ativos, evitando-se investimentos.

2.11 ALINHANDO FORNECIMENTO COM AS ESTRATÉGIAS DE NEGÓCIO

As atividades voltadas para a aquisição de materiais causam um impacto financeiro importante na organização. Dessa maneira, a função de compras, antes limitada a uma relação de barganha entre cliente e fornecedor, passa nos dias atuais a merecer atenção especial, deixando de ser uma função administrativa para ser uma função central e estratégica do negócio.

2.11.1 Estratégia de obtenção de materiais

Muitas organizações têm relegado a função de compras a um plano arcaico, com pouca visibilidade e quase nenhuma consideração de seus impactos nos resultados da empresa. Por outro lado, um novo modelo para obter materiais estratégicos[10] vem sendo utilizado com a finalidade de aumentar a competitividade e o crescimento da organização.

Em vez de continuar usando conceitos transacionais para encontrar materiais e serviços, algumas empresas mais inovadoras têm expandido o escopo e as responsabilidades de compras, melhorando significativamente o processo e transformando-os em importante fonte estratégica para o crescimento dos lucros, mantendo, assim, o alinhamento com a estratégia de negócio. Qualquer ganho adquirido no processo de obtenção de materiais ou serviços afeta diretamente os resultados da organização.

2.11.1.1 Das compras convencionais para um modelo estratégico de obtenção de materiais, produtos e/ou serviços

A Figura 2.15 mostra os passos para a implementação de um modelo estratégico de obtenção de materiais e serviços. Os principais passos a serem perseguidos são apresentados a seguir.

---

[10] Estratégias de obtenção.

FIGURA 2.15 Estratégias de obtenção de materiais

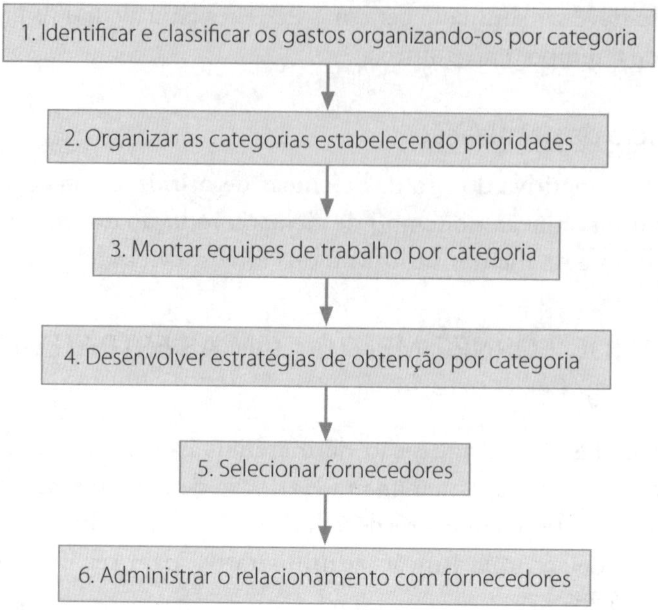

Fonte: elaborada pelo autor.

Identificar e classificar os gastos organizando-os por categorias

A atividade inicial do processo é a identificação e organização dos gastos efetuados em transações de compras. Para melhor administração desses gastos, é fundamental que eles sejam classificados por categorias, como gastos diretos e indiretos. Nos gastos diretos, podemos classificar serviços, materiais e produtos. Materiais podem ser embalagens, ingredientes e matérias-primas. Nessa classificação, informações como valor do gasto, quem está gastando, para que está gastando, onde e como os gastos são efetuados são fundamentais para direcionar e armar o novo modelo de compras.

Estruturar os gastos é uma ação fundamental para identificá-los quantitativa e qualitativamente.

Ao final, alguns indicadores importantes poderão ser percebidos, e eles fornecerão uma grande oportunidade para se iniciar um trabalho de melhoria no processo. São eles:

- gasto total por categoria;
- número de fornecedores;

- variação de preços;
- quantidade de compradores;
- participação de compras nos resultados por categoria.

Organizar as categorias estabelecendo prioridades

A priorização envolve a capacidade de avaliar o tamanho dos benefícios e as oportunidades econômicas existentes. Não é possível trabalhar com todos os itens ao mesmo tempo. Priorizar as categorias significa atacar primeiro os itens que dão alto retorno com implantação rápida. Análises de complexidade e criticidade também devem ser efetuadas. Selecionar os itens que dão maior retorno com baixa dificuldade parece ser a forma mais inteligente de se obter os benefícios.

A priorização envolve a capacidade de avaliar o tamanho dos benefícios e as oportunidades econômicas existentes.

Montar equipes de trabalho por categoria

As equipes devem ser formadas por pequenos grupos de pessoas com o propósito de analisar as alternativas de obtenção por categoria e efetuar as recomendações necessárias. Caso a empresa apresente múltiplas unidades de negócio, é conveniente que membros de todas as unidades façam parte do grupo, para que haja uma diversidade de opiniões que, naturalmente, possa levar a um consenso.

Desenvolver estratégias de obtenção por categoria

Cada equipe deve desenvolver uma estratégia para sua categoria, que pode ir desde *joint ventures* com fornecedores até um relacionamento mais convencional para itens mais simples, como material de escritório ou de limpeza. Essas estratégias devem considerar a natureza do produto ou serviço a ser obtido. Itens altamente complexos, críticos para o negócio e com baixa disponibilidade no mercado, devem ser tratados de forma especial.

Pontos adicionais a considerar na estratégia são as facilidades de se encontrar fornecedores que atendam às especificações dos produtos ou serviços e como serão medidas. O desenvolvimento da estratégia passa pelo entendimento da estratégia atual aplicada à categoria. É o momento de verificar as vantagens e desvantagens e projetar o caminho a ser seguido.

Selecionar fornecedores

Partindo dos fornecedores existentes, o passo é identificar quais são aqueles que podem prover um bom nível de serviço. Os critérios de avaliação dos fornecedores devem ser meticulosamente analisados. O envolvimento da alta administração é imprescindível nesse processo. Deve-se elaborar um contrato com o fornecedor, do qual constem as relações comerciais e os deveres de ambas as partes.

Administrar o relacionamento com fornecedores

A administração dos fornecedores é uma área crítica do processo estratégico de compras. Assinar o contrato e não adotar metodologias para relacionar-se efetiva e eficazmente com os fornecedores pode ser um caminho complicado para ambas as partes, e o jogo é perigoso. Para que o relacionamento tenha êxito, é importante que cliente e fornecedor estejam ativamente envolvidos no monitoramento dos resultados, revisando os indicadores de desempenho, criando alternativas para ganhos mútuos e eliminando quaisquer barreiras que possam gerar disputas contratuais.

O gerenciamento dos fornecedores é uma área crítica do processo estratégico de compras.

2.12 CADEIA DE ABASTECIMENTO GLOBAL

A globalização traz desafios inéditos para a cadeia de abastecimento. Atingir novos mercados exige repensar os canais para o mercado. Os conceitos de um mercado mais amplo geram oportunidades para a padronização e homogeneização de produtos e serviços, interferindo de forma importante na escala econômica de áreas como distribuição, produção e tecnologia da informação. O resultado são as cadeias de abastecimento que ultrapassam as fronteiras dos países.

O gerenciamento da cadeia de abastecimento em um ambiente como esse demanda novas técnicas, novos indicadores de desempenho, novas habilidades profissionais e uma mentalidade administrativa com enfoque em cultura, organização e informação.

Para competir efetivamente em um mercado global, as empresas devem ter estratégias globais de abastecimento e obtenção de material e serviços.

Contudo, para sobreviver no mercado global, as empresas necessitam explorar as oportunidades internacionais por meio da transformação de suas cadeias de valor e vencer as barreiras que serão encontradas. O processo é lento e difícil, exige paciência e aprendizado.

2.12.1 Habilidades para criar e administrar uma cadeia global

As organizações devem estar preparadas para sobreviver em um ambiente altamente competitivo – de globalização. A identificação de novos parceiros é a chave para o sucesso. Os parceiros comerciais que com agilidade estabelecerem padrões para incorporar processos, sistemas e procedimentos estarão claramente se posicionando como líderes em seus segmentos.

Fornecedores e clientes precisam entender todos os fatores relacionados a preços e logística de determinado item para poder, de maneira sólida, selecionar o serviço ou produto correto com base nas suas especificações e formar preços de produtos que sejam competitivos no mercado global.

É fundamental administrar tempo e dinheiro na moeda local e programações de suprimento, uma vez que a competição exige entregas com custos baixos, nos prazos e nos locais combinados. Por isso, o entendimento da logística é essencial. Muitas organizações preocupam-se apenas com os aspectos financeiros no relacionamento internacional e alcançam níveis de serviço baixos por não entenderem as características locais de movimentação e armazenagem.

QUADRO 2.5 Habilidades para criar e administrar uma cadeia global

NÍVEL	ATIVIDADES DE COMPRAS	BARREIRAS GLOBAIS
Estratégico	• Definição dos objetivos • Segmentação de *commodities*	• Implicações do comércio exterior • Acordos de exportação e importação • Ênfase em otimização
Tático	• Pesquisar fornecedores • Cotação e análise de custo	• Disponibilidade e acesso de informações • Tarifas, oscilações da moeda, custos logísticos e intermediários
Operacional	• Negociação • Entrega	• Diferenças culturais que geram barreiras • Complexidade logística adicionando intermediários

Fonte: elaborado pelo autor.

2.12.2 Processo integrado de desenvolvimento e obtenção

As organizações que rapidamente identificarem os fornecedores líderes em seus segmentos poderão fornecer informações detalhadas sobre os produtos e a logística, e trabalhar conjuntamente para consolidar os requerimentos e se posicionar para negociações de sucesso.

O sincronismo dos processos internos e externos, eliminando-se as fronteiras com fornecedores e clientes, é fundamental para alcançar a vantagem competitiva e tornar-se líder incontestável de mercado.

Além disso, as empresas que conseguirem fazer evoluir seus processos – do desenvolvimento do produto, passando pela produção e chegando a uma entrega rápida de novos produtos para o mercado – indubitavelmente terão sucesso.

Portanto, o sincronismo dos processos internos e externos, eliminando-se as fronteiras com fornecedores e clientes, é fundamental para alcançar a vantagem competitiva.

2.12.3 Processos de negócio sem fronteiras

Para operar de fato em um mundo economicamente global, as organizações necessitam criar infraestruturas e modelos que possam suportar as condições impostas nos relacionamentos internacionais.

Devem existir procedimentos claros das atividades internacionais, e esse fator implica rever os processos de negócio, compartilhar informações e colaborar continuamente com fornecedores e clientes. Para empresas globais e multinacionais, os processos devem ser os mais homogêneos possíveis, a fim de romper as barreiras organizacionais internas e externas. A tecnologia da informação é o grande viabilizador dessa prática, possibilitando que unidades de negócios pertencentes a uma organização global possam utilizar um único sistema e manter processos comuns. Essa estratégia permite reduzir as barreiras organizacionais e culturais e caracteriza a empresa como realmente global, além de reduzir custos de tecnologia e de processos.

2.12.4 Compras internacionais

As compras internacionais devem suportar um processo integrado entre compras, manufatura e abastecimento. Funções de compras que combinam características globais e locais incentivam atitudes globais, beneficiando sobremaneira a organização.

Transações rápidas e únicas para produzir os pedidos de clientes e os contratos com os fornecedores devem ser implementadas a fim de obter informações sobre o desempenho dos fornecedores. As transações devem ser registradas. Essa prática facilita a seleção ou manutenção de fornecedores por meio do desempenho, da capacidade e da competência em entregar o produto de acordo com as especificações requeridas.

2.12.5 Acompanhamento dos eventos

Os parceiros estratégicos devem ter visibilidade em todos os estágios da cadeia de abastecimento, incluindo produção e transporte. Mensagens de alerta, identificando se determinado serviço crítico não pode ser cumprido, devem ser emitidas para evitar rupturas na cadeia ou melhorar o processo em situações futuras.

Muitas empresas, como Federal Express, Amazon, Correios e DHL, entre outras, utilizam a internet para que o cliente possa verificar a situação de suas encomendas. O ideal é que os sistemas sejam utilizados para dar suporte aos usuários no acompanhamento de suas mercadorias ou nos estágios de serviços.

2.12.6 Visibilidade

Um repositório de dados global deve existir e ser compartilhado, coordenado e atualizado por ambas as empresas – clientes e fornecedores – para oferecer total visibilidade da cadeia de abastecimento. Informações sobre o ciclo administrativo de um pedido ou de um produto, com a possibilidade de acessar características detalhadas do processo, são recursos importantes no desenvolvimento de um sistema de apoio à decisão.

2.12.7 Análise de custos

Identificar e determinar os custos associados aos diversos estágios do processo, como desenvolvimento e projeto, produção e distribuição, devem ser parte da solução. A possibilidade de poder analisar os custos detalhados é essencial para ajudar nas tomadas de decisão.

2.12.8 Características dos países

O acesso às informações governamentais, às características do comércio e às condições econômicas é um aspecto fundamental em uma organização global. O conhecimento de tarifas de importação e exportação, organismos internacionais de comércio, flutuações da moeda, transportes, documentação e procedimentos necessários à transação é chave para o êxito da empresa em um ambiente global.

2.13 ADMINISTRAÇÃO DAS OPERAÇÕES

O enfoque convencional utilizado para o gerenciamento das operações, principalmente manufatura e distribuição, deve ser substituído por novas técnicas em busca de velocidade, qualidade e redução de custos. Algumas práticas devem fazer parte do portfólio estratégico da organização. Considerações sobre a sincronização da manufatura com o uso de ferramentas tecnológicas já não são elementos do futuro e estão disponíveis para serem aplicadas. Da mesma forma, práticas vantajosas em distribuição, principalmente no aspecto logístico, têm sido relevantes nas estratégias empresariais, como veremos a seguir.

O enfoque convencional utilizado para o gerenciamento das operações deve ser substituído por novas técnicas.

2.13.1 Cadeia de abastecimento sincronizada

A cadeia de abastecimento tornou-se um processo dinâmico; as organizações reavaliam constantemente sua estrutura organizacional, suas tecnologias e seus aliados de negócio. Sua sincronização abrange mudanças estruturais na forma de as organizações administrarem suas operações:

- empresas colaboram com parceiros e sincronizam as operações;
- tecnologia e internet são consideradas elementos essenciais para dar apoio às estratégias inovadoras da cadeia;
- reorganização de processos e estruturas é necessária para atingir as metas.

A criação de valores para a empresa e parceiros recebe um impacto tremendo quando a cadeia de abastecimento está sincronizada não apenas no aspecto interno mas também no externo, para além das fronteiras da organização.

2.13.1.1 Buscando a vantagem pela sincronização

A sincronização representa uma coordenação perfeita entre os diferentes processos e operações da empresa. Com uso frequente, o termo acaba sendo visto como um clichê; contudo, se a sincronização for executada eficazmente, pode levar a cadeia de abastecimento a um estágio bastante avançado dentro e fora da organização.

Sincronizar a cadeia de abastecimento corresponde a mudanças significativas não apenas nos processos empresariais, mas demanda também a construção de competências por meio da estrutura organizacional e da aplicação de tecnologias.

Os fatores de êxito no desenvolvimento e na implantação da estratégia da cadeia de abastecimento dependem de um conjunto de ações extremamente organizadas e coordenadas, envolvendo os parceiros de negócio.

As competências principais da organização devem ser levadas em consideração, ou seja, é necessário um alinhamento entre a habilidade de "fazer" e o que se quer implementar. Essa habilidade leva em conta pessoas e recursos financeiros a serem investidos no processo estratégico.

2.13.1.2 Falta de sincronização

Efetuando-se uma análise do comportamento das operações atuais, podemos concluir que, apesar de todos os avanços de processos e tecnologias ocorridos nos tempos de ciclo e na capacidade produtiva, muitas fábricas ainda não estão alinhadas com os critérios de sincronização, utilizando múltiplos sistemas com dados repetidos e inconsistentes. Os sistemas de planejamento de produção podem, por exemplo, não estar em sincronia com a produção real que esteja acontecendo nas linhas durante os turnos. Poucas são as fábricas em que os programas são criados com uma visão coerente das restrições de capacidade e de materiais. Na maioria das vezes, ainda que os operadores trabalhem eficientemente, as operações são executadas com uma visão local, sem um inter-relacionamento com outras partes da cadeia produtiva. Por isso, usa-se muito papel.

Os sistemas corporativos e integrados – ERP[11] – ajudam a compartilhar dados e informações únicas. No entanto, muitas organizações ainda possuem múltiplas estimativas, provenientes de vendas e marketing, outras diretamente do cliente e algumas ainda do próprio planejamento de produção. A razão de múltiplos números existirem está relacionada aos problemas de comunicação dentro da empresa, em que as estimativas não são comunicadas eficientemente. No entanto, esse fator deve ser enterrado com o passado, e as empresas devem caminhar para um único número de estimativa.

2.13.1.3 Cadeia de abastecimento

Mesmo que as fábricas e as unidades de negócio estejam sincronizadas, continua fundamental a sincronização com os parceiros de negócio nos dois extremos da cadeia. As organizações temem compartilhar dados com os clientes e fornecedores, uma vez que esses dados podem chegar até os concorrentes e também ser usados como fonte potencial de negociação pelos parceiros.

Para sincronizar a cadeia, os clientes devem ter acesso a informações importantes e que lhes interessam, como programação de entrega e situação do pedido, ao mesmo tempo que o fabricante deve acessar informações de demanda de seus clientes. No outro extremo da cadeia, a relação com o fornecedor deve ser similar, e as informações de programação de entregas e consumo devem ser compartilhadas. A tecnologia tem sido o elemento facilitador dessa interação entre os vários participantes, possibilitando maior visibilidade do processo e suas variáveis.

Para facilitar a sincronização, é possível observar a existência de muitas iniciativas de colaboração entre organizações, permitindo uma otimização dos estoques em toda a cadeia de valor, tanto dos clientes como dos fornecedores.

---

[11] Do inglês *enterprise resources planning*, sistemas empresariais integrados com o objetivo de automatizar as funções da organização.

FIGURA 2.16 Benefícios e desafios para sincronizar a cadeia de abastecimento

FUNÇÃO	REALIZAÇÕES	HABILIDADES NECESSÁRIAS
Criação de demanda	Maior entendimento das necessidades dos clientes	Capacidade para analisar dados e transformar em vantagem competitiva
	Relacionamento interdependente com o cliente	Culturas e organizações diferentes
Planejamento de demanda	Redução na variabilidade da demanda	Alinhamento com diferentes áreas da organização que são afetadas
	Planos mais realistas	Compartilhamento de informações
Execução do pedido	Melhora nos prazos e nos serviços aos clientes	Desenvolvimento de um processo capaz de responder confiável e rapidamente à demanda
Planejamento de capacidade	Utilização da capacidade ótima	Manutenção de uma manufatura flexível
Planejamento de materiais	Alinhamento do fornecimento com a demanda	Utilização das informações de demanda para o planejamento de materiais
Compras	Redução de custos totais	Racionalização de fornecedores
	Relacionamento interdependente com o fornecedor	Culturas e organizações diferentes

Fonte: elaborada pelo autor.

2.13.2 Operações de distribuição

O objetivo da distribuição é entregar os produtos para os clientes o mais rápido e pelo menor custo possível, de acordo com as especificações previamente definidas.

Para alcançar esses objetivos, as organizações estão repensando o modelo físico da distribuição, colocando os centros distributivos o mais próximo possível de seus mercados e utilizando a tecnologia da informação para atualizar informações de vendas e das necessidades dos clientes. A distribuição tem sido alvo de atenção das empresas na busca da excelência, uma vez que tem participação importante na composição dos custos e afeta diretamente o desempenho dela em relação aos clientes. A utilização de operadores logísticos é uma prática iniciada nos países desenvolvidos e que vem sendo disseminada pelo planeta, visto que muitas empresas preferem manter o foco na produção dos seus produtos ou onde ela realmente tenha o potencial de agregar valor. No Brasil, várias empresas estão adotando o modelo, inclusive contratando operadores logísticos com experiência internacional, em uma evidência da necessidade futura de operar com outros países.

2.13.3 Gerenciamento dos transportes

A globalização dos mercados requer que as organizações se preparem para otimizar seus transportes, minimizem os custos e aumentem a eficiência da cadeia de abastecimento. A disponibilidade de ferramentas tecnológicas possibilita que as operações de transporte sejam administradas de uma maneira menos jurássica, propiciando ganhos efetivos no processo.

Algumas das soluções tecnológicas acessíveis no mercado são:

- programação e roteamento de veículos;
- planejamento de transportes;
- acompanhamento do transporte;
- gerenciamento de desempenho.

2.13.4 Gerenciamento dos estoques

As organizações produtivas devem definir e manter estratégias de estoque com o objetivo de assegurar o fluxo regular dos processos existentes na cadeia de abastecimento. Os processos de controle e planejamento de estoques baseiam-se em fatores essenciais e que devem estar alinhados com a estratégia, como parâmetros de nível de serviço, estoque de segurança, necessidades sazonais, tamanhos de lote e alianças estratégicas com fornecedores.

2.13.5 A tecnologia no gerenciamento dos armazéns

Existe certa confusão sobre os conceitos de "sistemas de administração de estoques" e "sistemas de administração de depósitos".

A administração dos estoques está relacionada com o que será colocado no centro de distribuição, enquanto o gerenciamento do depósito apresenta um conjunto diferenciado de funções.

Basicamente, a administração dos estoques determina onde o estoque deve se localizar fisicamente e quando deve ser movimentado. Sua função primordial é controlar as operações do depósito, incluindo o recebimento de materiais ou produtos, a localização, a armazenagem, o abastecimento, a administração dos pedidos ou das ordens, a separação de produtos e o transporte. As tarefas dos depósitos ou do centro de distribuição estão voltadas principalmente para o atendimento dos pedidos dos clientes. O balanceamento dos custos com os níveis de serviço que se deseja ter com os clientes é estratégico na vantagem competitiva.

Enquanto o sistema de administração de estoques deve garantir que exista um estoque disponível, o sistema de administração de depósitos aumenta a produtividade, utilizando menos recursos e causando menos erros.

As principais metas dos sistemas de administração de depósitos são:

- otimizar os espaços existentes no centro de distribuição ou depósitos;
- otimizar a utilização dos recursos, como pessoas e equipamentos;
- otimizar a execução das tarefas.

2.13.6 A corrida da competição: cadeia de abastecimento *versus* cadeia de abastecimento

A evolução das organizações e particularmente da cadeia de abastecimento faz com que a competição entre as empresas se mova do âmbito empresarial para a competição entre as cadeias de abastecimento.

Indústrias cujas mudanças são significativas e rápidas, como as de computadores pessoais e a automotiva, podem fornecer importantes práticas sobre a cadeia de abastecimento para as outras indústrias.

A cadeia de abastecimento tem conseguido suas melhorias com base na transferência de conhecimento e procedimentos. A redução dos estoques tem efeito em virtude das alterações na frequência de entrega. A importância da velocidade na cadeia de abastecimento pode ser exemplificada por produtos com ciclo de vida bastante curto, como é o caso dos computadores pessoais. Esse rápido ciclo de vida pode causar quedas nos seus valores antes mesmo que saiam do centro de distribuição. No final, os fabricantes podem ficar com uma quantidade enorme de produtos obsoletos.

FIGURA 2.17 A corrida da competição: cadeia de abastecimento *versus* cadeia de abastecimento

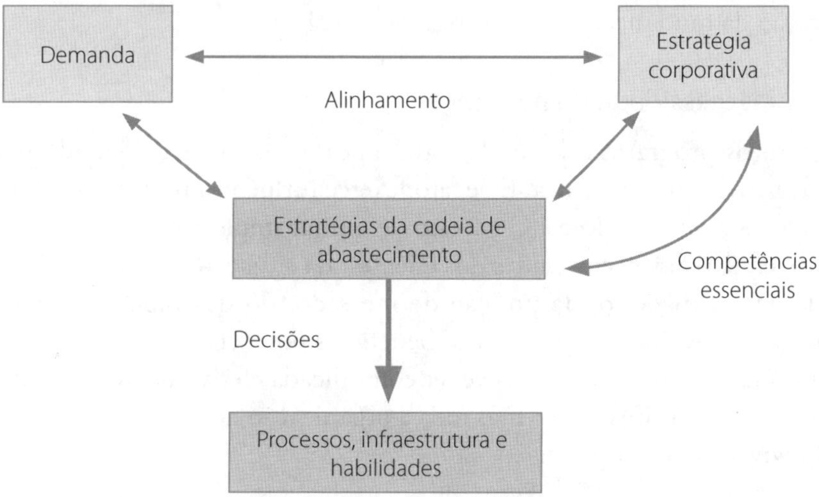

Fonte: elaborada pelo autor.

2.14 IMPLEMENTANDO ESTRATÉGIAS DE NEGÓCIO

A implementação de uma estratégia da cadeia de abastecimento é extremamente complexa. Um perfeito alinhamento do programa com a estratégia, visão clara e consistente, recursos capazes e bem dimensionados, processos de mudança cultural e comunicação eficiente, treinamento e comprometimento organizacional são algumas das preocupações consideradas na implementação da estratégia.

Normalmente, as estratégias são implementadas com as operações em andamento. Fábricas não podem ser fechadas, máquinas e sistemas não podem ser desligados. As atividades do programa de implementação ocorrem em um ambiente dinâmico e não podem trazer prejuízos à organização.

2.14.1 Requisitos para implementar a mudança

Existem alguns requisitos básicos para implementar a mudança e atingir os resultados esperados. Os profissionais da cadeia de abastecimento devem ser pragmáticos e pensar além de prazos, custos, benefícios e qualidade. Sem dúvida, essas preocupações são fundamentais para qualquer implementação. No entanto, características adicionais devem ser somadas às anteriores, como composição da equipe de trabalho, comunicação, busca e manutenção do comprometimento, administração dos riscos, desenvolvimento de pessoas e administração das expectativas da gerência comprometida com o processo. A implementação de uma estratégia é um processo de mudança e, como tal, interfere no comportamento das pessoas. Dessa forma, deve-se dar atenção especial aos funcionários da organização.

Segundo Gattorna,[12] existem alguns pré-requisitos básicos que levam a uma efetiva administração da mudança, conforme descrito a seguir.

2.14.1.1 Necessidade de mudança

Em geral, os programas de mudança alcançam maior êxito quando existe uma necessidade real de que ela ocorra. Esse fator exerce influência positiva sobre as pessoas, incentivando-as e motivando-as. O sucesso de muitas implementações é orientado por uma análise efetiva das necessidades dos clientes, da situação de competitividade e lucratividade da organização, da posição de mercado, do desempenho financeiro, da identificação de barreiras a superar e dos benefícios potenciais.

Essa análise é imprescindível e deve ser comunicada efetivamente, a fim de convencer não só o corpo administrativo mas toda a organização de que a mudança é essencial para a sobrevivência da empresa.

2.14.1.2 Visão compartilhada

Grande parte dos programas que falham tem como motivo a falta de clareza nas definições do processo de mudança. A comunicação é grosseiramente realizada – quando é realizada. Um processo de implementação na cadeia de abastecimento afeta sobremaneira as funções essenciais da organização. Por essa razão, o conhecimento da mudança e dos objetivos estratégicos deve ser compartilhado com todos da empresa para que, efetivamente, se alcancem os resultados esperados.

Além disso, uma estratégia deve ser de responsabilidade da organização, ainda que a ideia seja de um indivíduo. Nenhum processo pode ter continuidade se ele se mantém no desejo exclusivo de uma pessoa. O processo estratégico, que leva à implementação da mudança, é decisivo e não pode estar vinculado a pessoas, mas, sim, à organização. Expondo desse modo, parece simples. No entanto, muitas organizações veem seus processos falharem porque as mudanças são impostas por uma pessoa do alto escalão com grande poder de influência nas decisões, mas nem sempre com argumentos fortes orientados para a necessidade da mudança.

2.14.1.3 Capacidade para mudar

É frustrante quando toda a organização está comprometida e orientada para o processo de mudança, mas não obtém sucesso em decorrência da falta de habilidade ou de capacidade das pessoas nele envolvidas. Essa capacidade das pessoas está vinculada

[12] GATTORNA, J. *Supply chain management:* best practices in supply chain management. Hampshire: Gower Publishing, 1998.

à habilidade de estabelecer uma estrutura organizacional e medidas de desempenho que direcionem sistematicamente o processo de mudança, indicando o que mudar e para que mudar.

A implementação é tão importante quanto a elaboração da estratégia. De nada adianta contar com cérebros brilhantes para armar e construir estratégias se não existem pessoas interna ou externamente capazes de implementar o processo pensado e liderar suas equipes. As pessoas precisam ser metodicamente treinadas a fim de desenvolver suas habilidades e suas atitudes para contribuir e conviver com o novo ambiente projetado. As responsabilidades devem ser definidas com clareza e os investimentos alinhados a elas devem ser efetuados.

2.14.1.4 Ações importantes no processo de mudança

Na implementação das mudanças, os líderes devem considerar aspectos pessoais, tecnológicos e de processos empresariais para alcançar as melhorias buscadas. As pessoas devem estar preparadas e motivadas para a empreitada.

Vejamos alguns passos essenciais nesse processo.

Alinhar a cultura com a resposta estratégica

As organizações da cadeia de abastecimento devem ser projetadas para atender às necessidades do mercado e às exigências dos clientes. Assim, as necessidades nascem dos clientes em uma esfera externa e caminham para o interior da organização. Contudo, o redesenho estratégico da organização passa por um alinhamento com a cultura corporativa, que está vinculada aos valores, às crenças e às normas que regem a organização e que são perenes. São os valores que influenciam indivíduos ou grupos. São comportamentos internos que direcionam a organização e que fazem com que os funcionários se sintam bem trabalhando.

Evidentemente, quanto maior e mais diversa for a organização – sobretudo se global –, mais difícil se torna o processo de mudança. Esse é um fator complicado na mudança da cadeia de abastecimento, que em geral mantém um conjunto de diferentes culturas na organização.

Indicação de "um único dono" de processo

Qualquer modificação na cadeia de abastecimento interfere nos subprocessos ou em suas funções. Modificações estruturais, mesmo que simples, podem levar demasiado tempo caso discussões tenham de ser feitas com os líderes de cada subprocesso dentro da cadeia de abastecimento.

Portanto, é imprescindível a existência de um responsável pela cadeia toda a fim de resolver conflitos relacionados à priorização de recursos, a interferências funcionais e a questões relacionadas ao processo de mudança.

Esse elemento funcional pode ser um diretor da cadeia de abastecimento ou integrador de processos ou até um planejador da cadeia com autoridade para resolver os conflitos principais.[13]

Redefinir os indicadores de desempenho

Uma forma positiva de mudar o comportamento das pessoas é alterando as medidas de desempenho. Essa prática sinaliza aos funcionários quais comportamentos e atitudes eles deverão ter e como serão premiados.

Essas medidas de desempenho devem ter duas vias: uma em relação aos resultados dos negócios da empresa e outra vinculada aos resultados individuais. Os objetivos individuais devem estar alinhados com os objetivos de negócio que orientam as atividades. Em um processo de mudança, é fundamental definir o papel de cada um no projeto e os seus objetivos individuais. Muitas organizações adotam tais medidas de desempenho apenas para a alta gerência. Será muito mais efetivo se houver um processo "cascata" alinhando objetivos individuais aos objetivos de negócio e aos objetivos dos superiores em um processo *top down*, garantindo que todos os objetivos individuais tenham uma relação com os objetivos da empresa no mais alto nível.

Desenvolvimento e treinamento da força de trabalho

Todo o processo de mudança deve contemplar o desenvolvimento de um programa de treinamento a fim de desenvolver as habilidades das pessoas. Elas serão agentes da mudança e terão suas atividades afetadas pelo programa a ser implementado. Inicialmente, o treinamento deve concentrar-se nos indivíduos-chave que possuem o poder de mudar ou influenciar a organização.

Mudanças na cadeia de abastecimento com frequência resultam em redesenho de processos, que afetam a forma de executar as tarefas. Assim, os funcionários devem receber treinamentos para realizar suas funções.

Comunicação

Toda mudança em um processo organizacional provocada por um programa ou um projeto deve ser comunicada à comunidade empresarial, com explicações sobre o conteúdo do programa, a necessidade de implementá-lo, quando será implementado e como será conduzido o processo de mudança.

---

[13] De cima para baixo.

A comunicação deve ser honesta e objetiva. O alto escalão da organização deve estar envolvido no processo de comunicação. Essa comunicação, em muitas situações, pode se estender para além dos circuitos internos da organização, no caso de clientes, fornecedores, parceiros e sociedade.

2.14.1.5 Acompanhamento do programa

A implementação de um programa na cadeia de abastecimento exige acompanhamento contínuo para:

- certificar-se de que os benefícios esperados estão sendo obtidos;
- certificar-se de que o programa está rigorosamente dentro dos custos e dos prazos estimados;
- fornecer informações prévias aos responsáveis pela liberação dos fundos;
- fornecer informações à alta gerência para refinar o plano.

2.14.1.6 Mapa de integração

A cadeia de abastecimento é um processo bastante extenso. Sua complexidade pode levar a mal-entendidos e confusões. Portanto, é fundamental a criação de um mapa com todas as iniciativas existentes na cadeia de abastecimento e a comparação delas com os objetivos organizacionais, apresentando métricas e recursos. A geração de um mapa dessa natureza pode revelar conflitos em datas e prioridades e apontar necessidades de mudanças.

CONSIDERAÇÕES FINAIS

É perceptível a evolução e o amadurecimento das organizações em relação à cadeia de abastecimento. Claramente os segmentos atingiram graus de maturidade diferenciados e adotam estratégias que possam atender aos seus objetivos finais. A busca pela colaboração, pela eficiência e eficácia de processos, usos de tecnologia, investimentos nas competências das pessoas são atributos essenciais na melhoria continuada da cadeia a fim de alcançar a vantagem competitiva. A criação de instrumentos e mecanismos que possam dar maior visibilidade às atividades que ocorrem na cadeia representa um diferencial importante no mundo globalizado e extremamente competitivo. Empresas como Unilever, Procter & Gamble, Dell, Nestlé, ABB, entre outras, viabilizam suas estratégias globais pelo uso avançado de sistemas na monitoração de funções prioritárias de *supply chain* alinhadas com os objetivos organizacionais e que, na maioria das vezes, são orientados à otimização de custos e atendimento ao cliente.

CASO

WINE.COM.BR: *SUPPLY CHAIN* DO VINHO, UM MODELO DE NEGÓCIOS DISRUPTIVO[14]

Introdução

A Wine nasceu fundamentada em três grandes pilares: vontade e capacidade de fazer diferente; certeza de que, se todos os "wineanos" estiverem felizes e unidos pela mesma filosofia, toda essa energia será transmitida para os clientes na forma do melhor serviço possível; e desejo de descomplicar e democratizar o mundo do vinho.

Quando Rogério Salume e Anselmo Endlich começaram o projeto da Wine, eles conseguiram agrupar todas as ideias, observações e experiências que tiveram trabalhando no mercado de vinhos finos nos anos anteriores. Eles perceberam que só se vendia vinho de uma mesma forma, em lojas específicas, imponentes e até mesmo intimidantes.

Assim, em julho de 2008, o projeto da Wine nasceu com a missão de descomplicar o processo de compras de vinhos, proporcionando acesso às melhores opções de todo o mundo e oferecendo uma cuidadosa e ampla seleção realizada por uma equipe especializada e por seu exclusivo Sommelier Wine.

A evolução

Cada brasileiro bebe menos de 2 litros por ano – número que não muda há uma década. Na Argentina, a média é de 24; na França, de 48 litros. O Brasil, portanto, não é um mercado promissor para os interessados em vender vinho. Quando os dois empresários locais decidiram, em 2008, criar uma loja virtual de vinhos, parecia uma loucura. Além de vender pouco, o vinho típico das mesas do brasileiro é aquele doce, intragável e baratíssimo. Ou seja, o volume é baixo, e a margem de lucro, ínfima.

No entanto, a Wine acabou se transformando num fenômeno. Seu faturamento em 2014 foi superior a 210 milhões de reais, sendo a maior loja de vinhos da América Latina e a terceira no mundo, oferecendo mais de dois mil rótulos de vinhos finos das principais regiões vitivinícolas do mundo. O faturamento em 2017 foi superior a 400 milhões de reais.

Para que o negócio desse certo, os sócios precisaram resolver desafios logo na largada. Primeiro, convencer os brasileiros de que faz sentido comprar vinho pela internet – um mercado que praticamente não existia no país. Segundo, garantir um volume mínimo de vendas que justificasse seus investimentos em logística. Para conseguir isso, simplificaram um mercado em que o bacana é ser complicado. No *site* da Wine, o cliente escolhe a bebida por ocasião (jantar, praia, presente) e por tipo de comida (italiana, japonesa, churrasco).

---

[14] Estudo de caso elaborado pelo autor com base em pesquisas de textos, entrevistas e vídeos disponibilizados em diferentes meios de comunicação, como televisão, internet, jornais e livros.

A chave para garantir uma clientela fiel foi criar uma assinatura em que o cliente escolhe receber duas, quatro ou seis garrafas por mês, selecionadas por oito *sommeliers* que procuram vinhos baratos e supostamente bons mundo afora. Seis em cada dez clientes compram todo mês e gastam, em média, 40 reais – o dobro do cliente típico do Grupo Pão de Açúcar, maior vendedor de vinhos do país.

Para baixar os preços, a Wine compra enormes volumes de alguns vinhos específicos diretamente com os produtores. Recentemente, comprou 1 milhão de garrafas do vinho espanhol Toro Loco, que se tornou uma espécie de lenda na internet ao ganhar um concurso na Inglaterra. É vendido na Wine por 25 reais.

Há dez anos, Endlich e Salume eram funcionários de uma importadora de bebidas e alimentos em Vitória, no Espírito Santo. Ao deixar o emprego para abrir o próprio negócio, eles começaram distribuindo para restaurantes. Decidiram criar um *site* para vender vinho na cidade, mas a coisa era mambembe – sem estoque, os empresários tinham de fazer pedidos nas importadoras a cada compra.

A Wine opera um complexo sistema logístico, que abrange desde o recebimento, a estocagem e a manipulação dos vinhos, até a entrega das suas embalagens. Para tanto, utiliza-se de sistemas de gestão do centro de distribuição e armazenagem dos rótulos.

Faltava, portanto, dinheiro para criar um *site* decente. Com a chegada de três novos sócios de uma corretora carioca, esse problema foi resolvido, e a empresa construiu seu centro de distribuição. Hoje, entrega produtos em até 72 horas, num grupo de 300 cidades do país e cerca de 300 mil clientes com 140 mil associados e 400 funcionários.

Agora, a Wine vai liderar o desafio de abrir as lojas físicas da varejista *on-line*, que anunciou, em 2018, planos de abrir 100 pontos de venda em três anos. Ao contrário de muitas empresas de comércio eletrônico, ela é lucrativa há anos, por contar com a recorrência dos consumidores.

A ambição é chegar a 1 milhão de consumidores com a ajuda de uma nova modalidade de assinatura. O novo serviço é inspirado no Amazon Prime, clube de vantagens da gigante do varejo que tem hoje impressionantes 85 milhões de assinantes. No Wine Prime, o assinante paga uma taxa de 14,90 reais e passa a ter direito a frete grátis e desconto de 15% nos produtos.

O plano de expansão não é o único desafio da empresa. Instabilidade do mercado e novos concorrentes também estão entre os obstáculos que deverá enfrentar.

Investimento

Em maio de 2012, os sócios venderam 40% do negócio por estimados 40 milhões de reais para a e.Bricks, braço de tecnologia do grupo gaúcho RBS. Em 2012, a Wine teve lucro pela primeira vez (o resultado não é revelado). Nem mesmo os donos da Wine acreditam que o ritmo de crescimento atual será mantido. "O potencial do país é limitado, porque o consumo de vinho deve se manter baixo", afirma Endlich.[15] Recentemente, a empresa começou a estudar o investimento em outros países, a começar pelos vizinhos da América do Sul.

---

[15] LEAL, A. L. A Wine vende vinho para as massas em loja online. *Exame*, São Paulo, 15 ago. 2013. Disponível em: https://exame.abril.com.br/revista-exame/vinho-para-as-massas. Acesso em: 26 nov. 2019.

Em outra frente, os brasileiros da Wine decidiram diversificar. Em maio de 2014, compraram a loja eletrônica Have a Nice Beer, que adota o mesmo modelo de "assinatura" de bebidas da Wine. Vale tudo para continuar crescendo. Até vender cerveja. Em março de 2015, adquiriu a Mocoffee, empresa suíça de pequeno porte, mas com presença em dezessete países, o maior trunfo da Mocoffee é ter sido fundada por Eric Favre, o suíço que criou o sistema de cápsulas da Nespresso. Em junho de 2016, um investidor importante juntou-se à Wine: Abilio Diniz.

Supply chain

Quando o assunto é *e-commerce* e os desafios que esse modelo de negócio traz ao empreendedor, o primeiro elemento desafiador que nos vem à mente é, com certeza, a logística que um comércio eletrônico terá que desenvolver para entregar os produtos e os serviços aos clientes. A Wine enfrentou o desafio de construir um processo de logística eficaz e focado em atender todo o Brasil e de lidar com ele.

Por ser um país com dimensões continentais, trabalhar com entrega de produtos no Brasil é algo extremamente difícil. Fazer logística no Brasil é um desafio diário, é mais do que *know-how*. Nosso país tem problemas logísticos de infraestrutura incomensuráveis. O ponta a ponta é muito complicado.

Desde o início, o objetivo da Wine era atender todas as regiões brasileiras e, portanto, muito investimento foi necessário, passando por diversas rodadas com investidores, e a empresa desenvolveu diversas soluções. Uma delas foi a criação e o patenteamento da embalagem WineBox, que foi adaptada e recebeu aprovação dos órgãos responsáveis pela fiscalização para ser transportada. A base de operações da Wine fica no Espírito Santo, incluindo as importações, feitas pelos portos capixabas, e o sistema de distribuição e pedidos. Ao todo, são cerca de 8 mil entregas por dia, com cinco ou seis garrafas em cada pedido.

Atualmente, a Wine atua nos quatro modais da logística: rodoviário, aquaviário, ferroviário e aéreo. E, para isso, é preciso ter uma forte rede de parceiros. Aperfeiçoamentos foram necessários ao longo do tempo, como: processos e tecnologias.

A Wine também tem caminhões próprios e faz uma parte das entregas justamente para entender e se inserir nessa área para criar conhecimento de causa. Assim, a companhia tem controle e sabe quanto custa cada quilômetro rodado, qual a melhor maneira de entregar para determinada região e quais meios usar. Imprevistos acontecem e é preciso lidar com eles com transparência.

Todo processo de logística sempre terá que lidar com o inevitável: imprevistos. Em muitos casos, há greves, problemas em portos, roubo de carga que afetam o negócio e dificultam a entrega. Um desafio e tanto a ser superado!

Questões para revisão

1. Explique seu entendimento sobre análise Swot. O que é planejamento estratégico?
2. Quais são as tipologias estratégicas de Miles e Snow? Quais são as estratégias competitivas de Michael Porter? Selecione e descreva uma das estratégias de Porter.
3. Quais características devem ser consideradas para a avaliação de uma estratégia?
4. Descreva o que você entende por cadeia de abastecimento sincronizada.
5. O que você entende por cadeia de abastecimento competindo com cadeia de abastecimento?

3 Organizações que compõem o processo da cadeia de abastecimento

Objetivos

Após a leitura deste capítulo, você será capaz de:

✓ entender as organizações de fornecimento;
✓ identificar as organizações de produção;
✓ entender as organizações de distribuição.

FIGURA 3.1 Organizações que compõem a cadeia de abastecimento

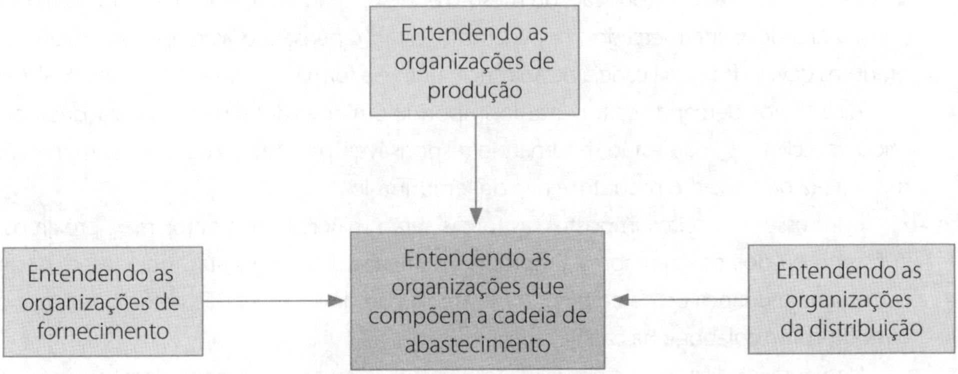

Fonte: elaborada pelo autor.

3.1 VISÃO GERAL

O cliente final é o foco. Para sobreviver e prosperar nesse novo ecossistema, as organizações necessitam efetuar mudanças revolucionárias internamente e nos relacionamentos externos, transformando seus modelos de negócio por meio do entendimento do comportamento e das nuances do mercado. Elas precisam direcionar os esforços, mantendo sempre o foco no cliente ou no consumidor.

É uma nova maneira de pensar que faz com que os membros da cadeia de valor se reúnam para uma importante missão: oferecer aos consumidores e clientes produtos e serviços com alto valor agregado pelo menor preço. Esse novo ecossistema resulta na convergência da união de forças entre as organizações da cadeia de abastecimento, sejam elas globais, sejam locais. Muitas dessas forças podem se basear em consumidores ou em clientes empresariais, dependendo do tipo de produto ou serviço que é oferecido.

Entender a função das organizações é fundamental para despertar a colaboração entre os diferentes membros da cadeia de valor. Questionar o papel de entidades intermediárias é função estratégica dos membros da cadeia. O que agrega valor tem de permanecer; o que não agrega, está fora do jogo. A força que impele esse raciocínio está nas pontas. Clientes e consumidores não querem pagar contas adicionais para sustentar elementos na cadeia que não agregam valor e representam custos desnecessários. A batalha há muito começou e as organizações precisam rever seus papéis.

A dominância na cadeia de abastecimento tem mudado no decorrer dos anos. O atacadista sempre teve uma influência forte no processo, sendo o elo entre os fabricantes de produtos e o mercado. Houve um período em que as grandes empresas de manufatura ditavam as regras e empurravam os produtos para os varejistas e os consumidores individuais. Nos últimos tempos, os grandes varejistas, tanto no aspecto global como local, estão dominando e controlando a cadeia de valor, uma vez que ocupam uma posição estratégica entre os consumidores e as empresas de produção, ou mesmo entre os grandes atacadistas e consumidores.

Os grandes supermercados, por exemplo, estão repensando as regras que ditam quais produtos devem fluir pela cadeia de abastecimento e a forma pela qual serão comercializados.

A cadeia de demanda está, contudo, impondo um novo desafio às organizações. Consumidores e clientes finais estão se tornando responsáveis pela cadeia de abastecimento. Estamos na era de "puxar" o produto, e não de "empurrá-lo".

Com esses conceitos impostos, as forças serão maiores nos pontos mais próximos do consumo ou dos consumidores. Empresas visionárias devem encarar todos esses desafios como uma mudança de paradigma. A estratégia não deve ser a briga pelo poder, mas, sim, o modo como colaborar na cadeia.

No contexto disruptivo da atualidade, a natureza de quem fornece, distribui, produz ou concorre sofreu uma significativa mudança e nem sempre possui limites claros. Novos modelos de negócios, centrados em clientes e consumidores, alteram o comportamento da cadeia de abastecimento. A separação de certas atividades ou processos na cadeia de valor permite que empresas de pequeno porte venham a competir de igual para igual com as grandes do mercado sem, no entanto, enfrentá-las. No Brasil, desde 2010 há registros de iniciativas de empresas que dão aos usuários condições de dirigir carros que não lhes pertencem por um valor inferior ao das locadoras de veículos. Esses carros podem pertencer às empresas em questão ou mesmo a terceiros, que os disponibilizam em função do baixo uso. Ainda que o modelo, na linha da economia colaborativa, não tenha escalado o suficiente, são várias as empresas que atuam nesse mercado no Brasil, como Moobie, Zazcar e Pegcarro. Um estudo realizado pelo professor norte-americano Donald Shoup sinaliza que, em média, nos Estados Unidos os veículos ficam estacionados cerca de 95% do tempo. Apenas 5% estão em movimento.

Tais modelos de ruptura competem diretamente com os negócios de várias organizações de grande porte que, muitas vezes, esperam que seus concorrentes sejam outras grandes empresas. Eles eliminam essas barreiras e criam oportunidades, desde que consumidores e clientes as queiram.

3.2 ORGANIZAÇÕES DE FORNECIMENTO

No mundo competitivo atual, as empresas focalizam cada vez mais suas competências, dando maior importância às atividades que estão relacionadas ao seu negócio. Por isso, aumenta a necessidade do entendimento de fundamentos de obtenção de serviços e materiais, gestão de fornecedores e acordos contratuais. Cada vez mais enxutas, buscam, estrategicamente, conhecer melhor os processos de compras para a aquisição de bens e serviços, a fim de auxiliar a tomada de decisão de produzir ou comprar, a negociação, os tipos de contrato e assim por diante.

As empresas estão sofrendo uma concorrência nunca vista e uma demanda extremamente forte por parte dos clientes ou dos consumidores. As mais bem-sucedidas são aquelas que reconhecem a necessidade contínua de melhorar todos os aspectos da cadeia de abastecimento com uma visão mais ampla e orientação externa. Aí está o fornecedor, o aliado estratégico em bens e serviços.

3.2.1 Impactos da demanda no fornecimento

Atuando no extremo da cadeia, por intermédio da demanda, os clientes estão exigindo maior flexibilidade, melhores serviços, qualidade superior e, é claro, um preço justo. Com essa orientação estratégica, começam a aparecer dificuldades no processo, principalmente no reconhecimento das fontes de fornecimento que podem oferecer maior competitividade. Existe uma maior necessidade de obter informações sobre o desempenho dos fornecedores e de suas qualificações, seja para serviços simples ou complexos, seja para materiais que vão compor produtos já existentes ou novos produtos que requerem perfis diferenciados de fornecedores.

É fundamental que tanto fornecedores como clientes compradores estejam conscientes do desempenho de cada um com relação a requerimentos, capacidades e posicionamento de mercado. Essa afirmação vale para ambos os lados. Embora o cliente tenha o direito de exigir desempenho do seu fornecedor, este, por sua vez, deve exigir reconhecimento pelo serviço realizado. Em resumo, o termo **colaboração**, no que se refere ao conceito "ganha-ganha", aparece uma vez mais como elemento de valor agregado para as organizações. Ainda que pareça um clichê, essa expressão deve valer para todos os níveis do relacionamento.

As organizações devem considerar formas diferentes para se manter competitivas no mercado; devem se preocupar com a relevância que têm as cadeias de abastecimento e de demanda no processo estratégico de fornecimento e compra, buscando redução de custos, velocidade e nível de serviço com qualidade.

A gestão da cadeia de abastecimento orientada pela demanda é uma mudança de paradigma. Os clientes, por meio da cadeia de valor, estão determinando como querem seus pedidos, como e quando devem ser entregues e como devem ser manuseados. A redução dos custos de manutenção dos estoques é um dos grandes objetivos. O nível de serviço é um indicador fundamental no relacionamento: as ordens precisam ser despachadas com todos os itens, na quantidade exigida, no tempo requerido e na qualidade especificada. Cumprir esses requisitos significa continuidade dos negócios. Caso contrário, as perdas podem ser irreparáveis.

FIGURA 3.2 Impactos da demanda no fornecimento

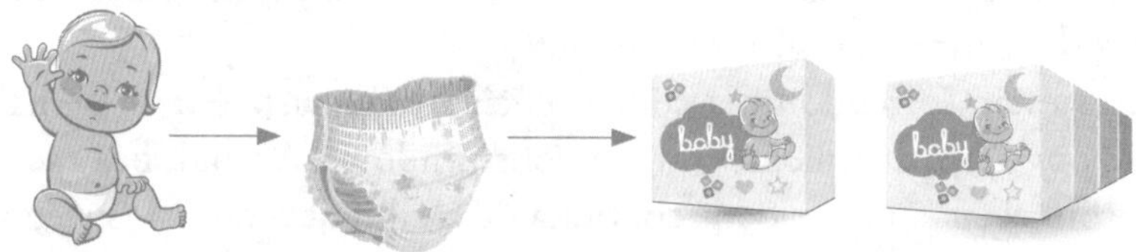

Fonte: elaborada pelo autor.

Contudo, muitas empresas ainda não estão preparadas para "fornecer" ou para "comprar", pois não entendem a cadeia de abastecimento e o direcionamento que a demanda impõe. Hoje, não se fala mais em pedir, transportar e receber: fala-se em processos, em logística, em cadeia de abastecimento, que vai do fornecedor até o cliente final. Portanto, quem não entender o processo dessa forma estará fora do mercado.

3.2.2 O fornecedor

A evolução dos processos empresariais tem afetado a forma de realizar compras nos dias atuais. Ainda que comprar serviços ou materiais pelo menor preço seja uma preocupação constante, a busca de um balanceamento entre preço, qualidade, serviço, relacionamento e capacidade de entrega tem sido uma discussão importante.

Além disso, o foco no negócio tem trazido alternativas interessantes para o mercado. Nos últimos anos, conceitos como terceirização surgiram com força em todos os segmentos: na administração de segurança, na gestão de tecnologia da informação, nas atividades produtivas em que a competência principal da empresa não é na fabricação, na área de transporte, no departamento jurídico, nos centros de recebimento de pedidos, na manutenção, entre outros.

A evolução dos processos empresariais tem afetado a forma de realizar compras atualmente.

Entretanto, cabe questionar a forma desenfreada pela qual esse processo está se desenvolvendo, gerando descontentamento em alguns segmentos. O conceito está extremamente alinhado com o modelo de se fazer negócios no mundo de hoje. No entanto, os processos e os procedimentos devem ser muito bem analisados e implementados, com contratos bem elaborados e medidas de desempenho concordadas, envolvendo responsabilidades de ambas as partes.

Uma das tarefas dos fornecedores é entender como realizar suas atividades para atender às expectativas dos clientes. Algumas dessas expectativas podem incluir:

- investimentos em tecnologia para permitir a troca de informações, possibilitando o fluxo automático de pedidos e seu rastreamento nos diversos processos da cadeia de abastecimento;
- utilização da *Radio Frequency Identification* (RFID), que permite identificar por radiofrequência dados de produtos gravados em um pequeno *chip* que acompanha o produto;
- aumento de velocidade da entrega e redução de manuseio, como colocação de produtos em paletes, transporte direto para o ponto de uso ou consumo e utilização de transportadores determinados pelos clientes;
- comunicação rápida e eficiente, permitindo completa visibilidade do que ocorre na cadeia e possibilitando alimentar o cliente com informações sobre posicionamentos e prazos de entrega de pedidos;
- identificação de produtos e materiais por meio de código de barras e/ou rótulos.

As medidas de desempenho devem ser definidas em conjunto, e as mais usuais são:

- tempo de ciclo, desde o momento em que o cliente faz o pedido até o instante em que o material é disponibilizado;
- a entrega dos pedidos não deve ser parcial. Pedidos completos e na data requerida são elementos de elevada importância no processo de desempenho;
- os níveis de estoques devem ser suficientes para atender às expectativas dos clientes e, ao mesmo tempo, devem estar alinhados com a estratégia da organização. Estoques altos podem levar a custos elevados, que afetam o desempenho em termos de preços.

O desempenho da cadeia de abastecimento não é uma receita cujos ingredientes são conhecidos. Portanto, realizar comparações com segmentos similares é fundamental para a saúde do negócio. Os processos não podem ser engessados, e novas formas de fazer negócios e atender às expectativas dos clientes podem e devem ser criadas.

Muitos processos podem ser revisados e melhorados. Um dos pontos críticos na maioria das empresas é o processamento dos pedidos, ou seja, seu tempo, a quantidade e o local de entrega. Um dos maiores problemas que as empresas apresentam é o nível de serviço: as ordens não serem entregues na data; os produtos estarem incorretos ou em quantidades erradas e, muitas vezes, serem entregues em locais errados. Esses erros aumentam os custos e desagradam os clientes, diminuindo as chances de aumentar a competitividade.

O desempenho na cadeia de abastecimento não é uma receita na qual todos os ingredientes podem ser encontrados.

As organizações não estão preparadas para cumprir o tempo de resposta exigido pelo cliente. Imaginemos a queda de uma conexão telefônica, em dia de fechamento de mês, de uma multinacional situada, suponhamos, na Alemanha. Quais impactos teriam para essa empresa o atendimento inadequado e o baixo tempo de resposta? Usuário insatisfeito, custos elevados, desgastes nos relacionamentos internos da organização e desgastes no relacionamento entre cliente e fornecedor: problemas que as empresas vivem com certa frequência.

O ponto aqui não é apenas identificar que ocorreu um problema, mas em quanto tempo ele pode e deve ser resolvido, como a empresa fornecedora pode ser mais competitiva e tornar o cliente também mais competitivo.

3.2.3 Como os clientes medem os fornecedores

Com o advento de conceitos de relacionamento colaborativo por intermédio da cadeia de abastecimento e demanda, os clientes reduziram drasticamente a base de fornecedores, aproximando-se cada vez mais daqueles que possuem maior credibilidade e confiabilidade, com histórico positivamente referenciável em termos de nível de serviço.

A seguir são apresentadas algumas qualificações pelas quais os fornecedores de bens e serviços são avaliados pelos clientes.

QUADRO 3.1 Qualificações de fornecedores

Preço	Histórico
Qualidade	Garantias
Saúde financeira	Disponibilidade para trocar informações
Investimentos em preparação de pessoas	Reputação
Localização	Competências para transportar
Investimento em tecnologia	Tempo de ciclo
Capacidade de atender às expectativas	Disponibilidade de serviços e produtos
Velocidade	Relações trabalhistas
Desempenho na entrega	Falta de produtos
Produtos danificados	Número de reclamações
Pedidos perfeitos	Abertura para colaborar

Fonte: elaborado pelo autor.

3.2.4 Colaboração

As iniciativas de colaboração têm permanecido nas mãos dos clientes. Contudo, a participação dos fornecedores é fundamental para tornar a cadeia de abastecimento mais eficiente.

No campo da tecnologia, se dá muita ênfase a essa situação. Em busca do fornecedor preferencial, clientes estão selecionando um único supridor de equipamentos tecnológicos pensando em ganhos de escala, quando do aumento do parque instalado e da padronização dos serviços e dos melhores serviços de pós-vendas. Esse procedimento garante um relacionamento menos complexo entre organizações, trazendo vantagens importantes para ambos os lados: a organização compradora obtém ganhos por meio de economia de escala e a organização fornecedora ganha em termos de volume fornecido. Por outro lado, existe sempre o questionamento de se apostar em um único fornecedor e criar um vínculo de maior dependência. Muitas empresas preferem trabalhar com fontes alternativas para evitar riscos desnecessários.

Para explicar esse contexto, a evolução da forma de fazer negócios tem levado ao conceito das alianças estratégicas nos mais diversos segmentos do mercado, seja em serviços, seja em bens. Essa estratégia implica uma maior responsabilidade de clientes e fornecedores nos processos de seleção e gestão.

As alianças correspondem a uma combinação de variáveis que fazem com que as organizações obtenham maior vantagem competitiva, aumentando os lucros e a participação de mercado. Além disso, se o mercado busca a colaboração e, por conseguinte, a redução do número de fornecedores, muitos podem sobrar.

As perguntas sobre as alianças estratégicas são muitas, e a maioria vai ficar sem resposta até que se concretizem as alianças, por exemplo:

- Será que é necessário estabelecer uma aliança? Em que situação? Com quem?
- Que tipo de aliança? Quem deve ser envolvido?
- Deve ser uma aliança local ou global?
- Fez-se a escolha correta?

Na elaboração de alianças, desafios importantes devem ser enfrentados, mas está claro que elas precisam ser feitas.

3.2.5 Seleção dos clientes

Dentre os vários critérios para a seleção de clientes e a continuidade do relacionamento com eles, um deve ser especialmente considerado com muito rigor para não colocar em risco a empresa: a análise das condições financeiras do cliente, independentemente de seu tamanho.

É evidente que cada cliente deve receber tratamento diferenciado com limites de crédito vinculados ao seu desempenho de pagamento e à sua saúde financeira.

O conhecimento profundo do cliente é garantia de riscos minimizados. Em caso de comércio exterior, a utilização de empresas capacitadas em avaliação de riscos deve ser um procedimento fundamental para evitar perdas futuras.

FIGURA 3.3 Modelo de processo para alianças

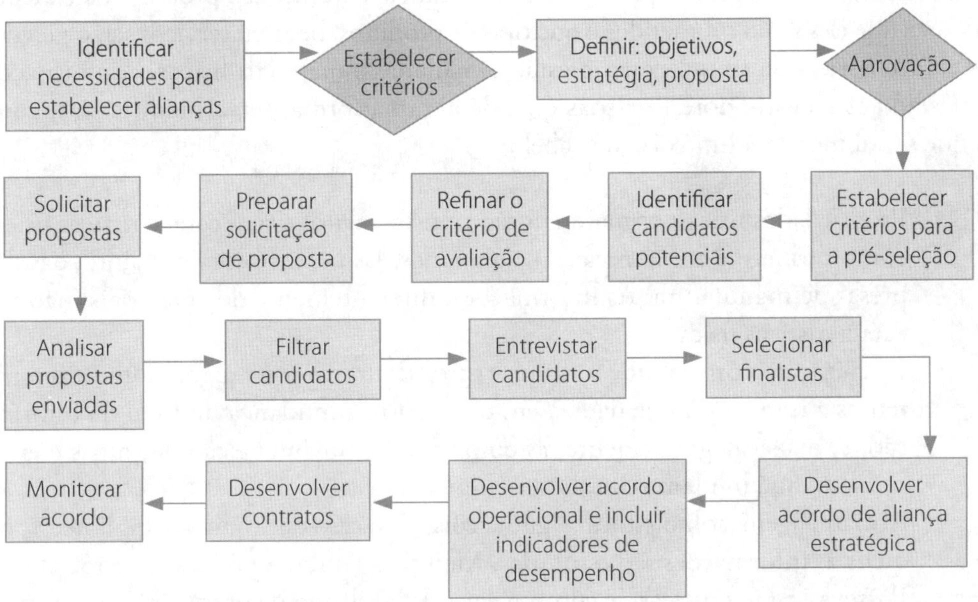

Fonte: elaborada pelo autor.

3.3 ORGANIZAÇÕES DE PRODUÇÃO

O termo **produção** normalmente nos remete a um conjunto de plantas, equipamentos e linhas de montagem. Essa imagem ficou assim estabelecida uma vez que, no passado, as organizações produtivas tinham foco bastante forte na gestão da manufatura, enfatizando as técnicas e os métodos, as atividades repetitivas e como fazê-las com maior produtividade, conforme estudos de Taylor e Fayol. Os tempos mudaram. Os conceitos de manufatura e técnicas são aplicados de forma mais ampla, incluindo a área de serviços. Hotéis, hospitais, restaurantes, bancos, universidades, transportes e até governo utilizam muitas técnicas antes restritas ao ambiente de produção.

3.3.1 Processo de transformação

A função relacionada à produção é um dos elementos centrais da organização, uma vez que é responsável pelos bens e serviços que são a razão de existência da empresa. Qualquer atividade de produção pode ser enquadrada em um modelo de entrada de recursos e na sua transformação em produtos com a utilização de meios denominados recursos de transformação.

3.3.1.1 Características de transformação

A natureza dos recursos que ingressam na cadeia determina o processo de transformação a que eles serão submetidos e que tipo de produtos, bens ou serviços serão gerados. As características da transformação estão vinculadas a materiais físicos, a informações e mesmo aos consumidores, pessoas que, de alguma forma, serão modificadas, como as que se submetem a um corte de cabelo.

- Propriedades físicas: os materiais são transformados e suas características físicas, como formato e composição, são alteradas. Isso ocorre com a maioria das empresas de manufatura. As informações, diferentemente dos materiais, não têm características físicas.
- Localização: corresponde à característica de transportar algo. Como exemplo, temos a transmissão de dados, em que ocorre a mudança do local da informação, e, mais categoricamente, as empresas de movimentação de cargas e encomendas, que mudam o local do material.
- Armazenagem: como estocar alguma coisa. É o caso de arquivos e bibliotecas, nos quais as informações são estocadas. Materiais também podem ser estocados.
- Posse: as características de compra e venda – sentido de posse – só podem ocorrer com informações e materiais; as pessoas não são transacionadas. Mas e o jogador de futebol? O que se paga e o que se vende são os serviços prestados, e não a figura física. A adoção, muito comum nos dias atuais, também não se configura como uma transação de posse.
- Estado fisiológico: o exemplo mais característico são os hospitais que, por meio de operações cirúrgicas, transformam o estado fisiológico das pessoas.
- Estado psicológico: a indústria de entretenimento visa transformar o estado psicológico das pessoas, oferecendo-lhes momentos de lazer. O comportamento psicológico está em quem recebe a informação, seja ela triste, seja alegre.
- Processamento de materiais: a maioria das operações de manufatura se enquadra nessa classificação. Em geral, as operações que processam materiais transformam suas propriedades físicas, como o formato, utilizando uma prensa, ou sua composição, agregando a eles outros componentes. As empresas de transporte responsáveis pela entrega de encomendas mudam a localização do material. Algumas, como as de operações de varejo e de atacado, realizam transações comerciais, mudando a posse ou a propriedade dos materiais. Outras operações processam materiais, estocando-os ou acomodando-os em centros de distribuição ou armazéns.

- Processamento de informações: as propriedades das informações podem ser processadas alterando-se sua forma e seu conteúdo. As informações podem mudar de posse. As empresas de pesquisa de mercado, como Nielsen e Ibope, por exemplo, realizam suas atividades e comercializam seus produtos finais: as informações. As organizações armazenam a informação em diferentes meios físicos, como arquivos, bibliotecas, ou em meios magnéticos. As empresas de telecomunicações têm como principal meta estabelecer uma comunicação, mudando, para isso, a localização da informação.
- Processamento de consumidores: os consumidores também podem ser transformados. Pode parecer estranho, mas as propriedades físicas do ser humano podem ser modificadas. Exemplos característicos são os cirurgiões plásticos e os cabeleireiros. Os hotéis acomodam os usuários em uma operação similar a uma armazenagem. As organizações de transporte de passageiros, como as linhas aéreas e as empresas de ônibus, transformam a localização de seus usuários de serviços, movendo-os geograficamente de um ponto a outro. Outras alteram o estado psicológico, como é o caso dos hospitais em relação aos seus pacientes. Há, ainda, organizações que se preocupam com a transformação do estado psicológico de seus usuários por meio do entretenimento.

3.3.1.2 Saídas do processo de transformação

As saídas dos processos de transformação de bens e serviços apresentam grandes diferenças entre si, conforme se pode ver nas classificações seguintes.

- Tangibilidade: tangível é tudo aquilo que pode ser tocado ou sentido. Os bens são tangíveis, uma vez que podem ser tocados fisicamente, transportados ou estocados. A energia elétrica é tangível, uma vez que pode ser transportada e armazenada, como é o caso das baterias. Os serviços não, pois não é possível tocar um corte de cabelo, mas apenas perceber seu resultado.
- Estocabilidade: em razão de sua tangibilidade, os bens podem ser estocados, pelo menos por algum tempo após sua produção, na prateleira de um supermercado ou no armário da cozinha. Os serviços, por sua vez, geralmente não são estocáveis: o serviço de acomodação noturna de um quarto de hotel não será prestado se o quarto não for reservado, mesmo que ocorra minutos antes da chegada do hóspede.
- Transportabilidade: outra consequência da tangibilidade é a possibilidade de transportar bens. Automóveis, sabonetes ou computadores podem ser transportados; entretanto, se os serviços são intangíveis, não podem ser movidos. Por exemplo, os serviços de saúde não podem ser transportados.

- Simultaneidade: outra principal diferença entre bens e serviços diz respeito ao *timing* de sua produção. Os bens são quase sempre produzidos antes de o consumidor recebê-los. Por exemplo, o livro que se compra na livraria é produzido antes da compra. Entretanto, os serviços são quase sempre realizados simultaneamente ao seu consumo. O serviço fornecido na venda do CD ocorre ao mesmo tempo da compra e é consumido naquela ocasião. Outros exemplos de serviços podem ser tradução simultânea, serviços de atendimento, restaurante, seguro, serviços médicos.
- Contato com o consumidor: os consumidores têm pouco contato com as operações que produzem bens. No caso de serviços, por serem produzidos e consumidos simultaneamente, ocorre um alto nível de contato entre o consumidor e a operação. Um contato inadequado com um garçom em um restaurante pode gerar uma reclamação imediata. No entanto, isso não ocorre com o problema de um bem, como um celular com defeito, por exemplo. Embora o consumidor possa fazer uma reclamação, isso será feito por *e-mail* ou telefone para um serviço de atendimento disponível, mas não terá um contato físico imediato com a organização que produziu o dispositivo.

Os consumidores têm baixo nível de contato com as operações que produzem bens.

3.3.1.3 Dimensões para a classificação da produção

O principal objetivo de se classificar a produção é o conhecimento das possíveis consequências que ocorrerão no processo. Conhecer essas características permitirá a tomada de atitude para o todo. A estratificação de audiência na televisão é importante para se traçar o perfil da programação. Sexo e faixas etárias levam a classificações importantes, que, além de determinar a programação, podem ainda servir de subsídio para anunciantes. Anúncios de lâminas ou cremes de barbear atingem maior público se veiculados durante uma programação esportiva para homens; absorventes atingem o público-alvo quando veiculados em programação feminina.

3.3.1.4 Volume

Quanto mais personalizado ou customizado for o tipo de produção, mais baixo será o volume. Um processo contínuo é normalmente classificado como de alto volume.

FIGURA 3.4 Dimensões para a classificação da produção: volume

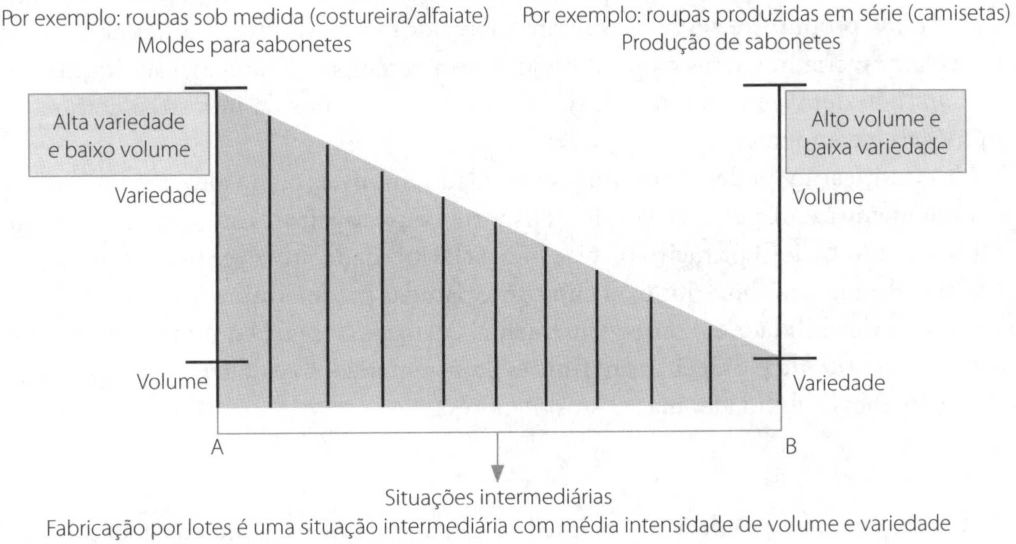

Fonte: elaborada pelo autor.

O volume está relacionado ao grau de repetição. Uma organização cuja produção de volume seja alta desenvolve:

- especialização: um exemplo de especialização é o McDonald's, que apresenta características tayloristas em razão do grau de repetição das tarefas, aliado ao nível de especialização das pessoas que as executam. As tarefas são predeterminadas;
- sistematização: uma tarefa sistematizada gera procedimentos sistematizados. A sistematização é muito importante para a certificação da qualidade;
- intensidade de capital: a intensidade de capital está ligada ao uso de equipamentos. Quanto maior o grau de repetição, mais interessante se torna a aplicação do capital intensivo. É o conceito da produção em massa. Os processos de produção de minérios, garrafas plásticas, sabonetes e xampus são exemplos de utilização de capital intensivo. Mão de obra intensiva corresponde ao uso do ser humano como recurso principal de produção. Pode ocorrer em circunstâncias nas quais se exige mão de obra qualificada ou quando a mão de obra apresenta valores baixos, que não viabilizam o investimento em equipamentos;
- baixo custo unitário: o custo unitário em uma produção de alto volume tende a ser mais baixo. Existem os custos fixos ou invariáveis e os custos variáveis. Os custos fixos, na produção de alto volume, são mais pulverizados, diluídos. A produção de alto volume pode justificar investimentos em equipamentos, gerando a economia de escala.

3.3.1.5 Variedade

Quanto maior a variedade de produtos, maior será a fragmentação, uma vez que serão muitos produtos e serviços a serem oferecidos. A variedade não combina com altos volumes; cria impactos na produtividade e nos tempos de preparação das máquinas. Contudo, tem sido uma tendência em alguns segmentos da indústria, como a de automóveis e computadores.

Na classificação, podemos resumir a variedade em níveis como alto, médio e baixo.

Imaginemos a área de serviços de transporte de passageiros, comparando o ônibus de linha com o táxi. O primeiro oferece baixa flexibilidade, uma vez que seu itinerário é preestabelecido, tem horários para cumprir e paradas predeterminadas. Já o táxi apresenta maior flexibilidade e, consequentemente, custos maiores. O ônibus trabalha com um volume maior de passageiros em função da sistematização e da repetição, portanto, oferece menor flexibilidade, mas custos menores.

3.3.1.6 Variação

A variação corresponde à sazonalidade e cria impactos bastante consideráveis nos custos. Capacidade e estoque são características importantes para esse processo, uma vez que análises de viabilidade devem ser efetuadas: investir no aumento de capacidade ou aumentar o estoque.

A variação pode levar à variedade. A cerveja comum, normalmente, tem seu consumo reduzido no inverno; a cerveja tipo bock é uma alternativa a ela. Pelo lado de serviços, os hotéis ficam repletos de turistas em temporada de férias, feriados prolongados e nos fins de semana. No entanto, na baixa temporada ou no meio da semana, a ocupação diminui. Para reduzir esse tipo de comportamento, a indústria hoteleira investe em serviços de valor agregado para as organizações, possibilitando a realização de eventos e reuniões, para obter receita ou promoções para atrair clientes visando preencher a ociosidade.

3.3.1.7 Nível de contato

Outra classificação existente diz respeito ao nível de contato: quanto mais alto, maior o nível de subjetividade e receptividade. A indústria apresenta um nível de contato com o consumidor diferente de uma loja que o atende diretamente. Em um restaurante, o contato com o garçom é fundamental para a percepção de serviço.

3.3.2 Manufatura de classe mundial

A área de manufatura tem evoluído de maneira considerável desde a Revolução Industrial. Nos tempos modernos, em ambientes econômicos extremamente globais e competitivos, é fundamental que as organizações tenham suas áreas produtivas práticas, que levem à eficiência, à flexibilidade e aos custos adequados.

A manufatura de classe mundial pode ser definida como uma filosofia de gestão de manufatura que prioriza as melhorias das técnicas de manufatura. Aspectos de qualidade, flexibilidade e produtividade são altamente enfatizados. Os elementos descritos a seguir são determinantes para a gestão de manufatura de classe mundial.

3.3.2.1 Plano de manufatura

Os elementos estratégicos, táticos e operacionais da manufatura devem incluir as estratégias de tecnologia, as mudanças organizacionais, o desenvolvimento de pessoas, a gestão da cadeia de abastecimento e demanda, as ferramentas técnicas de produção como JIT e *kanban*, a manufatura enxuta, o controle de qualidade, o aumento de produtividade, a automação e o desenvolvimento de produtos.

O plano operacional também deve mostrar a sequência de operações, a descrição dos procedimentos e a definição das necessidades para produzir os produtos e os serviços atuais, bem como os novos.

3.3.2.2 Necessidades do cliente

Um fabricante de classe mundial deve entender as necessidades dos clientes, e não se apoiar apenas na evolução e na satisfação dos indicadores internos. Contatos com clientes, por meio de canais claros de comunicação, auxiliam no entendimento de suas necessidades.

Profissionais que trabalham especificamente no chão de fábrica entendem, na maioria das vezes, que seu principal objetivo é produzir de acordo com um pedido ou uma demanda e que o compromisso de manter contato com o cliente está a cargo de vendas. Esse é um erro que a maioria dos fabricantes comete. O cliente é a essência da existência da empresa; sem ele, os investidores não teriam o retorno financeiro que buscam. Portanto, conhecer clientes não é um privilégio de vendas; deve ser obrigação da organização como um todo.

3.3.2.3 Qualidade total

Os funcionários devem ter acesso às ferramentas, aos equipamentos e ao treinamento requeridos para o processo de melhoria de qualidade. O conceito de qualidade deve ser disseminado pela organização, e o patrocínio do processo deve vir do topo da empresa, que vai estabelecer as metas de qualidade, aprovar e apoiar os programas de melhoria contínua. Programas sérios de responsabilidades em manutenção são uma iniciativa que muitas empresas estão adotando para reduzir os tempos de paradas e de preparo dos equipamentos.

3.3.2.4 Simplificação e racionamento de processo

Os processos de produção devem ser revisados constantemente, visando à simplificação, para torná-los mais eficientes. Indicadores de desempenho devem ser definidos com o intuito de facilitar a identificação de falhas em áreas nas quais se podem obter melhorias.

Os produtos e serviços devem ser gerados de maneira competitiva, com custos baixos e alta qualidade. Controle estatístico de processo, avaliação de complexidade e produtividade são procedimentos que devem ser implementados.

3.3.2.5 Inovação em tecnologia

Operar com equipamentos obsoletos pode comprometer os processos produtivos e reduzir a competitividade em termos de qualidade, velocidade e custo. As tecnologias mais atuais devem ser utilizadas com o intuito de facilitar o trabalho, a segurança e a produtividade. Computadores para auxiliar no processo produtivo, a leitura de código de barras, as inspeções de equipamentos na área de manutenção e os dispositivos de controles numéricos são recursos muito utilizados para melhorar o desempenho do chão de fábrica.

Operar com equipamentos obsoletos pode comprometer os processos produtivos e reduzir a competitividade em termos de qualidade, velocidade e custo.

Esses tópicos são fundamentais para as organizações que buscam se enquadrar no conceito de classe mundial. Outros elementos também se aplicam. O enriquecimento das atividades dos trabalhadores de chão de fábrica, dando-lhes atividades mais responsáveis, é outro aspecto relevante. Manter uma organização linear e enxuta, com fluxo de informação rápido e eficiente, é outra característica que deve ser implementada.

3.3.3 Produção em massa

A produção em massa ou em série teve seu período áureo na época em que a demanda era estável e não existiam variedades de produto. O modelo T da Ford, lançado em 1908, nos Estados Unidos, e produzido até 1927, é um exemplo clássico, quando obteve 57% de participação de mercado. Em termos de opção de consumo, a expressão usada era "o cliente pode querer qualquer cor desde que seja preta". O preço do modelo era bastante atraente: 245 dólares. Contudo, a General Motors desbancou o produto da Ford ao oferecer um produto similar com cores alternativas e outras opções.

A velocidade de resposta da Ford foi lenta por conta de alguns aspectos característicos criados para a produção em série, como ferramentas especiais, especialização de mão de obra e economia de escala. Essas condições, criadas para produzir em quantidade, geraram situações em que a oferta de variedades ou a adaptação às tendências de mercado foram dificultadas.

No conceito de produção em massa – existente até hoje –, o departamento de marketing prevê a demanda, que atua como elemento fundamental no direcionamento de toda a cadeia de abastecimento. Dada a demanda, as necessidades de componentes são calculadas e os fornecedores são acessados, uma vez que esses materiais precisam estar na planta antes do início da produção programada.

FIGURA 3.5 Modelo T da Ford

© Thinkstock/Peter Mah

Assumindo que todos os materiais estejam disponíveis, os equipamentos precisam ser preparados e lotes de subprodutos ou componentes precisam ser produzidos ou montados para satisfazer à demanda.

Se, eventualmente, as peças não chegarem a tempo ou ocorrer alguma mudança na demanda, outros materiais deverão ser obtidos, encarecendo o ciclo. Produtos com ciclos de vida curtos e taxa de inovação alta devem ter um planejamento de demanda ainda mais refinado, como é o caso dos computadores e acessórios.

Com base no critério de longas jornadas para produtos idênticos, a produção em série tem claramente mostrado uma faceta de tipo de produção de custo menor, e grandes organizações industriais foram construídas com base na economia de escala e nas teorias de especialização de mão de obra lançadas por Frederick Taylor.

Entretanto, ainda hoje, muitas organizações usam o conceito de que os custos somente podem cair se ocorrer aumento de volume. Por outro lado, como a variedade de produto aumenta e o tamanho dos lotes caem, as oportunidades de economia de escala diminuem, exceto para os itens padronizados, pouco utilizados pelos produtores em série.

Nos dias de hoje, muitas empresas mantêm o foco nas variáveis mão de obra e materiais com a finalidade de reduzir custos, seja obtendo materiais a preços inferiores, seja transferindo a produção para países com mão de obra mais barata.

Muitas empresas oferecem uma variedade enorme de produtos tecnicamente denominados *Stock Keeping Unit* (SKUs). Ainda que haja poucas variações de formato, a produção e as operações do armazém são mais lentas e menos eficientes, em virtude das diferenças no manuseio, armazenagem, tempos de preparação e outros. As empresas, contudo, são obrigadas a customizar os produtos para atender às necessidades dos clientes e competir em determinado segmento do mercado.

A mudança de paradigma aqui é evoluir de produção em série para a "customização" ou evoluir da produção contra previsões para a produção contra pedidos. É uma situação complicada e não se aplica a todos os tipos de produto, mas deve ser seriamente considerada com vistas a ganhar competitividade e reduzir custos na cadeia e na produção especificamente. Modelos híbridos são comumente utilizados.

3.3.4 Customização em massa (*mass customization*) – administrando variedades

A produção em série não atende eficientemente à demanda dos mercados turbulentos, em que a variedade de produtos cresce a cada nascer do sol. Aqui, a palavra de ordem é **personalização** ou **customização**, atingindo os consumidores de forma individual. Esse conceito está associado ao ato de administrar a variedade de produtos em um ambiente no qual os mercados e os produtos se desenvolvem rapidamente, com muitos nichos, além de itens individualizados que são vendidos em lojas ou mesmo pela internet. Exemplos característicos de produtos customizados podem ser encontrados no segmento de roupas, óculos, sapatos, relógios, entre outros. Da mesma forma, bicicletas, telefones celulares, livros e móveis residenciais podem se encaixar nesse conceito.

A palavra de ordem é personalização ou customização.

As organizações que trabalham com esse conceito podem customizar produtos rapidamente para clientes individuais ou mesmo para segmentos específicos de mercado com eficiência e velocidade. Usando os mesmos princípios, podem produzir tanto produtos customizados como padronizados.

A customização em massa visa reduzir o custo total, especialmente quando existe uma variedade muito grande de produtos. Busca-se a redução de custo por meio das preocupações relacionadas ao nível de estoque, à utilização de equipamento, ao espaço físico, à distribuição, ao tempo de preparação, à obsolescência do equipamento, aos sistemas de informação e outros.

A preparação para reagir rapidamente às condições de mercado oferece vantagem competitiva, além de satisfazer o cliente dando-lhe o que ele quer.

3.3.5 Sistemas flexíveis de manufatura (*flexible manufacturing system*)

O sistema de manufatura flexível possibilita que reações e mudanças rápidas sejam efetuadas na produção, levando em consideração eventos previsíveis. Para tanto, os recursos são totalmente automatizados e consistem em centros de trabalho com máquinas de carga e descarga automáticas, como os veículos que se movem automaticamente transportando peças de um ponto a outro.

Com a evolução da tecnologia da informação, mais e mais as organizações estão utilizando equipamentos automatizados. As mudanças impostas pela evolução da forma de fazer negócios exigem que produtos sejam cada vez mais customizados. Em virtude dessas mudanças, os fabricantes têm tido necessidade de buscar alternativas para atender às expectativas, encontrando novas formas de projetar suas fábricas.

As vantagens e as desvantagens do uso dos sistemas flexíveis de manufatura serão discutidas a seguir.

3.3.5.1 Desvantagens

A escolha dos sistemas flexíveis de manufatura é uma decisão de grande complexidade, tendo em vista que muitos critérios devem ser considerados, entre eles:

- custo total *versus* retorno no investimento;
- tempo de implementação;
- mão de obra capacitada para operar;
- necessidade de modificação de arranjo físico e espaço adicional;
- flexibilidade nos processos e nos roteiros;
- facilidade de operar;
- facilidade de expansão – escalabilidade;
- tempo de reconfiguração em caso de mudança de produto.

É fundamental que a organização, antes de implementar um sistema de automação, leve em conta os mais diversos fatores e critérios, alguns mencionados anteriormente e outros específicos do tipo de processo que se está automatizando.

O conceito de flexibilidade está associado à condição de evoluir de fabricação de produtos padronizados para produtos customizados. Contudo, não são todas as plantas que permitem a implementação desses sistemas. Barreiras para a adoção da automação podem ser técnicas, econômicas, organizacionais ou até políticas.

No Brasil, onde a instabilidade econômica é grande, investir em equipamentos para automatizar o processo é uma decisão bastante difícil, e às vezes até proibitiva, ainda que seja uma oportunidade de melhoria.

A implementação de um sistema flexível pode demandar uma reestruturação de toda a planta, elevando os custos. Ademais, pode levar a cortes de mão de obra, gerando conflitos sociais e questões com os sindicatos, afetando, muitas vezes, o aumento de produtividade.

3.3.5.2 Vantagens

A implementação de sistemas flexíveis pode trazer vantagens importantes para a organização, como aumento de produtividade, redução de custos de produção, redução de espaço em alguns tipos de produção, melhoria no tempo de preparação, redução de níveis de estoques (em algumas situações).

Para implementar um sistema de automação, a organização deve confiar plenamente na tecnologia da informação. Uma análise bastante detalhada da implementação deve ser feita, uma vez que a "flexibilidade" dos sistemas flexíveis nem sempre é maior que nos sistemas de manufatura convencionais.

3.3.6 Manufatura sincronizada

A manufatura sincronizada demonstra que todas as atividades realizadas nas operações de produção possuem custos associados. Entretanto, nem todas as atividades agregam valor ao produto ou ao serviço.

Um fluxo sincronizado de produto e materiais deve ser conseguido com velocidade, flexibilidade e distância. Algumas barreiras que podem inibir esses objetivos são: longos períodos de preparação ou trocas de equipamentos e/ou ferramentas, estoques em processo, produção não confiável, sistemas mal projetados, excesso de papel e movimentação de material.

QUADRO 3.2 Expectativas de pessoas e instituições na cadeia de valor

ELEMENTOS	EXPECTATIVAS
Proprietários e investidores	Retorno no investimento
Clientes	Produtos e serviços com alta qualidade
Funcionários	Participação nas decisões e nos resultados

Fonte: elaborado pelo autor.

As atividades que não adicionam valor ao processo devem ser eliminadas, e a organização deve se concentrar na simplicidade e na velocidade do fluxo de produto visando atender às expectativas dos clientes.

Os pontos a seguir podem ser usados como fundamentos para a implementação de um processo sincronizado com o objetivo de eliminar as atividades que não agregam valor.

- Desenvolver um entendimento comum na organização.
- Promover mudança cultural, preparando-se para a nova filosofia de velocidade, visibilidade, agilidade e simplicidade no fluxo.
- Focalizar os problemas principais.
- Iniciar com um piloto – pensar grande, começar pequeno.
- Montar grupos multifuncionais.
- Estabelecer objetivos e metas claras.
- Comprometer-se desde a alta gerência.
- Acompanhar progresso e analisar os resultados.
- Premiar resultados.

3.3.6.1 Crescimento por BTO e customização

Build to Order (BTO) refere-se à fabricação de um produto para atender especificamente a um cliente de acordo com seus requerimentos. A produção é baseada em manufaturar um produto "customizado" ou personalizado para indivíduos ou organizações. Enquadram-se na natureza desse conceito produtos como computadores específicos e automóveis. Esse conceito é ainda largamente aplicado em empresas que possuem estoques de alto valor agregado, como é o caso da fabricação de aviões.

BTO e customização em massa são elementos essenciais para gerar crescimento das organizações e satisfazer à demanda dos clientes. Existem quatro elementos fundamentais nesse processo, a saber:

- expansão das vendas de produtos padronizados;
- crescimento em nichos – segmentos paralelos para os produtos padronizados;
- novos mercados para produtos customizados;
- manutenção das vendas para clientes existentes evitando a armadilha da "comoditização".

Expansão das vendas de produtos padronizados

A customização em massa possibilita o crescimento por meio do aumento das vendas de produtos padronizados, que permitem aos fabricantes processar eficientemente pedidos de produtos compatíveis. Esse é o conceito do *build to order*, da customização em massa, que permite produzir rápida e eficientemente os produtos ou as partes padronizadas em qualquer quantidade, mesmo as mais baixas.

O reverso da medalha é que, se as empresas não possuem uma estratégia efetiva de crescimento, usando o conceito da produção em massa, as pressões para crescer vão obrigá-las a aceitar todos os tipos de pedido. Aumentar as vendas, aceitando mesmo volumes muito baixos, pode parecer interessante no curto prazo, mas, na verdade, pode trazer algumas consequências desfavoráveis, como as que seguem.

- Produtos marginais normalmente têm lucros marginais ou até negativos, reduzindo a lucratividade da empresa. Esse é um processo ainda difícil de entender, uma vez que a grande maioria das organizações possui sistemas de custos inadequados para quantificar a lucratividade de produtos individualmente.
- Quanto maior for o número de "baixos volumes" ou "ordens pequenas", maiores serão os custos extras. Novamente, os sistemas convencionais falham ao medir os custos extras na produção de volumes baixos.
- Se os custos em ordens de baixo volume forem alocados de maneira ineficiente, os produtos que em tese teriam alta rentabilidade se tornarão menos competitivos.
- A preparação frequente das máquinas para produtos de baixo volume afetará a produtividade da produção e a entrega de todos os produtos, inclusive daqueles de alta rentabilidade.

Crescimento em nichos

A customização em massa permite a abertura de novos mercados em nichos específicos derivados do produto principal ou do produto-padrão. Muitos nichos representam apenas variações de determinado tema, no qual o conceito de customização em massa pode ser aplicado com bons resultados.

Novos mercados para produtos customizados

Os produtos personalizados oferecem oportunidades interessantes de crescimento para novos mercados ou mesmo para substituir alguma solução da concorrência que se apresenta cara ou não atende eficazmente às necessidades de clientes e consumidores.

Evitar a situação de commodity

A internet tem sido um instrumento importante na "comoditização" de produtos e serviços, forçando os preços para baixo e permitindo que as organizações possam rapidamente trocar fornecedores para alguns tipos de material.

A customização em massa é uma alternativa a essa situação, diferenciando produtos e possibilitando:

- preços inferiores para os clientes, procurando reduzir os custos, entre eles, do tempo de preparação, dos estoques, e os custos extras que não adicionam valor ao processo;
- atendimento rápido: em alguns casos, os fornecedores implementam suas linhas de produção nas instalações dos clientes, garantindo um comprometimento dos dois lados;
- elevado nível de serviço com a entrega de produtos de acordo com o que foi requerido, eliminando falta de estoque;
- desenvolvimento de um relacionamento que possibilite dar ao cliente uma posição privilegiada em relação à concorrência.

3.3.7 Terceirização

O termo **terceirização** está relacionado ao fornecimento de produtos, bens ou serviços, antes produzidos ou executados pela própria empresa, por outra empresa ou entidade.

Tanto a terceirização de produtos como a de serviços, hoje uma realidade impulsionada pela economia globalizada, deixaram de ser apenas uma teoria para transformar-se em uma prática de muitas empresas, independentemente do seu porte.

Terceirizar faz parte da estratégia das empresas, pois permite-lhes focar seus esforços nas suas atividades principais, reduzindo os custos, obtendo maior velocidade e buscando reduzir ou aumentar a distância que as separa das empresas concorrentes.

Embora esse processo tenha se tornado latente nas organizações nos dias atuais, é uma atividade que existe há muito tempo, sobretudo na área de serviços. Muitas organizações se desenvolveram, principalmente na era inicial dos grandes computadores, especializando-se no fornecimento de serviços de processamento de dados, como no caso da folha de pagamento e da contabilidade. Empresas cuja atividade computacional era subutilizada passaram a prestar serviços a outras empresas para aumentar a escala e reduzir custos.

No entanto, a terceirização de manufaturados passou a ser utilizada em larga escala mais recentemente. Grandes empresas voltadas para marketing – como é o caso da Nike, reconhecida em todo o mundo no setor de produtos para o segmento esportivo – são empresas de manufatura totalmente virtual, pois grande parte de sua produção é terceirizada. O mesmo se passa com grandes organizações no segmento de tecnologia, como HP, Dell e Apple.

Grandes redes de supermercados, como Carrefour e Pão de Açúcar, têm suas marcas nas gôndolas sendo produzidas por outras empresas: são as denominadas marcas próprias. Empresas como a Unilever utilizam serviços externos para produzir itens menos estratégicos e cuja tecnologia pode ser facilmente encontrada. Sabonetes de empresas conhecidas como Avon, Natura, Jequiti, Unilever e Nivea são com frequência produzidos externamente. E não há nada de errado com isso. Trata-se de uma estratégia, uma vez que a organização entende que a abordagem de fabricação para aquela determinada linha de produto pode seguir um caminho diferente, muitas vezes para atender a demandas diferenciadas.

A área de logística tem sofrido mudanças bastante radicais. As empresas que possuíam frota própria resolveram terceirizar parcial ou totalmente o transporte, visando utilizar os veículos sob demanda. A existência de uma frota de caminhões implica manter uma estrutura administrativa complexa com motoristas, ajudantes, mecânicos, supervisores e auxiliares administrativos para cuidar das atividades inerentes ao transporte. Além disso, também é necessária uma estrutura de manutenção. Peças de reposição, aquelas mais comuns, acabam forçando uma estrutura paralela de gerenciamento de estoque e, com isso, demandando outros elementos, como espaço para armazenagem, pessoal de compras e funcionários para administrar as peças e os estoques.

Contudo, a modernização de processos também tem influenciado as empresas para terceirizar sua distribuição de produtos, com o aluguel de centros de distribuição, serviços administrativos, sistemas de faturamento e todo o controle de estoques.

As organizações estão procurando cada vez mais se concentrar no que de melhor sabem fazer. Organizações de vendas vão vender, as de produção vão produzir, as de distribuição vão distribuir, mantendo uma estrutura paralela mínima.

A verticalização dos negócios somente tem sentido com o conceito de células de negócio nas quais os custos sejam extremamente competitivos. Não faz sentido empresas de alimentos ou automóveis terem seu próprio contingente de vigilantes, visto que terão de se preocupar com treinamento e atualização constante do pessoal.

É conveniente, contudo, reconhecer que muitos empresários têm recorrido ao processo de terceirização apenas para reduzir seus custos internos, principalmente na área de serviços. Organizações com essa mentalidade podem estar administrando de maneira equivocada suas atividades. Com a crescente qualidade imposta pelos clientes e consumidores, em um ambiente globalizado, não se preocupar com qualquer tipo de serviço, seja um simples atendimento telefônico, seja a recepção na portaria de uma empresa, pode levar o cliente a pensar em alternativas.

Portanto, terceirizar não significa apenas se livrar de um problema. O processo deve ser acompanhado, e as empresas terceirizadas precisam ter padrões de desempenho medidos periodicamente. O serviço de manutenção de equipamentos de informática de muitas organizações é parcialmente atendido pelas próprias empresas que detêm a marca do produto, como Hewlett-Packard e Dell. No entanto, essas empresas periodicamente reportam os índices de chamados e os prazos necessários para solucionar os problemas. Esses prazos são comparados com os objetivos acordados conhecidos como

Acordo de Nível de Serviço (SLA – *Service Level Agreement*). De tempos em tempos, é efetuada uma pesquisa para medir a satisfação dos usuários. Embora os serviços de manutenção em equipamentos de informática não sejam o foco dessas organizações clientes, eles precisam ser efetuados e os usuários precisam estar satisfeitos. De outra maneira, os negócios podem ser indiretamente afetados.

3.4 ORGANIZAÇÕES DE DISTRIBUIÇÃO

As organizações de distribuição são responsáveis por vendas e transferências de produtos do fabricante para o comércio e o consumidor. A cadeia de abastecimento integrada apresenta diversas organizações que podem desempenhar essas tarefas de acordo com as características dos produtos e a estratégia adotada pelas corporações. O componente "organização" pode variar radicalmente. Os produtos podem ser distribuídos por atacadistas, varejistas e outros tipos de intermediário. As movimentações são efetuadas por transportadores – agentes fundamentais nesse processo.

3.4.1 Organizações de atacado

Os atacadistas são organizações intermediárias que se dedicam às funções de venda a varejistas, usuários comerciais, industriais e institucionais, agindo também como agentes de compra e venda de elevados volumes para clientes de grande porte em termos de volume físico e financeiro.

A maioria das empresas de manufatura voltadas à fabricação de bens de consumo utiliza as organizações atacadistas para que seus produtos cheguem ao mercado. Essas organizações fornecem valor para o perfeito funcionamento do sistema de distribuição nas dimensões de tempo e lugar.

A dimensão tempo é proporcionada pelos fatores comercialização e estocagem. Os serviços de comercialização efetuados pelos atacadistas permitem aos varejistas efetuar a reposição dos seus estoques de forma rápida e na quantidade necessária. A estocagem garante aos varejistas o abastecimento dos produtos certos, de forma adequada, e um amplo sortimento de categorias de produtos, não se limitando a produtos específicos de determinada empresa.

A dimensão lugar está relacionada ao transporte e, uma vez mais, ao estoque. As organizações varejistas precisam confiar no abastecimento dos estoques e, portanto, a proximidade geográfica é fundamental. As organizações produtivas, exceto algumas mais poderosas, não têm condições de manter níveis elevados de estoques e centros de distribuição dispersos por áreas geograficamente extensas. Se o fizessem, o produto seria encarecido pela existência de estruturas infladas de vendas e distribuição e, por conseguinte, sua competitividade em preço seria afetada.

3.4.1.1 Tipos de organização atacadista

Os atacadistas evoluíram significativamente nos últimos anos. Diversos são os fatores que influenciaram essa evolução, dentre os quais as expectativas do consumidor e a disponibilidade do produto em um maior número de localidades físicas. As organizações atacadistas classificam-se em atacadistas de serviço completo e atacadistas de serviço parcial.

Atacadistas de serviço completo

Essas organizações prestam serviços que trazem benefícios aos fabricantes e aos varejistas, como promoções, compra direta e posse do estoque, redução do capital de giro e armazenagem de estoque em local próximo ao comércio varejista, no caso de benefícios aos fabricantes. Aos varejistas, os benefícios podem estar relacionados ao oferecimento de crédito e à variedade de produto em estoques, o que reduz o número de visitas de vendedores.

Atacadistas de serviço parcial

Os atacadistas de serviço parcial desempenham atividades similares às organizações de serviço completo, diferenciando-se delas ao oferecer benefícios mais limitados e, portanto, apresentar custos inferiores. Nesse caso, os fabricantes ou varejistas desempenham parte das atividades do atacadista. Os atacadistas de função ou serviço parcial podem ser divididos da seguinte forma: atacadistas de caminhão, atacadistas pague e leve, agenciadores de *display*, atacadistas de entrega e atacadistas estocadores.

- Atacadistas de caminhão: esse tipo de organização de atacado combina a venda, o transporte e a cobrança em uma única operação. Um sortimento de itens de natureza perecível ou semiperecível é mantido no veículo. A vantagem dessa natureza comercial está no fato de permitir pedidos pequenos com mais frequência, sem a necessidade de formar estoque. Os distribuidores de caminhão fornecem produtos frescos e seus principais clientes são mercearias, restaurantes, hotéis e lojas de conveniência. Entre os produtos, estão salgadinhos, frutas, legumes, sorvetes, pão, leite e queijos.
- Atacadistas pague e leve: aqui, o varejista vai até o armazém do atacadista, efetua os pedidos, paga e transporta as mercadorias compradas. Assim, esses atacadistas têm a possibilidade de manter um custo menor e, portanto, podem comercializar seus produtos a um preço mais acessível.
- Atacadistas de entrega ou agenciadores de entrega: são organizações que compram e vendem mercadorias sem, no entanto, manter estoques. Esses atacadistas organizam os despachos diretamente dos fornecedores para os compradores.

Embora o fabricante se responsabilize por carregar e despachar as mercadorias ao varejista, ele cobra as despesas da organização atacadista, que, por sua vez, cobra-as da organização varejista.

- Agenciadores de *display*: são atacadistas que comercializam categorias específicas de mercadorias, na maioria das vezes colocadas nas lojas de varejo em consignação. Resumidamente, os agenciadores de *display* buscam um espaço nos supermercados ou varejistas em que as mercadorias são colocadas para venda imediata. Normalmente, esse tipo de organização é especializado em remédios, produtos pessoais e brinquedos. A responsabilidade do manuseio das mercadorias, como o controle de estoque e a colocação de preços, é do agenciador. Promoções também são efetuadas.

FIGURA 3.6 Atacadistas de entrega ou agenciadores de entrega

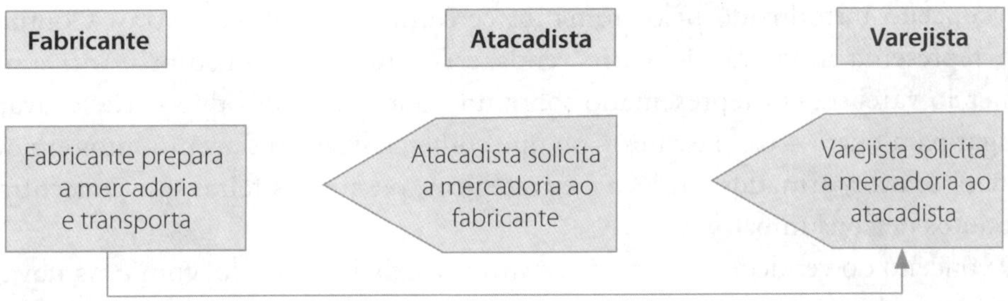

Fonte: elaborada pelo autor.

Cooperativas de produtores: os produtores agrícolas podem manter cooperativas e vender nas casas de varejo locais. Os lucros são distribuídos entre os membros da cooperativa ao longo de um período preestabelecido, em geral ao término da safra.

Atacadistas de solicitações pelo correio (catálogos): esses atacadistas enviam catálogos aos varejistas, que efetuam seus requerimentos pelo correio.

3.4.2 Organizações de varejo

O varejo é uma combinação de atividades destinadas a vender produtos e serviços diretamente aos consumidores, para uso pessoal ou doméstico. O papel do varejista consiste em proporcionar contatos com segmentos-alvo do mercado consumidor, atuando como intermediário entre a produção e o consumo.

Por intermédio dos varejistas, os fabricantes conseguem levar seus produtos de forma eficiente até os consumidores, uma vez que eles apresentam características predominantes de atendimento e objetivos de satisfação do consumidor, enquanto os fabricantes desenvolvem habilidades para atender às expectativas dos clientes intermediários.

3.4.2.1 Evolução do varejo

Sendo o comércio a ponta da cadeia produtiva, os efeitos do aumento ou da redução das atividades econômicas afetam diretamente seu desempenho. Atento às exigências do consumidor e ao aumento da concorrência em preço e satisfação do consumidor, o varejo sofre constantes evoluções e, ultimamente, observa-se uma transferência do poder, na cadeia de abastecimento, da indústria para o varejo e deste para o consumidor final. O consumidor é o rei, parafraseando alguns gurus da economia moderna. Dessa forma, as organizações que estão em maior contato com os consumidores ganham em importância relativa, aumentando seu poder.

O varejo produz suas marcas a um custo inferior a outros fabricantes equivalentes, o que proporciona melhor margem e baixo risco.

Nos dias atuais, tendemos a considerar o varejo uma atividade restrita a pontos fixos, conceito introduzido pelos romanos cerca de dois mil anos atrás. Contudo, o varejo representa uma relação entre venda e compra para consumo. Antigamente, o comércio varejista era representado sobretudo por indivíduos que se deslocavam de um lugar para outro – os mascates – ou que comercializavam seus produtos em quiosques temporários, armados em locais estratégicos, ou até nas feiras que concentravam os produtos de consumo.

O conceito do vendedor itinerante continua a existir, contudo, com uma nova roupagem, como é o caso da revendedora porta a porta da Avon, a consultora da Natura, da Jequiti, da Mary Kay e da Yakult.

3.4.2.2 A força do varejo

O varejo está crescendo espantosamente e muitas das maiores organizações espalhadas pelo mundo são representadas por esse segmento. Os exemplos mais característicos são: Walmart, Carrefour, Makro, entre outros. No Brasil, têm-se destacado empresários locais e investidores internacionais, como o Pão de Açúcar, Angeloni, entre muitos outros.

O crescimento acelerado do varejo está relacionado à perda de controle dos fabricantes sobre os canais de distribuição. O que tem levado o varejo a ter um poder superior dentro da cadeia de valor?

A cadeia de abastecimento

Em virtude do posicionamento sequencial dentro da cadeia de abastecimento, o varejo representa a voz dos consumidores. Assim, tratá-los individualmente e reunir informações em escala traz ao varejo consistente relacionamento com esses consumidores.

Com a competição de preços acirrada, as marcas próprias têm se tornado cada vez mais importantes. O varejo produz e comercializa suas marcas a um custo inferior ao de fabricantes equivalentes, o que proporciona melhor margem e baixo risco. Por outro lado, uma marca própria pode fortalecer a imagem do varejista, atuando de forma diferenciada, não considerando apenas fatores de preço. Ela também exerce uma pressão sobre os produtores equivalentes, que se veem ameaçados em termos de participação e posicionamento de mercado.

Decisões de centralização ou não das operações e de processos podem implicar mudanças estruturais importantes e grandes investimentos. O modelo de centralização dos centros de distribuição ainda é uma dúvida, mas muitos varejistas já o usam. A utilização de modelos mistos, considerando fluxo logístico, volume e localização, em que as lojas são abastecidas diretamente pelos fornecedores em alguns produtos e complementadas pelo centro distributivo em relação a outros produtos de menor rotatividade, é uma prática que começa a ser implementada e que passa fortemente pelo relacionamento com o fornecedor.

Informação

A posse da informação é uma vantagem significativa que o varejo possui em relação aos outros participantes da cadeia de abastecimento. Seu uso correto pode levar a uma extrema vantagem competitiva.

O consumidor compra diretamente do varejo, permitindo a este ter total acesso aos dados sobre seu comportamento e suas preferências. A partir daí, o varejo pode traçar estratégias e estabelecer alianças com os fornecedores, os quais se veem forçados a procurar acordos, uma vez que reconhecem o valor que os dados de consumo representam para toda a cadeia. Essa troca de experiências e informações ainda é bastante limitada. Contudo, mesmo que acanhadas, iniciativas de abastecimento contínuo e planejamento colaborativo têm surgido entre as organizações.

Tecnologia

As principais empresas do varejo, em um cenário altamente competitivo, estão investindo com intensidade em novas tecnologias. Contudo, grande parte desses investimentos é direcionada à automação do ponto de venda.

Uma loja não é automatizada apenas quando seu *check-out* é informatizado. Outros processos internos devem ser considerados, como o recebimento das mercadorias, o controle de estoque, os processos financeiros, o gerenciamento de categorias, a administração de espaço e outras ferramentas que auxiliem na redução de custos no fluxo logístico.

Ainda que a informação desempenhe papel fundamental em todo o processo, seu uso somente tem sido possível graças à evolução da tecnologia com sistemas mais inteligentes e sofisticados, que permitem efetuar rapidamente análises do que se vende, onde se vende e o perfil de quem compra.

A tecnologia da informação possibilita tratar e armazenar informações, oferecendo vantagem competitiva.

Essas análises permitem reduzir os estoques em toda a cadeia produtiva e aumentar a satisfação do consumidor. Isso pode parecer contraditório, pois a redução dos níveis de inventário pode levar a uma ausência de itens nas gôndolas. No entanto, com sistemas altamente capazes e pessoas com extrema habilidade de análise, é possível concluir que determinados produtos são consumidos em regiões específicas, por pessoas específicas e em períodos específicos. Uma decisão que deriva dessa análise é o entendimento do cliente consumidor em termos de comportamento – quando compra – e preferências – onde compra e o que compra.

Somente é possível ter a tão almejada informação no ponto de venda graças aos leitores e coletores de dados e à possibilidade de armazenar uma grande quantidade de informação em bancos de dados monstruosos. Ao mesmo tempo, aplicativos poderosos permitem varrer esses repositórios de dados e possibilitam a realização das mais diversas análises, sejam os dados estruturados ou não.

Programas de fidelização

As organizações do varejo notaram que a fidelidade dos consumidores é importante. Os supermercados e as lojas de departamentos têm utilizado o conceito de premiação em função do volume de compras, nos moldes dos programas de milhagem das grandes companhias aéreas.

3.4.2.3 Varejo: categorias principais

A seguir, apresentamos os principais tipos de loja de varejo.

Supermercados

Os supermercados são redes de autosserviço projetadas para atender amplamente às necessidades dos consumidores, sobretudo com itens que se referem ao lar e à alimentação. O modelo dos supermercados está relacionado a vendas de altos volumes, preço baixo e margem baixa. Para tanto, buscam trabalhar a cadeia de abastecimento com custos significativamente competitivos.

QUADRO 3.3 Principais fusões e aquisições de supermercados

ADQUIRENTE	ADQUIRIDO	ANO
Pão de Açúcar	Freeway Barateiro Peralta Rede ABC Sé Sendas	1997 1998 1999 2002 2002 2004
Carrefour	Eldorado Roncetti (parcial)	1997 1997
Sonae	Companhia Real de Distribuição Cândia Mercadorama	1997 1998 1998
Sendas	Roncetti Superprice	2002 2002
Walmart	Sonae	2005

Fonte: elaborado pelo autor.

O supermercado busca trabalhar a cadeia de abastecimento com custos significativamente competitivos.

Nos últimos anos, o Brasil tem trilhado o mesmo caminho dos países desenvolvidos quanto à tendência da concentração. Nesse segmento, as maiores redes são o Pão de Açúcar, adquirido pelo grupo francês Casino, o grupo francês Carrefour e a rede norte-americana Walmart.

Com relação à penetração no mercado interno, a estratégia utilizada pelas corporações internacionais é muito interessante, uma vez que adquirir empresas locais acelera o processo de conhecimento do comportamento dos consumidores e do mercado.

Hipermercados

Os hipermercados correspondem a uma evolução dos supermercados. Com grande capacidade de penetração, eles passaram a vender peças de vestuário, equipamentos de computação e eletrodomésticos, concorrendo diretamente com as lojas de departamentos e as lojas especializadas. Para sustentar esse tipo de venda, é necessário um investimento adicional, visto que o conceito de autosserviço sofre uma modificação. Para vender esses produtos são necessários vendedores treinados e capacitados, o que difere da venda dos produtos das gôndolas à disposição dos consumidores.

Lojas de departamentos

São lojas que se caracterizam por oferecer mercadorias divididas por departamentos. As lojas de departamentos surgiram na Europa entre 1860 e 1880. Em 1920, com o aumento rápido de sua participação de mercado, tornaram-se o canal dominante. O segmento amadureceu no período de 1920 a 1950. Contudo, ainda que dominante, sua taxa de crescimento diminuiu, e a participação começou a declinar em muitas áreas do mercado. Esse declínio perdurou até os anos 1990 em decorrência do crescimento explosivo das lojas especializadas e da incapacidade de muitas lojas de departamentos reagirem vigorosamente. A não adoção de tecnologia para melhorar o desempenho e a produtividade e a persistência em manter o modelo convencional foram dois dos fatores que contribuíram para seu declínio.

Na década de 1980, as lojas de departamentos foram alvo de aquisições, falências e fechamentos. Isso reduziu o número de empresas e foi importante para alertar os sobreviventes de que algo deveria ser feito se quisessem permanecer "vivos" no mercado.

A partir daí, a fim de consolidar-se no mercado, elas se empenharam em reduzir custos e melhorar suas estruturas organizacionais. Pequenas lojas e divisões foram fechadas, e a estrutura administrativa passou a atuar de uma maneira mais centralizada, o que possibilitou o ganho de escala.

No entanto, os desafios persistem. Seus custos administrativos ainda são altos. Para se ter uma ideia, nos Estados Unidos, os custos administrativos da Sears são o dobro dos do Walmart.

Durante muito tempo, as lojas de departamentos eram referência no que dizia respeito a tendências, produtos e qualidade, sobretudo em relação ao vestuário e à moda. Atualmente, esse conceito vem se modificando em razão da preocupação--chave, que é o preço.

No Brasil, em razão das dificuldades macroeconômicas, preço é um fator relevante. A falência da loja de departamentos brasileira Mesbla, entre outros exemplos, demonstra as dificuldades que esse tipo de segmento encontra para sobreviver. Por outro lado, com investimentos em tecnologia e estratégias diferenciadas, algumas lojas de departamento têm-se saído bem, como é o caso das Casas Pernambucanas, concentradas na região Sudeste do Brasil. Outro exemplo de sucesso é o Magazine Luiza, empresa familiar, que tem se destacado no segmento, principalmente pela criatividade na conquista dos clientes e pelo uso inteligente da tecnologia da informação.

Lojas de desconto

Não há dúvidas de que o preço sempre foi utilizado estrategicamente pelos varejistas. Logo após a Segunda Guerra Mundial, as casas de desconto, como eram conhecidas as lojas de desconto, promoviam abatimentos que variavam de 20% a 40% em relação a outras lojas. Como é de se supor, os varejistas reduziam suas margens para manter os preços baixos e, com essa estratégia, conseguiam aumentar o volume de vendas. O Walmart tem seu crescimento fundamentado nesse tipo de comportamento, enfocando o conceito de preços baixos todos os dias (*everyday low prices*). Os hipermercados estão ocupando esse espaço no varejo brasileiro, fazendo uma adaptação do modelo de preços mais acessíveis para certas categorias de produtos, principalmente nos itens mais básicos na cesta de alimentação.

As lojas de desconto apresentam ainda conceitos não muito tradicionais, como garantia do produto ou dinheiro de volta, mercadorias sempre presentes nas gôndolas ou prateleiras, arranjo físico simples, acesso fácil e funcionários treinados para oferecer ajuda. Normalmente, localizam-se em áreas mais periféricas, quase rurais, em busca de consumidores com dificuldade de acesso aos *shoppings centers* ou a outros tipos de loja.

Lojas de conveniência

As lojas de conveniência são pequenas lojas que se situam próximas às zonas residenciais e ficam abertas 24 horas. Quase sempre estão localizadas em um posto de gasolina.

Em virtude do pequeno espaço que esse formato de varejo ocupa e ao alto giro de estoque, entregas frequentes são necessárias. Os supermercados que ficam abertos 24 horas provocaram uma concorrência bastante acirrada com essa categoria.

Lojas de especialidades

Essas lojas apresentam grande especialização e prestação de serviços, como açougues, lojas de roupas, lojas de sapatos, livrarias, padarias, lojas de alimentos, lojas de brinquedos, papelarias e materiais para escritórios, lojas de materiais esportivos, eletrônicos, artigos para caça e pesca e lojas de bebidas.

As lojas de especialidades são extremamente vulneráveis às oscilações de mercado e dependem das vendas sazonais.

As papelarias, como exemplo característico, apresentam picos de vendas nos períodos de volta às aulas. Outras lojas dependem de datas importantes, como Natal, Ano-Novo, Dia das Mães, Dia dos Namorados etc.

Como premissa, esses varejistas devem realizar um trabalho importante com relação aos seus níveis de estoque, à empregabilidade e às tendências de estilos, assegurando que os consumidores não sejam perdidos nesses períodos. Os açougues têm seus picos de vendas concentrados nos fins de semana e, portanto, devem estar preparados para atender às demandas com pessoal capacitado e oferta de produtos.

Varejo sem loja

Esse método oferece aos consumidores a conveniência de comprar sem sair de casa. O produto comprado é entregue diretamente na residência. Contudo, o cliente não pode examinar a mercadoria antes da compra. O contato que se pode estabelecer nesse tipo de varejo varia desde um relacionamento altamente pessoal – relação um para um na venda direta – até um relacionamento totalmente impessoal – *vending machines* –, em que não existe vendedor. O varejo sem loja pode ser classificado como segue.

- Varejo direto: corresponde às vendas em que os consumidores têm larga variedade de mercadorias, mas o relacionamento é impessoal, uma vez que o cliente pode comprar pelo correio, pelo telefone ou pela internet. Esse método inclui suporte para compras, como catálogo, televisão, computadores, tidos como os principais.
- Vendas diretas: corresponde ao relacionamento pessoa a pessoa, envolvendo o cliente e o vendedor; pode ser feito pessoalmente ou mesmo por telefone.
- *Vending machine*: está relacionado às obtenções efetuadas em máquinas sem a conexão direta entre vendedor e cliente. O exemplo mais característico são as máquinas de refrigerantes e alimentos.

Serviços

Esse setor do varejo, cujo desenvolvimento tem sido bastante acentuado, está relacionado aos serviços bancários, hospitais, indústria de entretenimento e instituições educacionais. Essas organizações não são tradicionalmente consideradas de varejo, ainda que muitas delas estejam adotando métodos do varejo para responder às demandas do mercado.

3.4.3 Organizações de operação logística

Existem organizações que desempenham papéis relevantes no processo da cadeia de abastecimento. Com a evolução na forma de fazer negócios e a procura por manter o foco nas competências, algumas têm terceirizado certas atividades. No entanto, a palavra **terceirização** evoluiu para o conceito de alianças estratégicas ou parcerias.

Movimentos nesse sentido estão atraindo a atenção de organizações principalmente com relação a transportes e operações logísticas.

3.4.3.1 Por que utilizar terceiros na cadeia?

Algumas considerações devem ser feitas para que as atividades da cadeia de abastecimento sejam terceirizadas. Grandes organizações utilizam terceiros em virtude de fatores estratégicos, operacionais e financeiros.

- Fatores estratégicos: têm como objetivos principais aumentar o nível de serviço aos clientes e permitir aos funcionários que mantenham o foco em atividades relevantes aos negócios da organização. Não significa que as operações não sejam importantes para eles, mas, sim, que existem organizações no mercado mais bem preparadas para executar essas tarefas.
- Fatores operacionais e administrativos: existem muitas atividades regulatórias e aquelas relacionadas com manutenção de veículos, aluguéis, gestão de ativos, seguros de carga, relação com sindicatos de transportes ou logísticos que podem ser mais bem administradas por empresas que estejam atuando no segmento.
- Fatores financeiros: os ativos necessários para operar a logística são caros e demandam controles adicionais relacionados a custos de aquisição, tempos de manutenção, mão de obra para administrar, acidentes com veículos, entre outros. Esse enfoque pode contribuir muito para a redução de custos na cadeia de abastecimento.

3.4.3.2 Cuidados com a utilização de terceiros

Embora muito se fale na utilização de terceiros, cuidados importantes devem ser tomados. A escolha do parceiro deve ser extremamente trabalhada; caso contrário, a dor de cabeça poderá aumentar.

Nem todos os fornecedores de serviço apresentam o nível de confiança adequado, que permita aos gerentes da empresa ficar tranquilos sem investir tempo no processo.

Outro cuidado especial é o relacionamento com os clientes. Os indicadores de desempenho devem ser muito bem definidos e contratados. A receita do terceiro deve ser penalizada caso o nível de desempenho não seja adequado. Por outro lado, incentivos devem ser implementados caso as expectativas de desempenho sejam excedidas.

CONSIDERAÇÕES FINAIS

Entender as responsabilidades das organizações e como elas podem integrar-se aos diferentes negócios de forma estratégica é crucial na competitividade dos mercados. O papel e a relevância de cada uma dessas organizações representam o grau de contribuição ou de concorrência que pode existir no ambiente globalizado. Empresas que fornecem insumos para outras podem também ser concorrentes. Conviver harmoniosamente com essa característica é condição obrigatória para sobreviver no mercado.

Todavia, a compreensão dos tipos de produção relacionados às demandas de clientes e consumidores é outro fator essencial para manter-se presente sustentavelmente no mercado. Empresas com dezenas de anos de existência precisam a todo momento passar pelo processo da reinvenção, da inovação e da transformação. Esse é o caso de Apple, Amazon, Embraer, Unilever, P&G, Dell, IBM, HP, Colgate-Palmolive e mesmo a Coca-Cola, que de uma forma ou de outra busca fazer diferente para manter-se no mercado, uma vez que sua concorrente Pepsi também possui a mesma abordagem. Companhias que se estagnam ou deixam de inovar pelo fato de apresentar um domínio hoje podem simplesmente ser derrubadas amanhã. Toda a atenção é necessária.

CASO

DELL: COMO A EMPRESA OFERECE UM EXCELENTE SERVIÇO AO CLIENTE[1]

Um dos fatores que levam a Dell a ter muito sucesso no mercado é sua habilidade em atender aos pedidos dos clientes por meio de uma cadeia de abastecimento extremamente eficaz.

As ordens dos clientes, em sua maioria recebidas *on-line*, são automaticamente transferidas para a área de produção, onde a configuração é realizada para determinar quais componentes serão necessários para criar o computador customizado que o cliente deseja. Efetuada essa tarefa, o problema passa a ser como obter todos os componentes necessários. Para a maioria das ordens, um computador pode estar pronto para embarque no dia seguinte. Como parte da solução, a Dell criou uma rede de fornecedores dedicados a entregas *just in time*, bem como uma sofisticada rede global informatizada de estoques de peças e componentes.

O objetivo não é apenas vender. É, também, o atendimento completo dos pedidos, bem como a prestação de serviço ao cliente em todo o ciclo de vida do produto. Portanto, a rede global também é usada para os serviços dos produtos: reparos por compromissos de garantia, *upgrades* etc.

Vejamos como a Dell presta serviço depois que o produto está com o cliente. A empresa tenta atingir a meta do embarque no próximo dia-alvo. Para isso, ela usa um sistema de otimização de estoques inteligente. O sistema pode conciliar as inúmeras fontes de demanda com as inúmeras opções (por exemplo, reparar, atualizar, transferir ou desmontar). O sistema permite que a Dell aplique as partes reutilizáveis nas projeções de planejamento da cadeia. Isso possibilita que peças reparáveis sejam utilizadas para comprimir o tempo e reduzir custos, de modo que uma equipe de cerca de dez funcionários processe com êxito mais de 6 mil ordens de serviço todos os dias.

O sistema gera informações oportunas sobre previsão de demanda, custo de estoque necessário e "dias de fornecimento de estoque", e compara a demanda real com a demanda prevista. Assim, a Dell comunica informações essenciais aos clientes internos e externos, reduzindo atrasos na cadeia.

---

[1] Estudo de caso elaborado pelo autor com base em pesquisas de textos, entrevistas e vídeos disponibilizados em diferentes meios de comunicação, como televisão, internet, jornais e livros.

As integrações para a substituição de componentes, *upgrades* e pedidos de mudança de engenharia devem ser eficazes, para que a empresa seja competitiva. Tudo isso é feito para manter o nível de serviço elevado a um baixo custo dos estoques. O sistema também fornece conhecimento-padrão sobre peças e estratégias de planejamento. Alguns dos recursos do sistema são:

- previsão com prazos de entrega múltiplos (por exemplo, para peças antigas e novas);
- encadeamento de peças juntas;
- otimização do nível de serviço e dos níveis de estoque;
- controle de computadores retornados para reparos;
- peças para montagem juntas em formato de *kit*;
- indicação de problemas como peças fora de estoque;
- indicação de mudanças de pedidos e cancelamentos em tempo real;
- indicação de discrepâncias entre a demanda real e a prevista assim que elas ocorrem.

Questões para revisão

1. Quais são as organizações que compõem a cadeia de abastecimento integrada?
2. Descreva no mínimo cinco critérios de como os fornecedores são avaliados pelos clientes. Em seu entendimento, por que "capacidade de atender às expectativas" é um critério importante na avaliação de desempenho dos fornecedores?
3. O que você entende por produção em massa? Qual é a diferença entre produção em massa e customização em massa? Em sua opinião, qual é a tendência da indústria moderna?
4. O que é terceirização? Por que as empresas terceirizam? Você é contra ou a favor da terceirização? Argumente.
5. O que são organizações de atacado? O que são organizações de varejo? Supermercados são organizações de atacado ou de varejo? Por quê?

4 Processos da cadeia de abastecimento

OBJETIVOS

Após a leitura deste capítulo, você será capaz de entender:

- ✓ processos detalhados da cadeia de abastecimento;
- ✓ práticas de negócio em cada processo;
- ✓ interdependência entre os processos.

FIGURA 4.1 Entendendo os processos da cadeia de abastecimento

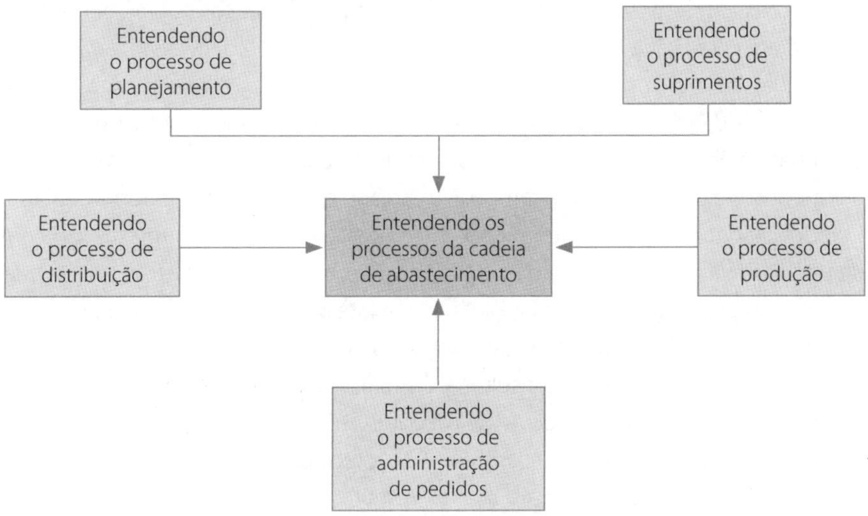

Fonte: elaborada pelo autor.

4.1 VISÃO GERAL

Em segmentos da indústria cujo objetivo é atender à demanda, seja ela para completar um nível de estoque, seja para um pedido de cliente, os ciclos de planejamento e de execução costumam ser curtos. Mudanças de demanda requerem flexibilidade na produção.

É reconhecido que o processo da cadeia de abastecimento contribui sobremaneira para a redução de custos, gerando impactos positivos no crescimento das vendas e dos lucros por meio da diminuição dos ciclos e do aumento de flexibilidade.

Para buscar vantagem competitiva, o primeiro passo é entender os processos que compõem a cadeia de abastecimento integrada e de que forma eles afetam o ecossistema organizacional.

Esses processos divergem de segmento para segmento. Sistemas de manufatura com produção para estoque diferem de sistemas com produção realizada mediante pedidos, que, por sua vez, diferem de projetos. A fabricação de navios e aviões apresenta grandes diferenças em relação à produção de cremes de barbear e condicionadores. A fabricação de automóveis e caminhões apresenta diferenças em relação à produção de sabonetes e canetas. Todos possuem suas particularidades. Natura, Jequiti e Mary Kay possuem canais de vendas distintos da Nivea Beiersdorf e da Unilever, embora sejam concorrentes. Enquanto os primeiros usam principalmente revendedoras ou consultoras, os segundos fazem a comercialização por meio de atacadistas e de grandes redes de supermercados. Em contrapartida, O Boticário, também atuante no segmento, atua no mercado por meio de franquias.

Reconhecidamente, as organizações precisam criar modelos de negócios para obter sucesso. Adaptações no ecossistema são fundamentais. A tecnologia da informação tem afetado todos os segmentos e, de alguma forma, tem contribuído de maneira relevante com os processos por meio da disponibilização de informações, da automação, da integração e da otimização das funções empresariais. A melhoria contínua e outros conceitos nobres, ainda que tradicionais, vieram para ficar e merecem toda a atenção. Algumas iniciativas, muitas vezes mal compreendidas ou mal aplicadas, provocaram alvoroço – aqui nos referimos, principalmente, à reengenharia de processos. É extremamente difícil fazer mudanças radicais e significativas nas empresas da noite para o dia sem que ocorra um impacto organizacional significativo. Mudar organizações e processos toma tempo. É um plano que deve ser estrategicamente bem elaborado, criando inclusive contingências para possíveis riscos. As empresas são constituídas de pessoas que ora querem mudanças, ora não – e, na maioria das vezes, não as querem.

Hoje as organizações são mais dinâmicas e inteligentes. As pessoas são preparadas para mudar – a gestão da mudança está em voga, é assunto importante nas esferas mais altas das organizações e nos meios de consultoria. Os funcionários participam das estratégias ou são informados sobre elas – a Microsoft, de Bill Gates, faz isso como nenhuma outra empresa.

Os processos internos do ecossistema são direcionados pelos clientes e pelos consumidores. Comprar, produzir ou distribuir são exemplos de processos e devem estar orientados para as necessidades dos clientes e alinhados com as estratégias da organização.

FIGURA 4.2 Processos da cadeia de abastecimento

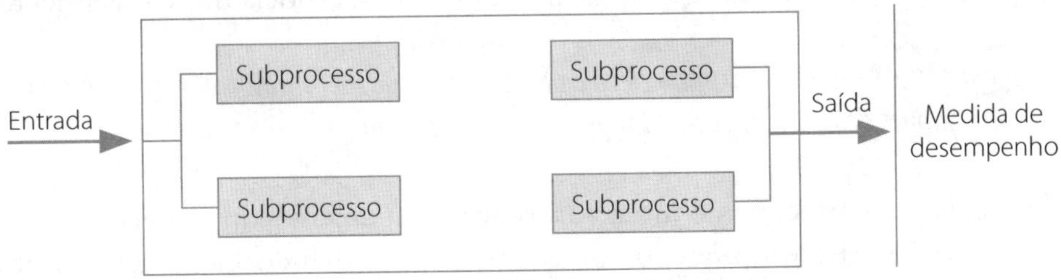

Fonte: elaborada pelo autor.

As cadeias de abastecimento e de demanda passam a ter cada vez mais importância na jornada que seguem até alcançar o consumidor. Evoluem do conceito meramente operacional para uma plataforma mais estratégica, e muitas empresas não as enxergam dessa forma. Organizações como Nestlé, Unilever, General Motors, Pão de Açúcar, Walmart, Natura, Apple, entre outras, investem pesado em seus processos, criando estratégias e modelos de negócios que as tornam cada vez mais competitivas no mercado. Elas estão enxergando o cliente. Assumir que o cliente é mais importante todo mundo faz. Agora não se preparar para entregar os produtos e os serviços nas condições por ele desejadas é extremamente perigoso, uma vez que suas expectativas não serão atendidas.

Muitas organizações estão começando a construir sua casa pelo telhado. É como criar *sites* para comercializar produtos e não possuir infraestrutura para distribuir a mercadoria. A onda do comércio eletrônico consolida as empresas de tijolo e concreto que souberam aproveitar o momento e fizeram da internet um canal a mais de distribuição e comercialização. Em contrapartida, muitas empresas virtuais estão desaparecendo, por falta de estrutura suficiente para atender às necessidades do cliente. O conceito de que comércio eletrônico é apenas uma aplicação tecnológica bem montada e que oferece produtos já está ultrapassado. Essa é a parte mais fácil. Estruturar-se para obter e entregar produtos, conhecendo e preparando os processos logísticos, é onde residem as maiores dificuldades. É uma mudança radical de mentalidade e que faz parte da disruptura tecnológica e dos modelos de negócios.

Os processos apresentados a seguir são genéricos e ricamente exemplificados, o que torna mais fácil entendê-los e perceber como estão inseridos no ecossistema.

4.2 PROCESSO DE PLANEJAMENTO

Mudanças nas demandas requerem flexibilidade no processo produtivo.

O foco será o planejamento nos seus diversos níveis com a finalidade de obter a integração dos negócios da organização e destacar sua importância. Também serão abordados os temas referentes aos diferentes subprocessos de planejamento e um quarto subprocesso, que corresponde à visão global de planejamento da cadeia de abastecimento.

O planejamento propicia uma visão clara de todo o processo, permitindo que se entendam as limitações e as restrições dos diferentes recursos que compõem a cadeia.

Na cadeia de abastecimento integrada, o principal objetivo do planejamento é propiciar uma visão clara do processo como um todo, avaliando metas e restrições em compras, produção e distribuição em um horizonte de tempo predeterminado.

Naturalmente, nenhuma organização deseja produzir planos abaixo do seu padrão ou sem a qualidade necessária, mas, na verdade, é exatamente isso que acaba ocorrendo em muitas delas por causa da deficiência na elaboração dos planos.

A tecnologia da informação tem evoluído significativamente, possibilitando que planos bastante ricos sejam elaborados. Contudo, não é só a ferramenta que facilita o processo de planejamento. O conhecimento do mercado, as eficiências dos recursos internos e externos, as atividades de vendas são fatores que determinam a elaboração dos planos.

A elaboração de um planejamento integrado da cadeia de abastecimento proporciona benefícios, entre eles redução de custos e dos estoques, aumento da lucratividade, melhor uso da capacidade produtiva e melhor utilização dos ativos.

A cadeia de abastecimento é orientada pelas previsões de vendas. Um dos problemas das estimativas é que elas são criadas para atender às várias necessidades da organização. Para o marketing, as previsões devem confirmar que os produtos estão ganhando participação de mercado. Do outro lado, o departamento de vendas pressiona para que essas previsões estejam alinhadas com os objetivos e as metas específicos da área. O departamento de operações pretende que as estimativas sejam suficientes para que a obtenção de materiais e sua conversão estejam alinhadas com a capacidade da produção e dos fornecedores. Por sua vez, o objetivo de finanças é que as previsões estejam alinhadas com o plano comercial estabelecido tempos atrás. Em geral, as organizações falham ao administrar esses conflitos de interesses.

Dessa maneira, promoções, propagandas, premiações, projeções financeiras e análises de capacidade acabam sendo direcionadas por previsões inconsistentes, gerando resultados nem sempre satisfatórios. A estimativa é fundamental na execução de um planejamento e, por essa razão, deve ser vista como um processo, e não como uma técnica. Conhecido como processo de gestão da demanda, a previsão de vendas deve integrar as diversas áreas da organização – marketing, operações, vendas e finanças – e deve ser única, atuando como entrada para as mais diversas atividades.

O plano mestre da cadeia de abastecimento orienta os planos operacionais. Qualquer disfunção que afete o processo deve ser analisada, ainda que culmine em possíveis alterações nos planos.

Ainda que deva existir um planejamento estratégico com visão total da cadeia de abastecimento, é possível dividi-lo em três subprocessos a fim de obter planos operacionais e táticos mais detalhados e focalizados em processos relevantes. São eles: planejamento de suprimentos, de produção e de distribuição.

FIGURA 4.3 Planejamento da cadeia de abastecimento

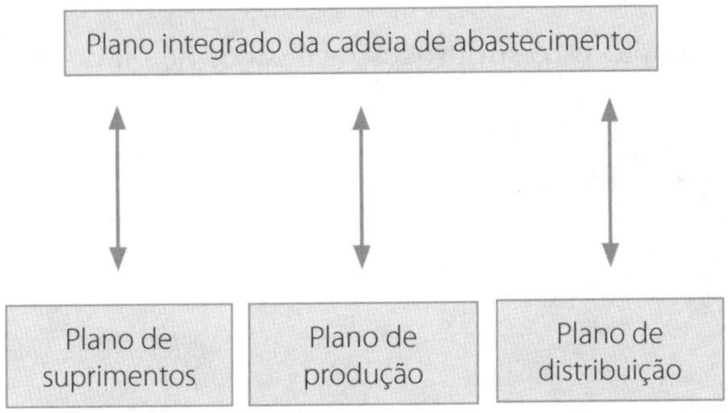

Fonte: elaborada pelo autor.

O planejamento da cadeia de abastecimento é direcionado pelo planejamento da demanda. O fluxo logístico será muito mais eficiente se houver uma integração entre esses planos de tal forma que um plano consistente possa ser gerado para toda a cadeia de abastecimento. Muitas empresas ainda trabalham de forma departamentalizada e fragmentada, sem seguir a orientação do processo, o que provoca diferentes enfoques de serviço.

Um exemplo bastante característico é o fato de o departamento de produção ser medido por homem/hora por tonelada ou tempo de utilização de recursos. Se a produção for responsável pela elaboração do plano com visão fragmentada, a tendência será produzir a maior quantidade possível de produto com o intuito de maximizar o uso de recursos produtivos, culminando com a elevação de estoques de produto final e, eventualmente, de materiais, se o plano de produção for utilizado como entrada básica para gerar a necessidade de materiais.

4.3 PLANEJAMENTO DA CADEIA DE ABASTECIMENTO

O planejamento da cadeia de abastecimento é orientado pelas necessidades provenientes do plano de negócios da empresa ou plano empresarial. É de fundamental importância o alinhamento desses planos. Existem ferramentas que auxiliam o processo. Independentemente de a empresa ser de grande ou de pequeno porte, o profissionalismo deve ser suficiente para que se entenda que uma empresa necessita de uma direção a seguir. A análise de produtos, serviços, mercados, concorrentes, demanda e fornecedores é um fator essencial para a longa caminhada até o êxito. Portanto, a elaboração de planos é uma burocracia necessária para a administração das organizações, tenham elas objetivos lucrativos ou não.

A demanda é o ponto de partida para a elaboração do plano global da cadeia de abastecimento.

A seguir são apresentados os subprocessos básicos de planejamento.

FIGURA 4.4 Subprocessos de planejamento

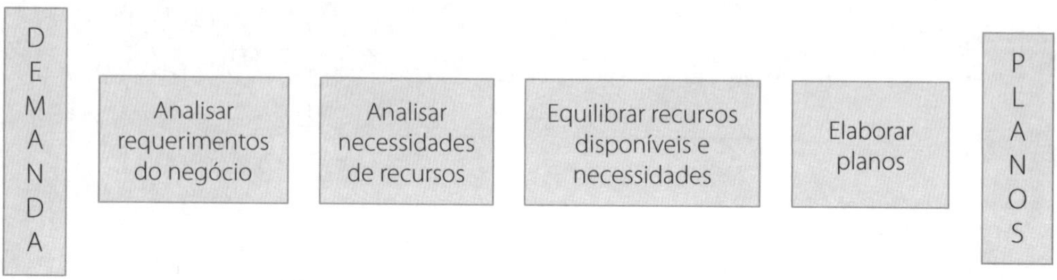

Fonte: elaborada pelo autor.

4.3.1 Subprocessos

4.3.1.1 Análise de requerimentos do negócio

Consiste no processo de análise e definição das prioridades de negócio que demandam necessidades de serviço ou produto na cadeia de abastecimento.

A identificação das demandas e das necessidades é o primeiro passo para se iniciar o processo de planejamento.

4.3.1.2 Análise das necessidades de recursos

Uma vez identificadas e estabelecidas as prioridades da demanda, devem ser avaliados todos os elementos que se caracterizam como recursos necessários para sustentar os requerimentos do negócio, considerando-se os que realmente agregam valor.

A necessidade de recursos é orientada pela demanda. Alternativas para atender a ela devem ser geradas no âmbito dos vários processos, e não somente na produção.

4.3.1.3 Equilíbrio entre os recursos disponíveis e as necessidades

Consiste em buscar equilíbrio entre a demanda e os recursos disponíveis na cadeia de abastecimento.

4.3.1.4 Elaboração de planos

Refere-se à definição das ações que serão tomadas em um período preestabelecido para que os recursos definidos possam suportar as demandas da cadeia de abastecimento.

Uma vez balanceadas as operações,
os planos são elaborados e divulgados.

4.3.2 Práticas de negócio para o planejamento da cadeia de abastecimento

- Reduzir, na área de vendas, complexidades que não agregam valor ao processo com o objetivo de melhorar a precisão das estimativas, como é o caso de condições especiais de negociação e promoções especiais que quase sempre provocam a necessidade de recursos adicionais para administrar as atividades.
- Estabelecer alianças com clientes com o intuito de aumentar a visibilidade e a confiabilidade da demanda real por meio de suas estimativas de vendas, seus níveis de estoque e seus planos de produtos.
- Estabelecer alianças com fornecedores com o intuito de aumentar a visibilidade das necessidades reais da empresa e ganhar comprometimento na qualidade de níveis de serviço.
- Classificar os requerimentos segundo prioridades.
- Construir acordos com clientes e fornecedores para compartilhar os riscos relativos aos recursos que estão sendo comprometidos no processo.
- Revisar e atualizar frequentemente os planos para refletir dados reais.
- Ter uma política de estoques bem definida.
- Utilizar a tecnologia da informação para a troca rápida de informação sobre demandas, capacidades, necessidades e estoques disponíveis, entre outras.
- Utilizar ferramentas de planejamento para obter informação confiável e dar total visibilidade ao processo.
- Otimizar a demanda e os recursos visando satisfazer o cliente.
- Envolver todas as funções que influenciam o processo, como é o caso de vendas e marketing.
- Utilizar sistemas integrados que possam ajudar a equilibrar a demanda em relação aos recursos da cadeia de abastecimento.

- Colaborar com os departamentos e as organizações que de alguma forma afetam as atividades da cadeia de abastecimento, como clientes, fornecedores, produção, vendas, marketing, distribuição e compras.
- Sincronizar os sistemas avançados de planejamento, usados para otimização, e os sistemas transacionais de gestão da empresa.

4.4 PLANEJAMENTO DE SUPRIMENTOS

FIGURA 4.5 Planejamento de suprimentos

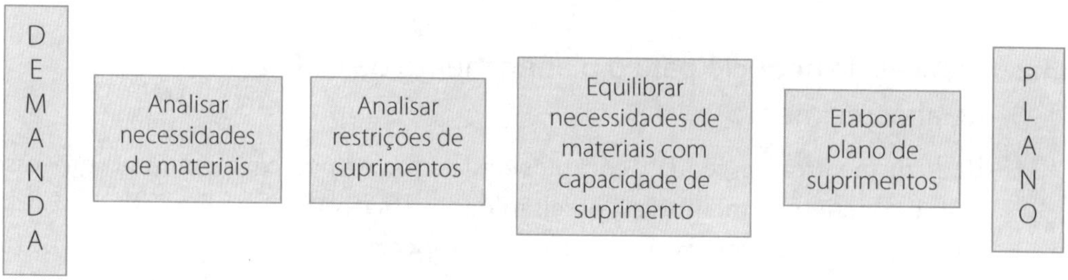

Fonte: elaborada pelo autor.

O planejamento de suprimentos tem por objetivo definir as ações para a obtenção de materiais necessários à satisfação da demanda requerida pela cadeia de abastecimento.

As principais métricas que podem ser utilizadas nesse contexto são: tempo de ciclo empregado na obtenção dos materiais, flexibilidade, nível de serviço dos fornecedores, custo total de estoque, número de fornecedores e desempenho destes em termos de prazo, quantidade e qualidade.

4.4.1 Subprocessos

4.4.1.1 Análise das necessidades de materiais

Corresponde à identificação dos materiais necessários usados para agregar valor a um produto ou a um serviço.

Com base na demanda, é necessário calcular a necessidade de materiais.

4.4.1.2 Análise das restrições de suprimentos

Corresponde à identificação das fontes de suprimento e de sua capacidade para atender à demanda de materiais ou serviços.

4.4.1.3 Equilíbrio das necessidades de materiais com capacidade de suprimento

Corresponde à tarefa de desenvolver atividades voltadas para a obtenção dos recursos materiais com base na necessidade de suprimentos.

Com base na demanda, é necessário analisar as limitações dos recursos para a obtenção dos suprimentos.

4.4.1.4 Elaboração do plano de suprimentos

Refere-se à definição das ações que serão tomadas dentro de um período com o objetivo de atender às necessidades de materiais requeridas pela cadeia de abastecimento.

O plano de suprimentos orientará a obtenção dos recursos necessários para atender à demanda.

4.4.2 Práticas de negócio para o planejamento de suprimentos

As práticas a seguir devem ser aplicadas para produzir um planejamento mais consistente dos suprimentos.

- Ampliar o relacionamento com os fornecedores, possibilitando a troca de dados relacionados a estoque e disponibilidade de capacidade.
- Construir alianças com fornecedores, visando à maior consistência no relacionamento a fim de evitar disfunções no processo, assegurando que rupturas não venham a causar surpresas; em contrapartida, aproveitar oportunidades de disponibilidade de materiais.
- Possuir visibilidade total dos planos da cadeia de abastecimento.
- Medir os níveis de estoque de materiais em valor e quantidade.
- Balancear as restrições encontradas durante o plano mestre de produção com a demanda.
- Analisar as capacidades e as limitações de fornecimento durante o plano mestre de produção para que revisões possam ser consideradas.
- Planejar os estoques em itens em termos de quantidade e valor.
- Construir alianças com fornecedores que permitam o compartilhamento de responsabilidades na cadeia de abastecimento.
- Utilizar o conceito de estoques em consignação para reduzir custos na cadeia de abastecimento.
- Explorar a tecnologia da informação como elemento competitivo, mesmo na troca de dados e informações.

- Construir acordo de compras visando cobrir longos períodos de abastecimento – usualmente conhecido como "contrato guarda-chuva".
- Utilizar conceitos avançados de relacionamento, por meio dos quais o fornecedor possa participar do planejamento e determinar em que momento deve promover a entrega dos materiais. Essa prática está ligada ao conceito do estoque administrado pelo fornecedor.[1]

4.5 PLANEJAMENTO DE PRODUÇÃO

O planejamento de produção corresponde ao desenvolvimento das ações que orientarão os recursos da produção em relação às necessidades especificadas pela demanda.

As principais diretrizes que podem ser utilizadas nesse contexto são: tempo de ciclo empregado na produção, flexibilidade, número de itens de estoque,[2] aderência do plano de produção, custo relacionado aos estoques de materiais em processo, estoques de produtos obsoletos, comparações entre os ciclos teórico e real.

FIGURA 4.6 Principais atividades na elaboração de um plano de produção

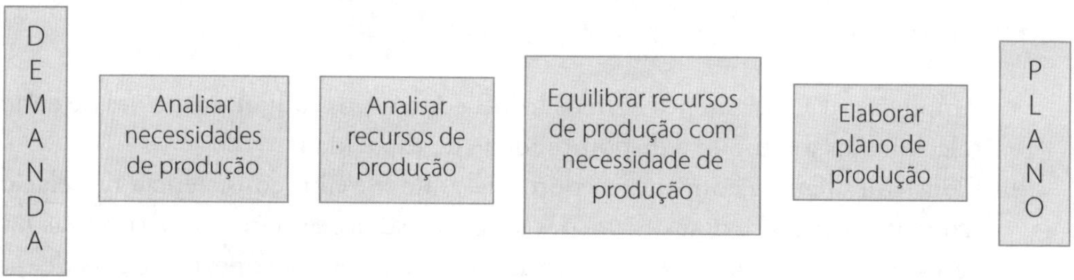

Fonte: elaborada pelo autor.

4.5.1 Subprocessos

4.5.1.1 Análise das necessidades de produção

Corresponde ao processo de identificação de todos os elementos que atuarão como fontes de demanda na fabricação de um produto.

---

1 Do inglês *Supplier Managed Inventory* (SMI).
2 Do inglês *Stock Keeping Unit* (SKU).

4.5.1.2 Análise dos recursos de produção

Uma vez identificadas e estabelecidas as prioridades da demanda, serão avaliados todos os elementos que se caracterizam como recursos necessários para a produção do produto, considerando aqueles que realmente agreguem valor.

4.5.1.3 Equilíbrio dos recursos de produção com as necessidades de produção

Consiste em equilibrar as necessidades de produção com os recursos que deverão ser providos pela cadeia de abastecimento.

4.5.1.4 Elaboração do plano de produção

Refere-se à definição das ações que serão tomadas dentro de um período preestabelecido, de modo que os recursos definidos possam suportar as demandas de produção.

4.5.2 Práticas de negócio para o planejamento de produção

- Promover a integração consistente entre as demais áreas organizacionais para identificar disfunções e oportunidades a fim de obter respostas rápidas e eficientes às necessidades de produção e avaliar alternativas que viabilizem o atendimento ao plano de produção.
- Verificar a disponibilidade de materiais na data da produção com base em estoque real, planos de produção e entregas de fornecedores.
- Revisar os estoques obsoletos ou que estejam sem uso por algum tempo.
- Analisar e atualizar periodicamente os objetivos de níveis de estoque.
- Comunicar com clareza eventuais desvios tanto interna como externamente, proporcionando níveis de informação adequados ao longo da cadeia e abastecimento para os diferentes interessados, incluindo clientes e fornecedores.
- Estabelecer regras claras para os pedidos urgentes e não planejados que somente devem ser aceitos desde que não signifiquem um impacto no atendimento aos demais clientes existentes no processo, obedecendo a uma classificação de prioridades estabelecidas pela organização.

O plano de produção vai orientar as atividades no chão de fábrica.

4.6 PLANEJAMENTO DA DISTRIBUIÇÃO

Esse processo corresponde ao desenvolvimento das ações que orientarão os recursos da distribuição em relação às necessidades especificadas pela demanda.

As principais diretrizes que podem ser utilizadas no seu contexto são: tempo de ciclo empregado na distribuição, flexibilidade, custo de estoque de produto terminado, custo de administração dos pedidos, custos logísticos totais, precisão das estimativas de vendas e nível de atendimento dos pedidos considerando data, produto, quantidade e qualidade.

4.6.1 Subprocessos

4.6.1.1 Análise das necessidades de distribuição

Consiste no processo de análise e definição das prioridades de todas as fontes de demanda que afetam a operação de distribuição e a entrega de um produto ou serviço.

FIGURA 4.7 Análise das demandas que de alguma forma afetarão a distribuição

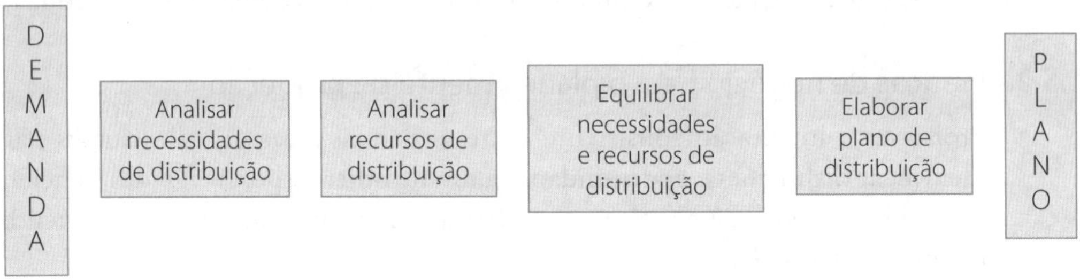

Fonte: elaborada pelo autor.

4.6.1.2 Análise dos recursos de distribuição

Uma vez identificadas e estabelecidas as prioridades das necessidades de distribuição, serão avaliados todos os elementos que se caracterizam como recursos necessários para sustentar os requerimentos, considerando aqueles que realmente agregam valor.

4.6.1.3 Equilíbrio das necessidades e dos recursos de distribuição

Consiste em equilibrar as necessidades de entrega com os recursos que deverão ser providos pela cadeia de abastecimento.

4.6.1.4 Elaboração do plano de distribuição

Refere-se à definição das ações que serão tomadas dentro de um período preestabelecido, de modo que os recursos de distribuição definidos possam sustentar os requerimentos de entrega.

O plano de distribuição vai orientar o atendimento à demanda dos clientes.

4.6.2 Práticas de negócio no planejamento da distribuição

- Promover a integração consistente entre as organizações do processo para identificar disfunções e oportunidades a fim de obter respostas rápidas e eficientes para as necessidades de distribuição e avaliar alternativas que viabilizem o atendimento no plano de distribuição.
- Construir relacionamentos com clientes para estabelecer e nivelar expectativas quanto ao prazo de entrega e à disponibilidade de produto.
- Reduzir retornos de produtos com a eliminação de condições especiais de negociação promovidas por vendas.
- Elaborar previsões em conjunto com os clientes para reduzir incertezas.
- Estabelecer regras claras para os pedidos urgentes e não planejados que somente devem ser aceitos desde que não signifiquem um impacto no atendimento aos demais clientes existentes no processo, obedecendo a uma classificação de prioridades estabelecidas pela organização.
- Utilizar a tecnologia da informação para trocar dados e avaliar inovações tecnológicas que possam agregar valor ao processo, como controles logísticos por meio de código de barras ou radiofrequência.
- Otimizar a demanda e os recursos, visando ao serviço ao cliente.
- Estabelecer prioridades de entrega baseadas no relacionamento com clientes.
- Alocar produtos considerando métodos de entrada e saída do produto terminado do armazém, por exemplo, Fifo.[3]
- Utilizar sistemas integrados que possam ajudar a equilibrar a demanda em relação aos recursos da cadeia de abastecimento.
- Colaborar com os departamentos e as organizações que, de alguma forma, afetam as atividades da cadeia de abastecimento, como clientes, fornecedores, produção, vendas, marketing, distribuição e compras.
- Sincronizar os sistemas de planejamento com os sistemas transacionais de gestão corporativa.

4.7 REFLEXÕES ESTRATÉGICAS

Algumas características dos processos de elaboração dos planos são importantes, independentemente do segmento industrial em que a empresa atua. A sinergia de processos entre as várias unidades das empresas é um elemento preponderante para o compartilhamento das práticas de negócio, do aproveitamento de recursos e da colaboração organizada com clientes e fornecedores.

---

[3] Do inglês *First In First Out* (ou Primeiro a Entrar, Primeiro a Sair – Peps).

Outro fator fundamental é a definição dos indicadores de desempenho. Nenhum processo pode ser melhorado sem que haja um indicador que determine quão bem ou mal ele está. Embora essa prática deva ser usual, não são todas as organizações que lhe dão a devida importância.

4.7.1 Sinergia de processos

As grandes organizações, com suas filiais e unidades de negócio, tendem a apresentar diferenças quanto a enfoque de planejamento, filosofia, formas de trabalho e práticas de negócio, como se estivessem competindo com elas mesmas.

A homogeneização ou padronização é algo difícil de obter, uma vez que varia de empresa para empresa, envolvendo traços culturais, ambiente de trabalho, carreiras e comportamento humano. Contudo, apesar desses fatores, é essencial que as organizações procurem um grau de padronização, sobretudo nos aspectos em que as sinergias podem trazer vantagem competitiva. Se os componentes do processo apresentam diferenças radicais, é extremamente trabalhoso e demorado realizar atividades de amplitude internacional e regional.

A obtenção de sinergias somente será possível por meio da padronização dos processos e das políticas corporativas.

Internamente, muitas organizações desenvolvem planos de vendas, mercado, compras, produção e distribuição de forma independente, sem nenhuma sinergia. A impressão que passam é que todas estão reinventando a roda e estão preocupadas com burocracias paralisantes que não trazem benefícios. Os planos verticais devem obedecer rigorosamente às decisões provenientes da matriz. Não se trata de inibir a inovação ou a criatividade, mas de estar atento e organizado para competir. As padronizações possibilitam as sinergias.

4.7.2 Indicadores de desempenho

Os indicadores de desempenho são as informações gerenciais que auxiliam na tomada de decisão. Esses números não devem ser apenas uma ferramenta para os gerentes, mas, sim, compartilhados entre os funcionários. A administração participativa é fundamental e colabora imensamente para os resultados positivos da cadeia de abastecimento.

Os indicadores de desempenho ou gestão devem ser compartilhados na organização sempre que possível.

Algumas das medidas que devem ser consideradas no fluxo da cadeia de abastecimento são: ciclo para comprar e produzir, ciclo de planejamento e custos envolvidos, ciclo de fluxo de caixa, custos de administração de pedidos, níveis de estoque e custos relacionados, acurácia de estoque e de fórmulas, níveis de serviço aos clientes relacionados à entrega na data solicitada, níveis de atendimento aos pedidos em termos de produtos e quantidades corretas, pedidos pendentes, acurácia das estimativas, ciclo de pedido, ciclo de lançamento de produto, utilização dos ativos e dos recursos.

4.7.3 Unificação de sistemas de planejamento

Os sistemas são, muitas vezes, usados pelas empresas e suas unidades de negócio, apresentando incompatibilidades de fornecedor e de versão, dificultando o compartilhamento de informações e impedindo a tomada de decisão na velocidade necessária.

Muitas ferramentas de planejamento avançado[4] podem ser encontradas no mercado e têm sido bastante usadas para facilitar o planejamento logístico. Normalmente, são ferramentas ligadas a sistemas integrados, chamados ERP, os quais dão suporte aos processos transacionais das empresas. Essas aplicações transacionais ou funcionais alimentam as ferramentas avançadas de planejamento com dados para que os planos possam ser elaborados.

A utilização dessas ferramentas permite às organizações uma visão global de todo o processo, incluindo necessidades de previsão, balanceamento de estoque, planos de produção e de transporte, capacidades das plantas de produção tanto próprias quanto terceirizadas, capacidade de distribuição e consolidação de necessidades de materiais.

4.8 PROCESSO DE SUPRIMENTOS

Para fabricar produtos, é necessário ter a quantidade certa de materiais. Além disso, esses materiais devem ser obtidos com o menor custo possível, com qualidade superior, e devem estar disponíveis no momento em que a produção for iniciada.

O processo de aquisição de materiais é bastante complexo. Ele inclui decisões de escolha de fornecedores, elaboração de contratos de fornecimento, definição de compras centralizadas ou locais. Uma organização de atacado também passa por procedimentos similares aos enfrentados pelas empresas que compram materiais para atender à demanda de uma produção ou de um projeto.

O processo de suprimentos ou obtenção de materiais tem um papel fundamental na busca da excelência, tanto em organizações produtivas como em organizações de serviços.

Contudo, adquirir materiais e produtos não é uma tarefa que se limita a gerar e acompanhar pedidos. A aquisição dos materiais e dos produtos tem significado estratégico para a organização e deve satisfazer às necessidades de suprimento ou abastecimento em

---

[4] Exemplos de empresas que comercializam esse tipo de ferramenta: JDA, Oracle, SAP etc.

curto e longo prazos. Por isso, selecionar os provedores e manter relacionamentos duradouros é de fundamental importância para obter vantagem competitiva nesse processo.

O ciclo de compras inicia-se quando ocorre uma solicitação proveniente de alguma área interna da organização requerendo matérias-primas, produtos, equipamentos, peças de reposição, acessórios e outros. Esse ciclo encerra-se quando a área responsável pela aquisição recebe a notificação de que o item comprado foi entregue dentro das especificações estabelecidas e que o pagamento já pode ser efetuado.

O processo de suprimentos ou compras pode apresentar variações entre os tipos de organização. A figura seguinte mostra um fluxo característico do processo.

FIGURA 4.8 Fluxo do processo de suprimentos

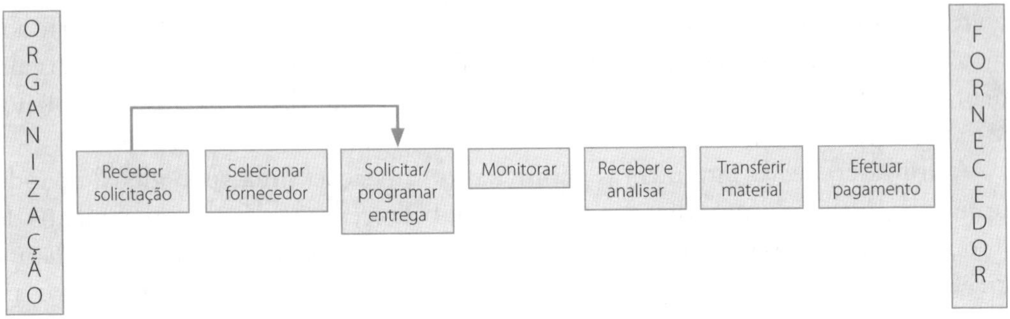

Fonte: elaborada pelo autor.

4.8.1 Subprocessos

4.8.1.1 Receber solicitação

As circunstâncias internas da organização demandam diferentes tipos de compra e podem estar orientadas para a fabricação de algum produto final ou de materiais e equipamentos que são adquiridos para sustentar uma necessidade indireta, como é o caso de equipamentos e suprimentos de informática, serviços de manutenção ou consultoria empresarial.

O departamento de compras recebe requisições com características diferentes. O perfil do comprador deve ser adequado ao tipo de compra a ser efetuada.

Normalmente, as organizações utilizam a requisição de compras como documento interno de solicitação. Ela deve incluir descrição e quantidade do item ou material desejado, especificação de qualidade e características, data de entrega e nome do requisitante.

Quanto mais detalhada for a requisição de compras, maior a possibilidade de que o item demandado venha a atender às necessidades desejadas. O detalhamento das especificações não substitui as qualificações técnicas que o comprador deve possuir.

O *Material Requirements Planning* (MRP) é um instrumento fundamental na geração dos pedidos de compras para materiais ou componentes diretamente ligados a um produto. Com base em estoques de segurança, tempos de entrega, pedidos mínimos, estruturas de produtos e demandas, o MRP calcula a quantidade de materiais, gerando automaticamente os pedidos e sugerindo quando os materiais devem estar disponíveis para iniciar a produção.

FIGURA 4.9 Receber solicitação

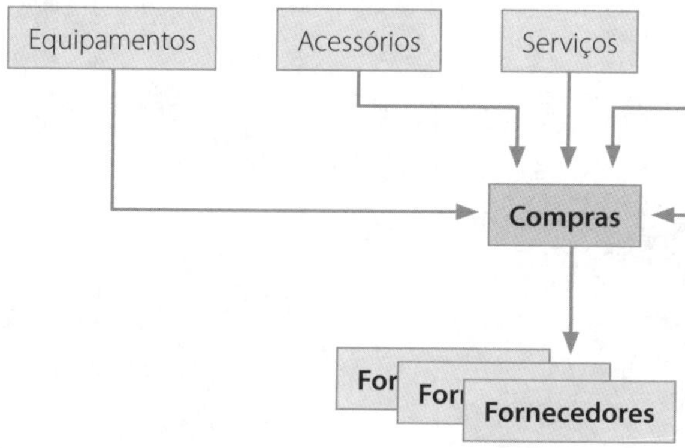

Fonte: elaborada pelo autor.

O ponto de pedido é uma técnica também importante na função de compras, pois possibilita que, uma vez atingida a quantidade mínima de estoque de determinado item, sugestões de compra sejam feitas. As ferramentas de tecnologia da informação estão disponíveis para dar suporte a essas necessidades.

4.8.1.2 Seleção do fornecedor

O processo de seleção de um fornecedor não é simples. Naturalmente, a complexidade aumenta em função das características do item a ser comprado. A aquisição de um pacote de pregos é diferente da aquisição de um computador ou de uma matéria-prima que servirá como componente de um produto final.

Dependendo do item a ser adquirido, as exigências podem ser maiores ou menores. Já se foi a época em que comprar era simplesmente efetuar uma cotação de preços e optar pelo fornecedor cujo preço fosse mais baixo e tivesse o item disponível em estoque para entrega na data requerida, sobretudo em se tratando de itens estratégicos.

Outro aspecto nesse processo que pode levar a uma decisão mais estratégica corresponde à disponibilidade do material no mercado ou às características em relação ao preço, o que pode incitar uma reflexão entre comprar e produzir o material.

Há três características básicas que devem ser consideradas em um processo de decisão para se selecionar um fornecedor: preço, qualidade e serviço.

A análise não pode ser pontual, ela deve levar em conta essas características conjuntamente com base no histórico ou desempenho do fornecedor no mercado.

QUADRO 4.1 Principais atributos para selecionar um fornecedor

Principais atributos para selecionar um fornecedor
Desempenho em qualidade, preço e serviço
Flexibilidade
Carteira de clientes
Proatividade e cooperação
Investimentos
Capacidade instalada
Localização geográfica
Solidez financeira
Histórico

Fonte: elaborado pelo autor.

4.8.1.3 Solicitação ou programação de entrega

Essa atividade corresponde à programação e supervisão das entregas de materiais, baseadas em contratos previamente estabelecidos ou em requisições de compra.

4.8.1.4 Monitoramento

Os passos seguintes à compra são fundamentais no processo. O acompanhamento do pedido pode ser realizado de muitas maneiras: por meio de chamadas telefônicas, visitas *in loco,* correio eletrônico ou qualquer outro tipo de comunicação. Monitorar os pedidos é uma forma de antecipar possíveis atrasos na entrega. Com essa informação, a unidade interna da organização pode precaver-se contra problemas de última hora. Da mesma forma, alterações internas procedentes de planejamento, como quantidades ou, eventualmente, especificações, devem ser comunicadas.

Práticas de negócio no monitoramento

Atualmente, áreas como planejamento de materiais têm contato direto com fornecedores para passar e receber informações relativas aos planos. Em muitas organizações, a função de compras, no que concerne aos materiais produtivos, comporta-se como uma extensão da área de planejamento de materiais. As vantagens da aplicação desse modelo estão vinculadas ao aumento do poder de decisão do planejador e à redução das interfaces, permitindo maior agilidade e acurácia no fluxo das informações.

FIGURA 4.10 As funções de compras e planejamento fundem-se

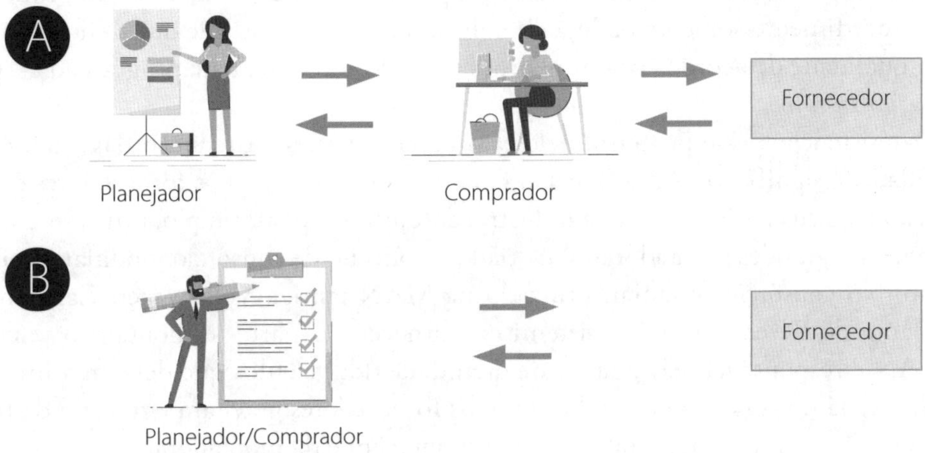

Fonte: elaborada pelo autor.

A alternativa B da Figura 4.10 apresenta um exemplo em que as funções de planejamento e compras são agrupadas, facilitando a interface com o fornecedor.

4.8.1.5 Recebimento e análise de materiais

Consiste no recebimento, na verificação de quantidade e qualidade para, posteriormente, proceder ao recebimento do material ou do componente. Caso as condições da entrega não estejam de acordo com as especificações definidas, o cliente deverá ser informado da substituição ou do crédito.

Uma vez detectadas variações de qualidade ou quantidade no recebimento, a área de compras deve ser imediatamente avisada. Devem existir procedimentos para que o requisitante e a área de contas a pagar sejam notificados.

A função de recepção de materiais pode estar vinculada à equipe de compras ou à da área de armazenagem, o que é mais comum. Essa função caracteriza-se principalmente por receber os insumos, efetuar as contagens físicas e comparar os documentos de entrega com a solicitação emitida pela organização receptora.

Itens que requeiram controle de qualidade sofrerão inspeções visuais ou amostras serão enviadas para o laboratório para análise mais detalhada. O controle de qualidade pode ser efetuado por amostragem ou em sua totalidade, dependendo do caso.

Práticas de negócio no recebimento e análise de materiais

A utilização de fornecedores selecionados e certificados tem levado as empresas a reduzir as análises de qualidade no recebimento. As inspeções têm se limitado a amostragens para garantir o desempenho do fornecedor. Com essa prática, é possível efetuar a entrega dos materiais diretamente no ponto de consumo, na linha de produção. Esse procedimento somente poderá ser aplicado com a garantia de que a entrega apresente qualidade de acordo com os padrões estabelecidos e na data programada – processo *just in time.*

A resistência a esse processo, pelo fato da eliminação ou redução das análises de qualidade, é significativa. No Brasil, a falta de confiabilidade nos fornecedores é uma barreira para sua aceitação, mas a indústria automotiva, por exemplo, utiliza-o eficientemente. As grandes montadoras têm criado o conceito de consórcio modular e condomínio. No consórcio modular, utilizado na MAN (antiga Volkswagen Caminhões) na planta de Resende (RJ), os sistemistas fornecem as partes e montam o veículo.[5] A MAN é responsável pela análise de qualidade dos veículos que deixam a linha de produção. Já no conceito de condomínio, os fornecedores gravitam em torno da linha de produção, mas a responsabilidade pela montagem é da montadora.

4.8.1.6 Transferência de material

Consiste na atividade de transferência física do material do local de recebimento para o lugar de armazenagem. Essa ação incorpora outras atividades, como embalar o material em unidades diferentes e aplicar selos de códigos de barras, objetivando sua identificação interna, entre outras.

Práticas de negócio na transferência de material

Com o intuito de reduzir a movimentação, as organizações têm aplicado conceitos logísticos importantes, como *just in time* e *kanban*, nos quais as entregas são efetuadas diretamente no ponto de uso. Outra prática muito utilizada é o aviso de entrega, em que o fornecedor envia uma notificação de envio do material[6] com certa antecedência. Essa prática permite a programação do recebimento, liberando espaço no armazém e

[5] Veja o caso consórcio modular Volkswagen no Capítulo 1.

[6] Do inglês *Advanced Shipping Notice* (ASN).

planejando a descarga do caminhão ou do meio de transporte escolhido, evitando filas e esperas desnecessárias e improdutivas.

A utilização de sistema integrado permite registrar o recebimento, consultando a existência do pedido, baixando dele a quantidade recebida, aumentando a disponibilidade do estoque e, automaticamente, alimentando a rotina de contas a pagar.

4.8.1.7 Efetuar o pagamento

O ciclo de compra encerra-se quando o pagamento do item comprado é efetuado. Ainda que muitas empresas não considerem essa rotina no ciclo logístico, mas, sim, no financeiro, é de fundamental importância que esse passo do processo seja contemplado. O departamento de contas a pagar, responsável pelos pagamentos dos fornecedores, deve ser notificado quando os materiais são recebidos. A utilização de sistemas integrados permite que o manuseio das faturas seja efetuado de forma organizada.

FIGURA 4.11 Efetuando pagamentos

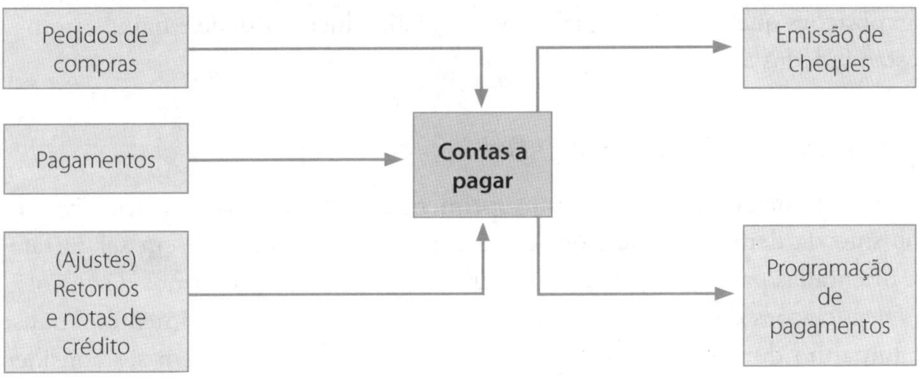

Fonte: elaborada pelo autor.

4.8.2 Práticas de negócio no processo de suprimentos

A área de suprimentos tem sofrido mudanças significativas em razão da crescente necessidade de redução de custos e agilidade na cadeia de abastecimento. As ferramentas tecnológicas são utilizadas com êxito no relacionamento entre as organizações. A troca eletrônica de informações em substituição ao telefone é uma prática importante. Conceitos, como o *supplier managed inventory,* com o qual o fornecedor abastece automaticamente a **organização** cliente, têm sido uma resposta eficiente às necessidades de maior velocidade na cadeia de valor. Contudo, essa prática não é largamente utilizada. Alguns fornecedores escolhem clientes-chave para aplicar o conceito. É um processo no qual as características comerciais são fundamentais, por exemplo, volume de compra, nível estratégico e de importância do componente para as duas empresas e margem de lucro.

O *just in time* provocou uma revolução no meio industrial. Empresas automobilísticas fizeram investimentos significativos na implantação do conceito, que, aliado ao processo de terceirização, oferece extrema vantagem competitiva na cadeia de valor. A partir de então, muitas empresas, de vários segmentos, passaram a investir nele.

O uso de produtos ou materiais em consignação corresponde a outra prática de negócio em que o estoque é mantido nas dependências do cliente, que apenas desembolsa o valor a pagar a partir do momento que ocorre o consumo ou a utilização do item. No Brasil, situações legais interferem na aplicação do conceito de consignação.

Contratos de longo prazo, intensificação de relacionamento com o fornecedor e redução na quantidade de fornecedores têm sido práticas importantes no processo de compras. A redução na quantidade de fornecedores tem provocado reações importantes no mercado. Aqueles que estiverem mais bem preparados sobreviverão. Os melhores serão escolhidos; portanto, ser competitivo com produtos de qualidade, tempos de entrega e preços é fundamental nos dias atuais. Isso é válido também para a relação manufatura e varejo. O varejo está reduzindo o número de fornecedores de produtos. As organizações que possuírem produtos com baixa lucratividade e baixo giro na gôndola estão fadadas ao insucesso.

4.9 REFLEXÕES ESTRATÉGICAS

As decisões efetuadas em compras ou suprimentos podem alterar significativamente o sincronismo da demanda. Decisões entre comprar e produzir devem ser estrategicamente orientadas para o negócio, e não somente analisadas em termos de custos.

As negociações de preço devem priorizar as restrições de suprimento. Análises de lote e tamanho de pedido, tempo de entrega e flexibilidade devem ser consideradas juntamente com a análise de preço.

4.10 PROCESSO DE PRODUÇÃO

As organizações estão investindo muito em funções e habilidades para produzir e vender produtos com lucratividade. Algumas priorizam sua competência em áreas diferentes da manufatura. Existem empresas cujos produtos são extremamente admirados, mas seu foco operacional não é a produção, e sim a marca, como é o caso da Nike. Seus produtos são, em grande parte, produzidos por terceiros, nos mais diferentes pontos do planeta. Apple e HP são outros exemplos que adotam modelos similares.

A função da produção corresponde à transformação de insumos ou componentes em produtos finais. Os produtos são os bens físicos e/ou os serviços gerados por uma empresa com a finalidade de obter receita e atingir as expectativas de proprietários e investidores.

FIGURA 4.12 O processo de produção

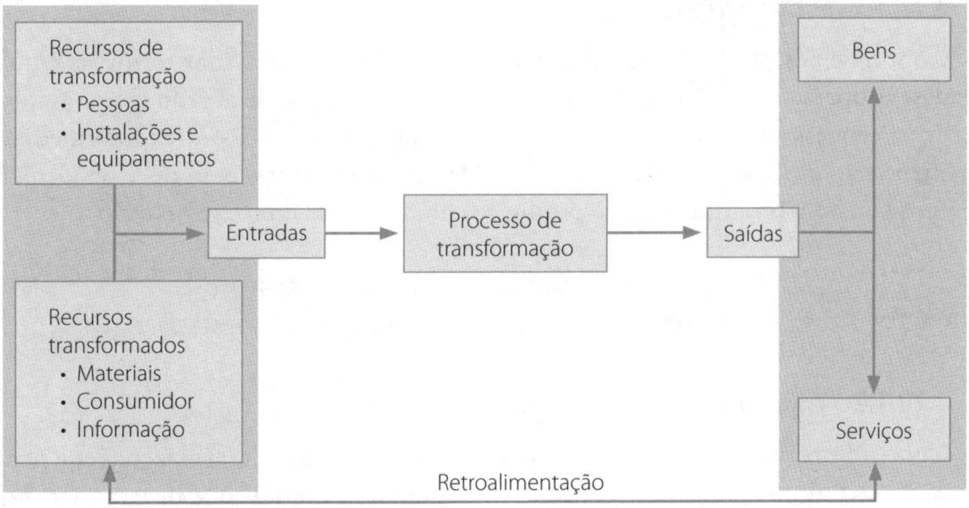

Fonte: elaborada pelo autor.

Até pouco tempo, o conceito de produção restringia-se à produção de bens físicos. Hoje, no entanto, esse conceito também se refere a serviços.

O processo de fabricação pode apresentar muitas variações, dependendo das características do bem final. Produzir um "salgadinho" ou um creme dental é bastante diferente de produzir um navio, um caminhão ou um refrigerador. A sequência apresentada a seguir mostra um modelo genérico de processo produtivo.

FIGURA 4.13 Modelo genérico de processo produtivo

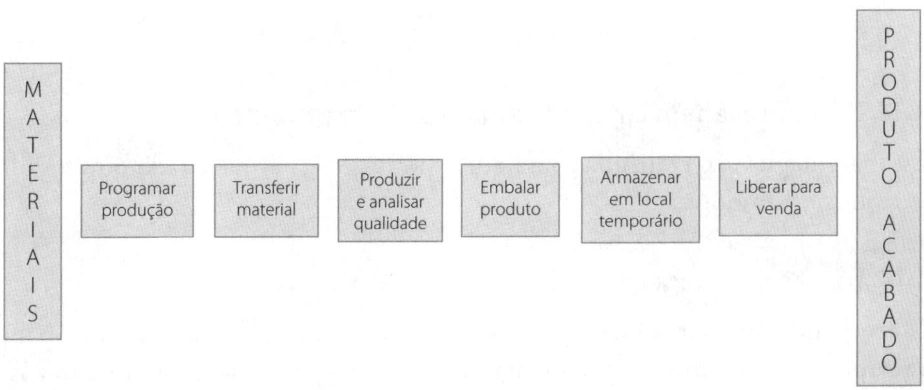

Fonte: elaborada pelo autor.

4.10.1 Subprocessos

4.10.1.1 Programação da produção

Com base nos planos elaborados para produtos específicos, suas fórmulas e quantidades, as operações de produção precisam ser programadas de acordo com esse plano de forma sequencial, incluindo atividades de início e término e outras intermediárias pertinentes ao processo produtivo. O plano de manutenção também deve ser elemento de entrada para a programação de produção, uma vez que interfere no ciclo.

A programação de produção é orientada pela demanda, considerando-se os aspectos operacionais nos seus mínimos detalhes.

4.10.1.2 Transferência de material

Consiste no transporte físico de materiais de seu local de armazenagem para o ponto de uso. A estrutura de produto determinará os materiais que deverão ser movimentados para a área de produção. Entre eles, estão: componentes, ingredientes, matérias-primas e materiais de embalagem, que podem ser transferidos de vários locais, como armazém, tanques, centros de trabalho e até do próprio fornecedor.

Várias técnicas são usadas para alimentar as linhas de produção ou os centros de trabalho, entre elas kanban *e* just in time.

4.10.1.3 Produção e análise de qualidade

Consiste na atividade de transformar um material ou grupo de materiais em um estado de acabamento tal que algum valor agregado se veja representado. A conformidade com especificações e requerimentos definirá o desempenho do produto.

O produto deve estar de acordo com os padrões de especificação.

4.10.1.4 Embalagem e acondicionamento do produto

Essas atividades são realizadas para que o produto seja armazenado ou vendido aos clientes ou consumidores.

4.10.1.5 Armazenagem em local temporário

Corresponde à transferência de produtos já embalados/acondicionados para um local temporário enquanto a movimentação definitiva para o local destinado aos produtos acabados ainda não acontece. Produtos fabricados sob encomenda podem permanecer em um local temporário e, então, ser despachados ao cliente.

4.10.1.6 Liberação de produto para venda

Antes que o produto seja liberado para venda ou para entrega ao cliente, a documentação ou certificação de análise deve ser elaborada e assinada pelo Departamento de Qualidade. Lotes de produtos analisados e não conformes devem ser bloqueados e colocados em posições predefinidas com avisos referentes à sua indisponibilidade para evitar confusões no processo.

Produtos não conformes não podem ser liberados e devem ser sinalizados para que não venham a ser considerados disponíveis.

4.10.2 Práticas de negócio do processo de produção

- Programas de treinamento dos funcionários de chão de fábrica.
- Integridade de dados para obter o máximo de exatidão nas fórmulas e nos níveis de estoque.
- Otimização de recursos.
- Redução de tempo de trocas e início/término no que se refere a produtos que competem em uma mesma linha de produção ou célula de trabalho.
- Programas de manutenção preventiva incluídos no programa de produção.
- Controle de lote para posterior rastreamento de material.
- Utilização do código de barras para registrar os movimentos entre locais.
- Emprego de código de barras ou outro meio tecnológico para registrar as transações de movimentação.
- Consumo de material quando o programa de produção ou ordem de produção já estiver encerrado.
- Estoque de segurança para materiais estratégicos.
- Controle de lote para posterior seguimento e localização do produto no mercado.
- Utilização de técnicas de controle estatístico de processo.
- Projeção de equipamentos a fim de obter flexibilidade, minimizar paradas e evitar erros de operação.
- Monitoramento da produtividade por controles individuais.
- Utilização de conceitos de *Total Productive Maintenance* (TPM), investindo em treinamento de operadores e possibilitando que algumas correções e mesmo reparos venham a ser efetuados por pessoas que operam determinados equipamentos e/ou linhas produtivas.
- Eliminação de atividades que não agregam valor.
- Manutenção de interface automática com sistemas de inspeção para que os problemas possam ser notificados o mais rapidamente possível.
- Entrega direta do produto da fábrica ao cliente.

- Notificação automática do laboratório sobre a disponibilidade de amostra por meio da integração entre o sistema de produção e o aplicativo usados no laboratório.

4.11 PROCESSO DE DISTRIBUIÇÃO

O processo de distribuição está associado à movimentação física de materiais, normalmente de um fornecedor para um cliente. Esse processo envolve atividades internas e externas, acompanhadas de documentos legais. Podem ser divididas em funções mais nucleares, como recebimento e armazenagem, controle de estoques, administração de frotas e fretes, separação de produtos, carga de veículos, transportes, devoluções de materiais e produtos, entre outras.

A distribuição varia de produto para produto.

Pela imensidão territorial do Brasil estão dispersos numerosos polos de produção e de consumo, o que gera uma gigantesca movimentação de mercadorias. O transporte rodoviário é o principal deles e corresponde a mais de 60% do total das cargas do país.

A distribuição tem recebido especial atenção nos últimos anos e é reconhecida como um processo de suprema importância por parte das empresas privadas e públicas em virtude dos altos custos nela envolvidos e às oportunidades existentes para a redução deles.

Distribuir é uma função dinâmica e bastante diversa, variando de produto para produto, de empresa para empresa. Dessa forma, a distribuição precisa ser extremamente flexível para enfrentar as diversas demandas e restrições que lhe são impostas, sejam elas físicas, sejam legais.

A vantagem competitiva de uma empresa pode estar na forma de distribuir, na maneira como faz o produto chegar rapidamente às gôndolas, na qualidade do seu transporte e na eficiência de entrega de um material a um fabricante.

O gerenciamento da distribuição vai além de meramente movimentar um produto de determinado ponto a outro: é uma atividade fundamental no serviço, no custo e na qualidade desejados por consumidores e clientes.

4.11.1 Subprocessos

4.11.1.1 Distribuição física

A distribuição física consiste, basicamente, em três elementos globais: recebimento, armazenagem e expedição.

Elementos globais da distribuição: recebimento, armazenagem e expedição.

FIGURA 4.14 Distribuição física

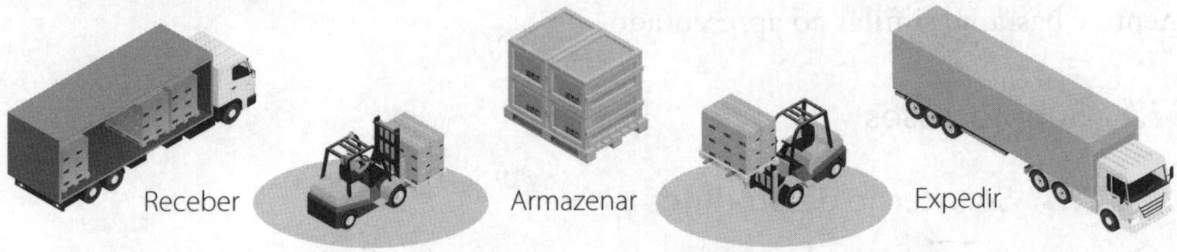

Fonte: elaborada pelo autor.

Recebimento

A função recebimento inicia-se quando o veículo é liberado para descarregar um produto ou material que está destinado ao armazém ou centro de distribuição. O produto é contado ou pesado, e o resultado é comparado com o documento de transporte. Dependendo da origem e do tipo de produto, são necessárias análises de qualidade, por meio de amostragens, que eventualmente podem ser feitas antes que o produto seja descarregado. Os recebimentos, quanto à sua origem, podem ser classificados em importação, transferências entre fábricas e armazéns ou centros de distribuição, transferências provenientes de terceiros e devolução de clientes.

Armazenagem

Após o recebimento, os itens são armazenados em locais específicos no armazém ou no centro de distribuição, em prateleiras, estantes, tanques, estrados ou até acondicionados no solo, muitas vezes sobre protetores de umidade.

Expedição

A expedição ou o despacho corresponde ao processo de separar os itens armazenados em determinado local, movimentando-os para outro lugar com o objetivo de atender a uma demanda específica, que pode ser o envio do produto a um cliente ou a um terceiro com objetivos de agregar valor ao item. Dentro dessa mesma operação, atividades detalhadas, como carregar e pesar veículo, emitir documentação e liberar veículo, são consideradas.

4.12 PROCESSO DISTRIBUIÇÃO-RECEBIMENTO

Esse processo consiste no recebimento físico do produto ou material, passando pela inspeção de qualidade para, finalmente, ser armazenado em local apropriado. A seguir, apresentamos um fluxo de processo que pode apresentar variações dependendo do produto tratado. No entanto, na grande maioria dos casos, o comportamento do recebimento é bastante similar ao apresentado.

4.12.1 Subprocessos

4.12.1.1 Solicitação de produtos

O recebimento de produtos em um centro de distribuição pressupõe procedimentos de alimentação de estoque fundamentados, em geral, em ponto de pedido ou demanda firme, dependendo dos tipos de produção e distribuição adotados. Dois modelos existentes na manufatura influenciam diretamente a alimentação do estoque: empurrar ou puxar o produto.

FIGURA 4.15 Exemplo característico de fluxo de recebimento

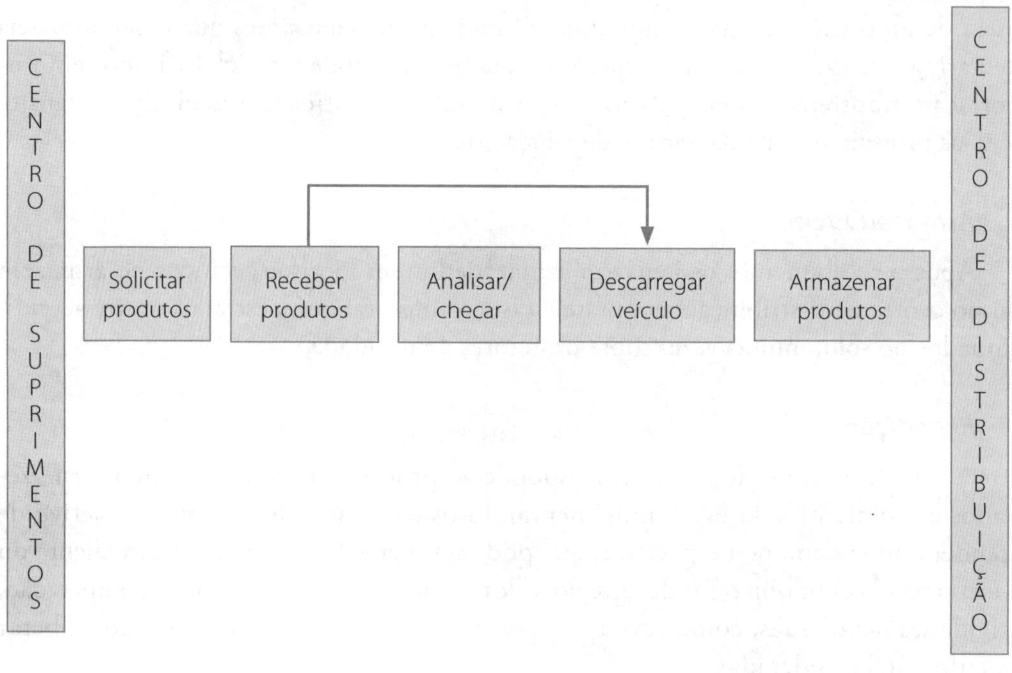

Fonte: elaborada pelo autor.

- Empurrar: o conceito de empurrar um produto está quase sempre associado a um ponto de pedido. Em função da demanda, o estoque vai sofrendo um decréscimo e, quando atinge uma quantidade predefinida, efetua-se o reabastecimento.

O cálculo do ponto de pedido considera variáveis importantes, como tempo de transporte, tempo de produção e estoque de segurança. Um conceito muito aplicado nas últimas décadas é o *Distribution Resources Planning* (DRP), que, com o auxílio de computadores, consegue rapidamente identificar as necessidades de abastecimento de um centro de distribuição.

- Puxar: o conceito de puxar está associado à demanda real. O estoque será abastecido e os produtos serão produzidos com base na necessidade ditada pelo consumo. Técnicas como *just in time* e *kanban* são aplicadas com o objetivo de abastecer o estoque no momento que realmente é necessário. Embora essas técnicas ainda se baseiem em ponto de pedido, elas apresentam formas diferentes de demonstrar que determinado produto deve ser produzido ou abastecido.

4.12.1.2 Recebimento de produtos

Essa atividade corresponde ao recebimento de um produto proveniente da transferência de um centro produtivo, de um centro de retrabalho de produto de terceiros, de importação ou de compra no mercado interno para um centro distributivo. A tarefa de receber o produto no armazém está relacionada à análise de qualidade, definição do local detalhado da armazenagem, conforme critérios e regras estabelecidas pela empresa, como Fifo e produtos em quarentena, e checagem de quantidade.

> *O recebimento de produtos exerce um papel fundamental na atualização dos estoques.*

O recebimento de produto é uma atividade importante no processo, uma vez que é diretamente responsável pelo abastecimento do estoque físico.

4.12.1.3 Análise de qualidade e checagem de quantidades

Dependendo do local de origem, os produtos, quando recebidos, podem passar por uma análise de qualidade. Naturalmente, se proveniente de uma planta própria, essa análise não se faz necessária, embora isso ocorra em alguns casos, dependendo das características do produto que podem ser afetadas pelo transporte. Quando proveniente de terceiros, o produto é analisado considerando-se especificações estabelecidas conjuntamente entre fornecedor e recebedor.

A checagem das quantidades ocorre em todas as circunstâncias, comparando-se números existentes no documento de transferência com a quantidade física. Limites de tolerância podem ser fixados.

4.12.1.4 Descarregamento do veículo

A descarga do veículo normalmente ocorre depois de aprovados os procedimentos rotineiros, como:

- solicitação ou necessidade de abastecimento;
- qualidade de acordo com os parâmetros permitidos;
- quantidade dentro do limite de tolerância aceitável.

4.12.1.5 Armazenagem dos produtos

Concluídas as etapas anteriores, o produto é então preparado para a armazenagem, processo no qual várias técnicas são aplicadas. Os produtos podem ser recebidos e diretamente disponibilizados para transporte sem necessidade de armazenagem; esse processo é conhecido como *cross-docking*. Outra técnica, conhecida como *flow through,* é a armazenagem em local temporário, na qual os produtos são utilizados para atender às demandas de vários pedidos.

4.12.2 Práticas de negócio

- Utilização de código de barras para identificação automática do produto e local de armazenagem.
- Utilização de conceitos de localização dinâmica baseados em controle de lote, rotatividade e qualidade.
- Integração entre planejamento, manufatura e distribuição para identificar situações de recebimento quando da transferência de fábrica ou terceiros.
- Troca eletrônica de informações com fornecedores de produtos.
- Abastecimento do estoque em tempo real utilizando tecnologia da informação.

4.13 PROCESSO DISTRIBUIÇÃO-ARMAZENAGEM

O processo de armazenagem ocorre quando algo é guardado para uso ou transporte futuro. Corresponde a retirar o produto das zonas de recebimento, que podem ser, por exemplo, docas ou plataformas, e transferi-lo para local apropriado, mantendo-o ali até que seja demandado. A seguir, apresentamos algumas funções que estão relacionadas ao processo de armazenagem. Dependendo das características do produto, nem todas são sutilizadas.

FIGURA 4.16 Exemplo simplificado de um fluxo de armazenagem

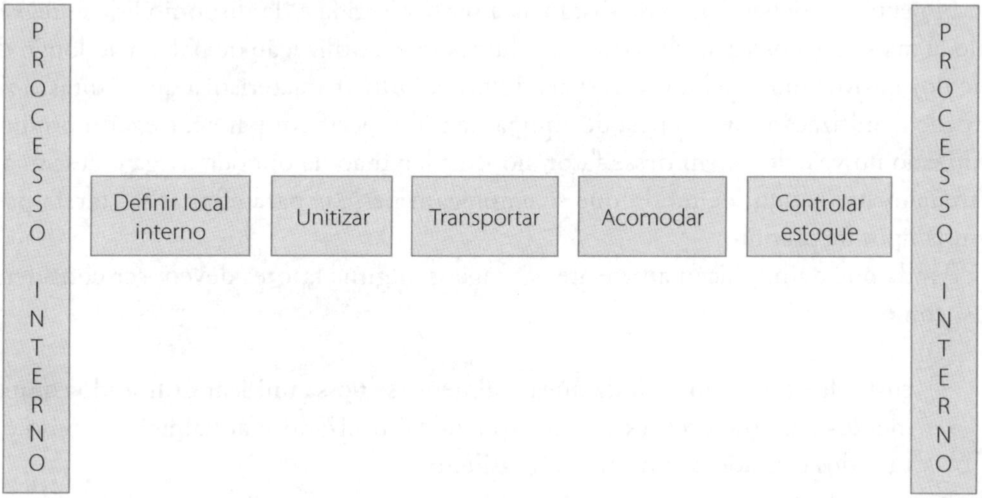

Fonte: elaborada pelo autor.

4.13.1 Subprocessos

4.13.1.1 Definição do local interno

Ao receber o produto, deve-se especificar em que lugar físico ele deverá ser armazenado. Com o avanço da tecnologia da informação, algumas ferramentas permitem direcionar os locais específicos nos quais os produtos deverão ser alocados ou guardados. Esse tipo de ferramenta é extremamente importante para os centros de distribuição que trabalham com muitos itens, têm movimentação alta e possuem dimensões gigantescas.

Esses sistemas controlam os espaços livres do centro de distribuição e o fluxo dos produtos, orientando inclusive aqueles que devem ser retirados antes de outros, cumprindo com o requisito básico dos períodos de validade. Aquele que entra primeiro deve ser o primeiro a sair. Essa prática é válida sobretudo para os bens de consumo e obrigatoriamente deve ser aplicada aos produtos que possuem prazos de validade, como alimentos, itens farmacêuticos, cosméticos, higiene, bebidas, entre outros. Hoje, as organizações já estão bastante avançadas nesse quesito e, em geral, a maioria delas aplica esse conceito.

4.13.1.2 Unitização

O conceito de carga "unitizada" está vinculado à consolidação de vários volumes pequenos em outros maiores, de tipos e formatos padronizados, possibilitando que sejam movimentados mecanicamente ao longo da cadeia de abastecimento, evitando-se manuseios desnecessários de carga fracionada. O exemplo mais característico de "unitização" é o palete.

No entanto, dependendo da distância a ser percorrida e da disponibilidade de veículo, é mais vantajoso acondicionar os volumes sem a utilização de paletes ao longo do veículo, aproveitando melhor seu espaço interno. Outra característica que muitas vezes impede a unitização é a ausência de equipamentos específicos para carregar o produto unitizado no veículo. Além desse fator, no Brasil, a mão de obra de carga e descarga é extremamente barata, de modo que se empregam pessoas para efetuar tal tarefa para alguns tipos de produto.

Ainda que a unitização apresente vantagens, alguns fatores devem ser considerados, como:

- custo de unitização – ainda que atualmente se possa unitizar utilizando equipamentos paletizadores, esse processo ainda é realizado manualmente, como é o caso dos estivadores nos portos brasileiros;
- custo de desunitização;
- investimentos necessários em equipamentos, espaço e o próprio elemento unitizador;
- tara do elemento unitizador;
- não uniformidade do elemento unitizador relacionado ao veículo que o transporta.

4.13.1.3 Movimentação

Corresponde à movimentação do produto recebido até o local final de armazenagem, onde será posicionado ou acomodado. Essa movimentação pode estar relacionada a itens que estejam no estado líquido, sólido ou gasoso. O deslocamento de um material para o seu destino pode ser feito por meio de equipamentos, como empilhadeiras, guindastes, tubulações, pontes rolantes e carrinhos hidráulicos.

4.13.1.4 Acomodação

Após a movimentação do produto, ele é acomodado em local específico. As partes de movimentação e acomodação podem eventualmente estar fundidas em uma só. O movimento de cargas líquidas, por exemplo, pode ser efetuado por bombeamento, saindo do recebimento até o destino, que pode ser um tanque.

4.13.1.5 Controle de estoque

Essa não é uma função sequencial nesse processo, visto que toda movimentação de entrada e saída, externa ou interna, deve ser registrada. As características relacionadas aos produtos devem ser diferenciadas, como produtos em quarentena, disponíveis para uso ou produtos obsoletos. Atividades que controlam o fluxo do produto e que permitam realizar Fifo são importantes, principalmente para produtos com prazo de validade.

4.14 PROCESSO DISTRIBUIÇÃO-EXPEDIÇÃO

Os elementos que compõem o macroprocesso de distribuição podem ser divididos conforme o seguinte fluxo, embora essa não seja uma estrutura extremamente rígida.

FIGURA 4.17 Exemplo característico do fluxo de expedição ou despacho

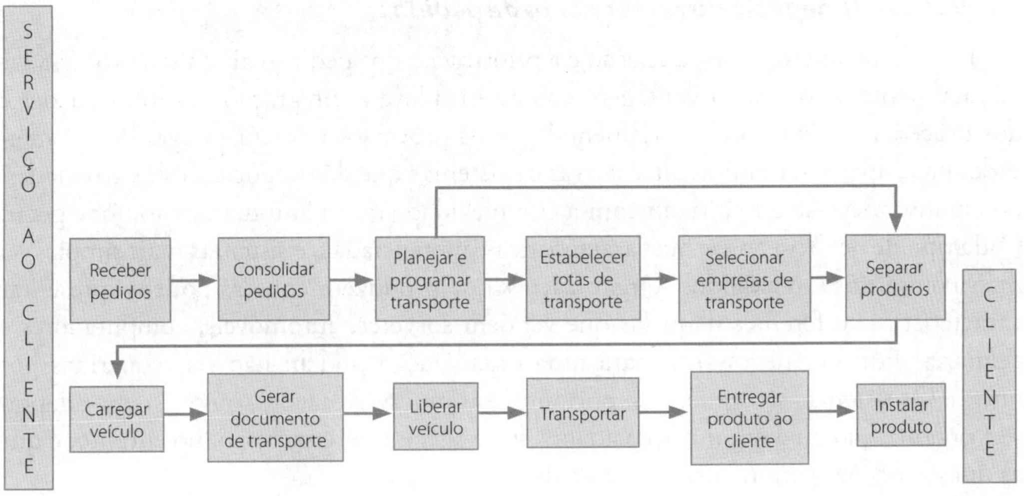

Fonte: elaborada pelo autor.

Obviamente, o fluxo mostrado pode apresentar variações dependendo do tipo de indústria, modo de distribuição, tamanho da empresa e grau de tecnologia envolvido no processo.

4.14.1 Subprocessos

4.14.1.1 Recebimento de pedidos

A função "receber pedidos" consiste na passagem dos pedidos provenientes da administração de vendas para a distribuição, o que não significa que essa passagem ocorra fisicamente. Supondo que o processo seja suportado por um sistema computadorizado totalmente integrado, o acesso aos pedidos ocorre a partir de sua liberação. A atividade da área de distribuição é identificar os pedidos liberados para atendimento, uma vez que validações de créditos e priorizações de clientes já foram efetuadas pelos departamentos de finanças e vendas, respectivamente.

A velocidade com que um pedido é processado pela administração de vendas e recebido pela distribuição é fundamental para a redução do ciclo dele.

Em muitas organizações, a função de reserva de produto ou alocação de estoques é de responsabilidade do departamento de distribuição, que segue ou deveria seguir prioridades estabelecidas pelo departamento de vendas. Isso se deve à dificuldade em se obter informações de estoque em tempo real e a custos logísticos.

Práticas de negócio no recebimento de pedidos

Em inúmeras empresas, a seleção e a priorização dos pedidos ainda são processadas manualmente. A busca da vantagem competitiva leva à integração das informações e dos processos; portanto, é fundamental que os processos estejam integrados. O mercado, hoje, apresenta muitas alternativas de sistemas que dão suporte a essas atividades; no entanto, deve-se ter cuidado com a complexidade que a automatização pode gerar. Cada tipo de negócio apresenta características diferenciadas, e sistemas mais simples ou mais complexos são exigidos. Organizações que produzem canetas podem apresentar características diferentes daquelas que vendem sorvetes, automóveis, computadores e celulares. Funções necessárias para uma organização podem não ser requeridas por outras. Os sistemas são genéricos; portanto, em muitas situações, ou o sistema adapta-se à organização ou a organização adapta-se ao sistema. A conclusão, no entanto, é que as duas situações geram custos adicionais.

4.14.1.2 Consolidação de pedidos

A consolidação de pedidos é uma prática importante para reduzir os custos logísticos.

Consiste no processo de análise e agrupamento de pedidos com base nas características do produto, rotas de entrega, datas requeridas e localização dos clientes, visando obter o menor custo e o melhor serviço pelo melhor aproveitamento do transporte e pela melhoria das atividades operacionais do centro de distribuição. O conceito de consolidação de pedidos é bastante abrangente, não se restringe apenas ao pedido. Um exemplo característico aplica-se às indústrias de bens de consumo, nas quais o pedido do cliente é composto de produtos diferentes. A consolidação pode ser efetuada de várias formas, como segue.

- Por cliente: permite que a separação dos produtos seja efetuada de forma específica, ou seja, atendendo às necessidades de um cliente, independentemente da quantidade de linhas e de produto solicitada.
- Por produto: permite somar os itens comuns existentes nos diferentes pedidos, dando flexibilidade à tarefa de separação, uma vez que ocorre a otimização da movimentação no centro de distribuição.
- Por rota: considera as movimentações e os roteiros mais próximos.

Práticas de negócio na consolidação de pedidos

A consolidação pode ser baseada em pedidos por cliente, tipo de produto, origem, destino, região, tipos de carga e empresa de transportes. Essa prática é muito comum para as empresas que mantêm diferentes produtos em um único centro de distribuição, que, embora separados fisicamente, são despachados de um ponto comum.

O processo de consolidação influencia diretamente o atendimento ao cliente e a velocidade com que o armazém ou centro de distribuição pode atender a um pedido. As características de distribuição e dos produtos a serem distribuídos vão influenciar a forma de consolidação.

4.14.1.3 Planejamento e programação do transporte

Esse processo visa selecionar o melhor e mais eficaz modo de efetuar o transporte – se em caminhão, navio, trem ou avião – e definir a capacidade e o tipo de veículo que se deve utilizar.

Na maioria das vezes, a decisão de se utilizar este ou aquele modo de transporte é tomada no âmbito estratégico da empresa.

Uma vez definido, na elaboração de estratégias, o modo de transporte, seleciona-se a organização que vai efetuá-lo, podendo ser mais de uma. Normalmente, o modo de transporte já é conhecido, visto que essa definição, vinculada ao aspecto operacional, está relacionada a tipo de produto, distância, custos e é parte integrante da estratégia logística. Caberá ao planejador contratar a organização que cumprirá a tarefa para lhe passar informações sobre a carga a ser movimentada e a documentação necessária.

A formação da carga é atividade essencial na programação de transporte e se complementa com a escolha dos roteiros de transporte. Sua composição deve considerar variáveis importantes que, se bem utilizadas, poderão trazer vantagens competitivas para a empresa. Variáveis como distância a ser percorrida, roteiros, capacidades e características do produto são fundamentais na programação de transporte.

Práticas de negócio no planejamento e programação do transporte

Uma prática muito comum no mercado é o aproveitamento do veículo que, em geral, trafega vazio em sua viagem de ida ou de retorno. Dessa forma, planejamento e programação eficazes, usando adequadamente os ativos, reduzem os custos de transporte.

4.14.1.4 Estabelecimento de rotas de transporte

A definição das rotas ou roteiros de transporte consiste em formar as cargas com base na localização física do cliente, no modo de transporte a ser usado e na capacidade do veículo. Nessa etapa do processo, um pedido do cliente pode se transformar em múltiplas ordens de carga, que, por sua vez, gerarão múltiplos documentos de transporte.

Práticas de negócio no estabelecimento de rotas de transporte

Muitas empresas usam a tecnologia da informação como ferramenta para auxiliar o processo de otimização de transporte e suas rotas, objetivando maximizar as entregas e minimizar os custos com base em restrições de tipo de transporte, capacidades dos veículos, rotas e restrições de entrega ao cliente, causadas por fatores logísticos e legais, como horário de circulação restrita nas áreas urbanas, recebimento físico precário, com ausência de plataformas ou equipamentos de descarga.

O aproveitamento da capacidade ociosa do meio de transporte leva à redução de custos e a uma maior eficiência no atendimento ao cliente. Outra prática importante é a consolidação e a simulação de transporte com base nos custos de fretes praticados pelas empresas prestadoras de serviço.

A garantia dos serviços prestados e do valor da carga pode levar à necessidade de rastrear o veículo para evitar roubo de cargas. A priorização das ordens de carregamento permite um fluxo mais ordenado no armazém e, ao mesmo tempo, pode significar um melhor nível de serviço para os clientes-chave. Outras características podem ainda ser consideradas para estabelecer prioridades na sequência do carregamento, como tamanho do veículo, destino, rota, tipo da carga, peso etc.

4.14.1.5 Seleção da empresa de transportes

Esse processo refere-se à seleção da empresa de transportes com base na qualidade dos serviços prestados, na negociação de fretes e na disponibilidade de veículos. Muitas organizações possuem contratos exclusivos com transportadoras. Dessa forma, esse passo é muitas vezes desnecessário, uma vez que os serviços estão definidos em acordos contratuais.

Práticas de negócio na seleção da empresa de transportes

Considerando que o custo do frete é bastante representativo na formação de preço do produto final, seja o destinatário consumidor, seja industrial, a escolha da empresa de transportes passa a ser um processo extremamente importante. Além disso, deve-se ainda levar em conta os fatores qualidade de serviço de entrega e manuseio do produto na carga e descarga. Muitas vezes, são exigidas habilidades do condutor de veículo, sobretudo nas operações em que ele mesmo precisa se relacionar com o cliente, como no caso do processo *just in time* ou nas situações em que o condutor abastece diretamente as gôndolas ou prateleiras dos supermercados. O sorvete é um caso específico, visto que em muitos locais o condutor do veículo abastece a conservadora do cliente. Para realizar tal atividade, ele necessita ter qualificações de bom relacionamento, e não apenas conhecimento e habilidade para descarregar o veículo e organizar o produto na conservadora. Para completar, existem situações nas quais o condutor efetua também cobranças, como é o caso dos entregadores de algumas empresas de bebidas e cigarros.

Portanto, as características do produto e as atividades a serem realizadas influenciam diretamente a seleção da empresa de transportes.

4.14.1.6 Separação de produtos

A separação de produtos consiste em uma série de atividades que vai desde a retirada do estoque dos produtos a serem enviados aos clientes até sua colocação em determinado local para que seja efetuado o carregamento do veículo. Essas atividades são sustentadas por pedidos preestabelecidos e consolidados, cuja disponibilidade em estoque já tenha sido determinada.

A acurácia do estoque é fundamental para que um bom nível de serviço possa ser apresentado ao cliente, já na separação dos produtos.

Práticas de negócio na separação de produtos

Existem aplicações de sistemas no mercado que beneficiam esse processo, principalmente quando a movimentação de produtos é grande, como:

- otimização de tempo, pessoas e custos no processo de separação por meio de simulação dinâmica, considerando distâncias, equipamentos e velocidades de movimentação dentro do armazém;
- atribuição dinâmica de local, considerando número de lote, qualidade do produto e data de fabricação;
- utilização de equipamentos que permitam movimentar mais rapidamente os produtos.

4.14.1.7 Carregamento do veículo

Como o próprio nome diz, trata-se de colocar o produto no veículo conforme ordens de carga previamente geradas com base nos pedidos dos clientes. O carregamento do veículo pode ser influenciado por uma série de fatores, descritos a seguir.

Tipo e características do material a carregar

A natureza do material a ser carregado influencia diretamente no tipo de transporte e na forma de carregamento. Materiais a granel, como óleos vegetais, leite, gordura animal líquida, gasolina e sucos, costumam ser armazenados em grandes tanques e bombeados para os veículos ou transportados por força de gravidade. Sementes e grãos são armazenados em grandes silos e transferidos para os veículos de transporte. Já os bens de consumo, como sabonetes, canetas, cremes dentais ou produtos eletrônicos, são carregados com auxílio de empilhadeiras, utilizando-se de plataformas de carga.

Infraestrutura para carregamento

A logística de movimentação e transporte sofreu evoluções importantes. Assim, a infraestrutura de transporte no aspecto do carregamento é um fator fundamental na redução dos custos. Empilhadeiras, plataformas, silos e outros equipamentos têm sido utilizados, ainda que muitas operações continuem sendo realizadas manualmente e necessitem ser aprimoradas visando à segurança dos envolvidos e à qualidade de manuseio dos materiais.

Características do veículo a ser carregado

O modo de transporte e as diferentes capacidades dos veículos utilizados são fatores que afetam a forma de carga. Carregar um navio ou avião exige infraestruturas diferentes das utilizadas para carregar um caminhão ou um trem. O próprio planejamento de carregamento é diferenciado, uma vez que o tamanho do navio exige uma distribuição rigorosa dos materiais internamente.

A eficiência no carregamento do veículo pode ser uma vantagem competitiva, principalmente em locais com restrições de capacidade.

As condições ambientais, como sol, frio ou chuva, também afetam a carga do veículo. Não se pode carregar um veículo com sorvetes ou qualquer outro produto resfriado em sol escaldante, uma vez que isso afetará a qualidade do produto; da mesma maneira, carregar areia molhada provocará um sobrepeso no veículo. Esses fatores devem ser rigorosamente considerados em função do tipo de produto a ser transportado.

Práticas de negócio no carregamento do veículo

- Utilização de equipamentos de movimentação que permitam maior agilidade no processo e evitem que ativos caros fiquem parados por muito tempo.
- Utilização de plataformas de carga e descarga, consideradas a interface entre o centro de distribuição e o mundo externo.

- Infraestrutura e distribuição física dos produtos no armazém. Itens com maior rotatividade deveriam estar mais próximos da plataforma de carga e descarga.
- Carregar veículo por ordem sequencial de parada em clientes, dependendo do tipo de produto que se está transportando e da quantidade, por cliente, existente no veículo. Naturalmente, entregas de muitos produtos para muitos clientes podem não aproveitar a capacidade do veículo caso este seja carregado sequencialmente.

4.14.1.8 Geração de documentação de transporte

Consiste na emissão de documento de transporte para atender às exigências governamentais, do cliente e da empresa responsável pelo transporte.

Práticas de negócio na geração de documentação de transporte

A geração da documentação é uma atividade necessária. No entanto, as empresas devem reduzir o nível de burocracia, revendo seus processos e enfatizando atividades de valor agregado.

- Liberação: emissão da documentação apenas quando o veículo já estiver carregado e pronto para ser liberado. Dessa forma, muitos erros de processamento e procedimentos podem ser evitados. A emissão de documentação prévia ao carregamento de alguns tipos de produto pode incorrer em diferenças de estoque.
- *Advanced Shipping Notice* (ASN): utiliza ferramentas tecnológicas para enviar uma informação ao destino, mencionando que a carga ou o produto solicitado já está a caminho. Esse aviso de transporte é particularmente importante nos casos em que outras empresas estejam aguardando os produtos para cumprir com seus objetivos ou para fazer programações de produção baseadas no material que deverá ser recebido.

4.14.1.9 Transporte

Corresponde à movimentação física de um produto, que pode se dar em várias circunstâncias considerando o destino do produto como movimentação direta ao cliente, movimentação ao centro de distribuição próprio, movimentação ao ponto de apoio e movimentação a terceiros para retrabalho.

O custo do transporte é um componente importante no processo logístico e deve ser avaliado criteriosamente.

Práticas de negócio no transporte

Rastreamento do veículo: por medida de segurança, as empresas têm investido no rastreamento, utilizando-se de tecnologias satelitais, com ampla disponibilidade nos dias de hoje.

4.14.1.10 Entrega do produto ao cliente

Corresponde ao processo de entrega do produto ao cliente e a seu recebimento, quando então se verifica se o pedido foi entregue conforme solicitado e se a qualidade está de acordo com os parâmetros aceitáveis. Considera parâmetros importantes, como restrições físicas do local de entrega em termos de capacidade e infraestrutura, dia e horário de recebimento e outros. Essas restrições podem influenciar o modo de transporte e o tamanho do veículo e não estão necessariamente ligadas às características do local em que o cliente está. Existem cidades, por exemplo, que não permitem a circulação de veículos de carga em determinados horários.

As negociações reduzem o tempo de descarga do veículo. Muitos clientes, com capacidade limitada de descarga, mantêm veículos esperando por longo tempo para serem descarregados.

Práticas de negócio na entrega do produto ao cliente

- Utilização do conceito ASN: sua prática é importante, uma vez que o cliente pode programar a descarga do veículo antecipadamente, evitando demoras em filas e possibilitando melhor uso do ativo.
- Utilização de equipamentos de descarga: o uso de equipamentos apropriados na descarga dá mais velocidade ao processo. Esse benefício não está ligado apenas ao proprietário do ativo que transporta mas também ao cliente que recebe o material, uma vez que pode incorrer em redução de custos de manuseio e melhor organização do almoxarifado.
- Infraestrutura do armazém: armazéns organizados, com arranjos bem definidos, significam vantagens importantes no processo de descarga e armazenagem. Essa prática vem ao encontro dos anseios das empresas que buscam a redução dos custos de toda a cadeia de abastecimento.

4.14.1.11 Instalação do produto

Alguns produtos, além de serem transportados e entregues, são também instalados no local em que está o cliente ou consumidor. São exemplos equipamentos mais complexos de informática e produtos orientados por projetos. Outros produtos característicos, como sorvetes, devem ser armazenados (instalados) diretamente nas conservadoras no momento da entrega, ficando disponíveis para o consumo. Computadores de médio e grande porte dependem de pessoal especializado para efetuar sua instalação, que nem sempre ocorre no momento de sua entrega, obrigando o agendamento posterior para fazê-los funcionar.

Alguns produtos requerem serviço adicional, que é a instalação no cliente.

4.14.1.12 Fatura e recebimento de pagamento

Uma vez que o produto seja entregue ao cliente, o departamento de contas a receber é acionado e, então, tem início o processo de cobrança com a emissão da fatura baseada nos termos e nas condições de pagamento previamente negociados. Embora faturamento e contas a receber sejam processos entendidos como comerciais ou financeiros, o ciclo de um pedido somente pode ser encerrado a partir do momento em que o pagamento for efetuado.

O recebimento do pagamento encerra o ciclo logístico de um serviço ou produto que se iniciou no momento do pedido.

No mercado, existem as mais variadas formas de recebimento por um serviço efetuado ou produto vendido. Certos processos logísticos utilizam motoristas ou vendedores para receber o pagamento dos clientes na data do vencimento. Boleto bancário é outra forma de cobrança. Os termos e as condições de pagamento são aspectos relevantes no processo de recebimento, assim como o conhecimento das características financeiras dos clientes.

Práticas de negócio na fatura e no recebimento de pagamento

- Pagamentos via banco, evitando que funcionários transitem com valores, oferecem mais segurança ao processo.
- O uso de tecnologia da informação acelera fechamentos de período e reduz custos de processamento. Para confirmar o recebimento em banco, são disponibilizadas ferramentas que permitem a troca de informações, possibilitando a checagem dos depósitos efetuados – os "avisos de recebimento".
- O sistema integrado entre distribuição e contas a receber, com a emissão automática das notas fiscais, alimenta uma base em que estão armazenados os títulos a receber, que podem ser monitorados.

4.15 PROCESSO DE ADMINISTRAÇÃO DE PEDIDOS

O processo de administração de pedidos e de clientes tem como objetivo o planejamento e o gerenciamento de vendas, bem como a administração do portfólio de clientes, adicionando-os, mantendo-os ou reduzindo-os em função de seu desempenho e buscando efetivas parcerias que possam gerar condições propícias para ambas as empresas. Conceitos mais avançados de relacionamento com clientes têm provocado mudanças significativas no fluxo e na administração de pedidos. Questões como "Estamos entregando o produto certo ao cliente certo no momento certo?" são fundamentais no relacionamento e na lucratividade da organização.

As características dos pedidos variam de acordo com o tipo de produto ou serviço. Os pedidos orientados para os bens de consumo apresentam variações em relação aos pedidos ou às ordens voltados para a indústria automotiva. Nível de especificações, tempos de negociação e entrega, valores envolvidos e contratos de implementação ou suporte são algumas das características presentes. Uma concessionária que emite ordens relacionadas à compra de caminhões apresenta diferenças dos pedidos emitidos pelos supermercados Carrefour ou Pão de Açúcar para comprar xampus da Unilever ou fraldas da Procter & Gamble. Enquanto, no primeiro caso, será preciso esperar semanas para o recebimento do veículo, na segunda situação, a medida será em dias ou até horas. A cadeia de abastecimento nas duas situações será afetada, mas a percepção de eficiência ou sua falta está muito mais relacionada à segunda situação. Xampus e fraldas são produtos geralmente produzidos para atender a uma cobertura de estoque preestabelecida.

O ciclo de um pedido apresenta muitas possibilidades, que podem culminar em erros e insatisfação dos clientes. Como ponto de partida, será estudado o ciclo a partir de problemas como oportunidades de melhoria. Na verdade, é exatamente esse procedimento que está sendo adotado pelas empresas que veem o relacionamento com o cliente como um diferencial para a vantagem competitiva.

A demanda por redução dos tempos no ciclo de pedido e reduções de custos tem levado a importantes mudanças no processo de gerenciamento de pedidos nos últimos anos. Outro fator que tem contribuído para o processo é a disponibilização de tecnologia adequada.

A maneira como o processo de gestão de pedidos é conduzido pode definir o valor da empresa para o cliente muitas vezes mais que o próprio produto vendido, pois o pedido, em muitos segmentos de mercado, é o mecanismo físico pelo qual se retrata o resultado de uma negociação. Os pedidos são produtos intermediários das interações entre clientes e fornecedores.

Os clientes têm levantado a bandeira para exigir cada vez mais um nível de serviço elevado visando a garantias com relação à entrega dos produtos solicitados, na data e na quantidade requeridas, de acordo com os padrões e as especificações exigidas, isentos de problemas e com um nível de serviço adequado.

4.15.1 O gerenciamento de pedidos como vantagem competitiva

Com base nas considerações já feitas, a administração de pedidos está rapidamente se tornando um processo crítico dentro das empresas. Muitas delas estão procurando melhorar esse processo para competir com mais força no mercado.

Conceitos de medidas de desempenho surgiram com o intuito de medir o desempenho em relação aos desejos dos clientes. O conceito de pedido perfeito, por exemplo, embora varie de denominação, é uma preocupação constante, uma vez que corresponde ao pedido entregue conforme o requerido pelo cliente, considerando prazos, quantidades, produtos corretos e especificações.

Uma pesquisa realizada pela organização norte-americana *American Productivity and Quality Center* (APQC) identificou três importantes práticas de negócio na área de administração de pedidos nas empresas pesquisadas: rompimento das barreiras funcionais e organizacionais, objetivo de entregar o pedido perfeito e melhoria no processo de gestão de pedidos para ganhar competitividade.

4.15.1.1 Rompimento das barreiras funcionais e organizacionais

Na maioria das empresas, o fluxo de pedidos ocorre de forma desordenada e passa pelos mais diferentes departamentos, sem que haja uma integração entre eles. Essa prática, além de aumentar o tempo de ciclo e provocar atrasos no fluxo, não permite que o cliente tenha um ponto focal na empresa com o qual possa se comunicar com o intuito de coletar informações sobre o pedido, como data de entrega, falta de produto, situação de crédito, atrasos, qualidade, entre outras.

As empresas mais avançadas estão trabalhando muito para integrar essas funções em um processo centralizado de administração de pedidos, que culmina com as medidas de desempenho do atendimento dado e a retroalimentação (*feedback*) proveniente dos clientes. A centralização do processo permite que o cliente receba uma mensagem clara e consistente da organização, além de possuir um ponto focal de contato. O resultado é um nível de serviço elevado, proporcionando maior satisfação do cliente.

4.15.1.2 Objetivo de entregar o pedido perfeito

Não há dúvida de que o processo de administração de pedidos desempenha um papel importante na satisfação e na lealdade do cliente. As medidas de desempenho voltadas para o serviço ao cliente consideram características importantes contidas nos pedidos. Por essa razão: quanto mais um pedido a ser atendido estiver em conformidade com os requerimentos, mais o nível de serviço aumentará.

As organizações reconhecem que o envolvimento do cliente no processo de gerenciamento dos pedidos é um fator crítico de sucesso, tanto do ponto de vista delas como do cliente. Com a troca de informações relacionadas a estratégias, planos e objetivos dos clientes mais importantes, as organizações podem identificar mais rapidamente as necessidades deles, possibilitando a construção de relacionamentos duradouros e, conjuntamente, a geração de condições para aumentar a vantagem competitiva de ambos.

Os fatores que mais afetam a "perfeição" de um pedido são:

- produto não disponível para a entrega na data assumida;
- desempenho de entrega não satisfatória;
- ciclo de entrega afetado por restrições de trânsito ou desempenho do transportador;
- faturas inconsistentes com preços, promoções e descontos preestabelecidos.

4.15.1.3 Melhoria no processo de gestão de pedidos para ganhar competitividade

Uma das características usadas no processo de administração de pedidos que leva à vantagem competitiva é a oportunidade relacionada à economia de tempo por meio de redução ou eliminação de funções efetuadas dentro do ciclo. Pela evolução da tecnologia, é possível aplicar métodos que podem reduzir o tempo de ciclo, como os citados a seguir.

- Implementação de sistemas computadorizados, com processamento em tempo real, integrando toda a cadeia de abastecimento e de demanda.
- Mudanças organizacionais que reflitam responsabilidades genéricas, eliminando os silos departamentais. Além disso, as equipes funcionais com uma visão mais ampla podem resolver as insatisfações dos clientes, produzindo benefícios importantes para a empresa.
- Emprego de programas que utilizem ferramentas suportadas por computadores e sistemas, como troca eletrônica de dados (*Electronic Data Interface* – EDI) e estoque administrado pelo fornecedor (*Vendor Managed Inventory* – VMI). O EDI é usado para receber, processar e transmitir um pedido do cliente e para o cliente.
- Utilização de programas como resposta eficiente ao consumidor (ECR).
- Implantação de conceitos de relacionamento como gestão de relacionamento com o cliente (*Customer Relationship Management* – CRM), que leva importantes vantagens também à área de administração de pedidos.

A utilização dos mecanismos e dos programas mencionados pode trazer vantagens e benefícios importantes para a organização e o cliente. A redução de tempo e de custos pode ser obtida por meio da redução no nível de estoques, da redução dos estoques de produtos obsoletos, da melhoria nas estimativas de vendas e da disponibilidade de informações em tempo real, permitindo, assim, as tomadas de decisão de maneira mais consistente e ágil.

4.15.1.4 Recomendações para a efetiva gestão de pedidos

Supermercados, concessionárias de automóveis, lojas de eletrônicos e provedores de serviços sabem quão importante é ter a mercadoria certa, no lugar certo e no tempo certo. Velocidade, flexibilidade, adaptação às mudanças e às necessidades fazem parte do estilo de vida das pessoas, e o preenchimento de suas expectativas é fundamental. Esse fator atinge não somente o ponto de venda direta mas toda a cadeia de abastecimento e suas organizações.

Os pontos de vendas reconhecem que, se determinado produto não está disponível na gôndola ou na loja, o comprador pode ir em busca dele em outro local, afetando o proprietário do ponto que perde sua receita. Entretanto, produtos podem ser substituídos. Uma família que está fazendo sua compra semanal ou mensal em um supermercado Pão de Açúcar não vai a outro supermercado para comprar o sabonete de sua marca, caso não exista em estoque. Ela pode comprar o produto do concorrente.

Eis algumas recomendações importantes para que a administração de pedidos seja mais efetiva.

- Os programas de gestão de pedidos devem considerar a cadeia integrada de abastecimento.
- A centralização do ambiente é fundamental. Sistemas integrados devem ser utilizados como ferramentas para dar suporte aos processos.
- O processo de gerenciamento de pedidos não pode ser considerado parcialmente, considerações globais devem ser feitas, incluindo estimativas de vendas, contas a receber, faturamento, gerenciamento de créditos e débitos, gerenciamento de transportes, controle de estoques, planejamento e controle da produção, entre outras.
- O cliente deve ser o foco, e os esforços devem ser direcionados para que se obtenha melhorias no nível de serviço.
- As organizações devem adotar o conceito do "pedido perfeito" ou indicadores similares, identificando oportunidades que possam melhorar o processo.
- A utilização da redução de tempo como uma vantagem competitiva no processo de gerenciamento dos pedidos.
- A redução de custos e de tempo é fundamental no relacionamento com os clientes, portanto, o uso de programas de gerenciamento e abastecimento contínuo dos estoques dos clientes é extremamente importante.
- Tecnologia de ponta deve ser utilizada desde que traga benefícios para o processo.
- Pessoas capacitadas, tanto interna como externamente, são vitais para que o processo possa funcionar de maneira adequada.

4.16 GESTÃO DE PEDIDOS E DE CLIENTES

O processo de administração de pedidos e de clientes pode ser dividido em planejamento de vendas, administração de vendas e desenvolvimento, gestão e manutenção de clientes.

4.16.1 Planejamento de vendas

O planejamento de vendas consiste em, juntamente com outras áreas, efetuar estimativas de vendas e preparar o plano de operações de vendas para ciclos futuros, considerando aspectos relevantes dentro do sistema, como:

- organização da área de vendas, incluindo número de representantes de vendas internos e externos;
- seleção de canais de distribuição e margens de contribuição;
- preços, descontos, formas e prazos de pagamento;
- propaganda, incluindo catálogos, revistas, entre outros.

4.16.2 Administração de vendas

Objetiva coletar pedidos junto aos clientes, checar crédito, analisar disponibilidade de produtos, efetuar priorizações de clientes e produtos, identificar lucratividade de produtos e de clientes, efetuar promoções de produtos e negociações de preço.

4.16.3 Desenvolvimento, gestão e manutenção de clientes

Caracteriza-se pelo desenvolvimento de novos clientes e melhorias nas relações de negócio por meio de alianças estratégicas,[7] que podem incluir iniciativas tecnológicas com trocas eletrônicas de dados e informações, e até um relacionamento mais complexo, como é o caso do abastecimento contínuo e estoques em consignação. Entretanto, um diferencial de muitas organizações é o Serviço de Atendimento ao Cliente, ou ao Consumidor, cujo objetivo é melhorar a imagem do produto e da empresa perante clientes e consumidores com um atendimento por telefone, correio convencional ou meio eletrônico. Muitas reclamações dos clientes são, inclusive, elementos importantes para a melhoria do produto. No entanto, a montagem desses centros deve receber atenção especial, uma vez que muitas empresas não dão a devida atenção à reclamação e ao próprio tempo do usuário, gerando insatisfações e perdas não recuperáveis. Isso se torna ainda mais grave uma vez que canais de comunicação e atendimento aos consumidores finais estão disponíveis na internet, como o portal Reclame Aqui.

[7] Veja o Capítulo 6.

Muitas empresas entendem os objetivos desses canais e os monitoram, dando respostas às reclamações. Outras desprezam a existência deles, o que causa impacto extremamente negativo à sua imagem.

4.17 O PROCESSO DE ADMINISTRAÇÃO DE PEDIDOS

Embora o processo de gestão de pedidos não tenha uma estrutura extremamente rígida, pois varia de segmento para segmento, seus elementos podem ser divididos conforme o fluxo a seguir:

FIGURA 4.18 Fluxo característico do processo de administração de pedidos

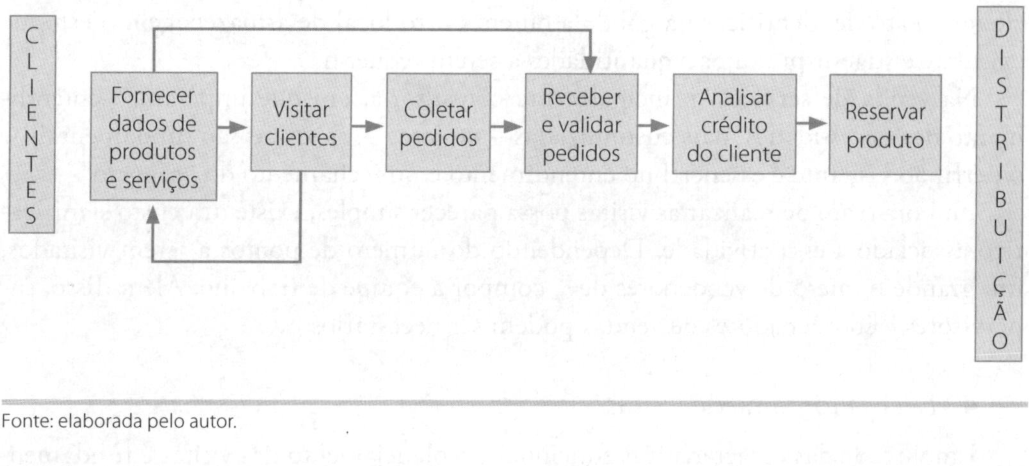

Fonte: elaborada pelo autor.

4.17.1 Fornecimento de dados de produtos e serviços

A função desse processo corresponde ao recebimento e processamento das indagações recebidas dos clientes sobre especificações do produto, preços, prazo de entrega, garantia e outras características associadas à compra. Na indústria de bens de consumo massivo, como detergentes, fraldas e sabonetes, esse procedimento é raramente praticado. No ramo eletrônico, automotivo e de serviços, esse processo é bastante utilizado, em virtude das características dos produtos e serviços opcionais envolvidos. O ambiente macroeconômico do país também incentiva essa prática, uma vez que, em economias oscilantes e não estáveis, as chances de haver diferenças de preços no mercado são bastante significativas.

As empresas dispostas a concorrer eficientemente no mercado precisam ser ágeis e ter preços competitivos no momento em que são chamadas a fornecer dados e especificações de seus produtos. Além disso, devem conhecer a concorrência, seus produtos e suas iniciativas de promoções e descontos. O principal objetivo da organização nesse processo deve ser a transformação da consulta ou o primeiro contato em pedido de compra.

A integração dos processos é fundamental para essa função. Muitas vezes, a venda de um bem pode estar associada à sua disponibilidade e ao prazo de entrega; portanto, o acesso ao estoque em tempo real é essencial para desempenhar essa atividade.

4.17.2 Visitas aos clientes

A visita aos clientes pode ter finalidades diferentes. No segmento de bens de consumo, ela é normalmente efetuada com o intuito de identificar necessidades de produtos e obtenção de pedidos para o reabastecimento dos estoques; em outros segmentos, pode significar a manutenção de um relacionamento de longo prazo.

É prática do vendedor, antes mesmo de falar com o responsável por compras do cliente, o ato de identificar na gôndola ou em outro local de armazenagem o estoque existente e sugerir produtos e quantidades a serem requeridas.

Na venda de serviços, principalmente consultoria, em que imperam o entendimento das necessidades mais customizadas – projetos –, as visitas são fundamentais, e o perfil do visitante é essencial no entendimento e no fechamento do "negócio".

Embora o ato de realizar as visitas possa parecer simples, existe um custo significativo associado a essa atividade. Dependendo do número de pontos a serem visitados, um grande número de vendedores deve compor a equipe de trabalho. Além disso, supervisores e coordenadores de vendas podem ser necessários.

4.17.2.1 Programa de visitas

Em virtude das características funcionais, o planejamento das visitas é fundamental para o bom desempenho da força de vendas e, por consequência, para o aumento ou a manutenção da satisfação dos clientes.

A frequência da visita deve ser definida junto ao cliente, considerando as distâncias na rota do vendedor e a necessidade de reposição dos produtos. Não raramente ocorre falta de abastecimento decorrente do mal planejamento, quando o ciclo de visitas não está ajustado à demanda. Para alguns produtos sazonais, há uma grande dificuldade em ajustar o binômio visita-demanda. O sorvete é um exemplo típico dessa dificuldade, pois nunca se sabe com precisão qual temperatura fará em determinada região: se for alta, haverá consumo; caso chova ou faça frio, o consumo será baixo. Em casos assim, alguns procedimentos são necessários, como pedidos por e-mail, *web* ou telefone. No entanto, essa característica deve fazer parte dos procedimentos de vendas, e não ser uma iniciativa do cliente.

Existem regiões e clientes de maior concentração e maior consumo que exigem visitas mais frequentes do vendedor.

O programa de visitas permite que o vendedor, antes de sair às ruas, saiba exatamente que clientes visitará. Por sua vez, os clientes devem ter conhecimento desse programa a fim de que problemas de última hora não venham a afetar o processo. No comércio em que o proprietário é o responsável pelas compras, se ele não puder atender o vendedor, não existe um substituto. Para minimizar esse risco, ainda que possa ocorrer circunstancialmente, devem-se adotar medidas de contingência.

4.17.3 Coleta de pedidos

Essa atividade corresponde ao processo de identificação da necessidade de reposição de estoque, que pode ser efetuada pelo próprio cliente ou pelo representante de vendas. Ultimamente, esse processo tem sofrido evoluções significativas, pois, com o avanço da tecnologia, os mecanismos para a obtenção dos pedidos têm se alterado. As características da obtenção de um pedido podem ser classificadas conforme descrito a seguir.

4.17.3.1 Visita do representante de vendas

Nessa modalidade, o vendedor efetua a visita ao cliente, avalia as necessidades e sugere a quantidade a ser comprada. Há situações em que o representante de vendas é apenas um "tirador de pedidos", ou seja, simplesmente preenche um formulário com as informações necessárias. Dentro do conceito de valor agregado, o vendedor deve ir além de simplesmente preencher formulários, identificando as necessidades e sugerindo produtos e quantidades. Para esse tipo de coleta de pedidos, muito comum nas empresas de distribuição que atendem o comércio varejista, o mais usual é a obtenção do pedido escrito.

A automação desse processo tem levado ao uso de coletores, nos quais as informações são digitadas e posteriormente descarregadas em um sistema de processamento de pedidos. As empresas mais avançadas utilizam dispositivos móveis, nos quais não só o lançamento dos pedidos é possível como também informações sobre os clientes estão disponíveis, como histórico de vendas e desempenho de pagamentos.

4.17.3.2 Cliente faz o pedido

Nesse modelo, o cliente faz a solicitação do produto ou serviço por telefone, *web* ou outro meio, sem receber a visita do representante de vendas. Muitas empresas utilizam o conceito da central de chamadas,[8] na qual funcionários treinados recebem os pedidos dos clientes e o inserem diretamente em um sistema computadorizado.

[8] Centro de vendas também conhecido por "televendas".

4.17.3.3 Abastecimento automático[9]

Esse modelo utiliza tecnologia mais avançada e exige um relacionamento mais intenso do cliente com o fornecedor de produtos. Muitas organizações estão evoluindo para esse modelo e batizando-o de relacionamento colaborativo. Contudo, contratos de abastecimento são necessários.

O abastecimento ocorre quando um ponto de pedido é atingido e, portanto, negociado entre as partes. Esse processo de reposição tem sido bastante utilizado por grandes empresas de fornecimento e clientes. Um dos principais pilares do conceito de resposta eficiente ao consumidor é o processo de reposição contínua.

4.17.3.4 Principais dados de um pedido

Os dados básicos para o preenchimento do pedido são:

- dados fundamentais do cliente;
- especificação do produto, incluindo código, descrição, quantidade, preço e unidade de medida;
- condições e forma de pagamento;
- dados do vendedor;
- local de entrega;
- data de solicitação;
- data de entrega.

4.17.3.5 O papel do representante de vendas em tempos de comércio eletrônico

Com o advento do comércio eletrônico, estão sendo presenciadas mudanças radicais no processo de vendas, principalmente em relação ao vendedor, cuja atividade principal é tomar o pedido junto ao cliente. Os vendedores, sobretudo nas grandes organizações, gradualmente passam a ter uma responsabilidade diferenciada, uma vez que os pedidos começam a ser realizados por meio de mecanismos diferentes. O papel do vendedor passa a ser mais de relacionamento de conta, havendo inclusive mudança do próprio nome da função, como gerente de relacionamento, gerente de conta e outros.

Até recentemente, o acesso a certos produtos era feito por meio do representante de vendas, que, com determinada frequência, efetuava as visitas e preenchia os formulários, buscando refletir as necessidades dos clientes. Eram basicamente os guardiões dos pedidos e desempenhavam um papel primordial no relacionamento com os clientes. O comércio eletrônico é uma realidade não só no Brasil, mas na América Latina.

[9] Conhecido também como "reposição contínua".

Grandes organizações, como Unilever, Procter & Gamble, Colgate-Palmolive e Hewlett-Packard, podem manter gerentes de contas específicos para alguns clientes. Esse fator significa diferenciação, mas também eleva os custos. Ao pensar nas grandes organizações, é certo afirmar que a automatização vem ocupando um espaço importante. No entanto, a distribuição de produtos conduzida por pequenas e médias empresas para pequenos e médios clientes ainda levará alguns anos para atingir um grau de maturidade que possa afetar o papel atual do vendedor, o de tirador de pedidos.

Para se tornarem cada vez mais competitivas, as organizações globais apostam no comércio eletrônico, como canal alternativo, com o objetivo de acelerar as entregas e reduzir os custos. Acordos são mais importantes dentro do processo de relacionamento com o cliente do que simplesmente conseguir tirar pedidos. A palavra de ordem está muito mais relacionada a serviço e valor final, o que é diferente de volume de vendas, que passa a ser uma consequência.

Dependendo do segmento de mercado, os clientes fazem suas pesquisas independentemente da presença de vendedores ou representantes de vendas. Muitos produtos podem ser comprados pela internet após rápidas pesquisas de fornecedores e preços, sem a necessidade do representante de vendas. Comprar pela internet, apesar de possibilitar eventuais problemas com segurança, que, afinal, existem em qualquer modalidade de compra, é simples, fácil e rápido. Como não é necessário interagir com o vendedor, o papel do representante de vendas passa a ter um significado diferente. A função sofre uma mudança, e os vendedores precisam estar preparados para ela.

Na indústria automobilística, não apenas os vendedores estão sendo afetados mas também as próprias concessionárias, que passam a ter um papel diferente em virtude da internet. As compras estão sendo feitas diretamente. A função do distribuidor é outra discussão nesse processo. Com a evolução da tecnologia, é possível eliminar os intermediários, reduzindo os custos logísticos desnecessários.

Hoje é possível comprar computadores, telefones e carros pela internet, sem que haja qualquer contato com os vendedores ou revendedores.

O cenário tem se transformado. Resistências de todos os tipos têm sido eliminadas. O cliente é agora responsável pelo processo de compra, ainda que muitos se sintam temporariamente mais confortáveis com a presença de um representante de vendas do que com um catálogo ou com a internet. No entanto, modelos híbridos entre vendas pela *web* e outros canais passam a ser cada vez mais comuns, visto que as organizações buscam competir mais vigorosamente em um mercado cada vez mais concorrido.

As empresas estão focalizando os clientes e procurando dar-lhes um nível de serviço superior. Esse conceito obriga que o representante de vendas atue muito mais como um ombudsman, *representando os interesses dos clientes e suas reivindicações.*

É evidente que alguém que mantenha contato com o cliente sempre será fundamental. É nesse ponto que a função se torna categoricamente importante.

O papel do vendedor no futuro deve ser diferente, uma vez que as empresas estão focalizando os clientes e procurando dar-lhes um nível de serviço superior. Esse conceito obriga que o representante de vendas atue muito mais como um *ombudsman,* representando os interesses dos clientes e suas reivindicações, logicamente para determinados segmentos, e não para todos. Pode parecer estranho, mas existem muitas possibilidades de se trabalhar junto aos clientes e atender aos seus interesses, e todas elas passarão por elementos ou equipes que, de alguma forma, assumirão os problemas que porventura ocorram com os clientes.

Na área de serviços, por sua vez, conceitos como *trusted advisor*[10] – conselheiro confiável, espécie de guru – têm assumido particular interesse para alguns clientes que preferem manter alguém com conhecimento e confiança suficientes para dizer-lhes qual o melhor caminho a trilhar ou qual o próximo passo a dar. As consultorias estão ganhando excelência nesse contexto, visto que as empresas estão cada vez mais achatadas e enxutas, e posições com habilidades estratégicas e competitivas estão sendo extintas.

4.17.4 Recebimento e validação de pedidos

Os pedidos podem ser recebidos via papel, *e-mail,* fax, telefone, EDI, coletores móveis de pedidos ou internet. As organizações que se utilizam de coletores podem efetuar a descarga dos dados diretamente no computador e carregar o sistema principal sem redundância na digitação. Essa descarga de dados pode ser local, diretamente no computador ou feita pelo telefone para, depois, se fazer a transferência dos dados. A entrada manual de pedidos possibilita erros de digitação.

Os pedidos são analisados para garantir sua acurácia com relação às informações financeiras, logísticas e técnicas. Em geral, são recebidos e, posteriormente, digitados em um sistema de processamento de pedidos que valida uma série de informações, como estoque disponível e crédito, de forma automática.

4.17.4.1 Aplicação de tecnologia

O avanço da tecnologia tem causado mudanças drásticas no processo de gerenciamento de pedidos, o que provoca um descompasso no mercado. As organizações adotam as mais diferentes alternativas para reduzir os custos e aumentar o nível de serviço aos clientes. Contudo, algumas delas ainda atuam de forma bastante rústica e, cedo ou tarde, devem investir a fim de manter a qualidade do serviço.

---

[10] MAISTER, D.; GREEN, C. H.; GALFORA, R. M. *The trusted advisor.* Carmichael: Towhstone Books, 2001.

Muitas ainda "tiram" os pedidos manualmente e os enviam para um setor de digitação, responsável pelo seu lançamento. Nesse caso, a possibilidade de equívocos aumenta. A seguir, são apresentados alguns exemplos do uso da tecnologia para melhorar a qualidade desse processo.

- Automatização da entrada do pedido por meio de troca eletrônica de dados – EDI, internet, terminais *hand-held* e dispositivos móveis, como celulares.
- Aplicação de programas de abastecimento contínuo que geram pedidos de forma automática assim que atingem o ponto de demanda.
- Utilização de contratos de abastecimento, principalmente nos casos em que a demanda de produtos se apresenta pouco variável.
- Checagem automática de crédito e possibilidade de administrar a carteira de pedidos em tempo real, possibilitando a tomada de ação quando demandada.
- Análise em tempo real da rentabilidade do pedido, dos clientes e dos produtos.
- Aplicação de filosofias de preços baseadas no *everyday low prices,* conceito usado inicialmente pelo Walmart nos Estados Unidos e que significa "preços baixos todos os dias". No Brasil, os supermercados estão aplicando esse conceito e podemos observar suas ofertas diariamente em propagandas feitas em folhetos impressos, pela internet ou pelos meios de comunicação (rádio e televisão).

A capacidade de receber rápida e eficientemente um pedido é um passo importante em direção ao serviço ao cliente. Transações eletrônicas e chamadas diretas a um centro de atendimento ao cliente são características fundamentais nesse processo. Iniciativas com intuito de melhorar a qualidade, a produtividade e a eficiência são importantes na função de entrada de pedidos, uma vez que os erros, o tempo e os custos podem ser reduzidos.

4.17.5 Análise de crédito do cliente

O objetivo da análise do crédito é procurar se certificar de que o cliente possui recursos suficientes para pagar os produtos que está comprando. As indústrias controlam o crédito do cliente por intermédio de um montante que lhe é outorgado quando este passa a fazer parte do portfólio. A cada compra efetuada, parte do montante é consumido, sendo restabelecido quando ocorre o pagamento da dívida. O fluxo de pagamentos deve ser muito bem controlado; sistemas integrados e sincronizados são de extrema importância nesse processo.

O gerenciamento de crédito deve ser feito por cliente, levando-se em conta suas características financeiras e seu desempenho no mercado. Muitas empresas buscam o fortalecimento do relacionamento com os clientes dando-lhes, além da condição de clientes especiais, crédito ilimitado. Embora isso ocorra, o controle dos pagamentos e possíveis atrasos devem ser monitorados para evitar surpresas futuras. O conceito de estoque em consignação também está ligado a essa função, uma vez que essa prática contribui também para reduzir o controle de crédito.

4.17.5.1 Administração de crédito

O objetivo principal e mais óbvio do controle de crédito é vender mais com menos perdas no momento do recebimento.

O gerenciamento de crédito envolve uma formulação da política de crédito e uma posterior administração dessa política, cujos objetivos principais são o aumento dos lucros, a estabilidade do cliente e a proteção dos investimentos da organização.

4.17.5.2 Política de crédito

A política de crédito deve ser bem estruturada e comunicada aos funcionários e clientes. Os fatores que influenciam a definição da política de crédito são muitos:

- política de crédito praticada pela concorrência e pelo segmento de mercado;
- condições do mercado;
- natureza e tamanho da empresa;
- objetivos do negócio;
- canais de distribuição;
- classes de clientes;
- expectativas dos clientes;
- preços do produto ou serviço.

Quando a margem de lucro é alta e a economia não é recessiva, pode-se praticar uma política de crédito mais liberal, uma vez que permite uma margem de risco aceitável. Essa prática pode estimular as vendas, mas também resultar em custos adicionais no recolhimento ou recebimento dos pagamentos, afetando o fluxo de caixa da empresa.

Uma política de crédito restrita pode minimizar as perdas, mas certamente influenciará o desempenho do resultado das vendas. Qualquer política de crédito a ser adotada deve ser flexível, utilizada com bom senso e monitorada de modo adequado para evitar inadimplências.

4.17.5.3 Perfil do administrador de crédito

Muitas empresas isolam as áreas financeiras, em especial a de crédito e cobrança, nas quais as pessoas são vistas como intransigentes. O profissional que atua nessa área não pode ser restrito a uma visão puramente numérica, deve ter bom senso e conhecimento das áreas afins. Algumas dessas características são:

- conhecimento das políticas de vendas e dos objetivos da organização;
- conhecimento das características e práticas utilizadas pelas empresas concorrentes;
- entendimento das condições econômicas e tendências de mercado;
- capacidade para fazer análises e avaliações da saúde financeira dos clientes.

4.17.5.4 Determinação do crédito

As organizações enfrentam problemas associados ao controle de crédito em razão de decisões de determinação de crédito pouco fundamentadas, baseadas em pesquisas superficiais sobre os clientes. A análise de crédito é simples. O processo de reunir e avaliar informações sobre os clientes deve responder a duas questões básicas.

1. **Estará o cliente em condições de pagar o débito na data de vencimento?**
   A resposta para essa questão inclui os seguintes aspectos:
   - balancete e declaração da situação financeira (nem sempre acessível);
   - histórico de pagamentos a outros credores;
   - informações sobre a empresa relativas à reputação no mercado, às tendências de seu segmento e às condições econômicas gerais;
   - contingência.

2. **Caso o cliente não pague, quais são as alternativas?**
   Para responder a essa questão, é necessário saber se o cliente possui ativos disponíveis que poderiam ser reclamados para suprir o débito. As informações devem ser atentamente avaliadas para estabelecer um limite de crédito apropriado e racional. O processo deve ser monitorado continuamente, pois empresas que há um ano foram ótimas pagadoras podem entrar em colapso de repente.

   Nenhuma venda é finalizada até que o produto ou serviço seja pago. O crédito, portanto, não é um fim, mas um meio, e conhecer o cliente é a arte fundamental para o bom gerenciamento de crédito.

4.17.6 Reserva de produtos

A atribuição de estoque consiste em reservar produtos existentes à quantidade demandada pelo cliente, antes que qualquer atividade física seja realizada. Essa atividade garante que os estoques possam ser atribuídos a pedidos individuais, segundo prioridades estabelecidas, nas quais clientes mais importantes recebem tratamentos diferenciados.

As organizações que trabalham com o conceito de produzir contra pedidos existentes (*make-to-order*) fazem seu planejamento com base na carteira de pedidos. Contudo, as que fazem estoque segundo estimativas, principalmente as de bens de consumo, encontram uma dificuldade maior nesse processo, uma vez que enfrentam uma oscilação forte na demanda e, muitas vezes, o estoque de segurança não é suficiente para manter o nível de serviço em função da flutuação dessa demanda.

O processo de alocação de estoque aos pedidos pode ocorrer de formas diferentes.

- Reserva em tempo real: assim que se recebe o pedido, automaticamente se faz uma checagem para verificar a disponibilidade de estoque; dessa forma, as datas de entrega ficam comprometidas com os clientes. Por meio do uso de sistemas computadorizados, pode-se reservar o estoque e definir de que pontos ou centros de distribuição devem ser retirados os produtos.
- Reserva na formação de carga: algumas empresas, principalmente aquelas que produzem para a formação de estoques pelas estimativas de vendas, adotam a característica de reservar o estoque na formação de cargas dos veículos. Os clientes que têm maior prioridade passam primeiro pelo funil, já comprometendo os estoques. Os pedidos que não são atendidos por falta de estoque permanecem em uma fila até que haja estoque suficiente para atender a eles.
- Reserva para clientes especiais: em algumas empresas, os clientes mais importantes recebem um serviço diferenciado. Para eles, são mantidos estoques exclusivos para evitar prejuízos no nível de serviço.

Ainda que difícil em algumas circunstâncias, a reserva de estoque em tempo real durante a entrada do pedido deveria ser uma prática de negócio, evitando compromissos que não podem ser cumpridos. Esse mecanismo evitaria o atraso de pedidos e aumentaria o nível de serviço.

Mesmo as empresas que produzem para estoque deveriam avaliar a possibilidade de produzir seus produtos a partir da chegada de um pedido. É uma decisão difícil, e uma série de fatores deve ser avaliada, como capacidade de produção, preparo de máquinas, estoque de materiais e outros. Muitas organizações fazem uma mescla de sistemas, mantendo um estoque mínimo de segurança e produzindo contra os pedidos para entregar, por exemplo, com um dia de atraso a partir da chegada do pedido. Muitas vezes, a utilização de práticas híbridas pode redundar em boas soluções.

4.18 FLUXO SIMPLES DE UM RECEBIMENTO DE PEDIDO

De forma geral, as organizações podem apresentar algumas diferenças em relação ao modelo descrito para o fluxo de pedidos, tornando-o mais complexo ou menos automático. O modelo aqui descrito é genérico. Contudo, cada segmento deve realizar estudos criteriosos para implantar as sugestões aqui enumeradas.

FIGURA 4.19 Fluxo genérico de pedidos

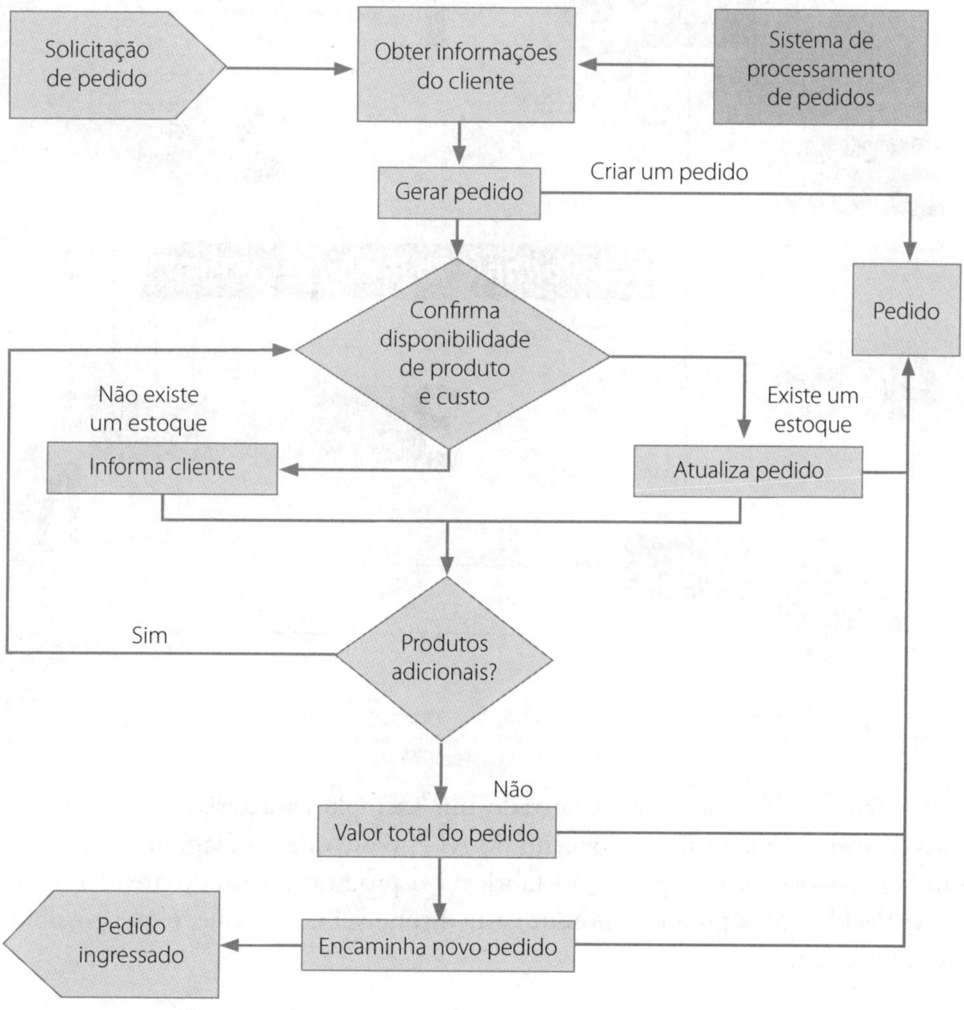

Fonte: elaborada pelo autor.

4.18.1 *Available to promise*

A *American Production and Inventory Control Systems* (Apics) define *Available To Promise* (ATP) como o estoque de produto disponível e não comprometido, mantido no plano mestre de produção para atender às necessidades dos clientes.

FIGURA 4.20 *Available to promise*

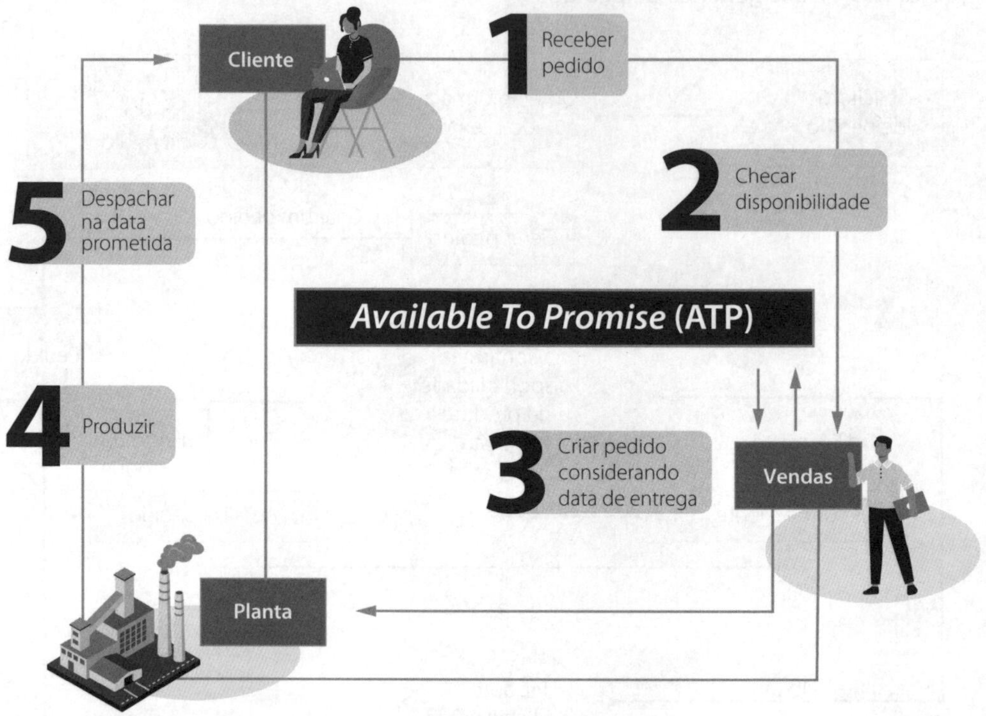

Fonte: elaborada pelo autor.

Na Figura 4.20, pode ser encontrado um exemplo característico de um recebimento de pedido que utiliza o conceito do ATP. Note que no diagrama existem dois caminhos: no primeiro, a produção fabricará o produto buscando atender às datas preestabelecidas; no segundo, o produto está disponível no estoque, o que possibilita a entrega imediata.

4.18.2 O mecanismo

Imagine a seguinte situação: um cliente importante solicita certo produto para determinada data. Você não tem certeza de que existe estoque suficiente para atender à demanda, mas, pressionado pela circunstância e pela necessidade do cliente, promete entregar a quantidade de produto na data requerida, o que lhe faz perder o sono, uma vez que você não sabe se há o produto em estoque.

Existe um mecanismo que permita prometer uma entrega de forma consciente? Sim, existe. Estamos falando do ATP. Ele nos permite ter uma visão precisa da demanda e do fornecimento de produtos, possibilitando que respostas às solicitações dos clientes possam ser dadas com alto grau de certeza.

O principal objetivo do ATP é determinar se uma quantidade de produto pode ser entregue para um cliente na data que ele solicitar. Esse aspecto é bastante importante no processo de serviço ao cliente, usando informações de várias fontes para determinar se um produto pode ser entregue ou não. Demanda e fornecimento são comparados, e a disponibilidade de produto é calculada. Os fatores que influenciam os cálculos do ATP são demanda e fornecimento de produto, pedidos planejados e requisições de compras.

A maioria dos aplicativos de gestão empresarial considera o ATP, e variações importantes são levadas em conta, como cálculos de data em que o produto pode estar disponível, produtos substitutos e outras.

CONSIDERAÇÕES FINAIS

A gestão da cadeia de abastecimento tem sido reconhecida pela evolução e integração de seus processos e pela forma como são administrados. Esses processos diferem de segmento para segmento e apresentam características próprias, dependendo dos modelos de configuração de produtos. Alguns deles demandam mais coesão, integração, visibilidade e uma capacidade enorme de gerenciar as atividades de acordo com as demandas de mercado. Empresas que necessitam movimentar rapidamente produtos ao mercado para atender às demandas de clientes e consumidores, e que produzem para estoque, possuem uma cadeia mais "nervosa", em que os elos devem funcionar adequadamente. Falhas levam à falta ou ao excesso de produtos no mercado. Já as organizações que projetam ou customizam produtos têm uma necessidade mais premente no elo que se conecta com o suprimento dos insumos para fabricar o produto final, também dentro das expectativas de prazo, qualidade e quantidade determinadas pelos clientes. Portanto, o entendimento dos processos é essencial para obter os benefícios e as vantagens das negociações com o mercado, independentemente do segmento em que a organização se enquadra.

CASO

FedEx: UMA IMPRESSIONANTE MÁQUINA LOGÍSTICA[11]

Introdução

A Federal Express é uma empresa de transporte expresso fundada em 1973 por Frederick W. Smith. Durante seus anos na faculdade, ele reconheceu que os Estados Unidos estavam se transformando em uma economia orientada a serviços e precisava de uma empresa que pudesse entregar serviços confiáveis no período da noite. Em 1965, como parte de sua graduação na Universidade de Yale, Smith escreveu uma monografia sobre os sistemas de rota de passageiros utilizados pela maioria dos remetentes de frete aéreo, que ele via como economicamente inadequados. Ele escreveu sobre a necessidade de as empresas aéreas possuírem um sistema projetado especificamente para o frete aéreo que pudesse acomodar carregamentos de produtos sensíveis a prazos, como medicamentos, peças de computador e eletrônicos.

A empresa entrou em sua fase de maturidade na primeira metade da década de 1980. A Federal Express estava bem estabelecida e era líder de mercado, mostrando uma taxa de crescimento de cerca de 40% anualmente. No ano fiscal de 1983, a empresa reportou 1 bilhão de dólares em receitas, sendo a primeira empresa norte-americana a alcançar essa marca financeira dentro de dez anos do início dos negócios, sem fusões ou aquisições. Nos anos seguintes, continuou crescendo e expandindo.

FedEx

Em 1994, a empresa mudou a imagem, atualizando sua identidade em um esforço para distingui-la da concorrência. Adotando formalmente o nome de FedEx, a empresa estabeleceu-se como ágil e global.

Hoje, possui cerca de 620 aeronaves, emprega cerca de 425 mil pessoas em todo o mundo e despacha mais de 14,3 milhões de encomendas para mais de 220 países diariamente. É um provedor de serviços de transporte e informações em todo o mundo e atua sob o lema de "operar de forma independente, competir coletivamente e gerenciar colaborativamente".

---

[11] Estudo de caso elaborado pelo autor com base em pesquisas de textos, entrevistas e vídeos disponibilizados em diferentes meios de comunicação, como televisão, internet, jornais e livros.

Resultados financeiros

	2019	2018	2017
Receita	69,7	65,4	60,3
Lucro líquido	0,5	4,6	3,0

Valores em US$ bilhões.

Fonte: FEDEX ANNUAL REPORT, 2019.

Ainda que a organização venha aumentando seu faturamento ou receita líquida, o lucro vem sofrendo uma deterioração significativa. Para tanto, uma estratégia foi elaborada para o alinhamento dos objetivos.

Estratégia

Há alguns anos, a FedEx estabeleceu um plano para melhorar a rentabilidade e garantir a viabilidade a longo prazo de seus negócios nos anos vindouros. O objetivo era se concentrar em atividades das quais a empresa entende que possui mais competência e nas áreas de negócio com o maior potencial de crescimento. Cinco eram as iniciativas para alcançar os resultados planejados.

1. Eficiência dos processos e de pessoas
   Várias iniciativas para melhorar a eficiência pessoal e processos de trabalho foram implantadas, como:
   - simplificar os processos principais para reduzir o tempo e os recursos necessários;
   - priorizar as atividades vitais e eliminar ou adiar a funções que se tornaram redundantes em razão das mudanças tecnológicas, operacionais ou orientadas para o mercado;
   - gerar maior eficiência nos programas de terceirização globais.

2. Modernização da frota aérea
   Aeronaves mais antigas estão sendo substituídas por aeronaves novas, mais rentáveis e eficientes. O objetivo é criar uma frota aérea de última geração, o que visa reduzir substancialmente os custos operacionais.

3. Transformação nas operações domésticas dos Estados Unidos
   As rotas norte-americanas sofrerão uma revisão para acomodar ajustes com o propósito de melhorar a eficiência:
   - implementar novas tecnologias e processos para melhorar o agendamento dos voos e da tripulação;

- adaptar as operações de retirada e de entrega para maximizar a eficiência nas rodovias.
- consolidar as instalações;
- refinar os processos de manutenção de aeronaves;
- implementar alterações de processo que melhorem a eficiência de combustível para aeronaves e veículos das frotas.

A organização visa implantar tais melhorias sem comprometer a qualidade dos serviços hoje prestados.

4. Melhoria na lucratividade internacional
O negócio atual será diversificado para capturar o crescimento de todas as partes do mercado de carga global, incluindo prioridade, economia, oceano e ar. O foco será:
- utilizar o espaço de carga disponível em empresas de passageiros para as remessas internacionais da FedEx;
- aproveitar a expansão europeia para maiores densidades e menores custos;
- integrar e obter sinergias em aquisições recentes;
- expandir as competências e os recursos de cadeia de abastecimento para novos setores, como saúde.

5. Crescimento e retorno financeiro
Foco na entrega de soluções certas para os clientes certos pelo preço certo. O objetivo é permanentemente buscar soluções no mercado para:
- reter a maioria dos indicadores anuais de crescimento;
- utilizar o comitê de gestão de receitas para otimizar o rendimento, o crescimento de participação e a rentabilidade do mercado;
- manter-se disposto a afastar-se de oportunidades menos rentáveis;
- expandir a base de clientes de pequeno a médio porte.

A FedEx tem necessidade de se inovar e melhorar seus processos, além de buscar modelos alternativos de negócio dada a alta competitividade existente no setor, em que atuam empresas internacionais e de alta performance, como DHL e UPS. Uma das iniciativas "agressivas" da empresa foi a aquisição da holandesa TNT no decorrer de 2015. No decorrer de 2019, cancelou um expressivo contrato com a Amazon, um importante cliente, uma vez que movimentava altos volumes com uma baixa rentabilidade, o que vinha afetando significativamente suas margens.

Questões para revisão

1. Dizemos que as empresas devem estar orientadas aos processos que agregam valor aos clientes. Quais são esses grandes processos organizacionais?
2. Por que é fundamental no planejamento balancear a demanda com a capacidade, seja no suprimento, seja na produção ou na distribuição? O que ocorre se houver um desbalanceamento?
3. Qual é a função da produção? Descreva um processo genérico de produção.
4. O processo de abastecimento tem utilizado dois conceitos importantes: puxar e empurrar. Qual é a diferença entre eles? Qual deles está sendo utilizado na economia moderna? Por quê?
5. O que é um pedido perfeito? Discorra sobre a gestão de pedidos e de clientes.
6. Por que administrar pedidos é tão importante?

5 Avaliação do comportamento do mercado

OBJETIVOS

Após a leitura deste capítulo, você será capaz de entender:

- ✓ o comportamento do consumidor;
- ✓ os processos de decisão dos consumidores individuais e organizacionais;
- ✓ o planejamento e a gestão da demanda;
- ✓ o desenvolvimento de uma estimativa.

FIGURA 5.1 Entendendo a demanda

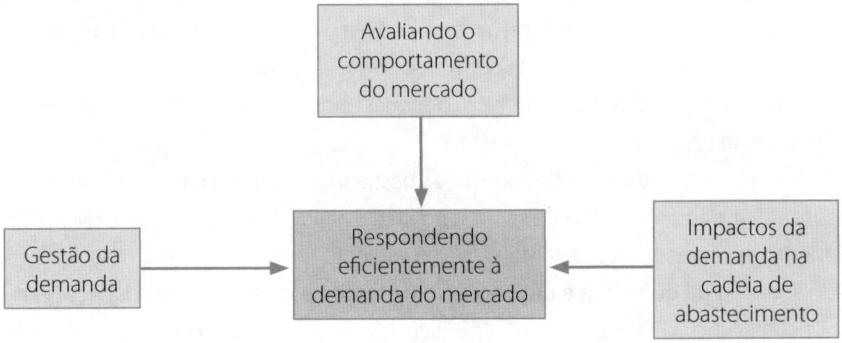

Fonte: elaborada pelo autor.

FIGURA 5.2 Redes de valor

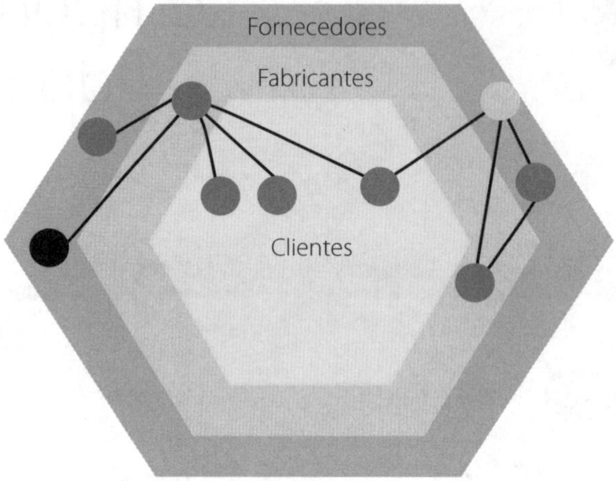

Fonte: elaborada pelo autor.

Atualmente, a essência do modelo de negócio é o alinhamento de produtos e serviços com as necessidades e preferências de clientes e consumidores. A forma tradicional e linear de representar o fluxo da cadeia de abastecimento e suas organizações tem se modificado. Nascem, então, as redes de valor, que geram soluções personalizadas para atender às expectativas e às demandas de consumidores e clientes empresariais.

As redes de valor relacionam as necessidades dos clientes com a obtenção de componentes, a montagem ou a produção de produtos – carros e computadores –, a distribuição eficaz, todos reunidos de tal forma que possam oferecer um melhor nível de serviço e aumentar a satisfação de usuários consumidores e clientes.

É fundamental compreender bem o processo de demanda, uma vez que ela é um fator-chave nesse processo.

No desenho tradicional da cadeia de abastecimento, a manufatura está no meio de uma figura linear, enquanto o cliente se situa no final da cadeia. Já na cadeia de valor, independentemente da representação gráfica, o foco é o cliente e ele se encontra nesse núcleo.

A gestão da demanda é um processo de negócio que exige coordenação, uma vez que as pessoas funcionais veem apenas "pedaços" da organização. Contudo, muitas organizações tratam o processo de cadeia de demanda mais como algo a ser controlado do que propriamente como um processo a ser influenciado. Isso é um equívoco, pois as organizações devem influenciar a demanda e ser proativas em relação a ela, antecipando-se às necessidades de mercado e aos desejos dos clientes.

A administração da cadeia de demanda cria força e necessidade importantes sobre conceitos de colaboração e cooperação para acelerar o desenvolvimento de produtos e satisfazer às necessidades de clientes e consumidores.

Conceitos bastante difundidos no mercado, como *Customer Relationship Management* (CRM) ou gestão do relacionamento com o cliente, fazem parte do contexto de gestão da cadeia de demanda. Isso faz sentido, uma vez que clientes e consumidores são os "puxadores" dos processos. Esse direcionamento afeta todos os processos empresariais e pode ser que em breve estes sejam vistos sob a ótica da demanda e se mantenham sob um único guarda-chuva, a gestão da cadeia de demanda, dividindo as organizações em dois grandes processos: os de suporte e a cadeia de demanda, incluindo a de abastecimento.

5.2 AVALIAÇÃO DO COMPORTAMENTO DO MERCADO

Os consumidores são a base a partir da qual devem ser orientadas as atividades da organização. O entendimento da demanda de mercado, pelo estudo do comportamento do consumidor ou cliente final, é o elemento-chave para o florescimento de qualquer negócio, seja ele no segmento automotivo, no de bens de consumo, seja no de telecomunicações ou de eletrônicos, e mesmo no de serviços profissionais.

O mundo está em constante transformação; por isso, as grandes organizações investem no direcionamento do mercado, em vez de serem direcionadas por ele. Elas procuram se antecipar às necessidades, oferecendo modelos de negócios, produtos e serviços que agregam valor aos consumidores.

A indústria automotiva é um segmento de mercado que pode ser seriamente afetado por múltiplas variáveis. Recessão econômica, preços de combustíveis, pessoas questionando a real necessidade de ter um automóvel e regras impostas pelos governos são alguns exemplos. A maneira como está montada a cadeia de abastecimento – fornecedores, montadoras, concessionárias – exige que mesmo as organizações de fornecimento para montadoras tenham conhecimento da demanda do mercado, visando antecipar as necessidades requeridas para o negócio. Não basta conhecer as montadoras, pois os efeitos provocados pelo consumo, elevado ou baixo, afetam todas as organizações. Situações parecidas ocorrem com outros segmentos de mercado.

É necessário, portanto, entender os desafios encontrados pelas empresas, diante de seus clientes e/ou consumidores, analisando os processos de decisão de compra, tipos de comportamento e tendências.

Com o crescimento do comércio eletrônico, os consumidores podem acessar o que eles querem, de onde e quando quiserem. O que buscam são possibilidades de escolha. O que temos visto é a ascensão do consumidor digital cujo comportamento é realizar compras *on-line* com muita frequência, colocando enorme pressão nas organizações, forçando-as a rever seus modelos de negócios.

5.2.1 Modelos de negócio disruptivos

Um modelo de negócio é uma estrutura que suporta e viabiliza a existência de um produto, serviço ou mesmo de uma organização. Ele reflete o modo como a empresa opera, se ganha dinheiro (ou não) e como ela pretende atingir seus objetivos. Todos os processos, as funções e as políticas que a organização adota e implementa fazem parte dele.

Intrinsecamente, o *business model* descreve como a empresa cria, captura e entrega valor para si mesma e para o cliente. E, até mesmo, como protege ou defende seu modelo de negócio.

Todo modelo de negócio está relacionado com projetar e fabricar um produto, encontrar clientes e mercado e fazer esse produto chegar até o cliente. Por outro lado, não pode faltar a informação de como o cliente vai pagar e de como a empresa vai fazer dinheiro com o produto ou serviço.

As inovações disruptivas geram um valor original, criam um valor totalmente novo. Não é apenas aprimorar aquilo que já existe, mas também pensar "fora da caixa" em busca de um nicho e de ideias transformacionais. Tais inovações criam modelos de negócios que geralmente abordam aquelas necessidades dos clientes que não estão em busca apenas de algo melhorado, de um produto ou serviço. Esses clientes querem uma forma completamente diferente de fazer as coisas. As inovações disruptivas trazem consigo um apelo porque são frequentemente mais convenientes, acessíveis e personalizadas. Os riscos e as incertezas são elementos centrais naquelas empresas que perseguem os modelos de negócios disruptivos, porque é uma inovação e, como tal, não foi testada anteriormente. É o caso de Uber, WhatsApp, Blablacar, Netflix, Amazon, Apple, Google, Walmart, Airbnb, Spotify, iFood, para citar alguns.

5.2.2 A importância de quem compra

Muitos são os fatores que influenciam o comportamento de compra tanto de um indivíduo como de uma organização. O entendimento do comportamento de compra dos indivíduos ou das organizações é fundamental no mundo dos negócios. Necessidades e desejos são requisitos básicos e devem ser estudados.

5.2.2.1 O que é um comportamento de compra?

O estudo do comportamento de quem compra tem por base o entendimento dos fatores que afetam o indivíduo. Esses fatores podem ser psicológicos, como personalidade, motivação, atitudes e percepção. Podem ser comportamentais, ou seja, a forma pela qual as pessoas se relacionam umas com as outras, recebendo influências culturais, pessoais, familiares e de grupos. E os fatores econômicos, como condição social, nível de atividade na economia e recursos disponíveis também são elementos importantes para o entendimento do comportamento de compra.

Fatores psicológicos, econômicos e comportamentais são elementos importantes para se entender o comportamento de compra.

Todos esses fatores atuam em diferentes graus de influência nos tipos de comportamento de quem compra e nas decisões da compra, valendo tanto para o indivíduo como para as organizações empresariais. Entendê-los, bem como entender a ligação entre eles, possibilita prever o comportamento de quem compra e, por conseguinte, auxilia nas estimativas de consumo e nos investimentos necessários para que determinado objetivo seja atingido.

O desenvolvimento das estratégias de mercado não pode ser realizado sem o conhecimento e o entendimento desses fatores. Embora não possam ser controlados pelos profissionais das empresas, principalmente pelos de marketing, o entendimento deles e de sua influência é essencial. Isso leva à identificação do valor que um serviço ou produto pode trazer, à necessidade de veicular uma comunicação especial, à definição do tipo de mensagem que deve ser transmitida e do público a quem ela deve ser destinada.

Os profissionais precisam entender de que maneira os compradores, sejam eles individuais, sejam organizacionais, respondem a uma proposta de valor, em forma de serviços ou bens para consumo. Esses profissionais de mercado precisam entender:

- O que os compradores valorizam, querem ou desejam?
- São sensíveis a preços ou buscam valor diferente do monetário independentemente do preço?
- Quem vai comprar o bem ou o serviço? Qual é o público-alvo?
- Onde eles vão comprar?
- Como vão comprar?

- Quando vão comprar?
- O que vão comprar?
- Por que vão comprar?

As perguntas relacionadas às compras que as empresas e os indivíduos fazem são similares.

Vamos considerar esses aspectos, por exemplo, em um automóvel. Que itens ou acessórios são mais valorizados nele? Que marca o consumidor terá interesse em comprar? Que marcas vai pesquisar? As pessoas que convivem mais proximamente com o comprador – a família, por exemplo – aprovam ou aceitam a marca ou o modelo? Quais são as influências que o comprador receberá? Qual a receptividade de inovações do veículo? Qual a finalidade da compra: lazer ou trabalho?

Embora as questões anteriores sejam mais orientadas para uma compra individual, elas também procedem nas compras realizadas por empresas. Qual o valor agregado de um bem ou serviço para a organização? Que solução está sendo oferecida? O produto ou serviço é confiável? A organização fornecedora é reconhecida? Seria essa a melhor opção? Que parâmetros são utilizados para escolher entre vários fornecedores? Quem decide? Qual é o foco do cliente? Que problemas ele quer resolver?

5.2.3 Modelo de comportamento do consumidor

O comportamento de compra vai além da aquisição de algo físico, como automóvel, lápis, impressora, sabonete ou computador. Pode incluir:

- a compra de serviços, no caso de bancos, médicos ou dentistas;
- ideias, como o projeto de uma casa;
- entretenimento, no acesso a um cinema, a um espetáculo do Cirque du Soleil etc.;
- doações;
- votos para determinado partido político;
- relacionamentos.

Em todos os exemplos anteriores, quanto mais se sabe sobre o comportamento dos consumidores, tanto de indivíduos como de organizações, maiores são as chances de entregar reconhecido valor (Figura 5.3).

A seguir, são apresentados dois modelos simplificados de compra: um mostra o comportamento do consumidor como indivíduo; o outro, o comportamento de compra de uma organização.

FIGURA 5.3 Modelo de decisão do consumidor

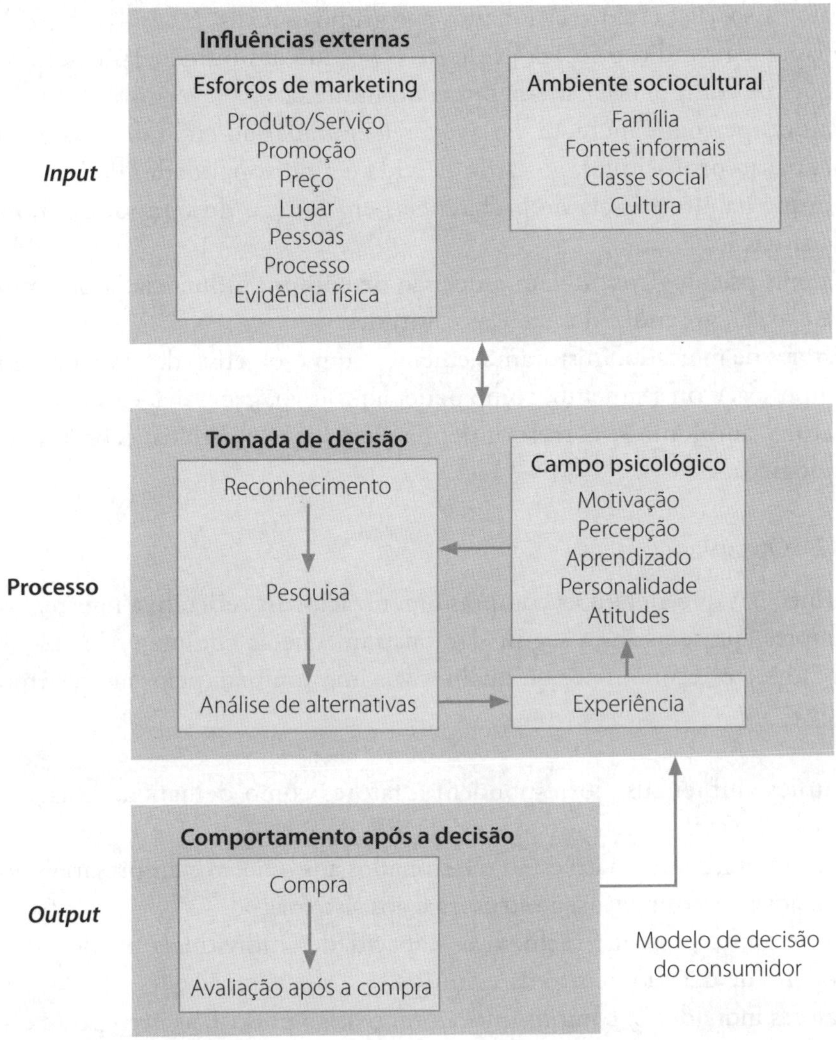

Fonte: elaborada pelo autor.

5.2.3.1 Indivíduos

O comportamento de compra de um consumidor e sua decisão de comprar são altamente influenciados por características culturais, psicológicas, sociais e pessoais. A seguir são mostrados os principais fatores que afetam o comportamento e a decisão de compra dos indivíduos.

- Fatores culturais: correspondem aos fatores associados à cultura e à classe social do consumidor; fazem parte dos valores e dos processos de decisão.
- Fatores sociais: estão relacionados aos grupos sociais, à família, às responsabilidades e à condição social; explicam o porquê das influências externas nas decisões de compra de maneira direta ou indireta.
- Fatores pessoais: incluem variáveis relacionadas ao ciclo de vida e à idade, à ocupação profissional, ao estilo de vida e à personalidade. Podem explicar o porquê da alternância de preferências em função do tempo, do momento e da situação.
- Fatores psicológicos: afetam a decisão de compra influenciada por motivação, percepção, aprendizado, crenças e atitudes.
- Fatores de mercado: misturam elementos com o objetivo de atingir determinado grupo social ou segmento, como poder aquisitivo, geografia, classe social etc.
- Fatores ambientais: correspondem a elementos políticos, econômicos e tecnológicos.

5.2.3.2 Organizações

As influências que afetam as compras organizacionais refletem a natureza da compra. Os fatores apresentados a seguir demonstram que as compras não são limitadas apenas por aspectos econômicos ou qualitativos mas também pelos fatores emocionais ou pessoais.

- Fatores ambientais: correspondem a fatores como demanda, situação econômica e custos.
- Fatores organizacionais: estão relacionados aos objetivos empresariais, às políticas, aos procedimentos, à estrutura e aos sistemas.
- Fatores interpessoais: incluem as capacidades individuais ou de grupos e os poderes de decisão dentro da estrutura.
- Fatores individuais: compreendem a motivação pessoal, as percepções e as preferências dos indivíduos que efetuam as compras, apesar de seu caráter de negócio.

5.2.4 Principais papéis exercidos em compras individuais e organizacionais

As decisões de compra dos consumidores e das organizações são frequentemente influenciadas por outras pessoas. É, portanto, necessário conhecer as pessoas envolvidas no processo decisório e que papel cada uma desempenha para que as estratégias sejam também orientadas para elas.

- Agente gerador da ideia: é a pessoa que inicialmente sugere ou imagina a compra de um bem ou de um serviço.
- Agente influenciador: pessoa respeitada na organização e cuja opinião tem peso no processo final de decisão.
- Agente que toma a decisão: pessoa que toma a decisão final de compra, parcial ou total, de um bem ou serviço.
- Agente comprador: quem efetua a transação de compra.
- Agente usuário: pessoa que vai usar ou consumir o produto ou serviço.
- Agente aprovador: pessoa cuja aprovação da decisão é importante, mas que não necessariamente influencia a decisão de compra.
- Agente controlador: pessoa que controla o fluxo de informação.

Embora o processo de compra em uma organização apresente maior formalidade, os papéis e os agentes que nele atuam são extremamente parecidos aos de uma situação de compra de um indivíduo.

5.2.5 Tipos de comportamento

A compra por parte do consumidor depende do tipo de decisão que deve ser tomada, analisando-se as considerações feitas. As decisões do consumidor variam de acordo com o seu envolvimento na decisão final da compra.

5.2.5.1 Tipos de decisão de compra dos consumidores individuais (B2C – *Business-to-Consumer*)

Compra rotineira

Ocorre quando os compradores adquirem serviços ou bens de custo baixo com alta frequência e com os quais têm grande familiaridade, como é o caso de chocolates, sabonetes, salgadinhos, pilhas, frutas, pizzas, entre outros. Essas compras são orientadas pelos seguintes comportamentos:

- baixo envolvimento do comprador, item muito simples;
- baixo risco, baixo custo;
- alta fidelidade à marca, uma vez que é uma compra habitual, como sabão em pó;
- comportamento de pesquisa caso haja grandes diferenças entre as marcas.

Solução de problemas simples

Ocorre quando os compradores são confrontados com uma nova marca de produto ou um serviço diferente, como uma nova marca de xampu, quando devem escolher o produto que melhor se adapta ao tipo de cabelo. As compras enquadradas nesse item podem exigir os seguintes comportamentos:

- envolvimento moderado do comprador, dada a limitada importância;
- mais complexo, apresenta mais riscos e é mais caro;
- contato com marcas não muito familiares.

Solução de problemas complexos

Normalmente se refere à necessidade de adquirir algum item mais caro, que pertence a uma categoria não muito conhecida, visto que esse tipo de compra não é rotineiro, como a compra de uma casa, um automóvel, uma geladeira ou um televisor. O comportamento de quem compra é complexo, porque há maior envolvimento com a compra; uma vez que há alto envolvimento pelo fato de o bem ser caro, há riscos e baixa frequência de compra. Pela característica, esse tipo de compra possui um ciclo mais longo que aqueles problemas mais simples.

5.2.5.2 Tipos de decisão de compra das organizações

Assim como nas compras individuais efetuadas por consumidores, as compras empresariais variam de acordo com o envolvimento na decisão de compra. As circunstâncias variam e vão desde compras rotineiras até compras complexas de algo totalmente novo, como uma caldeira, elevadores ou serviço de avaliação de processos empresariais. A classificação é a descrita a seguir.

Compras de reposição

Correspondem às compras contínuas, normalmente controladas por pontos de pedido, quando determinada quantidade mínima é alcançada e a reposição precisa ser efetuada. Algumas considerações relacionadas a esse tipo de aquisição podem ser:

- baixo envolvimento;
- reposição de itens sem modificações nos pedidos ou trabalhando com conceitos colaborativos ou contratos de entrega;
- centrado em histórico de relacionamento;
- selecionado de uma lista de fornecedores preferenciais.

Compras modificadas

As aquisições dessa categoria incluem trocas de fornecedores de um tipo específico de serviço ou produto. Como exemplo, podemos citar a troca do parque de computadores pessoais do fornecedor A para o B, ou mesmo a troca de impressoras de um modelo por outro mais avançado ou com melhor desempenho. As características dessas compras são:

- envolvimento moderado;
- exigência de pesquisa.
- necessidade de outras pessoas na tomada de decisão.

Compras novas – projetos

As compras novas referem-se aos tipos de aquisição não comuns na organização, por exemplo, serviços e equipamentos especiais, como é o caso de empilhadeiras, grandes computadores, implementações de sistemas de gestão empresarial e, por que não dizer, terceirizações. Quase sempre, esse processo envolve muitas pessoas e requer a elaboração de projetos internos. Entre as características, estão:

- alto envolvimento;
- custo e risco elevados;
- grande número de participantes na tomada de decisão;
- incorporação de especificações na decisão, pesquisa do item e de fornecedores, cotações, pedidos, condições comerciais e outras.

5.2.6 Processos de decisão

A seguir, são apresentados os processos de decisão associados aos consumidores e às organizações. É importante perceber a relevância que se deve dar a todo esse conceito, pois ele é o princípio que afeta toda a cadeia de abastecimento. Entender o comportamento de compra, tanto de consumidores como de clientes empresariais, pode levar a uma vantagem competitiva e a um melhor planejamento estratégico da cadeia de valor.

5.2.6.1 Consumidores individuais

Para tomar uma decisão de compra, o consumidor passa com frequência por alguns estágios sequenciais. O modelo a seguir demonstra os estágios utilizados no processo de compra. No desenvolvimento das estratégias, os profissionais devem conhecer todo o processo que leva à decisão de compra, e não apenas a decisão em si.

Reconhecimento da necessidade

- Diferença entre situação atual do consumidor e o estado em que deseja estar.
- Consumidor orientado por estímulo interno ou externo.

Busca de informação

- Pesquisa por informações do produto ou serviços por meio de fontes pessoais, públicas, comerciais, entre outras.

FIGURA 5.4 Processos de decisão

Fonte: elaborada pelo autor.

Análise de alternativas

- Corresponde à análise da situação de compra, entre as diversas opções de produtos, marcas, imagem, atributos e qualificações de produtos e/ou serviços.

Decisão de compra

- Compra do produto ou serviço preferido.
- Influenciado por atitudes de outras pessoas.
- Influenciado por percepção e grau de risco, entre outros fatores.

Comportamento após a compra

- Grau de satisfação que corresponde à expectativa de compra contra o desempenho real do produto ou serviço.

5.2.6.2 Consumidores organizacionais

O processo de decisão de compra nas organizações (Modelo B2B – *Business-to-Business*) apresenta maior complexidade quando comparado ao de compra individual, mesmo que apresentem similaridades de fluxo.

As decisões de compra e as influências sobre elas afetam sobremaneira a cadeia de abastecimento.

Os estágios mais comuns em um processo de compra são:

- identificação do problema;
- descrição do requerimento/necessidade;
- especificação do produto ou serviço;
- pesquisa de fornecedores;
- solicitação de proposta;
- seleção do fornecedor;
- pedido de compra;
- análise de desempenho.

OBSERVAÇÕES

Não se pretende esgotar as informações relacionadas aos possíveis hábitos e comportamentos de compra. O objetivo principal é deixar claro que as decisões de compra e as influências sobre elas afetam sobremaneira a cadeia de abastecimento. Desse modo, profissionais e estudiosos da área não podem se ater aos pontos operacionais internos da cadeia. Ao contrário, para entendê-la, é necessário reconhecer os fatores externos que a levam a ter determinado comportamento, conformação, eficiência ou ineficiência, fluxo, velocidade ou custo.

5.3 IMPACTOS DA DEMANDA NA CADEIA DE ABASTECIMENTO

Muitas mudanças estão afetando a economia global. O ecossistema no qual as organizações operam hoje está fundamentado em enormes desafios e alta competitividade, seja em escala local, seja mundial. Novas formas de comunicação, distribuição, produção, administração dos recursos naturais e necessidades de consumo exigem cada vez mais clareza nas definições estratégicas das empresas.

Independentemente do segmento – atacado, varejo, manufatura ou serviço –, é essencial que se dê especial atenção ao entendimento do mercado e do negócio para que possa haver vantagens para a organização. O foco aqui não é a elaboração de estratégias mirabolantes, mas, sim, a criação de condições básicas de competitividade.

Nesse processo, quatro tipos de conhecimento são importantes: de mercado, da concorrência, dos clientes e do negócio. O dilema, contudo, é encontrar respostas às seguintes questões:

- Como acompanhar as mudanças e as inovações?
- Como medir o conhecimento que a empresa tem do mercado, dos concorrentes, dos clientes e do negócio?
- Os funcionários estão preparados?
- Que imagem a organização tem no mercado?
- Os produtos são competitivos?
- A distribuição é efetiva?
- O serviço ao cliente é adequado?
- A demanda é entendida?

Um fator de competitividade é o balanceamento efetivo entre as práticas de mercado e as habilidades da cadeia de abastecimento integrada para atender a essas práticas.

A organização deve entender os impactos gerados pela demanda para atender satisfatoriamente aos requerimentos de clientes e consumidores. O desbalanceamento entre a demanda e a capacidade de abastecimento gera custos adicionais e nível de serviço não adequado, além de reduzir a probabilidade de crescimento dos negócios.

A obtenção de equilíbrio entre demanda e abastecimento não é um trabalho simples e pode requerer mudanças drásticas nos processos e na estrutura organizacional, além de investimentos em ferramentas que possam promover mais velocidade e melhor sincronização do processo.

5.3.1 Alinhando abastecimento com demanda

A demanda de consumo tem sofrido mudanças significativas nos últimos anos. Os consumidores são mais exigentes, demandam maior variedade de produtos e valorizam a criação de modelos de negócios que lhe tragam mais vantagens. Além disso, novos requisitos são impostos, como velocidade de entrega, acesso e disponibilidade, melhor serviço. Vender soluções com lucro e manter a satisfação do cliente é um binômio difícil de ser alcançado pelas empresas atualmente.

A sincronização das operações de abastecimento, incluindo a manufatura, com a demanda do consumidor é a chave para o sucesso das organizações. Quanto mais elas tiverem acesso às informações nos pontos de venda, mais precisas serão as estimativas e as projeções.

5.3.1.1 O impacto gerado pela demanda

As organizações procuram flexibilizar os canais, ora eliminando-os para obter um contato mais direto com clientes e consumidores, ora adicionando-os para oferecer um atendimento mais adequado e reduzir custos na área de vendas.

O advento da internet possibilitou que muitas empresas efetuassem negociações e vendas diretas a clientes e consumidores.

Cada vez mais, elas são obrigadas a administrar a cadeia de abastecimento de maneira ampla e sincronizada, analisando as informações relacionadas à demanda e usando a tecnologia como elemento preponderante no suporte à obtenção dessas informações. Os profissionais responsáveis por esse entendimento devem se preocupar com elementos antes trabalhados isoladamente, como qualidade e desenvolvimento de produtos. Somente assim terão a possibilidade de atender às expectativas dos consumidores.

Uma maneira de identificar se a cadeia de abastecimento está preparada para atender à demanda é determinar se essa cadeia está balanceada com os requerimentos dos clientes e consumidores. O grande problema para as organizações é a posse de informações que possibilitem saber se há balanceamento ou não. A percepção muitas vezes ocorre com atraso, razão pela qual pode não haver tempo para a recuperação. Como consequência, as vendas são perdidas.

Mesmo de posse de ferramentas que ajudem nesse planejamento, provendo informações, as oscilações de consumo são difíceis de prever. Essas flutuações se devem a muitas razões, inclusive ações de marketing, por meio de promoções ou descontos especiais. Qualquer desequilíbrio, por falta ou por excesso, leva a custos adicionais. Quando a cadeia de abastecimento não tem capacidade de fazer as entregas dentro de prazos estabelecidos pelos clientes, ela gera custos com a criação de estoques, além de outros custos adicionais, para dar suporte às atividades nos processos intermediários. Essa afirmação é válida para qualquer organização, independentemente do segmento de mercado em que atua.

Por incrível que possa parecer, muitos dos programas liderados por marketing e vendas causam inflexões importantes na curva de demanda, afetando de modo significativo as operações da cadeia de abastecimento. Em muitas organizações, a cadeia é vista como mero instrumento operacional para transferir fisicamente materiais e produtos terminados entre diferentes locais, obedecendo à volatilidade imposta por decisões que, muitas vezes, consideram apenas parte do processo.

QUADRO 5.1 Algumas características da cadeia de abastecimento

A CADEIA ENGESSADA	A CADEIA EFICIENTE
Produz para atender às estimativas	Produz para atender à demanda
Não aplica colaboração com fornecedores e clientes	Colaboração integrada ao processo
Mudanças frequentes de planejamento	Demanda e abastecimento sincronizados
Silos funcionais "departamentalização"	Organizado por processos e unidades de negócio
Baixa confiabilidade nas informações	Sistemas e procedimentos confiáveis

Fonte: elaborado pelo autor.

As promoções devem ser analisadas e classificadas para concluir quais realmente "fazem dinheiro" e quais "perdem dinheiro". Essa avaliação deve levar em conta toda a cadeia de valor.

5.3.1.2 O impacto nos resultados

Quando a cadeia apresenta diferenças de balanceamento entre o abastecimento e a demanda, custos adicionais são encontrados. Alguns elementos que geram tais custos são:

- problemas de capacidade de produção, transporte e armazenagem;
- mudanças de produtos na produção e, muitas vezes, nos fornecedores;
- aumento do nível de estoque de produtos e materiais;
- urgências na produção e no transporte elevando os custos.

Essa falta de balanceamento e os custos adicionais levam à redução dos lucros. Uma demanda não satisfeita pode levar o cliente a buscar alternativas de produtos e serviços.

Quando a cadeia apresenta diferenças de balanceamento entre o abastecimento e a demanda, custos adicionais são encontrados.

Qualquer tipo de decisão deve considerar os custos totais da organização. Modelos de processos que permitam simulações de custos devem ser analisados, independentemente de sofisticação. Existem organizações que implementam ferramentas de informática complexas; outras usam planilhas. Cada caso é um caso. O importante é que os processos possibilitem a coleta de informações e que estas sejam confiáveis, uma vez que serão importantes na tomada de decisão.

5.3.1.3 Sendo mais eficiente

Enquanto programas de marketing e vendas são fatores importantes na flutuação da demanda e devem ser resolvidos, também existem fatores importantes para melhorar a eficiência da cadeia de abastecimento, com o objetivo de gerar uma melhor reação à demanda. Esses fatores incluem análises importantes nos fluxos de processos e na estrutura organizacional e a existência de indicadores de desempenho.

A implementação de melhorias na cadeia de abastecimento, visando reagir às oscilações de demanda, inclui mudanças muitas vezes drásticas na organização, modificando estruturas e a forma de relacionar-se com clientes, fornecedores e outros parceiros. Entre essas mudanças, estão:

- alterações na configuração dos processos de negócio;
- arranjos físicos de plantas e centros de distribuição, tanto internos como grandes mudanças, como a construção de um centro de distribuição em local mais adequado;
- revisão do portfólio de produtos, analisando aqueles que efetivamente agregam valor ou tenham alguma razão significativa para existir;
- criação de unidades de negócio focadas, em vez de plantas que produzam todo e qualquer tipo de produto;
- construção de um relacionamento colaborativo com fornecedores e distribuidores, com confiança mútua e troca de informações;
- manutenção de um número adequado de colaboradores, o que torna possível manter um melhor relacionamento.

Além dessas mudanças, as empresas devem focalizar as melhorias de seus processos, analisando as atividades que agregam valor à cadeia e aquelas que geram custos e aumentam o tempo. Procedimentos de aprovações, análises de qualidade, contratações de transportes, burocracias em compras e baixa participação comunitária nos processos de planejamento são alguns exemplos comuns que ocorrem na maioria das empresas. Alguns gerentes de compras dedicam o mesmo tempo negociando itens de valor agregado que tende a zero e itens cuja participação na formação do preço total do produto tem valor relevante.

Outros pontos focais estão relacionados com as linhas de produção, o tempo de preparação e a otimização do número de trocas. Quando os objetivos estruturais e de processos estiverem definidos, indicadores de desempenho devem ser gerados para cada objetivo.

5.3.1.4 Para melhorar a disponibilidade de informação

Como identificar se existe um perfeito balanceamento entre a demanda e o abastecimento? Por meio da informação. As reações serão tão rápidas quanto a capacidade que a organização terá para gerar as informações e tomar as decisões.

Atividades de marketing e estimativas de vendas devem considerar toda a cadeia de valor, suas limitações e restrições. Um ambiente sincronizado, tanto interna quanto externamente, leva a um melhor atendimento da demanda, elevando a satisfação do cliente. A disponibilidade de informação, aliada à sua qualidade, fornecerá inclusive subsídios para futuros investimentos. Não ter informação sobre o processo é mover-se às cegas e fazer investimento no lugar errado.

Os sistemas de informação são importantes para dar suporte aos processos e prover as informações necessárias, como histórico de vendas, desempenho das entregas, nível de devoluções, relação entre estimado × produzido × vendido × despachado. Entretanto, o desempenho dos fornecedores também pode ser medido, segundo o atendimento dos pedidos colocados ou contratos efetuados.

A utilização da tecnologia vai muito além, possibilitando ainda o abastecimento contínuo, tanto do lado do cliente como do lado de fornecimento. Transportes podem ser monitorados via satélite, informando a posição do veículo e garantindo datas de entrega e segurança dos ativos.

Ferramentas de planejamento fazem simulações rápidas da cadeia de abastecimento, permitindo análises de capacidades de produção, alocação de produtos em linhas mais eficientes, roteiros de transporte, abastecimento de centros de distribuição, geração de demandas para os fornecedores, visibilidade da existência de estoques baixos ou elevados ao longo de toda a cadeia, entre outras funcionalidades. A torre de controle, conceito este bastante utilizado por algumas empresas, busca de forma transparente trazer mais visibilidade à cadeia buscando agilidade e otimização com o apoio da tecnologia da informação. O comércio eletrônico é um elemento importante no relacionamento colaborativo entre as organizações que compõem a cadeia de abastecimento – clientes e fornecedores. Embora esses meios estejam proliferando, muitas organizações ainda não estão preparadas, ou não se sentem preparadas, para enfrentar os desafios impostos pelo uso das ferramentas. Em alguns casos, a ferramenta realmente é mero suporte. No caso do relacionamento colaborativo, precisa existir vontade e legitimidade. Não é a ferramenta que vai construir o relacionamento; ela será o elemento físico que viabilizará a troca de informações.

5.3.2 Planejamento da demanda

Com as novas características de orientação de mercado e foco no cliente ou consumidor, a cadeia de demanda tem assumido um papel preponderante na inter-relação com a cadeia de abastecimento. A esse fator somam-se as incertezas do mercado. Em ambientes de alta instabilidade, globais ou locais, quanto melhor for o nível de correlação entre a demanda e o abastecimento, melhores serão os lucros. A situação econômica mundial tem levado a uma dificuldade de previsibilidade, o que aumenta cada vez mais o foco das organizações na cadeia de demanda.

Administrar apenas a cadeia de abastecimento pode não significar nada, pois produzir contra estimativas desatualizadas não contemplará aspectos recessivos que o mercado tem imposto neste momento. Assim, deve-se dar atenção especial à administração da cadeia de demanda. Novas maneiras de prever as demandas são identificadas. O processo colaborativo ganha maior importância, uma vez que a interação entre as organizações na cadeia de valor aumenta. Estimativas são acompanhadas e refinadas com maior frequência, possibilitando o ajuste mais rápido dos processos de produção, distribuição e estoque.

Essa administração é mais complexa; contudo, facilita a gestão dos estoques e permite que reduções de custos sejam verificadas nos diversos pontos da cadeia, nos fornecedores ou nos clientes. Esse processo não gera apenas boas informações, mas respalda a realização de bons negócios.

5.3.2.1 O efeito *bullwhip*

A grande variação no desempenho dos pedidos ao longo da cadeia de abastecimento tem forçado as organizações a eliminar o nível de estoques e tornar a cadeia mais eficiente. No entanto, ainda existem dúvidas sobre como resolver essa questão. Duas sugestões seriam efetuar reposições contínuas, quebrando os pedidos em lotes menores, e manter os preços mais estáveis.

A falta de alinhamento entre a demanda e o abastecimento,
conhecido como efeito bullwhip *ou efeito chicote,*
provoca ineficiência na cadeia de abastecimento integrada.

Naturalmente, qualquer atividade que enfoque as sugestões anteriores deve ser orientada pelas estratégias da empresa, tendo em vista que resolver apenas os "problemas" da cadeia não necessariamente resolverá os "problemas" financeiros da organização.

O Gráfico 5.1 ilustra bem o problema das estimativas.

1. A demanda verdadeira do cliente é desconhecida, por isso é necessário formar estoque, produzindo de forma antecipada.
2. A produção não consegue atingir a demanda inicial, o que causa faltas de produtos.
3. Os pedidos são superdimensionados em uma tentativa de assegurar o atendimento da demanda.
4. Quando o abastecimento se equilibra com a demanda, ocorrem cancelamentos e retornos.
5. O planejamento de produção não é alinhado com a demanda real, portanto, a produção continua.
6. Quando a demanda é reduzida, as organizações do processo tentam desovar o estoque para prevenir obsolescência.

GRÁFICO 5.1 Falta de alinhamento entre a demanda e o abastecimento

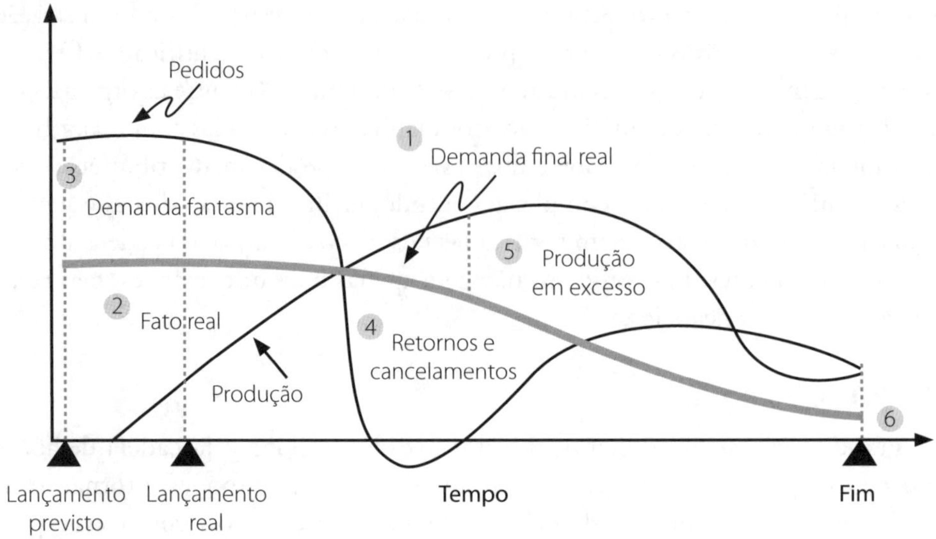

Fonte: elaborado pelo autor.

OBSERVAÇÕES

A gestão eficaz da demanda é fundamental para reduzir as incertezas e fornecer um fluxo perfeito para a cadeia de abastecimento. Parte dessa gestão significa saber onde e quando os clientes vão comprar. Em virtude da grande variabilidade nas decisões de compra dos clientes, a demanda tem influência cada vez mais significativa na cadeia de abastecimento.

O balanceamento entre as necessidades dos clientes e/ou consumidores e a capacidade de abastecimento da empresa é uma clara demonstração de êxito.

5.4 GESTÃO DA DEMANDA

O planejamento apropriado das demandas externas e internas traz ao ecossistema importantes benefícios. A gestão da demanda abrange:

- a estimativa de vendas;
- a entrada de pedidos;

- o processamento de pedidos;
- o serviço ao cliente;
- a distribuição física.

Analisando esses itens, conclui-se que os limites entre a cadeia de abastecimento e a cadeia de demanda são bastante tênues e, por vezes, as organizações trabalham de forma distinta quando os processos são comparados. O importante, entretanto, é que se dê a devida importância a eles.

O mercado, principalmente de tecnologia da informação, busca apresentar ganhos adicionais em um ou outro processo, cada um "puxando a brasa para a sua sardinha". Essa é uma conduta que deve ser rigorosamente analisada. O importante é identificar as prioridades da empresa. Muitas vezes, o foco pode estar voltado para o relacionamento com o cliente, no caso, a demanda. De outro lado, a cadeia de abastecimento pode necessitar de melhorias.

A gestão da demanda é a ligação entre o mundo interno da organização e os acontecimentos e as variáveis do mercado. Para muitas empresas, o planejamento e o controle de prazos e quantidades correspondem a uma interação constante com os clientes. Para outras, correspondem às coordenações extremamente críticas, balanceando operações internas e necessidades de componentes para converter produtos.

A administração da demanda possibilita estabelecer um canal de comunicação entre processos internos de planejamento e suas fontes externas de "demanda".

A Figura 5.5 demonstra o relacionamento entre as atividades conectadas ao processo de demanda, apresentando-o como elemento de ligação entre as atividades internas e o mundo externo da organização. Uma implicação relevante nessa ligação são as estimativas de vendas – pré-requisito para as atividades de planejamento –, que devem apresentar um nível correto de detalhamento.

FIGURA 5.5 Gestão da demanda

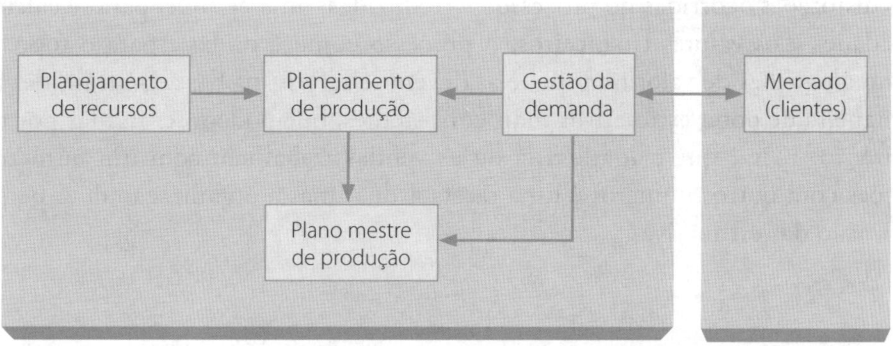

Fonte: elaborada pelo autor.

5.4.1 Estimativas

Muitas organizações são altamente dependentes de seus processos de estimativas. Erros podem ter impactos importantes no desempenho de uma empresa, sobretudo na cadeia de abastecimento.

As estimativas são normalmente preparadas para uma série de atividades e decisões de negócios, interferindo sobremaneira nos processos e nas funções das pessoas. Podem ser elaboradas com ênfase na quantidade de produtos de forma individual, usando-se basicamente, nesse caso, as ações operacionais da cadeia de abastecimento. Existem ainda as estimativas genéricas, em valores financeiros, construídas para se planejar e preparar orçamentos, agrupadas conforme categorias definidas pela empresa.

Como as estimativas de vendas servem a uma grande quantidade de propósitos, são encaradas como a grande vilã em alguns processos empresariais. No entanto, muitos departamentos das organizações preferem embutir nas estimativas algumas folgas para trabalhar, imaginando que com isso podem ganhar em eficiência. Ledo engano. Toda "gordurinha" adicionada pode provocar sérias convulsões na empresa, gerando custos e ineficiências nos processos.

Na Unilever, eu me defrontava com verdadeiros gurus de *supply chain management*, incluindo Renato Cantarelli, José Domingos Lourenço, José Roberto Fornazza, Roberto Vilarinho e Sergio Sassi, entre outros, que consistentemente diziam: "Se estimativa fosse 100% correta se chamaria 'acertiva', e não estimativa".

5.4.1.1 A pirâmide das estimativas

Existem diversos métodos orientados para a elaboração das estimativas para manter a sua consistência na organização. A mais conhecida é a "pirâmide das estimativas", em que o procedimento se inicia na base da pirâmide, calculando-se as quantidades individuais para cada item. Posteriormente, os valores são reunidos em grupos ou famílias de produtos e, ao final, são estimados os valores monetários no nível mais superior, conforme demonstra a Figura 5.6.

As distorções ocorridas no processo são reduzidas, uma vez que, para se calcular as necessidades e os valores financeiros, o processo começa da base para o topo. Caso ocorram alterações de valor no topo, elas devem se refletir na base da pirâmide. Essa é uma maneira de obter estimativas mais consistentes, que podem ser usadas por toda a organização. Evitar que o marketing ou as vendas trabalhem com um número e as operações com outros números é uma tarefa árdua, mas a organização deve perseguir a unificação das estimativas.

FIGURA 5.6 Pirâmide das estimativas

Fonte: elaborada pelo autor.

5.4.1.2 Métodos para desenvolver uma estimativa

O processo de desenvolvimento de uma estimativa de vendas envolve vários passos, como segue.

- Determinação do objetivo da estimativa e de quando ela será necessária. Essa definição indicará o nível de detalhamento requerido, a exatidão e a quantidade de recursos.
- Estabelecimento do horizonte da estimativa, considerando-se que a acurácia reduz em função do tempo.
- Seleção da técnica mais apropriada.
- Coleta e análise dos dados necessários.
- Preparação da estimativa.
- Monitoramento do desempenho.

Muitos métodos de estimativas podem ser usados. O objetivo de um planejador de demanda ou gerador de estimativas é fazer o melhor uso dos dados que ele possui, aplicando o método correto, considerando situações de mercado, entre elas a sazonalidade e as tendências.

Alguns dos métodos mais utilizados para efetuar os cálculos de demanda são os causais, as técnicas qualitativas e os dados históricos (séries temporais).

As séries temporais possuem um enfoque estatístico, baseando-se fortemente em dados históricos para projetar o tamanho da demanda futura, analisando ainda padrões de tendência e sazonalidade. O método causal considera campanhas promocionais, condições econômicas e ações dos concorrentes, além dos dados históricos. As técnicas qualitativas levam em conta fatores como opiniões da gerência e de especialistas, e pesquisas.

5.5 ADMINISTRAÇÃO DA DEMANDA

Como atender à demanda da melhor forma possível? Isso só pode ser alcançado com inovação e tecnologia ou com excelência operacional e velocidade de resposta?

A resposta para essas questões é uma combinação das duas propostas. A eficiência do processo e a inovação devem caminhar juntas. Ter apenas produtos ou serviços competitivos não é o suficiente. A cadeia de atividades que comunica a demanda do mercado até os fornecedores apresenta amplas oportunidades para que se possa ter uma diferenciação na oferta de valor.

5.5.1 Estrutura organizacional

A estrutura da organização é um passo fundamental para o planejamento da demanda. Esse fator envolve principalmente o alinhamento dos negócios, garantindo que as estratégias aplicadas ao planejamento e à gestão da demanda estejam perfeitamente em sintonia com as estratégias corporativas da organização.

Alguns requisitos básicos são fundamentais para que a gestão da demanda tenha efeito na organização:

- foco – as pessoas devem se dedicar 100% ao processo;
- propriedade – as pessoas assumem o número como o número da organização, e não apenas do departamento que o gerou;
- balanceamento entre a demanda e o fornecimento de acordo com as metas estratégicas.

As necessidades básicas para o alinhamento do planejamento da demanda com as estratégias de negócio passam por responsabilidade e comunicação. Em uma estrutura que combina abastecimento e demanda, os modelos predominantes são o do especialista funcional e o do planejador de produto, com responsabilidade horizontal de funções.

A estrutura da organização é um passo fundamental para o planejamento da demanda.

No caso do modelo do especialista funcional, este se dedica todo o tempo a tarefas específicas, como planejamento da demanda, de estoques e da produção. No modelo do planejador de produto, uma única pessoa é responsável por todas as atividades de planejamento para uma ou mais famílias de produtos. Os dois modelos apresentam prós e contras, e também os modelos híbridos são aplicados.

Naturalmente, o perfil das pessoas deve ser analisado para se atingir sucesso no processo organizacional. Habilidades analíticas em conjunto com habilidades de uso de ferramentas de análises estatísticas são fundamentais. Os planejadores sem essas características não conseguirão executar uma estimativa efetiva.

5.5.1.1 Melhores práticas em planejamento da demanda

As práticas de negócio têm imperado nos mais diferentes processos empresariais, e isso não é diferente com a gestão da demanda. Elas podem ser aplicadas em produtos, indústrias e canais. Algumas dessas práticas deveriam ser utilizadas pelas organizações como alicerce na construção de uma estrutura voltada para a administração da demanda, como o acompanhamento do desempenho, as técnicas estatísticas, o processo multifuncional de estimativas e de planejamento e estimativa integrados.

Planejamento e estimativa integrados

É muito comum encontrar nas organizações múltiplas estimativas. As organizações mais avançadas procuram ter apenas uma estimativa, o que lhe confere enfoque altamente integrado.

Empresas que buscam ter apenas uma estimativa, gerada conjuntamente e aplicada para direcionar tanto manufatura como distribuição, têm um alto potencial de redução de custos. É possível aumentar a disponibilidade de produtos e diminuir o excesso de estoques com a sincronização do planejamento.

Processo multifuncional de estimativas

A organização como uma única entidade deve trabalhar para desenvolver uma única estimativa de demanda, que deve ser aceita por todos. Em geral, esses planos são preparados individualmente para satisfazer a necessidades departamentais: vendas, marketing, finanças e manufatura. A discrepância e a falta de sincronismo entre os planos levam a ineficiências na cadeia, ocasionando elevação de estoques e perda de vendas.

A melhor prática nesse caso é ter um processo multifuncional, em que uma única estimativa de demanda seja gerada, recebendo informações de todas as áreas. O planejamento da demanda e das operações (*sales & operations planning*), também apresentado neste livro, é uma técnica efetiva, que proporciona bons resultados na geração e no refinamento das estimativas. Reuniões de consenso devem ser realizadas para direcionar a qualidade dos planos por intermédio do time multifuncional.

Técnicas estatísticas

As técnicas estatísticas, ensinadas nas escolas de administração, não são aplicadas de modo adequado nas áreas de planejamento.

Ainda que o avanço dos computadores tenha tornado mais velozes as simulações, apenas recentemente a qualidade das aplicações melhorou e possibilitou que os sistemas em computador pudessem ser utilizados com maior ênfase. Entretanto, os métodos estatísticos não podem ser utilizados isoladamente. Conhecimentos correlatos de administração e mercado são fundamentais para que os métodos possam ser aplicados de maneira eficiente.

Acompanhamento do desempenho

Identificar os erros ou a acurácia da estimativa é a primeira medida de desempenho que deve ser implementada no processo de planejamento da demanda.

As medidas de desempenho são fundamentais para monitorar o processo, que transcende o departamento responsável pela geração da estimativa e afeta a organização. Entender por que as estimativas sofrem variações é fundamental na gestão da demanda. Do contrário, estoques são gerados ao longo da cadeia, oportunidades de vendas são perdidas, fornecedores falham nas entregas, linhas de produção não são eficientemente alocadas e as promoções não são feitas no momento mais oportuno. Portanto, entender o motivo da variação da demanda em relação ao número real não é apenas um processo para mostrar números ou diferenças, mas, sim, uma ferramenta de gestão da demanda.

CONSIDERAÇÕES FINAIS

Um sistema de distribuição não pode funcionar adequadamente sem uma gestão da cadeia de abastecimento fundamentada em uma malha bem projetada, bem executada e bem mantida. Essa malha corresponde ao desenho físico da interação com as organizações que fazem parte do ecossistema e, mais importante, com clientes e consumidores. É a forma de fazer chegar produtos e serviços ao usuário final com qualidade, agilidade, no tempo certo e na quantidade adequada. Entender o mercado e o comportamento do consumidor, ou mesmo criar demandas inovadoras, exige uma administração rigorosa da cadeia de abastecimento. Portanto, tal procedimento deve considerar aspectos voltados para os custos, uma vez que cerca de 70% dos custos da organização passam pela cadeia de abastecimento. Contudo, há que se considerar o enorme espaço propiciado pelas oportunidades existentes na *supply chain* como elemento estratégico e diferenciador. Administrar os custos? Sim, faz parte. Mas os profissionais devem ir além e mirar as vantagens e os benefícios que podem advir de uma gestão adequada da cadeia de abastecimento.

CASO

BMW: *SUPPLY CHAIN* CONECTADA[1]

O grupo BMW tem globalmente cerca de 1.800 fornecedores, espalhados por 4 mil pontos geográficos ao redor do mundo. Somados, eles entregam aproximadamente 31 milhões de peças para 30 locais de produção da BMW, em todo o mundo, todos os dias. Cerca de 10 mil veículos são produzidos pela BMW diariamente. Sua *supply chain* é estratégica e tratada como tal.

A fabricante alemã apoia-se nas tecnologias digitais para fazer o melhor uso dos dados de sua cadeia de valor global. As redes globais de fornecimento e distribuição são administradas estrategicamente para agilizar as operações, e informações podem ser trocadas em todos os sentidos em um sincronizado movimento de colaboração. Há uma preocupação constante com a automatização das instalações industriais, com grande ênfase no uso de robôs fabris e logísticos autônomos e sistemas de transporte inteligentes. Ao buscar vantagens nas inovações tecnológicas, a empresa embarca fortemente no mundo da Indústria 4.0.

A BMW tem forte orientação ao trabalho da cadeia de abastecimento de forma conectada, buscando visibilidade e transparência. As notificações e atualizações sobre a localização e entrega de mercadorias são emitidas a cada 15 minutos e disponibilizadas para a área de logística com a finalidade de esta reagir prontamente e responder eficazmente em caso de atrasos.

As partes da cadeia se conectam entre si, emitindo notificações de transporte, identificação de componentes com dados provenientes de GPS e horários de chegada. Centenas de fornecedores estão integrados nesse processo e o objetivo da empresa é a ampliação dessa conexão para milhares de fornecedores.

Dados essenciais são obtidos para a realização de diferentes análises, utilizando-se inclusive inteligência artificial. Seguindo os preceitos de Internet das Coisas (IoT) industrial no contexto da inteligência artificial, a BMW vem treinando redes neurais, utilizando algoritmos de aprendizado de máquina (*machine learning*) com objetos, tarefas e regras-padrão. Ao treinar a rede dessa forma, torna-se capaz de reconhecer novos tipos de elemento na cadeia. Esse processo independente, que utiliza a computação em nuvem, apoia o aprendizado e o grau de utilização mais eficiente dos robôs.

O grande foco da BMW, até então, tem sido na automação. Na verdade, há uma legião de robôs sendo instalados em suas fábricas. A empresa construiu uma plataforma operacional em nuvem com a finalidade de centralizar o controle e a administração. A função das pessoas é definir as regras e os fluxos das atividades para manter as fábricas produzindo.

---

1 Estudo de caso elaborado pelo autor com base em pesquisas de textos, entrevistas e vídeos disponibilizados em diferentes meios de comunicação, como televisão, internet, jornais e livros.

Questões para revisão

1. O que são redes de valor? Como as organizações se relacionam nesse modelo?
2. Que fatores interferem no comportamento de compra de um indivíduo?
3. O que são compras rotineiras dentro do aspecto "indivíduo"? A compra de um automóvel enquadra-se nesse tipo? Por quê?
4. O que é o efeito *bullwhip*? Como ele afeta os estoques ao longo da cadeia de abastecimento?
5. Por que as estimativas são tão importantes para as organizações? Como desenvolver uma estimativa apropriada?

6 Os pilares da resposta eficiente ao consumidor

Objetivos

Após a leitura deste capítulo, você será capaz de entender:

- ✓ os conceitos da resposta eficiente ao consumidor (*Efficient Consumer Response* – ECR);
- ✓ o abastecimento eficiente;
- ✓ as promoções eficientes;
- ✓ o sortimento eficiente de produtos;
- ✓ o lançamento eficiente de produtos;
- ✓ a gestão por categorias;
- ✓ a aplicação das técnicas orientadas ao conceito ECR.

FIGURA 6.1 Estratégias da resposta eficiente ao consumidor

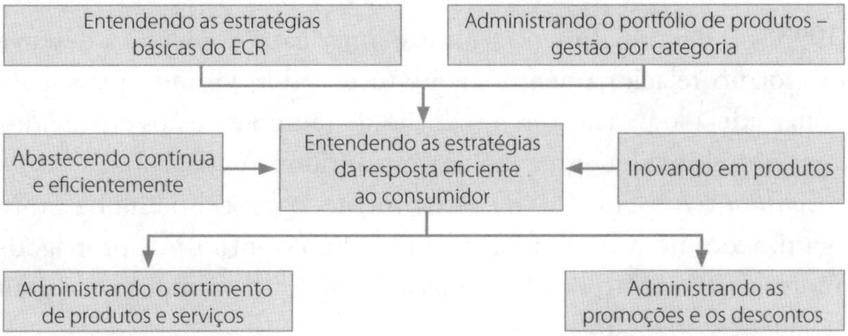

Fonte: elaborada pelo autor.

6.1 VISÃO GERAL

Muitas técnicas do contexto de resposta eficiente ao consumidor (*Efficient Consumer Response* – ECR) já são bastante conhecidas e aplicadas em inúmeras empresas. O conceito ECR mostra como métodos e técnicas podem ser aplicados de modo integrado e colaborativo com o auxílio de novas tecnologias. O foco move-se para a otimização completa da cadeia com a meta de reduzir os custos e reagir de forma mais dinâmica às demandas e às expectativas dos consumidores.

Não resta dúvida de que a ECR pode fazer a diferença no mundo dos negócios, mas ele deve ser estrategicamente avaliado para depois ser implementado. Os benefícios que as organizações procuram são os convencionais: lucro, receita, participação no mercado e vantagem competitiva.

A criação de valor para o consumidor é a única maneira que a organização tem de se sustentar e alcançar o êxito. Nos últimos anos, a indústria tem enfrentado muitas ameaças, como a pujança dos autosserviços, a globalização, novos concorrentes, o advento da internet, a transformação digital e as expectativas dos consumidores cada vez mais crescentes, fazendo com que os mercados apresentem maior número de concorrentes, necessidade de redução de custos, velocidade na entrega de produtos e serviços, entre outros.

A indústria de bens de consumo tem se remodelado. Da mesma forma, a indústria automotiva, a eletrônica e os bancos tiveram de rever seus modelos nos últimos anos, em que a colaboração tem sido a tônica.

Nesse processo, não apenas a tecnologia é importante – muitos ainda creem que tudo muda por causa dela – mas também a confiança e a cooperação são requerimentos fundamentais para a vantagem competitiva.

O conceito de ECR baseia-se em quatro princípios básicos: abastecimento eficiente, sortimento eficiente de produtos, promoções eficientes e lançamento eficiente de produtos.

6.2 ESTRATÉGIAS BÁSICAS DA ECR

Em 1993, a indústria alimentícia norte-americana começou a desenvolver um conceito inovador no relacionamento cliente-fornecedor, visando principalmente obter a eficiência na cadeia logística com a redução de tempo e custos envolvidos no processo, a fim de gerar maior valor agregado ao consumidor. A esse conceito deu-se o nome de *Efficient Consumer Response* (ECR). Atualmente, o conceito está bastante difundido, e várias organizações no mundo foram criadas com o intuito de propagar sua filosofia e suas melhores práticas. No Brasil, temos a ECR Brasil, composto de grandes empresas da indústria e do comércio.

O principal objetivo da iniciativa do conceito ECR é otimizar a cadeia de valor.

6.2.1 Processos de ECR

A resposta eficiente ao consumidor é uma iniciativa conjunta entre o varejo e a produção com a finalidade de otimizar e sincronizar a cadeia de valor, desde o produtor até o consumidor final, dando a este a oportunidade de comprar o produto certo no local que lhe é mais conveniente, no momento em que precisa, na quantidade desejada e pagando o preço certo.

Essas afirmações são de tal complexidade que exigem cooperação entre as diversas organizações da cadeia nos aspectos logísticos e de mercado.

Os princípios básicos da ECR são abastecimento contínuo e eficiente, sortimento eficiente nas lojas, promoção eficiente e introdução eficiente de novos produtos.

6.2.2 ECR – evolução e objetivos

A ECR é a evolução de um conceito nascido de um relacionamento entre a Procter & Gamble e o Walmart, denominado *quick-response* (resposta rápida), e exige uma mudança significativa nos paradigmas de relacionamento entre o fornecedor de produto e o cliente. Essa mudança caracteriza-se pela forma como a cadeia de abastecimento deve trabalhar para responder às necessidades dos consumidores, forçando a existência de melhorias na relação entre o comércio e a manufatura. Essa melhoria pode ser obtida de várias formas, algumas delas definidas pela ECR como segue.

- Obter informações dos consumidores para efetuar o lançamento de produtos no mercado.
- Compartilhar informações do ponto de venda e efetuar estimativas de demanda em conjunto.
- Colocar no mercado produtos cuja variedade seja consistente em relação à demanda do consumidor.
- Realizar promoções viáveis, visando à redução de custos.
- Usar indicadores de desempenho para medir a eficiência dos processos.

A iniciativa é direcionada para a satisfação do consumidor. Trata-se da sincronização dos processos de demanda com o abastecimento. Para tanto, o entendimento dos hábitos e dos comportamentos dos consumidores é essencial.

O primeiro passo da filosofia ECR está vinculado ao entendimento das expectativas do consumidor. Em seguida, deve-se determinar quais ações serão executadas para atender a essas expectativas.

O principal objetivo da ECR é atingir a satisfação total do consumidor, pois é dessa forma que a vida longa dos negócios será assegurada. Para se atingir essa satisfação, é necessário um trabalho consistente e uma análise dos resultados com foco no consumidor. Esse processo apenas será assegurado por meio da colaboração e sincronismo da cadeia de demanda e abastecimento, além da formulação e implementação de estratégias amplas que melhorem os processos das diferentes cadeias, tanto no fabricante como no varejista ou atacadista.

Os conceitos de ECR auxiliam na obtenção da demanda por meio de um abastecimento efetivo, com rapidez e custos reduzidos. O grande objetivo é eliminar as barreiras que separam as cadeias de valor das organizações, sincronizando-as, melhorando-as continuamente, centralizando os esforços no consumidor final para que este possa dar o retorno esperado pelas organizações integrantes do ecossistema.

6.2.3 ECR – principais benefícios

QUADRO 6.1 Principais benefícios da ECR

Introdução de novos produtos	Promoções de produtos	Abastecimento de produtos	Sortimento de produtos
Redução do tempo de lançamento	Melhor definição dos alvos	Maior disponibilidade	Redução de redundância de produtos
Maior retorno em investimento	Maior retorno em investimento	Redução de custos	Melhoria na disponibilidade de espaço
Melhoria de qualidade	Colaboração na cadeia de demanda e abastecimento	Redução de capital de giro	
Redução de custos		Redução de ciclos de tempos	

Fonte: elaborado pelo autor.

6.3 ÁREAS DE FOCO DA ECR

Em termos de negócios, dois são os processos que alicerçam a ECR: a gestão da demanda e a gestão do abastecimento. A demanda, na realidade, é o agente que dispara todas as atividades físicas do abastecimento.

Esses dois processos são fundamentais para sua implementação. Nenhuma empresa pode se dar ao luxo de buscar o abastecimento contínuo se não entender e trabalhar os aspectos da demanda.

Além disso, o uso da tecnologia, a definição de indicadores de desempenho e a busca de relacionamento entre as organizações em um processo de colaboração são vitais para o sucesso do programa, mesmo que em iniciativas parciais.

6.3.1 ECR – gestão da demanda

A gestão da demanda, no contexto ECR, concentra-se na otimização do sortimento, da introdução de novos produtos, das promoções e na criação de valor para o consumidor.

Nas empresas atuais, existem muitos problemas relacionados ao lançamento de novos produtos, mas apenas parte deles é resolvida. Isso porque os modelos de negócio tradicionais não ajudam a resolver outra parte deles, uma vez que muitos provêm da falta de relacionamento entre as organizações que compõem a cadeia de valores.

FIGURA 6.2 Áreas de foco da ECR

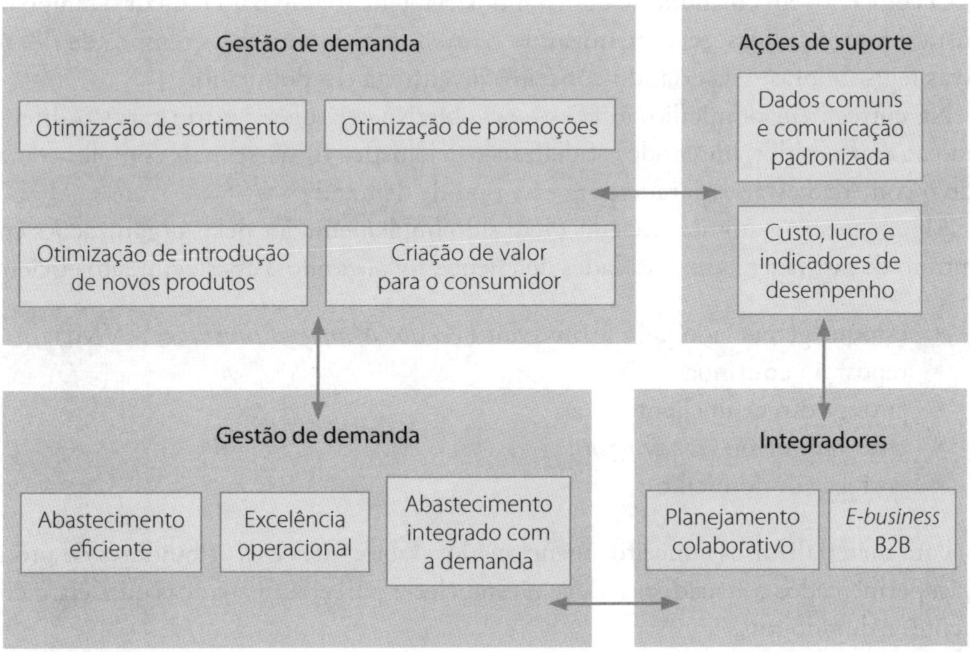

Fonte: elaborada pelo autor.

Testes de produtos para avaliar as reações dos consumidores e busca de comentários e *feedback* são oportunidades que não podem ser desprezadas e devem ser levadas em conta no desenvolvimento de novos produtos.

Embora bastante utilizadas, as promoções são um assunto controverso e seguramente muitos questionam sua existência, uma vez que podem provocar distúrbios e rupturas no fluxo físico da cadeia de abastecimento. Novamente, o volume de dados e o compartilhamento das informações podem levar a ações promocionais muito mais eficientes.

Ainda que as discussões de ECR dentro do processo de demanda estejam mais concentradas em promoções e introdução de novos produtos, o tema gestão por categorias tem sido o ponto focal da administração da demanda e, em particular, do planejamento de sortimento de produtos.

6.3.2 ECR – gestão do abastecimento

Na cadeia de abastecimento, o conceito ECR tem enfatizado dois aspectos muito importantes. O primeiro deles é a eficiência de todo o sistema por meio da redução das barreiras organizacionais, buscando a melhoria da eficiência global. O segundo aspecto está relacionado ao modelo no qual a demanda orienta toda a cadeia, puxando os produtos em vez de empurrá-los, como previa o modelo mais tradicional.

O comércio, em colaboração com a indústria, tem atuado para reduzir o tempo dos consumidores nas lojas, seja organizando o *layout* e melhorando os tempos de fila nas caixas registradoras, seja criando conceitos de entrega em domicílio.

Na entrega em domicílio, ainda que o objetivo seja oferecer um serviço diferenciado ao consumidor, buscando a fidelização, a logística torna-se mais complexa e nem todo o comércio está preparado para esse tipo de demanda.

Alguns mecanismos de eficiência têm sido implementados pelas organizações com o intuito de satisfazer às necessidades do cliente, focalizando o abastecimento eficiente:

- estoque gerenciado pelo fornecedor (*Vendor Managed Inventory* – VMI);
- reposição contínua;
- entrega direta ao cliente;
- *cross docking* ou *transit point*;
- entrega em domicílio.

Para materializar os conceitos mencionados, fabricantes e distribuidores de produtos (supermercados e atacadistas) devem estabelecer parcerias e alianças que sejam consistentes e duradouras.

6.4 TECNOLOGIA

A tecnologia avançada vem sendo aplicada para tornar o processo logístico mais eficiente e dar suporte a conceitos diretamente ligados à definição de ECR. Os sistemas de informação têm uma atuação importante em toda a cadeia de valor, mas ultimamente, com o advento da tecnologia digital, atenção especial vem sendo dada à sua utilização em diferentes áreas e setores, principalmente nos pontos de vendas, coletando dados que apoiam a elaboração da previsão de vendas, o controle de estoques e o planejamento de compras.

A utilização de código de barras nos *check-outs* dos supermercados é, portanto, fundamental para a redução do tempo de espera do cliente nas filas dos caixas, pois reduz as atividades que não têm valor agregado e, o mais importante, colabora para sincronizar o fluxo dos produtos ao longo da cadeia de abastecimento. O registro eficiente do consumo no ponto de venda permite reagir em tempo real, dando respostas velozes e com acurácia para o reabastecimento dos produtos.

A troca de informações pode ser efetuada por meio de *Electronic Data Interchange* (EDI) ou de outro processo tecnológico eficiente, demonstrado pelo uso da tecnologia na agilidade do fluxo de informação.

6.5 O CONSUMIDOR

Na realidade, um dos elementos que tem provocado a mudança do comportamento do mercado e obrigado as empresas a atuar de forma diferente são os consumidores, que têm alterado seus hábitos, tornando-se cada vez mais exigentes. A globalização e a abertura de mercado também obrigam as empresas a competirem pesadamente, levando à necessidade de redução de custos. Dessa forma, o sincronismo entre consumo e reposição é estratégico para obter a redução de custo e de tempo no ecossistema.

Para obter tais benefícios, a cadeia de valor precisa estar integrada, e as organizações precisam obter informações para monitorar o processo e atuar drasticamente nos pontos em que o fluxo apresenta deficiências. Organizações aqui não se limitam ao fornecedor e ao receptor de produto, mas inserem também outros agentes que integram a cadeia, como operadores logísticos e transportadores.

OBSERVAÇÕES

Não há dúvida de que a ECR pode fazer a diferença para as empresas em um mundo no qual a competição é cada vez mais acirrada. Contudo, as que buscam sua implementação estão atrás dos benefícios convencionais: lucro, aumento de vendas, maior participação de mercado e fortalecimento da competitividade. Essas empresas entendem que a criação de valor para o cliente ou consumidor, seja em produto, seja em serviço, é de fundamental importância e é o caminho mais seguro para que os negócios tenham sucesso.

Serviço é a palavrinha mágica para qualquer empresa.

As organizações estão passando por situações conturbadas – aquisições, novos concorrentes, internet, transformações nos modelos de negócios – e, com elas, o comércio eletrônico, permitindo que os consumidores abasteçam suas casas sem precisar nem mesmo ir aos supermercados ou a qualquer tipo de loja. Os novos concorrentes, com ideias mais originais, ao menos provocam movimentos interessantes no mundo dos negócios, de tal forma que presidentes e altos executivos de empresas teoricamente consolidadas fiquem em situação incômoda. Aliás, ninguém mais consegue permanecer em situação confortável, em qualquer ramo de atividade. A velocidade dos negócios exige constante vigília e movimentos desconfortáveis. Vivemos em um mundo com uma quantidade enorme de competidores e onde é possível imitar produtos, serviços, estratégias e processos a uma velocidade incrível.

A indústria automobilística viveu momentos de mudanças radicais nos últimos anos e continuará vivendo. Empresas chamadas vacas-leiteiras "incharam" e agora precisam rever os processos administrativos e enxugar suas estruturas.

Serviço é a palavrinha mágica para qualquer empresa. A diferenciação não está em apenas apresentar um produto, mas em se encaminhar ordenadamente para oferecer serviços. O cliente ou consumidor quer uma solução: solução para limpar a roupa com eficiência, solução para um banho perfumado e relaxante, solução para uma alimentação saudável, solução para se comunicar com alguém distante, solução para se deslocar com conforto e assim por diante. O consumidor tem informações muitas vezes mais completas do que aqueles que fornecem os produtos. Solução: produto aliado ao serviço é o que faz a diferença.

Elementos como visibilidade, rastreabilidade, integridade de produtos, qualidade e segurança devem estar seriamente inseridos nas agendas das organizações.

A visibilidade é a capacidade que as empresas possuem de mapear, ao longo da cadeia, suas peças, componentes e produtos, estejam eles em estoque ou em trânsito.

Algumas indústrias, principalmente de alimentos e itens farmacêuticos, necessitam lidar com a rastreabilidade, monitorando as etapas da cadeia logística e coletando informações de variações que podem interferir na vida útil do produto ou insumo. Essas anomalias podem provocar problemas de saúde, afetando a integridade da empresa e trazendo um devastador impacto à sua imagem e marca.

6.6 ADMINISTRAÇÃO DO PORTFÓLIO DE PRODUTOS – GESTÃO POR CATEGORIAS

A gestão por categorias é um processo cooperativo entre o fabricante e os canais distribuidores e tem por finalidade gerenciar categorias de produtos como se estas fossem unidades estratégicas de negócio. A gestão por categorias aproxima fornecedores de distribuidores, oferece oportunidades para melhorar as tomadas de decisão, torna as empresas mais eficientes, focalizando atividades que agregam valor ao consumidor. No entanto, o aspecto mais importante é que a gestão por categorias pode tornar uma empresa mais competitiva e mais lucrativa.

O gerente de categorias é responsável pelas decisões sobre o grupo de produtos, níveis de estoques, alocação de espaços em loja, promoções e compras, o que lhe dá oportunidade de entender e administrar todo o fluxo como um único processo.

Com foco nas vendas e nos resultados de um ou vários grupos de produtos, não só os de uma marca ou de um item, o gerente de categorias possui uma visão mais abrangente da cadeia de distribuição, do relacionamento entre fornecedores e distribuidores e do que pode ser feito conjuntamente para melhorar os resultados.

6.6.1 Componentes da gestão por categorias

A gestão por categorias tem sido classificada em seis componentes que se relacionam entre si; no entanto, dois deles são considerados fundamentais: a estratégia e os processos empresariais. Os outros, embora importantes, desempenham um papel de suporte para esses dois primeiros.

FIGURA 6.3 Componentes da gestão por categorias

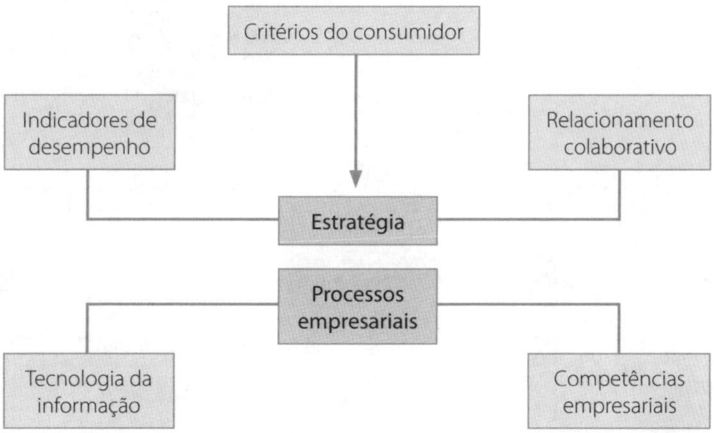

Fonte: elaborada pelo autor.

6.6.1.1 Estratégias

A estratégia refere-se às iniciativas efetuadas pela organização em relação aos colaboradores e tem por finalidade utilizar o conceito da gestão por categorias.

Para que a gestão por categorias seja realmente efetiva, é necessário que os executivos de fato se envolvam. Sair de um processo de classificação predominantemente orientado a produtos para categorias de produtos é um processo bastante complexo. A organização precisa reinventar-se para competir nesse novo ambiente. Essa transição é lenta, leva bastante tempo – de três a cinco anos.

Muitas organizações enxergam a gestão por categoria como um projeto, o que é um erro, pois se trata de um processo contínuo e envolvente. As áreas de vendas, marketing, tecnologia da informação, recursos humanos e distribuição devem estar extremamente envolvidas no processo. A gestão por categorias, se planejada de forma estratégica e com seriedade, pode levar à extinção de produtos ou mesmo à divisão da organização em unidades diferentes, com focos e recursos particulares.

FIGURA 6.4 Foco estratégico e opções/alternativas

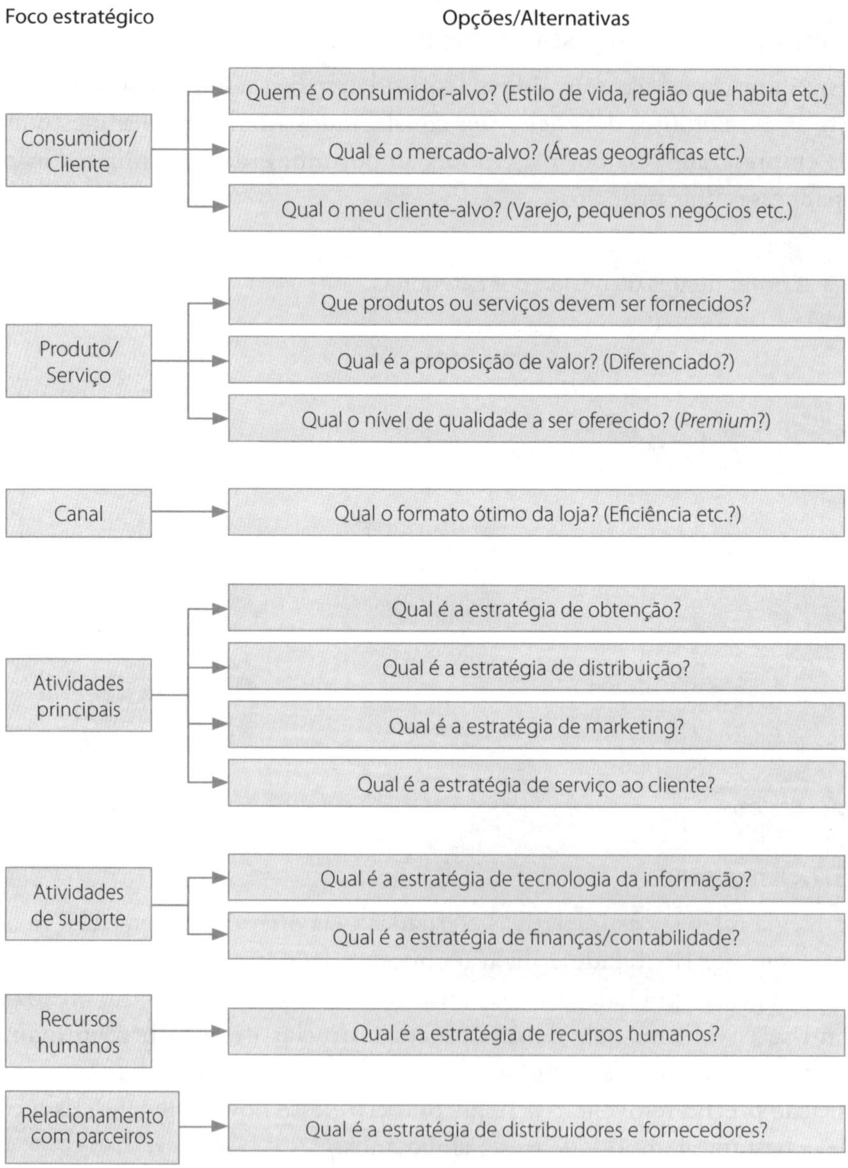

Fonte: elaborada pelo autor.

6.6.1.2 Processos empresariais

O processo de negócio na gestão por categorias equivale ao conjunto de atividades organizadas a fim de produzir um resultado que atenda às expectativas dos parceiros comerciais e dos consumidores.

FIGURA 6.5 Processos empresariais

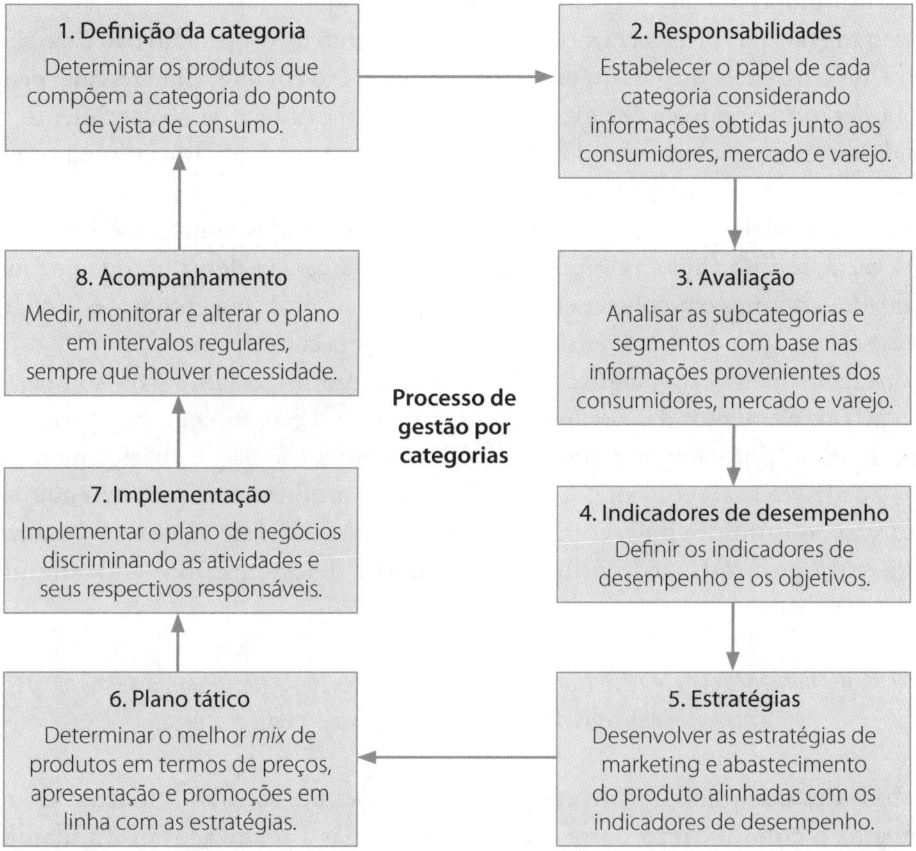

Fonte: elaborada pelo autor.

Os participantes do processo devem estar de acordo sobre como as atividades devem ser realizadas. Caso isso não ocorra, dificilmente os objetivos serão atingidos, uma vez que a "operacionalização" do modelo encontrará fortes barreiras.

6.6.1.3 Relações colaborativas

O relacionamento colaborativo entre o fornecedor do produto e o distribuidor é um dos componentes mais difíceis de obter em todo o processo. Essa cooperação entre as duas organizações não se limita simplesmente a uma aliança ou parceria, como muitas vezes ocorria ou ainda ocorre no mercado. Na verdade, é um processo mais amplo, no qual uma relação altamente confiável deve existir com o objetivo de produzir benefícios provenientes da categoria para as duas organizações, mas com a mentalidade de que o consumidor, por sua vez, também obterá vantagens.

Seguramente, por diversas razões, esse relacionamento de cooperação não é tão simples de construir e não se consegue em um piscar de olhos. No entanto, é interessante perceber que as diferentes organizações existentes no fluxo da cadeia de abastecimento estão gastando recursos tentando obtê-lo. Essa já é uma boa razão para iniciar uma conversa.

Constantemente, surgem inovações nas áreas do relacionamento empresarial. Termos como colaboração e cooperação têm sido utilizados com grande frequência, muitas vezes confundindo as várias organizações da cadeia de valor, que encontram dificuldades enormes em colocar em prática esses conceitos. No entanto, é fundamental a conscientização de sua necessidade para a própria sobrevivência.

O relacionamento cooperativo trará uma abertura importante para compartilhar ideias entre os elementos das organizações existentes no ecossistema. Não resta dúvida de que a gestão por categoria afetará positivamente a cadeia de abastecimento, tornando-a cada vez mais eficiente. Um fornecedor de produto deve produzir aquilo que de fato será consumido, pois, com isso, os custos da cadeia de valor serão reduzidos, criando-se assim um fluxo contínuo sem pulmões de estoque, o grande drama das organizações atuais.

O relacionamento cooperativo trará uma abertura importante para compartilhar ideias entre os elementos das organizações existentes no processo.

A base desse relacionamento cooperativo é respeito e confiança mútua. Comprometimento e comunicação entre a alta gerência das organizações é fundamental. As medidas de desempenho devem ser comuns e concordadas e, principalmente, deve haver boa vontade para compartilhar de maneira constante informações-chave, essência do processo.

Outro "chavão" importante nesse processo é a relação ganha-ganha. Ninguém, nem distribuidor nem fornecedor, entrará em um negócio como o gerenciamento por categoria porque o conceito é maravilhoso. Tanto um quanto outro só fará parte do processo a partir do momento em que estiver convencido de que auferirá lucros ou que, de alguma forma, isso lhe trará vantagem competitiva, pois investimentos serão necessários e ninguém investe sem que haja garantias de retorno.

6.6.1.4 Tecnologia da informação

As empresas necessitam de informação confiável para que a gestão por categoria possa funcionar adequadamente. Dessa forma, investimentos em tecnologia e sistemas são fundamentais para coletar e organizar os dados, uma vez que o gerenciamento por categoria é um processo fundamentado em análise intensiva de dados para a tomada de decisão.

Os sistemas existentes no mercado são muitos e certamente dão suporte a muitas das demandas da gestão por categoria. Aplicações para previsão de vendas, intercâmbio de dados, gestão de espaço, suporte para as tomadas de decisão, promoções, captura de pedidos, programas de abastecimento contínuo já estão disponíveis no mercado para sustentar as atividades do gerenciamento de categoria e outras práticas de negócio.

Tecnologias existentes, como "Internet das Coisas", código de barras, radiofrequência (RFID), *big data* e dispositivos móveis são mais que promessas: são agentes que estão facilitando o desenvolvimento das práticas de gestão por categorias.

6.6.1.5 Indicadores de desempenho

Os indicadores de desempenho e seus objetivos devem ser desenvolvidos conjuntamente entre os distribuidores e os fornecedores como parte do processo de planejamento da categoria.

A fim de disciplinar o progresso de gestão por categorias, ferramentas gerenciais de medição e monitoração devem ser implementadas. Essas ferramentas têm alguns objetivos fundamentais, a saber:

- disciplinar e organizar o processo de gestão por categoria;
- estabelecer um processo que permita comparar as categorias e as marcas das diferentes unidades de negócio, agregando os dados de tal forma que sejam úteis na tomada de decisão para fins estratégicos, análise financeira e planejamento;
- definir processos de promoção e prêmios interferindo no relacionamento com clientes e fornecedores.

6.6.1.6 Competências empresariais

Esse componente está vinculado ao desenvolvimento das competências principais por meio de uma estrutura organizacional apropriada, papéis e responsabilidades claramente definidos, desenvolvimento do conhecimento e das habilidades e de um sistema de motivação ou premiação atraente.

As habilidades necessárias são amplas e se relacionam aos seguintes tópicos:

- desenvolvimento da estratégia;
- conhecimento de mercado;

- administração financeira;
- vendas;
- tecnologia da informação;
- abastecimento de produtos;
- relacionamentos.

6.6.2 Considerações sobre a gestão por categorias

6.6.2.1 A empresa está preparada para a gestão por categorias?

Não resta dúvida de que a gestão por categorias é extremamente importante para a sobrevivência das empresas nos dias de hoje, pois se trata de uma revolução na forma de fazer negócio e, no futuro, os grandes líderes de mercado serão aqueles que a tiverem fortemente implementada.

Contudo, é necessário avaliar muito bem o contexto para aplicar a gestão por categorias tanto do lado da empresa como do canal distribuidor, atacadista ou varejista. Existem organizações comprometidas e competentes, assim como as que querem fazer parte do processo porque se trata de algo que está em evidência e, temendo ficar fora do mercado, envolvem-se sem a capacidade e o preparo necessários para a empreitada. Portanto, para obter sucesso nesse tipo de empreendimento, a organização deve realmente estar convencida de que a gestão por categorias é a melhor opção para sua empresa e atuar com conhecimento interno ou externo visando obter os melhores benefícios da prática.

6.6.2.2 Avaliar a percepção

O desenvolvimento de um plano para a implantação da gestão por categorias inicia-se com um processo de entendimento da forma como os distribuidores avaliam o grupo de produtos que a empresa possui. Essa avaliação é muito importante por duas razões.

1. Serão identificadas áreas de oportunidade e melhorias no processo.
2. O conhecimento das percepções sobre os produtos influenciará a forma como o plano será elaborado e apresentado.

As principais áreas a serem exploradas com os distribuidores são:

- definição da categoria dentro do segmento em que compete;
- percepção de produtividade, lucratividade e crescimento da categoria;
- principais problemas que a categoria apresenta do ponto de vista do canal distribuidor;
- uso da categoria pelos distribuidores.

6.6.2.3 Identificação dos benefícios da gestão por categorias

A gestão por categorias é uma inovação na forma de fazer negócios. Não há dúvida de que incrementa as vendas e os lucros. Contudo, deve-se medir seu desempenho considerando o alto investimento de recursos e as mudanças radicais que ocorrem tanto interna como externamente.

Os benefícios da administração por categorias devem ser definidos com clareza. É necessário identificar quais categorias oferecerão os melhores retornos, para que estas possam ser implementadas primeiro.

A gestão por categorias apresenta benefícios para os diferentes membros da cadeia de valor.

A gestão por categorias envolve grandes mudanças no perfil das pessoas. Esse aspecto não pode ser esquecido quando ocorrer a elaboração do plano relativo às iniciativas da administração por categorias.

FIGURA 6.6 Benefícios potenciais da gestão por categorias

Consumidor	Varejista	Fabricante
Mais eficiência na hora da compra - Melhor seleção de produtos - O produto está lá - Melhor acesso a preços - Produtos mais frescos ou novos - Produtos com qualidade - Acesso às promoções	**Melhor conexão com consumidores** - Facilidade na formação de preços - Estratégias orientadas ao consumidor - Melhor divulgação dos produtos - Melhor no *mix* de produtos - Melhor entendimento das necessidades do consumidor - Fidelização do consumidor **Melhor desempenho** - Melhor margem - Melhor utilização de espaços - Melhor lucratividade - Melhoria na competitividade **Melhoria no desempenho das operações** - Menos falta de produtos - Maior giro - Aumento do fluxo - Redução nos custos de manuseio - Redução nos custos de transação - Menos fornecedores	**Mais fácil de chegar aos consumidores** - Mais próximo do consumidor - Conhecimento do consumidor - Melhoria do nível de serviço - Melhor desempenho global **Promoções mais eficientes** - Lançamento efetivo de produtos - Custos mais baixos - Redução de investimentos em estoques **Promoções mais eficientes** - Participação - Penetração - Alcance mais amplo

Fonte: elaborada pelo autor.

6.6.2.4 O comprometimento da alta gerência

A gestão por categorias requer investimentos significativos dentro das empresas em tempo, dinheiro e esforço. Se não existir um comprometimento da alta gerência, entendendo que recursos necessitam ser investidos no processo, esse tipo de gestão pode estar fadado ao fracasso.

6.6.2.5 Orientar o processo ao consumidor

O processo deve ser projetado para entender as necessidades dos consumidores, atender a elas e identificar de que forma os canais de distribuição, principalmente o varejo, podem contribuir para tal. É fundamental que o canal varejista se torne o centro da gestão por categorias, sendo ele a origem principal de obtenção dos dados e tomada de decisão.

É interessante notar que muitas empresas pensam inicialmente no canal atacadista, deixando o varejo como segunda prioridade. No entanto, o canal varejista é uma fonte rica de informação relacionada ao consumidor e seus hábitos.

6.6.2.6 Investimento em tecnologia e treinamento

Treinar as pessoas certas é também outra atividade essencial. Um dos grandes riscos é a não compreensão das habilidades necessárias para implementar o processo e alocar pessoas não preparadas.

A gestão por categorias requer investimentos significativos dentro das empresas em tempo, dinheiro e esforço.

A gestão por categorias traz uma vantagem importante para as organizações, pois atualiza as habilidades das pessoas, independentemente dos seus conhecimentos, dando a elas a possibilidade de aprender de fato como se administra o negócio dada a visão integrada de processo.

6.6.3 Gestão por categorias *versus* cadeia de demanda e de abastecimento

Existe uma relação bastante forte entre a gestão por categorias e a administração da cadeia de demanda e de abastecimento. Os temas podem ser divididos em dois segmentos: fluxo físico de materiais e produtos e fluxo de informação.

6.6.3.1 Fluxo físico de materiais e produtos

Já dizia Michael Porter, em 1985, que a vantagem competitiva pode ser medida pelo desempenho dos custos e da eficiência em comparação com a concorrência.

Competir significa efetuar um balanceamento entre ter o melhor desempenho e o melhor custo, pois é uma escolha orientada para o negócio. Um fornecedor pode, por exemplo, estabelecer como meta ter um nível de serviço elevado e, ao mesmo tempo, ter os custos logísticos em patamares extremamente baixos. No passado, as organizações buscavam esse ponto de equilíbrio por meio de negociações diretas com fornecedores e compradores. Atualmente, existe uma tendência que envolve toda a cadeia de valor, expandindo os limites e quebrando as barreiras na busca de processos colaborativos. Essa tendência nasceu das ideias revolucionárias de pessoas como Porter com o "discurso" da cadeia de valor.

O modelo antigo da cadeia de abastecimento levava a um relacionamento pontual entre as organizações. No modelo atual, a visão se estende a toda a cadeia, chegando até o consumidor ou cliente final.

A coordenação de negociações pontuais, no processo de barganha, gera desvantagens significativas para as organizações, como:

- estoque alto, elevando os custos financeiros;
- flutuações desconhecidas de demanda, criando instabilidade na cadeia, afetando a produção, o transporte e os níveis de estoque. Quando, por exemplo, os consumidores consomem mais sorvete em virtude das temperaturas propícias, uma enxurrada de pedidos pode chegar à manufatura, provenientes de todos os lados da organização, apenas para garantir vendas. O tempo muda, e os estoques no centro de distribuição e nas conservadoras (pontos de venda) elevam-se extraordinariamente. Os clientes freiam seus pedidos, o centro de distribuição está abarrotado de produto e a manufatura tem de parar sua produção. Os custos desse efeito são elevadíssimos. Isso pode acontecer com muitos produtos; cervejas e refrigerantes são outros exemplos.

As flutuações de demanda não planejadas elevam os estoques, afetam a produção, reduzindo o desempenho e elevando os custos da cadeia.

- As promoções de vendas mal esquematizadas podem levar a flutuações geradas pela própria organização. Os vendedores podem desovar quantidades extras de produtos, entupindo o mercado ou afetando os recursos produtivos. Todo o sistema precisa estar sincronizado interna e externamente. Com certeza, muitas organizações dirão que seus fornecedores não estão preparados para tal alinhamento. Ou se preparam ou desaparecem!

- Os processos logísticos podem complicar-se quando não existe planejamento adequado para, por exemplo, desembarque/descarga de produtos. Filas de veículos, caminhões ou outros significam desperdício de dinheiro em ativos parados e constituem clara demonstração de desorganização. Pode-se adicionar ainda a esse elemento características de trânsito nas grandes cidades, nas quais os recursos de transporte podem ser mal aproveitados.

Intervenções precisam ser realizadas na cadeia de valor, tanto no fluxo físico como no nível de informação, para otimizar o sistema de distribuição física de forma abrangente, desde o fornecedor até o consumidor dos produtos, incluindo todos os passos intermediários.

Vários são os conceitos que foram desenvolvidos com a finalidade de reduzir os custos de distribuição.

- Centros de distribuição centrais ou regionais são utilizados para armazenar produtos provenientes de diferentes plantas ou empresas, mantendo certo nível de estoque.
- O *cross docking* permite que veículos provenientes de diferentes locais entreguem os produtos em um centro de distribuição. Posteriormente, esses produtos são transferidos para uma área de carga na qual os caminhões estão prontos para serem carregados, para uma entrega consolidada. Essa ação permite redução de custo, uma vez que a consolidação dos produtos possibilita que um único veículo faça a entrega de produtos oriundos de diversos pontos em um único ponto de venda.
- A distribuição direta permanece como alternativa no caso de redução de custos para entrega direta ao centro de distribuição do cliente, quando o volume for suficientemente grande para uma carga completa proveniente da planta.
- Terceirização é um processo bastante utilizado, no qual os operadores logísticos são contratados para administrar os armazéns, incluindo estoques e despachos.

O processo logístico pode apresentar ineficiências importantes decorrentes de:

- limitação de armazenagem em paletes com relação à altura;
- longas filas de espera para carga e descarga, um processo muito comum no Brasil;
- manuseio excessivo de material nos armazéns ou centros de distribuição;
- veículos transitando vazios, sem aproveitamento de carga no retorno à origem;
- problemas de sequenciamento de cargas no interior do veículo, quando existem múltiplas entregas.

Na gestão por categorias, o fluxo físico da cadeia de abastecimento é importante. Um gerente de categorias deve ser responsável pelos custos e pelo giro de estoque. Como, no processo logístico, as reduções de custos são possíveis, a interação do gerente de categoria com essa área deve ser uma de suas prioridades.

6.6.3.2 Fluxo de informação

Naturalmente, onde existe fluxo físico de produtos, existe fluxo de informação: faturas, notas fiscais, pedidos, dinheiro, entre outros. Manter um fluxo organizado das informações também pode trazer benefícios importantes.

O fluxo de emissão de faturas – que devem ser emitidas, checadas no ponto de origem e no ponto de destino, e pagas – e outras atividades de baixo valor agregado ocupam um enorme tempo administrativo. Estudar o fluxo e eliminar atividades podem dar mais velocidade ao processo. O mesmo ocorre com a emissão de pedidos de papel, quando um vendedor toma nota do pedido e o envia para uma central a fim de efetuar a digitação em um sistema qualquer. A possibilidade de automaticamente repor estoques ou utilizar equipamentos tecnológicos pode trazer benefícios importantes.

O fluxo de informação deve ser estudado de forma ampla, e não pontual. Decisões tomadas sobre informações parciais ou com visão curta podem levar a erros drásticos e aumento indesejável de custos.

No processo de categorias, a cadeia de valor como um todo deve ser analisada para que possa ser otimizada. De início, deve-se avaliar todo o ciclo de pedido, que, basicamente, consiste em duas partes:

1. troca de informações entre as organizações (fornecedor, cliente e transportador) e como elas são processadas, entendidas e utilizadas;
2. atividades físicas de transporte, carga, descarga e restrições logísticas.

Para o processo comportar-se de maneira adequada, as informações pertinentes aos pedidos devem ser conhecidas com antecedência para que se possa planejar adequadamente a entrega. Utilizar veículos grandes para pedidos pequenos leva a custos indesejáveis. Submeter-se a despachos urgentes equivale a reduções de receita.

Decisões tomadas com base em informações parciais ou com "visão curta" podem levar a erros drásticos e aumento indesejável de custos.

Os conceitos de ECR baseiam-se no fato de os produtos não serem empurrados pela manufatura, mas, contrariamente, puxados pelos consumidores por meio da cadeia, e o abastecimento faz-se necessário de acordo com as quantidades vendidas. Para aplicar esse conceito, podem ser utilizados leitores ópticos nos pontos de venda.

Esses dados alimentam um sistema central, deduzindo a quantidade do estoque e gerando automaticamente pedidos quando há necessidade de reposição. O processo pode ser contínuo e alimentar o sistema do fornecedor ou pode, antes, passar por um processo administrativo e operacional para que se tome a decisão de pedir ou não, levando em conta as características de consumo, como sazonalidade e promoções.

6.6.4 Mudança cultural

A introdução da gestão por categorias, assim como todos os conceitos provenientes da ECR, demanda uma mudança cultural bastante grande e necessita de um comprometimento dos executivos da organização. Esse processo requer modificações na estrutura da organização, nos processos de trabalho, nos sistemas que dão apoio às transações e suas informações. Aliás, informação é o ingrediente fundamental para o sucesso da iniciativa, pois não há como analisar o desempenho dos produtos se não houver informação disponível.

As informações precisam ser compartilhadas entre as organizações da cadeia de valor; portanto, confiança mútua e abertura são requisitos fundamentais, uma vez que dados confidenciais serão trocados.

Trata-se de um processo lento, que não acontece da noite para o dia. Os benefícios, contudo, são significativos. No entanto, esforço e determinação das organizações participantes do processo são fatores essenciais para o êxito.

A colaboração entre os parceiros de negócio é um componente fundamental na gestão por categorias. Iniciativas como custo com base em atividades e satisfação das necessidades dos consumidores são elementos que ultimamente têm recebido atenção especial.

6.7 INOVANDO EM PRODUTOS

A introdução de novidades também faz parte do processo de resposta eficiente às necessidades dos clientes e dos consumidores. Estudos demonstram falhas muito sérias no ciclo de desenvolvimento e lançamento de produtos, que nem sempre considera a complexidade que isso pode acarretar à cadeia de demanda e/ou de abastecimento. Do ponto de vista de oportunidade, há espaço para melhorar esse processo. Os fatores mais relevantes que devem orientar a inovação de produtos são:

- entendimento de mercado e introdução de produtos que efetivamente tragam valor aos clientes e aos consumidores – os produtos devem ser vistos como soluções;
- desenvolvimento de um processo de divulgação e distribuição efetivo, fazendo que o cliente experimente o produto e torne a comprá-lo, dependendo do caso. Isso significa manter o produto em local certo para que possa ser encontrado com facilidade.

6.7.1 Lançamento de produto

Esse componente da ECR preocupa-se basicamente com o desenvolvimento e o lançamento de produtos ou serviços com base nas necessidades de uso ou consumo. Dois dos objetivos desse processo são:

1. trabalhar as causas que provocam falhas no processo de introdução de produtos e serviços e que geram incremento nos custos;
2. agilizar o processo da cadeia de abastecimento, melhorando o fluxo de informações e reagindo mais rapidamente à demanda.

Em ambas as situações, a meta é oferecer ao consumidor produtos e serviços com alto valor agregado, por um preço justo, buscando eliminar ineficiências que elevam os custos e criam impactos na cadeia final, e que tornam as soluções – produtos ou serviços – menos competitivas.

Existem várias formas de se introduzir um produto ou serviço no mercado, desde simplesmente efetuar uma melhoria em algo existente até trazer uma inovação que se caracteriza mais como um lançamento de algo totalmente novo. Ademais, existem introduções relacionadas às variações. Tomemos como exemplo o xampu, com suas variações múltiplas para diferentes tipos de cabelos e suas combinações com condicionadores. Os sabonetes, o leite com variados teores de gordura, como o ômega-3, e os refrigerantes normal e *light* são outros exemplos, entre muitos, que se enquadram nesse conceito de variação de produto.

Outra característica importante é a sazonalidade ou o período do ano relacionado à introdução do produto. Dependendo do comportamento de consumo, o lançamento deve estar totalmente vinculado ao período correspondente à demanda. Inovações em sorvetes devem ser lançadas no verão; produtos relacionados à moda devem estar vinculados às diferentes estações; materiais escolares têm maior demanda nos períodos de volta às aulas.

O trabalho de introdução de novos produtos deve ser estendido também ao canal de distribuição ou de venda, para que se obtenha maior eficiência no processo. As chances de sucesso aumentam quando o trabalho é feito conjuntamente, minimizando as decisões erradas.

6.7.2 Por que lançar novos produtos?

Há jargões no mercado que chamam a atenção, como aquele que diz que "em time que está ganhando não se mexe".

FIGURA 6.7 Processo macro de lançamento de produtos

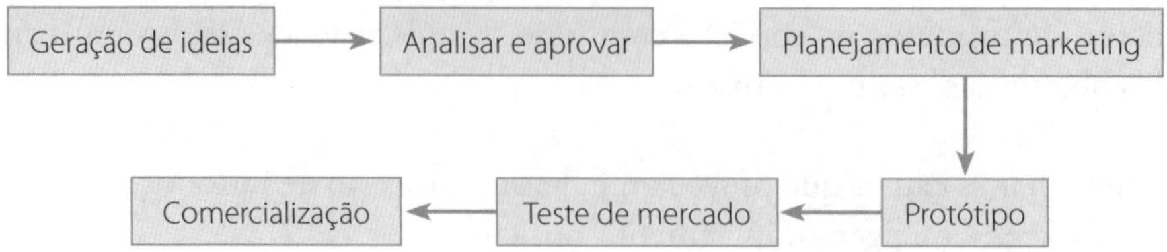

Fonte: elaborada pelo autor.

Desenvolver um produto é uma operação extremamente cara. Para que inovar se o produto está vendendo e tem boa participação no mercado? Vale a pena arriscar o negócio?

Existem fortes razões para inovar e desenvolver novos produtos, entre as quais:

- o aumento das vendas e dos lucros;
- a substituição de produtos obsoletos;
- as necessidades de clientes e consumidores em constante mudança;
- quanto menos inovação, maior tempo terá a concorrência para lançar um produto igual.

6.8 COMO ADMINISTRAR AS PROMOÇÕES E OS DESCONTOS

As promoções são fundamentais e a maioria das organizações de consumo e varejo utiliza esse conceito. Contudo, as ações devem ser eficientemente planejadas para atingir os resultados almejados. A importância do planejamento é grande, uma vez que serve para organizar as atividades, definir as datas para realizar promoções e programar como fazê-las. As estratégias de promoções são utilizadas para se obter ações eficientes e efetivas dos produtos, as quais afetam as diferentes partes da cadeia de abastecimento.

Basicamente, são três as técnicas de promoção para atingir e conscientizar o consumidor final: a propaganda, as ações de promoção diretas ao consumidor e as ações de promoção direcionadas ao comércio.

O grande objetivo pretendido pelo conceito da promoção eficiente de produtos é, com essas técnicas, tornar a cadeia de abastecimento mais eficiente e melhorar os investimentos realizados na área de promoções, buscando uma resposta rápida e clara por parte de clientes e consumidores.

A Figura 6.8 mostra o fluxo da cadeia de abastecimento e a relação existente entre as técnicas de promoções e as organizações do ecossistema empresarial.

FIGURA 6.8 Administrando promoções e descontos – Propagandas

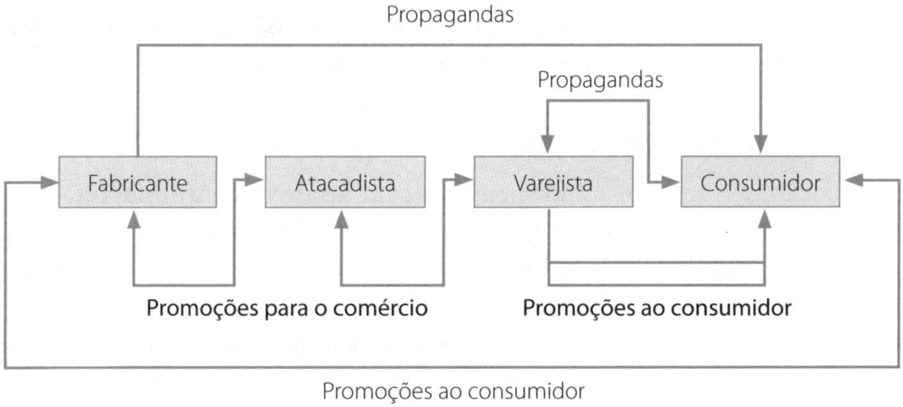

Fonte: elaborada pelo autor.

6.8.1 As técnicas de promoção

6.8.1.1 Propaganda

Esse tipo de promoção é orientado para o consumidor e aplica-se às ações de propagandas realizadas em televisão, rádio, internet, redes sociais, jornais e revistas, entre outros. Seu propósito é atingir os consumidores de forma ampla ou segmentada, com o objetivo de prepará-los para uma compra por meio da comunicação e retenção do contexto de produto, seja pelo valor agregado, seja pelo preço ou pela localização.

6.8.1.2 Promoções diretas ao consumidor

Essa técnica é parte importante das estratégias de promoções, uma vez que se aplica à realização de ofertas especiais que acompanham o produto, como cupons ou até outros produtos (por exemplo, detergentes acompanhados de sabonetes).

A importância do cupom nesse processo é que ele direciona o consumidor a ser mais fiel ao produto, uma vez que, ao comprar certa quantidade, no final, ele receberá um brinde ou um desconto.

As organizações de cartão de crédito têm se associado a outras grandes empresas – como a automobilística, e o acúmulo de pontos em função dos gastos efetuados e pagos com aquele cartão possibilita um desconto na compra de um veículo pertencente àquela empresa.

As empresas aéreas aplicam esse conceito em suas operações, evidenciando os ganhos de milhagem em função dos voos efetuados.

6.8.1.3 Promoções para o comércio

As promoções para o comércio afetam as transações comerciais realizadas entre organizações da cadeia de demanda e abastecimento, mas não afetam os consumidores. Tradicionalmente, estão vinculadas às ofertas e aos descontos.

6.8.2 Promoção no autosserviço

A promoção de produtos é indispensável para atrair os consumidores. Contudo, deve ser bem planejada e realizada para que os resultados e retornos sejam atingidos. Quase todos os supermercados, independentemente do número de *check-outs*, adotam a prática de promover a venda de produtos.

Uma promoção bem idealizada e implementada aumenta as vendas do produto em oferta e, ao mesmo tempo, eleva o fluxo de pessoas no estabelecimento, permitindo um crescimento das compras por impulso.

O planejamento da promoção garante bons resultados. Conhecer os hábitos e as preferências dos consumidores e os procedimentos adotados pela concorrência são aspectos fundamentais na seleção dos produtos a serem colocados em oferta e na definição de como ofertá-los.

Outra tática utilizada são as campanhas promocionais orientadas para as datas. Os supermercados promovem, com frequência, produtos em suas datas de aniversário. Alianças com os fornecedores devem ser feitas de maneira extremamente profissional, seguindo as bases da ECR.

6.8.3 Otimizando as promoções

Os fundamentos de ECR sugerem que cadeias de autosserviço e fabricantes trabalhem em conjunto para atingir a eficiência com o compartilhamento de informações, a fim de entender os benefícios e os custos envolvidos nas campanhas promocionais.

No contexto de gestão da demanda, a otimização das promoções é uma das mais importantes áreas a ser trabalhada pelos seguintes motivos:

- embora necessária e muito utilizada, a campanha promocional apresenta dificuldades para ser analisada;
- a atividade promocional é erroneamente vista como perda de receita por muitos estabelecimentos;
- a análise dos efeitos das promoções nos hábitos dos consumidores é uma necessidade a fim de se obter os resultados tangíveis e intangíveis de sua aplicação.

6.8.3.1 Analisando a eficiência da campanha promocional

É fundamental entender as melhorias causadas pela execução e organização das promoções. Os custos totais, assim como as receitas, devem ser mensurados para se obter os ganhos provenientes da promoção realizada.

Os custos promocionais devem ser contemplados em sua totalidade, considerando todas as áreas envolvidas no processo, bem como os custos logísticos. Algumas promoções exigem embalagem especial, transporte para terceiros para efetuar o trabalho especial, *displays*, negociações, espaços adicionais, entre outros. Essa avaliação deve ser efetuada, dentro do ecossistema, em todos os lados da cadeia – de demanda e de abastecimento – no fabricante e no autosserviço.

6.9 O ABASTECIMENTO CONTÍNUO EFICIENTE

O abastecimento eficiente de produtos trata de entregar de maneira adequada os produtos certos, no lugar certo, no tempo certo e na quantidade certa. É um processo orientado para as estratégias e as práticas logísticas que nascem com a demanda do consumidor. No fluxo logístico, os produtos podem seguir três roteiros:

1. roteiro da fábrica até o armazém ou centro de distribuição;
2. roteiro do centro de distribuição até o autosserviço ou varejo;
3. roteiro do autosserviço até o consumidor.

O grande objetivo da reposição contínua é integrar esses roteiros – independentes – em um processo logístico, criando uma trajetória mais eficiente e efetiva em toda a cadeia. Esse objetivo pode ser alcançado por intermédio de um trabalho colaborativo entre as partes do ecossistema e de vários métodos logísticos.

De maneira geral, existem dois tipos de fluxos: aquele em que os produtos vão do fabricante para o consumidor, e o fluxo ao qual não se dá tanta atenção e que tem o sentido contrário – a logística reversa –, que vai do consumidor para o fabricante.

No fluxo logístico, cuja trajetória vai do fabricante em direção ao consumidor, devemos considerar as seguintes práticas:

- abastecimento contínuo (do inglês *Continuous Replenishment Planning* – CRP);
- entrega direta ao autosserviço ou ao ponto de consumo (*Direct Store Delivery* – DSD)
- *cross docking*;
- transporte;
- sistemas de suporte a pedidos.

O fluxo que faz o caminho do consumidor até o fabricante, ou seja, a logística reversa, está relacionado aos paletes, às embalagens e aos contêineres vazios, aos produtos e materiais com defeitos e que necessitam ser reciclados. Em virtude da conscientização ambiental, esse tipo de fluxo tem recebido maior atenção.

Se fabricantes e distribuidores não trabalham juntos e de forma coordenada, em um processo de cooperação ou colaboração, custos inúteis são gerados. Um caminhão parado em um armazém, esperando para descarregar, significa um custo adicional que se incorpora ao produto e que é pago pelo consumidor.

Estratégias conjuntas entre fabricantes e distribuidores, como o estoque administrado pelo fornecedor (*Vendor Managed Inventory* – VMI), baseadas na geração automática de pedidos, possibilitam um reabastecimento muito mais eficiente em relação à demanda.

6.9.1 A demanda

A demanda de clientes e consumidores está em constante mudança. A cadeia de abastecimento deve estar preparada para atender a essas mudanças o mais rápido possível, objetivando uma grande flexibilidade. Essa preocupação não existia antes dos anos 1990. O conceito de empurrar produtos e serviços para os clientes e consumidores deixava as empresas em situações muito mais cômodas. Hoje, o nível de competitividade entre as organizações em busca da lealdade do cliente e a evolução da tecnologia, que torna o ciclo de vida dos produtos cada vez mais curtos, obrigam as empresas a ser mais eficazes na administração da cadeia de abastecimento.

Carros e computadores têm, cada vez mais, ciclos de vida incrivelmente curtos. Não se pode mais levar anos para desenvolver os produtos. Eles tornam-se obsoletos rapidamente. Ser eficiente no abastecimento exige respostas de toda a cadeia. Produções elevadas de computadores e erros de previsão de demanda de produtos podem levar a elevados *write-offs* – obsolescência de produtos –, uma vez que vão "encalhar" e não mais serão vendidos, pois a próxima onda já estará em evidência.

Com esse panorama e sua importância no contexto da competitividade, a melhor alternativa é manter-se próximo dos clientes e fornecedores. O foco é o cliente. Para tanto, é necessário saber o que ele quer, quando, quanto, onde e fazer a entrega rapidamente. Essa é a essência da cadeia de abastecimento e de demanda.

Para uma boa administração da cadeia de valor, é fundamental o entendimento do processo de demanda. A disponibilização de dados confiáveis permite às empresas efetuar um planejamento mais eficaz, de forma que possam reagir mais rapidamente às mudanças de mercado e às necessidades dos clientes. Assim, o ressuprimento com base na demanda traz possibilidades de benefícios importantes para as empresas, como redução do nível de estoque, melhor rotação de produtos e aumento de produtividade.

6.9.2 Colaboração

Nos últimos anos, temos presenciado uma importante mudança de paradigma nas organizações. As estratégias das empresas mais avançadas estão evoluindo de foco interno, centradas em custos, para estratégias colaborativas, com foco no aumento de receita. Ao mesmo tempo, essas empresas mantêm uma preocupação constante com os elementos que não agregam valor à cadeia de negócios, em busca também da redução de custos.

A tecnologia da informação tem tido um papel fundamental nessas estratégias. A internet e as aplicações que otimizam a cadeia de abastecimento proporcionam um valor importante a essas organizações. Contudo, ainda que a tecnologia esteja permitindo esse avanço, muitas barreiras culturais, pessoais e até de processos são encontradas.

No processo de colaboração, tanto fabricante quanto distribuidor podem, com compartilhamento de informações, melhorar as estimativas de vendas, as promoções, os planos de transporte e os planos de ressuprimento.

6.9.3 Abastecimento eficiente

O abastecimento eficiente é um dos pilares da filosofia ECR. Seu objetivo é reduzir os custos da cadeia de valor. Muitas melhorias nas atividades operacionais podem ser obtidas pela forma como se abastece uma loja ou um estabelecimento.

FIGURA 6.9 Abastecimento eficiente

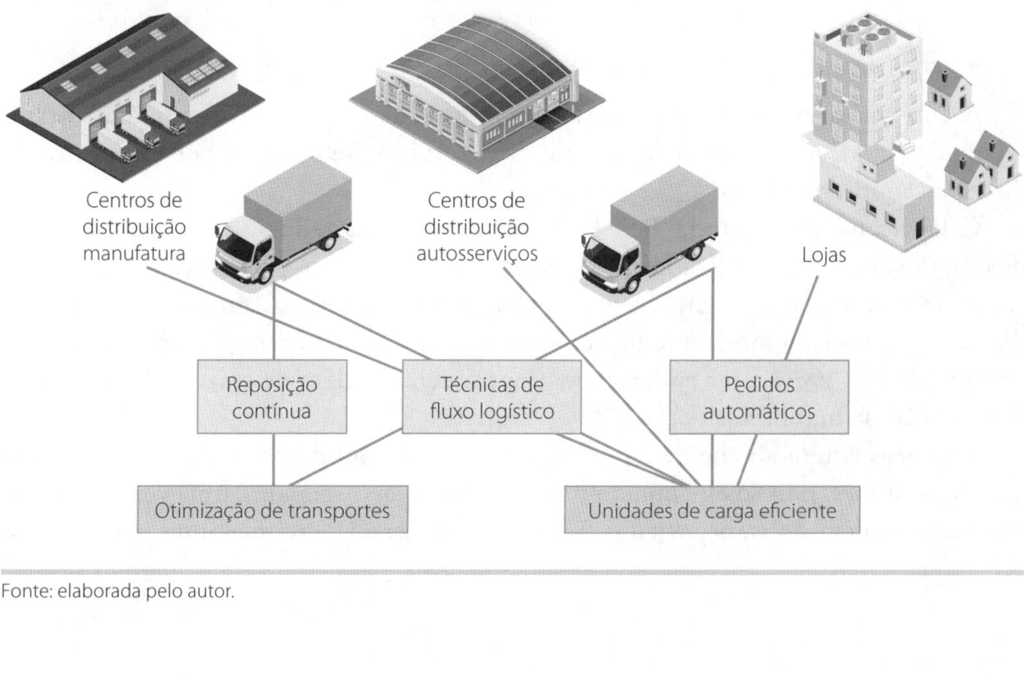

Fonte: elaborada pelo autor.

6.9.3.1 Reposição contínua

Um dos temas mais importantes do abastecimento eficiente relaciona-se à reposição contínua. Responsável pelo movimento dos produtos pela cadeia de abastecimento, ela tem o objetivo de criar um fluxo contínuo mais frequente e com lotes de tamanhos menores, possibilitando que os autosserviços tenham níveis de estoques reduzidos. A vantagem da redução de estoques é baixar os custos de capital e diminuir o tempo de entrega dos produtos. Os custos operacionais também podem ser reduzidos por conta da redução de manuseio dos produtos. Os níveis de serviço podem melhorar, uma vez que haverá menor falta de produtos. Os estágios da reposição contínua são:

- determinar o pedido de cada produto com base nos dados de vendas obtidos das caixas registradoras;
- processar os pedidos nos centros de distribuição;
- movimentar os produtos do centro de distribuição para o ponto de consumo.

Esses passos ou estágios, desde que bem coordenados, podem reduzir erros e criar um processo contínuo.

Tecnologias existem para auxiliar e dar suporte a esse processo, por exemplo, com a leitura de dados nos pontos de vendas (*scanners*) e a troca eletrônica de dados. Isso pode dar mais velocidade à emissão dos pedidos e reduzir erros no seu processamento em virtude da padronização da informação.

A reposição contínua somente funcionará quando todas as partes do ecossistema estiverem prontas para trocar informações, principalmente de vendas.

6.9.3.2 Entrega direta ao cliente

A entrega direta ao cliente consiste em entregar os pedidos eletrônicos diretamente dos fabricantes para as lojas e aos autosserviços, sem passar por um centro de distribuição intermediário.

O fabricante pode, ainda, beneficiar-se dessa prática reduzindo os erros de pedidos, uma vez que são utilizados processos mais automáticos. A redução de papel no fluxo de comunicação significa mais velocidade e benefícios tangíveis. A entrega direta está associada ainda à redução do tempo de ciclo de entrega do produto, uma vez que ele não precisa ser endereçado a outro centro, além de trazer o benefício da diminuição de manuseio.

A entrega direta ao cliente é privilégio apenas dos produtos que são vendidos em grandes volumes, pois só eles podem trazer as vantagens esperadas, uma vez que cargas completas podem ser transportadas. Sabão em pó, cerveja e refrigerantes são produtos que se enquadram perfeitamente no modelo de entrega direta com movimentações rápidas e altos volumes. Cuidados especiais devem ser tomados na seleção dos produtos para incluí-los no modelo, pois alguns deles podem aumentar os custos de transporte.

6.9.4 *Cross docking*

O *cross docking* considera a movimentação de produtos no centro de distribuição com o mínimo manuseio possível. Os produtos que, vindos da fábrica, chegam no centro de distribuição não são armazenados, como ocorre nas formas convencionais de estocagem. Eles são movimentados para caminhões estacionados nas áreas de carga – docas – e dali são deslocados para os clientes. Essa prática diminui sensivelmente os custos de armazenagem e o manuseio dos produtos. Além disso, ocorre a redução do tempo de entrega. Os benefícios originados no processo podem ser repassados aos consumidores ou incluídos nas margens do produto, dependendo da estratégia da empresa.

A prática do *cross docking* está associada à movimentação de produtos em paletes completos. Os benefícios somente serão obtidos quando os clientes requererem paletes inteiros, sem quebras. Existem situações em que o *cross docking* é realizado apenas parcialmente, com partes de produtos paletizados sendo deslocadas para outros paletes.

Nos dois processos, o produto não é armazenado, o que elimina a função de estocagem do centro de distribuição.

Esse processo exige colaboração e cooperação entre as partes envolvidas. A perfeita coordenação do fluxo de informação é o elemento-chave. O centro de distribuição necessita saber que produtos chegarão para montar a carga dos veículos.

Novamente, a disciplina na troca de informações entre as partes é fundamental para que o processo possa fluir com qualidade. Sem informações, os programas de transporte e de ocupação das docas de carga podem ser prejudicados.

O *cross docking* deve ser aplicado em produtos que tenham tempo de entrega curto e cuja quantidade seja capaz de preencher paletes a fim de otimizar o transporte.

6.9.4.1 Transporte

A atividade de transportar os produtos tem participação significativa nos custos logísticos e está associada à seleção, movimentação e entrega dos produtos. Transportar significa movimentar o produto de um ponto a outro; portanto, mais de uma parte está envolvida no processo. Isso significa que, uma vez mais, deve existir colaboração entre os membros do ecossistema para garantir o fluxo perfeito e obter os resultados de melhoria buscados entre as partes, sejam eles tangíveis, sejam intangíveis.

Arranjos físicos e investimentos nas atividades de carga e descarga, como docas e equipamentos de logística, são fundamentais para obter as vantagens no processo.

Rápidas respostas das empresas logísticas – transportadoras –, com a utilização de tecnologia da informação e o uso correto das capacidades dos veículos, podem estabelecer as vantagens logísticas. Sistemas de rastreamento e planejamento de roteiros podem ser aplicados para aumentar a eficácia do abastecimento.

6.9.4.2 Sistemas de suporte aos pedidos

A emissão de pedidos por computador é um meio importante e traz maior eficiência à cadeia logística.

O objetivo dos sistemas de pedidos é processar os pedidos com maior velocidade e precisão. Essa prática reduz os erros, pode diminuir o tempo de processamento e faltas de estoque.

6.9.5 Estoque gerenciado pelo fornecedor

O estoque gerenciado pelo fornecedor (*Vendor Managed Inventory* – VMI) é uma iniciativa de negócio que inclui processos organizacionais como forma de otimizar a cadeia de abastecimento, na qual o fabricante é responsável por manter os níveis de estoque do cliente ou distribuidor. O fabricante tem acesso às informações de estoques do cliente e é responsável pela geração do pedido de compra, decidindo quais itens enviar, em que quantidade e quando – naturalmente, segundo regras previamente estabelecidas.

Para se ter uma melhor compreensão do processo, dois modelos de negócio são apresentados a seguir: um convencional e um que utiliza essa prática.

6.9.5.1 Modelo tradicional de negócio

Quando o distribuidor ou cliente necessita de um produto, ele faz um pedido para o fabricante ou fornecedor. Nesse caso, o cliente tem total controle sobre o que está requisitando, como data de entrega e tamanho do pedido. Ele é o responsável pela manutenção dos níveis de estoque.

6.9.5.2 Modelo com o estoque gerenciado pelo fornecedor

O fabricante recebe os dados via meio eletrônico – internet ou EDI –, no qual estão listadas as vendas efetuadas pelo distribuidor e os níveis existentes de estoque por *Stock Keeping Unit* (SKU). O fabricante ou fornecedor, nesse caso, é responsável pela criação do pedido e pela manutenção do plano de abastecimento do cliente ou do distribuidor com base nos volumes vendidos. Nesse modelo, o fornecedor é quem gera o pedido, não o cliente. É importante registrar que esse modelo não muda a propriedade do estoque; ele continua pertencendo ao cliente, diferentemente do conceito de estoque em consignação, em que o fornecedor coloca o estoque no cliente e continua mantendo sua posse. O pagamento não é efetuado até que o produto em estoque seja vendido e a receita seja obtida.

6.9.5.3 Objetivos de um sistema VMI

O principal objetivo desse conceito é obter uma eficiência bastante alta na cadeia logística, que possa permitir a redução de custos por meio de:

- uso adequado de espaço;
- reposição automática, evitando falta de produto;
- níveis de estoque adequados tanto do lado do canal distribuidor quanto do fornecedor.

A tecnologia da informação tem viabilizado a implementação do VMI com o desenvolvimento de aplicativos adequados e melhores linhas de comunicação de dados. A busca de maximização da eficiência na cadeia logística impulsiona a parceria entre os canais distribuidores e fornecedores de produtos.

Muitas empresas têm revisado suas malhas de distribuição, reduzindo o número de depósitos intermediários, visando atender os clientes segundo o conceito VMI direto de fábrica. Muitas variáveis devem ser levadas em consideração nesse contexto: o fator distância e a qualidade das rodovias; estratégia de nível de estoque *versus* serviço ao cliente; tecnologia disponível; e acurácia da informação.

Outra característica do VMI é sua associação e aplicação mais comum a segmentos de produtos perecíveis, os quais têm um ciclo de vida bastante curto e, mantidos em estoques excessivos, poderiam trazer sérios danos ao processo. No entanto, o VMI pode trazer benefícios também a outros tipos de indústria.

6.9.5.4 Componentes de um sistema VMI

Basicamente, o VMI é composto de dois processos fundamentais.

- Planejamento da demanda: permite a criação e a análise das previsões de demanda de forma mais precisa, usando um conjunto de ferramentas estatísticas.
- Ressuprimento: com base na previsão e na situação real do estoque, o sistema gera o pedido de ressuprimento, considerando valores de ponto de pedido, tamanho de lote e estoque de segurança. Do ponto de vista de transportes, o sistema deve levar em conta a capacidade dos veículos e a frequência de envio dos produtos, a fim de que ocorra uma otimização no programa de movimentação de cargas.

6.9.5.5 Como funciona um sistema VMI

O sistema deve acomodar as necessidades individuais de cada organização comercial e de suas redes de distribuição.

O VMI possui várias características de operação. A mais usual é aquela em que o sistema recebe do cliente dados de atividades dos produtos, tipicamente enviados por meio eletrônico.

Usando um modelo apropriado de previsões e fatores predefinidos, o sistema gera uma previsão de demanda. O fabricante/fornecedor pode ajustar suas estimativas baseando-se em outras variáveis de demanda existentes no mercado, como promoções e eventos especiais.

Regras de reposição, como tamanho de lote, estoque de segurança e capacidade de veículo, são aplicadas para gerar um plano de ressuprimento. O sistema gera, então, um pedido eletrônico que alimenta os sistemas internos do fornecedor do produto. Se o sistema estiver instalado no distribuidor, o pedido será enviado ao fornecedor/fabricante por via eletrônica. Nesse caso, uma confirmação de que o pedido foi recebido precisa ser gerada e o distribuidor/autosserviço é então notificado.

6.9.5.6 Benefícios

Os benefícios do VMI são numerosos, tanto para o fornecedor ou fabricante como para o cliente ou distribuidor (autosserviço).

Benefícios mútuos

- Redução de erros em virtude da transferência direta de dados, por via eletrônica, e eliminação de dupla digitação no processo. Por essa razão, a velocidade de processamento também é significativamente melhor, reduzindo os custos de administração de pedidos.
- Melhor serviço ao cliente final em virtude da manutenção do produto correto no momento em que o cliente final ou consumidor realmente precisar.
- Fortalecimento do relacionamento entre os envolvidos, propiciando o desenvolvimento de outras iniciativas em conjunto.
- Estabilização dos períodos de emissão de ordens de compra, que passam a ser geradas em tempo predefinido.

Benefícios para o cliente (distribuidor ou autosserviço)

Muitas empresas adotam o conceito do VMI seduzidas pela busca de benefícios, por influência das matrizes e até pelo fato de o conceito estar na moda na cadeia logística, caracterizando-se pelo avanço tecnológico.

No entanto, existe uma dificuldade muito grande em "vender" o conceito para os canais de distribuição. Não é fácil demonstrar ao canal distribuidor os benefícios que o VMI pode trazer, passando pelo aspecto de credibilidade e até pelo cultural, uma vez que quem passa a administrar o estoque passa a ser o fornecedor; portanto, quem vai controlar o que existe ou não na gôndola será o fornecedor do produto.

Eis algumas vantagens do VMI para os canais de distribuição:

- melhoria no nível de atendimento dos pedidos, reduzindo a falta de produtos e diminuindo os níveis de estoque;
- redução dos custos administrativos de requisições, uma vez que os pedidos são emitidos pelo fornecedor;
- elevação no nível de serviço;
- foco do fabricante em fornecer o melhor serviço, beneficiando o distribuidor;
- incremento na rotação dos estoques;
- redução dos custos logísticos com a eliminação de devoluções.

Eis alguns benefícios para o fornecedor (fabricante):

- visibilidade dos dados do ponto de venda, tornando mais fácil a elaboração das estimativas de vendas e, por conseguinte, possibilitando melhor planejamento de produção;
- incremento no nível de serviço ao cliente;
- eficiência na incorporação das promoções ao planejamento dos níveis de estoques;
- redução dos erros na emissão de pedidos, provocando uma redução no nível de retorno de produtos;
- visibilidade dos níveis de estoque na cadeia, auxiliando a identificação das prioridades.

6.9.5.7 Principais problemas com o VMI

Ainda que o VMI apresente muitos benefícios, alguns problemas devem ser considerados no momento da implementação, como segue.

- Interface eletrônica: muitos testes devem ser efetuados para garantir que todos os dados necessários sejam transferidos.
- Não basta vender o conceito à alta gerência de ambas as organizações; deve-se analisar se o conceito foi aceito e entendido por todos os funcionários que participam da execução do processo.
- Qualquer atividade que não esteja padronizada no processo deve ser imediatamente comunicada (as promoções e os eventos especiais são exemplos característicos).

- Um contrato deve direcionar o relacionamento de ambas as partes para eliminar dúvidas quanto às exceções, como a obsolescência de produtos e excesso ou falta de estoque.
- As partes devem entender que é necessário um período de aprendizado: nada é perfeito no início e erros acontecerão. Deve existir abertura e relacionamento suficientemente maduro para resolver possíveis falhas no processo.

6.9.5.8 Implementando o VMI

Para que o VMI seja realmente efetivo, tanto o fornecedor quanto o canal distribuidor devem considerar alguns requerimentos importantes. Capacidade para realizar uma previsão de consumo e abastecimento do produto é fundamental para o sucesso do programa.

Como primeiro passo, o canal distribuidor deve fornecer um histórico de vendas de cada item estocado. Sabe-se que essa informação, se disponível, nem sempre apresenta a confiabilidade desejada. Considerando a existência da informação e relativa confiabilidade, um bom sistema de VMI receberá as informações a fim de projetar as necessidades iniciais de fornecimento do produto.

Com intervalos apropriados, o aplicativo do VMI produz uma estimativa de abastecimento por item; além disso, o sistema deve também projetar os intervalos normais entre transportes. Sistemas robustos podem ainda projetar níveis de serviço ao cliente e custos relacionados à movimentação e ao recebimento dos produtos.

Quando o produto é vendido e registrado no ponto de venda, a transação entre o fornecedor do produto e o distribuidor é finalizada. Nesse momento é que se considera completa a atividade de comprar/vender entre fornecedor e distribuidor.

Duas transações podem ocorrer a partir desse ponto:

- o VMI reage à informação emitindo uma nova ordem de reposição;
- o VMI gera um aviso de cobrança para o distribuidor.

Um bom sistema de VMI deve ainda administrar múltiplos locais de estoques, possibilitando transferências entre eles.

Muitos são os aplicativos tecnológicos existentes no mercado que suportam o VMI; no entanto, a flexibilidade é um atributo importante, permitindo mudanças no *status* de uma ordem ou mesmo a emissão de uma ordem a qualquer momento.

Estimar pedidos para uma demanda específica não é suficiente, visto que muitas alterações podem ocorrer, provenientes de diversas fontes.

Possuir um sistema robusto de VMI, embora importante, não é suficiente para o sucesso do projeto. Outras características devem ser levadas em consideração, principalmente as relacionadas aos parâmetros do negócio, como frequência de abastecimento, nível de estoque a ser mantido, tempo de entrega, política de devolução, medidas de desempenho, custos incidentes no transporte, política de pedido mínimo e critérios de retorno de produto, se permitido.

6.10 COMO ADMINISTRAR O SORTIMENTO DE PRODUTOS E SERVIÇOS

O conceito do sortimento eficiente é simples. Corresponde a uma metodologia para identificar o número ideal de SKUs que deve ocupar um mínimo espaço para uma categoria de produtos que venha a satisfazer às necessidades do consumidor.

Teoricamente, pode-se dizer que a manutenção de dois itens de certa categoria – por exemplo, leites – provavelmente não satisfará todos os clientes. Tomando por base esse exemplo, a adição de mais marcas de leite a esse portfólio trará satisfação a mais clientes, aumentando as vendas e, por conseguinte, os lucros. Porém, se uma quantidade muito alta de SKUs de leites ocupar espaço da loja, o estabelecimento poderá exceder o número de itens que preencherá as necessidades dos consumidores. Essa quantidade levará obrigatoriamente a um baixo giro dos itens e ocupará um espaço significativo. Portanto, em algum lugar entre os extremos, está o número que representa o equilíbrio entre as necessidades e a satisfação dos clientes e a lucratividade.

FIGURA 6.10 Sortimento de produtos

Fonte: elaborada pelo autor.

A questão pertinente a esse processo é como selecionar eficientemente produtos para serem armazenados na loja, classificados por categoria, determinar o espaço que se deve destinar a eles e compor o sortimento e as variantes de tal forma que sejam completos, lucrativos e, ao mesmo tempo, atraiam os consumidores e satisfaçam às necessidades deles.

O sortimento eficiente corresponde a uma metodologia para identificar o número ideal de SKUs que deve ocupar um mínimo espaço para uma categoria de produtos que venha a satisfazer às necessidades do consumidor. O objetivo tático é aumentar as vendas, a rentabilidade e o giro de estoque.

6.10.1 Otimização do espaço de loja

O objetivo do consumidor, quando se desloca para uma compra ou consumo de algo, é a flexibilidade que o estabelecimento pode oferecer, acompanhado da disponibilidade dos produtos e dos serviços. Portanto, administrar o sortimento de produtos significa buscar eficientemente a utilização de espaço, com o intuito de manter a clientela e aumentar os lucros, evitando a falta de produtos nas gôndolas.

O arranjo físico das lojas passa pelo estudo de preferências dos consumidores. Embora possa parecer um procedimento simples, esses arranjos podem determinar a entrada ou não dos clientes nas lojas. Supermercados localizados em zonas de baixa renda não podem conter fachadas arrojadas e elementos que denotem luxo.

O planejamento da distribuição dos produtos na loja passa pela determinação do lucro do produto por certo espaço, que pode ser medido em metros quadrados ou metros cúbicos. Contudo, as necessidades do consumidor devem ser consideradas, uma vez que o valor dado ao produto pelo consumidor pode ser diferente do valor que ele gera quando é comercializado.

Para auxiliar a análise, são aplicados métodos de custeio e lucratividade. O custo com base em atividades é um método que relaciona os custos e os lucros com as atividades necessárias. Esse método ajuda a entender os custos e os lucros, possibilitando tomar decisões mais concretas e que tragam maior eficiência na administração do espaço físico.

Muitos pontos devem ser considerados no planejamento de produtos a serem distribuídos na loja, dentre os quais:

- cooperação: a colaboração e a cooperação entre as partes envolvidas na cadeia são fundamentais nesse processo;
- alocação de espaço: característica relevante no processo de distribuição dos produtos, que deve ser feita com base em dados confiáveis. A alocação está relacionada ao lucro por metro quadrado ou metro cúbico.

Normalmente, os estabelecimentos consideram os seguintes aspectos para a alocação de espaço:

- dados históricos de vendas;
- leitura dos produtos nas caixas registradoras;
- base de dados com os produtos da loja;
- dados demográficos.

Considerando-se ainda que, atualmente, diferentes tipos de cliente ingressam no estabelecimento, o local no qual se coloca os produtos não deve ser a única preocupação. Como o sortimento de produtos está fortemente vinculado à gestão por categorias, outros fatores devem ser analisados na definição do local, como faixa etária, sexo, nível de renda etc.

Essas informações não são fáceis de serem obtidas, mas com pesquisas e a colaboração dos fornecedores de produtos pode-se obter os dados que auxiliarão no entendimento do comportamento do consumidor em relação a determinado produto. Os fabricantes costumam fazer pesquisas relacionadas às necessidades dos consumidores e às regiões de consumo que poderão auxiliar no processo de sortimento eficiente.

6.10.2 Otimização de sortimento

A otimização de sortimento traz benefícios significativos. Inicialmente, a otimização começa com a visão das necessidades segundo a perspectiva dos consumidores, garantindo que as organizações envolvidas no processo, sobretudo o varejista, tenham um entendimento claro do que o consumidor deseja.

Como benefício adicional, a otimização determina as decisões que devem ser tomadas levando em conta as restrições do varejista.

De forma consistente, as organizações devem compartilhar informações e resultados entre si. Essa prática auxilia os fabricantes – fornecedores das categorias de produtos – a entender que tipo de mudanças devem fazer no produto, no preço ou na promoção para atender especificamente às necessidades do varejista.

Os fornecedores devem ser aliados dos varejistas e vice-versa para, em conjunto, alcançarem resultados do estilo ganha-ganha.

Outra característica que deve ser considerada no processo são os produtos de baixa rotatividade, que competem por espaço e não trazem lucro, podendo se tornar rapidamente obsoletos. Dessa forma, uma estratégia interessante é cortar os produtos que não giram, baixando os custos de armazenagem. Essa não é uma decisão fácil de ser tomada, mas deve ser considerada.

A otimização dos produtos leva a um giro maior, possibilitando um retorno superior com a utilização do mesmo espaço.

CONSIDERAÇÕES FINAIS

A busca pela eficiência nas organizações, principalmente aquelas voltadas para agilidade na movimentação de produtos, tem como ponto focal o consumidor. Conceitos como a ECR ajudam as empresas a romper barreiras entre os potenciais parceiros de negócios e a integrar as diversas funções internas eliminando silos e problemas que possam impedir o atingimento de resultados mais eficientes. O uso de tais conceitos leva as organizações a terem práticas que minimizem os prazos de entrega e possibilitem uma reposição contínua de produtos nos supermercados.

A obtenção de tais resultados leva a uma verticalização das atividades estratégicas e a um estudo profundo dos processos, internos e externos, culminando com a colaboração no ecossistema, criando alianças entre as empresas que possuem interesses claros em estreitar o relacionamento para atingir objetivos comuns. Fornecedores, fabricantes e varejo ou distribuidores devem estar em sintonia para atender o cliente e/ou o consumidor final.

CASO

HARLEY-DAVIDSON, UM MODO DE VIDA[1]

Com a evolução e a globalização da economia, organizações estão buscando formas diferentes de melhorar sua participação no mercado. Muitas empresas têm aprendido como vencer seus concorrentes por meio de uma gestão integrada com a visão holística, aplicando técnicas e modelos de negócios diferenciados, além de uma manufatura enxuta e uma cadeia de abastecimento efetiva. A Harley-Davidson é uma dessas empresas que tem desafiado as ideias tradicionais. No texto a seguir, o objetivo é demonstrar que, por meio de dedicação, competência e comprometimento, qualquer companhia pode seguir o exemplo da Harley-Davidson e alcançar seus objetivos.

História

A Harley-Davidson, empresa ícone no segmento de motocicletas, foi criada em 1903, por William Harley e dois amigos, Walter e William Davidson, que construíram suas primeiras três motocicletas em um galpão em Milwaukee, EUA. Em 1909, a empresa introduziu sua motocicleta no mercado; bastante rápida para aquela época, capaz de atingir velocidade de até 100 quilômetros por hora. No entanto, alguns anos mais tarde a competição se tornou mais dura. Durante a Primeira Guerra Mundial, a demanda por motocicletas dos Estados Unidos no exterior cresceu enormemente. Como consequência, na década de 1920, a Harley-Davidson assumiu a liderança em inovação para o segmento. A indústria, que foi prosperando depois da Primeira Guerra Mundial, foi diminuindo rapidamente, como resultado da grande depressão econômica. A Harley-Davidson sobreviveu graças às exportações e vendas para a polícia e militares, quando empresas concorrentes vieram a falir. Os anos 1950 foram tomados pelo espírito das motocicletas Harley. Em 1953, a Harley-Davidson era o último fabricante representativo de motocicletas que restava nos Estados Unidos. Em 2018, faturou

[1] Estudo de caso elaborado pelo autor com base em pesquisas de textos, entrevistas e vídeos disponibilizados em diferentes meios de comunicação, como televisão, internet, jornais e livros.

aproximadamente 5,7 bilhões de dólares. O crescimento está estagnado, mas vem tendo lucro linear ao longo dos últimos quatro anos.

As dificuldades

Em 1969, a Harley-Davidson foi adquirida pela *American Machine and Foundry* (AMF). Nos anos 1970, passou de 15 mil para 75 mil unidades por ano. Embora atingindo um volume muito alto, deixou para segundo plano o mais importante: a qualidade de seus produtos. As motos saíam de fábrica com problemas mecânicos básicos, como vazamento de óleo. A qualidade das motos ficava cada vez pior, mas sua demanda continuava alta, até a entrada das empresas japonesas, que foram responsáveis pela tomada de grande parte do mercado norte-americano e mundial.

A AMF colocou a empresa à venda no final dos anos 1970 em razão de uma redução bruta de vendas. Em 1981, treze membros da equipe de gestão de Harley-Davidson recompraram a empresa. No entanto, no primeiro ano, a procura global por motocicletas caiu dramaticamente e, por conseguinte, as vendas da Harley também continuaram a cair. Essa redução nas vendas resultou em um grande acúmulo de estoque de produtos não vendidos e, no primeiro ano, a recém-comprada empresa amargou um prejuízo de 32 milhões de dólares. A Harley tinha ciência de que já não seria capaz de continuar seus negócios mantendo seu atual nível de produção ao custo operacional praticado. Portanto, a produção foi cortada drasticamente, e mais de 1.800 dos 4 mil funcionários foram dispensados.

O renascimento

Em 1983, em um movimento para ajudar a indústria da motocicleta a se recuperar nos Estados Unidos, o presidente Ronald Reagan aumentou as tarifas para a importação das grandes motos japonesas, elevando os impostos de 4,4% para 49,4%. Esse incentivo, no entanto, valeria por cinco anos e reduziria gradualmente a cada ano.

Os negócios começaram a melhorar com a medida adotada pelo governo norte-americano, com um pequeno aumento nos lucros no ano de 1983. O futuro se mostrava cada vez melhor e, em 1984, a empresa teve um lucro de 3,9 milhões de dólares sobre um faturamento de 294 milhões de dólares. Problemas, porém, ainda existiam, como com bancos credores que quase os levaram à falência.

Após tantas dificuldades, os executivos da empresa voltaram-se para a fábrica de York, Pensilvânia, onde, depois de os próprios funcionários receberem opções de compra de ações da empresa e estarem produzindo melhor, a diretoria deu a eles o poder de decisão para fechar uma linha de produção, se esta estivesse provocando defeitos nas motos.

Em 1987, a empresa estava tão forte e segura de si, que chegou ao Comitê Internacional de Comércio Exterior e lhe pediu para retirar a lei de cinco anos de incidência de impostos aos fabricantes de motocicletas japonesas. Esta foi uma medida nunca adotada previamente por qualquer empresa do mercado norte-americano e fez com que, em maio do mesmo ano, o helicóptero presidencial pousasse na pista de testes da Harley, e o presidente Ronald Reagan descesse para fazer uma visita às instalações da fábrica. Ele ficou tão impressionado que se declarou publicamente um fã da marca. Foi aí que a Harley voltou ao mercado com força total. A partir de então, o *design* das máquinas evoluiu significativamente.

Os clientes

Em 13 de junho de 1998, fazendo um barulho ensurdecedor e formando um batalhão de trajes de couro preto e de cromados ofuscantes, mais de 50 mil motocicletas Harley-Davidson seguiram rumo ao leste dos Estados Unidos para o centro de Milwaukee, como parte das comemorações do 95º aniversário da empresa. Era uma imagem impressionante, respeitável por seu escopo e emocionalmente poderosa como mensagem: ter uma Harley tornava uma pessoa um membro de uma comunidade muito especial.

Para o cliente da Harley, a máquina é mais do que uma simples motocicleta, é um estilo de vida, uma obra de arte, um vínculo emocional com uma vasta e única comunidade.

Para se defender de um ataque agressivo desferido pelos concorrentes estrangeiros, a Harley-Davidson decidiu apoiar-se rigorosamente nos padrões de qualidade, estabelecendo um amplo sentido de comunidade em torno do produto e fortalecendo seus elementos mais importantes – empregados, revendedores e clientes. A empresa baseou-se fortemente nas estratégias japonesas para vencer. Três elementos são fundamentais: gestão, marketing e fabricação. Estes são levados muito a sério pela organização. Dessa maneira, a empresa renasceu e emergiu como uma marca capaz de ultrapassar uma série de limites, como: idade, sexo, renda, educação, grupo étnico e opinião política.

Questões para revisão

1. Explique o conceito de Efficient *Consumer Response* (ECR).
2. Quais são as vantagens de se aplicar a gestão por categorias? Por que a implementação desse processo afeta a totalidade da organização?
3. Por que é fundamental a participação de todas as áreas funcionais da organização na inovação e/ou lançamento do produto em sua fase inicial de desenvolvimento?
4. Se as promoções ajudam a vender mais, por que elas precisam ser bem planejadas? Todas as promoções dão certo? O relacionamento do autosserviço com o fornecedor é fundamental? Por quê?
5. Descreva o abastecimento eficiente, abordando conceitos e vantagens existentes em sua aplicação. O que é VMI?

7 Como a infraestrutura de transporte e movimentação afeta a cadeia de abastecimento

OBJETIVOS

Após a leitura deste capítulo, você será capaz de entender:

- ✓ fatores logísticos que afetam a cadeia de abastecimento;
- ✓ os fundamentos da administração de uma frota;
- ✓ por que unitizar as cargas;
- ✓ o uso da tecnologia da informação na área de transportes;
- ✓ por que priorizar também o futuro.

FIGURA 7.1 Infraestrutura de transporte

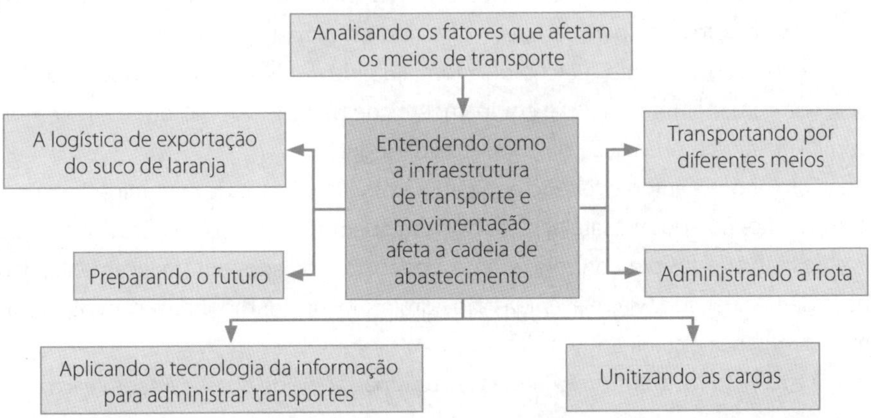

Fonte: elaborada pelo autor.

7.1 VISÃO GERAL

O fator logístico é um elemento primordial nas considerações da cadeia de abastecimento e na movimentação de produtos e materiais de um ponto a outro.

A ideia de movimento remonta aos tempos pré-históricos. A invenção da roda, por exemplo, nasceu seguramente da necessidade de levar e trazer coisas com esforço menor. Que diriam nossos antepassados se nos vissem agora transportando cargas e pessoas em aviões, trens, navios e caminhões em velocidades e quantidades surpreendentes?

O fundamental é que evoluímos. Preocupações antes não existentes são, hoje, essenciais para competir. Detalhes nunca imaginados são elementos de sobrevivência de empresas e pessoas.

A mudança de conceito de nômade para sedentário é outro aspecto importante. Nossos antepassados percorriam grandes distâncias para obter água e alimento. Nos dias atuais, a água vem até nós e os alimentos estão muito próximos. As necessidades continuam as mesmas, mas a forma de obtê-las sofreu radicais modificações.

Rodovias cortam os países de norte a sul, de leste a oeste. Aviões sobrevoam o espaço, indo e vindo e rompendo barreiras e fronteiras. Já chegamos à Lua. Cada vez mais desafiamos nossa capacidade de nos movermos para mais longe e mais rapidamente. As cadeias de abastecimento competem entre si e precisam ser menos custosas e mais eficientes. Nações também competem entre si. Custos elevados internamente provocam desbalanceamentos e prejudicam a exportação. Em uma economia globalizada, às vezes pode ser mais fácil e barato importar que comprar em "casa".

O transporte deve receber todas as prioridades necessárias. Seja para movimentar produtos finais, matérias-primas, componentes ou pessoas, ele deve ser rápido, eficiente e barato.

O "custo Brasil" ainda é muito discutido. Nossos impostos são elevados; nossos controles, complexos; nossa infraestrutura, carente; e nossa competitividade, baixa. Os meios de transporte são extremamente afetados por tudo isso. É preciso encontrar formas mais inteligentes, fáceis e sem burocracia para competir na economia global.

De forma gratificante, a tecnologia tem ajudado o desenvolvimento estrutural da logística, seja com melhores meios e equipamentos de transporte, seja com melhores formas de administração, comunicação ou condições de segurança.

Caminhões e automóveis são equipados com dispositivos de comunicação. Veículos podem ser monitorados via satélite; suas portas podem ser travadas ou destravadas a distância. Portões são abertos por controle remoto; pedágios são pagos automaticamente, não sendo necessário parar; rodovias e avenidas são administradas por monitores com o intuito de oferecer segurança e coibir abusos.

A evolução de todos esses fatores leva a uma cadeia de abastecimento eficaz.

7.2 ANÁLISE DOS FATORES QUE AFETAM OS MEIOS DE TRANSPORTE

A logística corresponde à movimentação de bens e serviços de seus pontos de origem aos pontos de uso ou consumo. A atividade de transporte gera os fluxos físicos desses bens ou serviços ao longo dos canais de distribuição e é responsável pelos movimentos de produtos, utilizando modalidades de transporte que ligam as unidades físicas de produção ou armazenagem aos pontos de compra ou consumo.

Dois são os parâmetros que influenciam as atividades de transporte: distância e tempo. A distância corresponde ao trajeto percorrido entre os pontos de produção e de consumo; e o tempo, ao período necessário para percorrer a distância e disponibilizar o produto para consumo. O parâmetro tempo, totalmente dependente da distância, é muito importante em logística, uma vez que é determinante para a formação dos estoques, para o nível de serviço e, por conseguinte, para os custos derivados desses fatores.

FIGURA 7.2 Analisando os fatores que afetam os meios de transporte

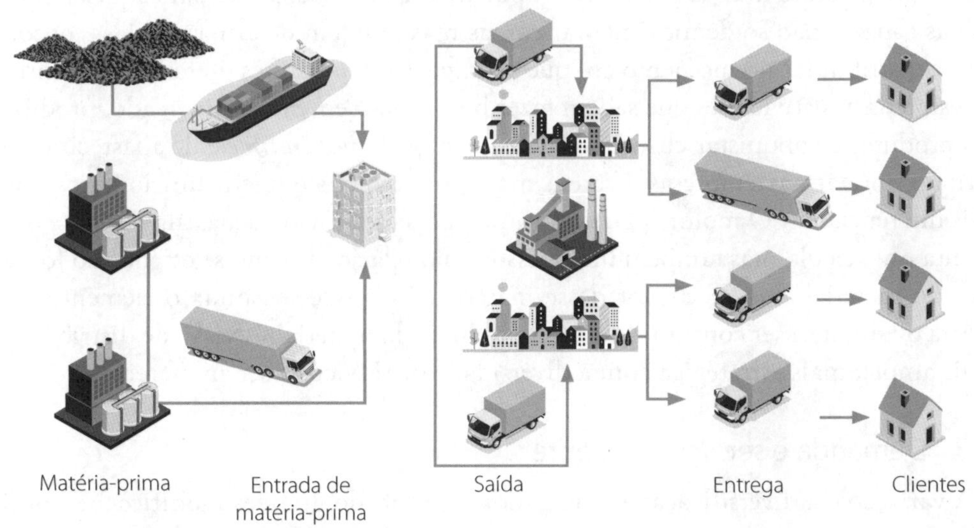

Fonte: elaborada pelo autor.

As análises da logística de transporte têm demonstrado que a velocidade aliada ao componente preço tem sido a tendência na área de movimentação. Os transportes modais marítimos e aéreos apresentam maior agilidade e, por sua vez, estão ocupando espaços importantes. As ferrovias têm apresentado uma ligeira melhora, principalmente no Brasil, onde se espera mais das privatizações; já o transporte rodoviário tem crescido vertiginosamente.

Com essas tendências, a velocidade será uma das exigências deste novo milênio. Nesse aspecto, o transporte aéreo leva vantagem, e é por isso que a indústria de aviões procura desenvolver equipamentos cada vez maiores a fim de conseguir a redução de preços nas tarifas de frete aéreo.

7.2.1 Mudanças nos modelos das organizações

A mudança no contexto industrial, passando de um modelo que enfocava a produtividade para um modelo de competitividade, exige que as organizações adotem formas diferentes de administração empresarial, com o foco voltado para o serviço ao cliente. Essa mudança de paradigma afeta também as empresas de transporte e o relacionamento delas com seus clientes.

A cadeia de abastecimento desempenha um papel fundamental a fim de proporcionar às empresas a vantagem competitiva por meio de velocidade nos processos e redução de custos, pois está diretamente ligada ao transporte.

O tão comentado processo de terceirização exige mais das empresas cujo enfoque estava nos transportes com característica essencialmente de movimentação. O processo logístico, hoje muito mais evidente, traz oportunidades importantes para aquelas companhias capazes não só de movimentar cargas mas também de armazená-las, consolidá-las e distribuí-las no momento em que se exige. Os fabricantes preferem concentrar seus esforços nas atividades que sabem fazer bem, como entender o mercado, produzir bons produtos e conquistar clientes. Procedimentos de *just in time* e de abastecimento contínuo obrigam as empresas a serem mais profissionais e terem funcionários com perfis diferenciados. O motorista de caminhão passa a ser não apenas alguém que movimenta um veículo mas também uma pessoa cujo relacionamento se estende ao fornecedor do material e ao recebedor desse material. Ele pode ser ainda o elemento que conecta o estoque a ser consumido com o produtor do material. A visão de distribuição é mais ampla, mais estratégica com a diversidade de serviços a serem oferecidos.

7.2.2 Demanda e serviço ao cliente

A variação e a diversificação na demanda têm sofrido grandes modificações, obrigando as organizações a fornecer maior variedade de produtos. Os clientes, um dos principais elos da cadeia, estão exigindo maior frequência de entrega, com quantidades reduzidas e maior variedade de produtos. Para satisfazer a essa demanda, as organizações precisam ser mais velozes e apresentar alto grau de qualidade nos seus produtos para evitar devoluções. Nesse contexto, a área de transportes é fortemente afetada e necessidades adicionais lhe são impostas.

Os clientes não só exigem qualidade e velocidade de serviço como também preços competitivos, uma vez que existem compromissos com metas de desempenho estabelecidas na relação entre cliente e fornecedor.

Com o processo de terceirização cada vez mais em evidência, essas empresas esperam que as transportadoras sejam vistas como uma extensão delas mesmas. Naturalmente, essa extensão passa a ter características cada vez mais importantes: o motorista deixa de ser um mero condutor de veículo para ser alguém que representa a empresa fornecedora de mercadoria e, para isso, deve agir de acordo com regras preestabelecidas.

A relação entre transportadora e contratante passa a ter um vínculo mais sólido. Contratar transporte já não é mais um processo de efetuar cotações de fretes, mas uma aliança na qual as partes estabelecem suas responsabilidades para alcançar um relacionamento duradouro de prestação de serviços.

7.2.3 Globalização

A globalização da economia traz grandes oportunidades para vários setores, incluindo o de transportes. No entanto, as práticas gerenciais variam nas diferentes partes do mundo, e o entendimento das necessidades dos clientes e do ambiente é uma condição fundamental para que se possa obter sucesso.

A criação dos blocos econômicos e a globalização exigem movimentação de mercadorias em larga escala. O transporte vem tendo papel relevante no processo, uma vez que possibilita o movimento da carga no espaço geográfico e na velocidade desejada.

Com a globalização, as exigências tornam-se maiores, pois a competição é acirrada e o atendimento ao cliente é a meta principal. O setor de transportes deve obedecer a certas exigências impostas pelo modelo, como as descritas a seguir.

- Agilidade: com as empresas buscando a redução nos seus níveis de estoque, elas aumentam as exigências para que as entregas sejam mais frequentes e ágeis, sem perder de vista a manutenção da qualidade do produto a ser entregue.
- Confiabilidade: o serviço precisa ser confiável para atender à demanda e à necessidade de entregar o produto no momento certo, na quantidade certa e no local certo.
- Flexibilidade: o transportador deve adequar-se às exigências do cliente, adaptando o veículo se necessário; porém, mais que isso, adaptando-se ao conceito logístico do modelo atual de negócio em que a atividade de transporte é mais que somente movimentar cargas de um ponto a outro.

7.2.3.1 Multimodalidade

As empresas de movimentação de cargas devem ainda adaptar-se às exigências do modelo com relação ao transporte de altos volumes de produtos, combinando diferentes modos de transporte. Essa atividade possibilita também maior agilidade no deslocamento da carga com sua unitização.

A concorrência tem sido extremamente forte em todos os sentidos e, como consequência, os países terão de se adequar às novas tendências, organizando-se internamente e resolvendo suas deficiências. Acordos internacionais, como Mercosul e Alca, nos quais o Brasil está incluído, exigem que custos e tempo sejam drasticamente reduzidos.

Ainda que a integração econômica entre os países participantes de acordos bilaterais seja um processo lento e imaturo, o transporte merece atenção especial, uma vez que participa como componente direto dos preços de produtos tanto na importação como na exportação.

Independentemente de o aspecto econômico estar fundamentado na agricultura ou na indústria, a troca de produtos entre as nações estará fundamentada por redes eficazes de transporte rodoviário, aéreo, ferroviário, hidroviário ou dutoviário. O que importa são os fatores custo e agilidade no atendimento. A questão tarifária deve ser revista, uma vez que as importações e exportações serão efetuadas no menor preço. O transporte internacional apresenta componentes de custos bastante elevados por conta das funções adicionais ao processo, como segurança, armazenagem, estivadores, administração e outros.

7.2.4 Tecnologia

O avanço da tecnologia também tem afetado as atividades de transporte, agilizando os processos, eliminando o excesso de papéis, melhorando a comunicação e trazendo maior segurança ao deslocamento das cargas.

O avanço tecnológico afeta sobremaneira o desempenho dos transportes.

A tecnologia pode ser usada de várias formas.

- Controle de veículos por satélites: indica sua posição de deslocamento.
- Controle de rotas: sistemas altamente flexíveis permitem traçar rotas econômicas para diferentes veículos, considerando capacidades, áreas geográficas e características do produto a ser transportado.
- Checagem da carga: a contagem pode ser efetuada por leitura óptica, alimentando diretamente um sistema de estoques.
- Informação imediata de entregas ou de outros problemas de rota.
- Visibilidade da cadeia de abastecimento em todo o seu contexto: ativos, estoques, localização geográfica de veículos e produtos, capacidades, disponibilidades de fornecedores, entre inúmeros outros benefícios.

7.2.5 Transporte por diferentes meios

No contexto da distribuição física, dentro da função de transporte, as rodovias têm assumido um importante papel na movimentação de material. Esse fator não se aplica somente ao Brasil ou aos países economicamente similares. No entanto, a questão do frete rodoviário está na pauta das discussões. Já o frete ferroviário continua reduzindo. O transporte por aquedutos tem aumentado para a movimentação de alguns produtos essenciais, como gás e petróleo.

As decisões estratégicas são tomadas para definir quais modalidades de transporte podem ser utilizadas levando-se em conta vários fatores ou características. As modalidades estão vinculadas ao desempenho de cada tipo de transporte no que se relaciona a preço, volume de carga, capacidade, flexibilidade, tempo, terminais de carga e descarga, legislação e regras governamentais, para citar algumas variáveis.

QUADRO 7.1 Características que influenciam a escolha da modalidade de transporte

Produto	Peso, volume, valor
Mercado	Sazonal, tamanho, local, acesso
Negociação	Prazo, custos
Geografia	Produção, armazenagem, consumo, infraestrutura

Fonte: elaborado pelo autor.

GRÁFICO 7.1 Percentual de participação por modal de transporte (2017)

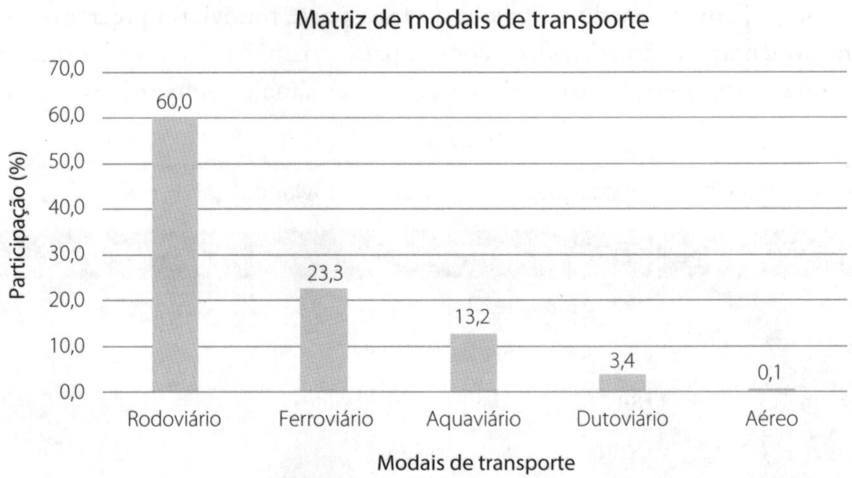

Fonte: elaborado pelo autor com dados do INSTITUTO DE LOGÍSTICA E SUPPLY CHAIN (ILOS), 2019. Disponível em: https://www.ilos.com.br/web/rodoviario-perde-participacao-mas-matriz-de-carga-ainda-e-desequilibrada/. Acesso em: 03 fev. 2020.

7.2.5.1 Transporte rodoviário

O transporte rodoviário é o mais independente dos transportes, uma vez que possibilita movimentar grande variedade de materiais para qualquer destino, em virtude de sua flexibilidade, sendo utilizado para pequenas encomendas em curtas, médias ou longas distâncias, por meio de coletas e entregas ponto a ponto. Ele faz a conexão entre os diferentes modos de transporte e seus respectivos pontos de embarque e desembarque. Sua grande desvantagem é o custo do frete, o que faz com que outros meios de transporte comecem a ser mais competitivos. No Brasil, mais de 60% do volume é transportado pelo transporte rodoviário.

Com a privatização das rodovias, maiores investimentos em infraestrutura são feitos com o objetivo de tornar esse meio de transporte mais competitivo.

No Brasil, as rodovias continuam a ser privatizadas. Investimentos em infraestrutura com o objetivo de tornar esse meio de transporte mais competitivo estão sendo feitos a fim de reduzir o consumo de combustível e baixar os gastos com manutenção dos veículos, além de proporcionar maior fluidez às cargas.

O estado das rodovias nacionais é muito precário, o que encarece os custos de transporte. Dentre as nossas rodovias ditas pavimentadas, mais de 70% apresentam qualidade insatisfatória.

A distribuição das cargas entre os diferentes modos de transporte não apresenta equilíbrio, concentrando-se fortemente no modo rodoviário e deixando o ferroviário em plano inferior. Contudo, para melhorar as condições das estradas, duplicá-las e pavimentá-las, é necessária a arrecadação de fundos e, para isso, criam-se os pedágios que encarecem ainda mais o produto final.

Conforme já mencionado, os custos do transporte rodoviário precisam ser reduzidos para aumentar a competitividade com os países vizinhos. As trocas comerciais entre os diferentes países somente serão viáveis com custos mais competitivos.

TABELA 7.1 Principais privatizações no transporte rodoviário

CONCESSIONÁRIA	TRECHO	EXTENSÃO (KM)	ANO
Ponte S.A.	Ponte Rio-Niterói	15	1995
CONCER	Juiz de Fora-Rio de Janeiro	180	1996
Nova Dutra CCR	BR 116 – São Paulo-Rio de Janeiro	402	1996
Econorte	Norte do Paraná-São Paulo	280	1997
VIAPAR	Norte do Paraná	474	1997

continua

continuação

CONCESSIONÁRIA	TRECHO	EXTENSÃO (KM)	ANO
Autoban	Sistema Anhanguera-Bandeirantes	314	1998
Renovias	Nordeste de São Paulo-Minas Gerais	290	1998
Univias	Rodovias – Rio Grande do Sul	993	1998
Arteris Régis Bittencourt	BR 116 – São Paulo-Paraná	402	2008
Arteris – Planalto Sul	BR-116/PR/SC – Curitiba-Divisa SC/RS	413	2008
Arteris – Litoral Sul	BR-116/376/PR e BR-101/SC – Trecho Curitiba-Palhoça	407	2008
Arteris – Fernão Dias	BR-381/MG/SP – Belo Horizonte-São Paulo	562	2008
TPI – Transbrasiliana	BR-153/SP – Divisa MG/SP-Divisa SP/PR	321	2008
Via Bahia	BR 116/324/BA e BA 526/528	680	2009

Fonte: elaborada pelo autor com dados do MINISTÉRIO DOS TRANSPORTES, 2015.

TABELA 7.2 Extensão de rodovias: comparação com alguns países

PAÍS	EXTENSÃO DE RODOVIAS PAVIMENTADAS (KM)	EXTENSÃO DE RODOVIAS NÃO PAVIMENTADAS (KM)	EXTENSÃO TOTAL DE RODOVIAS (KM)	PAVIMENTADAS/ EXTENSÃO TOTAL (%)	ANO DE REFERÊNCIA
Estados Unidos	4.304.715	2.281.895	6.586.610	65	2012
Japão	992.835	225.937	1.218.772	81	2015
México	174.911	223.237	398.146	44	2017
Rússia	927.721	355.666	1.283.387	72	2012
Canadá	415.600	626.700	1.042.300	40	2011
Argentina	117.616	163.674	281.290	42	2017
China	4.338.600	622.000	4.960.600	87	2017
Alemanha	625.000	0	625.000	100	2017
Brasil	246.000	1.754.000	2.000.000	12	2018

Fonte: elaborada pelo autor com dados de: THE WORLD FACTBOOK. Disponível em: https://www.cia.gov/library/publications/download. Acesso em: 25 nov. 2019.

Na comparação entre extensões de rodovias, o Brasil encontra-se em uma posição não satisfatória.

7.2.5.2 Transporte ferroviário

Na moderna economia de alta tecnologia, a indústria ferroviária não tem recebido inovação na mesma velocidade que outras formas de transporte, como a aviação e o transporte rodoviário, mesmo nos países mais desenvolvidos. Definido como um modo de transporte para grandes volumes, com valor unitário baixo, sem urgência de entrega e terminais fixos, não pode ser aplicado onde se requer coleta e entrega ponto a ponto, em razão de sua falta de flexibilidade. Até a década de 1960, era uma forma predominante em razão da escassa oferta de caminhões e da falta de infraestrutura da malha rodoviária. No Brasil, cerca de 74% das cargas dentro do modal ferroviário origina-se do transporte de minérios de ferro, enquanto por volta de 18% é composto da movimentação dos granéis agrícolas.[1] Os países latinos emergentes também não têm mostrado preocupação nesse sentido. No entanto, a necessidade de integração advinda dos acordos multilaterais está provocando reações, forçando os países a serem mais competitivos comercialmente.

Uma das vantagens do transporte ferroviário é que seu custo é inferior ao do transporte rodoviário ou aéreo; no entanto, não apresenta muita flexibilidade de movimentação.

TABELA 7.3 Extensão de ferrovias: comparação com alguns países

PAÍS	EXTENSÃO DE FERROVIAS (KM)	FATOR EXTENSÃO DE FERROVIAS SOBRE ÁREA TERRITORIAL	ANO DE REFERÊNCIA
Estados Unidos	293.564	0,030	2014
China	131.000	0,014	2018
Rússia	87.157	0,005	2014
Canadá	77.932	0,008	2014
Índia	68.525	0,021	2014
Argentina	36.917	0,013	2017
Austrália	33.343	0,004	2015
Brasil	29.850	0,004	2014
México	20.825	0,011	2017
Chile	7.282	0,010	2014

Fonte: elaborada pelo autor com dados de: THE WORLD FACTBOOK. Disponível em: https://www.cia.gov/library/publications/download. Acesso em: 25 nov. 2019.

[1] CONFEDERAÇÃO NACIONAL DO TRANSPORTE (CNT). Volume de cargas transportadas por ferrovias cresce 10% em um ano. *Agência CNT de Notícias*, 15 ago. 2018. Disponível em: https://www.cnt.org.br/agencia-cnt/volume-cargas-transportadas-ferrovias-cresce-10-um-ano. Acesso em: 24 set. 2019.

No Brasil, a existência das ferrovias, o segundo meio de transporte mais importante, com cerca de 20% do volume transportado, baseia-se no escoamento da produção agrícola e mineral do interior para os portos. Os investimentos no transporte por terra são notoriamente direcionados ao transporte rodoviário, na construção de estradas, e tal desvio prejudica muito o escoamento de produtos.

O Brasil está há muito tempo sem investir na infraestrutura ferroviária. Basta mencionar que há 100 anos a rede tinha aproximadamente 30 mil quilômetros de extensão. A forma de solucionar o problema é por meio da privatização. A América Latina, não apenas o Brasil, necessita investir em linhas ferroviárias e terminais de carga e somente poderá modernizar esse meio de transporte com investimento privado, uma vez que o setor público não apresenta condições para investir e melhorar essa rede. As ferrovias no Brasil começaram a ser privatizadas em 1995.

Comparado com países de extensão territorial parecida, como Canadá, Estados Unidos e Rússia, o Brasil apresenta significativa desvantagem em termos de extensão de ferrovias. Tomando-se por base a extensão das ferrovias dividida pela área dos respectivos países, obtém-se um importante fator que invariavelmente demonstra o grau de investimento em ferrovias. O fator 0,004 para o Brasil contra 0,030 dos Estados Unidos ou 0,021 da Índia mostra uma distância bastante grande.

Considerando a globalização e a forte competição, o Brasil precisa urgentemente preparar-se e investir em infraestrutura ferroviária a fim de baixar os custos de transporte e baratear os preços dos produtos tanto no comércio interno quanto no comércio externo. Em contrapartida, os conceitos logísticos de velocidade e atendimento colocam esse modo de transporte em situação difícil de competição, dada a falta de flexibilidade e o transporte de grandes tonelagens. É por isso que o uso do transporte intermodal se torna bastante interessante, uma vez que pode unir a flexibilidade do transporte rodoviário ao baixo custo do transporte ferroviário. O escoamento dos produtos agrícolas e de outros necessita urgentemente de uma revisão logística, e o setor ferroviário poderia ser ótima opção para suportar essa demanda.

7.2.5.3 Transporte hidroviário

O transporte hidroviário utiliza o meio aquático, natural ou artificial, para movimentar cargas e passageiros. É um dos meios de transporte mais antigos que existem. Muitos descobridores desbravaram os mares em seus barcos em busca de novas terras.

Cidades importantes desenvolveram-se nas costas marítimas graças à demanda de trabalho e comércio com outros países e cidades.

Esse tipo de transporte apresenta duas modalidades:

1. marítima: navegação costeira ou além-mar (oceânica);

2. fluvial: navegação doméstica de rios e canais de navegação. As ferrovias e as hidrovias competirão em certas áreas com vantagens para a última, uma vez que a relação de consumo de energia/tonelada transportada é favorável ao transporte fluvial.

Portos

Os portos no Brasil estão em desvantagem em relação aos de outros países, uma vez que necessitam acelerar o processo de modernização já iniciado. A logística brasileira e, por conseguinte, a infraestrutura de transportes passam por momentos críticos, o que afeta a capacidade de comercializar, característica essa proveniente da queda dos investimentos realizados no setor ao longo dos últimos anos.

Os custos portuários no Brasil o colocam em desvantagem em relação a outros países.

A falta de tecnologia avançada e a mão de obra não qualificada, aliadas aos problemas estruturais das instalações, levam ao aumento de custos e atrasos nas transações de exportação e importação.

Mais de 85% das exportações brasileiras são efetuadas por meio dos portos, que nas condições anteriormente mencionadas não conseguem oferecer melhores serviços e custos mais acessíveis.

Os países europeus estão constantemente melhorando as instalações e os processos portuários, buscando a colaboração do setor privado e dos trabalhadores dos portos. Chile e Argentina têm investido no setor, buscando modernizar seus portos por meio da privatização.

7.2.5.4 Transporte dutoviário

Essa modalidade de transporte compreende a movimentação de gases, líquidos, grãos e minérios por meio de tubulações.

Diferentes denominações são dadas a essa modalidade, muitas vezes se referindo diretamente ao material que está sendo movimentado, como gasoduto, quando transporta gases, e oleoduto, quando transporta derivados de petróleo.

O trabalho exigido para esse tipo de movimentação é bastante grande, uma vez que as linhas de tubos passam por vales, lagos, rios, montanhas e mesmo pelo oceano. Os testes são fundamentais antes do início da operação a fim de evitar vazamentos. É necessário monitorar permanentemente esses dutos durante a vida operacional das tubulações.

O transporte dutoviário é uma forma eficiente e segura de transporte. No Brasil, essa área tem evoluído, e a busca de eficiência e segurança é primordial para responder a um mercado cada vez mais competitivo. A adoção da automação industrial é fundamental para monitorar a eficiência desse tipo de transporte.

7.2.5.5 Transporte aéreo

O transporte aéreo é uma modalidade mais utilizada para produtos que têm alto valor, como equipamentos eletrônicos e máquinas de precisão, em virtude do alto custo nele envolvido. Essa modalidade apresenta características importantes quanto à segurança e à agilidade. Grandes distâncias ainda são, na maioria das vezes, percorridas por navios, por ser um tipo de transporte menos oneroso.

A significativa vantagem do uso do transporte aéreo está na velocidade da entrega quando se trata de percorrer grandes distâncias, perdendo em caso de distâncias mais curtas porque ainda se gasta muito tempo nas saídas e nas chegadas dos aviões nos terminais. O transporte aéreo, necessariamente dependente de grandes terminais, não possui flexibilidade suficiente para atingir uma grande diversidade de locais, obrigando à prática do transporte combinado, normalmente o rodoviário.

O transporte aéreo tem evoluído nos últimos anos, mesmo com as altas taxas, e tem sido adotado, ainda, para remessas urgentes e cargas complementares de baixa durabilidade. Apresenta uma velocidade de deslocamento bastante alta, pois aeronaves modernas atingem uma velocidade de até 900 quilômetros por hora. No entanto, essa vantagem pode ser prejudicada em razão da demora de carga e descarga nos terminais, dos tempos alfandegários e do manuseio de estrados e contêineres ou, outras vezes, dos congestionamentos nos aeroportos.

As companhias aéreas estão formando alianças estratégicas a fim de competir em um mercado globalizado. Essas alianças possibilitam que as empresas aéreas sejam mais eficientes, melhorem a produtividade e ofereçam melhor nível de serviço. A melhoria de produtividade está baseada no consumo mais eficiente de combustível aliado à melhor utilização de ativo, incluindo a aeronave.

A empresa alemã Cargolifter desenvolve dirigíveis destinados ao transporte de cargas, com capacidade de carga útil de até 160 toneladas e alcance de 10 mil quilômetros, a uma velocidade máxima de 100 quilômetros por hora. Como característica adicional, o bólido decola e pousa como um helicóptero, tem velocidade compatível à de um caminhão ou navio, apresenta custos operacionais baixos e pode se prestar a serviços porta a porta, atingindo locais onde outros aviões não conseguiriam chegar, uma vez que exige quase nenhuma infraestrutura. Aliado a essas características, outro fator importante estará presente: nível de ruído baixo, o que pode permitir pousos em locais de alta densidade populacional.

No Brasil, assim como nas demais modalidades de transporte, o transporte aéreo precisa passar por modificações estruturais importantes para que se torne mais competitivo. Os custos aeroportuários são altos e o nível de serviço deve ser melhorado.

A concentração das cargas internacionais em São Paulo e no Rio de Janeiro também é um fator negativo, gerando custos adicionais para os usuários de serviços pertencentes a outras regiões.

7.2.5.6 Transporte multimodal e intermodal

O transporte multimodal é definido como o movimento de cargas que utiliza, de maneira combinada, diferentes modos de transporte, entre eles rodoviário, ferroviário, aéreo, dutoviário e hidroviário.

O serviço de transporte intermodal consiste na combinação de distintos modos de transporte, em que diferentes contratos são efetuados de maneira unilateral com as diversas empresas responsáveis pelo transporte.

O elemento diferencial entre multimodal e intermodal é que, no primeiro, apenas um agente se encarrega do movimento da carga, utilizando mais de um meio físico.

Os transportes multimodal e intermodal são elementos facilitadores nos processos de importação e exportação, uma vez que se pode aproveitar o que cada modo tem de melhor, visando à redução de custos e ao melhor nível de serviço. O grande objetivo da combinação das modalidades é a busca de otimização dos recursos de transporte nas suas diferentes fases – não apenas físicas, mas também na fase de planejamento e operação.

Os contêineres e os paletes são fatores fundamentais no processo de transporte multimodal.

7.3 ADMINISTRAÇÃO DA FROTA

Fora os custos totais, muitos são os fatores que devem ser considerados na decisão de possuir uma frota própria. Se a empresa é uma organização logística, evidentemente deverá ter seus ativos, ainda que muitas delas terceirizem parte dos veículos.

Eis alguns dos elementos importantes que devem ser considerados nessa avaliação: nível de serviço ao cliente, flexibilidade, agilidade, controle, habilidades administrativas, recrutamento, treinamento e retorno do investimento.

Empresas possuidoras de frotas de veículos destinadas à prestação de serviços de transporte ou utilização interna necessitam seguir importantes práticas de negócio para se manterem competitivas no mercado. As organizações que prestam serviços de transporte precisam conhecer e controlar efetivamente seus ativos, visando reduzir custos e viabilizar contratos com empresas que demandam tal tipo de serviço. Já as organizações não logísticas, que preferem manter veículos internos para efetuar suas movimentações, necessitam reduzir seus custos logísticos, uma vez que eles influenciam diretamente o preço final dos produtos.

A gestão de frotas é um componente importante no processo de administração dos transportes, visto que a movimentação de carga tem peso significativo na formação dos custos logísticos e na qualidade do serviço, uma vez que é atividade final da cadeia de abastecimento.

No decorrer dos anos, muitas organizações que começaram com poucos veículos cresceram e, depois, passaram a ter frotas maiores, compostas de cavalos mecânicos e carretas. No entanto, aumentar o tamanho da frota não significa que a operação esteja sendo realizada da maneira mais eficiente. Pode ser que a empresa esteja incorrendo em custos excessivos e desnecessários ou apresentando baixa qualidade de serviço.

Normalmente, o entendimento da situação global da organização envolve uma série de passos importantes na definição dos processos e das estratégias da empresa. Alguns deles são:

- analisar a atual situação da organização, com a finalidade de identificar potencial redução de custos e eventuais oportunidades de melhoria na prestação de serviços;
- identificar custos muitas vezes não visíveis, denominados "custos escondidos";
- controlar efetivamente os custos de manutenção;
- ter indicadores que meçam a eficiência da frota;
- utilizar aplicações em computadores para auxiliar nas diversas tarefas da área de transporte;
- determinar a "frota ótima" dentro da conjuntura de trabalho e serviço prestado.

Alguns dos aspectos relevantes do gerenciamento da frota são apresentados a seguir.

7.3.1 Administração dos ativos

A fim de medir a produtividade dos ativos, é necessário controlar não só os gastos de manutenção mas também as movimentações de cargas efetuadas, considerando-se peso e valor. Um ativo subutilizado tem seus custos fixos elevados.

7.3.2 Mão de obra

A qualidade da mão de obra diretamente empregada é fundamental para obter os principais objetivos operacionais e estratégicos da empresa. O condutor de um veículo deve ser rigorosamente selecionado, em virtude das razões a seguir.

- Compromisso ambiental e social, uma vez que sua responsabilidade e seu comportamento podem colocar em evidência a imagem da empresa, além de causar danos sociais e ambientais.
- Nível de serviço de seu desempenho nas viagens a realizar.

- Manuseio de um ativo extremamente valoroso, visando evitar acidentes e infrações.
- Os mecânicos, por sua vez, têm a responsabilidade de manter os ativos em bom estado para que o nível e a qualidade dos serviços comprometidos possam ser alcançados.
- Na área administrativa, responsáveis por tráfego e programação de veículos devem ser competentes para atender às necessidades básicas, objetivando a relação ótima entre custo e qualidade de serviço.

7.3.3 Consumo de combustível

O combustível, como componente importante na estrutura de custos, deve ser rigorosamente monitorado. Todos os abastecimentos devem ser registrados considerando data, número de litros e quilometragem do veículo. Acordos com os postos de combustível em caso de transporte rodoviário são uma prática importante de negócio. Dessa forma, é possível medir a produtividade da frota considerando cada veículo. Em caso de existência de posto de abastecimento interno, os recebimentos e as saídas devem ser controlados.

7.3.4 Manutenção

As despesas com manutenção representam uma fração importante dos custos operacionais. A contratação de mecânicos ou a utilização de terceiros na manutenção é uma decisão importante no processo de redução dos custos de manutenção da frota. A utilização de aplicativos para computadores existentes no mercado contribui na administração dos gastos operacionais, de mão de obra utilizada para reparar os defeitos ou efetuar a manutenção, e também nos custos dos materiais. Outras sugestões importantes são as que seguem.

- Dimensionar o quadro de mecânicos em termos de quantidade e qualidade.
- Determinar quais são os conhecimentos necessários para manter a frota e o perfil ideal dos mecânicos.
- Medir o desempenho dos mecânicos.
- Investir em treinamento, a fim de reciclar o conhecimento e o entendimento.
- Possuir um local adequado para efetuar os reparos de manutenção, com oficinas e equipamentos específicos.
- Manter peças de reposição em estoque que comumente são consumidas e eliminar aquelas que são demasiadamente caras.
- Definir quais reparos deveriam ser efetuados internamente.
- Considerar a terceirização da manutenção ou das peças de reposição, avaliando quando pode fazer sentido essa prática.

- Controlar atividades de suporte à manutenção, como veículos para buscar peças, ferramentas e administrativos.
- Manter controle de gastos por veículo com seu histórico de manutenção, e não apenas os gastos globais.

7.3.5 Estoque de peças de reposição

Apenas os itens extremamente necessários e cujo consumo seja muito grande devem ser mantidos em estoque. Deve-se avaliar corretamente se as peças que apresentam alto valor precisam compor o estoque ou não. Todo o estoque significa capital que não pode ser utilizado para outra finalidade.

Mesmo os componentes de uso constante podem ser negociados com fornecedores, e a compra pode ser efetuada em consignação, ou seja, somente será paga no momento em que o material for efetivamente consumido. A diferença é que o estoque estaria disponível para o uso dentro da organização.

A utilização de um sistema para controlar o estoque dos itens existentes na empresa, considerando quantidade e valor, é fundamental. Muitas empresas não dão o devido valor a esse controle e, no momento em que mais necessitam do componente, podem não encontrá-lo ou dar margem para que ações desonestas ocorram.

Um local apropriado, com boa proteção e ventilação e com acesso restrito, é fundamental para armazenar as peças de reposição. O acesso deve ser restrito a poucas pessoas e não é necessária a existência de um almoxarife no recinto, a menos que a organização demande uma quantidade muito grande de peças. Nesse caso, o almoxarife seria também o controlador dos estoques e comprador dos materiais.

7.3.6 Planejamento de atividades administrativas

Muitas são as atividades que necessitam ser planejadas para o bom gerenciamento da frota, dentre as quais:

- serviços de transporte;
- serviços de manutenção preventiva;
- trocas de óleo dos veículos;
- renovação de seguros;
- renovação de contratos com fornecedores de peças;
- renovação de contratos de prestação de serviços;
- renovação da documentação dos veículos.

7.3.7 Eficiência da frota

A eficiência e o desempenho da frota precisam ser avaliados. Muitos são os fatores que influenciam essa avaliação; os principais são descritos a seguir.

7.3.7.1 Definição de programação e roteiro

Atualmente, programas de computador auxiliam a determinação dos roteiros, sobretudo aqueles com múltiplas entregas. Os problemas de roteirização são bastante complexos, uma vez que apresentam grande quantidade de variáveis, como tempo de entrega, quantidade a ser entregue, número de clientes, diferentes produtos e embalagens, diferentes pesos, restrições de entrega, restrições físicas no roteiro para determinados veículos, necessidade de equipamentos especiais, diferentes formas de recebimento, com elevadores ou plataformas.

A composição do roteiro deve considerar, além dos aspectos já mencionados, o tempo de serviço do condutor, a coleta de produto em vários pontos, a combinação de produtos diferentes, além de outras características.

A utilização de um sistema de computador traz vantagens ao processo, pois permite simulações de quantidade de entregas e diferentes capacidades de veículos.

7.3.7.2 Leitores de código de barras

A utilização desse equipamento permite a eliminação substancial de erros de entrega e agiliza o processo de descarga.

7.3.7.3 Comunicação

Tecnologias como equipamentos móveis, telefones celulares, rádios e comunicações via satélite facilitam as operações por meio da troca de informações.

7.3.7.4 Incentivos

A produtividade dos condutores pode ser superior quando existem políticas que incentivam a eficiência e a produtividade.

7.3.7.5 Melhor uso dos ativos

Quando os ativos são utilizados na ida e na volta, o aproveitamento é superior, e a frota torna-se mais eficiente.

7.3.8 Indicadores de desempenho e produtividade

Os custos de viagens e as análises de lucratividade são os principais indicadores de desempenho. Os custos devem ser considerados de duas formas:

1. por ativo, incluindo o histórico acumulado mês a mês e ano a ano;
2. por área, incluindo manutenção, pneus, combustível, entre outros.

A elaboração de gráficos é fundamental para visualizar o desempenho dos ativos e suas possíveis variações de custos. Um veículo com aumento de custos de manutenção é facilmente identificado pela visualização gráfica.

7.3.9 Unitizando as cargas

Os custos logísticos são muito afetados na realização de operações extremamente manuais, nas quais a carga é manuseada volume a volume. Esse tipo de atividade é muito comum no carregamento e descarregamento dos veículos, uma vez que a mão de obra dos "formiguinhas" ou "chapas", como são conhecidos os trabalhadores que fazem esse serviço, é barata. O conceito de unitização de carga, que consiste em agrupar peças ou conjuntos pequenos e/ou individuais em uma unidade maior, visando facilitar a movimentação e a armazenagem, vem se intensificando cada vez mais, visto que pode reduzir os custos de distribuição dos produtos e proporcionar a integração das diversas modalidades de transporte. Os meios mais utilizados para efetuar a unitização de cargas são o contêiner e o palete.

7.3.9.1 Contêiner

O contêiner é um recipiente feito de material resistente, destinado a propiciar o transporte de mercadorias com segurança aduaneira conforme as condições técnicas e de segurança previstas pela legislação nacional e pelas convenções internacionais ratificadas pelo Brasil.

A utilização de contêineres é um fator fundamental para o manuseio das cargas, contribuindo significativamente para a economia de movimentação em navios, terminais e trens.

Diferentemente de outras formas de unitização, como o palete, o contêiner é um equipamento de transporte, e não apenas uma modalidade de acondicionamento de carga, uma vez que é parte das unidades de transporte, quer sejam vagões ferroviários, quer sejam veículos rodoviários ou navios. Seu uso, além de significar eficiência, flexibilidade e rapidez, provê, ainda, proteção contra o tempo, danos e roubos.

Para os transportes multimodais, a padronização dos contêineres é muito importante para que os benefícios de custos e a velocidade de entrega possam ser obtidos, evitando problemas de armazenagem e movimentação.

7.3.9.2 Paletes

O palete é uma plataforma fabricada de metal, madeira ou fibra, projetado para ser movimentado mecanicamente por meio de empilhadeiras, paleteiras, guindastes, carrinhos hidráulicos ou veículos similares. Além de unitizar a carga, a paletização permite o empilhamento de palete sobre palete ou com a utilização de porta-paletes, dependendo das características do produto e da armazenagem. A principal vantagem do seu uso corresponde à redução de custos nas etapas logísticas de armazenagem, transporte e movimentação, além de maior agilidade nos tempos de carga e descarga. Alguns inconvenientes, no entanto, podem advir da utilização de paletes, como custos dos próprios paletes e da paletização, equipamentos necessários para sua movimentação, menor aproveitamento por restrições de suas dimensões, além da falta de padronização dos veículos de transporte.

Contudo, a experiência tem demonstrado que o palete, apesar das desvantagens apresentadas, traz muitos benefícios para as empresas que o utilizam.

7.3.10 A tecnologia da informação na administração de transportes

Com o avanço da tecnologia, ferramentas importantes foram desenvolvidas com o objetivo de dar suporte a algumas tarefas no processo de transporte, como planejamento, operações, controle, segurança, manutenção e serviços. O intuito, aqui, não é apresentar todas as ferramentas existentes, mas exemplificar algumas mais relevantes e que trazem benefícios para o negócio. É importante, ainda, mencionar que algumas das ferramentas descritas podem ser úteis para um segmento de mercado e não para outros. Como exemplo, pode-se citar a distribuição de sorvetes, em que a utilização do roteirizador é bastante importante, pois um veículo pode se deslocar com grande número de diferentes entregas para pequenos comerciantes. No entanto, caso se desloque para atender poucos clientes, um sistema de roteirização pode não trazer benefícios significativos.

7.3.10.1 Sistema de otimização de rotas

A redução de custos e as melhorias no desempenho das entregas são benefícios que podem ser obtidos com o uso de sistemas especializados, como o sistema de otimização de rotas. Consolidação de cargas e otimização de retornos são duas das características que podem ser agilizadas com o processo de gerenciamento de rotas. É evidente que os sistemas especializados se tornam mais importantes à medida que ficam mais acessíveis e que seja possível adquirir equipamentos mais rápidos e baratos. O suporte do computador para determinar as rotas a serem seguidas pelo veículo proporciona uma redução significativa de custos.

As organizações que atuam na coleta e distribuição de sorvetes, jornais, bebidas, cigarros e na coleta de lixo são alguns dos exemplos em que a característica de negócio pode ser apoiada por uma ferramenta de otimização de rotas, uma vez que as entregas (coletas, no caso do lixo) são múltiplas e em quantidades pequenas.

As variáveis existentes nas atividades de coleta e entrega de produtos são inúmeras, e o trabalho feito por computador pode permitir simulações diferentes em tempo reduzido, possibilitando ao usuário obter resultados diversos em função das restrições impostas ao processo. Algumas dessas variáveis são:

- quantidade de clientes;
- especificações diferenciadas de produtos em termos de cubagem, peso e densidade, além do formato da embalagem;
- áreas geográficas;
- variação de dia ou horário para entrega ou coleta;
- restrições de entrega ou coleta;
- necessidades de equipamentos específicos para carregar/descarregar o veículo;
- veículos com capacidades diferentes;
- entregas em pontos com plataforma ou sem plataforma de descarga;
- retorno do veículo com carga;
- integração com terceiros;
- quantidade de plataformas de carga.

Mecanismo de funcionamento

A característica do funcionamento de um roteirizador está na utilização de um mapa digital, que apresenta informações de regiões, restrições de tráfego, como conversões proibidas, nomes de ruas e velocidades permitidas. Nesse mapa, são colocadas as posições relativas aos clientes (pontos de entrega) e as posições relativas aos fornecedores ou depósitos (pontos de coleta).

A frota de veículos é estabelecida pela identificação dos veículos e suas respectivas capacidades. Com base nessas informações, é possível efetuar simulações para que o sistema maximize as entregas de acordo com as distâncias que devem ser percorridas e o tempo de disponibilidade do condutor no trânsito.

Principais características do sistema

Alguns atributos são fundamentais nas funcionalidades de um sistema de roteirização:

- permite que múltiplos pontos de entrega ou coleta sejam considerados;
- possibilita trabalhar com terceiros;
- combina vários produtos;
- faz interfaces com sistema de localização.

Benefícios

- Redução de custos em virtude da otimização das distâncias, baixando o consumo de combustível.
- Otimização da utilização da capacidade do veículo.
- Melhora do nível de serviço com a minimização dos tempos de deslocamento.

7.3.10.2 Sistema de rastreamento de frota

As empresas envolvidas no negócio de transporte de produtos e materiais apresentavam dificuldades quanto ao conhecimento da posição geográfica dos seus veículos. Com o desenvolvimento da tecnologia de sistemas de posicionamento global, que emprega satélites para localizar objetos na superfície terrestre, é possível rastrear os veículos, identificando sua posição.

Dessa forma, as operações logísticas podem ser mais bem planejadas e otimizadas, definindo os pontos de paradas e o tempo necessário para a realização dos percursos, bem como tempos de carga e descarga, além de características preventivas dos veículos, como travamento de portas do baú, problemas com engate das carretas e supervisão remota da velocidade empreendida pelo condutor.

Funcionamento da tecnologia

Os sistemas de posicionamento global são compostos de satélites que giram ao redor da Terra a uma grande altitude. Utilizando esses satélites como ponto de referência, um receptor de posicionamento global pode determinar sua posição na superfície terrestre por meio das coordenadas de latitude e longitude.

Para ter um sistema de rastreamento, além do receptor, é necessário possuir um sistema de comunicação e um *modem*. Dependendo do sistema de comunicação usado – satélite, alta frequência (VHF) ou telefonia celular –, o alcance previsto para o sistema de rastreamento sofrerá variações. Se o sistema selecionado for por satélite, o alcance será internacional; se for VHF, dependerá da antena instalada, mas sabe-se que será muito mais limitado geograficamente. Com a telefonia celular, o alcance vai depender das características do fornecedor de serviços telefônicos.

O sistema instalado no veículo capta a informação do sistema de posicionamento global e envia um sinal para uma estação-base por meio do sistema de comunicação utilizado. Os dados enviados são interpretados: posicionamento fornecido pela latitude e longitude, velocidade, direção, hora da leitura e outros dados predefinidos. Com isso, é possível criar uma saída de informação para uma tela de computador, posicionando o veículo sobre um mapa digital da área onde o objeto está.

Benefícios

Os benefícios que podem advir da utilização da tecnologia de rastreamento são melhorias no serviço prestado ao cliente, na segurança da carga e dos condutores, nas operações e na eficiência e satisfação do condutor.

7.3.10.3 Telemática

A telemática é um conceito que se apresenta com o enfoque do uso de tecnologia que combina telecomunicação com computação. O significado mais comum refere-se ao fornecimento de informações por meio de uma rede de comunicações. Trata-se de um processo que tem evoluído bastante na Europa e nos Estados Unidos. Alguns dos serviços incluídos pela telemática são:

- sistemas de chamadas de emergência, oferecendo segurança para os usuários;
- pagamento automático em pedágio (sem que o veículo tenha de parar);
- travamento das portas do veículo;
- sistemas de navegação com mapas digitalizados;
- diagnóstico do veículo, aumentando sua confiabilidade;
- controle automático de tráfego, evitando desperdício de tempo no trânsito;
- computadores de bordo, fornecendo informações de desempenho e proporcionando melhor administração dos gastos do veículo;
- assistência em rodovias etc.

A telemática é um novo conceito que se apresenta com o enfoque do uso de tecnologia para conectar pessoas que usam veículos com o ambiente externo, enviando e recebendo informações.

A tecnologia é um elemento fundamental no desenvolvimento da telemática. As indústrias automotivas estão investindo bastante em busca de um diferencial. Uma das iniciativas mais conhecidas é o OnStar, da General Motors, originalmente criado para as chamadas de emergência e agora atingindo a telefonia celular e acessos à internet. Muitas barreiras, no entanto, devem ser enfrentadas. Os próprios usuários têm dúvidas sobre sua utilização e seu funcionamento. Entretanto, órgãos preocupam-se com a segurança dos usuários dos serviços de tal forma que alguns deles deverão sofrer substanciais modificações para obter a regulamentação.

De outra forma, os benefícios são muitos. É questão de tempo e adaptação.

7.4 PREPARANDO O FUTURO

O transporte é fundamental na competitividade entre as nações; o Brasil, no entanto, investe pouco em infraestrutura. A privatização é um marco importante, principalmente no que diz respeito às rodovias. As ferrovias privatizadas ainda não alcançaram o nível de sucesso desejado.

O custo dos produtos é muito influenciado pelos fatores logísticos. Caso o país não faça investimentos necessários para reverter a situação, a competitividade interna e a externa serão afetadas.

7.4.1 Privatização

As perspectivas futuras do transporte no Brasil dependem do sucesso dos programas de privatização, dos investimentos em novas ferrovias, da necessária recuperação das rodovias e da modernização dos portos.

As péssimas condições das rodovias exigem investimentos rápidos para que os padrões de qualidade possam ser superiores e para que o país se torne mais competitivo, de modo que possa baixar os custos logísticos. As modalidades podem e devem competir entre si com a finalidade de baixar os custos. As ferrovias e as rodovias, cuja palavra de ordem é a desestatização, competirão entre si, fator que, indubitavelmente, pode ser relevante na queda dos custos dos fretes.

O transporte de grandes cargas pode ser beneficiado em larga escala com a concorrência. Para o consumidor, o preço de matérias-primas como grãos, minérios, cimento e combustíveis pode sofrer redução sensível se o custo do frete for reduzido.

7.4.1.1 Rodovias

Com o programa de concessão de rodovias federais, foram repassadas à iniciativa privada a Via Dutra, a ponte Rio-Niterói, a BR-040, a BR-116 e a BR-290. Um exemplo de parceria com o setor privado foi a construção da ponte internacional entre São Borja (RS) e Santo Tomé, na Argentina, com 1.400 metros de extensão, iniciativa conjunta dos governos brasileiro e argentino, inaugurada em dezembro de 1997, constituindo uma nova opção de ligação no âmbito do Mercosul.

O corredor rodoviário entre Minas Gerais e Rio Grande do Sul é a maior obra de duplicação rodoviária em execução no mundo, o que constitui o principal eixo de ligação entre o Norte e o Sul do Brasil, envolvendo inclusive o acesso aos países do Mercosul. Essa obra de integração regional é estratégica e envolve a duplicação da rodovia Fernão Dias, que liga Belo Horizonte a São Paulo, com 564 quilômetros de extensão. O segundo trecho, que corresponde à rodovia Régis Bittencourt, à BR-101 e à BR-376, liga São Paulo-Curitiba-Florianópolis, com 739 quilômetros de extensão e a privatização consta do Programa de Investimentos em Logística (PIL). O último trecho corresponde ao segmento de Florianópolis (SC) a Osório (RS), com 350 quilômetros de extensão.

Em 1998, foi inaugurada a pavimentação da rodovia BR-174, com cerca de 1 mil quilômetros de extensão, ligando Manaus à fronteira com a Venezuela.

7.4.1.2 Portos e hidrovias

A modernização do sistema portuário iniciou-se com a transferência das atividades operacionais para a iniciativa privada.

Entre os arrendamentos, destacam-se alguns terminais nos portos de Santos, Rio de Janeiro, Sepetiba, Vitória, Itaqui, Capuaba, Paranaguá e Rio Grande. Segundo a Confederação Nacional da Indústria, estima-se que o custo médio de movimentação de contêineres nos principais portos brasileiros foi reduzido de 500 dólares para 350 dólares a unidade. Como resultado dessas ações, espera-se uma redução, em curto prazo, de cerca de 50% dos custos de operação portuária, com impacto expressivo sobre o chamado custo Brasil, por meio da privatização e da modernização dos portos.

A eclusa de Jupiá, inaugurada no início de 1998, intensificou a navegabilidade da hidrovia Tietê-Paraná, que começou a ser construída na década de 1950.

Os investimentos na infraestrutura hidroviária seguramente contribuirão para a diminuição do custo do frete no escoamento da produção agrícola. Isso deverá aumentar a renda dos produtores e a competitividade dos produtos brasileiros no mercado internacional.

7.4.1.3 Ferrovias

As malhas da Rede Ferroviária Federal S.A., Oeste, Centro-Leste, Sudeste, Tereza Cristina, Sul e Nordeste foram arrendadas. Trata-se de uma iniciativa importante para a redução do custo Brasil, complementada com a privatização da Ferrovia Paulista S.A. Projeta-se uma redução de cerca de 30% no custo do transporte da safra de grãos do Centro-Oeste, que será obtida com a integração dos sistemas Fepasa, Ferronorte e região de Cuiabá com o Porto de Santos, proporcionando impacto econômico extremamente positivo. Empresas como a Rumo Logística do grupo Raizene Malha da Região Sudeste (MRS) têm trazido significativa contribuição para o segmento.

7.4.2 Transporte e Mercosul

Em meio ao processo de globalização, encontra-se a consolidação de zonas de livre comércio e os mercados comuns. A formação do mercado comum que tem apresentado um avanço maior é a União Europeia. Nas Américas, os principais blocos econômicos são o Nafta, zona de livre comércio entre Estados Unidos, Canadá e México, e o Mercosul, união aduaneira sobretudo entre Argentina, Brasil, Paraguai e Uruguai.

O transporte internacional de cargas, independentemente do nível de integração econômica entre os países do Mercosul, merece destaque em virtude de sua influência direta na composição do preço final de exportação ou importação. O transporte é o elo entre os consumidores externos e os produtores de bens, daí sua importância no processo.

Para que possam tornar-se competitivos, o Brasil e seus vizinhos deverão solucionar seus problemas a médio e longo prazos. O transporte intermodal surge como alternativa forte graças aos recursos hidroviários existentes, assegurando dessa forma a redução de custos e facilitando o processo de integração com o Mercosul e, posteriormente, com outros países da América Latina.

7.4.3 Transporte e futuro

Existe uma série de fatores que influenciam a demanda de consumo de produtos e de serviços e que, por conseguinte, afetam a área de logística. A situação atual demonstra que devem ocorrer modificações significativas na área de transporte para que ele possa ser competitivo e, ao mesmo tempo, cumprir com os objetivos sociais estabelecidos.

A seguir, listaremos alguns dos fatores que provocam interferência na área de transportes e que, de alguma maneira, precisam ser repensados.

7.4.3.1 Localização das indústrias

As empresas hoje estão construindo suas plantas em locais estratégicos motivadas por incentivos fiscais, proximidade da fonte de obtenção da matéria-prima principal, fuga dos grandes centros urbanos e facilidades logísticas, entre outros fatores. Essa decisão influencia diretamente a forma como se comportarão os meios de transporte no futuro.

7.4.3.2 Globalização

O processo de globalização é um dos fatores mais importantes para a competitividade dos transportes, tanto local como internacionalmente. As organizações de transporte precisam estar preparadas para enfrentar empresas globais, como Penske, TNT, UPS, DHL, McLane, Ryder, entre outras, que chegaram ao Brasil nos últimos anos. Positivamente, algumas empresas nacionais investiram e se adequaram, tornando-se até maiores e tão eficientes como essas empresas globais, como é o caso da Vale, MRS, Julio Simões, Binotto, entre outras.

7.4.3.3 Acordos internacionais – mercados comuns

Ainda que muitas empresas nacionais já estejam se preparando para transportar produtos para além das fronteiras do país, esse processo ainda é embrionário e precisa evoluir. O Mercosul, ainda engatinhando, vai exigir estratégias claras e importantes das organizações de transporte. Barreiras culturais precisam ser superadas e entendimentos transnacionais serão cada vez mais exigidos nos aspectos comercial e social.

7.4.3.4 Acordos internacionais de transporte

Algumas empresas internacionais já chegaram ao Brasil e, por meio de aquisições ou associações, estão conquistando um espaço importante. As empresas nacionais estão atentas a esse processo, uma vez que a soma de experiências é um fator relevante para a sobrevivência nesse mercado.

7.4.3.5 Práticas de *just in time*

As organizações industriais estão intensificando as práticas de *just in time*. No Brasil, as empresas de transporte estão se saindo bem quanto a isso, mas as que ainda não se adequaram cultural e estruturalmente a esse processo correm sérios riscos de sobrevivência.

7.4.3.6 Reciclagem de material

Nossa conscientização em relação à necessidade de preservação da natureza está levando as organizações a reciclar produtos. Em geral, as empresas destinadas à reciclagem instalam-se perto dos centros de consumo do material a ser reciclado. A intensificação dessa prática afetará, sem dúvida, o transporte e sua logística.

7.4.3.7 Regulamentações e desregulamentações governamentais

As regras a serem impostas ou eliminadas pelos governos, sobretudo no mercado latino, influenciarão drasticamente o comportamento do transporte. A desregulamentação talvez provoque uma utilização mais intensa do transporte intermodal, uma vez que o tempo gasto com burocracia será eliminado do processo, permitindo entregas mais rápidas de produtos por custos inferiores.

7.4.3.8 Políticas ambientais

Todos os modos de transporte podem ser afetados por políticas ambientais e restritivas. À medida que se aumenta o grau de conscientização das pessoas com relação ao meio ambiente, maiores exigências são colocadas em prática. Requisitos como controle de emissões de gás pelos caminhões, derramamento de óleo nos oceanos, intenso ruído provocado por aviões e velocidade nas rodovias são alguns exemplos de como a consciência ambiental pode afetar o transporte no futuro. Alguns deles já estão sendo restringidos atualmente.

7.4.3.9 Congestionamentos

Em muitas áreas urbanas, os congestionamentos afetam significativamente o custo dos transportes e o nível de serviços, aumentando o tempo de viagem, reduzindo a disponibilidade do condutor e a eficiência do veículo.

Ainda que menos intensos, os congestionamentos ocorrem também no ar, na água e nas ferrovias, resultando em índices baixos de nível de serviço e em aumento do custo operacional.

7.4.3.10 Centros metropolitanos – São Paulo

Atualmente, a cidade de São Paulo apresenta congestionamentos diários superiores a 100 quilômetros. A cada dia, aumenta o fluxo de caminhões e automóveis nas ruas, reduzindo a mobilidade. Em São Paulo, os veículos provenientes de diferentes cidades e estados encontram as ramificações que os ligam a outras regiões do Brasil, tornando obrigatória sua passagem pelas marginais, aumentando a poluição sonora e do ar.

A região metropolitana de São Paulo, configurada como o polo financeiro e de serviços do país, também se candidata a ser o centro de negócios do Mercosul. No entanto, o futuro de São Paulo depende de uma infraestrutura extremamente eficiente. Da forma como está, São Paulo será inviável como centro de negócios pelo tempo que se perde tanto nas tomadas de decisão como no transporte de produtos e na execução dos serviços, além do problema social.

7.4.3.11 Avanços tecnológicos

Um número significativo de avanços tecnológicos em equipamentos e sistemas de informação, nas últimas décadas, tem gerado impactos profundos nos meios de transporte. A utilização dessas tecnologias é fundamental para que os custos possam ser reduzidos e as organizações sejam competitivas. A atualização constante e a evolução dessas ferramentas forçarão as empresas a caminhar paralelamente ao processo para não correrem sérios riscos. Alguns exemplos de tecnologia, equipamentos e ferramentas que são usados e que certamente sofrerão adaptações importantes são:

- contêineres;
- automação e robótica;
- sistemas de manuseio e troca de informações;
- terminais computadorizados;
- troca eletrônica de dados (EDI);
- sistemas satelitais de comunicação;
- sistemas de roteamento;
- sistemas de programação e planejamento de transportes.

A tecnologia continuará se desenvolvendo e afetará de forma significativa os custos associados.

CONSIDERAÇÕES FINAIS

O segmento de transportes tem passado por transformações, uma vez que as empresas buscam melhorar a velocidade, a visibilidade e a eficiência. A desaceleração econômica ou mesmo a busca da vantagem competitiva faz com que as empresas priorizem as estratégias em suas cadeias de abastecimento para reduzir custos e aumentar a eficiência.

A terceirização tem tido um apelo bastante importante, uma vez que as empresas preferem colocar seus esforços em seus segmentos, direcionando para organizações mais capacitadas as atividades centradas nas operações logísticas.

Os transportes multimodais que combinam diferentes formatos de transporte, como rodoviário, ferroviário, aéreo, marítimo e hidroviário, precisam ser mais explorados, principalmente no Brasil, onde pouco se faz para integrar os diferentes tipos de modal.

Em nosso país, a alta dependência do modal rodoviário e o baixo uso do transporte ferroviário nos coloca em uma situação de baixíssima competitividade, quando comparado com nações com geografias similares, casos dos Estados Unidos, da Rússia, da Índia e do Canadá.

Um fator importante de abrangência mundial e que as nações estão cada vez mais priorizando se refere à competitividade. Ou seja, competir não está apenas relacionado apenas a empresas de determinados setores mas também de diferentes nações. Quanto melhor for o custo e maior a produtividade no país, principalmente em insumos comoditizados, mais ganhos os produtos daquele país vão obter e certamente será maior a arrecadação de impostos.

Portos e aeroportos são portas de entrada e de saída para o comércio internacional. Investimentos em infraestrutura devem ser meticulosamente realizados para aumentar a competitividade. O Brasil necessita investir com urgência na infraestrutura. Criar programas não é suficiente. É necessário executá-los com soberania.

CASO

WEG: DO BRASIL PARA O MUNDO[2]

A WEG possui, no Brasil, catorze parques fabris e sua sede e principais unidades industriais estão na cidade de Jaraguá do Sul, Santa Catarina. Suas demais fábricas estão espalhadas por Rio Grande do Sul (Gravataí), Santa Catarina (Blumenau, Guaramirim, Itajaí e Joaçaba), São Paulo (São Paulo, São Bernardo do Campo e Monte Alto), Amazonas (Manaus), Espírito

[2] Estudo de caso elaborado pelo autor com base em pesquisas de textos, entrevistas e vídeos disponibilizados em diferentes meios de comunicação, como televisão, internet, jornais e livros.

Santo (Linhares). No exterior, tem parques fabris em nove países: três na Argentina, um na Alemanha, um na Áustria, dois na África do Sul, dois no México, um nos Estados Unidos, um em Portugal, dois na China e um na Índia, além de 22 filiais e representantes em mais de 100 países. Há, ainda, instalações de distribuição e comercialização nos Estados Unidos, Venezuela, Colômbia, Chile, Reino Unido, Bélgica, França, Espanha, Itália, Suécia, Austrália, Japão, Cingapura, Índia, Rússia e nos Emirados Árabes Unidos.

Tem suas ações negociadas no pregão da Bolsa de Valores de São Paulo sob o código WEGE3 e é a única indústria do setor de bens de capital a atender o Índice de Sustentabilidade Empresarial (ISE) da B3. A empresa declarou um faturamento de 12 bilhões de reais em 2018.

Proposição de valor

A visão estratégica da WEG é fornecer soluções completas e eficientes com uma linha completa de máquinas elétricas, desde a geração até o consumo. Isso significa dizer que ela busca ser um fornecedor competitivo de equipamentos elétricos para aplicações específicas. Por exemplo, é a maior fornecedora mundial de motores elétricos industriais usados na fabricação de bombas, compressores e ventiladores industriais.

A empresa utiliza também essa competitividade de produção e flexibilidade e a ampla linha de produtos para integrar esses produtos em soluções mais abrangentes. É possível combinar motores elétricos de vários tipos e tamanhos para criar sistemas complexos de automação industrial

Por outro lado, é possível criar soluções completas para a geração de eletricidade a partir de fontes renováveis ou subestações completas de energia para qualquer uso. É importante ressaltar que esses sistemas são basicamente compreendidos inteiramente por produtos WEG. Essa abordagem integrada, com base em recursos de manufatura competitiva, tem sido a base de competitividade e a presença da empresa no mercado e a forma como a ela se apresenta a seus clientes e ao mercado geral. Uma empresa com soluções completas.

Dos 31 mil funcionários da WEG, 23 mil estão no Brasil, sendo 15 mil em Jaraguá do Sul e Guaramirim. O modelo de crescimento das unidades fabris no mundo vem seguindo o padrão desenvolvido na sede da empresa, de forma modular e com aporte de investimentos conforme o aumento da demanda por mais espaço de produção. As unidades locais são a ponta de lança no desenvolvimento e a inovação de produtos tanto na área de automação quanto da geração de energia renovável. A multinacional não vê meios de expandir no Brasil, mas também não cogita deixar a cidade natal; mesmo com os entraves de logística, a cultura de trabalho e o envolvimento das pessoas na empresa – a idade média de tempo de casa é de oito anos.

Posicionamento estratégico

A WEG oferece uma linha completa de produtos e sistemas elétricos se posicionando como uma organização *one-stop solution*, em que o cliente é capaz de encontrar e integrar toda a solução para resolver seu problema e atender ao seu projeto.

Vantagem competitiva

- Integração vertical

  A integração vertical permite flexibilidade de produção para fornecer competitivamente pequenos lotes de produtos altamente customizados, que combinam com as necessidades dos seus clientes. A WEG trabalha dentro do conceito de customização em massa, e não produção em massa. Temos massa de personalização, e não a produção em massa.

- Flexibilidade financeira

  Sua flexibilidade financeira permite perseguir oportunidades de crescimento, sempre que estejam disponíveis. Essas oportunidades variam de triviais, como a aquisição de matérias-primas em condições atrativas, até estratégicas, como aquisições.

- Diversificação

  A flexibilidade de produção da WEG permite direcionar os mercados (produtos, segmentos e regiões geográficas) que oferecem as melhores perspectivas de crescimento. Permite também concentrar-se em mercados com base em retornos, e não na necessidade de ocupar as capacidades de produção especializada.

- Expansão modular

  O sistema de produção baseia-se também na expansão modular, evitando a capacidade ociosa, maximizando o retorno sobre o capital e reduzindo os riscos de demanda.

- Presença global

  A diversidade das ofertas de produtos da WEG também permite expandir internacionalmente, aproveitando o conhecimento que foi desenvolvido nos novos mercados, assim como as parcerias que foram estabelecidas para atender os clientes globais.

  A WEG tem executado com sucesso a estratégia de crescimento e diversificação ao longo de sua trajetória, tanto de forma orgânica quanto por aquisições. E, hoje, é uma das grandes empresas do setor. Isso porque gera valor consistentemente para o acionista e concorre com grandes grupos globais, como Siemens e ABB. Em 2019, anunciou uma aliança com a Embraer, dando um passo conjunto para a fabricação do avião elétrico. Representantes das duas companhias assinaram um acordo de cooperação científica e tecnológica para desenvolver motores elétricos aeronáuticos. O primeiro voo de teste de um monomotor movido 100% a eletricidade, de curta duração, pode acontecer em 2020.

Questões para revisão

1. Descreva os principais fatores que afetam os meios de transporte.
2. De que forma os avanços tecnológicos têm auxiliado os transportes? Cite alguns exemplos.
3. Qual meio de transporte é o mais utilizado no Brasil? Por quê? O que deveria ser feito para balancear o uso dos diferentes meios de transporte? Comente o que ocorre com o nível de serviço no setor ferroviário do Brasil.
4. Quais são os aspectos fundamentais para gerenciar uma frota?
5. Discorra sobre o futuro dos transportes no Brasil. A privatização seria uma alternativa viável? Por quê?

8 Administrando os estoques na cadeia de abastecimento

OBJETIVOS

Após a leitura deste capítulo, você será capaz de entender:

✓ as estratégias para administrar estoques;
✓ os objetivos e as políticas de estoques;
✓ os sistemas de estoques;
✓ as técnicas para administrar os estoques.

FIGURA 8.1 Administração de estoques

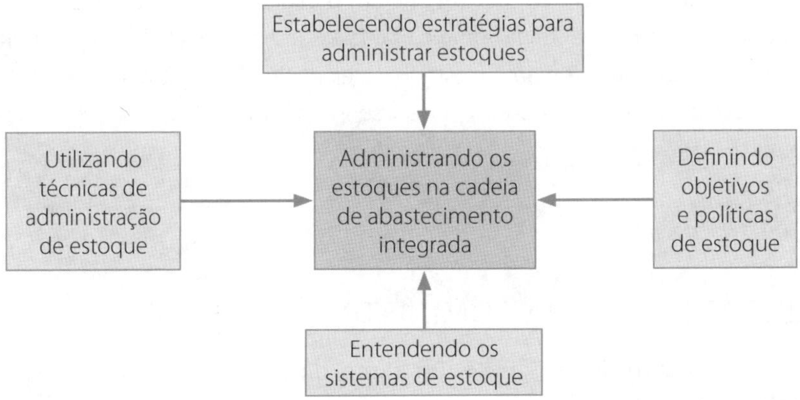

Fonte: elaborada pelo autor.

8.1 VISÃO GERAL

Um dos grandes desafios enfrentados atualmente pelas organizações refere-se ao balanceamento dos estoques em termos de produção e logística com a demanda do mercado e o serviço ao cliente.

A gestão dos estoques é um elemento imprescindível na agenda dos administradores. Ela deve ser administrada eficientemente.

Muito se tem comentado sobre as pressões que os estoques excessivos representam para a lucratividade das organizações. Vejamos algumas situações que dificultam as atividades dos administradores de estoques:

- ciclos de vida cada vez mais curtos dos produtos os tornam rapidamente obsoletos, como é o caso de eletrônicos e automóveis;
- flutuação da demanda;
- processo cada vez mais comum de customização, causando dificuldades de planejamento.

É necessário usar todos os princípios, conceitos e técnicas para saber quais itens pedir, quanto pedir, quando são necessários, como e onde armazená-los. O bom entendimento da gestão dos estoques direciona a otimização dos investimentos em estoques e capital envolvido, do serviço ao cliente e das operações de produção, compras e distribuição.

A maneira como uma organização administra seus estoques influencia sua lucratividade e a forma como compete no mercado. Além disso, o conflito entre minimizar as quantidades de capital e evitar faltas de produtos não é fácil de resolver. Os sistemas de informação podem ser bastante úteis nessa tarefa. Código de barras, troca eletrônica de dados, impressão de etiquetas, coletores, radiofrequência e comandos por voz são alguns dos exemplos que podem ser utilizados.

Os estoques incorrem em custos, oneram o capital, ocupam espaço e necessitam de gerenciamento tanto na entrada como na saída. Podem tornar-se obsoletos e ultrapassados.

Todas as organizações mantêm estoques, sejam eles significativos, sejam triviais. As perspectivas são diferentes: os estoques podem ser significativos para uma organização e triviais para outra.

8.2 ESTRATÉGIAS PARA ADMINISTRAR ESTOQUES

O gerenciamento de estoque é um ramo da administração de empresas que está relacionado com o planejamento e o controle de estoques de materiais ou produtos que serão utilizados na produção ou na comercialização de bens ou serviços. Preocupar-se efetivamente com os estoques pode interferir nos resultados estratégicos. Definir o momento correto da compra, a quantidade ideal a ser comprada, os melhores preços, os níveis de segurança, a qualidade do bem ou do serviço são características importantes nesse processo. O balanceamento da demanda real de consumo com a produção também é um elemento fundamental para evitar estoques elevados.

O capital investido em estoque e o impacto que exerce sobre as atividades operacionais das organizações são razões essenciais para que as empresas estabeleçam prioridades efetivas na sua administração. A cadeia de abastecimento não pode ser eficiente e eficazmente administrada sem que os estoques recebam um enfoque prioritário.

Muitas organizações estocam centenas ou milhares de itens, variando desde aqueles com valor extremamente baixo até os que possuem altíssimo valor, dependendo do tipo de segmento de mercado em que atuam.

A estratégia de estoque sofrerá variações de empresa para empresa, dependendo do foco estratégico a ser adotado.

FIGURA 8.2 Uso do estoque

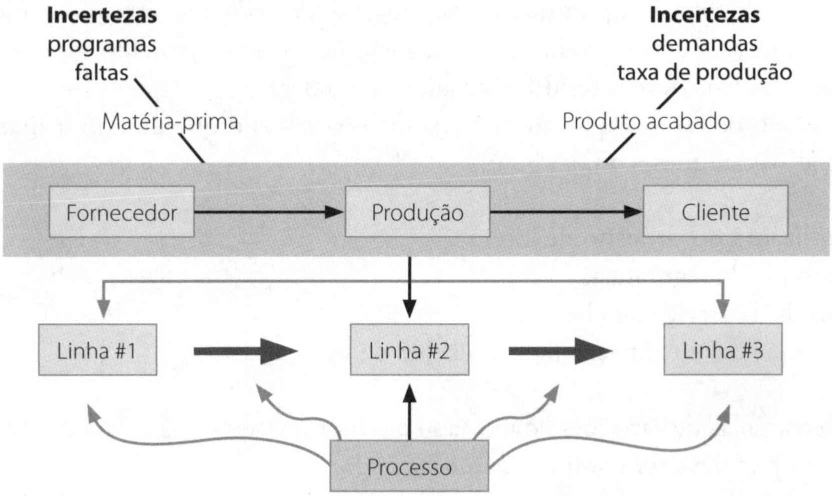

Fonte: elaborada pelo autor.

É evidente que toda organização deve estabelecer e manter uma estratégia adequada para administrar o estoque. Uma estratégia bem aplicada e bem conduzida, além de minimizar custos, assegurará o desempenho apropriado dos diferentes processos e funções empresariais.

Controles não adequados podem levar a organização a possuir elevados estoques, incorrendo em altos valores de investimento. Em contrapartida, a manutenção de estoques insuficientes trará consequências drásticas à cadeia de abastecimento, afetando recursos e serviços.

8.2.1 Definindo a estratégia de estoques

As organizações devem definir e manter uma estratégia de estoques que, conduzida adequadamente, assegurará um balanceamento dos processos de produção e distribuição, além de minimizar os custos de estoque.

O posicionamento estratégico dos produtos interferirá sobremaneira na forma como os estoques serão administrados. Organizações com foco na produção de bens de consumo de alta rotatividade devem manter estoques balanceados nos pontos de compra; caso contrário, correm o risco de perder vendas. Companhias que produzem lâminas de barbear, desodorantes, biscoitos ou leite em caixa e cujo abastecimento é inadequado estarão automaticamente entregando sua participação de mercado à concorrência. Dificilmente a lealdade do consumidor fará com que procure lugares alternativos para obter o produto desejado; será mais simples substituir o produto naquele momento.

Outra característica importante da estratégia é o enfoque de classificação e priorização dos materiais e dos produtos. As negociações, o planejamento, o acompanhamento dos materiais devem ser diferenciados por classe.

Muitos são os fatores que interferem nos processos e que afetam a maneira de administrar os estoques, como:

- utilização do conceito de lote;
- estoque de segurança;
- níveis de serviço ao cliente;
- estoque de antecipação para situações de sazonalidade.

Em decorrência de variações no mercado e comportamentos da concorrência, a estratégia de estoques deve ser continuamente revisada.

8.2.2 Objetivos e políticas de estoque

A compreensão dos objetivos estratégicos da existência e do gerenciamento dos estoques é fundamental para se definir metas, funções, tipos de estoque e a forma de como eles afetam as organizações em suas atividades produtivas e de relacionamento com o mercado.

O investimento em estoques tem dois objetivos estratégicos principais, como segue.

1. Maximizar os recursos da empresa: em muitos casos, a formação de estoques proporciona um balanceamento das operações da organização, possibilitando aumento na eficiência operacional, redução de custos de mão de obra e maximização da capacidade instalada.
2. Fornecer um nível satisfatório de serviço ao cliente ou consumidor: esse segundo objetivo está relacionado ao nível de atendimento que a organização supostamente pretende oferecer ao cliente e/ou consumidor. Uma forma de assegurar um atendimento uniforme é a construção de estoques considerando limites desejáveis de abastecimento. Mesmo na utilização de conceitos mais avançados de abastecimento, a manutenção de estoques de segurança é uma prática que visa atender a picos de demanda decorrentes das oscilações de mercado nem sempre controláveis. O grande problema enfrentado pelas empresas é o conceito de "satisfatório", uma vez que "satisfatório" não é uma medida exata, e o que é satisfatório para um pode não ser para outro. As organizações precisam estabelecer critérios coerentes para medir a satisfação dos clientes.

8.2.3 Indicadores de desempenho

Medir o desempenho do estoque é extremamente salutar para a organização, pois um dos aspectos fundamentais da administração moderna enfatiza a redução dos estoques. O aumento ou a redução dos níveis de estoque gera forte impacto nas finanças de qualquer empresa. Na sequência, são apresentados alguns indicadores de desempenho que visam à monitoração dos estoques.

8.2.3.1 Giro de estoque

O giro de estoque corresponde ao número de vezes em que o estoque é totalmente consumido durante determinado período (em geral um ano). Esse indicador é calculado com base na relação do volume de vendas do ano dividido pelo capital médio investido em estoque. Um produto que tenha vendas anuais de 1 milhão e investimento médio de 100 mil em estoque terá um giro de 10, o que significa que o estoque foi reposto dez vezes no decorrer de um ano.

As empresas têm comumente usado esse indicador para comparar seu desempenho ao de organizações similares. Um alto índice de giro de estoque pode sugerir um alto retorno de capital; contudo, embora esse índice relacione o valor do estoque com o valor de vendas, ele não reflete os benefícios da manutenção do estoque. A fórmula para o cálculo do giro de estoque é:

$$\text{Giro de estoque} = \frac{\text{vendas anuais (\$)}}{\text{estoque médio (\$)}}$$

Ou

$$\text{Giro de estoque} = \frac{\text{vendas anuais (unidades)}}{\text{estoque médio (unidades)}}$$

em que:

- vendas anuais = ao valor ou à quantidade vendida durante o período de um ano;
- estoque médio = à quantidade média ou ao valor médio mantido em estoque.

As empresas adotam prerrogativas diferentes para o cálculo do giro de estoque. Embora mantenham o conceito global de cálculo de giro médio, outras derivações são utilizadas. Giros de estoque calculados por família de produtos, por produtos ou por classificação ABC são bastante comuns.

Embora um índice alto de giro de estoque possa representar um fator positivo para a empresa, ele não pode ser avaliado isoladamente. Os profissionais da área devem estar conscientes dos outros custos existentes na cadeia, como aqueles relacionados a "comprar", que envolvem transporte e manuseio.

8.2.4 Cobertura de estoque

A cobertura de estoque está relacionada à taxa de uso do item e baseia-se no cálculo da quantidade de tempo de duração do estoque, caso este não sofra um ressuprimento. Essa cobertura costuma ser indicada em número de semanas ou meses, dependendo das características do produto.

$$\text{Cobertura de estoque} = \frac{\text{estoque médio (unidades)}}{\text{demanda (unidades)}}$$

8.2.5 Nível de serviço ao cliente

Organizações preocupadas com as necessidades dos clientes, e voltadas para eles, utilizam o conceito de "serviço ao cliente" para avaliar o desempenho do sistema de controle de estoques. Uma medida bastante comum é a taxa de atendimento ao pedido, que é a relação entre a quantidade de itens disponíveis e a quantidade de itens demandada pelo cliente. Muitas empresas adicionam o conceito de tempo, ou seja, o nível de atendimento ao cliente em termos de quantidade, produto e disponibilidade na data requerida. Essa característica é fundamental não só para satisfazer o cliente mas também para atender a demandas dos consumidores diretamente. Eventualmente, a procura por um produto e sua ausência em uma gôndola podem levar o consumidor a comprar um produto concorrente, o que significa uma venda perdida.

No segmento de bens de consumo, esse tipo de indicador é conhecido como *On Time in Full* (Otif), que corresponde ao desempenho da organização em atender à demanda em um tempo combinado e na quantidade combinada.

Essa medida permite determinar quão eficiente a cadeia de abastecimento pode ser, uma vez que não é um indicador isolado e não pode ser visto como tal. Para atender às expectativas dos clientes e manter um nível de Otif elevado, vários processos e subprocessos internos devem ser trabalhados, desde as estimativas de vendas, passando por qualificação dos fornecedores, eficiência da produção, distribuição e funções administrativas.

Muitas empresas analisam esse indicador de forma isolada. No entanto, ele é o ponto de partida para melhorar todos os processos e procedimentos internos. Não raro, as organizações de mercado apresentam fatores entre 20% e 50% de eficácia em suas entregas. As melhores práticas, contudo, determinam que esse fator deve variar entre 90% e 100%.

8.2.5.1 Acurácia de estoque

A acurácia de estoque é determinada pela relação entre a quantidade física existente no armazém e a indicada nos registros de controle. Esses registros podem estar armazenados em sistemas avançados e que integram os processos (tipo *Enterprise Resources Planning* – ERP) ou em simples controles manuais. O estoque apresentará acurácia igual a 100% quando a quantidade física coincidir com a quantidade teórica.

Manter a acurácia dos estoques em um nível elevado, ou seja, isento de erros, trará vantagens significativas para a organização nos aspectos a seguir.

- Nível de serviço adequado ao cliente, uma vez que o conteúdo teórico apresentado nos registros coincide com o existente fisicamente nos armazéns.
- Determinar o ressuprimento, que será disparado a partir de um valor teórico ou registrado. Se esse valor apresentar diferenças em relação ao físico, pode estar ocorrendo um desabastecimento ou uma elevação do nível de estoque.
- Garantir a disponibilidade de material para a produção, pois é extremamente desagradável estabelecer todo um plano de produção baseado na disponibilidade de materiais e perceber que existem divergências entre o físico e o teórico.
- Analisar níveis de existência e eliminar excessos.
- Controlar obsolescência.
- Analisar situação financeira com base nas informações corretas dos estoques.

Para determinar a acurácia de estoques, utiliza-se a seguinte fórmula:

$$\text{Acurácia\%} = \frac{\text{quantidade física}}{\text{quantidade teórica} \times 100}$$

em que:

- quantidade física = informação obtida pela contagem de estoque;
- quantidade teórica = informação existente nos controles de entrada e saída de material.

8.2.6 Funções do estoque

Uma pergunta tradicional e que desperta interesse é: por que existe estoque? A formação do estoque está relacionada ao desequilíbrio existente entre a demanda e o fornecimento. Quando o ritmo de fornecimento é maior que o da demanda, o estoque aumenta; quando o ritmo da demanda supera o de fornecimento, o estoque diminui, podendo faltar material ou produto.

Se a taxa de fornecimento fosse igual à de demanda não haveria a necessidade da formação de estoques. Só isso já confirma a obrigatoriedade da existência de estoque para alguns segmentos de mercado e categorias de produtos.

Imagine você indo com sua família a um restaurante e fazendo o pedido de um bom prato de peixe. É claro que o restaurante tem uma quantidade de peixe em seu estoque para atender a uma demanda que é julgada conveniente.

O reservatório de água de nossa casa é um exemplo clássico de formação de estoque. Se nunca ocorressem problemas de desabastecimento, não seria necessário ter um reservatório. No entanto, pode faltar água, seja em período de escassez, seja por causa de reparos de equipamento ou tubulação. Como é um líquido vital, é fundamental que exista uma reserva. As tendências da área logística têm direcionado as organizações a reduzir sensivelmente o nível de estoque por meio de alianças, melhorias no relacionamento e aplicação de conceitos de abastecimento contínuo. Ainda que esses estoques não sejam eliminados totalmente, sua quantidade tem sido reduzida.

A seguir, apresentaremos os tipos de estoque e as funções por eles executadas.

8.2.6.1 Estoque de antecipação

O estoque de antecipação é aplicado para produtos com comportamento sazonal de demanda. Fabricantes de sorvetes, ovos de Páscoa, materiais escolares, calendários, equipamentos de ar-condicionado, certas aves congeladas (peru), panetones, brinquedos, roupas de inverno ou verão enfrentam condições diferenciadas de demanda. Normalmente, as organizações não dimensionam os recursos para atender aos picos de demanda. Portanto, os estoques são feitos previamente e consumidos durante os períodos de pico.

Os produtos sazonais influenciam de modo direto o fluxo de caixa da organização, pois nos períodos de vendas restritas ocorre uma descapitalização. Investimentos em fábricas adicionais ou equipamentos extras podem reduzir a necessidade do estoque antecipado. No entanto, uma análise comparativa entre investir em capacidade e formação antecipada de estoque é fundamental, uma vez que a estratégia a ser definida depende do tipo de produto e da demanda.

As organizações voltadas para serviços também enfrentam essa oscilação de demanda. Os restaurantes são mais exigidos em fins de semana e mais ainda em períodos de festas. As empresas de transporte de passageiros e hotéis enfrentam um volume de serviço enorme durante os períodos de férias. Os grandes centros urbanos vivem o *rush* diário dos transportes, atingindo picos nos períodos da manhã e da tarde. As empresas de bens de consumo podem formar estoques para atender aos picos; já a área de serviços não tem essa flexibilidade. Os congestionamentos do trânsito reduzem a velocidade das filas e, nos restaurantes, durante o almoço, a espera passa a fazer parte do dia a dia do cidadão.

8.2.6.2 Sazonalidade

O conceito de sazonalidade está ligado às ocorrências não constantes de determinado período. A procura por sorvetes acontece em períodos de temperaturas mais elevadas, o consumo de roupas de frio acontece no inverno, vendas de equipamentos de esqui ocorrem em temporadas de inverno, biquínis são vendidos no período de verão, suprimentos escolares são vendidos no período de volta às aulas, quartos de hotel são totalmente preenchidos nos períodos de férias. O consumo de cervejas e refrigerantes aumenta no verão, bolas de futebol vendem mais quando acontecem campeonatos importantes, fantasias são produzidas no período de Carnaval, bacalhau é mais procurado durante a Semana Santa e assim por diante.

As empresas enfrentam problemas bastante sérios com o desequilíbrio entre a demanda e o fornecimento. Uma empresa que produz sorvetes não vende de maneira linear o produto durante todo o ano e, se atender à demanda sazonal sem antecipar a formação dos estoques, certamente não terá capacidade para suprir o mercado. Dessa forma, produz uma quantidade balanceada durante o ano. Contudo, esse balanço entre formar estoque e manter a capacidade suficiente para atender a picos depende de estratégia.

O ideal é possuir equipamentos que possam fazer produtos levemente diferenciados, utilizando as mesmas linhas de produção, para que sejam consumidos em períodos diferentes do ano. As cervejarias, por exemplo, produzem cervejas tipo *bock*, mais orientadas para o frio. Fábricas de roupas de verão podem suprir seus vales durante o inverno manufaturando também roupas para o frio. Hotéis procuram preencher suas reservas em períodos de baixa movimentação com infraestrutura para seminários e congressos.

A indústria gráfica é extremamente complexa em razão da diversidade de itens aliada à sazonalidade do seu mercado. Portanto, especializar-se em materiais escolares gera um inconveniente, uma vez que o consumo desse produto ocorre no início das aulas. Deve-se procurar alternativas para manter um ritmo de produção linear durante períodos de vendas baixas.

8.2.6.3 Estoque de flutuação ou estoque de segurança

A função do estoque de segurança é proteger a empresa contra imprevistos na demanda e no suprimento. Atrasos na entrega de materiais e produtos ou aumentos inesperados no consumo podem gerar falta de produtos. Muitas vezes, essas faltas significam perdas reais de vendas, principalmente de produtos de alto consumo, como sabonetes, sorvetes, margarinas, leite, biscoitos e outros similares. Caso o produto não esteja disponível na gôndola, o consumidor levará, mesmo que em menor quantidade, um similar, "engordando" o bolso da concorrência. Embora esse tipo de situação possa ocorrer com automóveis, computadores e aparelhos de som, o consumidor certamente terá um nível de exigência diferente de acordo com o tipo do bem, o que pode levá-lo a esperar a disponibilidade do produto.

Os atrasos podem ocorrer por vários motivos, como entrega de materiais com qualidade fora de tolerância, materiais errados, condições climáticas, problemas de transporte, atrasos de negociação, quebras de equipamentos, entre outros. O estoque de segurança permite a redução dos riscos de falta. A existência do estoque de antecipação não pressupõe a inexistência do estoque de segurança, principalmente nos períodos de pico.

As metas de nível de serviço devem estar vinculadas aos estoques de segurança. Quanto maior é o objetivo de atender bem o cliente ou consumidor, maior é o cuidado que se deve ter na definição do nível do estoque de segurança.

8.2.6.4 Estoque por tamanho de lote ou estoque de ciclo

O estoque de ciclo existe quando os pedidos exigem um lote mínimo de produção ou venda normalmente maior que a quantidade para satisfazer a uma demanda imediata. Essas condições podem estar vinculadas ao tamanho mínimo do lote em função da produção, do fornecimento ou do transporte.

Exemplo característico são os produtos fabricados aos milhares, como tijolos, telhas, pisos cerâmicos, azulejos e pães. Há uma necessidade de se produzir uma quantidade mínima desses produtos por causa dos custos e dos tempos envolvidos. O custo de preparação corresponde a um fator bastante significativo nesse processo. Outra característica corresponde ao transporte: dependendo da distância e do produto a ser movimentado, é fundamental que o lote satisfaça aos custos de transporte, mesmo que seja necessário formar um estoque caso a demanda não seja imediata.

Normalmente, quando o custo do produto em relação ao frete a ser pago é baixo, compensa a formação de estoque. O transporte de tijolos, por exemplo, baseia-se em custo fixo de frete. Na maioria das vezes, o custo de transportar cinco mil tijolos é idêntico ao de transportar mil. Portanto, é conveniente avaliar a possibilidade de se comprar mais, prevendo vendas futuras.

8.2.6.5 Estoque de proteção (*hedge*)

Nesse caso, o objetivo é proteger-se contra eventualidades que envolvem especulações de mercado relacionadas a greves, aumento de preços, instabilidade econômica e política, ambiente inflacionário e imprevisível. Esses eventos afetam as iniciativas estratégicas da organização, colocando em risco seus resultados. Qualquer atitude para formar esse tipo de estoque deve ter o envolvimento da alta gerência.

O estoque *hedge* guarda certa semelhança com o estoque de segurança. No entanto, essa proteção contra possíveis instabilidades tem duração temporária, enquanto o estoque de segurança, cujo objetivo é atender às oscilações de consumo e fornecimento, é perene.

8.2.6.6 Estoque em trânsito ou estoque no canal de distribuição

Esse tipo de estoque corresponde à movimentação física de materiais e produtos. Materiais movimentando-se de um fornecedor até a planta, de uma operação para a outra, de uma planta a um centro de distribuição, do centro de distribuição ao cliente são considerados estoques no canal. Existem três estágios de estoque em trânsito, como segue.

- Suprimento: nesse estágio, todos os recebimentos programados, em trânsito e já pagos são considerados estoques no canal, uma vez que ainda não estão disponíveis para ser usados.
- Processamento interno: dentro da fábrica, todos os estoques em processo, que de alguma forma exigem movimentação, correspondem ao estoque em trânsito.
- Entrega de produto: correspondem aos produtos que estão sendo transportados e que ainda não foram pagos pelo cliente. Nesse contexto, o estoque é chamado de estoque em consignação. Embora o produto ou material esteja disponível para o cliente, ele ainda não foi pago.

As organizações estão procurando alternativas para reduzir o estoque em trânsito. A primeira delas está vinculada ao método de transporte; no entanto, um balanceamento entre o custo de transportar e o de manter estoque deve ser efetuado. Outra maneira de reduzir estoques é a aproximação dos fornecedores da planta, prática muito utilizada na técnica do *just in time*.

8.2.7 Fatores que afetam o estoque

Além dos fatores já mencionados, existem outros que afetam significativamente o comportamento dos estoques.

8.2.7.1 Sazonalidade e variação de demanda

Os produtos sazonais têm um comportamento extremamente particular e apresentam um fluxo logístico complexo. Além disso, existem produtos cuja demanda não é sazonal, mas apresentam em sua composição ingredientes sazonais. O extrato de tomate, por exemplo, em que o tomate é colhido uma vez por ano, deve ser armazenado em quantidade suficiente para suprir a demanda do ano todo. Os períodos de entressafra devem ser compensados pelos estoques existentes. A maioria dos produtos cuja matéria-prima é um produto agrícola apresenta esse comportamento. Como outros exemplos, temos óleos, azeites, conservas alimentícias, palmito, doces etc.

Nesse caso, decisões complexas precisam ser tomadas, como formar estoque ou aumentar a capacidade produtiva. Independentemente da situação, os impactos nos custos são altos.

8.2.7.2 Diversidade ou variedade de produtos

Quanto maior a diversidade de produtos, maior é a fragmentação. O fator diversidade tem papel relevante na formação do estoque, principalmente em decorrência de tamanhos de lote. Para produzir, é preciso tempo de preparação e, para isso, deve ser feito um balanceamento entre custo de preparação e formação de estoque. Quanto maior a diversidade de produtos, maior a quantidade de preparações e, sem dúvida, esse fator é extremamente importante na decisão do nível de estoque a ser mantido.

8.2.7.3 Tempo de vencimento ou período de vigência ou validade

O prazo de validade do produto é fator preponderante e fundamental na tomada de decisão para a formação do estoque. Produtos com período de validade curto não podem ter estoques elevados, uma vez que se tornarão obsoletos em pouco espaço de tempo. Produtos frescos, como queijos, leite resfriado, aves resfriadas ou margarinas, devem levar em conta a demanda e o tempo de vencimento. Essa não é uma situação simples, pois a maximização da disponibilidade de produto para atender à demanda deve ser feita limitando os riscos de obsolescência e os estragos do produto.

8.2.7.4 Tempo de produção

Outro fator importante que influencia o estoque é o tempo de produção e as atividades a ele relacionadas, como movimentação, tempo de espera ou de fila, tempo de preparação e tempo diretamente ligado à fabricação. Quanto maior esse tempo por unidade, maior a tendência na formação de estoques.

8.2.8 Categorias de estoque

As categorias de estoque estão vinculadas ao fluxo de material e à forma em que pode ser encontrado nas diferentes etapas do processo.

8.2.8.1 Matéria-prima

São itens comprados ou extraídos que sofrem transformação durante o processo produtivo. Óleos vegetais são matérias-primas para a produção de margarinas, tomate é matéria-prima para o extrato de tomate, leite é matéria-prima para queijos, madeira é matéria-prima para móveis, aço é matéria-prima para automóveis e assim por diante.

8.2.8.2 Produto em processo

Refere-se ao produto em seus diferentes estágios nos processos de fabricação. Um produto acabado esperando liberação de qualidade é considerado um produto em processo.

8.2.8.3 Produto semiacabado

Os produtos semiacabados são os que ficam armazenados, aguardando operações adicionais que os adaptem para diferentes usos. Produtos customizáveis, que podem sofrer um grau de personalização e sofisticação exigidos pelo cliente, com frequência são considerados semiacabados.

8.2.8.4 Produto acabado

São os produtos em que todas as operações de manufatura foram realizadas e completadas, incluindo os testes finais e a respectiva aprovação pelo controle de qualidade. Uma vez considerado aprovado, estará disponível para ser transportado para o cliente como produto final de consumo ou peça de reparo, em caso de itens de manutenção ou de reposição.

8.2.8.5 Estoque de distribuição

Corresponde ao item já inspecionado e testado, transferido ao centro de distribuição por necessidades logísticas. Esse estoque já está pronto para ser transportado a um cliente final na condição de produto acabado.

8.2.8.6 Estoque em consignação

São estoques normalmente de produto acabado ou de peças de reposição de manutenção que permanecem sob a guarda do cliente, mas continuam sendo, por meio de acordos mútuos, de propriedade do fornecedor até que sejam consumidos.

8.2.8.7 Provisão de materiais para manutenção, reparos e operações produtivas (MRO)

Nessa categoria entram os itens usados para apoiar as operações da organização, usualmente vinculados aos itens de reposição para manutenção de veículos de frota ou equipamentos de manufatura. O termo, na verdade, possui amplitude maior. Ferramentas e materiais auxiliares usados na organização também estão incorporados ao conceito. Tudo que de certa forma é consumido ou usado nas operações de processo e que não compõe o produto final está associado ao conceito *Maintenance, Repair and Operations* (MRO), incluindo os sistemas de manufatura.

8.3 OS SISTEMAS DE ESTOQUES

Os estoques são elementos reguladores no contexto da cadeia de valor. A discussão sobre a manutenção dos estoques está muito mais relacionada aos níveis quantitativos necessários do que propriamente à necessidade de mantê-los. Muitas técnicas e sistemas surgiram com o intuito de reduzir os estoques, como *just in time*, consórcios modulares, parques de fornecedores, condomínios modulares, relacionamento colaborativo com clientes e fornecedores, entre outros.

A verdade é que os estoques desempenham um papel importante e possuem funções distintas relacionadas às demandas de mercado, às características do produto e sua movimentação e à interferência da situação econômica.

O entendimento das características mencionadas leva os líderes empresariais a tomar as devidas providências relacionadas ao ecossistema organizacional, garantindo a perfeita harmonia entre a demanda e a necessidade de manter os níveis ideais de estoques. Os textos seguintes possuem uma abrangência bastante acadêmica, mas servem como base para a identificação dos níveis adequados dos estoques. Somente a experiência nos segmentos de mercado e o conhecimento dos hábitos de compra e consumo podem levar a organização a tornar-se cada vez mais competitiva por meio da manutenção dos níveis ideais de estoques, sejam eles de materiais ou componentes, sejam de produtos acabados prontos para o uso ou consumo.

8.3.1 Demanda independente

Determinada pelas condições de mercado, a demanda independente não é afetada pelas necessidades de produção. Ela é gerada diretamente pelo consumidor ou cliente. Seus estoques incluem:

- atacadistas e varejistas, o comércio em geral, uma vez que estão ligados às variações e condições de mercado e consumo;

- indústria de serviços, como fornecimento de produtos para hospitais, selos para os correios, materiais para escritório;
- bens de consumo e peças de substituição para empresas de manufatura, como automóveis, sabonetes, produtos eletrônicos, computadores, livros etc.;
- manutenção e peças de reposição em organizações produtivas, uma vez que são itens que não fazem parte da estrutura do produto final, como peças, uniformes, tintas, lubrificantes e parafusos.

8.3.2 Demanda dependente

A demanda dependente é determinada pelas decisões de produção e está vinculada a uma demanda independente. Um exemplo é o pneu de um automóvel em uma montadora de veículos, uma vez que um carro requer cinco pneus para ser montado, incluindo o sobressalente. Dessa forma, a demanda para os pneus depende da quantidade de carros a ser produzida. Ao mesmo tempo, o pneu pode ser uma demanda independente, quando produzido como item de reposição para o mercado, em que o consumidor efetuará a substituição em decorrência de desgaste ou outra necessidade. Nesse caso, o direcionador da demanda está vinculado ao consumo.

O esquema a seguir exemplifica os conceitos de demanda dependente e independente. O item A corresponde à demanda independente, pois a demanda é orientada pelo mercado. Já os itens B e C dependem de A, por isso são classificados como demanda dependente.

FIGURA 8.3 Exemplo de estrutura de produto

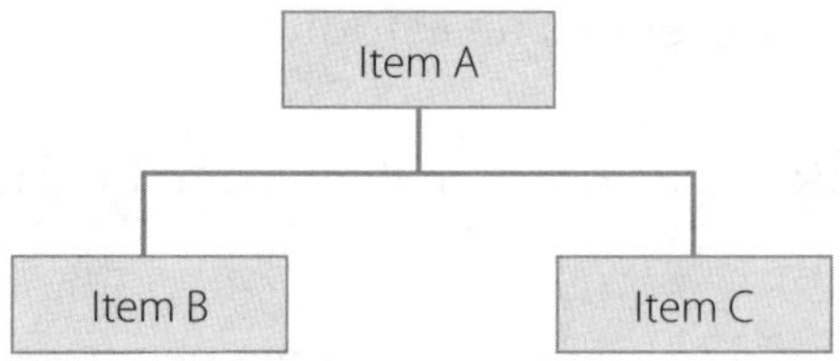

Fonte: elaborada pelo autor.

8.3.3 Custos de estoque

Muitas empresas preferem utilizar métodos intuitivos para tomadas de decisão que envolvem a administração de estoques. Para as organizações que utilizam altos volumes de estoque, seria conveniente aplicar métodos mais analíticos, que deem suporte às tomadas de decisão. Internamente, trava-se uma luta entre as diferentes áreas. O departamento financeiro prefere manter estoques mínimos, aumentando a frequência de compras no decorrer de dado período; já os departamentos de vendas e manufatura preferem manter estoques mais altos para evitar surpresas de desabastecimento. Para resolver essa questão, nada melhor que um gerenciamento com base em bom senso e métodos analíticos.

A identificação dos custos é fundamental para a análise dos estoques. A seguir são apresentados os principais custos de estoques.

8.3.3.1 Custo de aquisição

Custo de aquisição = custo unitário do pedido × quantidade de pedidos por período

Os custos de aquisição estão relacionados aos "custos de pedir e obter" o material e se dividem em custos fixos e variáveis. Os custos fixos estão associados aos salários dos funcionários responsáveis pela emissão das requisições. Todo custo que aumenta na proporção em que se eleva o número de pedidos é chamado de custo variável.

Os principais custos de aquisição, fixos e variáveis, são os seguintes:

- administrativos, relacionados à colocação do pedido (requisições, fax, telefone, serviços de computadores, correios e salários dos funcionários);
- inspeções;
- movimentações diversas (por exemplo, deslocamentos dos funcionários para efetuar compras urgentes ou visitar fornecedores);
- descontos que ocorrem eventualmente na compra de volumes altos.

8.3.3.2 Custos de manutenção de estoques

Custo de manutenção = custo de manutenção por unidade × estoque médio

Associados à existência do estoque desde o momento de sua obtenção até o consumo, esses são custos que se acumulam quando se armazenam itens físicos. Os principais custos incluídos na manutenção de estoques estão indicados a seguir.

- Custo de espaço para armazenagem: corresponde ao custo do espaço físico necessário, que pode ser alugado ou próprio, para armazenar o material. Seus componentes estão associados ao valor operacional do armazém ou aluguel, recursos utilizados na movimentação e na armazenagem, pessoas necessárias, energia elétrica, ar-condicionado, água e outros.

- Custo de capital: está relacionado ao custo do dinheiro empatado no estoque. Dada a sua complexidade, esse custo é bastante subjetivo, ainda que represente um percentual extremamente alto na composição dos custos totais de estoque.
- Custo de serviço: diretamente associado ao volume de estoque, é uma parte importante do custo de manutenção dos estoques e relaciona-se à proteção dos estoques contra roubos, incêndios e outros eventos que possam danificar o produto ou, de alguma forma, inutilizá-lo em quantidade e qualidade.

Estoque médio

$$\text{Estoque médio} = \frac{\text{tamanho do lote (unidades)}}{2}$$

Intervalo de tempo entre entregas

$$\text{Intervalo} = \frac{\text{tamanho do lote (unidades)}}{\text{demanda (unidades/período)}}$$

Frequência de entregas

$$\text{Frequência} = \frac{\text{demanda (unidades/período)}}{\text{tamanho do lote (unidades)}}$$

- Custo de risco: relaciona-se basicamente à obsolescência do material.
- Custo por falta de estoque: a falta de estoque, em geral, traz sérias consequências econômicas para a empresa e provoca impactos externos e internos. Os impactos externos incluem atrasos de pedidos e perdas de lucros provenientes das perdas de vendas, que podem, ainda, interferir na reputação da empresa, o que trará impactos futuros nas vendas. Os impactos internos incluem perdas de produção, reprogramações e atrasos no atendimento das datas.
- Custo total de estoques: é representado pela soma dos custos de aquisição com os custos de manutenção de estoques.

8.3.4 Método do lote econômico (*Economic Order Quantity* – EOQ)

Também conhecido como "tamanho de lote econômico" ou "pedido com custo mínimo", esse modelo tem por objetivo determinar o tamanho de um lote a ser comprado ou produzido. A intenção é minimizar os custos de aquisição e os custos anuais de ter estoque, buscando um equilíbrio entre as vantagens e as desvantagens de mantê-lo.

A utilização do método de lote econômico baseia-se em algumas premissas:

- o consumo do item não deve apresentar muitas distorções, mantendo-se constante;
- o item é produzido e comprado em lotes;
- os custos incidentes são dois – custo relacionado à manutenção do item em estoque e custo de preparação do pedido ou da produção;
- não devem existir incertezas com relação à demanda, ao tempo de entrega ou ao suprimento;
- faltas não são permitidas.

FIGURA 8.4 Ciclo de níveis de estoque

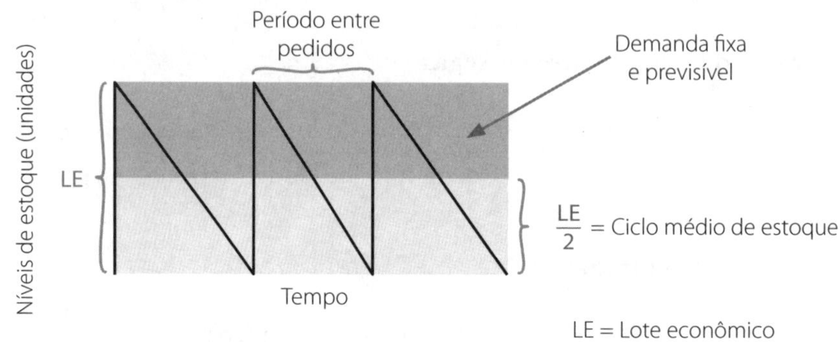

Fonte: elaborada pelo autor.

Considerando as premissas que norteiam o conceito de lote econômico, o estoque disponível se comporta como mostra a Figura 8.4, em que, quando um pedido é elaborado, uma quantidade LE de itens é requerida. A demanda é fixa e totalmente previsível, o que nos permite concluir que:

- o ponto médio do estoque é a quantidade ou o tamanho do lote dividido por 2;
- o intervalo de tempo entre as entregas é igual ao tamanho do lote dividido pela demanda;
- a frequência das entregas é igual à demanda dividida pelo tamanho do lote.

8.3.4.1 Fórmula do lote econômico

A fórmula para o cálculo do lote econômico é a seguinte:

$$LE = \frac{2 \times Da \times Cp}{Ce}$$

em que:

LE = tamanho do lote em unidades.
Da = demanda anual em unidades.
Cp = custo médio de preparação por unidade.
Ce = custos de manutenção de estoques.

O lote econômico pode ser obtido pelo processo de tentativa e erro, em que a quantidade do pedido varia e aquela que gerar o menor custo total é escolhida. O Gráfico 8.1 mostra os resultados genéricos de um processo de tentativa e erro, em que o ponto de lote mínimo é 200. Os custos de manutenção de estoque e preparação de pedidos foram representados, mas na verdade a curva mais importante é a soma do custo total. O menor valor na curva do custo total corresponde ao tamanho do lote ideal.

Uma abordagem mais direta do cálculo de lote econômico refere-se à utilização da fórmula mencionada anteriormente.

GRÁFICO 8.1 Lote econômico de pedido

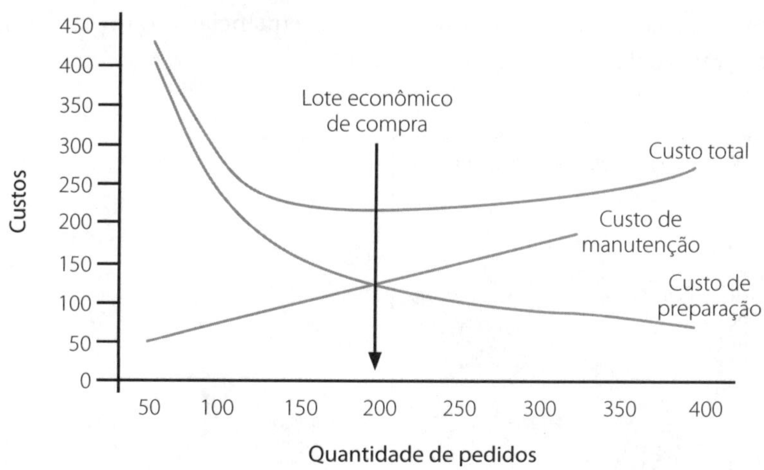

Fonte: elaborado pelo autor.

Análise de sensibilidade

O cálculo do lote econômico permite a realização de diferentes tipos de análise, alterando-se os valores das variáveis da fórmula. Vejamos alguns exemplos dessas análises:

- Se a demanda aumentar, o que ocorre com o ciclo de estoque?
- Se os custos de aquisição diminuírem, o que ocorre com o tamanho dos lotes?
- O que acontece se as taxas de juros sofrerem alterações?

Restrições do lote econômico

O cálculo do lote econômico apresenta algumas restrições. Ele pressupõe que não haverá variação na demanda e que, na maioria das situações, a demanda não é uniforme, os descontos sofrem variações e afetam os custos totais de estoque. Contudo, a utilização do método é razoável para se obter uma primeira aproximação do tamanho do lote. Além do mais, pequenas distorções não afetarão profundamente os resultados. Há ainda que se considerar que dados de manutenção e preparação não são fáceis de obter.

8.3.5 Método de revisão periódica

Esse método consiste na revisão periódica, fixa e regular dos estoques. Um novo pedido é colocado no final de cada revisão, e o número de períodos entre os pedidos é previamente estabelecido. A demanda não é constante; dessa maneira, a demanda total entre as revisões varia e o tamanho do lote também sofre variação. Contudo, o período de revisão mantém-se fixo.

Essa revisão pode ser variável em função da classificação dos itens. Itens prioritários podem ser revisados com mais frequência, visto que teoricamente possuem um nível de estoque inferior. Aqueles itens mais baratos podem sofrer avaliações com periodicidade mais longa. Essas revisões e suas respectivas frequências vão depender da estratégia de estoque adotada pela organização.

GRÁFICO 8.2 Método de revisão periódica

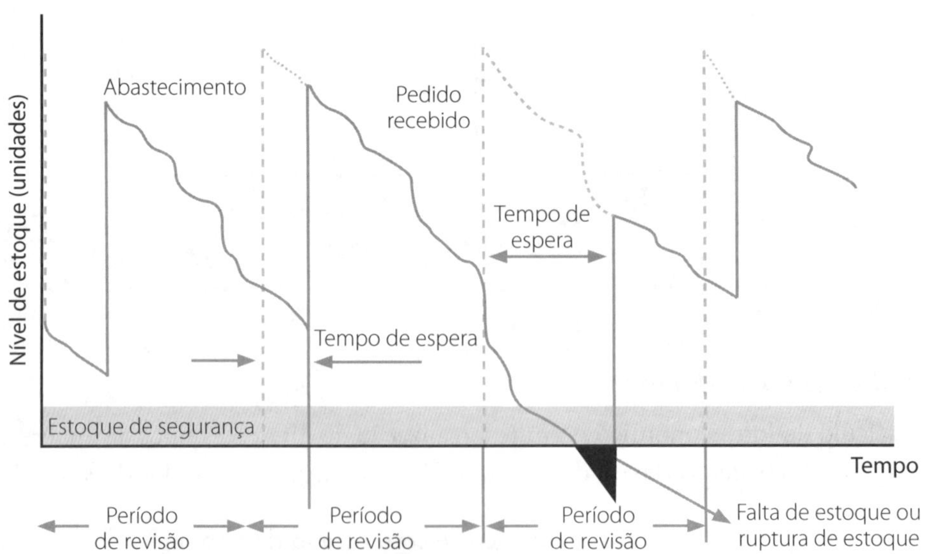

Fonte: elaborado pelo autor.

O cuidado que se deve ter na utilização desse modelo está relacionado à fixação do período. As demandas podem oscilar e, se mantivermos fixos os períodos, podemos ter rupturas de estoque.

8.3.6 Método de revisão contínua (ponto de pedido)

O método de revisão contínua, mais conhecido como sistema de ponto de pedido, recebe também o nome de sistema de pedidos com quantidade fixa. Um dos mais conhecidos e utilizados sistemas de controle de estoque baseia-se na avaliação de quantidades sempre que ocorre um consumo ou retirada do estoque a fim de identificar se é o momento de fazer a reposição do item.

Na verdade, as verificações são efetuadas de forma mais frequente do que contínua, escolhendo-se um período para avaliação, seja diário, seja semanal, dependendo do tipo de consumo. Cada revisão pode levar a uma decisão de reposição em função da quantidade do item no estoque.

$$Pe = Qe + Rp - Qa$$

em que:

Pe = posição de estoque do item em unidades;
Qe = quantidade disponível em estoque para uso;
Rp = recebimentos programados;
Qa = quantidades comprometidas ou alocadas.

O funcionamento do sistema pode ser resumido nas seguintes palavras:

Um pedido de x unidades será colocado quando as retiradas ou o consumo atingirem uma posição de estoque, que é o nível mínimo permitido.

Um erro bastante comum é não considerar as programações de entrega ou os atrasos na determinação da posição de estoque. Portanto, a comparação com o ponto de pedido não é o estoque disponível, e sim a posição de estoque, que considera as programações das entregas e os estoques em trânsito. Essa prática elimina problemas no comportamento dos estoques. Entretanto, não devemos considerar estoques comprometidos, mesmo que ainda não tenham sido consumidos, pois podem levar a uma ruptura no processo. Assim, entregas e pedidos firmes devem ser considerados no cálculo da posição de estoques. Estamos considerando pedidos firmes, e não apenas "colocados", que eventualmente podem sofrer reavaliações de produto, quantidade e data de entrega.

8.3.6.1 Cálculo do ponto de pedido

No mundo ideal, o lote econômico de pedido poderia ser calculado linearmente, considerando-se a demanda e o consumo ao longo do tempo. Se a quantidade colocada como ponto de pedido fosse igual à demanda durante o prazo de entrega, poderíamos assumir que, quando o nível de estoque atingisse o ponto zero, uma nova remessa de material já estaria chegando e abastecendo o estoque.

Contudo, no mundo real, o comportamento das variáveis do processo é imprevisível. Existem flutuação de demanda, prazos de entrega não cumpridos e quantidades diferentes daquelas comprometidas com o abastecimento. É nesse tipo de situação que entra o estoque de segurança, cujo intuito é evitar falhas. O Gráfico 8.3 representa um gráfico no qual o pedido é colocado quando atinge o ponto de pedido; o item continua sendo consumido durante o tempo de entrega, mas o estoque não chega a zero. Isso ocorre em função do estoque de segurança, usado como proteção para possíveis flutuações na demanda.

GRÁFICO 8.3 Reposição por ponto de pedido

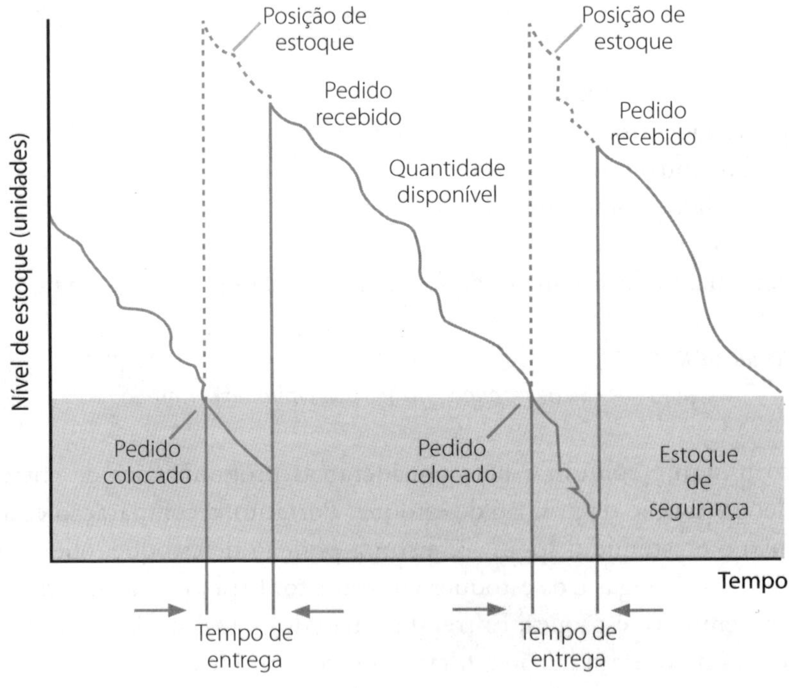

Fonte: elaborado pelo autor.

A fórmula do ponto de pedido é:

Ponto de pedido = demanda média durante o prazo de entrega + estoque de segurança

8.4 TÉCNICAS DE ADMINISTRAÇÃO DE ESTOQUES

A administração efetiva dos estoques requer a aplicação de algumas técnicas que apoiem as tomadas de decisão sobre custos e serviços ao cliente. A seguir, discutiremos as principais técnicas que contribuem para o gerenciamento dos estoques.

O gerenciamento de estoque é um ramo da administração de empresas que está relacionado com o planejamento e o controle de estoques.

Posição de estoque = estoque disponível + entregas programadas – pedidos firmes

8.4.1 Classificação ABC

As organizações mantêm em estoque centenas ou milhares de itens. Contudo, apenas uma parcela deles deve ser administrada fortemente. O princípio de administração por exceção, conhecido como classificação ABC, consiste em separar os itens em três classes de acordo com o valor total consumido. Algumas organizações classificam-nos em quatro categorias, adicionando a classe D. Como a grande maioria das empresas utiliza o conceito ABC, nos deteremos sobre ele.

FIGURA 8.5 Classificação ABC

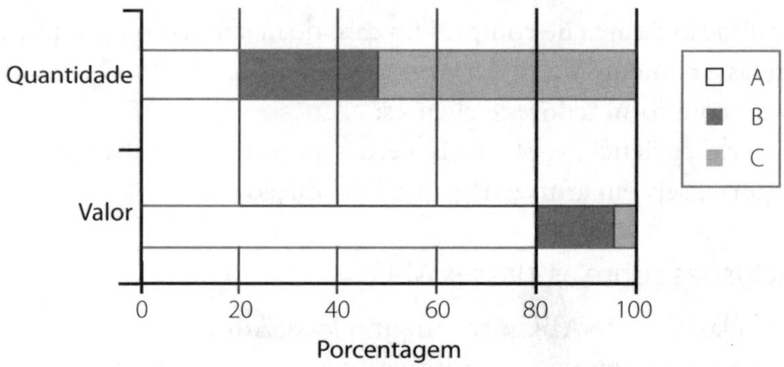

Fonte: elaborada pelo autor.

Seguindo a regra de Pareto, concluímos que os itens classificados como A correspondem, em geral, a 20% em quantidade, mas chegam a 80% em termos de valor. Já os itens B representam 30% da quantidade e 15% do valor, enquanto os itens C equivalem a 50% da quantidade e 5% do valor.

O processo de classificação ABC, válido para materiais e produtos acabados, pode ser dividido em três etapas.

1. Coleta de dados: essa etapa envolve um grande volume de informações e exige muito trabalho manual. Os sistemas de gestão empresarial controlam automaticamente o processo, oferecendo vantagens visíveis na classificação dos itens. Contudo, a ausência de um sistema apropriado de ERP pode conduzir à utilização de uma planilha eletrônica para efetuar os cálculos necessários. Os dados a serem coletados correspondem à identificação do item, à quantidade consumida ou projetada para o período e ao valor unitário.
2. Cálculo do custo anual total para cada item: corresponde à multiplicação da quantidade de itens consumida no período de um ano pelo seu valor unitário.
3. Organização dos itens em ordem decrescente de valor: uma vez calculados os itens, estes devem ser organizados de forma decrescente de valor. Utilizando conceitos aplicados à classificação, em termos de valor ou quantidade de itens, posiciona-se os itens nas categorias A, B ou C. Os analistas de materiais costumam atribuir cerca de 20% dos itens à classe A, 30% à classe B e 50% à classe C.

8.4.1.1 Focar esforços de gerenciamento nos itens A

Elaborar estratégias para reduzir os custos dos itens A é fundamental para a redução de custos. Portanto, é essencial rever as funções relacionadas a compras, transportes, armazenagem e produção. Alguns exemplos importantes que atuam estrategicamente nesses itens são:

- centralização da área de compras no caso de materiais comprados, aproveitando sinergias e aumento do poder de negociação;
- alianças com fornecedores e clientes;
- análise de eficiência e possíveis perdas na cadeia de abastecimento, seja em transporte, seja em armazenagem ou produção.

8.4.2 Conclusões sobre as classes ABC

A razão da classificação ABC é restringir o foco. Administrar centenas ou milhares de itens pode equivaler a enormes estruturas internas, que aumentarão o custo final dos produtos ou dos serviços. O foco é fundamental na administração das empresas atualmente e exerce forte influência nas características da cadeia de abastecimento.

Vejamos agora como devem ser administrados os itens das diferentes classes.

- Itens A: essa classe, a mais importante, uma vez que consome um volume bastante alto de capital, exige maior atenção na administração e no controle dos estoques com relação a estimativas e perdas em qualquer etapa da cadeia de abastecimento, em termos de transporte, produção ou armazenagem.
- Itens B: a administração dessa categoria de itens recebe uma atenção média, com enfoque rotineiro, sem a mesma dedicação dada aos itens da classe A. Esforços adicionais são, contudo, exercidos quando se efetua estimativas de vendas e de consumo.
- Itens C: esses itens recebem um esforço pequeno no momento das estimativas. No entanto, os itens estratégicos, mesmo que sejam classificados como C, devem receber maior cuidado. Nesse caso, uma boa alternativa é manter ou elevar o estoque de segurança. Uma situação bastante interessante, mesmo nos itens C, é a dos componentes ou da demanda dependente. Apesar de ter um valor inferior aos categorizados como A e B, sua falta de estoque influenciará a parada de produção e, consequentemente, causará atrasos de entrega. Portanto, não confundir o conceito de classificação ABC com itens estratégicos é fundamental para o fluxo perfeito da produção.

TABELA 8.1 Classificação ABC organizada em ordem decrescente de valor anual ($/ano)

ITEM	DEMANDA ANUAL	$/UN.	$/ANO	%	% ACUM.	CLASSE
1	990	543	537.570,00	40,14	40,14	A
2	6.240	83	517.920,00	38,67	78,81	A
3	1.700	50	85.000,00	6,35	85,16	B
4	990	71	70.290,00	5,25	90,41	B
5	1.900	25	47.500,00	3,55	93,96	B
6	2.350	19	44.650,00	3,33	97,29	B
7	9.700	1	9.700,00	0,72	98,01	C
8	450	20	9.000,00	0,67	98,68	C
9	510	10	5.100,00	0,38	99,06	C
10	1.200	4	4.800,00	0,36	99,42	C
11	220	21	4.620,00	0,34	99,76	C
12	3.100	1	3.100,00	0,24	100,00	C
			1.339.250,00	100,00	100,00	

Fonte: elaborada pelo autor.

8.4.3 Estoque de segurança

Uma característica importante do processo de administração de estoques é a quantidade de estoque de segurança que deve ser mantida. Quando existem variações na demanda e no tempo de entrega, a possibilidade de rupturas de estoque é grande. Diferentemente das demandas e dos prazos constantes ou com pequenas variações, o estoque de segurança necessita ser mantido para atender às necessidades de materiais durante o período de entrega, sem que haja paradas de produção ou desabastecimento. As características de oscilação de demanda não são privilégios apenas da manufatura. O setor de serviços apresenta dificuldades ainda maiores. Nos restaurantes, por exemplo, a falta de um único ingrediente refletirá na impossibilidade da preparação de determinado prato. Por isso, o estoque de segurança é importante para bens e serviços. Na área produtiva, os estoques de segurança devem ser mantidos para componentes e produtos finais a fim de que a empresa se proteja contra as flutuações internas e externas.

GRÁFICO 8.4 Estoque de segurança

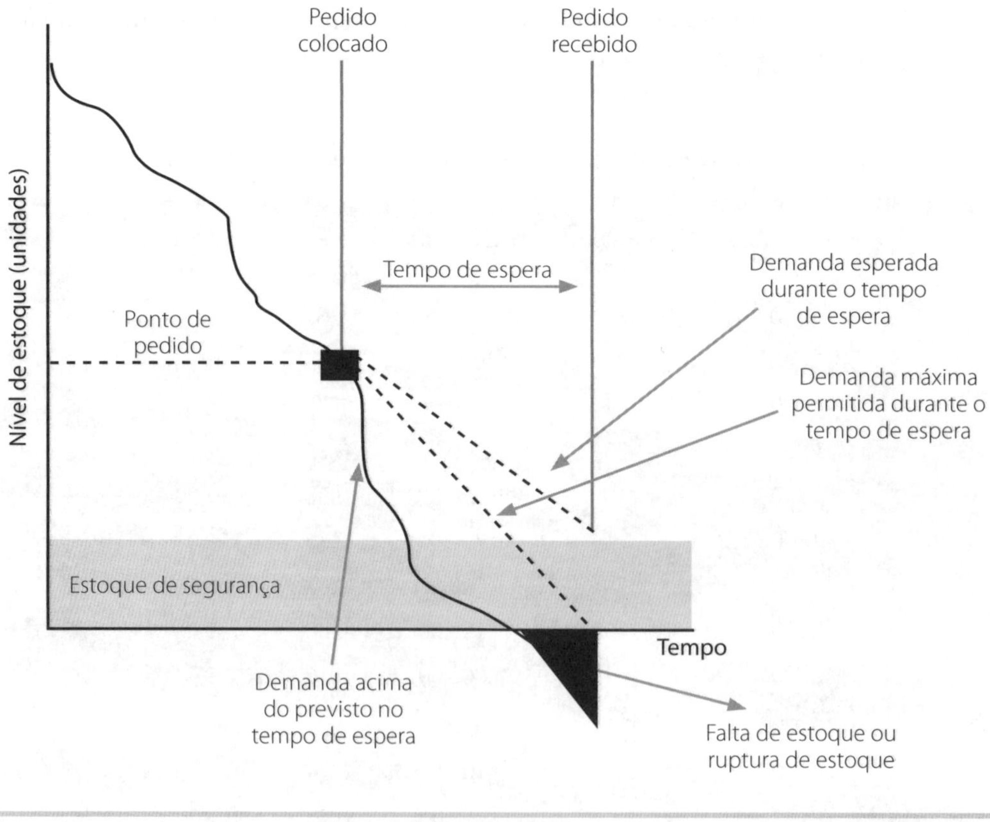

Fonte: elaborada pelo autor.

O estoque de segurança visa proteger rupturas de estoque, enquanto se espera o recebimento do pedido.

8.4.4 Contagem cíclica

Periodicamente, as organizações de bens e serviços efetuam auditorias nos seus estoques para fins contábeis e gerenciais. Duas têm sido as técnicas para efetuar a contagem dos estoques: contagem física global e contagem cíclica. A contagem física, extremamente conhecida, corresponde a parar a organização por um período e proceder à contagem de todos os itens. Esse é um processo válido de auditoria, mas que incorre em custos adicionais de mão de obra e paradas de produção.

A contagem cíclica é um processo contínuo que consiste em inventariar certo número de itens dentro de uma frequência estabelecida. Esse processo é contínuo.

Com base na classificação ABC, os itens cujos valores são mais altos podem ser contados mais vezes durante o ano. Os benefícios da contagem cíclica não são limitados apenas à redução de custos de inventários mas também estão associados à capacidade de solucionar problemas relacionados às diferenças encontradas.

QUADRO 8.1 Vantagens do uso da contagem cíclica

Vantagens
Identificação das causas dos problemas
Correção de erros
Eliminação dos inventários físicos
Concentração dos esforços em áreas críticas
Redução de erros de contagem
Pessoal mais especializado
Planejamento mais confiável
Estoque em níveis mais adequados

Fonte: elaborado pelo autor.

A utilização da contagem cíclica passa por um processo inicial de preparação e seleção dos itens que serão contados, uma vez que deve obedecer a critérios importantes. A amostra deve ser heterogênea. A observação dos critérios a seguir é importante.

8.4.4.1 Critérios de seleção

Os critérios de seleção levam em consideração os seguintes aspectos:

- diferentes classes de itens, como produto acabado, matéria-prima, material de embalagem, entre outros;
- fabricados e comprados;
- grandes e pequenos;
- leves e pesados;
- caros e baratos;
- similares na aparência;
- descrições semelhantes;
- de fácil ou difícil manuseio;
- que se encontrem em vários locais;
- que tenham unidades de medidas alternativas.

8.4.4.2 Seleção dos itens a contar

Conhecidos os critérios de seleção, o próximo passo é quantificar o número de itens a serem contados, levando em conta sua classificação ABC.

Consideremos uma organização com 200 itens em estoque, conforme demonstra a Tabela 8.2.

TABELA 8.2 Seleção de itens a serem contados

CLASSIFICAÇÃO	QUANTIDADE DE ITENS	FREQUÊNCIA ANUAL DE CONTAGENS	TOTAL DE CONTAGENS
A	40	24	960
B	60	12	720
C	100	12	1.200
Total	200		2.880

Fonte: elaborada pelo autor.

No exemplo apresentado, o objetivo é que se realizem contagens dos itens pertencentes à classe A ao menos duas vezes ao ano, enquanto os itens das classes B e C serão contados uma vez ao ano. Assumindo-se que os dias disponíveis para contagens são 250 dias no ano, 12 itens diferentes deverão ser contados por dia.

8.4.4.3 Contagem

A contagem deve ser efetuada e os resultados devem ser comparados com o valor teórico apontado em um sistema de controle de estoques manual ou computadorizado. As diferenças encontradas devem ser priorizadas para a execução de atividades posteriores.

$$\text{Itens a contar} = \frac{\text{Total de contagens}}{\text{Total de dias úteis no ano}}$$

$$\text{Itens a contar} = \frac{2.880}{250} = 12 \text{ itens/dia}$$

8.4.4.4 Causas dos problemas

A grande vantagem da contagem cíclica é a possibilidade de descobrir as causas que propiciaram os erros no processo. Portanto, encontradas e priorizadas as diferenças, as causas devem ser imediatamente procuradas. O estoque é dinâmico; quanto mais demora houver na procura das causas que geraram as diferenças, mais difícil será encontrá-las. As principais causas que podem afetar o desempenho dos estoques e diminuir a acurácia são as que seguem.

- Manutenção inadequada das entradas e saídas, deixando de atualizar os sistemas de controle de estoque ou atualizando-os duplamente.
- Procedimentos de armazenagem mal elaborados, de tal forma que possibilitem efetuar transferências – entradas e saídas – sem documentação ou autorização apropriada. Muitas organizações permitem essa prática alegando redução de burocracia. No entanto, o bom senso leva a entender que a burocracia avançada utiliza o controle não para cercear, mas para manter o processo fluindo eficientemente.
- A inversão de códigos de materiais e produtos é bastante comum nas empresas que trabalham com códigos muito parecidos.
- Itens armazenados em posições de difícil acesso também podem gerar diferenças de estoque. Portanto, manter os estoques em locais acessíveis é fundamental não só para contar o item, mas para encontrá-lo e efetuar a devida transferência.
- Itens que apresentem unidades variáveis de armazenagem são outro problema. Existem organizações que trabalham com conceitos de unidade no armazém e de dúzias na produção. A possibilidade de erros ocorrerem nessas circunstâncias é grande. Uniformizar as unidades de medida é um procedimento importante, ainda que em alguns casos já seja parte da cultura da empresa.

- Os arranjos físicos não adequados no armazém também são fatores que podem levar a erros. Muitas vezes é possível encontrar um mesmo item em partes diferentes do armazém.
- O espaço inadequado para armazenagem de alguns itens leva à separação destes ou dificulta o acesso para a contagem ou mesmo para a localização deles. Muitas vezes, o item existe no estoque e a empresa está comprando quantidades adicionais, aumentando o nível de estoque. Esse processo complica-se ainda mais quando os itens têm restrições quanto ao período de validade.
- A sequência de armazenagem é outro fator importante. Itens similares devem estar próximos e ser facilmente identificáveis. O arranjo físico deve ser feito de tal forma que esses itens sejam agrupados por características definidas. Em um armazém de materiais de embalagem de fábrica de sabonetes, os envoltórios dos sabonetes devem estar todos próximos, com divisões visíveis para evitar confusões. Parafusos em um almoxarifado de peças de reposição, por exemplo, devem estar todos próximos e identificados para fácil visualização. Citando outro exemplo, em um restaurante *self-service*, os talheres devem estar em uma sequência de fácil acesso, assim como os condimentos. No entanto, não raro as colheres estão em posições totalmente contrárias à das facas e dos garfos.
- A utilização de sistemas ineficientes, tanto manuais quanto computadorizados, pode trazer erros de estoque.
- As ferramentas para manuseio de itens devem estar calibradas, como as balanças para evitar divergências de quantidades.
- Sistemas de codificação mal elaborados também trazem problemas ao processo. Sistemas confusos e extensos estão mais propensos a causar erros. A automatização com código de barras é uma forma bastante confortável de eliminar problemas dessa natureza, evitando que erros de registros venham a acontecer.

8.4.4.5 Áreas críticas

A busca da causa pode levar à identificação de áreas extremamente críticas na empresa, desde o manuseio de materiais até a capacidade de as pessoas registrarem as informações nos sistemas de controle de estoque.

8.4.4.6 O computador como apoio na contagem cíclica

O computador poderá auxiliar no processo de contagem cíclica de várias maneiras:

- extração de relatórios dos itens para a contagem;
- extração de relatórios das transações de entrada, saída e movimentações internas;
- elaboração de gráficos e cálculos;
- localização dos itens no armazém.

Alguns sistemas computadorizados podem ir além, estabelecendo automaticamente a curva ABC de itens e escolhendo de modo aleatório os que deverão ser contados.

8.4.4.7 Resultados da contagem cíclica

Os resultados da contagem cíclica conduzirão a uma medida de desempenho importante para a administração dos estoques: a acurácia. É fundamental para se manter a exatidão dos estoques procurar as causas dos erros e não se limitar às contagens e correções dos sistemas de controle de estoques.

O objetivo é que 100% dos itens existentes no armazém estejam sob controle. Cerca de trinta a quarenta itens podem ser contados e reconciliados diariamente por uma pessoa. É claro que muito mais tempo será consumido no processo, enquanto as pessoas estiverem investindo em treinamento e adquirindo habilidades para contar. Considere a implantação do procedimento de contagem cíclica um projeto bem definido, com início, meio e fim. Um responsável deverá ser selecionado e, diariamente, um gráfico deverá ser elaborado e colocado em um lugar onde todos possam ver a evolução do quadro. Esse é um projeto participativo, pelo qual todos são corresponsáveis no armazém. A evolução da acurácia trará mais motivação aos funcionários.

Contudo, melhorar a acurácia de 10% a 90% é muito menos complexo que ir de 90% a 100%. Portanto, bom senso é imprescindível no processo de cobrança das pessoas.

Criar procedimentos especiais de controle e tolerância para alguns itens também é importante. Existem materiais que sofrem perdas no armazém pelas próprias características. O fornecimento de tubos em dimensões requeridas fará com que perdas ocorram no próprio armazém, uma vez que eles precisam ser serrados. Unidades de medida de compras podem ser diferentes das unidades usadas para o consumo, o que pode levar a variações.

8.4.5 Métodos de valorização de estoques

8.4.5.1 Peps – Primeiro a Entrar, Primeiro a Sair

Proveniente da abreviação inglesa Fifo (*First In, First Out*), esse método corresponde à valorização dos itens de estoques com base no estoque mais antigo. Fisicamente, o primeiro lote a entrar deve ser o primeiro a ser consumido. Esse processo é importante para os itens que apresentam períodos de validade pequenos. Os ingredientes para alimentos geralmente são controlados por esse método no que diz respeito à transferência física de estoque.

Esse método corresponde à valorização dos itens de estoques com base no estoque mais antigo.

A valorização dos estoques por meio desse método corresponde à multiplicação da quantidade comprada pelo custo de compra do item quando recebido, conforme mostra a Tabela 8.3.

TABELA 8.3 Método de custeio Peps

	DATA	UNIDADES	CUSTO UNITÁRIO ($)	CUSTO TOTAL ($)
Compra A	10/01/16	100	5,00	500,00
Compra B	15/10/16	100	5,50	550,00
Compra C	01/11/16	100	5,75	575,00
Balanço final		300		1.625,00

Fonte: elaborada pelo autor.

Quando os itens são consumidos ou vendidos, o custo mais antigo é aquele que deve ser utilizado.

Considerando que sejam consumidas as 260 unidades do estoque apresentadas anteriormente, o balanço final se comportará conforme demonstrado na Tabela 8.4.

TABELA 8.4 Método de custeio Peps

	DATA	UNIDADES	CUSTO UNITÁRIO ($)	CUSTO TOTAL ($)
Balanço inicial		300		1.625,00
Consumo	25/01/16	100	5,00	500,00
Consumo	27/10/16	100	5,50	550,00
Consumo	12/11/16	60	5,75	345,00
Consumo total		260		1.395,00
Balanço final		40	5,75	230,00

Fonte: elaborada pelo autor.

Esse método de custeio assume que os primeiros itens comprados são os primeiros a ser consumidos ou vendidos. Cada vez que ocorre um recebimento, quantidade e custo alimentam os controles do Peps, e cada vez que itens são vendidos ou consumidos, esses registros são removidos. Se a quantidade a ser consumida ou vendida for maior que o lote a ela correspondente, então, será usado o custo do próximo lote. Esse processo se repetirá até que a quantidade envolvida na transação esteja completa.

QUADRO 8.2 Comportamento de valorização e movimentação no método Peps

VALORIZAÇÃO	MOVIMENTAÇÃO
Assume que o estoque mais antigo é consumido primeiro. Dessa forma, as entregas são valorizadas considerando os preços mais antigos.	Assume que os itens que chegaram primeiro ao estoque serão os primeiros a sair.

Fonte: elaborado pelo autor.

8.4.5.2 *Last In, First Out* (Lifo)

QUADRO 8.3 Comportamento de valorização e movimentação no método de custeio Lifo

VALORIZAÇÃO	MOVIMENTAÇÃO
Assume que as transferências para vendas ou consumo interno são valorizadas pelo preço mais atual, mas os estoques são valorizados pelo custo mais antigo disponível.	Assume que os itens que chegaram por último ao estoque serão os primeiros a sair.

Fonte: elaborado pelo autor.

8.4.5.3 Custo médio

Para calcular o custo médio, multiplica-se a quantidade recebida do item pelo seu custo unitário. Esse custo é recalculado cada vez que um novo lote do item é comprado. Se o preço se mantém, o custo médio não sofre variações. A Tabela 8.5 mostra o comportamento do custo médio.

TABELA 8.5 Método do custo médio

	DATA	QUANTIDADE	QUANTIDADE ACUMULADA	CUSTO UNITÁRIO ($)	CUSTO TOTAL ($)	CUSTO ACUMULADO
Estoque inicial	30/10/16	100	100	7,00	700,00	700,00
Compra	15/12/16	200	300	8,00	1.600,00	2.300,00
Compra	23/12/16	150	450	8,00	1.200,00	3.500,00
Total		450			3.500,00	

Fonte: elaborada pelo autor.

8.4.5.4 Método do custo-padrão

Quando ocorre a utilização do custo-padrão, este é calculado com base na quantidade de itens multiplicada pelo custo-padrão especificado. Qualquer diferença entre o custo de compra e o custo-padrão é distribuída em uma conta contábil específica, para a qual são alocadas as variações de preços, seja crédito, seja débito. O custo-padrão é mantido em arquivo e não é recalculado quando os itens ingressam no estoque. Ferramentas existem para efetuar a atualização desse custo, que interferirá na estrutura do produto.

A Tabela 8.6 mostra um item com custo-padrão igual a $ 18,00 e preço de compra de $ 17,50. Nesse caso, o custo permanecerá inalterado até que seja modificado por algum usuário quando conveniente. O custo-padrão leva em consideração níveis normais de consumo de materiais, mão de obra, eficiência e capacidade de utilização. Ele é revisado regularmente e, se necessário, corrigido com base nas condições mais atuais.

TABELA 8.6 Método do custo-padrão

TIPO DE CONTA	DÉBITOS ($)	CRÉDITOS ($)
Custo-padrão por unidade	18,00	
Preço de compra por unidade		17,50
Variação por unidade		0,50

Fonte: elaborada pelo autor.

Quando o item é consumido ou vendido usando-se o método do custo-padrão, o estoque se comportará da seguinte maneira:

TABELA 8.7 Comportamento do estoque no método do custo-padrão

OPERAÇÃO	DATA	UNIDADES	CUSTO UNITÁRIO ($)	CUSTO TOTAL ($)
Venda	15/11/16	200	8,00	1.600,00
Total		200	8,00	1.600,00

Fonte: elaborada pelo autor.

8.4.5.5 Método de custo pela última compra

Com a utilização do custo de reposição, o valor do débito corresponde à multiplicação da quantidade do item pelo preço atual. O último custo existente para o item será sempre atualizado pelo valor mais recente, cada vez que o item é comprado. O exemplo a seguir mostra a utilização do método de custo com base na última compra.

TABELA 8.8 Método de custo pela última compra

OPERAÇÃO	DATA	UNIDADES	CUSTO UNITÁRIO ($)	CUSTO TOTAL ($)
Estoque inicial	15/11/16	100	8,00	800,00
Compra	16/12/16	200	10,00	2.000,00
Total		300		2.800,00

Fonte: elaborada pelo autor.

Quando o item é consumido ou vendido, o valor da última compra será considerado, como mostrado na Tabela 8.9.

TABELA 8.9 Comportamento do método de custo pela última compra

OPERAÇÃO	DATA	UNIDADES	CUSTO UNITÁRIO ($)	CUSTO TOTAL ($)
Venda	16/12/16	150	10,00	1.500,00
Total		150		1.500,00

Fonte: elaborada pelo autor.

8.5 MACROENTENDIMENTO DO GERENCIAMENTO DE ESTOQUES

Conforme pudemos observar pelo capítulo sobre gerenciamento de estoques, é fundamental o conhecimento da função de administração de materiais e das atividades a ela relacionadas. Organizações, principalmente as voltadas para bens de consumo, devem ter uma preocupação especial com o volume dos seus estoques, as quantidades a serem obtidas e os recursos capacitados para administrá-los. Administrar os estoques não é especulação e exige profundo senso de profissionalismo. Não raro, as fórmulas aplicadas aos lotes econômicos são extremamente odiadas pelos profissionais de administração, que lançam mão de recursos, na maioria das vezes, intuitivos para determinar as quantidades mais econômicas. Notadamente, os bons profissionais existem e contribuem sobremaneira para que as organizações em que atuam consigam obter benefícios provenientes da administração dos estoques.

Os sistemas de gestão empresarial estão altamente capacitados para dar suporte às demandas nessa área. Dificilmente será encontrada uma organização que controle o fluxo de materiais sem utilizar ferramentas computadorizadas. As organizações têm utilizado desde aplicativos mais simples até os mais complexos, que se baseiam em códigos de barras, que registram as entradas e as saídas sem a necessidade de digitação, contribuindo muito para evitar erros.

O entendimento das funções do estoque é fundamental para gerenciá-lo. Possuir uma visão ampla dos processos da organização é um agente facilitador para compreender os objetivos de manter estoque sem comprometer a qualidade dos serviços ou onerar o capital de trabalho da organização.

CONSIDERAÇÕES FINAIS

A gestão dos estoques é um ramo da administração de empresas que está relacionado com o planejamento e o controle de materiais ou produtos que serão utilizados na produção ou na comercialização de bens ou serviços. Preocupar-se efetivamente com os estoques faz parte das estratégias e atividades normais das organizações, uma vez que eles interferem nos resultados financeiros. As definições do momento correto da compra, da quantidade ideal a ser comprada, dos melhores preços, dos níveis de segurança, da qualidade do bem ou do serviço são características importantes. O equilíbrio entre a demanda real de consumo e a fabricação também é um elemento fundamental para evitar falta ou excesso de estoques.

O capital investido em estoque e o impacto que exerce sobre as atividades operacionais das organizações são razões essenciais para que as empresas estabeleçam prioridades efetivas na sua administração. A cadeia de abastecimento não pode ser eficiente e eficazmente administrada sem que os estoques recebam enfoque prioritário.

Muitas organizações armazenam centenas ou milhares de itens, variando desde aqueles com valores extremamente baixos até os que possuem altos valores, dependendo do tipo de segmento de mercado em que atuam.

A estratégia de estoque sofre variações de empresa para empresa, dependendo do foco estratégico a ser adotado.

Toda organização deve estabelecer e executar estratégias adequadas na gestão dos estoques. Uma estratégia bem definida e bem executada, além de minimizar custos, assegurará o desempenho apropriado dos diferentes processos e funções empresariais.

CASO

ALIBABA: UM COMÉRCIO ELETRÔNICO DO TAMANHO DA CHINA[1]

A China tem caminhado rapidamente para se posicionar entre as maiores economias do mundo. Com um Produto Interno Bruto (PIB) de 11,9 trilhões de dólares está atrás apenas dos

[1] Estudo de caso elaborado pelo autor com base em pesquisas de textos, entrevistas e vídeos disponibilizados em diferentes meios de comunicação, como televisão, internet, jornais e livros.

Estados Unidos com 19,4 trilhões de dólares. O Brasil encontra-se em oitavo com pouco mais de 2 trilhões de dólares. Contudo, existe outro recorde que aquele país gigantesco, cuja população estimada em 2017 era de 1,409 bilhões, está a ponto de ultrapassar: o mercado de comércio eletrônico. E uma das empresas que tem se destacado se chama Alibaba.

Alibaba é um grupo privado chinês de negócios de comércio eletrônico baseados na internet, incluindo portais que permitem negociações *on-line* entre empresas, vendas ao consumidor final e serviços de pagamentos, ferramenta de pesquisa para realizar as compras, além de dados centralizados e utilizando tecnologia de última geração, inclusive o uso do conceito de armazenagem de dados nas nuvens (*cloud computing*). No ano de 2017, a receita foi 23 bilhões de dólares em vendas (ano fiscal: março).

História

O grupo Alibaba foi fundado em 1999 por Jack Ma, com o *site* Alibaba.com, cujo objetivo era conectar as empresas chinesas com clientes ao redor do mundo. O grupo também mantém o portal Taobao, que conecta os consumidores (similar ao e-Bay), possui cerca de um bilhão de produtos e é um dos vinte *sites* mais visitados atualmente. Com seus *sites*, o grupo é responsável por mais de 60% das encomendas entregues na China.

Por meio do Alipay é possível a efetivação de pagamentos, cujas transações são efetuadas *on-line* e atualmente correspondem a aproximadamente metade das transações dos pagamentos *on-line* realizados na China.

O fundador

Jack Ma nasceu em 1964, na China, e graduou-se professor em 1988. Quando jovem, Ma estava determinado a aprender inglês e, graças à nova política econômica da China, que abriu o país para o mundo no final dos anos 1970, os visitantes estrangeiros começaram a chegar. Ma começou, então, a comparecer ao pequeno e único hotel de sua cidade natal que hospedava os turistas. Pelos próximos nove anos, ele se dirigiu ao hotel diariamente, oferecendo visitas à cidade aos hóspedes que falavam inglês, o que permitiu que praticasse a conversação nesse idioma. E fazia isso de forma gratuita. Sua primeira viagem ao exterior ocorreu em 1985 para a Austrália. Ele ficou deslumbrado com a prosperidade australiana.

Fundou uma agência de tradução trabalhando com as primeiras empresas norte-americanas que iniciavam negócios na China e posteriormente, em 1995, fundou o China Pages, um dos primeiros *sites* comerciais na China, cujo resultado não foi positivo. Trabalhou em iniciativas de telecomunicações com o governo chinês e como gerente-geral para o Ministério de Comércio Exterior e Cooperação Econômica em busca de novos negócios para a China. Em 1999, lançou o Alibaba.com, um *site* de comércio eletrônico que facilitou as negociações entre as empresas chinesas e o resto do mundo. Em 2003, moveu-se para os negócios diretamente com consumidores, pelo *site* Taobao.com, um *site* de leilão reverso que rapidamente bateu o eBay no país. Ainda em 2003, assinou um acordo com Yahoo! que transformou o Alibaba.com na maior empresa de internet da China já em 2005. Ma é reconhecido pelo seu excelente comando do idioma inglês, associado aos jargões de negócios e à articulação e conexão com os provérbios chineses. Uma de suas declarações que causam admiração no mundo dos negócios é a frase mencionada à revista *Forbes*: "o eBay pode ser um tubarão no oceano, mas eu sou um crocodilo no Rio Yangtize (rio chinês). Se nós travarmos uma luta no oceano, nós perdemos, mas se nós lutarmos no rio, nós ganhamos".

Alibaba

O Alibaba é responsável por 80% das transações de comércio eletrônico realizadas na China, um país enorme e extremamente complexo. Para 2020, dado o histórico de crescimento até hoje, é possível projetar que a China será maior em transações de comércio eletrônico que a combinação dos Estados Unidos, Reino Unido, Japão, Alemanha e França. A empresa possui mais de 500 milhões de compradores cadastrados. Entrega mais de 57 milhões de encomendas por dia, enquanto a Amazon entrega 1,6 bilhão de pacotes por dia. Em 2013, o Alibaba foi responsável pelo manuseio e logística de 5 bilhões de encomendas, equivalente a 70% das entregas realizadas na China. Assim como no Brasil, as classes menos favorecidas na China estão emergindo e, portanto, consumindo mais, pois possuem mais renda.

Diferentemente de muitas empresas de comércio eletrônico, o Alibaba tem apresentado lucros extremamente atrativos: 28% em 2017. O eBay, uma empresa reconhecida no comércio eletrônico, atingiu cerca de 11% em 2017. No Brasil, a Netshoes, fundada em 2000, tem apresentado prejuízos contínuos. É interessante como alguns conceitos de negócio são diferentes entre as culturas. Na China, o conceito de aquisição e associação entre empresas visa ao crescimento com lucro. Já nos Estados Unidos, muitas vezes a aquisição está vinculada à absorção de tecnologia, inovação e conhecimento de mercado, e não necessariamente ao lucro.

Alguns elementos interessantes vinculados ao objeto de negócio e à estratégia que dá suporte à existência do Alibaba: é um intermediário que faz uso inteligente de tecnologia disponível; um facilitador de negócios entre pessoas que querem vender e querem comprar artigos; um integrador de internet entre milhões de pessoas, vendendo para outro tanto de pessoas que desejam comprar (importante: as vendas são realizadas pelo *site* do Alibaba, e não pelo Alibaba, em um processo similar ao do e-Bay. Diferentemente, por exemplo, da Amazon ou da Netshoes, que comercializam os seus artigos); possui uma rede logística formada em 2013 para realizar as entregas dos pedidos aos clientes; não quer competir com aqueles comerciantes que fazem uso de sua plataforma; tem sua plataforma de pagamentos *on-line* denominada Alipay, a maior plataforma existente na China e responsável pelos pagamentos *on-line* que totalizaram quase 150 bilhões de dólares em 2013 (para se ter uma ideia, o maior concorrente – Paypal da e-Bay –, no mesmo período totalizou 27 bilhões de dólares); tem sua receita baseada nas comissões de vendas e na veiculação de propagandas em seu *site*.

Globalização e comércio exterior

O Alibaba é uma empresa global, ou pelo menos aponta para esse caminho. Seu líder e CEO, Jack Ma, tem esse objetivo. Pelas suas características e por ter uma das maiores plataformas do varejo, a empresa já vem mostrando sua força nos Estados Unidos e conquistando outros mercados.

Logística

A princípio, Jack não queria efetuar investimentos no segmento logístico. Porém, finalmente ele percebeu que, para ser totalmente centrado no cliente e expandir na China ou fora dela, o tema da logística deveria ser tratado cuidadosamente. Os impactos de baixa qualidade de serviço poderiam ser catastróficos. Em sua visão estratégica, investiu para capturar o cliente por meio de sua plataforma de internet, mas ao mesmo tempo atua fortemente na logística para gerar impacto positivo na satisfação de cada um deles. Em setembro de 2019, Jack Ma, o grande fundador do Alibaba, deixou a presidência da empresa.

Questões para revisão

1. Qual é a importância de se ter indicadores de desempenho relacionados aos estoques? Mencione e descreva pelo menos três indicadores relacionados ao controle de estoque.
2. Qual é a função do estoque? Explique o que é estoque de antecipação. Qual é a diferença entre estoque de segurança e estoque de proteção? O que é um estoque tipo *hedge*?
3. Por que a sazonalidade e a variação na demanda afetam os estoques?
4. Quais são as categorias de estoque existentes? O que são estoques em consignação?
5. O que é demanda independente? Qual é a diferença entre ela e a demanda dependente? Por que é importante conhecer esse conceito?

9 Técnicas e filosofias para a vantagem competitiva

OBJETIVOS

Após a leitura deste capítulo, você será capaz de entender:

- ✓ o planejamento integrado de vendas e de operações;
- ✓ o que é *just in time*;
- ✓ a teoria das restrições;
- ✓ a manutenção produtiva total;
- ✓ os conceitos de qualidade total;
- ✓ a técnica dos 5S.

FIGURA 9.1 Utilizando técnicas e filosofias para a vantagem competitiva

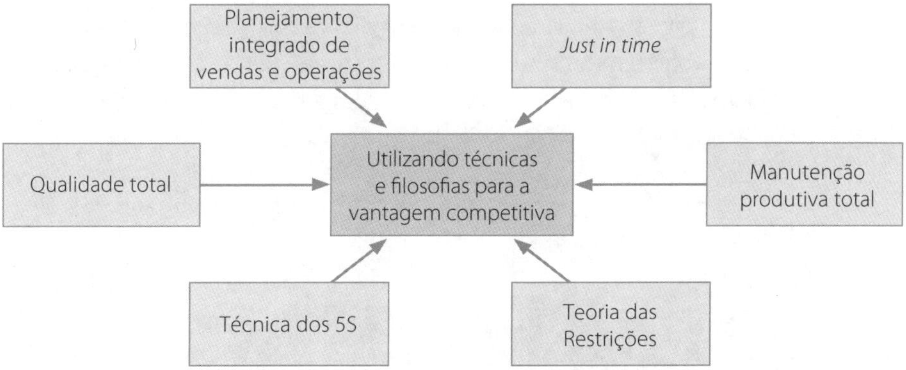

Fonte: elaborada pelo autor.

9.1 VISÃO GERAL

Muitas são as técnicas e filosofias aplicadas ao ambiente organizacional. Algumas dão certo e demonstram que, se utilizadas adequadamente, trazem a vantagem competitiva tão desejada pelas empresas por meio da redução de custos e da melhoria de produtividade.

Entre elas, há práticas antigas; outras, nem tanto. Muitas nasceram no Ocidente; outras, no Oriente. As organizações utilizam os conceitos e os adaptam conforme suas necessidades.

Técnicas como *kanban, just in time, kaizen* e 5S surgiram no Japão, e o Ocidente vem aplicando-as com sucesso. Muitas, no entanto, não tiveram o êxito esperado, como foi o caso da reengenharia de processos, tão badalada na década de 1990. Seu objetivo, o de reinventar a organização, transformando-a totalmente, não deu certo. A teoria de Michael Hammer e James Champy,[1] autores do conceito da reengenharia, era brilhante, mas na prática as pessoas não estavam preparadas e não conseguiram se adaptar aos novos modelos – e, por conseguinte, nem as organizações.

Essas técnicas são aplicadas em toda a organização. Algumas cobrem partes específicas de planejamento e demanda; outras, o relacionamento com fornecedores; há, ainda, as que priorizam o controle de estoques, além daquelas voltadas à qualidade dos produtos, ao chão de fábrica e ao relacionamento com clientes. Por fim, algumas ensinam organização e higiene empresarial.

A utilização mais adequada de uma ou outra técnica depende das estratégias da organização, de seus pontos fracos e fortes, e do alinhamento com os objetivos. Evoluir de um estágio de relacionamento com clientes para outro mais avançado pode exigir mudanças fundamentais na organização, que precisa se preparar para isso.

A gestão da mudança é uma demanda fundamental nos dias atuais. Preparar as pessoas é o primeiro passo a caminho do êxito, pois elas são a razão do fracasso ou do sucesso de qualquer iniciativa.

A intenção de se descrever algumas técnicas e filosofias não é priorizá-las em detrimento de outras, pois existem muitas filosofias importantes que não serão abordadas aqui. O essencial, na hora de escolher uma técnica ou filosofia entre tantas, é conhecer casos de negócio e ter conhecimento para sua implementação. Uma técnica aplicada com êxito em uma organização pode não obter o mesmo sucesso em outra. Depende da cultura organizacional, do foco, do comprometimento, da vontade e do alinhamento com as estratégias, e das necessidades da organização.

[1] HAMMER, M.; CHAMPY, J. *Reengenharia*: revolucionando a empresa em função dos clientes. São Paulo: Campus, 1993.

9.2 PLANEJAMENTO INTEGRADO DE VENDAS E DE OPERAÇÕES (S&OP)

As organizações estão à mercê da volatilidade do mercado. Um ambiente pode ser recessivo ou sazonal. O consumo de bebidas, como refrigerantes e cervejas, por exemplo, flutua em função de temperatura ou chuva. Esse comportamento é similar ao das vendas de sorvetes. Manter estoque de produtos certos no local certo é o grande drama vivido por muitas empresas, principalmente aquelas que produzem para estoque. Muitas formas de planejamento já foram inventadas para reagir às flutuações de mercado; contudo, enormes dificuldades se impõem entre a harmonia e o equilíbrio da demanda em relação à disponibilidade de produto.

O grande desafio enfrentado pelas organizações é o balanceamento entre a demanda ou o consumo e o abastecimento. O planejamento integrado de vendas e operações (*Sales & Operation Planning* – S&OP –, conceito criado por Richard C. Ling)[2] é um processo que permite integrar os diversos planos existentes na organização, de tal forma que a administração da cadeia de abastecimento seja mais efetiva, trazendo vantagens competitivas.

O objetivo do S&OP é balancear a demanda e os recursos disponíveis considerando as diferentes variáveis existentes no processo.

Metas de vendas e estratégias de mercado são consideradas nas definições táticas e operacionais de forma tal que a empresa trabalhe alinhada com seus objetivos globais.

Esse processo, embora aparentemente simples, tem sido de difícil implantação em virtude dos diferentes comportamentos culturais e pessoais, sobretudo relacionados ao fator "departamentalização", em que as metas são estabelecidas de forma arbitrária e independente, sem que se considerem as restrições existentes nos diferentes processos. Vendas e marketing muitas vezes criam planos mirabolantes, que não podem ser sustentados pelas áreas de logística ou produção. A área de produção não raramente produz quantidades que não podem ser vendidas e não estão alinhadas com os recursos de distribuição ou com as demandas do mercado.

É fundamental que cada área funcional tenha as próprias metas. No entanto, deve haver um mecanismo que integre e coloque em sintonia essas diferentes áreas. Para obter sucesso, elas devem estar alinhadas com objetivos e estratégias definidos corporativamente. O S&OP é um mecanismo que possibilita essa integração e o alinhamento dos objetivos e suas estratégias.

---

2 LING, R. C.; GODDARD, W. E. *Orchestrating success*: improve control of the business with sales & operations planning. New London: Oliver Wight, 1988.

A integração dos planos de vendas com o de operações é necessária para que se opere efetivamente a organização, incorporando tendências de mercado, informações e demandas dos clientes, metas da organização, capacidades de produção, armazenagem e distribuição.

Esse planejamento integrado visa harmonizar o processo entre a demanda de mercado e os recursos disponíveis, resolvendo os conflitos funcionais, integrando todas as funções do negócio, com o objetivo de desenvolver um conjunto único de números e metas no qual vão se basear outros planos da empresa. Esse conjunto único será a base para medir o desempenho da organização.

Hoje em dia, com os avanços tecnológicos, a estratégia volta-se para a realização de reuniões para discussões e tomadas de decisão com base em dados coletados em tempo real, sem lacunas de tempo. Essa é uma realidade que trará um diferencial importantíssimo para as empresas, e elementos como inteligência artificial, computação em nuvem, *big data* e *machine learning* são ferramentas que permitem alcançar esse objetivo.

9.2.1 Objetivos

Conceitualmente, o planejamento integrado pode ser entendido como uma atualização contínua do plano anual existente na organização, dividindo-o em ciclos menores. Em razão do dinamismo provocado pelas oscilações de mercado, o plano anual da corporação necessita ser revisto com frequência. Como todos os planos internos são derivados do plano anual, eles devem estar, ao mesmo tempo, atualizados e sincronizados entre si, para que possam funcionar adequadamente.

Os aspectos descritos a seguir devem ser considerados na elaboração do planejamento integrado.

9.2.1.1 Variação real *versus* planejada

As estimativas de vendas devem ser comparadas com os resultados reais do mês anterior, considerando-se as vendas, a produção, os estoques e os atrasos. Se as variações forem muito significativas, os planos futuros devem ser revisados.

9.2.1.2 Condições de mercado

Uma vez que o plano mensal da empresa é elaborado por departamentos diferentes, pode-se realizar um fórum interessante para se debater as condições relevantes e a dinâmica do mercado, agregando as condições e a capacidade de atender às demandas impostas por essas condições, que, efetivamente, vão influenciar os planos a serem construídos.

9.2.1.3 Lançamento de novos produtos

O lançamento de um novo produto merece destaque na discussão e na elaboração de um plano integrado. Muitas vezes, o produto é desenvolvido sem que haja a participação de outros departamentos e, quando lançado, resta à produção produzir, à distribuição distribuir, sem que ocorra uma discussão efetiva sobre as características específicas do produto e as possibilidades de eventuais falhas nos processos afins. Ainda que a área de marketing seja a responsável pelo lançamento de um produto, a disponibilização dele no mercado depende significativamente de outros processos e departamentos. É fundamental que todos estejam envolvidos e participem do processo para que possam se comprometer com as atividades pelas quais serão responsáveis.

9.2.1.4 Planos alternativos

A elaboração de um plano integrado de vendas e operações requer um trabalho profundo entre as áreas envolvidas. As alternativas devem ser apresentadas, avaliadas, e a decisão sobre o melhor plano e as ações a serem tomadas é o foco principal da reunião.

9.2.1.5 Procedimentos e políticas conflitantes

Toda organização possui políticas e procedimentos que, muitas vezes, apresentam conflitos que afetam as decisões a serem tomadas. Esses conflitos devem ser discutidos e, se for o caso, as políticas internas devem ser revisadas.

9.2.1.6 Planos de contingência

Os planos de contingência, embora importantes, são deliberadamente considerados secundários. As organizações devem estabelecer ações efetivas e, ao mesmo tempo, elaborar esses planos para dar suporte em casos de falhas, sobretudo em atividades que possam afetar o desempenho e influenciar nos resultados do plano anual de negócios.

Um aspecto raramente considerado por nós, brasileiros, mesmo trabalhando em empresas multinacionais, é a elaboração dos planos de contingência. A impressão que se tem é de que nunca haverá falhas no processo, mas sabemos que isso pode acontecer. Pois bem, caso essas falhas ocorram, quais são as alternativas? É extremamente necessário pensar nas contingências para administrar os riscos existentes.

9.2.1.7 Responsabilidades

O grupo precisa concordar com as ações a serem implementadas, e as responsabilidades sobre elas devem ser claramente definidas. As metas da companhia devem ser evidenciadas, e as atividades precisam ser entendidas e executadas com seriedade, uma vez que podem influenciar a qualidade do resultado.

9.2.2 Elementos do planejamento integrado de vendas e operações

Os elementos do planejamento integrado de vendas e operações baseiam-se fundamentalmente nas demandas do cliente. Trata-se de um processo cujo começo e fim focalizam as necessidades do cliente. É importante entender que o S&OP fornece um alinhamento integrado entre os diversos planos corporativos, os quais são entendidos como os quatro elementos do S&OP:

1. lançamento de produtos;
2. demanda ou estimativa de vendas, somando-se os pedidos já existentes e projetados para o futuro;
3. abastecimento, incluindo o plano de produção e distribuição;
4. plano financeiro.

FIGURA 9.2 Elementos do planejamento integrado de vendas e operações (S&OP)

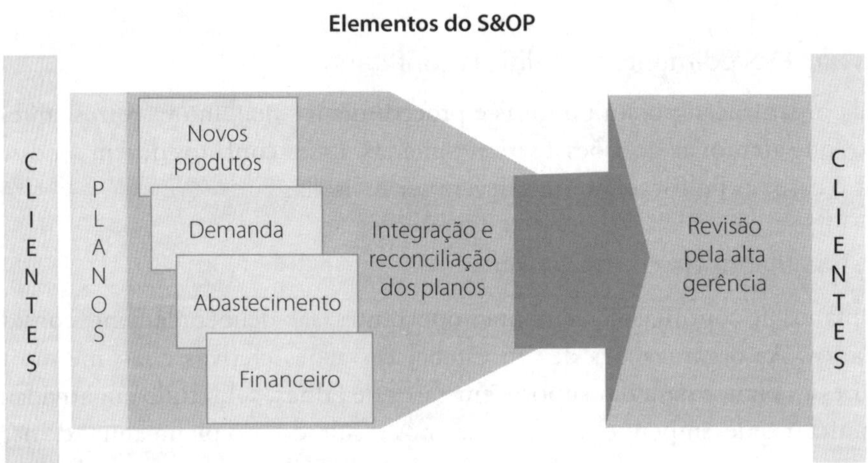

Fonte: elaborada pelo autor.

As modificações que eventualmente ocorram em algum dos planos podem gerar impactos em outros e devem ser identificadas com facilidade.

Muitas empresas já aplicam parcialmente o conceito do S&OP sem mesmo ter conhecimento do processo. Apesar disso, a grande maioria não focaliza as necessidades de integrar os elementos que geram significativo impacto na cadeia de abastecimento.

É extremamente conveniente mencionar que o sucesso do S&OP não está em adquirir o melhor ou o mais atual sistema de planejamento existente no mercado ou em implementar o melhor sistema de *Enterprise Resources Planning* (ERP). Esse processo requer efetiva participação das pessoas-chave da organização. As ferramentas de sistema servirão apenas como suporte, e simulações e relatórios podem ser gerados em planilhas. É importante, ainda, que os dados a serem utilizados nas reuniões e nas diversas elaborações e simulações dos planos sejam confiáveis e isentos de erros. Caso isso não ocorra, o processo não funcionará adequadamente.

9.2.3 Benefícios

Com o gerenciamento efetivo das operações considerando o balanceamento de demanda e o abastecimento, alguns benefícios podem ser obtidos com a implantação do S&OP:

- redução do nível de estoque em função do balanceamento entre a demanda e as necessidades de abastecimento;
- gerenciamento global dos custos;
- melhora de nível de serviço ao cliente;
- redução de pedidos ou ordens em atraso;
- melhora do gerenciamento dos recursos e de projetos;
- melhora da comunicação interdepartamental;
- fortalecimento das pessoas e das equipes, que passam a ter uma visão global da organização;
- segurança de que os objetivos da organização serão perseguidos pelos envolvidos;
- visualização de potenciais problemas no processo graças ao envolvimento de mais pessoas na elaboração do plano principal, possibilitando melhor eficiência das operações;
- estabilidade do plano de produção;
- melhora do nível de decisão da organização.

9.2.4 Passos para o processo do S&OP

A seguir são apresentados os passos para realizar um efetivo e eficiente processo do planejamento integrado de vendas e operações.

FIGURA 9.3 S&OP – processo de planejamento integrado

Fonte: elaborada pelo autor.

9.2.4.1 Coleta de dados históricos

Ao encerrar o ciclo ou mês, os resultados reais de cada família de produto são registrados: vendas, produção, estoques e pendências de vendas. Com esses resultados, pode-se fazer a comparação entre metas de vendas e de produção. Essa informação é distribuída para todos os participantes da reunião. A responsabilidade pela obtenção dos dados pode ser atribuída a qualquer pessoa que tenha acesso total às informações. É importante que essas informações estejam corretas para que as decisões a serem tomadas sejam baseadas em dados confiáveis.

A Tabela 9.1 apresenta um modelo de planilha de utilização dos dados com a finalidade de discutir planos futuros. Essa planilha é atualizada mensalmente com os dados reais, e as estimativas são revisadas.

TABELA 9.1 Modelo de planilha S&OP

TIPO DE DADO	REAL	JAN.	FEV.	MAR.	ABR.	MAIO	JUN.	JUL.	AGO.	SET.	OUT.	NOV.	DEZ.	TOTAL
	ACUMULADO	REAL	REAL	REAL	REAL	REAL	REAL	REAL	REAL	REAL	REAL	REAL	REAL	REAL
Financeiro – R$						2	3	4	5	6	7	8	9	
Plano da empresa	3.000	1.000	1.000	1.000	1.000	1.100	1.100	1.100	1.100	1.200	1.200	1.200	1.200	13.200
Vendas reais e projetadas	3.300	1.200	1.100	1.000	1.000	1.100	1.100	1.100	1.100	1.200	1.200	1.200	1.200	13.500
Variação	300	200	100	0	0	0	0	0	0	0	0	0	0	300
Variação (%)	110	120	110	100	100	100	100	100	100	100	100	100	100	102
Estimativa (unidades)														
Anterior	300	100	100	100	100	110	110	110	110	120	120	120	120	1.320
Vendas reais e projetadas	330	120	110	100	100	110	110	110	110	120	120	120	120	1.350
Variação	30	20	10	0	0	0	0	0	0	0	0	0	0	30
Variação (%)	110	120	110	100	100	100	100	100	100	100	100	100	100	102
Plano de produção														
Anterior	330	110	110	110	110	110	110	110	110	110	110	110	110	1.320
Produção real e projetada	300	90	100	110	110	110	110	110	110	110	110	110	110	1.290
Variação	–30	–20	–10	0	0	0	0	0	0	0	0	0	0	–30
Variação (%)		82	91	100	100	100	100	100	100	100	100	100	100	98
Plano de estoque														
Anterior		180	190	200	210	210	210	210	210	200	190	180	170	
Vendas reais e projetadas	170	140	130	140	150	150	150	150	150	140	130	120	110	
Variação		–40	–60	–60	–60	–60	–60	–60	–60	–60	–60	–60	–60	
Variação (%)		78	68	70	71	71	71	71	71	70	68	67	65	
Semana de cobertura	7	6	6	6	6	6	6	6	6	5	5	4	4	

Fonte: elaborada pelo autor.

9.2.4.2 Revisão das demandas futuras

Essa ação deve ser executada pelas áreas de vendas e marketing. As seguintes atividades devem ser realizadas:

- determinar as necessidades dos clientes com base nas informações coletadas;
- desenvolver um plano estimado de vendas;
- avaliar o desempenho das vendas comparando o planejado com o real;
- explicar as variações fora dos limites de tolerância;
- redefinir as metas, se necessário;
- elaborar relatórios para o plano preliminar de vendas e operações;
- passar as informações para o planejamento de produção e outros envolvidos.

9.2.4.3 Planejamento da produção

A responsabilidade por esse passo é do gerente de operações, embora possa ser realizado pela área de planejamento. As atividades envolvidas nesse processo são:

- avaliação do desempenho, comparando-se o real obtido com o planejado;
- explicação das variações fora dos limites de tolerância;
- determinação dos futuros impactos na capacidade e na disponibilidade de recursos;
- revisão do plano de produção com base em mudanças estabelecidas no plano efetuado por vendas;
- elaboração dos relatórios preliminares para o plano integrado de vendas e operações;
- transmissão de informações para vendas e marketing e outros envolvidos.

9.2.4.4 Promover reunião de trabalho

Todas as funções que possam contribuir para a elaboração do plano devem estar representadas na reunião de trabalho. Essa contribuição pode estar vinculada ao processo decisório ou à execução de uma ação específica. Normalmente, participam do processo as seguintes áreas: planejamento, produção, financeira, logística, vendas e marketing, desenvolvimento de produto ou engenharia de produto. Outras áreas, como o departamento de recursos humanos, também podem estar presentes.

O objetivo dessa reunião de trabalho é discutir os aspectos relevantes dos planos preliminares elaborados e suas restrições, acompanhados das respectivas ações a serem tomadas. As seguintes atividades devem fazer parte do escopo da reunião:

- discussão dos problemas e solução daqueles que forem possíveis nesse nível de decisão;
- recomendação de alterações;

- proposta de alternativas e contingências, bem como possíveis consequências para os problemas que não podem ser resolvidos nesse nível;
- seleção das alternativas viáveis para serem posteriormente discutidas com o grupo executivo (alta gerência);
- preparação de agenda para a reunião executiva;
- estabelecimento de plano preliminar a ser apresentado na reunião executiva.

9.2.4.5 Plano para a reunião executiva

O principal objetivo dessa reunião é definir o plano final de acordo com os objetivos anuais estabelecidos pela organização. Devem estar presentes os executivos dos departamentos de planejamento, vendas e marketing, operações, logística, engenharia de produto e finanças. Os objetivos específicos dessa etapa do processo são:

- rever e entender as decisões tomadas pelo grupo anterior;
- selecionar alternativas, caso existam;
- eliminar dúvidas sobre as políticas organizacionais;
- estabelecer as ações e os responsáveis, comunicando a decisão ao restante da organização;
- estabelecer o plano final.

9.2.5 S&OP *versus* plano mestre de produção

O conceito aplicado ao S&OP tem causado certa polêmica quando comparado ao plano mestre de produção, de modo que muitos imaginam que são nomes diferentes para a mesma coisa. Na verdade, os processos são bem diferentes. O S&OP deve estar integrado aos processos de negócio, ao passo que o plano mestre de produção recebe os dados necessários **gerados** por um plano superior, que é o plano integrado.

O S&OP e o plano mestre de produção devem ser vistos como elementos separados, mas conectados e complementares. O S&OP é um processo que visa resolver os objetivos de volume por grupo ou categoria de produto, enquanto o plano mestre de produção determina, dentro desse volume, quais são os itens a produzir.

O S&OP fornece a estrutura básica para o plano mestre de produção e direciona os planos de suprimentos e produção. Uma vez que investimentos em estoque, disponibilidade de produto e serviço a cliente são diretamente afetados pelo S&OP, a condução desse processo pode efetivamente resultar em custos menores, estoques reduzidos, melhor nível de serviço e maior eficiência de produção.

QUADRO 9.1 Comparação entre o S&OP e o plano mestre de produção e suas principais diferenças

S&OP	PLANO MESTRE DE PRODUÇÃO
Estratégico	Tático
Volume	*Mix* de produto
Agregado	Detalhado
Foco nos objetivos da empresa	Foco na produção
Centralizado	Descentralizado
Responsabilidade da alta gerência	Responsabilidade da gerência média
Mês/trimestre	Dias e semanas
Perspectiva de mercado	Perspectiva de cliente

Fonte: elaborado pelo autor.

9.2.6 Famílias de produto

Para que o processo de S&OP não chegue a um nível de detalhe desnecessário, as linhas de produtos existentes nas empresas são divididas em famílias ou grupos de produtos.

Família de produtos são grupos de produtos que possuem similaridade de projeto, equipamentos de produção e utilização de materiais.

É importante compreender esse conceito, uma vez que o agrupamento em famílias objetiva determinar a capacidade e a disponibilidade de recursos e materiais. Portanto, a similaridade de consumo de materiais e a utilização de recursos são fundamentais para o agrupamento.

O agrupamento desses produtos deve permitir simulações de recursos e custos e não pode haver significativas diferenças entre esses itens. Muitas empresas agrupam seus produtos em famílias, ou mesmo em linhas, com base na perspectiva dos clientes, como computadores, em que a CPU mais o vídeo significam um único produto. É compreensível que o agrupamento na área de vendas possa diferir do agrupamento para produção, por razões de mercado. Se isso ocorre, o conjunto de famílias estabelecido para vendas deve ser convertido para o conjunto de famílias definido para a manufatura.

A unidade de medida é outra característica importante no processo, uma vez que muitas vezes as unidades diferem no contexto de vendas e produção.

9.2.7 Indicadores de desempenho

Um conjunto de medidas ou indicadores deve ser estabelecido por família de produto para ser revisado em cada reunião. Esses indicadores podem ser:

- comparativo entre vendas estimadas e planejadas;
- serviço ao cliente;
- gastos em movimentação;
- comparativo do plano mestre de produção com o programa de produção;
- comparativo da produção real com o plano mestre de produção e o programa de produção;
- frequência de alterações no programa de produção;
- nível de estoque.

Outros indicadores podem ser definidos, mas é fundamental discuti-los nas reuniões para que os processos e os planos possam ser efetivamente otimizados, uma vez que decisões estratégicas ou táticas serão tomadas com base nessas informações.

9.3 ENTENDENDO O *JUST IN TIME*

O *Just In Time* (JIT) é um método de gerenciamento da manufatura desenvolvido pelos japoneses nos anos 1970. A primeira empresa a adotar o conceito foi a montadora Toyota, uma das maiores empresas do mundo. Muitas organizações seguiram o exemplo da Toyota. Nos anos seguintes, o conceito ganhou muitos adeptos e passou a ser amplamente implementado.

Com o intuito de reconstruir sua economia após a Segunda Guerra Mundial, os japoneses procuraram desenvolver técnicas de manufatura que pudessem torná-los competitivos. Existem, ainda, outros fatores que levaram o Japão a ter sucesso em sua economia, como concentração, comprometimento e dedicação ao trabalho, busca incessante do aprimoramento ou melhora contínua e aplicação de regras voltadas ao trabalho em grupo com metas e medidas comuns.

Antes da utilização do *just in time*, as indústrias no geral apresentavam inúmeras restrições na área de manufatura, incluindo restrições de estoque, defeitos em produtos, grandes lotes de produção, ineficiência de entregas e custos elevados.

Nasceu, então, o *just in time*, resumindo-se basicamente em um conjunto integrado de atividades cujo objetivo é fabricar altos volumes usando um estoque mínimo de matéria-prima, material de embalagem, estoques intermediários e produtos terminados. Na manufatura, obtêm-se resultados positivos com a formação de células de fabricação flexível, com redução de tempos inúteis, eliminação de erros e produção orientada a "zero defeito".

O princípio leva, ainda, a considerar que cada operário de um departamento ou uma seção atue como se o próximo operário ou processo fosse um cliente. Tudo que se está consumindo está sendo processado para o próximo cliente. Assim, a qualidade do produto final depende de cada pessoa, que deve executar sua função de forma correta.

Fundamentalmente, o *just in time* baseia-se no conceito do "puxar", ou seja, produzir contra uma demanda. A frase: "Não me dê esse material até que eu precise dele e, quando eu o solicitar, me dê imediatamente, e as minhas exigências com respeito à qualidade e ao custo devem ser plenamente satisfeitas" caracteriza bem o conceito do *just in time.*

A utilização do *kanban* constitui-se na base para a implantação do *just in time.* O *kanban* é responsável pela sincronização do fluxo de materiais, objetivando que a manufatura se ajuste às necessidades da demanda, produzindo na quantidade certa e no momento certo.

FIGURA 9.4 Entendendo o *just in time*

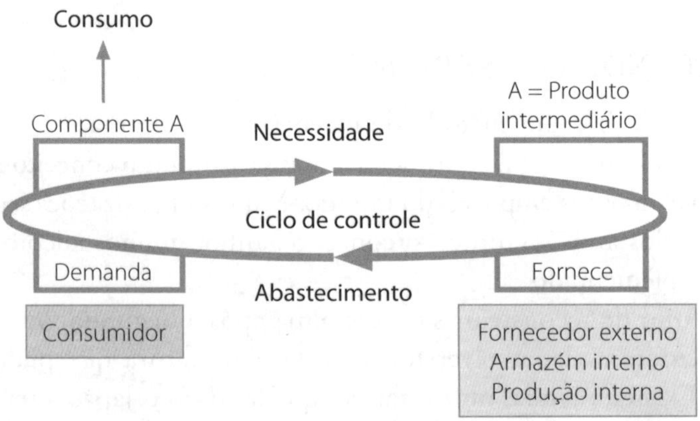

Fonte: elaborada pelo autor.

9.3.1 O problema das perdas no processo de manufatura

As perdas no processo estão ligadas à má administração de alguns recursos básicos utilizados na produção que podem ser resumidos em acréscimo de tempo e de recursos financeiros, motivados por desperdício de material, má utilização de mão de obra e equipamentos, estoques elevados e desempenho de produção insatisfatório. Alguns itens relacionados à perda de processo estão descritos a seguir.

- Produção acima do planejado: na manufatura tradicional, a produção é medida por rendimento de máquina, homem × hora por tonelada, tempo de ciclo e outros. No conceito atual, o objetivo é minimizar estoques e atender às necessidades do cliente. Trata-se de uma mudança de paradigma. Enquanto, no sistema convencional, a produção mantém as máquinas funcionando para aumentar o rendimento ou baixar o homem × hora por tonelada, na produção, cujo agente gerador de atividade é a demanda, o conceito se inverte. Naturalmente, deve haver bom senso na área de planejamento, a fim de reduzir o número de preparações. Contudo, a formação astronômica de estoque para aproveitar a corrida da máquina já não é mais uma realidade. Produzir acima do planejado ou acima da demanda é sinônimo de perda.

- Tempo de espera: toda produção apresenta gargalos. A velocidade entre os vários recursos deve ser balanceada para evitar longos tempos de espera e otimizar a utilização dos recursos.
- Transporte desnecessário: outra característica da produção é o excesso ou a duplicidade de transporte, muitas vezes desnecessário. Estudos devem ser efetuados para reduzir, de forma drástica, a quantidade de manuseio no processo. Uma das mais importantes características é a entrega de material diretamente no ponto de consumo, sem necessidade de armazenamento intermediário.
- Nível de estoque: quanto mais estoques intermediários existem no processo, mais alto é o estoque do material. Outro aspecto é a produção cujo direcionador não seja a demanda. A empresa pode estar produzindo o produto errado e a quantidade errada. O processo orientado para a demanda reduz o nível de estoques e atende melhor o cliente.
- Processo: o processo muitas vezes não apresenta um fluxo claro e organizado, permitindo perdas de material. O arranjo físico dos recursos pode otimizar a produção ou reduzir as perdas existentes.
- Movimentação: o arranjo insatisfatório dos recursos na área de trabalho pode provocar movimentos desnecessários e improdutivos, gerando perda de tempo no processo.
- Defeitos: outro fator importante e diretamente relacionado às perdas são os defeitos de produção. O *just in time* resolve esse problema com a aplicação do conceito de qualidade total por meio de conscientização dos funcionários, melhorias do fluxo de processo e seleção apropriada de fornecedores.

9.3.2 Objetivos do *just in time*

Uma empresa cujo anseio é a implementação do *just in time* deve ter em mente que o seu uso depende de uma base solidamente construída e que os resultados buscados devem ser claros e objetivos.

A seguir, são apresentados alguns dos resultados objetivados pelo *just in time*. Na realidade, muitos deles sempre foram perseguidos pelas empresas a fim de reduzir seus custos, racionalizando processos e maximizando a produção, independentemente da existência do *just in time*. Dessa forma, conclui-se que a reorganização dos processos produtivos, com a respectiva redução dos custos e o aumento de produtividade, encontra no *just in time* uma forma bastante elaborada para alcançar êxito.

9.3.2.1 Tempo zero de preparação

O tempo de preparação deve determinar o tamanho do lote a ser produzido; assim, o fabricante deve acomodar os custos de preparação com as dimensões do lote de produção. Sempre que possível, o tempo de preparação deve ser iniciado "fora de linha" para que a linha de produção não fique totalmente comprometida com ele. Dessa maneira, ocorre redução do tempo de parada, otimização do processo produtivo e, por conseguinte, redução de custo.

9.3.2.2 Estoques intermediários iguais a zero

Os estoques intermediários podem se elevar se os tempos de máquinas não estiverem sincronizados. A otimização do fluxo de trabalho na manufatura deve ser um dos objetivos da empresa. A utilização do *kanban* como técnica de produção pode ser adotada para eliminar o problema.

9.3.2.3 Tempo de entrega igual a zero

Tempos de entrega muito longos levam ao armazenamento em quantidades exageradas, o que eleva o custo dos estoques. Isso não só impacta o capital que lhe é intrínseco como pode afetar outras atividades do processo, como espaço de armazenagem, aumento do seguro do ativo em decorrência do maior estoque e elevação das movimentações muitas vezes desnecessárias de uma estocagem intermediária para o ponto de consumo, quando o ideal seria que todos os componentes saíssem de seus pontos de montagem e/ou de fabricação para o ponto de consumo, eliminando os estoques intermediários.

9.3.2.4 Zero movimento

Movimentações desnecessárias de insumos não agregam valor ao processo e somente aumentam os tempos inúteis na produção. Portanto, quanto mais automático for o processo de alimentação e movimentação de insumos, melhor será o processo.

9.3.2.5 Zero paradas de máquinas em decorrência de quebra

O desempenho de cada equipamento deve ser monitorado constante e eficientemente para prevenir quebras e falhas que venham a interromper o fluxo normal de produção. A manutenção preventiva desempenha um papel importante nesse processo, reduzindo riscos de quebras. Outro tipo de manutenção que deve ser levado em conta é a chamada manutenção preditiva, que utiliza certas ferramentas para monitorar o desgaste físico, o grau de esforço, a temperatura e outros atributos dos equipamentos. A manutenção preditiva pode prever uma possível parada do equipamento que, em outras circunstâncias, poderia ocorrer inesperadamente.

9.3.2.6 Zero defeitos

Grandes quantidades de defeitos levam a planta a produzir quantidades acima do planejado para atender às necessidades demandadas. Essa prática é muito comum em algumas manufaturas, que já aplicam no plano de produção um índice teórico de segurança correspondente às possíveis falhas e descartes de produtos que serão gerados no processo. Esse índice de segurança baseia-se no histórico de controle de qualidade.

Essa forma de atuar conduz a uma condição de ineficiência no processo, uma vez que a empresa passa a aceitar, em seus processos, as falhas que deveriam ser entendidas para serem inteiramente eliminadas.

9.3.2.7 Tamanho mínimo de lote

Juntamente com o tempo de preparação, o lote mínimo deveria ser minimizado para oferecer flexibilidade para a planta e, com isso, reduzir o custo de manter estoques.

9.3.3 Requisitos fundamentais para implantar o *just in time*

Para que o *just in time* possa funcionar adequadamente, os elementos básicos descritos a seguir devem ser considerados.

9.3.3.1 Fluxo de processo

A organização do processo produtivo é fundamental para o perfeito funcionamento do *just in time*. O arranjo físico da área de trabalho, a análise e o balanceamento de capacidades, a estabilidade no plano de produção são alguns dos requisitos básicos de um fluxo perfeito de processo. Vejamos alguns dos pontos fundamentais para que o *just in time* possa ser implantado e traga os resultados buscados pela organização.

- Elaboração dos planos e dos programas de produção que apresentem certa estabilidade.
- Habilidade para responder rapidamente às flutuações de demanda, como efetuar trocas rápidas de máquinas quando necessário.
- Apresentar uma conexão organizada entre as operações internas e a proximidade entre as entidades envolvidas, no caso o fornecedor ou a planta fornecedora.
- Entender e utilizar o conceito de células de trabalho.
- Definir o balanceamento de capacidades.

- Distribuir fisicamente os recursos com o objetivo de dar o melhor desempenho ao fluxo de processo.
- Enfatizar a manutenção preventiva e preditiva.
- Reduzir o tamanho dos lotes.
- Introduzir o sistema de "puxar" (*kanban*) ao invés de empurrar os materiais para a planta e/ou produção.
- Reduzir os tempos de troca de equipamentos.

9.3.3.2 Qualidade total

O *just in time* está extremamente vinculado ao conceito de melhoria contínua em um contexto humanístico bastante forte, criado pelos japoneses. O conceito *kaizen,* que significa melhoria, envolve a participação das pessoas, sejam elas gerentes, sejam operárias. O conceito de qualidade total foi levado por William Edwards Deming para o Japão e aplicado com enorme sucesso.

Trata-se de um meio para reduzir as perdas no espaço de trabalho, tanto relacionadas a tempos como a recursos. Uma vez que esse conceito seja assimilado, as perdas existentes na planta são eliminadas, porque o conceito de qualidade total está internalizado no *just in time.*

As ideias convencionais, sem o uso dos conceitos de qualidade total, não são aplicáveis quando se decide implantar o *just in time* e podem levar a um completo fracasso.

Os japoneses baseiam-se em alguns pontos fundamentais para garantir a qualidade do produto, conhecidos como as sete habilidades:

1. eliminar produtos com defeitos;
2. aumentar a produtividade;
3. terminar tarefas no tempo sugerido;
4. aumentar o valor agregado do produto;
5. eliminar perdas;
6. reduzir tempos;
7. reduzir custos de estoques.

Com a ajuda das habilidades mencionadas, é possível selecionar tópicos em que a qualidade entra como valor agregado para permitir a implementação do *just in time.*

- Definir procedimentos de qualidade a serem aplicados na origem.
- Desenvolver a consciência sobre a importância da qualidade.
- Utilizar o controle estatístico de processo com metas estabelecidas.
- Definir os parâmetros para o cumprimento dos padrões de conformidade.

- Estabelecer métodos seguros para evitar falhas, automatizando o processo o máximo possível.
- Investir em pessoas por meio de treinamentos e envolvê-las sempre que possível nas tomadas de decisão.
- Adotar princípios tecnológicos com a finalidade de realizar inspeções automáticas.

9.3.3.3 Alianças com fornecedores e clientes

Para que as plantas possam atingir excelência em desempenho, é necessário que clientes e fornecedores exerçam um papel importante para dar suporte ao *just in time*. Em um ambiente *just in time*, os itens comprados devem ser entregues pelos fornecedores quando realmente são necessários. O conceito de "contrato guarda-chuva" ou "contrato de cobertura", ou outra forma de acordo, deve cobrir as condições de compras, sem a necessidade de pedidos frequentes, emitidos por formulários. A entrega do material deve ser direcionada ao ponto de consumo ou ao uso na planta a fim de evitar qualquer tipo de manuseio desnecessário e possível elevação de estoque.

O fornecedor deve garantir um fluxo confiável e estável para dar suporte à produção. Esse processo é bastante complexo e requer excelente comunicação e coordenação entre ambas as partes.

Um relacionamento direto entre a planta e o fornecedor deve ser estabelecido. O departamento de compras deve interagir com o fornecedor, uma vez que a empresa fabricante deve considerá-lo uma extensão dela, de tal forma que ele, o fornecedor, possa participar de decisões importantes relacionadas ao abastecimento de materiais, como atividades de planejamento, transporte, programação de entrega, previsão de vendas, entre outras.

Algumas técnicas são eficientemente utilizadas para garantir o abastecimento de material entre fornecedor e cliente. Uma delas é o estoque gerenciado pelo fornecedor, no qual este determina quando e quanto abastecer com base na frequência de entregas efetuadas.

Uma revisão dos processos de gerenciamento de fornecedores e clientes deve ser levada em conta, considerando algumas premissas, como:

- estabelecer um número limitado de fornecedores, objetivando um melhor controle;
- reduzir os tempos de entrega – portanto, é recomendável que o fornecedor esteja próximo;
- aumentar o número de entregas com insumos de alta qualidade para consumo imediato;

- garantir que as entregas sejam confiáveis em termos de prazo e qualidade, visando evitar problemas que venham a afetar a taxa de produção;
- projetar necessidades de consumo e manter um programa de entrega de materiais;
- manter expectativas de qualidade.

9.3.4 Passos básicos para implantar o *just in time*

Os requisitos básicos para implantar o conceito do *just in time* no gerenciamento da manufatura podem ser resumidos quanto a: classificação dos itens de estoque, custo do item, demanda, distribuição ABC, acordos com fornecedores, política de estoque, pedido mínimo e indicadores de desempenho.

Os itens de estoque devem ser classificados para garantir a segmentação por tipo de item, objetivando definir as principais diferenças e obter um entendimento claro daquilo que se quer controlar. Em geral, os itens podem ser classificados em matéria-prima, itens comprados, itens fabricados, material ou produto em processo, material de embalagem, produto acabado, materiais auxiliares, entre outros.

O custo unitário de cada item no estoque deve ser identificado. Nas tomadas de decisão, o custo de investimento em estoque é prioritário; portanto, o custo unitário deve estar disponível para eventuais análises de valor de estoque.

Cada item deve ter definido seu nível de consumo em um horizonte de até um ano, a fim de proporcionar ao fornecedor um plano de investimento ou uma seleção de fontes extras de obtenção de materiais caso o abastecimento não seja suficiente.

Cada segmento de estoque deve possuir sua distribuição ABC, cuja finalidade é possibilitar as análises de consumo, dos níveis de estoque e do valor do item. Para isso, a correta classificação ABC deve ser atribuída ao item de estoque.

Definidos os fornecedores, deve-se estabelecer acordos com eles em relação à frequência de entrega e à quantidade de itens a serem entregues. Os funcionários da área de produção devem ter autonomia para interagir com o fornecedor sempre que necessário. A política de estoque abrange dados que determinarão se o abastecimento é automaticamente efetuado pelo fornecedor ou se deve haver uma comunicação formal via telefone, troca eletrônica de informações (EDI), fax, internet, ou ainda se um pedido escrito é necessário para que se efetue o abastecimento.

O *just in time* requer pedidos com quantidades econômicas e estoque de segurança como medida de prevenção, em caso de oscilações de disponibilidade no mercado.

A fim de determinar a efetividade do *just in time,* é necessário definir indicadores para monitorar o desempenho do estoque.

9.3.5 Benefícios e vantagens do *just in time*

A seguir, serão abordados alguns dos benefícios proporcionados pela implementação do *just in time*. Naturalmente, o conceito dos "zeros..." já demonstra quais são as vantagens conferidas a uma empresa quando esta opta pela implantação desse sistema.

9.3.5.1 Redução de tempo de ciclo

Os conceitos explícitos com relação à entrega direta do material ao ponto de consumo e a decorrente redução de pontos de armazenagem claramente influenciam a redução do ciclo. Outro aspecto determinante é o fato de que o fornecedor deve estar o mais próximo possível do ponto de consumo do material. Algumas empresas incentivam o fornecedor a instalar-se em sua planta de produção, iniciativa muito comum entre as organizações do segmento automobilístico, criando conceitos de parque de fornecedores, consórcio modular ou condomínios. Entretanto, outras empresas de segmentos diferentes utilizam conceitos similares. Não raro, fabricantes de cosméticos alojam os fornecedores de frascos dentro de suas fábricas, gerando menor movimentação logística e custos reduzidos de transporte. Portanto, o conceito *just in time* é amplo e pode ser aplicado em qualquer empresa com importantes adaptações.

9.3.5.2 Redução no nível de estoque

Com a orientação de que os materiais devem ser entregues diretamente no ponto de consumo, em quantidades econômicas, a redução no nível de estoque é bastante perceptível. No entanto, algumas empresas preferem manter estoque de segurança para estar amparadas em caso de flutuações de demanda.

9.3.5.3 Melhor aproveitamento de espaço

A distribuição física dos recursos deve ser avaliada com o objetivo de se obter o fluxo mais adequado ao processo. Além disso, reduções do número de locais de estoque geram mais espaço disponível.

9.3.5.4 Redução no custo de qualidade

O conceito de "defeitos zero" gera benefícios e vantagens que extrapolam a produção. A imagem da empresa no mercado depende da qualidade do produto que ela apresenta. Internamente, o benefício está no ato de reduzir o retrabalho motivado pela existência de produto defeituoso ou em mau estado.

O custo de qualidade passa obrigatoriamente pelo investimento em pessoal e entendimento da empresa quanto à importância da qualidade do produto.

9.3.6 Limitações do *just in time*

Apesar dos benefícios provenientes do uso do *just in time*, sua aplicação mostra algumas limitações quanto a diferenças culturais, enfoque tradicional, perfil dos operários, resistência à mudança, autonomia, relação entre gerentes e operadores, nível de produção e métodos de transporte.

As empresas apresentam diferenças culturais entre si. A aplicação do conceito do *just in time* está extremamente vinculada ao elemento humano, o que traz significativos obstáculos para se alcançar o sucesso a curto prazo e, muitas vezes, até a longo prazo. O fato de o *just in time* ter nascido no Japão pode justificar significativas diferenças, ocasionando barreiras à sua implementação, uma vez que a cultura oriental apresenta peculiaridades quando comparada à ocidental.

O enfoque tradicional na manufatura tem sido, por muito tempo, acumular estoque, visando evitar problemas em períodos nos quais podem ocorrer paradas de equipamentos ou adversidades que inibam ou afetem a produção.

O *just in time* exige funcionários capazes, flexíveis e comprometidos com a qualidade. A utilização do conceito de qualidade total é fundamental para seu êxito.

O conceito provoca uma grande mudança dentro da organização, o que, de forma natural, leva o ser humano a resistir tanto emocional como racionalmente. A ansiedade em relação ao desempenho das atividades é bastante comum, assim como a deficiência no fluxo de informação, que pode levar os funcionários a não cooperar por conta do desconhecimento do processo.

Em virtude da existência de padrões que regem os ciclos e os fluxos no *just in time*, as pessoas sofrem uma perda de autonomia, seja individual, seja em grupo. Isso se dá principalmente em relação à redução do nível de estoque e ao tamanho dos ciclos, o que provoca pressão nos trabalhadores, uma vez que as regras estabelecidas devem ser rigidamente seguidas.

O relacionamento entre gerentes e subordinados é muito importante para facilitar o processo de tomada de decisão, com participação efetiva de todas as partes.

O *just in time* é mais bem utilizado se implementado em empresas de volume médio para cima. Para empresas de baixos volumes de produção, não se aconselha seu uso, uma vez que outras técnicas mais adequadas podem ser aplicadas.

A implementação do *just in time* pode resultar em um acréscimo dos custos de transporte, uma vez que as entregas se tornam mais frequentes graças à redução do tamanho dos lotes. Cada caso deve ser avaliado de acordo com suas características dentro de um processo contínuo, a fim de se obter a melhor solução para cada situação. Quando o *just in time* é de natureza externa, variáveis como distâncias percorridas, tamanho dos veículos e pedágios devem ser analisadas como possíveis variáveis do processo. Um estudo detalhado de movimentação também se aplica às atividades internas voltadas para o *just in time*.

9.3.7 *Just in time* e MRP II

Não há dúvida de que o *just in time* requer um fluxo de material que considera a quantidade exata no momento exato. No entanto, para encontrar esse valor, deve-se usar uma ferramenta de planejamento para identificar previamente as necessidades, garantindo assim a disponibilidade de material quando necessário. A aplicação do MRP II é a melhor técnica para atingir esses resultados, pois ele fornece a lógica para se quantificar a necessidade futura de material e também as restrições de capacidade de produção, ainda que de maneira restrita, auxiliando no processo de estimativas e nas negociações com fornecedores.

Outro aspecto do uso conjunto do MRP II com o *just in time* está relacionado às necessidades de material que não possuem uma disponibilidade linear no mercado. Exemplos desse comportamento são os materiais provenientes de colheitas agrícolas e de origem animal, como é o caso de óleos vegetais, gordura animal, leite, safras agrícolas de ervilhas, tomates, frutas cítricas, entre outros.

Em resumo, o *just in time* é mais usado nas operações de curto e médio prazos, auxiliando no controle da produção. A técnica baseada no princípio de "puxar" pela ocorrência de eventos contribui para organizar o processo no chão de fábrica.

FIGURA 9.5 Utilização do MRP combinado com o *just in time*

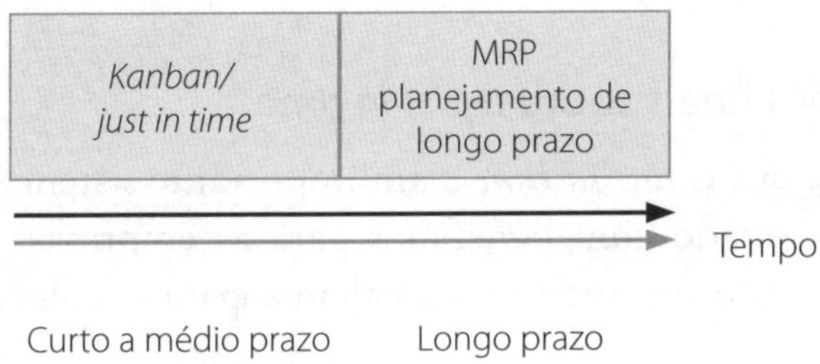

Fonte: elaborada pelo autor.

9.3.8 A tecnologia como elemento facilitador do *just in time*

A técnica do *just in time* desenvolveu-se em decorrência da utilização de tecnologia moderna para adaptar as filosofias criadas pelos japoneses. Trata-se do refinamento dos conceitos. Entre muitas formas variáveis de tecnologias que podem ser aplicadas, algumas em potencial já são utilizadas, como as descritas a seguir.

9.3.8.1 *Electronic Data Interchange* (EDI)

A troca eletrônica de informações (EDI, na sigla em inglês) ainda é uma ferramenta bastante utilizada para dar suporte à implementação do *just in time*. Essa tecnologia é adotada principalmente por grandes companhias automobilísticas, com ênfase na redução de custos. Empresas como Volkswagen, General Motors e Chrysler a utilizam em associação ao conceito *just in time*. Um projeto como esse exige grande colaboração entre as organizações nele envolvidas.

Mesmo com a internet, o EDI ainda é utilizado.

A utilização de EDI para dar suporte ao *just in time* não é, no entanto, privilégio de montadoras de automóveis. Empresas como IBM e McDonald's também têm adotado essa combinação de elementos com seus fornecedores. Os avanços na indústria da computação e o baixo custo da tecnologia permitiram sua utilização inclusive por empresas de pequeno porte.

9.3.8.2 Outras tecnologias

A disponibilidade da tecnologia da informação para dar suporte à implantação do *just in time* é bastante ampla. A evolução da internet e conceitos similares, como intranet ou extranet, possibilitam a troca de informações de forma simplificada. Sistemas empresariais (ERP) também permitem que o *just in time* possa ser utilizado de forma automática com módulos específicos implantados nos fornecedores, os quais têm acesso a dados específicos, interagindo de maneira totalmente integrada aos diferentes processos empresariais, dentre os quais controle de estoque, reposição de material e contas a pagar.

9.3.9 Considerações finais sobre o *just in time*

Não há dúvida de que o *just in time* é um importante sistema de abastecimento e que pode ser implementado com benefícios para as empresas. Contudo, é conveniente lembrar que seu uso traz melhores resultados para as empresas de produção do tipo repetitiva.

A característica fundamental está em crer que os benefícios advindos do conceito dos "zeros..." possam ser obtidos e que o treinamento e a conscientização de pessoas é regra básica para o sucesso. Investir em funcionários é a premissa inicial, e líderes capazes devem conduzir o processo. Grandes são os fracassos de implementação quando se entrega o projeto em mãos equivocadas e cuja liderança é questionável. A liderança aqui mencionada está relacionada ao ato de conduzir uma empresa a fim de entender os conceitos dos "zeros..." e da qualidade, sem imposição.

Muitas empresas obtêm bons resultados efetuando implementações parciais ou combinadas do conceito do *just in time*, dependendo da criatividade do grupo e do grau de exposição que se quer enfrentar. Muitas vezes, o faseamento do processo pode ser uma alternativa interessante, com a busca de parte dos benefícios em um primeiro momento, partindo-se para as fases mais complexas quando a maturidade já tiver sido atingida.

A questão aqui não é descobrir qual é a fase mais simples ou mais apropriada, mas a qual delas a companhia melhor se adequará. Contudo, a fase do investimento em pessoas é fundamental e deve ser priorizada, seja qual for a alternativa adotada.

9.4 TEORIA DAS RESTRIÇÕES (TOC)

A teoria das restrições (TOC) surgiu na década de 1970, quando o físico israelense Eliyahu Goldratt se envolveu com os problemas da logística de produção. No começo da década de 1980, Goldratt editou um livro sobre sua teoria – *A meta*[3] –, escrito na forma de romance, que mostrava a dificuldade de um gerente de fábrica para administrar a empresa em que trabalha. No desenrolar da história, o gerente vai descobrindo os princípios dessa teoria auxiliado por um consultor de nome Jonah e a empresa recupera sua competitividade.

A ideia básica da TOC é que todo sistema tangível, como um empreendimento com fins lucrativos, tem pelo menos uma restrição. Se isso não fosse verdade, o sistema produziria uma quantidade infinita daquilo que almeja. No caso do empreendimento com fins lucrativos, seriam lucros infinitos. Em vista de a restrição ser um fator que impede o ecossistema de conseguir mais daquilo que almeja, o gerente ou o empreendedor interessado em obter mais lucros deve administrar melhor as restrições. Não há realmente escolha nesse assunto: ou o indivíduo controla as restrições ou elas o controlam. As restrições determinarão o nível máximo de *output* do sistema, sejam elas reconhecidas e controladas ou não.

A TOC é composta de dois campos: os processos de raciocínio e os aplicativos específicos (como logística de produção). Os processos de raciocínio ultrapassaram os limites da administração e são usados em muitas outras áreas do conhecimento humano, e formam a base de toda a TOC.

Com a finalidade de disseminar os conceitos da TOC, Goldratt escreveu, em 1994, outro livro no mesmo estilo de *A meta*, chamado *Mais que sorte... um processo de raciocínio.*[4] Nessa obra, o autor elaborou a história em torno dos problemas mais estratégicos das empresas usando os processos de raciocínio.

Na essência, a teoria das restrições é um processo de melhoria contínua para qualquer sistema, seja de negócio, seja pessoal ou ambiental.

9.4.1 O que é uma restrição?

Restrição é tudo que limita significativamente o desempenho de um sistema, dificultando o atingimento de suas metas.

---

3 GOLDRATT, E. *A meta*. 2. ed. São Paulo: Educator, 1998.

4 GOLDRATT, E. *Mais que sorte:* um processo de raciocínio. São Paulo: Educator, 1994.

FIGURA 9.6 Teoria das restrições (TOC)

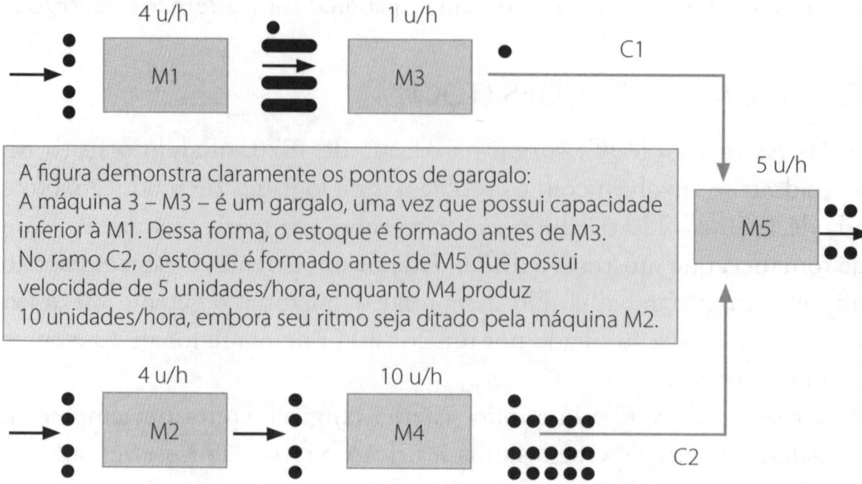

A figura demonstra claramente os pontos de gargalo:
A máquina 3 – M3 – é um gargalo, uma vez que possui capacidade inferior à M1. Dessa forma, o estoque é formado antes de M3.
No ramo C2, o estoque é formado antes de M5 que possui velocidade de 5 unidades/hora, enquanto M4 produz 10 unidades/hora, embora seu ritmo seja ditado pela máquina M2.

Fonte: elaborada pelo autor.

Os tipos de restrição definidos por Goldratt[5] estão a seguir.

- Restrição de natureza física: associada à limitação de recursos para cumprir uma demanda ou aumentar o *output* do processo em determinado período. Um bom exemplo é a limitação de entregas de um armazém ou centro de distribuição pela falta de veículos.
- Restrição ligada às políticas da organização: vincula-se às regras que a organização gerou para regular e direcionar o comportamento do sistema. Contudo, com as mudanças ocorridas, essas normas tornaram-se pouco apropriadas e afetam o desempenho do sistema de forma negativa.
- Restrição de comportamento: as pessoas ficam confortáveis quando estabelecem ações previsíveis, fazendo coisas que fazem sentido e lhes dão um sentimento de segurança e controle sobre o ambiente. Mesmo que o ambiente mude, elas continuam a se comportar de forma que tenham segurança e controle.

Existe uma ligação entre essas restrições. Inicialmente, quando o sistema é criado para atender aos objetivos específicos, o sistema por si próprio gera alguns indicadores para medir o sucesso, como o número de motoristas que ignoram o sinal vermelho. Antes da invenção do semáforo, esse tipo de medida não era possível.

[5] GOLDRATT, E. *What is this thing called theory of constraints?* Massachussets: North River Press, 1990.

As medidas ditam o comportamento das pessoas no sistema. A partir delas, as pessoas modificam seu comportamento para se adequarem ao que o sistema impõe, como parar quando o semáforo fica vermelho e avançar quando ele fica verde.

9.4.2 Etapas da teoria das restrições

Uma das grandes contribuições da TOC é seu processo de otimização contínua, que contém as seguintes etapas:

- identificação dos gargalos do sistema;
- decisão de como explorá-los;
- subordinação de tudo o mais à decisão acima;
- aumento da capacidade dos gargalos do sistema;
- caso, no passo anterior, o gargalo seja eliminado, reinicia-se o primeiro passo.

Com esse processo, é possível concentrar esforços nos poucos pontos de um sistema que determinam seu desempenho, ou seja, suas restrições ou seus gargalos, e assim melhorar significativamente seu desempenho no curto prazo. Restrição aqui quer dizer: "qualquer coisa que impeça um sistema de atingir desempenho maior em relação à sua meta".

Com essa definição, concluímos que todo sistema tem uma restrição; caso contrário, seu desempenho seria infinito. Cada minuto ganho em um recurso considerado gargalo corresponde a um minuto ganho em todo o sistema.

Goldratt afirma que a maioria das empresas não tem restrições físicas, como um gargalo na fábrica, mas, sim, restrições políticas. Sua afirmação sugere que, na maioria das vezes, o que limita o desempenho de um sistema é sua inércia.

9.4.3 Processos de raciocínio da TOC

Os processos de raciocínio formam a base da TOC. Trata-se de ferramentas lógicas criadas por Goldratt para auxiliar na solução dos problemas e que se baseiam nas relações de causa e efeito. Esses processos podem ser usados individualmente ou em conjunto, dependendo do que se deseja atingir. Para problemas mais amplos, deve-se usá-los em conjunto, visando responder às seguintes questões:

- O que mudar?
- Para o que mudar?
- Como causar a mudança?

Goldratt afirma que, para entrar em um processo de otimização contínua, é preciso responder a essas questões periodicamente.

9.4.3.1 O que mudar?

Essa pergunta direciona a execução de um diagnóstico da situação na tentativa de encontrar o problema básico do sistema. A primeira habilidade gerencial requerida é a de apontar os problemas fundamentais que, uma vez corrigidos, terão grande impacto. As causas do sistema devem ser atacadas, em vez de se apontar os efeitos.

9.4.3.2 Para o que mudar?

Descobre-se a restrição quando se encontra o que está impedindo a organização de melhorar seu desempenho. Na maioria das vezes, as restrições são políticas da empresa. Uma vez encontradas as políticas restritivas da empresa, é necessário substituí-las. Para isso, é preciso entender por que essas políticas ainda existem.

A maioria das políticas restritivas das organizações são doenças crônicas causadas por conflitos. Para responder a essa segunda pergunta, é necessário descobrir uma saída para o conflito.

Para resolver a política restritiva, é fundamental entender os conflitos que a geraram. A partir daí, busca-se uma solução que elimine o conflito por completo, desafiando alguns pressupostos básicos sobre a realidade da organização.

9.4.3.3 Como causar a mudança?

Com a estratégia pronta, já se conhece o processo que será implantado para melhorar o desempenho do sistema. Falta, então, definir como será implementada a estratégia. A partir daqui, passa-se à construção das ações necessárias e suficientes para mudar a situação atual.

9.4.4 Balanceamento de capacidade

Muitas pessoas advogam a criação de uma fábrica com capacidade balanceada, isto é, uma fábrica na qual todos os recursos têm a mesma capacidade média de produção. Isso ocorre pelo fato de se buscar a otimização de todos os recursos de uma fábrica. Entende-se, muitas vezes, que, se um recurso está ocioso, então, se está perdendo dinheiro ou há ineficiência. A percepção de que, com a utilização de todos os recursos, nos seus limites de capacidade, ganha-se mais dinheiro, é equivocada.

A mentalidade da contabilidade de custo exige alta eficiência local, isto é, todos os recursos da empresa devem estar produzindo constantemente. Como uma fábrica é desbalanceada por natureza, fica difícil conseguir que todos os recursos tenham alta eficiência. Um modo de tentar resolver isso é aumentando de forma significativa o estoque em processo, pois, com altos estoques em processo, todos terão o que fazer constantemente.

Contudo, altos estoques em processo não são desejáveis, e a pressão para reduzir custos acaba forçando muitas empresas a buscar uma fábrica balanceada. Assim, acredita-se que o aproveitamento do investimento será o melhor possível. Os dois aspectos que tornam uma fábrica com capacidade balanceada uma ilusão e um perigo para qualquer empresa são:

- flutuações estatísticas;
- eventos dependentes.

Em uma fábrica, a capacidade ociosa de determinado recurso é normalmente traduzida como excesso de custo. No sistema tradicional de apuração de custos, esse custo de ociosidade é, com frequência, objeto de projetos de redução de custo. Em uma vã tentativa de minimizar os custos em cada processo/recurso, muitos administradores gastam tempo tentando equilibrar as capacidades dos recursos em suas fábricas. No entanto, à medida que a capacidade em excesso é eliminada, a capacidade de recuperação dos diversos recursos desaparece e ocorre o inevitável. A fábrica começa a ficar cada vez mais atrasada em relação ao plano de produção (intervalos surgirão e crescerão) à medida que o estoque em processo aumenta e o ganho é perdido. A culpa pelo não cumprimento de prazos é atribuída a fatores fora de controle. Enquanto isso, os gerentes têm de recorrer a horas extras ou outros meios disponíveis para aumentar a capacidade com o intuito de atender ao plano de produção.

A TOC classifica capacidades de recursos em três classes: capacidade de produção, capacidade de proteção e capacidade ociosa.

Ironicamente, os gerentes logo estarão pagando um preço extra pela capacidade que tanto trabalharam para cortar. Como vimos, uma fábrica balanceada não é algo desejável, pois não leva a empresa na direção da sua meta. Por natureza, uma fábrica é desbalanceada. As tentativas de ir contra esse fenômeno causam grandes problemas. Uma fábrica é como uma corrente, sempre tem um elo mais fraco, isto é, sempre tem um recurso com capacidade menor que os outros.

Para tirar o máximo de uma fábrica, é preciso se certificar de que todos os seus recursos tenham uma quantidade mínima de capacidade a mais que o recurso com menor capacidade – gargalo ou restrição – para que o fluxo não seja interrompido e a área com restrição não pare. Essa quantidade a mais de capacidade é denominada *capacidade de proteção.*

A TOC segmenta as capacidades de recursos em três classes, como dissemos.

- Capacidade de produção: aquela que a empresa efetivamente usará do recurso.
- Capacidade de proteção: capacidade a mais, necessária nos recursos não restritivos, para que eles não interrompam o fluxo produtivo.
- Capacidade ociosa: diferença entre as capacidades de produção e de proteção.

O tamanho da capacidade de proteção depende dos seguintes fatores:

- nível das flutuações estatísticas: quanto pior for a qualidade do processo, maior será essa capacidade;
- quantidade de estoque em processo: quanto maior o estoque em processo, menor poderá ser essa capacidade. O aumento do estoque em processo, porém, nunca poderá eliminar a capacidade de proteção, pois para isso seria necessário um estoque infinito.

Conclui-se, assim, que, para extrair o máximo do investimento, é preciso certificar-se de que existe apenas um elo fraco e de que os outros elos tenham capacidade de proteção suficiente para garantir o fluxo da fábrica. Os recursos de uma fábrica, em sua maioria, devem ficar ociosos parte do tempo, pois, se isso não acontecer, o controle sobre a produção será perdido e o estoque em processo aumentará.

Uma restrição deve ser respaldada contra a lei de Murphy, pela combinação do inventário colocado à sua frente com a capacidade protetora dos recursos que a abastecem. Existe uma compensação entre esses dois mecanismos de proteção. Menos capacidade de proteção nos recursos de abastecimento exigirá níveis mais altos de inventário à disposição da restrição/gargalo. Caso contrário, o gargalo sofrerá a falta de material de tempos em tempos e o ganho para toda a empresa será perdido. Se um dos recursos tiver capacidade de proteção igual a zero, o inventário necessário à frente do gargalo seguinte deverá ser infinito.

Tradicionalmente, considera-se desperdício de recurso qualquer capacidade disponível superior àquela estritamente necessária para a demanda ou produção.

Quando examinada a capacidade disponível, a distinção deve ser feita entre três, e não dois, segmentos de capacidade conceitual. O primeiro é a capacidade de produção, o segmento dos recursos necessários para a produção, com a finalidade de atender à demanda. O segundo é a capacidade de proteção, necessária como alternativa contra situações inesperadas. Apenas os recursos gargalos não possuem capacidade de proteção. Qualquer capacidade remanescente, depois de consideradas as capacidades de produção e de proteção, será excesso de capacidade.

A capacidade de proteção não é um investimento desnecessário; pelo contrário, ela é extremamente importante para a administração de uma fábrica. Sua falta pode causar sérios problemas, entre eles o aumento dos custos e a falta de atendimento ao programa da produção.

9.5 *TOTAL PRODUCTIVE MAINTENANCE* (TPM)

Em 1971, o Instituto Japonês de Manutenção de Plantas (JIPM) definiu o TPM como um sistema de manutenção que cobre toda a vida do equipamento, incluindo planejamento, produção e manutenção. Em virtude da sua condição de suporte à produtividade, o sistema TPM é algumas vezes conhecido como *Total Productivity Management,* ou Administração Total da Produtividade. Contudo, em inglês, TPM significa *Total Productive Maintenance,* ou Manutenção Produtiva Total.

Existe um relacionamento bastante próximo entre manutenção e produtividade, mostrando como cuidados com produtos e equipamentos resultarão em maior produtividade. O TPM é uma filosofia de melhoria contínua que cria um sentimento de "propriedade" nos operadores de cada máquina e também no pessoal de supervisão, tornando-os responsáveis pela manutenção dos equipamentos e por sua operação. A implementação do TPM pode gerar benefícios consideráveis pelo aumento da produtividade dos equipamentos. Quanto maior for o grau de automação da fábrica, maior será a redução de custos provenientes da utilização do TPM.

O conceito de TPM está para a manutenção da mesma forma que o conceito de qualidade total está para a produção, trazendo mudanças de atitude em termos de responsabilidade e comprometimento e ajudando as empresas em seus projetos de competitividade.

9.5.1 Origem do TPM

O TPM evoluiu do *Total Quality Management* (TQM), a partir dos resultados desenvolvidos pelo doutor W. Edwards Deming na indústria japonesa, logo após a Segunda Guerra Mundial. Como estatístico, Deming começou a interagir com os japoneses com relação à utilização das análises estatísticas na manufatura e ao uso dos dados para controlar a qualidade durante o processo produtivo.

Os procedimentos estatísticos iniciais e os resultados obtidos no controle da qualidade incentivados pela ética do trabalho japonês em pouco tempo incorporaram-se à indústria japonesa. Esse novo conceito na manufatura passou a ser conhecido como *Total Quality Management* ou, simplesmente, TQM.

Quando os conceitos de manutenção da planta foram examinados como parte do programa TQM, alguns deles não se encaixavam. Os procedimentos de manutenção preventiva estiveram em evidência por um bom tempo e foram praticados na maioria das fábricas. A utilização das técnicas de manutenção preventiva seguia as instruções sempre exageradas dos fabricantes de equipamentos, e muitas vezes as necessidades de manutenção estavam fora da realidade. Não existia nenhum envolvimento do operador de máquina no programa de manutenção, e o treinamento do pessoal da área de manutenção era insuficiente, indo pouco além do que constava dos manuais.

A necessidade de ultrapassar o planejamento da manutenção de acordo com a recomendação dos fabricantes foi logo percebida pelas empresas que estavam comprometidas com o programa TQM. A fim de obter produtividade e qualidade de produto, e ainda manter a aderência, algumas modificações foram efetuadas nos conceitos originais do TQM. Com essas modificações, a manutenção passou para um patamar como parte integral do escopo geral dos programas de qualidade.

A origem da expressão *Total Productive Maintenance* é disputada. Alguns dizem que foi inicialmente usada pelos fabricantes norte-americanos há mais de quarenta anos. Outros alegam que a origem se deu nos idos de 1960, na Nippondenso, fabricante japonesa de componentes elétricos para a indústria automotiva.

Os créditos da definição dos conceitos do TPM são atribuídos a Seiichi Nakagima, funcionário do *Institute of Plant Maintenance*, no Japão. Os primeiros livros sobre TPM, incluindo alguns de Nakagima, começaram a surgir nos anos de 1980. A primeira conferência sobre TPM aconteceu nos Estados Unidos em 1990.

9.5.2 Conceitos aplicados ao TPM

TPM é um programa interno fundamental para a melhoria contínua por meio do incremento da utilização de equipamentos e da conscientização das atividades dos operadores. Ele auxilia a empresa a maximizar a eficiência da produção. Quando implementado, o TPM melhora dramaticamente a produtividade e a qualidade, além de reduzir os custos.

A técnica aborda todo o ciclo produtivo e constrói um sistema de chão de fábrica voltado para a prevenção de perdas por meio da eliminação de acidentes, defeitos e paradas de máquinas.

É uma atividade fundamentalmente baseada em grupos de trabalho.

9.5.3 Por que utilizar o TPM?

Como a automação do chão de fábrica e a redução de mão de obra distanciam cada vez mais o ser humano de determinadas funções, as condições dos equipamentos de produção e escritórios afetam a produção, a qualidade, o custo, a entrega, a saúde, a segurança e, inclusive, o moral dos funcionários. Em várias empresas tradicionais, muitos componentes de equipamentos são mantidos de forma não aconselhável, o que resulta em perda de tempo para procurá-los e para tratar das causas.

O desempenho do equipamento é responsabilidade de todos.

Tanto as áreas de produção como de manutenção deveriam entender que têm a responsabilidade de manter o equipamento em perfeitas condições de funcionamento. Para eliminar as perdas presentes no ambiente industrial, é necessário reconhecer o papel essencial dos funcionários de chão de fábrica na administração do processo produtivo. Independentemente de a planta estar automatizada ou da quantidade de robôs existentes, as pessoas são as responsáveis finais pela operação e manutenção do equipamento. Cada aspecto do desempenho da máquina, bom ou não, corresponde a uma atividade ou omissão do elemento humano. Portanto, independentemente do avanço tecnológico, o ser humano tem papel fundamental na manutenção do desempenho do equipamento.

Quando os funcionários de uma empresa entendem e aceitam essa questão, percebem a vantagem de se construir a qualidade por meio do equipamento e de construir um ambiente que possa prevenir problemas de qualidade e/ou de produção. Esse esforço proveniente da aplicação da técnica do TPM representa uma grande mudança no conceito convencional que diz: "eu produzo, você conserta". Com o TPM, todos cooperam para manter o equipamento funcionando, pois sabem que a sobrevivência da empresa depende deles.

9.5.4 A meta: ser perfeito

Após a Segunda Guerra Mundial, no período em que a indústria japonesa estava renascendo, cada desperdício era visto como um empecilho para a reconstrução do país. Esse pensamento fez que os japoneses considerassem a eliminação de perdas e desperdício como uma forma de aumentar seus ganhos. Uma companhia perfeita busca eliminar todos os tipos de desperdício e obter índice zero de acidentes, defeitos e paradas.

A fim de minimizar paradas de máquinas, melhorar e maximizar o uso de equipamentos, diminuir despesas operacionais, adiar ou cancelar investimentos e introduzir novas tecnologias, é necessário:

- aumentar a produtividade das máquinas;
- adiar investimentos em equipamentos adicionais;
- aumentar a confiabilidade das máquinas;
- aumentar o retorno em investimento;
- melhorar os métodos atuais;
- tornar a manutenção mais eficiente, usando as habilidades do ser humano;
- valorizar a função do operador;
- melhorar as condições de trabalho;
- reduzir a "síndrome do bombeiro", ou seja, a reação de pânico em caso de paradas.

9.5.5 Implementação do sistema TPM

Existem três aspectos fundamentais para definir um programa para a implementação do TPM:

1. aumento de motivação por meio da mudança de atitude das pessoas;
2. aumento de competência por meio da melhora do perfil das pessoas;
3. melhora do ambiente de trabalho.

O quadro a seguir apresenta os 12 passos básicos para o desenvolvimento do programa do TPM. A fase de preparação visa criar um ambiente propício para introduzi-lo. Esse estágio pode levar até seis meses, dependendo do porte da empresa e do nível de tecnologia utilizado, entre outros fatores. A etapa de implementação é comparável à fase de produção de um produto. É fundamental alocar tempo suficiente para essa etapa, que gira em torno de três anos. A última etapa, chamada de estabilização, envolve o processo contínuo e suas respectivas melhorias e adequações.

QUADRO 9.2 Passos básicos para o desenvolvimento do TPM

ESTÁGIO	PASSO	DETALHES
Preparação	1. Decisão para introduzir o TPM junto à alta gerência	Conferências e seminários sobre o TPM Difundir o conceito internamente
	2. Lançar um programa educacional para introduzir o TPM	Conferências e seminários Apresentações
	3. Criar organizações internas para promover o TPM	Formar comitês especiais e estabelecer times de trabalho
	4. Estabelecer políticas e metas	Analisar a situação atual, definir as metas e prever resultados
	5. Definir um plano para desenvolver o TPM	Preparar plano detalhado de implementação
Implementação preliminar	6. Lançar o TPM	Convidar, além das pessoas internas, os clientes e os subcontratados
	7. Melhorar a efetividade de cada componente de equipamento	Selecionar equipamento modelo e montar o time de projeto
	8. Desenvolver um programa autônomo de manutenção	Construir perfil necessário e definir procedimentos para a certificação de funcionários
	9. Desenvolver um plano de manutenção genérico	Incluir manutenção periódica e preditiva e administração de ferramentas, peças e planos
	10. Conduzir treinamento para melhorar a habilidade de operação e manutenção	Treinar os líderes para que possam compartilhar informações
	11. Desenvolver um plano de manutenção detalhado para o equipamento	Planejar manutenção preventiva
Estabilização	12. Refinar a implementação do TPM	Estabelecer maiores desafios

Fonte: elaborado pelo autor.

9.5.6 Elementos do TPM

Enquanto as práticas de *just in time* e de qualidade total (TQM) são importantes para o desempenho da manufatura, o reconhecimento de que a manutenção desempenha importante papel também para a melhoria de desempenho da manufatura/produção é limitado.

No entanto, o TPM deve ser pensado como elemento da manufatura de classe mundial. JIT, TQM e TPM são componentes críticos para que a empresa faça parte da categoria de classe mundial. Empresas que o implementam são capazes de intensificar suas práticas de manutenção e melhorar seu desempenho.

Os resultados indicam que o TPM faz mais que controlar custos. Ele melhora as dimensões de custo, qualidade e entrega e pode ser um suporte valioso no fortalecimento da organização.

O TPM oferece um enfoque para a administração da manutenção que pode ser dividido em elementos de curto e longo prazos. No longo prazo, os esforços são direcionados para projetos de novos equipamentos, eliminação de perdas de tempo e, em geral, requerem a participação de muitas áreas da organização.

No curto prazo, os esforços são direcionados normalmente no contexto da planta, incluindo programas autônomos de manutenção para o departamento de produção e planos de manutenção para o departamento de manutenção. Nesse documento, são considerados sete elementos para definir e medir o TPM:

1. preparação e cuidados da linha de produção (*housekeeping*);
2. treinamento dos operadores para realizar as tarefas de manutenção;
3. formação de equipes com pessoal de produção e manutenção;
4. envolvimento dos operadores na definição do sistema de manutenção;
5. planejamento das atividades de manutenção;
6. acompanhamento da vida do equipamento, condições de processo e planos;
7. conformidade dos planos de manutenção.

9.5.7 Pontos-chave da filosofia TPM

Em sua definição atual, TPM torna-se agora "gerenciamento produtivo total". O método foi tão bem-sucedido nas fábricas em que foi iniciado que seus critérios passaram a ser aplicados a todos os processos da empresa, incluindo as atividades de melhoramento da qualidade, segurança e cuidados ambientais, desenhos de máquinas, trabalho de escritório e muitos outros.

Seguem os cinco pontos-chave da filosofia TPM.

1. Buscar a criação de uma cultura coletiva ligada à obtenção de eficiência máxima em todo o processo produtivo.

2. Ativar o sistema de prevenção de perdas para atingir o objetivo de "nível zero de acidentes", "nível zero de defeitos" e "nível zero de quebras" no processo produtivo.
3. Envolver toda a força de trabalho da empresa. A gerência cria um compromisso e uma visão clara do TPM: os objetivos são, então, colocados em todos os níveis intermediários até os operários da linha de produção.
4. Obter "zero" perda por meio dos resultados das atividades de pequenos grupos de trabalho integrados ao sistema produtivo.
5. Estar presente em todos os aspectos do desenvolvimento, da produção, das vendas e da administração.

9.5.8 Pontos críticos

Frequentemente, quando um novo método é aceito, ele passa a ser o ponto focal do momento. O TPM traz algumas análises ao velho estilo contábil e requer uma quantidade enorme de dados. É tentador para alguns líderes de departamento ou de seção, e até para os operadores, concentrar esforços na coleta e na análise de dados, em vez de concentrá-los no trabalho produtivo. O TPM é uma ferramenta que deve ser utilizada para uma melhoria contínua, e não como um fim.

Cuidado para não transformar operadores em contadores!

O objetivo principal da organização é obter lucros; assim, cada ação deve ser tomada para dar suporte a essa meta. O pessoal de produção deve, supostamente, produzir bons produtos, e não um conjunto de dados.

É importante entender o espírito do TPM em sua plenitude e empreender todos os esforços para atingir as melhorias esperadas. Naturalmente, o progresso do programa deve ser monitorado, e as ações devem refletir os resultados obtidos.

9.5.9 Considerações finais sobre o TPM

Atualmente, com a competição na indústria, o TPM pode ser um elemento que se posiciona entre o sucesso e o fracasso para algumas empresas. Mas já foi provado que é um programa que funciona, podendo ser adaptado para a construção civil, para o transporte e para uma variedade de situações.

Os funcionários devem ser educados e estar convencidos de que o TPM não é apenas mais um programa. A gerência deve estar altamente comprometida com ele e com sua implementação. Se cada um que estiver envolvido no programa fizer sua parte, o retorno será bastante satisfatório quando comparado com os recursos investidos.

9.6 GERENCIAMENTO DA QUALIDADE TOTAL (TQM)

O gerenciamento da qualidade total (*Total Quality Management* – TQM) enfoca a arte de administrar, que se originou na indústria japonesa nos anos 1950 e se fortaleceu no Ocidente a partir dos anos 1980.

A qualidade total é uma descrição da cultura, do comportamento e da organização de uma empresa que procura, de forma contínua, satisfazer às necessidades de seus clientes. A cultura requer qualidade em todos os aspectos das operações existentes na empresa, com atividades sendo realizadas de forma correta desde a primeira vez, visando erradicar os defeitos e as perdas das operações.

Muitas empresas encontram dificuldades na implementação do TQM. Pesquisas demonstram que 20% a 35% delas conseguem alcançar êxito nessa empreitada, obtendo melhorias em qualidade, produtividade, competitividade e retorno financeiro.

9.6.1 Definições de TQM

Existem várias definições para o conceito de TQM. As mais comuns são apresentadas a seguir, muitas vezes com algumas variações.

- Filosofia de administração em que a qualidade é a preocupação principal em todo o sistema.
- Forma pela qual a organização é administrada para obter excelência nos negócios, baseando-se nos conceitos fundamentais de foco no cliente, parceria com fornecedores, melhoria contínua, inovação, liderança, consistência de propósito, responsabilidade pública e orientação para resultados.
- Comprometimento organizacional (da empresa) para desenvolver um processo cujo objetivo é conseguir produtos de alta qualidade e satisfação do cliente.

O TQM é uma filosofia que, associada a métodos, ferramentas e ações, força toda a organização, em todos os seus níveis, a buscar a excelência nas atividades individuais e corporativas.

9.6.2 Pontos importantes para a implantação do TQM

- As empresas de primeira linha, chamadas de classe mundial, normalmente trabalham com o conceito do TQM, mesmo que customizado conforme suas realidades.
- A forma mais efetiva de introduzir o TQM é treinando a alta gerência, as pessoas envolvidas com desenvolvimento de produtos e com clientes.

- É mais fácil introduzir novos conceitos de desenvolvimento de produtos em uma companhia que já tenha a cultura do TQM. As pessoas passam a entender que as ferramentas são utilizadas para administrar o fluxo de trabalho e a informação, visando dar suporte ao ciclo de vida do produto em vez de apoiar uma função local para a administração de ferramentas e dados do *Computer Aided Design* (CAD).

9.6.3 Características do TQM

Entre as características importantes do TQM, estão: qualidade orientada para o cliente, liderança e comprometimento da alta gerência, melhoria contínua, resposta rápida, ações baseadas em fatos, participação dos funcionários e cultura TQM.

9.6.3.1 Qualidade orientada para o cliente

O atributo fundamental do TQM é sua orientação para o cliente, ou seja, o cliente está em primeiro lugar. A satisfação dele é vista como a mais alta prioridade da organização, pois o sucesso depende totalmente desse quesito. A visão do TQM é sensível às demandas dos clientes e procura responder com rapidez a elas. Nesse contexto, ser sensível às necessidades dos clientes vai além da redução dos erros e dos defeitos, com a mera finalidade de atender às especificações ou reduzir as reclamações dos clientes. O conceito das necessidades dos clientes expande-se para abranger não apenas as características de serviços e produtos mas também as demandas que melhorem e diferenciem os serviços e os produtos para trazer vantagem competitiva.

O cliente em primeiro lugar: esse é o grande agente direcionador dos programas de TQM.

Todas as áreas da empresa devem estar envolvidas no programa, atuando como se fossem um cliente em algumas funções e fornecedores em outras. Por exemplo, o departamento de engenharia deve ser o fornecedor das funções de manufatura e serviço ao cliente e tem de tratar esses clientes com a mesma sensibilidade e prontidão com que atenderia os clientes externos.

9.6.3.2 Liderança e comprometimento da alta gerência

O TQM é uma iniciativa importante para a organização e pode trazer inúmeras vantagens, portanto, deve ser introduzido e liderado pela alta gerência da empresa. Esse é um ponto-chave para que o programa alcance êxito. Várias tentativas de implementação do TQM falham em decorrência do não comprometimento dos líderes das organizações, que, muitas vezes, delegam as atividades para terceiros. O comprometimento e o envolvimento pessoal são extremamente necessários para criar e impregnar valores de qualidade e metas consistentes aos objetivos da organização, gerando e produzindo sistemas, métodos e indicadores bem definidos para alcançar essas metas.

O TQM deve ser introduzido e liderado pela alta administração.

Esses sistemas e métodos guiarão todas as atividades de qualidade e encorajarão a participação de todos os funcionários. O desenvolvimento e a utilização dos indicadores de desempenho devem estar, de forma direta ou indireta, ligados às necessidades e à satisfação dos clientes e, por conseguinte, à administração da organização e remuneração dos funcionários.

9.6.3.3 Melhoria contínua

A melhoria contínua de todas as operações e atividades é a essência do TQM. Uma vez que exista o reconhecimento de que a satisfação do cliente só pode ser obtida com o fornecimento de produtos de alta qualidade, a melhoria contínua da qualidade será vista como o caminho para manter esse nível de satisfação elevado. Não resta dúvida de que a qualidade do produto está estreitamente relacionada à qualidade do processo. Como resultado, o TQM enfatiza a melhoria contínua nos processos da empresa. Essa prática conduz a uma melhoria na qualidade do processo que, por sua vez, melhorará a qualidade do produto, aumentando a satisfação do cliente.

Ciclos de melhoria são encorajados em todas as áreas e atividades da organização, como o desenvolvimento de produto com tecnologias e técnicas avançadas, até a forma como se dá o relacionamento com o cliente. Isso significa que todas as atividades empresariais incluem medidas de desempenho e monitoramento contínuo em busca de oportunidades para melhoria.

A eliminação de perdas é um componente importante na esfera da melhoria contínua, uma vez que as atividades estarão voltadas para a prevenção, e não para a detecção, e a ênfase será dada à qualidade na etapa de desenvolvimento do produto. O foco no cliente ajuda a prevenir erros e a desenvolver produtos sem defeitos. Quando os problemas acontecem no processo de desenvolvimento do produto, geralmente são descobertos e solucionados antes que ele atinja o próximo cliente interno no fluxo do processo.

9.6.3.4 Resposta rápida e eficaz

Para conseguir a satisfação do cliente, a organização deve rapidamente atender às suas necessidades, o que representa ciclos mais curtos de desenvolvimento e introdução de produtos e serviços. A resposta à demanda pode ser obtida se o foco estiver direcionado para o cliente e o processo. Eficiência e simplificação reduzem drasticamente os tempos envolvidos em todas as etapas.

A simplificação é obtida por meio do desenvolvimento paralelo de produto e processo, em que equipamentos e procedimentos necessários são considerados na fase de projeto, reunindo as diversas equipes, incluindo o time de execução. A eficiência vem com a eliminação de atividades que não agregam valor aos produtos ou serviços. O resultado desse esforço é uma melhoria drástica no tempo, a começar pelo tempo empregado para se desenvolver o conceito do produto ou serviço até a sua primeira demanda.

9.6.3.5 Ações baseadas em fatos

No conceito de TQM, a análise estatística dos fatos que ocorrem nas áreas de desenvolvimento de produto e na manufatura é fundamental, pois ela nos fornece dados importantes para revisão, planejamento, acompanhamento do desempenho e melhoria das operações e comparação dos indicadores com a concorrência.

O TQM baseia-se em dados objetivos e fornece condições racionais, e não emocionais, para as tomadas de decisão. O enfoque estatístico na administração do processo, tanto no desenvolvimento como na produção, confirma que a maioria dos problemas não são causados por funcionários. Na prática, os dados são coletados e disponibilizados para pessoas com condições de analisá-los e tomar as devidas providências para reduzir custos e prevenir a não conformidade. Normalmente, essas pessoas não são os gerentes, mas, sim, os trabalhadores dos processos. Se a informação correta não estiver disponível, a análise não poderá acontecer, os erros não serão identificados e, portanto, não poderão ser corrigidos.

9.6.3.6 Participação dos funcionários

Para que a implementação do TQM seja bem-sucedida, é fundamental que os funcionários estejam comprometidos com o conceito e sejam muito bem treinados. Sistemas de premiação e reconhecimento que enfatizem aos objetivos de qualidade conseguidos estimulam a participação.

A educação e o treinamento devem ser processos contínuos e constantes aplicados aos empregados, a fim de encorajá-los a assumir mais responsabilidade, a fazer uma comunicação mais efetiva, a agir de maneira mais criativa e a inovar.

As pessoas comportam-se de acordo com a forma como são avaliadas e remuneradas. O TQM faz a ponte entre a remuneração e as medidas de satisfação do cliente.

9.6.3.7 Cultura TQM

A introdução do TQM em uma organização não é simples; portanto, a administração da empresa deve criar uma cultura aberta e cooperativa. Os funcionários têm de "comprar" e entender a ideia de que também são responsáveis pela satisfação dos clientes.

Caso não participem do desenvolvimento da visão, das estratégias e dos planos da organização, eles se sentirão excluídos dessa responsabilidade. Portanto, é importante que participem dessas atividades para que haja o comprometimento. No entanto, promessas não cumpridas e atitudes inadequadas por parte da alta gerência farão com que os funcionários se comportem de maneira não satisfatória.

9.6.4 Gurus da qualidade

Os programas de qualidade são amplamente aplicados, e muitos são os personagens na administração que contribuíram e continuam contribuindo para a evolução do seu conceito. A seguir, alguns desses nomes.

9.6.4.1 Feigenbaun

O norte-americano Armand Feigenbaun (1922-2014) ficou conhecido pela introdução, em 1961, do termo *Total Quality Control* (TQC). Em sua abordagem, a qualidade deixa de ser responsabilidade de um departamento especializado em controle da qualidade e passa a ser função de todas as áreas da empresa. Para coordenar as atividades de todas essas áreas no controle da qualidade, ele sugere uma estrutura sistêmica:

> Há necessidade de um sistema efetivo para integrar esforços relativos ao desenvolvimento, à manutenção e à melhoria da qualidade em todos os grupos da organização, de forma a habilitar áreas essenciais da empresa, como marketing, engenharia, produção e serviços, a desenvolverem suas atividades em um nível mais econômico, com a finalidade primeira de atender plenamente às necessidades do consumidor.[6]

9.6.4.2 Juran

As principais contribuições do romeno Joseph M. Juran[7] referem-se à definição e à organização dos custos da qualidade e ao enfoque da qualidade como uma atividade administrativa. Ele atribui a responsabilidade pela qualidade final do produto ou serviço à função qualidade, que define como o conjunto das atividades por meio das quais se atinge a adequação ao uso, não importando em que parte da organização essas atividades são executadas.

Para garantir que a função qualidade seja executada a fim de atingir os melhores resultados, Juran propôs uma trilogia de atividades:

- planejamento da qualidade;
- controle da qualidade;
- aperfeiçoamento da qualidade.

---

6 FEIGENBAUN, A. *Total quality control.* New York: McGraw-Hill, 1961.

7 JURAN, J. M. *Managerial breakthrough:* the classic book on improving management performance. New York: McGraw-Hill, 1995.

A implantação dessa abordagem é baseada na formação de equipes de projeto para a resolução de problemas, um a um, melhorando a qualidade continuamente. Não há, no entanto, uma preocupação em organizar todas as atividades da função qualidade de a fim de garantir os melhores resultados desde o início do processo. Juran é conhecido como pai da qualidade e o homem que ensinou qualidade aos japoneses.

9.6.4.3 Crosby

O norte-americano Philip B. Crosby,[8] o pai da filosofia "zero defeito", baseia-se na teoria de que a qualidade é assegurada se todos se esforçarem em fazer seu trabalho corretamente desde a primeira vez. Para ele, a qualidade é de responsabilidade dos trabalhadores; ele não considera, contudo, outros aspectos que afetem a qualidade e que estejam fora do controle dos operários, como os problemas com a matéria-prima fornecida, erros de projeto, entre outros.

Para sedimentar sua filosofia, Crosby instituiu seus 14 pontos, que constituem as etapas de implementação de sua abordagem.

1. Dedicação da alta gerência e comprometimento por meio da elaboração de um documento que expresse a política e os objetivos da empresa.
2. Constituição de equipes para melhorias coordenadas pelos gerentes.
3. Medição dos resultados.
4. Avaliação dos custos da qualidade.
5. Comunicação dos resultados aos supervisores e operários.
6. Reuniões para identificação dos problemas.
7. Estabelecimento de um comitê informal para a divulgação do programa.
8. Treinamento da gerência e da supervisão.
9. Instauração do dia "zero defeito", no qual os resultados anuais sejam divulgados e se realize o reconhecimento de todos os participantes do programa.
10. Estabelecimento dos objetivos a serem seguidos.
11. Consulta aos operários sobre a origem dos problemas.
12. Recompensa para aqueles que atingiram seus objetivos.
13. Formação dos conselhos de qualidade.
14. Etapa final: repetir todas as etapas anteriores.

Sua filosofia é mais voltada para o comportamento humano como único meio de garantir a qualidade. O comportamento humano "zero defeito" é conseguido com motivação e elogios. Em curto prazo, essa abordagem pode atingir alguns resultados positivos; no entanto, a longo prazo, a motivação das pessoas acaba diminuindo, e

[8] CROSBY, P. B. *Quality without tears:* the art of hassle-free management. New York: McGraw-Hill, 1995.

a sustentação do programa de qualidade fica comprometida. É necessário que haja "meios" bem definidos, com uma metodologia bem estruturada, para garantir o sucesso do programa e a conquista da qualidade total.

9.6.4.4 Deming

O norte-americano W. Edwards Deming[9] foi reconhecido como o guru do gerenciamento da qualidade. Como estatístico, sempre procurou alternativas para a melhoria. Estudou as causas de falhas e ineficiência e desenvolveu estratégias com o intuito de evitá-las no futuro. Auxiliou a revitalização da indústria japonesa e, posteriormente, a norte-americana.

De acordo com ele, as perdas econômicas provenientes do medo são tremendas. Por essa razão, pregava a eliminação dos receios dentro da organização.

O alicerce de sua filosofia consiste em 14 pontos essenciais para o gerenciamento da qualidade e que são fundamentais para se iniciar o desenvolvimento de políticas em qualquer organização. Neles, Deming enfatiza de forma constante a voz do cliente, visando a uma maior produtividade e qualidade dos produtos, sempre por meio do entendimento das necessidades do cliente.

1. Construir firmeza de propósito.
2. Rejeitar explicações comuns para defeitos de materiais.
3. Eliminar a necessidade de inspeção em massa.
4. Selecionar fornecedores com base em qualidade e preço.
5. Buscar continuamente a melhoria do processo.
6. Implementar.
7. Auxiliar as pessoas a executar melhor as suas atividades, fornecendo-lhes as ferramentas apropriadas.
8. Eliminar os receios e encorajar a comunicação.
9. Quebrar as barreiras entre departamentos e encorajar o trabalho em equipe.
10. Eliminar *slogans* sem significado para aumentar a produtividade.
11. Utilizar métodos estatísticos para a melhoria contínua da qualidade e da produtividade.
12. Remover as barreiras que interferem no orgulho do funcionário.
13. Instituir um programa eficiente de educação e reciclagem de aprendizado, incentivando o estudo.
14. Criar uma estrutura organizacional que se preocupe constantemente com os passos anteriores e os envolva.

[9] DEMING, W. E. *Qualidade:* a revolução da administração. Rio de Janeiro: Marques Saraiva, 1990.

O ciclo PDCA de Deming

O *Plan-Do-Check-Act* (PDCA) é a descrição de como as mudanças devem ser efetuadas em uma organização de qualidade. Não inclui apenas os passos do planejamento e da implementação de uma mudança mas também o de verificar se as alterações produziram a melhoria desejada ou esperada, a fim de ajustar, corrigir ou efetuar uma melhoria adicional com base nesse passo de verificação.

O ciclo de Deming é uma metodologia para a melhoria composta de quatro estágios: planejamento, realização, estudo/análise e execução. O foco do ciclo de Deming é na implementação e baseia-se na premissa de que toda melhoria se apoia na aplicação do conhecimento.

1. **Planejamento:** esta etapa é estabelecida com base nas diretrizes da empresa. Para se traçar um plano, deve-se considerar três pontos importantes:
   - definir os objetivos com relação aos itens de controle;
   - estabelecer o caminho para atingi-los;
   - decidir quais métodos utilizar para consegui-los.

   Tendo-se definidas as metas e os objetivos, deve-se estabelecer uma metodologia adequada para atingir os resultados com um plano detalhado de ação corretiva. Para isso, devemos seguir os seguintes passos:

   - definir o processo que se deseja melhorar, com suas entradas, saídas, clientes e fornecedores;
   - entender as expectativas dos clientes;
   - identificar os problemas;
   - testar as teorias das causas;
   - desenvolver soluções.

2. **Realização:** corresponde à implementação do plano, seguida das seguintes atividades:

   - treinar e manter o pessoal informado;
   - registrar e documentar todas as ações;
   - avaliar a situação proposta e fornecer dados objetivos.

3. **Estudo/análise:** nesta etapa, os seguintes aspectos devem ser considerados:

   - determinar a efetividade do plano;
   - reconhecer problemas adicionais ou oportunidades;
   - retornar à fase de "realização" em caso de necessidade.

4. **Executar ações:** nesta fase, o plano final é implementado e os seguintes elementos devem ser considerados:

- normalizar os procedimentos e transmitir o novo processo ao pessoal;
- medir resultados para garantir que haja melhoria;
- documentar os processos;
- praticar continuamente.

9.6.4.5 Ishikawa

A abordagem do japonês Kaoru Ishikawa[10] nasceu da compilação de diversos aspectos do trabalho de vários especialistas, como Deming, Juran e Shewart, acrescentando a ele a preocupação com a participação do elemento humano e dando ao controle da qualidade uma visão humanística sob a influência dos trabalhos de Maslow, Herzberg e McGregor.

Sua filosofia é voltada para a obtenção da qualidade total – qualidade, custo, entrega, moral e segurança – com a participação de todas as pessoas da organização, da alta gerência aos operários do chão de fábrica. No Controle Total da Qualidade (TQC) japonês, por meio de uma metodologia bem definida, todos os níveis empresariais controlam suas atividades diárias, garantindo, assim, a qualidade em toda a empresa. Ishikawa enfatiza também a participação dos funcionários com a ajuda dos Círculos de Controle de Qualidade (CCQ), para a melhoria contínua dos níveis de qualidade e a resolução de problemas.

Sua abordagem, justamente por ser mais abrangente e conciliar diversas características de outras abordagens, acaba sendo criticada pela sua dificuldade de implantação, apesar de ser simples e clara. Na verdade, ela exige, por parte da empresa, um comprometimento e uma mobilização significativamente maiores que nos outros casos. Algumas vezes, faz-se a relação dessa necessidade de persistência e entusiasmo com a cultura e a tradição japonesas, o que também acaba gerando dúvidas quanto à sua validade em países ocidentais.

Ishikawa foi o criador do diagrama de causa e efeito ou espinha de peixe, utilizando-o conjuntamente com seu colega Deming para ensinar qualidade no Japão.

9.7 A TÉCNICA DOS 5S

Os 5S constituem uma técnica utilizada para estabelecer e manter a qualidade ambiental na organização, adotando-se procedimentos efetivos. Seu nome vem da abreviação das palavras japonesas *seiri*, *seiton*, *seison*, *seiketsu* e *shitsuke,* cujos significados apresentamos a seguir.

---

[10] ISHIKAWA, K. *Guide to quality control.* Tokyo: Asian Productivity Organization, 1991.

A técnica dos 5S tem sido amplamente utilizada no Japão. Muitas pessoas a utilizam não apenas para melhorar o local físico de trabalho mas também para organizar melhor as ideias. A prática dos 5S pode auxiliar a resolução dos problemas do dia a dia. Seu uso simplifica o ambiente de trabalho, elimina aspectos desnecessários e atividades que não agregam valor, proporcionando melhor qualidade, eficiência e segurança.

As atividades dos 5S tiveram início no Japão logo após a Segunda Guerra Mundial, com a finalidade de combater a sujeira das fábricas em um esforço de reconstrução do país. No Brasil, foi formalmente lançada no início da década de 1990.

QUADRO 9.3 Significado dos 5S

TERMO EM JAPONÊS	SIGNIFICADO	EXEMPLO
Seiri	Arrumação Organização Seleção Utilização	Eliminar aquilo que não é usado
Seiton	Classificação Ordenação Sistematização	Rapidez para encontrar um documento ou informação
Seison	Limpeza Zelo	Responsabilidade individual pela limpeza
Seiketsu	Asseio Higiene Integridade Saúde	Visibilidade e transparência do local
Shitsuke	Autodisciplina Compromisso Educação	Executar os 5S a todo momento

Fonte: elaborado pelo autor.

A seguir, apresentaremos os elementos dos 5S e suas definições.

9.7.1 *Seiri:* utilização

O primeiro S prioriza a identificação de materiais, equipamentos, ferramentas, informações e dados necessários e desnecessários, descartando ou dando o devido destino ao que se considera dispensável ao exercício das atividades.

O instinto natural das pessoas as orienta a guardar tudo, imaginando que em dado momento aquele item será útil. Dessa forma, a avaliação do que é útil ou não passa pelo questionamento de por que se guarda tantos objetos ou informações. Medidas preventivas devem ser tomadas para eliminar esses excessos.

9.7.2 *Seiton:* ordenação

O segundo S focaliza os métodos mais eficientes e efetivos para definir os locais apropriados para guardar materiais, equipamentos ou informações. O princípio corresponde a cada coisa no seu devido lugar.

Na definição dos locais apropriados, adota-se como critério a facilidade para armazenagem, identificação, manuseio, reposição, retorno ao local de origem após o uso, consumo dos itens mais velhos primeiro, entre outros. Não são raras as vezes em que ocorrem cenas de correria atrás de documentos, chaves do carro, talão de cheques etc. O exemplo mais comum, principalmente na vida dos brasileiros, é a Declaração do Imposto de Renda. Empreende-se uma árdua luta em busca dos documentos, dos recibos e da declaração do ano anterior.

Em uma dimensão mais ampla, o senso de ordenação visa distribuir adequadamente o tempo dedicado ao trabalho, ao lazer, à família, aos amigos. Trata-se, ainda, de não misturar atividades profissionais com pessoais, ter postura coerente, serenidade nas decisões, valorizar e elogiar os atos bons, incentivar as pessoas, e não somente criticá-las.

No processo de ordenação, as seguintes questões podem ter muito valor:

- O que realmente é necessário?
- Onde deveria ser guardado ou armazenado?
- Quantos locais serão necessários?

As estratégias para uma ordenação efetiva podem ser representadas por pinturas no chão, definição das áreas e dos locais de trabalho, armários modulares, entre outros. Um bom exemplo de ordenação são os recipientes de materiais recicláveis nos postos de trabalho.

9.7.3 *Seison:* limpeza

Definidos os itens que realmente são necessários ao trabalho, o próximo passo será fazer uma limpeza no local. O processo de limpeza deve ser efetuado por todas as pessoas da empresa, desde o diretor de nível elevado até o operário da fábrica. No Japão, não existem varredores de ruas, pois cada família é responsável por manter limpa a frente de sua casa. Os coletores apenas transportam o lixo varrido. Os japoneses acreditam que, enquanto limpam as ruas, também limpam a mente.

Ao realizar esse tipo de atividade, os trabalhadores começam a notar alterações nos equipamentos e no local de trabalho, como contaminações, vibrações, fadigas, quebras, desalinhamentos. Se não forem reparadas, essas alterações podem gerar falhas de equipamentos e perdas de produção, causando impactos importantes no desempenho da empresa.

No setor administrativo, a eliminação de sujeiras e objetos estranhos ajuda a manter o ambiente limpo, como paredes, pisos, armários, teto, gavetas, estantes. Esse processo também é válido no aspecto da manutenção das informações, a fim de mantê-las atualizadas para posterior tomada de decisão. Fontes de sujeira deverão ser identificadas juntamente com suas respectivas causas. O conceito, uma vez implantado, vai redirecionar uma atitude importante: o conceito de "limpar" altera-se para o de "não sujar".

9.7.4 *Seiketsu:* padronização

A partir do momento em que as três primeiras etapas estejam implementadas, podemos nos concentrar na normalização das melhores práticas da área de trabalho. Os funcionários devem participar do desenvolvimento desses padrões. Embora importantes, eles nem sempre são seguidos com o rigor necessário. Empresas como Pizza Hut e McDonald's trabalham efetivamente na definição desses padrões.

Emprega-se a administração visual como uma forma efetiva de melhoria contínua, a qual é usada na produção, na qualidade, no serviço ao cliente e na segurança. As empresas estão adotando práticas visuais importantes, por exemplo, utilizando cores mais claras nas roupas. Esse pormenor fornece rapidamente um indicador de quão limpo ou sujo se encontra o local de trabalho. Essa prática enfatiza a necessidade de limpeza.

9.7.5 *Shitsuke:* autodisciplina

Os japoneses são muito disciplinados: eles têm um dos menores índices criminais do planeta e são muito conhecidos por serem turistas obedientes.

Ter disciplina é desenvolver o hábito de observar e seguir normas, regras, procedimentos, atender a especificações, sejam elas escritas, sejam informais. Esse hábito é o resultado do exercício da força mental, moral e física. Poderia ainda ser traduzido como desenvolver o "querer de fato", "ter vontade de", "predispor-se a".

Não se trata simplesmente de uma obediência cega, submissa, "atitude de cordeiro", como pode parecer. É importante que seu desenvolvimento seja resultante do exercício da disciplina inteligente, que é a demonstração de respeito a si próprio e aos outros. Ter disciplina significa, ainda, desenvolver o autocontrole, ter paciência, ser persistente na busca de seus sonhos, anseios e aspirações, respeitar o espaço e a vontade alheia.

Esse é o S mais difícil de ser implementado. A tendência é retornar à situação anterior, visto que é próprio do ser humano oferecer resistência às mudanças. No entanto, uma vez que esteja totalmente implementado, o conceito dos 5S pode elevar o moral e a motivação, aumentando a impressão positiva dos clientes e a eficiência da organização. Os funcionários se sentirão melhor em seus locais de trabalho, o que conduzirá a uma melhoria contínua, com redução de perdas, maior qualidade e agilidade, tornando a organização mais lucrativa e competitiva no mercado.

9.7.6 Os 5S e o dia a dia

A contratação temporária de uma faxineira pode transmitir a certeza de se ter a casa sempre limpa e ordenada. Ela é capaz de dispor adequadamente o mobiliário e os utensílios da casa, limpar o chão, o teto, as gavetas, organizar os armários e as prateleiras. Porém, algum tempo depois de executado seu trabalho, às vezes horas depois, os chinelos estarão novamente espalhados e fora do lugar, o tapete sujo, as gavetas desarrumadas, os livros e as revistas espalhados, os documentos perdidos em algum canto.

Nosso dia a dia apresenta exemplos interessantes relacionados à técnica dos 5S.

Além da arrumação visível, a faxineira não é capaz de identificar se os remédios estão no lugar onde deveriam estar, se estão vencidos e devem ser descartados; se os eletrodomésticos estarão sempre disponíveis em seus lugares, fáceis de ser encontrados, limpos e em perfeito estado; se os procedimentos dos membros da família no cotidiano refletem preocupação com a segurança, a economia, o não desperdício, a afetividade e a compreensão.

Não é incomum adquirir um novo abridor de latas apenas por não encontrar o antigo; os armários e as gavetas estarem sendo ocupados por objetos sem serventia; os alimentos serem consumidos com data de validade vencida; as crianças se acidentarem com facas ou fósforos esquecidos sobre algum móvel; a televisão ficar ligada com a sala vazia; as lâmpadas ficarem acesas sem necessidade; a comida feita em excesso para ser jogada no lixo; objetos desnecessários entulharem os cantos. Muitas outras cenas como essas também não são raras. Basta parar e observar.

Da mesma forma que ocorre com a faxineira, o trabalho dos garis não impede que haja lixo nas calçadas das cidades e que as lixeiras públicas, colocadas em lugares estratégicos, permaneçam vazias ou sejam depredadas. Com esses exemplos, é possível avaliar a aplicação dos conceitos dos 5S na vida cotidiana e como podem ajudar a melhorar a rotina, o bolso, o ambiente e constituir um instrumento de educação para o convívio no dia a dia.

9.7.7 Implementação dos 5S

A implementação dos 5S requer comprometimento da alta gerência e de todas as pessoas da organização. É importante ter um coordenador para liderar o projeto nos seus detalhes. As etapas a seguir funcionam como sugestões para a implementação da técnica dos 5S.

9.7.7.1 Comprometimento da alta direção

Os executivos precisam se comprometer totalmente com o processo, como em qualquer outra iniciativa na área de qualidade. Esse comprometimento não se relaciona apenas ao anúncio do programa ou à promoção de campanhas, mas também ao ato de destinar recursos para o programa, a fim de que as pessoas sejam efetivamente treinadas.

9.7.7.2 Elaboração do programa

O primeiro passo para se promover o programa é estabelecer um cronograma. Geralmente, o programa pode ser dividido nos seguintes pontos:

- obtenção do comprometimento da alta direção, análise da situação e estabelecimento de um plano de implementação;
- reunião de trabalho com os membros da equipe e os facilitadores do programa;
- definição das atividades diárias dos 5S, enfocando seus elementos, ou seja, organização, ordenação, limpeza, padronização e disciplina;
- apresentações dos resultados e premiação dos locais que apresentaram os melhores resultados;
- planejamento do próximo ciclo do programa 5S.

9.7.7.3 Manutenção dos registros

É importante documentar não apenas as decisões mas também os problemas encontrados, as ações tomadas e os resultados obtidos. Esses registros serão utilizados para demonstrar à organização e às pessoas envolvidas o grau de evolução e melhoria no decorrer do tempo. Algumas formas de registrar os eventos são:

- fotografias;
- vídeos;
- museu: local em que são armazenados os itens descartados;
- quantificação: por exemplo, volume de papéis anteriormente usados contra o atual.

9.7.7.4 Treinamento

As atividades dos 5S são direcionadas para a eliminação de perdas e melhoria contínua do local de trabalho. Conforme as atividades evoluem, as questões são resolvidas e surgem novos problemas.

É importante que as pessoas sejam treinadas e que possam implantar suas ideias e soluções. Dessa forma, os problemas serão solucionados mais rapidamente em virtude de um maior contingente de pessoas.

As pessoas podem, por exemplo, ser treinadas a usar o computador e produzir gráficos e tabelas; devem estudar técnicas de manutenção. Quanto maior for a habilidade de resolver problemas, mais problemas serão apontados e solucionados. Reuniões nas quais as pessoas possam trocar ideias são fundamentais, uma vez que mantêm todos alinhados.

9.7.7.5 Avaliação

As avaliações do local de trabalho devem ser efetuadas para manter as pessoas informadas sobre o que está acontecendo e para que os problemas sejam apontados antes que alcancem consequências maiores. Inspecionar os locais de trabalho é uma técnica saudável. Durante as visitas, os problemas são apontados para posterior discussão e solução. O objetivo da avaliação é assegurar que a implementação dos 5S levará a um resultado positivo em termos de melhoria contínua e qualidade do local de trabalho.

9.7.8 Procedimentos de implementação dos 5S

Os 5S podem ser implementados seguindo os conceitos do *Plan-Do-Check-Act* (PDCA). O relacionamento entre ambos pode ser visto na Figura 9.7.

FIGURA 9.7 Exemplo de relacionamento entre o conceito do PDCA e os 5S

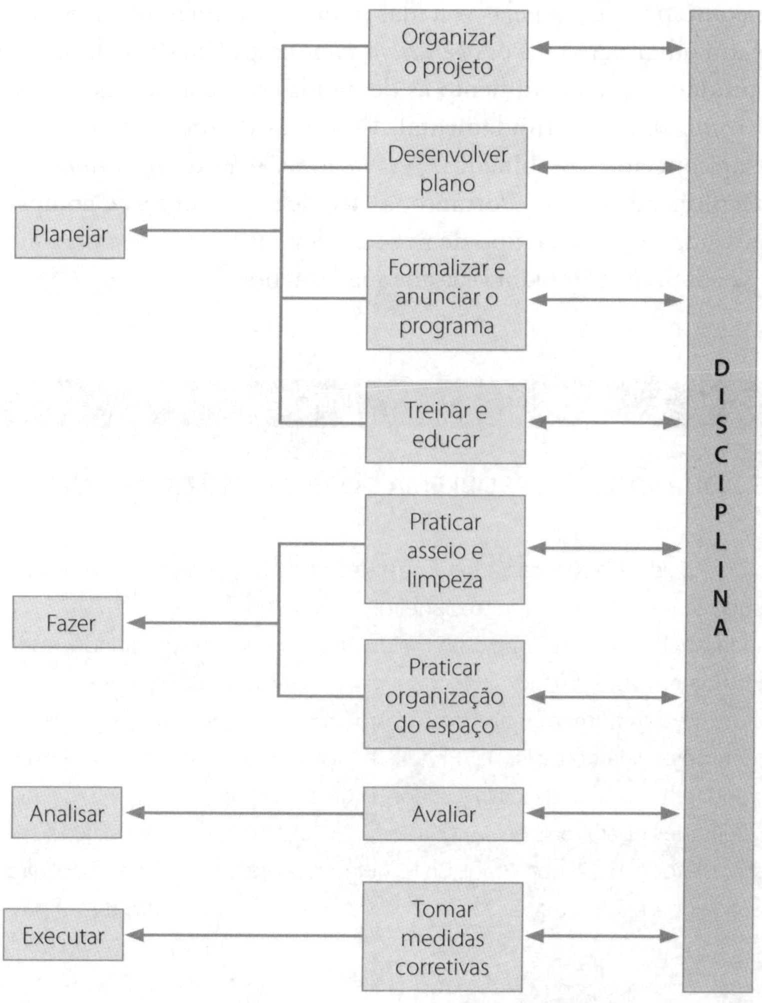

Fonte: elaborada pelo autor.

CONSIDERAÇÕES FINAIS

As organizações, em busca da excelência operacional, adotam algumas práticas que as levam a ter uma cadeia de abastecimento mais enxuta e eficiente.

Desde a Revolução Industrial, muitas técnicas têm surgido e têm dado substancial apoio às empresas em seus desafios. Tais técnicas são aplicadas internamente; na manufatura, na distribuição, em planejamento ou externamente, aproveitando-se do *momentum* do relacionamento colaborativo com fornecedores e clientes. A escolha adequada da iniciativa a ser implantada, o comprometimento corporativo e a locação adequada de recursos, tanto de capital quanto de pessoas, são elementos que podem levar ao sucesso ou ao fracasso. As empresas de tecnologia não devem deixar de aplicar práticas voltadas ao *kaizen*, concentrando-se na limpeza e na organização de suas plantas. Em contrapartida, aquelas voltadas para abastecimento contínuo do mercado precisam ter um olhar para *sales & operations planning* a fim de melhor planejar e programar sua produção em atendimento às demandas dos consumidores. No segmento automotivo, o *just in time* é fundamental. Empresas de projetos ou *engineer-to-order* devem utilizar conceitos combinados: *just in time*, *sales & operations planning* e 5S podem ser técnicas adequadas. Portanto, as técnicas são muitas e comprovadamente trazem valor. Cada segmento e tipo de negócio deve avaliar aquela ou aquelas técnicas que melhor se adaptam e implantá-las adequadamente.

CASO

ARCOS DOURADOS: UM PROBLEMA DO TAMANHO DO MÉQUI[11]

Realizar negócios na América Latina é bastante complexo e demanda muita presença de espírito e coração forte, além de muito dinheiro.

A rede de lanchonetes McDonald's, a maior e mais tradicional do mundo, resolveu deixar a América Latina em 2007, quando colocou à venda suas mais de 1.600 lojas no continente. Woods Staton, um dos homens mais ricos da Argentina, comprou a rede por 700 milhões de dólares e deu nova vida ao McDonald's na América Latina. Nos primeiros anos, o êxito foi grande: o continente só crescia e os investidores colocavam seu dinheiro na região.

Arcos Dourados opera mais de 2.200 (dados de 2019) franquias McDonald's em vinte países e territórios: Argentina, Aruba, Brasil, Chile, Colômbia, Costa Rica, Curaçao, Equador, Guiana Francesa, Guadalupe, Martinica, México, Panamá, Peru, Porto Rico, St. Croix, St. Thomas, Trinidad e

[11] Estudo de caso elaborado pelo autor com base em pesquisas de textos, entrevistas e vídeos disponibilizados em diferentes meios de comunicação, como televisão, internet, jornais e livros.

Tobago, Uruguai e Venezuela. Em 2018, as vendas atingiram 3 bilhões de dólares. O contingente de pessoas é superior a 78 mil funcionários.

Em 2011, Staton abriu o capital da rede, que chegou a valer 3,5 bilhões de dólares. Mas a América Latina logo voltou a ser a América Latina. Não que a Arcos Dourados, empresa de Staton que controla o McDonald's no continente, tenha parado de crescer. Sua receita de 4 bilhões de dólares ainda cresce a taxas de dois dígitos. Fechou o primeiro semestre de 2014 com prejuízo recorde de 120 milhões de dólares. O resultado pegou a companhia no contrapé – a dívida cresceu demais e ficou acima do que havia sido acordado com os credores, o que obrigou a Arcos Dourados a renegociá-la pagando juros maiores.

Nem a própria direção acredita que os resultados vão melhorar tão cedo: seus executivos revisaram as previsões para baixo. Na bolsa, o valor de mercado da Arcos Dourados é o mais baixo desde a abertura de capital: 1,5 bilhão de dólares. A fortuna de Staton tem se deteriorado. Problemas graves e intermitentes têm aparecido ao logo dos anos na América Latina. Mas quais são os principais problemas?

- Mercado negro de Big Mac na Venezuela: na Venezuela, a situação beira o realismo mágico. Para maquiar os índices de inflação, o governo venezuelano decidiu congelar o preço do Big Mac, sanduíche mais popular da rede no mundo. Como perderiam dinheiro em todos os Big Mac, alguns restaurantes decidiram tirar o sanduíche do cardápio. Mas só do cardápio: quem pede discretamente ainda consegue comprar o seu, em uma espécie de mercado negro de Big Mac. Tirá-lo do menu é só um jeito de "apagar" o sanduíche ícone do McDonald's dos registros de inflação e acalmar o governo. A empresa diz que "mantém a política de preços adequada ao mercado". Claro, Staton estudou a única decisão possível diante de uma loucura como esta: fugir da Venezuela. Foi o que fez a marca, em 2002, ao deixar a Bolívia. Mas nem isso está sendo possível. Uma lei federal proíbe demissões sem a aprovação do governo (se não houver o aval do Estado, a empresa tem de continuar pagando os salários), segundo explicou Staton a seus acionistas.
- Falta de *ketchup* na Argentina: as restrições às importações provocaram a falta de *ketchup* nos 200 restaurantes da rede em fevereiro de 2014. A empresa chegou a distribuir outros molhos de graça para acalmar os consumidores, que, irados, espalharam em redes sociais que faltava até batata frita nas lojas. Mas as importações da batata não foram afetadas.
- Geração saúde no México: com um dos maiores índices de obesidade do mundo e o aumento das mortes por diabetes, o México decidiu seguir os países desenvolvidos e aprovou, em novembro, uma lei que aumenta os impostos sobre refrigerantes e alimentos das redes de *fast-food*. Os preços aumentaram, e as vendas no país caíram 5% no primeiro semestre de 2014.

- Concorrência extrema no Brasil: enquanto sofre com a ação de governos, a Arcos Dourados pena com o aumento da concorrência, sobretudo no Brasil, que concentra metade de suas vendas. O McDonald's cresce, hoje, menos do que crescia há cinco anos. De 2009 a 2013, as receitas aumentaram, em média, 13%; e o lucro, 9%. Em 2014, a alta foi de 9% e 4,5%, respectivamente. Hoje, consumidores endinheirados têm à disposição hamburguerias sofisticadas e as classes C e D encontram mais opções baratas. Duas redes norte-americanas vêm avançando sobre os clientes do McDonald's no Brasil: a Subway, que atrai quem busca alternativas mais saudáveis, e o Burger King, que abriu 330 lojas no país desde 2011, quando a operação brasileira foi comprada pelo fundo Vinci Partners.

A estratégia do McDonald's tem sido ampliar o cardápio. Lançou linhas de sanduíches *premium*, como a Angus, além de outras opções mais baratas, como a Tasty. Ainda assim, é difícil concorrer com as esfihas do Habib's, que têm preço bastante inferior, e com restaurantes que vendem hambúrgueres de aproximadamente 20 reais com garçons e opções de bebida que vão além de refrigerantes e sucos artificiais. A cada ano, o ritmo de crescimento das receitas globais diminui. Os motivos são parecidos com os que explicam o declínio na América Latina: aumento da concorrência e consumidores buscando comidas saudáveis.

Questões para revisão

1. Descreva o planejamento integrado de operações. Por que sua aplicação é tão importante para as organizações?
2. Quais são os principais objetivos do *just in time*? Que benefícios e vantagens ele traz às organizações que o implementam? Compare *just in time* com o MRP II.
3. Descreva a teoria das restrições. O que é um gargalo? É possível uma empresa sem gargalos? Por quê?
4. O que é TQM? Quem foi Deming? Descreva três dos catorze pontos essenciais identificados por Deming para a o gerenciamento efetivo da qualidade. Descreva o ciclo PDCA.
5. Descreva as principais características da filosofia conhecida como 5S.

10 Habilidades para administrar a cadeia de abastecimento na era digital

OBJETIVOS

Após a leitura deste capítulo, você será capaz de entender:

✓ o novo perfil do mercado de trabalho em função da evolução tecnológica;
✓ a importância de dominar outros idiomas;
✓ a gestão do conhecimento;
✓ o pensamento criativo e as características de uma pessoa criativa.

FIGURA 10.1 Habilidades para administrar a cadeia de abastecimento

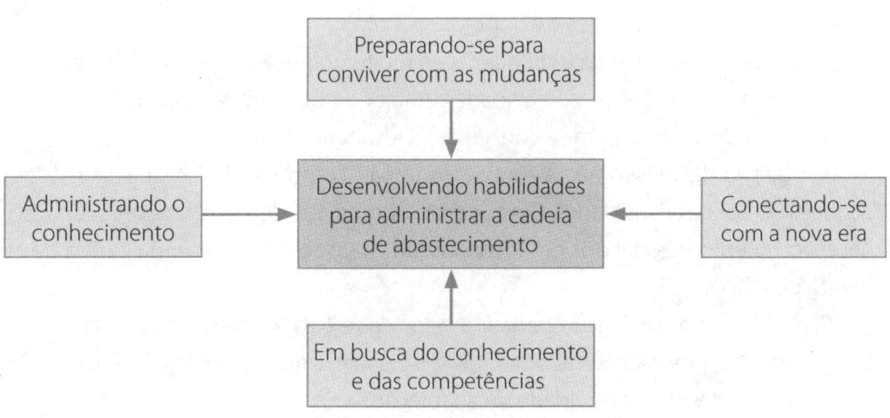

Fonte: elaborada pelo autor.

10.1 VISÃO GERAL

Cada indústria, do varejo à automobilística, do segmento de componentes eletrônicos ao químico, está se defrontando com uma cadeia de abastecimento extremamente desafiadora no âmbito global, em termos de redução expressiva dos tempos, dura competição imposta pelo mercado, transformações de modelos de negócios e processos, além de direcionamento tecnológico.

A grande maioria das empresas não tem todas as respostas para as questões mais desafiadoras, apesar dos avanços da logística, da tecnologia, do relacionamento colaborativo, dos programas de qualidade, das técnicas de *just in time* e do comércio eletrônico.

Nunca foi tão necessário enfatizar as habilidades e as competências empresariais. Como se presume, a força de trabalho passa a ser preponderante; o compartilhamento do conhecimento passa a ter prioridade. Imaginar que o conhecimento possa estar armazenado em um gigantesco banco de dados não traz vantagem competitiva, embora muitas organizações pensem que sim.

O conhecimento tácito deve ser cada vez mais valorizado, mas não apenas ele. A criatividade é fundamental, bem como o pensamento criativo, que também possibilita fazer uso desse conhecimento.

A cadeia de abastecimento e outros processos de negócio exigem uma nova forma de pensar. Novos processos de negócio, investimentos em tecnologia e colaboração na forma de relacionamentos bilaterais e até multilaterais são fundamentais. No entanto, nada disso é possível se a força de trabalho não estiver capacitada. A expressão "gestão de mudança" aparece cada vez mais fortalecida, e não é para menos. Com a velocidade com que as mudanças ocorrem ou se tornam necessárias, os indivíduos não têm tempo para absorvê-las e, muitas vezes, oferecem resistência a elas. Já a organização não tem tempo suficiente para preparar as pessoas e convencê-las dos benefícios deste ou daquele projeto. A gestão de mudança existe para quebrar barreiras e buscar ajuda para impulsionar as iniciativas e a entrega de resultados que afetam clientes e acionistas.

Nos dias atuais, existe uma preocupação muito grande em contratar, desenvolver e reter pessoas com competências e habilidades. A falta de profissionais capacitados em algumas áreas é a grande ameaça para se conseguir os resultados esperados.

O objetivo deste livro não é esgotar os temas "competências", "habilidades", "gestão do conhecimento" e "criatividade". Contudo, ao abordá-los, demonstra a preocupação com o desenvolvimento pessoal dos profissionais que visam se desenvolver na cadeia de abastecimento ou funções afins.

Ainda que seja difícil acompanhar a velocidade e as mudanças dos tempos modernos, os profissionais precisam se adaptar. Os dinossauros, por exemplo, desapareceram, entre outros fatores, devido à dificuldade de adaptação.

10.2 PREPARANDO-SE PARA CONVIVER COM AS MUDANÇAS

A globalização trouxe grandes modificações ao mundo empresarial em todos os segmentos. E elas se refletem no mercado de trabalho, no qual os cargos e as funções devem ser adaptadas e atualizadas para garantir espaço profissional.

A história mostra que a evolução tecnológica elimina muitas posições nas empresas e cria outras. Cargos como os de operadores de telex, operadores de máquinas de perfurar cartões, ascensoristas, digitadores, telefonistas, secretárias, operadores de computadores de grande porte, operadores de máquinas copiadoras, programadores de computadores, gerentes de sistemas, gerentes de funções empresariais estão desaparecendo ou passando por mudanças radicais.

As posições na cadeia de abastecimento também vêm sofrendo alterações importantes em virtude do avanço tecnológico, das mudanças de processos e das modificações estruturais. Em um mundo cada vez mais globalizado, fatores como a forte competição, a demanda, o comportamento e a mudança de hábitos de compras, além dos avanços tecnológicos, obrigam as empresas a procurar alternativas de sobrevivência. Com isso, os cargos e as posições necessitam de adaptações. O profissional que não evoluir, não acompanhar as mudanças, estará determinando o próprio fim.

10.2.1 A evolução

O conceito funcional das áreas empresariais sofreu grandes modificações nos últimos anos em grande parte das empresas. Áreas que trabalhavam como silos isolados, no contexto de planejamento, compras, manufatura e distribuição, com interfaces e limites estabelecidos, encontram-se agora agrupadas em processos mais harmônicos e convergentes: a cadeia de abastecimento integrada ou logística integrada. Essa medida reduz os conflitos internos e aumenta a velocidade do fluxo de informação e de material, com a finalidade de atender às expectativas dos clientes e consumidores. Com a transformação vem a necessidade da geração de indicadores de desempenho adequados e mais amplos para administrar a cadeia em toda a sua extensão.

Medidas importantes, outrora isoladamente utilizadas, passam a não ter peso quando pensadas no conjunto. Indicadores isolados que antes eram fundamentais na produção, como consumo de mão de obra em função do produto terminado, passam a exercer um peso menor. A empresa é medida pela eficácia do ecossistema, e não apenas pela eficiência de suas máquinas.

A quebra de paradigma em relação ao uso da tecnologia do computador, principalmente na era digital, é um dos fatores responsáveis por toda essa mudança, acompanhada pela onda da globalização. Antigamente, a sala do computador era um recinto inacessível, fechado a sete chaves, e causava medo ao simples mortal. Atuar em informática significava ser um gênio ou um louco. Felizmente, esse paradigma foi quebrado, e nossos colegas de informática passaram a ser vistos como seres humanos e simples mortais.

Nos dias atuais, todo profissional, independentemente da área em que atue, tem como obrigação conhecer um pouco de informática, acessar a internet e entender planilhas eletrônicas, processadores de texto e correios eletrônicos. O computador pessoal faz parte da rotina de qualquer empresa, seja qual for o seu tamanho.

Para ser global, é necessário ser competente. Também é necessário ser ágil, produzir a baixos custos e ser criativo. A cadeia de abastecimento desempenha uma função especial nesse processo, pois é fator decisivo na diferenciação competitiva, na forma de atender os clientes e prestar os serviços requeridos.

10.2.2 Mercado de trabalho

A necessidade de sobrevivência das organizações exige que seu modelo estrutural seja adaptado às novas demandas de negócio. A consequência maior é a necessidade de adequar o perfil profissional das pessoas que têm a incumbência de administrar os processos reorganizados ou transformados.

Dessa forma, o profissional responsável pela compra de matéria-prima passa a interagir fortemente com o profissional que recebe os pedidos dos clientes. A cadeia de abastecimento torna-se responsável pela adição de valor aos pedidos dos clientes por meio do fornecimento do produto correto, da embalagem adequada, da emissão da nota fiscal e do documento de cobrança do qual constem o preço e a quantidade conforme contratado.

Essas considerações geram um relacionamento de qualidade superior entre cliente e fornecedor. Nível de serviço e redução de custos passam a ser a preocupação ao longo da cadeia. O abastecimento contínuo e a prática do *just in time,* em virtude do melhor relacionamento entre as organizações, reduzem o capital de giro e facilitam os controles.

Nesse contexto resumido, a mudança é perceptível. O mercado de trabalho existe e novas alternativas são criadas. A internet é um agente importante nesse processo, cujo foco é orientado para o cliente.

10.2.3 O novo perfil

A mudança de mercado tem provocado profundas alterações no perfil dos profissionais de logística. A função orientada para a redução de custos, com visão extremamente transacional, requer profissionais com atuação e visão mais amplas. O cliente é o foco, e é fundamental maximizar os valores para sua retenção. Portanto, os investimentos em conhecimento são cada vez mais essenciais para o êxito.

10.2.3.1 Conhecimentos genéricos

Para atuar na cadeia de abastecimento nas posições mais elevadas, o profissional deve ter um perfil bastante eclético, apresentando conhecimentos de processo, características de liderança, visão com orientação externa, habilidades para elaboração de estratégia e capacidade de análise objetiva, de modo que possa reconhecer em que pontos os processos podem ser melhorados para contribuir com o crescimento e o desenvolvimento da organização. Para atender a essas exigências, deve-se possuir grande experiência profissional, inclusive em negociações internacionais, uma vez que se está imerso no contexto da globalização; deve-se ter habilidade analítica, ser comunicador e persuasivo para vender suas ideias e saber usar os conhecimentos e as ferramentas tecnológicas disponíveis.

Além de experiência básica em negociação, as novas oportunidades exigem sólida exposição a decisões nas áreas de administração de clientes, mercado e concorrência, tecnologia da informação, planejamento estratégico, administração de estoques, análise financeira, composição de custos etc. Ao mesmo tempo, o profissional deve rapidamente preocupar-se em preparar pessoas para ajudá-lo na tarefa de transformação da empresa, montar um time qualificado com diferentes potenciais, buscando-o no mercado ou em processos de reciclagem internos, contratando recém-formados ou compondo equipes com características variadas. Isso dependerá do estágio em que se encontra a organização. Muitas delas podem necessitar de pessoas altamente capacitadas e não ter tempo de formar profissionais. Mesclar as competências é bastante conveniente.

10.2.3.2 Conhecimentos específicos

As organizações estão se tornando cada vez mais globais. Portanto, saber negociar é uma qualificação essencial, uma vez que as alianças com fornecedores e clientes estratégicos são consideradas elementos-chave para sua sobrevivência. Embora básico, o termo **negociação** exige experiência concreta e exposição ao mundo real, e determinará o sucesso da empresa.

Também é fundamental acompanhar a evolução do cenário econômico a fim de buscar novas oportunidades de negócios, independentemente de localização geográfica. Ter conhecimentos genéricos é fundamental, mas, para vencer, alguns conhecimentos específicos são essenciais, e eles independem da área e da posição de atuação.

As competências especializadas são importantes por refletirem a fragmentação do mercado e demandarem conhecimentos mais profundos nos diversos nichos de atuação. A especialização pode ser amplamente categorizada. Por exemplo, pode ser específica para um segmento de indústria, como o segmento automotivo e, nesse caso, envolve todos os processos dessa indústria. Pode, ainda, ser uma especialização por função, em que o indivíduo possua conhecimentos profundos sobre um processo e possa aplicá-los em qualquer segmento industrial, como os conhecimentos específicos e detalhados na área de distribuição.

10.2.3.3 Conhecimentos técnicos

Os conceitos de qualidade, engenharia, logística, planejamento, compras e distribuição, entre outros, devem ser bem entendidos pelos profissionais da cadeia de abastecimento. Se o perfil for eminentemente técnico, a área de atuação poderá ser uma área técnica específica. Esses conhecimentos exigem vivência e experiência. Ao procurar por uma organização, o profissional deve conhecer seus planos de carreira e estes devem coincidir com seus objetivos pessoais. Muitas empresas não têm planos para funções mais técnicas, possibilitando que apenas profissionais genéricos ascendam a postos mais elevados e recebam salários superiores. É importante verificar aquelas que apresentem o conceito da carreira em Y, que possibilitem melhores chances de crescimento interno.

Com as mudanças e as transformações impostas às organizações, não basta ter habilidades técnicas; o profissional precisa conhecer os conceitos de se trabalhar em equipes multifuncionais.

10.2.3.4 Conhecimentos de informática

As transformações dos modelos de negócios e as mudanças nas formas de administrar estão relacionadas, em grande parte, com a evolução da informática e a tecnologia digital, que encurta as distâncias e acelera a disponibilização das informações. Os profissionais devem entender necessidades básicas, como utilizar processadores de textos, correio eletrônico, aplicativos para montar uma boa apresentação e planilhas para fazer simulações de custos. Outras características estão relacionadas aos pacotes de mercado que dão suporte às empresas nas suas transações. Portanto, conceitos de MRP II, ERP, aplicações de otimização de planejamento e distribuição, em paralelo com a crescente inovação tecnológica, devem ser conhecidos, ainda que de forma genérica. Não é necessário tornar-se profundo conhecedor de computação, mas os profissionais que se distanciarem da informática por qualquer razão – medo, insegurança, desinteresse – não serão valorizados e remunerados adequadamente pelo mercado.

A fim de obter sucesso no contexto da cadeia de abastecimento, o profissional deve estar constantemente atualizado com a evolução da tecnologia. Além disso, com o desenvolvimento tecnológico, as informações podem ser trocadas com mais agilidade, e os clientes estão exigindo mais rapidez. Dessa forma, exige-se que, cada vez mais, os profissionais concebam e executem ideias de forma mais rápida. A tecnologia é um elemento que viabiliza a agilidade nas organizações.

10.3 CONECTANDO-SE À NOVA ERA

No início da Revolução Industrial, algumas pessoas anteciparam como a natureza do trabalho seria por ela transformada. As tecnologias voltadas para a produção e o transporte alteraram a forma de trabalho e as estruturas das organizações. Nos dias atuais, a tecnologia da informação trouxe mudanças tão drásticas para as empresas como as impostas no período da Revolução Industrial. A tecnologia digital abre um novo capítulo, uma nova era na economia mundial, transformando uma vez mais a força e a natureza do trabalho.

Hoje se fala muito dos nativos digitais e dos imigrantes digitais. Os nativos digitais são aqueles indivíduos que nasceram na época da informatização em massa, em contato direto com tecnologias e aplicações que estão incorporadas ao dia a dia, como mensagens instantâneas, manuseio de fotos e comunicações constantes. Já os imigrantes digitais provêm de um período anterior e, mesmo interagindo fortemente com a tecnologia, possuem a vivência de tempos diferentes, que, embora modernos, não tinham a influência e o impacto da era digital, da forma como se vive agora.

No primeiro instante, a tecnologia da informação possibilitou o manuseio de grandes quantidades de dados. No segundo, os computadores estão sendo utilizados para conectar o mundo, transformando não só o local de trabalho e as funções mas também a vida pessoal e a forma de fazer negócios e buscar informação.

As mudanças impostas pela nova era exigem habilidades diferentes dos profissionais, o que faz com que perguntas comecem a "pipocar" nas mentes mais férteis: afinal, como enfrentar e fazer negócios na era da informática?

Os conceitos são extremamente variados. Antes, as empresas priorizavam suas áreas mais internas, como finanças e produção. Na nova economia, priorizam o relacionamento com os clientes e tudo que, de alguma forma, afete seu desempenho.

Conforme as organizações entendem a nova realidade, elas identificam a necessidade de revisar seus papéis e suas habilidades essenciais para atingir os objetivos e as metas estabelecidas. É fundamental para o profissional antecipar-se a esse processo para melhor se posicionar no mercado.

As organizações identificam e selecionam os profissionais pelas competências necessárias às suas estratégias. A seguir, são mencionadas algumas dessas competências específicas aos profissionais da cadeia de abastecimento.

- Conhecimento da corporação: o profissional deve entender a visão, a estratégia, os objetivos e a cultura da organização, estabelecendo conexões entre o desempenho humano e as metas organizacionais. Pode parecer simples, mas o mundo globalizado permite que empresas dominantes atravessem as fronteiras. Manter o conhecimento de empresas globais gigantescas é tarefa extremamente difícil. Entender suas estratégias e alinhá-las com negócios locais é fundamental, mas não se chega a isso sem enfrentar desafios.
- Habilidades de liderança: o profissional da cadeia de abastecimento deve saber como liderar as pessoas para alcançar os resultados esperados pela organização. Características complementares de relacionamento pessoal são imprescindíveis para se trabalhar com e em equipes, visando obter resultados e influenciar as pessoas para obtê-los.

- Conhecimentos de tecnologia da informação: a utilização de ferramentas tecnologicamente avançadas, como equipamentos e aplicativos, é essencial nas atividades.
- Habilidades para a definição e a resolução de problemas: as diferenças de desempenho, seja em processos, seja equipamentos ou pessoas, devem claramente ser identificadas para ser solucionadas posteriormente. A pior situação de um problema é determiná-lo de maneira equivocada e dar-lhe respostas não alinhadas.

Essas são algumas das características que um profissional da cadeia de abastecimento deve ter. É possível mencionar outras não menos importantes, como a habilidade de:

- organizar trabalhos com terceiros e fornecedores;
- fazer leituras do *status* da organização e de seus concorrentes, bem como do mercado em que atuam, identificando seus prós e contras;
- lidar com ambiguidades e saber como reduzir o nível de pressão na organização causada por transformações e novos modelos que estarão ocorrendo incessantemente.

10.3.1 Posicionando-se para o futuro

O desafio é tentar entender essas mudanças e imaginar o futuro da profissão, especialmente em relação à cadeia de abastecimento. O entendimento de como essa transformação vai afetar as funções dará condições de lidar com ela de forma mais efetiva.

É preciso forçar a imaginação e questionar os pontos específicos e fundamentais na área de atuação, como processos, mercados, produtos, recursos e competidores.

As transformações estão ocorrendo cada vez mais rapidamente e se tornando mais complexas e ambíguas. Tudo o que se aprende sobre organizações mudou de forma radical nos últimos anos e se transformará mais rapidamente de agora em diante. As organizações são cada vez mais diferentes em termos de estrutura, tamanho, funções, geografia, pessoas, atuação na comunidade, responsabilidade social e qualidade de vida. Com toda essa evolução tecnológica e transformação, é difícil para o profissional definir claramente o caminho a ser perseguido. No entanto, decisões precisam ser tomadas. Os aspectos seguintes são relevantes.

- Aldeia global: a maioria da população estará conectada, uma vez que a estrutura de comunicação permitirá que isso ocorra. No entanto, as culturas não serão uniformes. Os povos manterão suas raízes, mesmo interagindo com outras culturas. A conexão possibilitará que novas formas de realizar negócios venham a existir.
- Informatização total: novos produtos, serviços e canais de distribuição vêm surgindo e se tornando mais inteligentes com o uso. As informações estão disponíveis e são de fácil acesso. Educação, treinamentos e centros de conhecimento

são mais bem utilizados e isso se dá com maior velocidade. Professores já têm papéis extremamente diferenciados, sendo muito mais monitores, cuja função tem sido elucidar dúvidas e problemas. Isso exige um grau altíssimo de conhecimento e domínio da matéria. Portanto, o investimento em pesquisa aumentará de forma significativa.

- Competidores: a competição tem sido global. Não há restrições de tempo nem de geografia. Muitas empresas grandes se unem e se consolidam. Grandes empresas de bens de consumo também focam a distribuição como segundo elemento de negócio, visando reduzir custos e aumentar o nível de atendimento. A posição de competitividade das companhias é mais complexa e complicada, em razão das dificuldades de entender a quantidade enorme de competidores em produtos e serviços. Parece que todos têm a mesma ideia ao mesmo tempo. Como se diferenciar neste mercado?

Precisamos forçar nossa imaginação e questionar os pontos específicos e fundamentais em nossa área de atuação, como processos, mercados, produtos, recursos e competidores.

- Conhecimento: a sociedade do conhecimento recebe suporte das tecnologias existentes. O aprendizado é mais orientado para a prática do que para a passividade das cadeiras escolares. Aprender e ensinar são habilidades em todos os segmentos e ambientes. Os professores concorrem com as tecnologias e não tem sido fácil manter a atenção e o foco dos alunos.
- Formatos de organização: novas formas de organização têm sido e serão inventadas. Desde as gigantescas empresas virtuais até as empresas pequenas, que tenham de cinco a doze funcionários, estabelecerão redes de contratos, atuando como agentes. Em contrapartida, projetos temporários serão executados por companhias especialistas com profundo conhecimento no segmento.

A importância de imaginar o futuro está na possibilidade de se explorar as oportunidades que podem surgir. Sabe-se, entretanto, que é difícil prever o futuro, principalmente com variáveis como tecnologia digital, capital intelectual e mercados globais.

10.3.2 Desafios profissionais

Realizadas as análises intuitivas do futuro, é prudente identificar as implicações que elas trarão para o profissional de logística. Com as análises efetuadas anteriormente, quais seriam os impactos nos fornecedores, distribuidores, transportadores, clientes, professores, consultores e outros profissionais que, de alguma maneira, relacionam-se com o mundo logístico? Como deve ser o futuro?

A impressão é de que a cadeia de abastecimento será radicalmente afetada pela conectividade e pela tecnologia da informação e que, portanto, é melhor estruturar a profissão ao redor dessas crenças, pois elas mudarão as organizações e os mercados.

Talvez não se deva perder a oportunidade de se enquadrar no mundo tecnológico, uma vez que a redução e a consolidação das organizações continuam acontecendo, e grupos específicos são formados por meio de alianças temporárias para os mais diversos temas.

Uma das premissas básicas do futuro é o conhecimento. Portanto, treinar pessoas para aumentar seu desempenho pode ser uma atividade alternativa interessante e rentável.

É verdade que os períodos de turbulência e crise trazem receios e temor aos riscos, mas geram também oportunidades. Pensando nisso, alguns passos importantes ao se considerar o futuro poderiam ser:

- imaginar o futuro e analisar quais oportunidades poderiam ser exploradas;
- reunir/construir um conjunto de habilidades que o colocarão na posição selecionada na escala de valores;
- certificar-se de que se tem alguma afinidade com os elementos da tecnologia da informação, caso contrário, preparar-se para tê-la;
- ser adepto do mundo da conexão e estar preparado para estabelecer relacionamentos globais;
- pensar em modelos de negócios – este será o diferencial nas organizações e no empreendedorismo;
- aprender a usar a tecnologia digital para criar e usar conhecimento;
- estruturar a equipe com ensinamentos individuais para apoiar o aprendizado em um ambiente conectado.

Os elementos acima não têm a pretensão de esgotar as possibilidades. Porém são válidos para todos os níveis da organização, desde os mais operacionais até os mais estratégicos. A infraestrutura de comunicação mundial está se movendo. As distâncias estão cada vez mais curtas e os acessos, mais rápidos. As oportunidades estão aí; os receios também. A mente deve ser trabalhada individualmente e em grupo para aproveitar as vantagens que surgirão.

10.4 EM BUSCA DO CONHECIMENTO E DAS COMPETÊNCIAS

Vive-se em uma era em que a tecnologia se transforma com velocidade intensa, mudando cada aspecto da vida e do trabalho. Telefones cabem nos bolsos e permitem falar com qualquer pessoa em qualquer lugar do planeta. O entretenimento chega em casa por satélites.

No trabalho, as mudanças são ainda mais significativas. Os correios eletrônicos permitem uma comunicação instantânea com clientes, fornecedores e pares organizacionais fora dos limites da empresa, além de qualquer fronteira. Aplicativos permitem que a colaboração ocorra em todos os processos empresariais. A internet traz, literalmente, um mundo de informações diretamente para a mesa de trabalho, de maneira instantânea. Redes de computadores conectam as empresas. Graças a todos esses fatores, a produtividade aumenta muito, mas existe alinhamento e preparação para tudo isso? Como é acompanhada a evolução?

O alinhamento dos recursos organizacionais – principalmente as pessoas – com as estratégias de negócio e da cadeia de abastecimento é um elemento crítico para manter a vantagem competitiva. As mudanças organizacionais podem fazer a diferença. Nos últimos anos, há de se reconhecer que as características relacionadas às competências das pessoas não é algo imutável.

Os cenários e as situações mudam em uma velocidade incrível. O que é ser competente nos dias de hoje? Qual deve ser a formação acadêmica para determinada posição? Muitos programas universitários estão bastante aquém da realidade do mundo dos negócios. Será que os modelos universitários correspondem às necessidades demandadas pelas organizações nos dias atuais? Os ciclos de mudanças têm apresentado períodos cada vez menores e frequência maior. O modelo empresa-escola precisa tornar-se realidade para estabelecer uma relação cada vez mais forte entre o estudante e o posto de trabalho.

10.4.1 A gestão de mudança

A economia mundial atual tem sido governada e orientada por uma série de fatores ou descontinuidades que afetam radicalmente as organizações e, por conseguinte, aqueles que tomam decisões. Os líderes precisam estar cada vez mais preparados. Precisam estar aptos a receber informações de várias fontes diferentes e a negociar com pessoas e realizar negócios além das fronteiras. Novas competências precisam ser desenvolvidas constantemente em uma reciclagem contínua.

As organizações precisam ser cada vez mais efetivas e flexíveis. Devem ser mais inovadoras para tratar de situações nem sempre muito familiares. Portanto, é necessário olhar para o interior da organização e analisar suas competências e habilidades internas.

10.4.1.1 Ondas de mudança

Algumas ondas influenciam fortemente as mudanças organizacionais. A seguir, são apresentadas algumas delas, cujo entendimento pode direcionar as tendências e as análises de competências.

Global

Nos dias atuais, as organizações ultrapassaram seus limites territoriais. Constantemente, elas necessitam negociar além de suas fronteiras. Cada vez mais as organizações globais se instalam nos países emergentes, como Brasil, China, Rússia, África do Sul e Índia. As habilidades e as competências das empresas são seriamente afetadas, uma vez que as pessoas precisam entender novas culturas, mover-se de um lado para o outro com frequência e aprender novos idiomas.

Privatização

Uma olhada nos setores financeiros, logísticos e de telecomunicações, em particular este último, faz perceber quanto o conceito de privatização e de desregulamentação avançou no país e no mundo. Novas empresas chegaram ao Brasil, tornando sua indústria fortemente internacional. O mesmo se dá na indústria do varejo, na qual muitas empresas internacionais adquiriram redes de lojas para competir no país. O setor público continua se movendo cada vez mais para o domínio privado, resultando em racionalização dos ativos, ainda que, por interesses políticos, seja difícil prever essa tendência com exatidão.

Volatilidade

A demanda por ciclos cada vez mais curtos é uma constante. Tudo é necessário "para ontem". Exigências por maior eficiência, redução no tempo de desenvolvimento de produtos e serviços, maior flexibilidade representam uma mudança incrível para as organizações. Os fornecedores desempenham um papel fundamental nesse processo de mudança e volatilidade. Nada é perene; apenas a mudança.

Convergência

A tecnologia digital está provocando uma revolução nos processos empresariais. A convergência é tecnológica. As organizações devem aprender a lidar com o enfoque tecnológico em toda sua amplitude, uma vez que seu efeito é profundo na forma de fazer negócios. Nenhuma empresa pode dar-se ao luxo de não responder às mudanças que estão ocorrendo. Precisam, sim, ser criativas e inovadoras para enfrentar esses processos. Ao menos, deve haver algum tipo de convergência.

Um mundo sem fronteiras

A competição vem de todos os lados do globo. A identificação de ameaças potenciais tornou-se mais difícil. As empresas de manufatura competem com o setor financeiro. Empresas como General Motors, Fiat e Volkswagen, por exemplo, possuem seus próprios bancos, que competem com as instituições financeiras.

Os limites entre fornecedores, concorrentes e clientes estão cada vez mais difíceis de ser definidos. Tamanho não é documento. Grandes organizações não são sinônimo de poderio e influência. Casos de manipulação de resultados financeiros e corrupção, como os das empresas Enron, Worldcom, Petrobras, entre outras, afetam o mundo todo, demonstrando claramente o poderio da globalização tanto para os aspectos positivos como para os negativos.

Padronizações

Os padrões industriais sofreram modificações. As empresas estão estabelecendo os próprios padrões e políticas. Não necessariamente uma única empresa estabelecerá todos os padrões, mas várias poderão ter práticas a serem imitadas em diferentes partes do processo. Por exemplo, uma organização muito eficiente em sua cadeia de abastecimento certamente terá seus padrões como modelos a serem seguidos. Outras são supereficientes na definição dos recursos humanos, na avaliação de suas competências e habilidades e em como melhorá-las. Fusões e coligações entre indústrias poderão ainda estabelecer outros padrões industriais.

Eliminação de intermediários

Esse é um tema difícil e bastante discutido. De alguma maneira, a distância entre os consumidores e os produtores está sendo reduzida. A tendência é que os elementos de ligação mais tradicionais da cadeia de abastecimento sofram modificações importantes. O comércio eletrônico e a criação de novos canais são críticos na eliminação dos intermediários. Contudo, há tempo para a reação. Não significa que os intermediários desaparecerão como organizações, mas que deverão ter papéis diferenciados e com adição de valor.

10.4.2 A importância de ter domínio de outros idiomas

O efeito da globalização e do mundo sem fronteiras obriga que os profissionais sejam fluentes em mais de um idioma. Mais que falar idiomas, contudo, é fundamental o entendimento das culturas e da forma de fazer negócios nos diferentes países. As viagens internacionais tornam os funcionários mais sensíveis aos aspectos culturais das diferentes regiões visitadas. Um perfeito entendimento do mercado e das tecnologias que os envolvem é importante.

No Brasil, comprovadamente, falar inglês e espanhol é fundamental para fazer negócios, bem como conhecer as características da Argentina, do Chile, do México e dos Estados Unidos. As oscilações de mercado provocadas por situações externas são uma constante em decorrência do efeito da globalização. Além disso, as pesquisas na internet são muito mais ricas se o conhecimento de idiomas for além do português.

10.4.3 Competências

O sucesso de uma organização depende de uma grande quantidade de fatores, dentre os quais o desenvolvimento das pessoas, uma vez que elas são os ativos mais importantes de uma empresa. Quanto mais uma força de trabalho consegue desempenhar, melhores são os resultados para clientes e acionistas. A excelência da força de trabalho está ligada às habilidades e à competência.

Implementar novas ideias relacionadas às habilidades e ao conhecimento em uma organização não é tarefa simples. As lideranças devem, no entanto, incentivar o relacionamento interno para que o aprendizado resulte da interação entre as pessoas. Os líderes empresariais têm um papel fundamental nesse processo, uma vez que devem orientar essa integração, conscientizando as pessoas dos objetivos da organização e de como o desenvolvimento de novas competências pode auxiliar o futuro da empresa.

As organizações aprendem com as experiências práticas. Novas competências surgem quando as equipes começam a trabalhar conjuntamente.

Como a economia sofre mudanças, as habilidades necessárias também sofrem alterações e descontinuidades. O aprendizado precisa ser contínuo, começando com o conhecimento individual. Compartilhar conhecimento é iniciativa essencial no ciclo de adaptação às mudanças. O conhecimento precisa ser passado adiante de maneira rápida. A habilidade de cada um se fortalece na competência de um grupo de pessoas.

Uma organização é a soma de suas habilidades e competências. Isso implica entender as tecnologias, aprender de maneira coletiva e ter a habilidade de compartilhar e receber conhecimento.

10.4.3.1 Determinando as competências

Para determinar as competências, quatro são as fontes sugeridas:

1. aquilo que pode ser extraído direto da organização – uma organização que vende computadores, teoricamente, tem competência nessa área;
2. discussões com pessoas na organização – algumas competências podem estar escondidas nos departamentos e não ser visíveis para o topo da organização;
3. algumas competências podem ser descobertas por meio da avaliação de atividades, produtos e serviços da organização;
4. outras competências podem ser identificadas por meio dos clientes e fornecedores.

10.5 COMO ADMINISTRAR O CONHECIMENTO

O conhecimento é o fato ou a condição que nos possibilita dominar alguma coisa com a familiaridade obtida por meio da experiência ou da associação. Trata-se da base que nos permite a tomada das melhores decisões. Pode estar na cabeça das pessoas, definido como conhecimento tácito, ou estar escrito ou registrado, definido como conhecimento explícito.

Ainda que, muitas vezes, cause confusão, conhecimento não é sinônimo de informação. A informação pode ser armazenada em livros ou discos, mas o conhecimento, na maioria das vezes, está na cabeça das pessoas e é muito mais difícil de administrar que a informação. Contudo, reciclar conhecimentos é tão importante como tê-los.

O conhecimento é a base que nos permite tomar as melhores decisões.

10.5.1 Gestão do conhecimento

O modelo de negócios convencional, direcionado por planos e metas preestabelecidas, buscava a otimização e a eficiência organizacional com base, principalmente, na construção do consenso, da convergência e da conformidade. Os sistemas de informação eram construídos segundo o mesmo paradigma, visando garantir a aderência das rotinas empresariais. Quando o mundo dos negócios era mais previsível e estável, esse modelo, em geral, atendia às necessidades. Entretanto, torna-se cada vez mais inadequado para um ambiente empresarial caracterizado por transformações e mudanças repentinas e rápidas.

Esse novo tempo, com mudanças cada vez mais dinâmicas, obriga as organizações a reavaliar seus processos e procedimentos empresariais, de maneira que possam caminhar na mesma velocidade do ambiente dos negócios. Os desafios são grandes. A inovação nos modelos de negócios é uma constante.

As empresas que, antes, trabalhavam com o conceito da economia de escala, na qual os altos níveis de eficiência eram imperativos, construíram, nas últimas décadas, inteligência suficiente para a evolução do processamento da informação. Nessa evolução, três fases são fundamentais:

1. automação com o aumento da eficiência das operações;
2. racionalização dos procedimentos com a eliminação de gargalos e tarefas de baixo valor agregado, a fim de melhorar a eficiência das operações produtivas;
3. mudança dos processos de negócio, baseando-se fortemente na tecnologia da informação.

O paradigma do processamento da informação, caracterizado como tecnologicamente intensivo, está prevalecendo sobre essas três fases, buscando eficiência organizacional e otimização.

A gestão do conhecimento está relacionada ao uso sistemático do conhecimento da organização, de modo que este possa ser aplicado na solução dos problemas do negócio ou para que uma entidade possa auxiliar outra a obter os resultados estrategicamente buscados. Esse tipo de gestão consiste em não repetir os erros, tomando decisões com base no conhecimento total da companhia, do mercado, dos processos ou da unidade de negócio.

10.5.2 Características do conhecimento

O conhecimento apresenta algumas características importantes. Ele é:

- expansível: diferentemente de outros recursos, quanto mais o conhecimento é usado, mais ele é gerado;
- transferível: pode ser transferido de um lugar para o outro de forma simples e fácil;
- compartilhável: quando passado a outra pessoa, a primeira pessoa não o perde.

O conhecimento tácito também pode ser expandido e compartilhado, mas não é facilmente transmitido. Ele é intangível e difícil de identificar ou descrever. Transformar um conhecimento tácito em conhecimento explícito significa torná-lo copiável e com características de compartilhamento.

10.5.3 Pensamento criativo

As atitudes direcionadas para o pensamento podem ser tanto críticas como criativas. O tipo de pensamento que enfoca e prioriza a exploração das ideias, a geração de possibilidades e alternativas, explorando várias respostas certas em vez de apenas uma, é o pensamento criativo, bastante útil para a vida profissional.

Em uma atividade como a resolução de problemas, existem dois tipos de imaginação: o contexto da imaginação crítica, que é a fase da análise, e o pensamento ou a imaginação criativa, que é a geração de soluções. Posteriormente, devem ser analisadas as soluções para implementá-las e, por fim, avaliadas para se verificar quanto foram efetivas.

10.5.4 Criatividade

O que significa criar? Todos podem ser criativos ou isso é um dom específico de alguns? Pensando nessas questões, são apresentadas algumas definições e particularidades relacionadas à inventividade e à capacidade de criar, na vida pessoal e na vida profissional.

10.5.4.1 Habilidade

Criar é a habilidade de projetar, imaginar ou inventar algo novo, seja simples, seja complexo. Quando se analisa a palavra **criação**, imagina-se criar algo do nada, mas criar é gerar ideias a partir de mudanças, combinações e melhorias de noções já existentes. Algumas ideias são extremamente brilhantes, enquanto outras são mais simples. A invenção do avião, por exemplo, nasceu da observação dos pássaros e seu projeto foi aperfeiçoado no decorrer dos anos. Já a força da gravidade foi identificada a partir da queda de uma maçã!

Outras invenções são mais simples, mas também importantes, como a borracha escolar, o calçado, o corte de cabelo, uma nova receita de bolo, um churrasco preparado de maneira distinta, o livro, e assim por diante.

Para ser criativo, basta assumir um compromisso com a criatividade e conseguir tempo para isso. Uma ideia brilhante pode surgir até durante o banho.

Todos têm habilidade para inventar ou criar. Diferentemente dos adultos, crianças têm mais facilidade em quebrar certos paradigmas.

10.5.4.2 Atitude

A criatividade também está relacionada à atitude. O fato de aceitar novidades e mudanças, reagir de forma positiva a novas ideias e possibilidades, buscar desafios e oportunidades está rigorosamente vinculado à criatividade. No dia a dia, as atitudes são, na maioria das vezes, contrárias a essas situações. Sugestões e ideias diferentes são quase sempre refutadas, sem muita análise. As pessoas naturalmente preferem se fixar em sua zona de conforto. Enfrentar trânsito intenso, viver com alguém no trabalho ou no lar em constantes discussões é permanecer na zona de conforto, sem a impetuosidade ou a ousadia de mudar. No caso deste último exemplo, mudar pode não significar sair de casa, mas, sim, alterar a forma de agir.

10.5.4.3 Processo

As pessoas mais criativas trabalham árdua e continuamente, procurando sempre melhorar as ideias e soluções, modificar e refinar suas tarefas e atividades. Poucos trabalhos, contudo, são construídos com ideias diferentes em busca do brilhantismo, da excelência ou da produtividade.

Em todos os segmentos, existem possibilidades para melhoras e implementações de ideias que desafiam as possibilidades. Existem empresas que incentivam a criatividade por meio da invenção, dando asas à imaginação das pessoas. A pessoa criativa sabe que as possibilidades de melhoria são constantes.

10.5.5 Métodos criativos

Muitos métodos podem ser utilizados e produzir resultados bastante positivos. Alguns deles são mencionados a seguir.

10.5.5.1 Evolução

Esse método está relacionado à melhoria incremental. Novas ideias derivam de outras ideias, novas soluções surgem de soluções anteriores. Muitas coisas das quais se gosta ou as quais se admira foram desenvolvidas ao longo do tempo por meio de melhorias contínuas e incrementais.

Tome-se como exemplo o computador pessoal. No início, não funcionava adequadamente, demorava para processar e o espaço em disco era sempre insuficiente. Tê-lo em casa era problemático, pois qualquer oscilação na energia elétrica eliminava os dados dos discos. Hoje, os computadores pessoais são mais estáveis e baratos. A capacidade em disco deixou de ser problema, a velocidade de processamento é espetacular e a quantidade de aplicativos é extremamente vasta. É possível acessar a internet, jogar xadrez com alguém que nem mesmo se sabe quem é e está do outro lado do planeta. Houve uma evolução gradual e incremental. Os computadores do amanhã serão ainda muito melhores que os de hoje, ainda que muitas vezes se pense que isso não seja necessário.

O método evolucionário da criatividade mostra que todo problema já solucionado pode ser resolvido novamente de uma forma muito melhor.

10.5.5.2 Síntese

Nesse método, múltiplas ideias podem ser combinadas, formando uma inteiramente nova. Por exemplo, ao combinar um livro escrito com tecnologias e dispositivos de voz e áudio, é possível viabilizar os audiolivros. Isso pode ser muito útil para quem não tem a possibilidade de ler, seja em razão de uma deficiência visual, seja por limitação de tempo. Pessoas que se deslocam por grandes distâncias de automóvel podem ouvir o livro em vez de lê-lo.

10.5.6 Revolução

Muitas vezes, a melhor ideia é algo totalmente novo, uma quebra de paradigma, algo muito diferente do que se tem visto. É o caso da invenção do carro, da lâmpada, da ida à Lua e da internet, que combina de forma revolucionária várias ideias.

10.5.6.1 Reutilização

Muitas pessoas enxergam arte em colecionar carros antigos; outras usam a estrutura de uma máquina de costura para construir uma mesa e colocar um aquário ou algo similar. Com um vagão de trem ou contêiner não mais utilizado, é possível montar um ponto de preparação e venda de lanches ou café. A reutilização também é uma quebra de paradigma com apelo de negócio fantástico.

10.5.7 Características de uma pessoa criativa

As pessoas criativas são facilmente identificáveis. Eis algumas de suas características:

- são curiosas e fazem perguntas inteligentes;
- estão sempre em busca de soluções para os problemas;
- demonstram satisfação ao ter desafios;
- são otimistas por natureza;
- possuem habilidade excepcional em não tecer julgamentos durante a análise;
- enxergam os problemas como oportunidades e como elementos interessantes;
- aceitam os problemas do ponto de vista emocional;
- não desistem facilmente, trabalham muito e com perseverança.

10.6 A HUMANIZAÇÃO DAS ORGANIZAÇÕES

Ao longo de nossa carreira, sempre buscamos a atualização ou mesmo estar adiante do tempo, seja em termos tecnológicos, estratégicos, de processos ou gestão de pessoas. Buscamos melhorar nossas carreiras e contribuir com as empresas. Não é fácil. Hoje tudo o mundo dos negócios tem sofrido radicais mudanças com incrível velocidade. Tão depressa, tão rapidamente, que a reciclagem do conhecimento precisa ser feita diariamente, numa velocidade incrível. Se não tomarmos cuidado, nos transformamos em um oceano de conhecimento com um centímetro de profundidade, onde falamos e sabemos de tudo. Contudo, sem consistência.

10.6.1 Não vivemos isolados

Claramente se percebe que uma empresa não é uma ilha. As mudanças sociais, as forças políticas e as crises econômicas tornam os negócios extremamente vulneráveis. As empresas não podem ser vistas como elementos isolados, cujo objetivo principal é trazer resultados em curtíssimo prazo para os investidores. Elas precisam se transformar e ter como foco propostas que venham a atender às necessidades de todo um ecossistema: clientes, colaboradores, fornecedores e, por conseguinte, investidores.

10.6.2 Apostando corrida com as máquinas

As organizações, em todas as suas áreas, principalmente a *supply chain*, vêm se transformando pelo uso de tecnologia. Automatiza-se tudo o que é possível. O ser humano aposta corrida com a máquina. Deveria ser diferente. Deveríamos estar correndo ao lado delas, usando-as para o nosso bem. Interessante essa perspectiva, mas na verdade é isso mesmo que lenta e gradualmente vem ocorrendo nas empresas. Ou seja, o trabalho tornando-se cada vez mais humanizado. Mas o que significa ser mais humanizado?

10.6.3 Humanização

Ao longo do tempo, desde a Revolução Industrial, as pessoas passaram a fazer parte do conjunto empresarial assumindo tarefas equivalentes às das máquinas, competindo e atuando como um elemento complementar, como se fossem uma engrenagem do sistema. Sem a exigência do raciocínio, mas da habilidade corporal. Essa característica, que logicamente tem tido seu valor, fez com que as pessoas se tornassem substituíveis, principalmente naqueles segmentos em que as forças braçais são mais utilizadas. Mas estamos no momento de refletir e repensar nossas atividades futuras.

10.6.4 Somos criadores de valor

Aparentemente, com as inovações e a modernidade, a impressão que se tem é de que nós estamos sendo empurrados para territórios que nos separam e distinguem das máquinas. Ainda bem, pois ainda nos resta as características de relacionamento, emoções, criatividade, inteligência, e por aí vai. Pelo menos por enquanto...

A pergunta é como, no contexto empresarial, nós conseguimos trabalhar juntos para criar valor. O ecossistema precisa ser mais humanizado para que o trabalho também venha a sê-lo. Portanto, essa tendência obriga que as organizações ou seus processos deixem de trabalhar de forma isolada ou em silos, onde o conceito de gestão e liderança é extremamente antiquado e tradicional. O pensamento futuro considera o impacto das estratégias e suas ações algo muito mais amplo e relevante. Saímos de um contexto mecanizado para um contexto muito mais humanizado dentro da empresa e naquelas com as quais ela se relaciona.

Para tanto, novos empregos e funções estão sendo projetados para atender às habilidades do ser humano. O objetivo é ter mais importância nas atividades empresariais e que elementos voltados às emoções, à habilidade em criar e à capacidade de pensar tenham muito mais relevância que nossa capacidade de mover coisas ou realizar esforços físicos. Isso as máquinas farão!

10.6.5 Confiança está na agenda, sim, senhor!

Estudos têm comprovado, por exemplo, que fornecedores que mantêm uma relação de confiança com seus clientes têm crescido mais do que aqueles que desprezam esse tipo de iniciativa e comportamento. A *supply chain*, por sua natureza, depende de conexões e relacionamentos pessoais e empresariais. Essa afirmação não é nova. Porém, muitas empresas ainda insistem em não praticar as inovações destacadas pelas boas práticas de negócios.

Transparência é o resultado de um claro canal de comunicação estabelecido entre as partes. Sem excesso de formalidade. Atualmente, as multas e penalidades parecem fazer parte do jogo antes mesmo que ele se inicie. Algo está errado desde o princípio. Esse realmente é o caminho? Gosto do termo **humanização**, mas ele não deve cair em uma vala comum. Deve ser tema sério a ser discutido pelo ecossistema, incluindo as lideranças!

CONSIDERAÇÕES FINAIS

Uma vez que as estratégias e os processos da cadeia de abastecimento evoluem para atender ao contexto de negócio e de mercado, as competências atribuídas aos profissionais também necessitam ser revisadas. Não muito tempo atrás, os profissionais da área eram mais centrados nos processos logísticos, com proficiência em papéis mais técnicos e específicos, como conhecimento e domínio de rotas e capacidades de transporte, características dos modais, arranjos físicos dos centros de distribuição, equipamentos para armazenagem e claro entendimento de negociação focada nos fretes. A mudança foi dramática, principalmente quando se pensa nos executivos que se reportam aos presidentes de empresa, uma vez que antigamente esses executivos se reportavam aos responsáveis pelas operações das organizações.

Hoje as responsabilidades vão além das atividades funcionais. Precisam ser pessoas experientes para administrar as funções da cadeia, entre elas: planejamento de produção, estoques, armazenagem, transporte e compras.

A formação dos profissionais na área é essencial. No Brasil, ainda existe muito espaço para ser explorado a fim de preparar as pessoas para acessarem com maestria tais funções. É uma oportunidade e deve ser explorada!

CASO

DHL E O PROGRAMA DE EXPERIÊNCIA DO CLIENTE[1]

Muita coisa se fala sobre a experiência do cliente e as lutas que as empresas têm travado para conquistar um território cada vez mais soberano. Uma das constatações é que a diferenciação no tratamento, por meio de novos modelos de negócios, atenção ao cliente, cumprimento de níveis de serviços e preço justo, tem sido um elemento fundamental na escolha deste ou daquele fornecedor.

[1] Estudo de caso elaborado pelo autor com base em pesquisas de textos, entrevistas e vídeos disponibilizados em diferentes meios de comunicação, como televisão, internet, jornais e livros.

Nos segmentos em que serviços e produtos são comoditizados, a diferenciação e a forma de se relacionar com o cliente podem fazer uma tremenda diferença. Um desses setores é o transporte de mercadorias. A DHL percebeu esse aspecto e, com base nele, desenvolveu um programa de experiência do cliente, cuja essência é um modelo de maturidade que, desde então, foi adotado por outras grandes organizações.

Perspectiva

A DHL é um dos maiores fornecedores de soluções de transporte internacional, principalmente na Europa, e notou que a indústria logística se tornou altamente comoditizada e orientada a preços.

Em uma pesquisa, identificou que 70% dos entrevistados que utilizaram vários operadores logísticos relatavam ser indiferentes a eles. Com pouco engajamento emocional entre cliente e fornecedor, baseando-se em níveis de serviços e preço, o senso de lealdade é baixo e os clientes frequentemente trocam os operadores quando têm possibilidade de redução de tarifas.

Como parte da pesquisa, os clientes foram solicitados a avaliar a importância de vários atributos. A qualidade e o preço foram enfaticamente classificados. Porém, os clientes também avaliaram a facilidade de contato, a agilidade e a existência de uma equipe experiente e os colocaram em um patamar bastante importante. Ora, isso indicou que, para os clientes, a qualidade não estava vinculada apenas às entregas, mas também ao apoio recebido para o serviço. Para fazer com que os clientes estejam satisfeitos, é necessário mais do que apenas vender produtos ou serviços de boa qualidade e a um preço justo.

Não há dúvidas de que as demandas e as expectativas dos clientes aumentaram em todos os segmentos. Essa tendência é proporcionada pelo consumismo orientado pela tecnologia, pelo crescimento do comércio eletrônico, por novos modelos de negócios disruptivos e por uma cultura intensivamente digital. A relação entre empresa e cliente no mundo logístico é bastante complexa. A DHL percebeu, então, que melhorar a experiência geral do cliente poderia trazer uma diferenciação competitiva, gerando uma redução na rotatividade do cliente com vistas a impulsionar novos negócios. Mas não é tão simples. Isso exigiria uma mudança na cultura da empresa para se tornar mais centrada no cliente.

Entrou em funcionamento um departamento de experiência do cliente. Posteriormente, cinco metas foram definidas para direcionar as mudanças necessárias a fim de melhorar a experiência dele e aumentar sua fidelidade.

1. Definir uma visão clara, convincente, um propósito comum e uma proposta de valor para a DHL.
2. Definir as expectativas de clientes da DHL e determinar o que mais importa para eles.
3. Garantir a melhoria contínua dos processos relacionados com os clientes.

4. Envolver toda a organização para fornecer um atendimento de alta qualidade ao cliente.
5. Criar um sistema de gerenciamento de desempenho com métricas bem definidas.

A visão

Embora não tão simples, um consenso foi encontrado para o programa com a finalidade de orientar as ações dos funcionários e os processos decisórios em toda a empresa. Em paralelo, desenvolveu-se uma proposição de valor para estabelecer e descrever os benefícios que a DHL poderia entregar e quais seriam os elementos de vantagem em relação aos concorrentes na perspectiva do cliente. As equipes de liderança foram treinadas para garantir a adoção e a incorporação dos valores e dos princípios básicos da iniciativa.

Calçando os sapatos dos clientes

A fim de melhorar a experiência do cliente, a DHL decidiu que precisava ter uma visão clara da jornada dele para que pudesse entender as diferentes etapas que o embarcador segue ao realizar negócios com uma empresa logística, além dos desafios e das experiências encontrados por ele.

Após a realização de *workshops* com diferentes clientes, a DHL identificou uma série de preocupações e objetivos deles em cada etapa dos processos e do relacionamento. Paralelamente, as atividades foram praticadas com os colaboradores, a fim de espelhar a jornada do cliente em uma perspectiva interna. Esse exercício apoiou o aumento da conscientização das necessidades dos clientes e o entendimento dos pontos de preocupação.

E não parou por aí. Ao ter o *feedback* do cliente como parte do projeto, também reconheceu a importância de implementar um programa contínuo para ouvir a voz dele. Essa etapa buscou fomentar uma mentalidade orientada ao cliente e também garantir um sistema de melhoria contínua, identificando áreas para melhoria e mudanças das necessidades e das expectativas dos clientes. Os principais pilares desse esforço foram:

- melhoria na coesão e no alinhamento da equipe, trazendo uma melhor colaboração e comunicação entre o pessoal;
- estabelecimento de uma cultura centrada no cliente;
- melhoria das habilidades de gestão de pessoas;
- Envolvimento dos colaboradores.

Gestão de desempenho

Em seguida, a empresa começou a trabalhar a gestão da *performance* – indicadores de desempenho. Mudar o foco para o cliente exige mudanças estruturais na organização. Muitas vezes, as ferramentas necessárias para coletar os dados relevantes do cliente que precisam ser medidos e gerenciados ou agregá-los em sistemas legados não estão implantadas. Portanto, os investimentos para capturar, relatar e analisar a experiência do cliente são inevitáveis. As ferramentas necessárias para gerenciar esses processos ao longo da jornada de ponta a ponta foram desenvolvidas.

Lições para outras organizações

Algumas recomendações podem ser as descritas a seguir.

- A gestão da experiência do cliente não é um projeto, mas um processo contínuo. Sua implantação, sim, é um projeto.
- A proposta de valor precisa ser o elemento direcionador de tudo que se faz na organização. Foco no cliente.
- É fundamental alinhar o time de liderança antes de começar.
- Todos precisam participar do processo.
- Deve-se orientar as ações do ponto de vista do cliente, e não da empresa.
- A voz do colaborador interno é tão importante quanto a voz do cliente.

Por fim, é fundamental ter o apoio total da direção da organização para implantar a iniciativa. E adicionalmente, todos na organização devem ter uma mentalidade e um comportamento centrados no cliente.

Questões para revisão

1. Descreva com suas palavras o conhecimento genérico e o conhecimento específico.
2. Em sua opinião, por que é importante ter conhecimentos relacionados à informática?
3. Quais são os tipos de transformação que o mundo está sofrendo e que obrigam o profissional a se reposicionar para o futuro?
4. Por que é importante ter domínio de outros idiomas?
5. Discorra sobre a criatividade e os métodos criativos.

11 Transformação digital na cadeia de abastecimento

OBJETIVOS

Após a leitura deste capítulo, você será capaz de entender:

- ✓ as vantagens da tecnologia da informação;
- ✓ como a tecnologia da informação pode integrar os processos empresariais;
- ✓ o impacto da transformação digital na cadeia de abastecimento;
- ✓ a Indústria 4.0 – conceitos, ferramentas e impactos;
- ✓ a evolução da tecnologia da informação.

FIGURA 11.1 Aplicação da tecnologia da informação para obter vantagem competitiva

Fonte: elaborada pelo autor.

11.1 VISÃO GERAL

Nos tempos atuais, as relações entre empregadores, colaboradores, consumidores e fornecedores vêm sofrendo uma reformulação significativa por causa dos impactos trazidos pelas plataformas digitais. Mais e mais pessoas são inseridas no contexto da economia digital.

Graças ao progresso científico, a transformação digital permite que todos os setores e indústrias possam usufruir dessa evolução. E ela traz enormes benefícios a longo prazo.

O interessante é que os elementos tecnológicos, além de se modificarem por meio de melhorias contínuas, também sofrem choques mais fortes, como a computação em nuvem, a inteligência artificial, a capacidade de análise de dados, entre outros, parecendo um quebra-cabeça em que as funções vão se encaixando para solucionar os problemas empresariais e, porque não, individuais.

A tecnologia da informação apoia as necessidades de negócio há muito tempo, com cálculos básicos realizados há décadas, culminando nas ferramentas de otimização mais complexas utilizadas na economia moderna.

O *Materials Requirements Planning* (MRP), surgido na década de 1970, foi responsável por uma revolução na forma de calcular a necessidade de materiais, apresentando maior velocidade e possibilitando que os planejadores usassem mais a inteligência para analisar resultados do que propriamente as calculadoras e as planilhas para determinar as quantidades a serem compradas.

A internet, contudo, é um dos extraordinários avanços em termos de tecnologia. Ela reúne comunicação, equipamentos e aplicativos para se atingir a excelência transacional. Trata-se de uma rede à qual todos se conectam, seja para efetuar transações financeiras, consultar saldos bancários, fazer pagamentos e aplicações, seja para baixar jogos e músicas, comprar livros e computadores, entre inúmeros outros interesses. É possível até jogar partidas de xadrez em linha sem conhecer o oponente e, enquanto joga, enviar a ele mensagens de elogio ou até de provocação.

As organizações também têm aproveitado a tecnologia da internet para se relacionar com clientes e fornecedores. Cada vez mais, os conceitos de colaboração são buscados para aumentar a vantagem competitiva por meio de respostas eficientes às demandas, ao desenvolvimento de produtos e à redução de custos.

As organizações situadas no Brasil, nacionais e multinacionais, têm perseguido as melhores práticas de negócio. Enquanto nos países mais desenvolvidos as empresas desbravam a tecnologia liderando iniciativas –, aqui aproveita-se o que já há de melhor, mantendo-se a posição de fiel seguidor. Essa é uma estratégia interessante e que tem funcionado.

11.2 ALINHANDO A TECNOLOGIA DA INFORMAÇÃO COM AS NECESSIDADES DO NEGÓCIO

As organizações tradicionais estão sofrendo uma transformação importante ao usar a tecnologia como base para alterar seus padrões de comportamento. A empresa antiga era altamente departamentalizada, com predominância de inúmeras funções. Cada unidade funcional mantinha o próprio indicador de desempenho, e esse indicador, muitas vezes, não tinha significado corporativo ou não trazia benefícios para o processo como um todo.

Entretanto, na era da informação, a organização deve ser muito mais flexível e apresentar estruturas organizacionais mutáveis. As áreas funcionais têm seus limites transpostos, e grupos trabalham em conjunto para identificar novas oportunidades de negócios. A informação passa a ser compartilhada interna e externamente.

Dessa forma, a tecnologia da informação começa a exercer um papel fundamental na organização, visto que lhe oferece suporte para processos importantes, como avaliação de oportunidades de mercado, gestão de produção e distribuição, serviço ao cliente, operações de manufatura, entre outros. Hoje, essa tecnologia é parte da empresa e quem não enxergar isso terá seu futuro comprometido.

A tecnologia da informação ajuda a transformar radicalmente as características da empresa, seja na produção, seja na distribuição ou no serviço ao cliente. Grande parte das organizações não percebe a importância de usá-la como elemento fundamental que dá suporte na luta pela competitividade. Elas implementam sistemas integrados, muitas vezes sem uma estratégia bem definida sobre aonde querem chegar. O fato de o mundo estar caminhando para o comércio eletrônico com organizações virtuais não significa que as empresas devam embarcar em propostas de fornecedores de sistemas e implantar aplicações tecnológicas sem uma avaliação estratégica. O que é bom para uma organização não necessariamente será bom para outra.

Dada a importância com que é tratada a ciência da computação e a velocidade com que evolui, é importante dar-lhe atenção especial, uma vez que ela está presente em todas as atividades da nossa vida, desde uma simples chamada telefônica até o envio de uma nave tripulada ao espaço.

Este capítulo aborda aspectos importantes do uso da tecnologia da informação, que vão da elaboração das estratégias a seus possíveis benefícios.

11.2.1 Sistemas de informação e as estratégias de negócio

As organizações têm investido entre 0,5% e 10% de seu orçamento em tecnologia da informação. Nada mais lógico do que saber como e onde esse orçamento está sendo utilizado, ou, de outra maneira, como aplicá-lo melhor.

As mensagens compartilhadas por líderes organizacionais em qualquer segmento estão relacionadas ao melhor uso da tecnologia da informação para dar suporte às estratégias das empresas, estabelecendo uma conexão entre as ferramentas tecnológicas e os objetivos corporativos.

Um dos grandes desafios que as organizações enfrentam é a capacidade de entender como a tecnologia da informação pode ser utilizada como suporte das necessidades de negócio. O conceito de cadeia de valor, introduzido por Michael Porter em 1985 e ainda atual, ajuda a explicar quais atividades de negócio podem ser analisadas e transformadas com o uso da tecnologia.

Tudo se inicia com um claro entendimento dos fundamentos do negócio e para onde caminham as empresas, o mercado, os clientes, os consumidores e a própria tecnologia.

FIGURA 11.2 Pressões que as empresas modernas sofrem para se manter competitivas

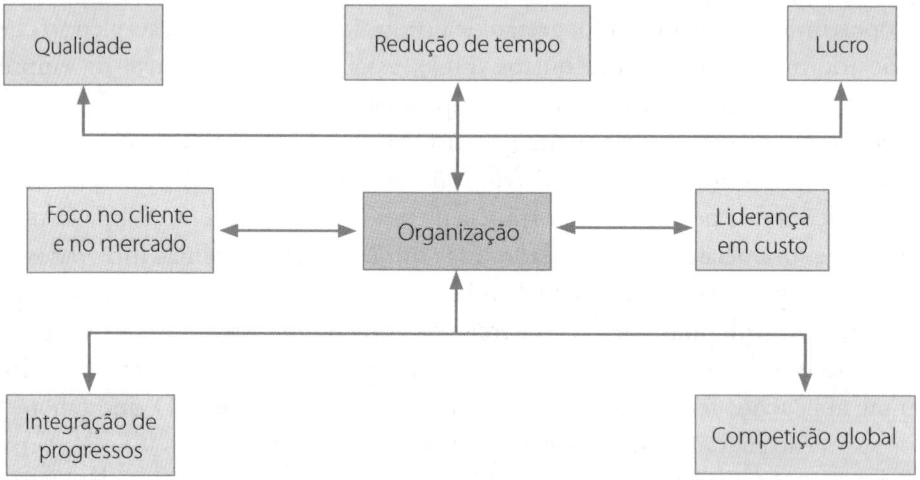

Fonte: elaborada pelo autor.

A visão convencional que se tem do papel da área de sistemas – tecnologia da informação – em relação às estratégias de competitividade é muito reativa. A tecnologia da informação nem sempre é chamada a moldar as estratégias da organização, mas, sim, a executar e dar suporte a algo que foi decidido.

Ao contrário disso, a evolução demonstra que a tecnologia é um fator fundamental na definição de modelos de negócio e na elaboração de estratégias para se alcançar os objetivos organizacionais com base na transformação e na criação de modelos de negócios, principalmente na era digital. Dessa forma, a área tecnológica deve ser vista como um elemento que desempenha um papel proativo, contribuindo sobremaneira com os requisitos da organização. Afinal, atributos de desempenho exigidos por ela são fatores que podem ser suportados pela tecnologia, como velocidade, visibilidade, integração, qualidade e flexibilidade.

Para muitas organizações, mesmo as grandes, a estratégia de sistemas não possui a característica formal de alinhamento e direcionamento das estratégias de negócio. Diversas delas veem a tecnologia da informação muito mais como uma área de suporte e centro de custo; mas felizmente isso está mudando. Organizações em busca da vantagem competitiva e líderes na criação de melhores práticas estão explorando adequadamente a área de tecnologia, transformando a forma de fazer negócios, melhorando o relacionamento com fornecedores e clientes em busca de oportunidades. A tecnologia passa a apoiar a transformação dos negócios e entra como elemento viabilizador das estratégias empresariais, apoiando o atingimento dos resultados e objetivos.

11.2.2 O contexto da tecnologia da informação

A tecnologia da informação pode ter significados diversos para diferentes pessoas e organizações. A seguir, são apresentados alguns tópicos de sua inserção.

- Aplicações para processamentos transacionais, como MRP e ERP.
- Aplicações para processamento de informações, análise de dados e geração de relatórios.
- Sistemas de suporte à decisão.
- Sistemas de execução.
- Ferramentas de produtividade.
- Inteligência artificial.
- Automação de processos e robótica.
- Comunicação de dados e de voz.
- Automação de manufatura, vendas, distribuição, compras e projetos de desenvolvimento.
- Dispositivos móveis, que permitem ações e tomadas de decisão, independentemente de se estar ou não no escritório.
- Outras tecnologias, como ATM, *smartcards*, código de barras, *Radio Frequency Identification* (RFID), *drones*, robôs etc.

O foco tradicional da tecnologia da informação tem se limitado à resolução de problemas transacionais e à utilização de aplicativos como ERP, otimizadores de processo, ferramentas de planejamento e sistemas de gerenciamento de informações. No entanto, a integração entre as comunicações e as aplicações convencionais de manufatura, projetos e controle sugere que todo o processo seja visto sob um único prisma.

O processo para a elaboração da estratégia da tecnologia da informação com foco na estratégia de negócios considera três pontos fundamentais: formulação da estratégia; planejamento e desenvolvimento de programas de inovação; e melhoria de qualidade.

11.2.2.1 Formulação da estratégia da tecnologia da informação

Antes de estabelecer uma estratégia para a tecnologia da informação, a empresa deve identificar claramente o papel dessa área no contexto organizacional, pois essa estratégia assegura uma estrutura de políticas que descreve e consolida como as áreas de negócio utilizarão os recursos do setor e que níveis de serviço devem ser comprometidos.

Existem inúmeras possibilidades para que as estratégias de tecnologia da informação não estejam em perfeita sintonia com as estratégias de negócio, dentre as quais podemos citar:

- determinação de objetivos e valores que podem não estar perfeitamente alinhados ou priorizados entre as diferentes unidades de negócio;
- tempo – uma das características da tecnologia é promover a velocidade e a integração de processo. No entanto, as estratégias devem estar alinhadas para que as ferramentas corretas sejam utilizadas;
- a tecnologia da informação é um meio para que a organização possa atingir seus objetivos. O alinhamento das estratégias garante que os meios disponíveis sejam os corretos para o atendimento das metas.

Uma característica fundamental para a elaboração da estratégia de tecnologia da informação é focalizar as tendências tecnológicas em vez de olhar para o passado. Os resultados provenientes da elaboração da estratégia consistem nos seguintes elementos:

- definição do posicionamento e das oportunidades por meio da determinação de premissas, papéis, objetivos e medidas de desempenho e avaliação dos riscos;
- análise das competências principais em termos de operações dos sistemas existentes, desenvolvimento de novos sistemas e identificação de competências adicionais que seriam necessárias para dar suporte às estratégias da organização;
- gestão da tecnologia da informação e de sua estrutura organizacional com foco em responsabilidades de planejamento, execução, controle e utilização de parceiros na operacionalização de algumas atividades (*outsourcing*).

11.2.2.2 Planejamento da tecnologia da informação

Uma vez que a estratégia esteja desenvolvida, os planos para a sustentação dos negócios precisam ser iniciados. Seu desenvolvimento engloba os seguintes aspectos:

- plataforma tecnológica e de dados que possa responder e se adaptar às necessidades dos negócios definidos na estratégia;
- aplicações que sejam modernas, fáceis de usar e manter, apresentem estabilidade, sejam confiáveis e com fornecedores tecnológicos estáveis;

- ambiente de desenvolvimento com ferramentas poderosas e pessoal altamente capacitado;
- parceiros fortes e competentes.

O plano de tecnologia da informação é, portanto, uma fotografia do futuro que permitirá que não só o departamento em si seja competitivo, mas que toda a organização alcance seus resultados, sobretudo em se tratando de utilização de recursos ainda mais avançados e propiciados, por exemplo, pela tecnologia digital.

Um plano tecnológico que não esteja profunda e detalhadamente alinhado com a estratégia de negócios pode ser muito superficial e incoerente, além de não obter o comprometimento dos executivos das áreas de negócios.

11.2.2.3 Programas de inovação e melhoria de qualidade em tecnologia da informação

Após os esforços de elaboração da estratégia e do planejamento, vem o desenvolvimento de programas de qualidade na área de tecnologia da informação, os quais definem as ações necessárias para se sair do estágio atual e passar para o estágio desejado, analisando o grau de maturidade da área de tecnologia em relação às melhores práticas de mercado. Os programas de qualidade total, muito aplicados no mundo dos negócios, devem incluir iniciativas voltadas para a melhoria do desenvolvimento de aplicações, operações de sistemas, gerenciamento de sistemas e atribuições outras que estejam conectadas com o resto da organização.

Eis algumas iniciativas que merecem especial atenção em um programa de qualidade total.

- Aumentar a importância do alinhamento com as estratégias empresariais, cuja força de trabalho deve ser mais orientada ao processo de negócios.
- Identificar unidades de negócios que estejam recebendo pressões diferenciadas do mercado e armar estratégias personalizadas para essas áreas.
- Identificar e implementar planos de desenvolvimento da estrutura, preparando as pessoas para novos desafios.
- Certificar-se de que os padrões tecnológicos existentes são consistentes com as necessidades vitais da organização; caso não o sejam, assegurar orçamento apropriado para seu desenvolvimento.
- Utilizar metodologias claras e efetivas.
- Incrementar o uso de tecnologias avançadas e que de fato tragam valor agregado para a organização.
- Implementar medidas de desempenho de acordo com o contrato estabelecido com o resto da organização (o conhecido *Service Level Agreement* – SLA).

- Desenvolver planos que considerem maior velocidade de solução dos problemas existentes e que possam trazer sérios impactos às necessidades do negócio.
- Manter a atenção também em acontecimentos externos e não tecnológicos, como evolução do nível de satisfação dos clientes, dados de mercado e concorrência.
- Convencer a organização a manter o comprometimento com as atividades pertinentes à tecnologia da informação.
- Estar atento a toda e qualquer inovação no mercado que afete os negócios e que possa trazer contribuições à organização.

11.2.3 Perspectivas de competitividade

Uma estratégia de tecnologia da informação faz que a organização mantenha o foco em atividades que trarão grandes impactos à competitividade. Essas atividades podem ou não ser aquelas que trarão benefícios ou economia no curto prazo. Essa simulação pode fazer com que a organização priorize ou rejeite estratégias que tragam maior retorno em investimento ou tenham baixo risco. O fato de existir alinhamento com a estratégia permite uma clara identificação de onde é necessário investir primeiro e a que custo. As palavras-chave são consistência e prioridade. A estratégia é um aglomerado de princípios que permitirá e direcionará a tomada de decisão.

11.3 INTEGRANDO A EMPRESA COM TECNOLOGIA DA INFORMAÇÃO

O Enterprise Resources Planning (ERP) é uma evolução dos conceitos de *Materials Requirements Planning* (MRP) e *Manufacturing Resources Planning* (MRP II), desenvolvidos há mais de três décadas e que têm como principal objetivo a integração da organização por meio de seus processos e funções. Sua implementação não é simples e exige comprometimento de toda a empresa, a começar pela alta gerência. No entanto, as organizações que buscam vantagem competitiva necessitam melhorar seus controles, ter maior acesso a informações confiáveis, padronizar processos e reduzir os tempos na tomada de decisão. O ERP é a ferramenta que propicia esses benefícios, ainda que algumas complexidades sejam somadas ao processo.

O mercado tem uma quantidade enorme de empresas oferecendo o ERP, de tal forma que muitos estudos são efetuados somente para selecionar e implementar o pacote que melhor se ajusta às necessidades de negócio da organização. Ninguém quer correr riscos, afinal, o ERP afetará toda a organização e sua forma de fazer negócios.

Os produtos podem encaixar-se ainda em diversos segmentos do mercado. Existem aqueles que são desenvolvidos em plataformas para atender às grandes organizações, enquanto outros têm seu direcionamento para pequenas e médias empresas.

11.3.1 Planejamento das necessidades de materiais

O MRP é um sistema de informações com base em computador, introduzido nos Estados Unidos nos anos 1970, que apresentou um novo mecanismo para calcular eficientemente que materiais ou componentes são necessários, quando são necessários e qual a quantidade mais econômica. Utilizando o plano mestre de produção combinado com a estrutura de produtos – *Bill of Materials* (BoM) – a serem produzidos, ele projeta as necessidades dos materiais requeridos pelo plano. Pela interação com os níveis dos estoques e com as quantidades requeridas, o MRP determina se é necessário comprar mais componentes ou materiais. Esse conceito, no início utilizado para direcionar as atividades de compras, foi posteriormente estendido para outros fins, como:

- modificações dinâmicas no plano de produção, permitindo simulações;
- criação de ordens de produção para produtos intermediários;
- criação de programas de produção para fornecedores dedicados;
- administração dos estoques nos armazéns por meio do conceito do *Distribution Resource Planning* (DRP) para certificar que os estoques estejam no local certo.

Com esses conceitos implementados nos processos de planejamento, as organizações passaram a um novo estágio de maturidade empresarial. Nos dias atuais, porém, muitas ainda não têm um efetivo MRP ou, por causa de controles e procedimentos mal definidos, não extraem o melhor desse sistema.

QUADRO 11.1 Entradas e saídas de informação

INFORMAÇÕES REQUISITADAS PELO MRP	INFORMAÇÕES GERADAS PELO MRP
Demanda de todos os produtos.	Ordens planejadas.
Tempo de entrega ou de produção para produtos finais e componentes.	Aviso de ordens liberadas.
Política de tamanho de lote para todos os itens.	Aviso de ação: mudanças de quantidade ou datas, cancelamentos etc.
Níveis de estoque.	Relatório de prioridades.
Estoque de segurança.	Informações sobre estoques.
Ordens em trânsito ou pendentes de entrega.	Relatório de desempenho, como itens inativos, tempos de entrega e produção reais, ordens em atraso etc.

Fonte: elaborado pelo autor.

O MRP desempenha uma função importante no controle e no planejamento de material. Ele traduz os planos agregados de produção em planos individuais, com detalhes suficientes até para desenvolver o planejamento de capacidade, ainda que não seja totalmente efetivo, uma vez que não considera restrições de produção. É o ponto inicial para as empresas que querem automatizar o processo produtivo. Organizações que o utilizaram obtiveram mais sucesso na implementação do sistema ERP, uma vez que a cultura computacional, de certa forma, já era parte do ecossistema. Muitas aplicações foram desenvolvidas com a utilização dos conceitos do MRP. Contudo, ainda que efetivo no dimensionamento das necessidades em termos de quantidade e tempo, falhava em outros fatores, como capacidade, administração de espaço, capital de trabalho, mudanças de engenharia e administração dos custos.

11.3.2 Planejamento dos Recursos de Manufatura (MRP II)

Nos anos 1980, o conceito do MRP expandiu-se. Deixou de ser apenas um sistema de planejamento de materiais e transformou-se em um sistema mais amplo: passou a administrar plantas e pessoas, e a planejar também a distribuição. Deixou de ser um processamento local, passou a usar o conceito das redes locais e começou a ser chamado de MRP II.

No novo conceito e nas novas funções introduzidas, o MRP II ganhou efetiva importância como ferramenta. Os fatores adicionais eram:

- planejamento de longo prazo;
- planejamento de recursos em nível superior;
- plano mestre de produção;
- planejamento de capacidade (no nível macro e detalhado);
- controle do chão de fábrica.

Uma característica importante do MRP II é a sinergia entre os processos, o que permite retroalimentar a cadeia de negócios de modo que a organização melhore continuamente seus processos em busca de maior eficiência.

Ainda que o MRP II tenha sido um passo extremamente importante para as organizações em termos de eficiência no planejamento de produção e materiais, logo se percebeu que a satisfação de cliente e a lucratividade não eram elementos constantes na ferramenta. Como cada vez mais o mercado exigia esses elementos, eles precisavam ser incorporados ao processo. Assim, aspectos de finanças, estimativas de vendas, processamento de pedidos, controle de qualidade e distribuição deveriam ser incorporados. Nasceu, então, o conceito do ERP, cujo objetivo foi integrar totalmente a empresa.

11.3.3 Planejamento dos Recursos da Organização (ERP)

A implementação de um sistema integrado é um passo importante para qualquer organização, sobretudo para as que querem permanecer competitivas na era da informação. Para isso, elas necessitam integrar seus processos. Muitas investiram e investem pesadamente em pacotes que melhor se ajustem às suas necessidades, a fim de obter respostas rápidas às mudanças pedidas pelo mercado.

O objetivo principal de um sistema integrado ou ERP é fornecer controle e suporte para os processos operacionais de forma totalmente integrada. A existência de um sistema integrado permite uma evolução mais eficiente no mundo dos negócios, que é a implementação de ferramentas inteligentes que efetuam as simulações de cenários de negócios, otimizando produção e distribuição.

As aplicações integradas foram projetadas para auxiliar as organizações a manter vantagem competitiva na gestão de processos de negócio que são críticos. Pelo fato de integrarem diferentes processos, como produção e distribuição, compras e manutenção, essas aplicações permitem às empresas responder rapidamente às expectativas dos clientes e às condições de mercado.

11.3.3.1 Benefícios de um sistema ERP

Integração e padronização de processos

Com a integração, as informações dispersas pelos diferentes processos passam a ter mais visibilidade. Imagine o acesso ao estoque de determinado produto que se encontra em vários centros de distribuição. O sistema integrado permite a visibilidade desse estoque em linha, enquanto os sistemas implantados de maneira isolada somente fornecem essa informação quando um processo de consolidação dos dados é executado. A aprovação de crédito de determinado cliente acontece em linha e de forma integrada, sem a necessidade de exportação de dados para sistemas diversos. Com a integração, as informações dispersas passam a ter mais visibilidade.

Além disso, o ERP padroniza os processos existentes entre as várias companhias e unidades, aumentando sua eficiência.

Acesso à informação

Os sistemas têm evoluído juntamente com as necessidades apresentadas pelas empresas. O velho modelo de organização empresarial apresentava empresas divididas em pequenos feudos ou silos, e os sistemas eram desenvolvidos de forma departamentalizada. A integração não era praticada, uma vez que não era exigida do ponto de vista de processo. A transferência de dados entre os sistemas não era fácil em razão da incompatibilidade entre eles.

O sistema ERP é integrado, e o acesso às diferentes informações é possível, sem a necessidade de reconciliação ou checagem de dados. Ele também elimina os eventuais conflitos existentes entre os vários departamentos e divisões. Os dados da organização são integrados em uma única base.

Eliminação de redundância

Com a eliminação dos feudos, as informações repetitivas deixam de ser digitadas. O exemplo mais característico é o cadastro de produtos, uma vez que ele é básico em todos os processos da empresa: estoques, preços, vendas, planejamento da produção etc. Não é raro que as organizações apresentem múltiplas bases de produtos dispersos por vários departamentos, como o de vendas e marketing, compras, planejamento de produção, manufatura e financeiro. As empresas se acostumam de tal forma a conviver com esses problemas que não os veem como elementos que impedem um fluxo operacional mais limpo e estruturado. Além disso, planilhas multiplicam-se na organização. O que poderia ser um atributo de integração e velocidade para a tomada de decisão não raro se torna um elemento que influencia negativamente os resultados dos planejamentos de curto prazo.

Redução de tempo nas operações

A visão global e por processo permite que lançamentos individualizados ocorram uma única vez, com a definição do responsável pela informação. Além de reduzir o tempo, essa prática atribui uma característica mais confiável à informação existente. Os lançamentos da entrada de materiais no estoque permanecem disponíveis e visíveis a todos os interessados em tempo real. Essa função, por sua vez, alimenta e atualiza todos os processos afetados. Análises de estoque e criticidade de itens podem ser feitas em linha, independentemente de onde se situe o armazém.

Eficiência

Associado a uma revisão de processos, o ERP pode tornar as atividades da empresa mais eficientes por meio da redução de tempo desnecessário, tarefas supérfluas e melhoria nos controles. Existem empresas que conseguem reduzir o tempo de entrega dos produtos de meses para semanas; outras reduzem o estoque para níveis bastante satisfatórios, otimizando os custos da cadeia logística e tornando-se mais competitivas.

Adaptação às mudanças de processo

A maioria das empresas de ERP desenvolve seus produtos para responder com agilidade às necessidades do mercado e reagir satisfatoriamente às suas mudanças. Alguns sistemas de ERP são específicos para certos segmentos de indústria e os atendem melhor; outros oferecem o produto verticalizado por indústria. Os mais modernos permitem, ainda, que se utilizem as melhores práticas de processo para determinado segmento.

11.3.3.2 Problemas associados a um sistema ERP

Implantação

A implantação de qualquer *software* ERP consome bastante tempo e apresenta custos elevadíssimos. Por ser uma tarefa extremamente trabalhosa e árdua, as dificuldades para se encontrar profissionais competentes no mercado são grandes.

Imposição de padrões

As aplicações ERP forçam as empresas a ajustar suas formas de trabalho a fim de que os módulos projetados possam ser implantados. Conceitualmente, essa imposição, embora simples, pode vir a engessar certas práticas de negócio, sobretudo aquelas em que as empresas apresentam um diferencial competitivo.

Como o tempo de implantação é, em geral, longo, um erro na escolha do *software* ou um tropeço na implantação pode levar à perda de vantagem competitiva ou oferecer um espaço demasiadamente grande para a concorrência, o que dificultará uma posterior recuperação.

Muitos profissionais da área de sistemas não têm essa visão. O conhecimento profundo de ferramentas de informática não leva a empresa a ter vantagem competitiva em termos tecnológicos, mas, sim, a forma como se implementa e disponibiliza essa ferramenta para uso da empresa.

Fornecedor único

Embora os custos baixos de manutenção e licenças possam ser considerados um aspecto positivo, ficar nas mãos de um único fornecedor de aplicações pode ser arriscado. Qualquer alteração de *software* pode deixar a empresa em estado de alerta, e a necessidade de se fazer modificações genéricas causará tensão em todos.

11.3.3.3 Custos associados a um sistema ERP

Os custos associados à implantação de um sistema ERP dependem de vários fatores, como funcionalidades a serem adquiridas, número de usuários, nível de complexidade da empresa, sistemas existentes e grau de adequação do *software* para atender à demanda do negócio. Outros custos devem ainda ser mensurados no processo: equipamentos necessários, custos de implementação, *softwares* básicos para suportar o ERP, treinamento e disponibilização de pessoal interno para participar do projeto.

A implantação é um processo bastante variável e nele deve-se levar em consideração desde uma reengenharia até uma simples revisão dos processos e adequação do sistema a ser implantado. Dados históricos mostram que o tempo de implementação e, consequentemente, os custos de projeto, apresentam valores significativamente maiores que os previstos, o que demonstra que a implantação de sistemas dessa natureza não é simples e exige gastos relevantes.

Custos não aparentes

Existem alguns custos que, na maioria das vezes, não são controlados ou entendidos como importantes pela maioria das empresas, mas que têm particular impacto no processo todo. Entre eles, podemos citar:

- curva de aprendizado – na realidade, os custos considerados são apenas os requeridos para que os usuários venham a ter certa familiaridade com o sistema. No entanto, pode levar semanas ou até meses para que o usuário seja produtivo;
- suporte para aplicações e equipamentos adicionais;
- resistência à mudança.

11.3.3.4 Decisão de implantar um sistema ERP

Alguns fatores influenciam as organizações a considerar a troca de sistemas. A lista mencionada a seguir não esgota todas as possibilidades, mas apresenta os principais fatores que levam à implementação de um sistema ERP.

- Os sistemas atuais não funcionam adequadamente por causa de mudanças na empresa, sejam estruturais, sejam funcionais.
- Os equipamentos de informática são arcaicos, não oferecem confiabilidade e sua manutenção é difícil.
- Os equipamentos estão sobrecarregados, e a capacidade máxima de armazenamento ou processamento não é compatível com a demanda da organização.
- A linguagem de programação é arcaica, dificultando a manutenção por causa dos recursos disponíveis ou da documentação rudimentar.
- O fornecedor do aplicativo apresenta deficiências de suporte ou não atua mais no mercado.
- O excesso de adequação ou "customização" do *software* não permite migrar para versões mais atualizadas, que atendam às necessidades do negócio.
- A evolução da tecnologia pela internet, da gestão da cadeia de abastecimento e do comércio eletrônico requer novos sistemas.
- Os custos de manutenção são elevados.

- A empresa necessita de uma reengenharia de processos, com a seleção de um pacote que esteja de acordo com as necessidades do negócio.
- A perspectiva global de mercado obriga a empresa a criar novas funções na área logística para relacionar-se com clientes internacionais.

11.4 BUSCANDO VANTAGENS COM A UTILIZAÇÃO DAS NOVAS TECNOLOGIAS

O ambiente de negócios é governado pela criação de flexibilidade para entregar produtos ou serviços a um custo mais competitivo. Cada vez mais, isso ocorre no contexto da cadeia de demanda, que conecta clientes, fabricantes e seus respectivos fornecedores. A evolução na forma de fazer negócios, repensando processos e estratégias – combinados ao poder oferecido pela internet –, tem direcionado as organizações para novos modelos de negócio, olhando além da cadeia interna e buscando novos conceitos e quebras de paradigmas.

A cadeia de abastecimento apresenta camadas múltiplas que começam a se interligar. A preocupação de uma montadora de automóveis, por exemplo, não se restringe aos seus fornecedores, mas abrange os fornecedores de seus fornecedores. A eficiência está relacionada a todos os elos da cadeia e esse conceito tem se propagado cada vez mais.

Nesse contexto, focalizar as atividades que realmente têm valor agregado nos vários elos da cadeia começa a ser um fator crucial para as empresas. A característica do negócio volta-se mais para como administrar a cadeia como um todo, de modo que seus elos trabalhem com perfeição. A eliminação da complexidade e a descoberta de formas mais simples de colaborar são o grande desafio das organizações. Ainda que lentamente, todas chegarão a esse patamar, ao menos aquelas que serão vencedoras.

A grande dúvida, no entanto, está relacionada ao modelo de cadeia de demanda que se deverá implementar e como os processos e as tecnologias se complementarão. Não resta dúvida de que as tecnologias são muito mais que suporte a processos: são também direcionadoras deles.

A colaboração entre os diferentes elos da cadeia é o novo paradigma com o qual as organizações vão se defrontar neste milênio, e o grande desafio será como elas reagirão ao modelo. Medidas de desempenho deverão ser reavaliadas, e a tecnologia mais do que nunca deverá ser entendida para que possa ser utilizada.

Planejamento colaborativo, gestão do relacionamento, abastecimento contínuo ou mudança da cadeia de abastecimento para cadeia de demanda serão temas dos próximos anos na luta pelo conhecimento e melhores práticas. Para isso, as organizações precisam entender seus clientes e consumidores, seus hábitos e costumes e aí investir – e investir certo.

A seguir, apresentaremos alguns conceitos aplicados aos processos organizacionais que têm recebido grande suporte da tecnologia. Contudo, é relevante separar e entender essas aplicações, pois exigem conhecimento e mudança de processos de negócios. Nenhuma tecnologia é suficiente por si.

11.4.1 *Collaborative, Planning, Forecasting and Replenishment* (CPFR)

O CPFR, conceito relacionado ao planejamento colaborativo, é um processo no qual a manufatura e o comércio compartilham informações coletadas nos pontos de venda para preparar a estimativa conjunta de vendas, gerando o plano de vendas. Essa estimativa direcionará os planos de produção e de abastecimento após a colaboração entre partes, o que possibilita a eliminação de discrepâncias que eventualmente possam ocorrer. A internet é a tecnologia utilizada para alterar o modelo de relacionamento e aumentar a lucratividade das partes. Os principais objetivos do CPFR são:

- aumentar a disponibilidade de estoques;
- melhorar o nível de serviço ao cliente;
- melhorar a comunicação entre as partes envolvidas;
- aumentar as vendas;
- aumentar as margens brutas;
- reduzir os níveis de estoques nos diferentes elos da cadeia de abastecimento;
- manter a curva de produção mais linear no fabricante.

Os maiores obstáculos a serem enfrentados pela indústria ou pelo comércio na implementação do CPFR é o desenvolvimento de processos que tornem o modelo atrativo e funcional. Esse conceito não é uma ferramenta de tecnologia da informação e não deve ser uma iniciativa da área de sistemas. O grande desafio está em fazer com que as organizações colaborem umas com as outas e se inter-relacionem. Ainda que a aplicação tecnológica dê suporte a essa atividade, os processos devem ser desenvolvidos para que isso ocorra.

Além disso, mesmo que sua implementação tenha êxito, existem ainda outras oportunidades de melhoria que devem ser trabalhadas, como é o caso do desenvolvimento de produto de forma colaborativa – gestão do ciclo de vida do produto, o famoso *Product Lifecycle Management* (PLM) –, melhoria nos requerimentos de distribuição e nas técnicas de previsão de vendas.

Os conceitos do CPFR são muito parecidos com os de resposta eficiente ao consumidor (*Efficient Consumer Response* – ECR), complementando-os com a colaboração entre as organizações para a obtenção dos resultados buscados pelas partes. Muito mais que a utilização da tecnologia, o CPFR traz uma mudança de cultura na forma de fazer negócios, forçando a indústria e o comércio a trabalhar de maneira colaborativa, compartilhando as informações e comunicando mais rapidamente qualquer exceção ou modificação no fluxo da cadeia.

O conceito de CPFR pode ser um paradigma para as empresas de bens de consumo. Contudo, o conceito de colaboração é um modelo que vem sendo aplicado na indústria automobilística por meio de condomínios, parques de fornecedores e consórcios modulares. Os sistemistas, colaboradores centrais das grandes montadoras, compartilham as previsões, os estoques e outras informações necessárias para que os elos funcionem de modo adequado.

As campanhas promocionais são elementos que afetam fundamentalmente o fluxo da cadeia de abastecimento. A colaboração entre as partes pode minimizar a oscilação na demanda com o compartilhamento de informações.

A internet é um excelente veículo para estabelecer os processos colaborativos, principalmente com foco nas comunicações com partes externas. O conceito de CPFR deve ser utilizado em conjunto com as iniciativas de CRM – gestão do relacionamento com clientes –, uma vez que se complementam.

11.4.2 *Customer Relationship Management* (CRM)

O CRM, gestão do relacionamento com clientes, é um conceito utilizado para se aprender mais sobre as necessidades e o comportamento de clientes e consumidores, com a finalidade de desenvolver um relacionamento mais eficaz. Também no CRM, as organizações cometem um equívoco ao pensar que se trata de um componente tecnológico. Trata-se de um processo que auxilia as empresas a obter informações sobre os clientes no que diz respeito às vendas, à efetividade de propaganda e promoções, às tendências de mercado e respostas às necessidades dos clientes.

11.4.2.1 Objetivos do CRM

O CRM requer uma visão de negócio focada no cliente. Sua ideia central é utilizar a tecnologia para dar suporte aos negócios e obter informações adequadas sobre os clientes, possibilitando:

- fornecer uma qualidade superior ao serviço prestado ao cliente;
- transformar centros de atendimento a clientes em centros de excelência e relacionamento;
- vender produtos mais eficientemente e com maior velocidade;
- simplificar os processos de vendas e marketing;
- aumentar a lucratividade;
- obter novos clientes.

Os benefícios são atrativos; no entanto, para obtê-los, não basta selecionar a melhor ferramenta e implementá-la. A organização deve decidir que informações quer obter dos clientes e o que fazer com elas. Implementar uma nova tecnologia sem efetuar as devidas mudanças nos processos e nas habilidades, sobretudo das pessoas, pode ser uma iniciativa perigosa. Na maioria das organizações, lamentavelmente, o CRM inicia-se pela seleção do sistema.

As organizações relacionam-se com os clientes de inúmeras formas, incluindo visitas de vendedores, campanhas promocionais, correios eletrônicos, centros de atendimento, internet, entre muitas outras. Um sistema de CRM efetivo pode conectar todos esses pontos, coletar todos os dados e disponibilizá-los para análises em um único repositório. Os analistas podem, então, varrer esses dados de forma organizada e verificar onde melhores serviços podem ser fornecidos.

11.4.2.2 Tipos de dados para coleta

Uma grande quantidade de dados pode ser coletada por um sistema CRM: respostas às promoções; datas de despacho, entrega e compras; informações contábeis; dados pessoais, como sexo e idade; dados demográficos, de consumo geográfico e picos de vendas, entre muitos outros.

11.4.3 Otimização e planejamento avançado

As ferramentas de programação e planejamento avançados, também conhecidas como ferramentas de otimização, são elementos fundamentais para que as organizações possam aumentar o nível de satisfação do cliente. A habilidade no uso eficiente das capacidades de produção por meio da eliminação de perdas, redução de paradas e tempos de preparação traz para a organização a segurança de que os produtos serão entregues e a autoafirmação para a força de vendas, cujas promessas serão cumpridas.

As organizações que visam melhorar a eficiência da cadeia de abastecimento devem certificar-se de que suas plantas podem suportar as demandas impostas pelos clientes que requerem maior flexibilidade na cadeia. Dessa forma, é necessária maior visibilidade de toda a cadeia de abastecimento e demanda.

As tecnologias e as ferramentas de otimização hoje existentes são fundamentais no auxílio da tomada de decisão que direciona a vantagem competitiva. Na gestão da cadeia de abastecimento, algoritmos inteligentes geram poderosas ferramentas de planejamento e otimização, tanto do ponto de vista customizado como de pacotes que podem ser encontrados diretamente nas prateleiras. Conhecidas no mercado como *Advanced Planning and Scheduling* (APS), essas ferramentas visam otimizar a cadeia de abastecimento reduzindo custos, aumentando as margens dos produtos, reduzindo os níveis de estoque e aumentando a capacidade das linhas de produção e das fábricas.

11.4.3.1 Otimizando a cadeia de abastecimento

Nos últimos anos, as ferramentas de planejamento e programação (APS) desenvolveram-se muito e ficaram mais sofisticadas. O desenvolvimento da tecnologia foi um dos fatores fundamentais para que essa evolução ocorresse. Os custos e o tempo de processamento são, hoje, extremamente inferiores aos de algum tempo atrás, o que permite a execução de várias simulações.

O APS transformou-se em sinônimo de otimização da cadeia de abastecimento. Ele sincroniza um pedido ou uma ordem do cliente com necessidades de materiais, capacidades de produção e atividades de distribuição para dar visibilidade total ao processo. Até há bem pouco tempo, os grandes fornecedores desse tipo de aplicação eram especialistas cujo foco principal era a solução dos problemas da cadeia de abastecimento. Esse tipo de solução necessita de um volume e uma variedade de dados bastante grandes, que são buscados nos grandes sistemas corporativos – os ERPs. Como não poderia ser diferente, os grandes fornecedores de ERP passaram também a oferecer esse tipo de produto, com o discurso de que a conexão para o sistema corporativo é nativa e que os benefícios auferidos são maiores.

Antes que essa tecnologia estivesse disponível, um analista de negócio tinha de fazer várias análises manuais para tomar qualquer decisão importante. Contudo, dependendo da situação, é humanamente impossível executar avaliações de cenários e determinar as implicações nos negócios, mesmo para pequenas cadeias de abastecimento. As aplicações voltadas para a otimização resolvem os problemas de negócio em uma velocidade maior, gerando mais alternativas, além de proporcionar mais agilidade nas tomadas de decisão. A parte mais braçal fica com o computador. O homem analisa e toma a decisão; usa o cérebro!

A otimização inicia-se com o desenvolvimento de modelos de negócio, nos quais as variáveis ou os cenários representam os problemas e as diversidades enfrentadas pela organização. Considerações de maximização de lucros ou minimização de custos são objetivos a serem considerados e conectados às restrições impostas pelo negócio.

As aplicações de otimização podem ser utilizadas para prover respostas aos aspectos estratégicos da cadeia de valor, bem como aos mais operacionais. Os problemas mais estratégicos que podem ser encontrados e resolvidos por uma ferramenta de otimização são:

- capacidade e localização das plantas e dos produtos que elas devem produzir;
- número e localização dos centros de distribuição e das malhas logísticas;
- produtos a serem armazenados e quantidades;
- clientes a serem atendidos pelos centros de distribuição;
- fornecedores a serem selecionados.

11.4.3.2 Programação de produção e distribuição

A utilização de conceitos relacionados à programação de restrições visa atender aos problemas de programação de curto prazo, com enfoque na melhor sequência de pedidos em uma linha de produção ou de paradas em um trajeto de caminhão no interior de uma cidade.

Essas técnicas determinam o melhor agrupamento de ordens no chão de fábrica, com base nos atributos do produto, na capacidade de produção, nos tempos de parada e no fluxo de material. No final da cadeia, finalizado o processo produtivo, a ferramenta de otimização pode auxiliar na redução de custos de movimentação e transporte pela consolidação de cargas em veículos com dimensionamento adequado ou considerando o menor custo de transporte, priorizando a data de entrega do produto.

O que torna essas ferramentas mais efetivas é a velocidade com que podem responder a uma demanda do cliente. Conceitos como o *Available to Promise* (ATP) ou *Capable to Promise* (CTP) usam tecnologias sofisticadas de otimização para responder a uma demanda na quantidade e na data requeridas em função de estoque e capacidade de produção e entrega. O CTP vai além do ATP, uma vez que possibilita inserir uma ordem no programa de produção em andamento, depois que a disponibilidade de componentes e as capacidades da planta forem verificadas.

11.4.3.3 A demanda por otimização

O novo modelo de relacionamento organizacional com centralização no cliente e a forte e crescente competição trazem mais desafios e complexidade para as atividades de planejamento e programação da cadeia de abastecimento. Um número cada vez maior de tendências tem gerado forte impacto nessa crescente complexidade, a saber:

- customização em massa dos produtos;
- clientes demandando ciclos de entrega cada vez mais menores;
- demandas por entregas customizadas/personalizadas;
- operações globalizadas, tanto em compras como na manufatura e na distribuição;
- terceirização dos processos produtivos e logísticos;
- implementação de processos colaborativos, iniciativas com abastecimento contínuo e estoques administrados pelos fornecedores;
- iniciativas de integração dos elos da cadeia de abastecimento e demanda;
- aquisições e fusões.

Há mais de três décadas, o MRP era um simples conceito de explodir fórmulas e gerar necessidades de materiais, facilitando as atividades de compras; já as ferramentas de otimização vão além disso, gerando planos que consideram todas as restrições e variáveis da cadeia de abastecimento e apresentam cenários alternativos para a tomada de decisão. Trata-se da evolução, e a tecnologia tem papel fundamental nesse desenvolvimento.

FIGURA 11.3 Escopo das ferramentas de otimização (APS)

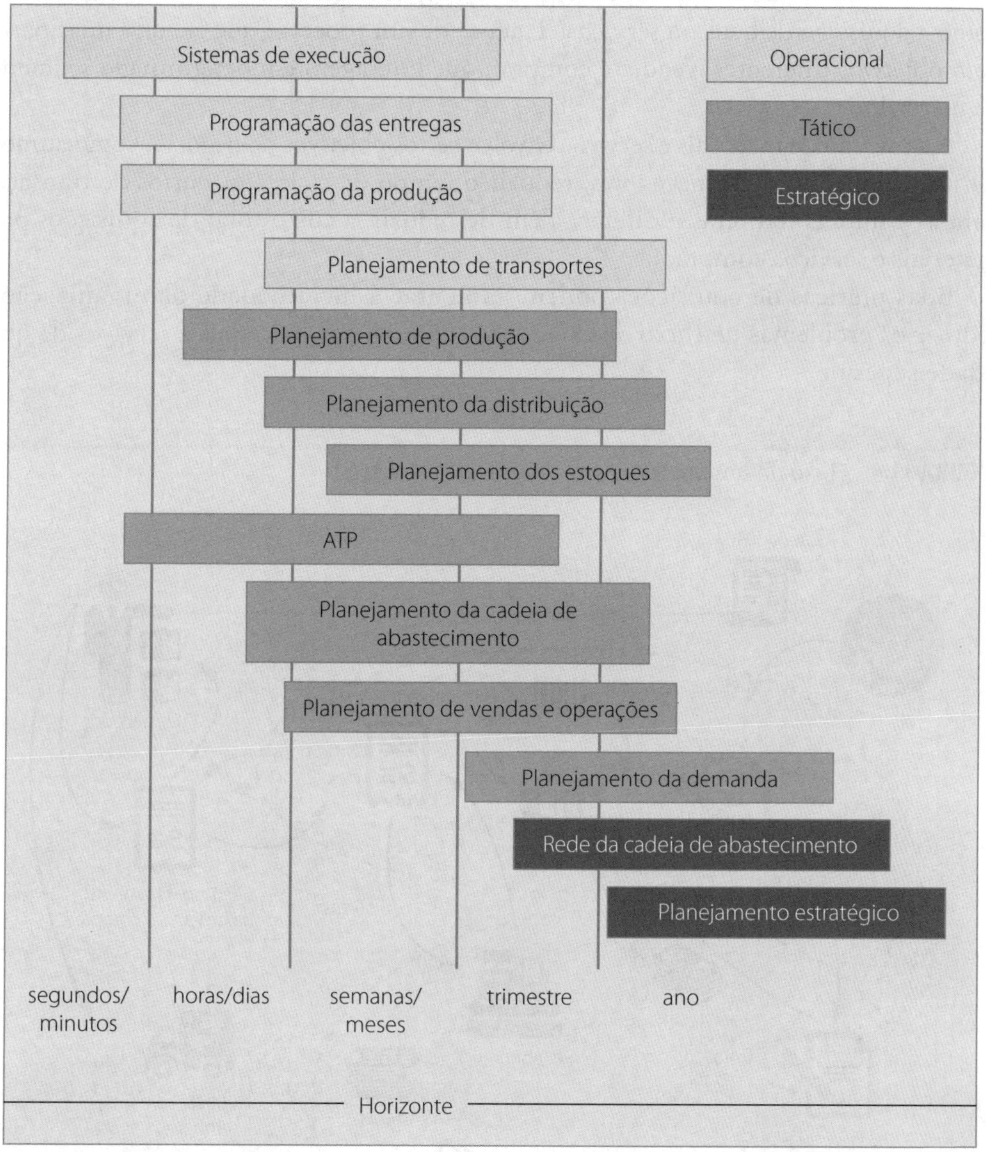

Fonte: adaptado de AMERICAN MANUFACTURING RESEARCH. *The report on supply chain management*. Boston: [*s.n.*], 1998.

Os computadores estão cada vez mais poderosos. Por sua vez, as organizações buscam mais e mais reduzir seus ciclos de planejamento, tendendo ao planejamento e à execução em tempo real. A redução desses ciclos trará redução nos níveis de estoques existentes na cadeia de abastecimento e um processo cada vez mais flexível e veloz, preparado para atender às demandas do mercado.

11.4.4 *Procurement*

Procurement, que em português significa obtenção ou aquisição, pode ser definido como a aquisição de bens ou serviços. Trata-se de um processo que envolve duas partes com objetivos diferentes, vender e comprar, que interagem em determinado segmento de mercado.

A aquisição de materiais e serviços envolve certos objetivos de negócio, como aumentar o desempenho de fornecedores, reduzir o tempo de ciclo e os custos de transação para as compras indiretas e diretas, além de reduzir o custo total de aquisições para materiais e serviços comprados.

Boas práticas de aquisições podem aumentar a lucratividade da organização e reduzir os problemas de fluxo de caixa, bem como gerar materiais e serviços de qualidade superior.

FIGURA 11.4 Fluxo de um processo de compras pela internet

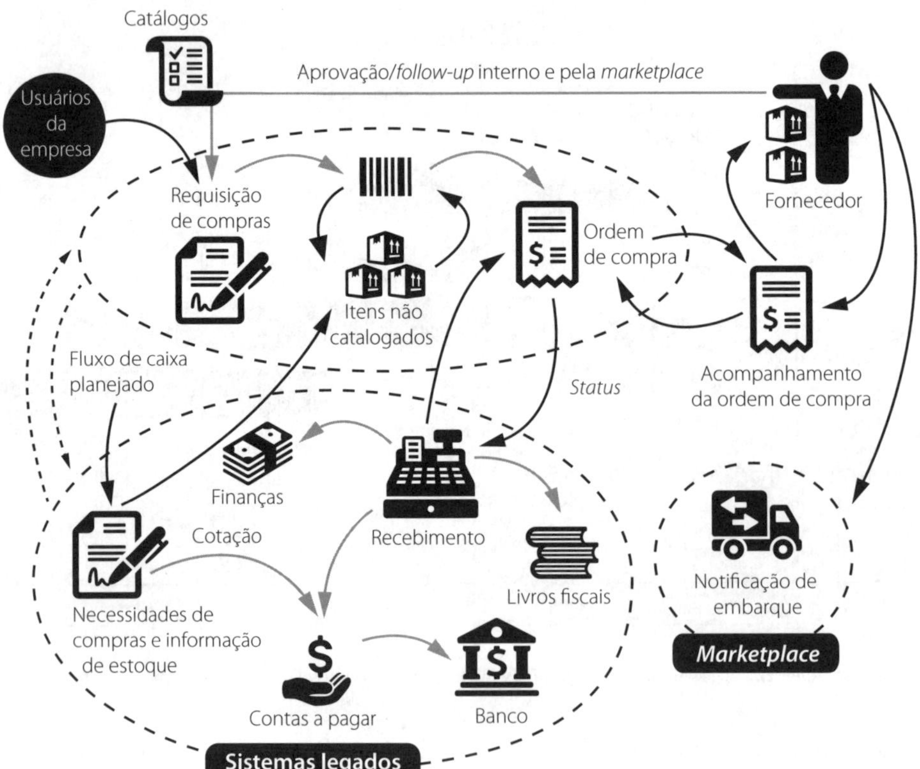

Fonte: elaborada pelo autor.

Muitas empresas obtêm benefícios com o uso da internet para efetuar compras, principalmente, de materiais indiretos, como materiais de escritório, computadores, itens de manutenção e serviços. A maior quantidade de dinheiro, contudo, é empregada nos materiais diretos, responsáveis pela montagem e pela geração de produtos. Nesse contexto, a internet, como agente transacional, é um campo ainda pouco explorado pelas organizações.

O conceito de *procurement*, com o uso da internet, tem revolucionado o mercado. É possível criar e administrar catálogos e automatizá-los a fim de alcançar eficiência de processamento de pedidos de compras, com o amparo de contratos estabelecidos com fornecedores preferenciais previamente selecionados.

11.4.4.1 Eficiência no processo

A utilização da internet para automatizar e simplificar o processo de compras é feita por meio de seu ciclo completo, ou seja, desde a análise de quanto gastar até o pagamento do item comprado. O *procurement* via internet gera, de modo automático, os pedidos de compras com base na lista de fornecedores e em regras previamente estabelecidas. Regras de aprovação podem ainda ser adicionadas ao processo seguindo os critérios da empresa, o que permite que as transações sejam administradas com base em exceções, e isso reduz de forma significativa o ciclo de compras. Essa prática oferece também possibilidade para se reagir mais rapidamente às necessidades da organização e às condições de mercado.

Quando se analisa os gastos da organização, é possível identificar fontes de oportunidade de redução de gastos. As compras urgentes, sem o uso ordinário de requisições ou pedidos, fogem ao controle normal da organização. Com o uso de catálogos e fornecedores pré-qualificados, esse tipo de compra é drasticamente reduzido.

Com fornecedores mais qualificados e em menor número, gera-se um maior volume para eles, o que possibilita descontos por volume e garantias de receita, provendo a eficiência deles.

11.4.4.2 Leilões

Os leilões realizados eletronicamente para a compra de itens diretos e indiretos podem trazer benefícios significativos para as organizações. Eles possibilitam que compradores e fornecedores participem de um processo de comunicação que reduz substancialmente o tempo e os custos de aquisição, criando valor para todas as partes envolvidas. Embora sejam vistos como uma negociação pontual, eles são muito mais que isso, pois deve-se realizar uma rigorosa investigação prévia de mercado e produtos. O leilão deve ser aplicado para *commodities* que apresentam baixo índice de customização, como impressoras, computadores etc.

Outra atividade fundamental no leilão é a preparação das especificações dos produtos e dos termos de negociação. A definição dos critérios de escolha dos fornecedores para que participem do leilão é outra atividade relevante, pois nem todos estão aptos a tomar parte nessa atividade. Os fornecedores devem entender os critérios estabelecidos.

O processo do leilão propriamente dito pode variar em forma, duração, preço inicial, informações a serem reveladas para os participantes, regras para o término etc. Algumas medidas e cuidados devem ser considerados no processo. Ainda que o leilão seja fortemente orientado pelo preço, caso o item seja de alguma maneira estratégico, outros critérios também devem ser levados em conta.

11.4.4.3 *Procurement* indireto

O *procurement* indireto está relacionado à compra de materiais não produtivos, também chamados de materiais indiretos. Trata-se dos itens que não participam da estrutura de um produto. Comumente, são chamados de *Maintenance, Repair and Operations* (MRO), ou seja, itens para manutenção, reparos e operações.

A execução desse processo conecta eletronicamente o requisitante com o fornecedor preferencial do item ou serviço. Nesse momento, todas as informações já estão disponíveis para consulta: produtos e suas especificações, listas de preços, disponibilidade do item, tempo de entrega etc. Procedimentos de aprovação, que geralmente demandam muito tempo, são predefinidos e garantem coerência com as políticas da organização.

O *procurement* indireto pode ser suportado pela tecnologia por meio dos seguintes elementos:

- catálogos eletrônicos;
- configurações de produtos;
- listas de preços;
- pedidos eletrônicos;
- acompanhamento da entrega;
- aprovações eletrônicas.

11.4.4.4 *Sourcing* estratégico – compra de materiais produtivos

Na internet, a maioria das organizações prioriza as compras indiretas, mas o maior potencial de economia reside nos materiais estratégicos, também conhecidos como materiais diretos ou produtivos. Para dar suporte a esse processo, que oferece maior complexidade que os itens indiretos, foram desenvolvidas novas ferramentas.

As mudanças recentemente ocorridas na cadeia de abastecimento, principalmente aquelas relacionadas à horizontalidade dos processos, com contratos de manufatura, obrigam as organizações a buscar alternativas eficientes de relacionamento com seus fornecedores. Apesar de toda a evolução tecnológica que se tem presenciado, grande parte das empresas ainda se apoia no fax, no telefone e no correio eletrônico para estabelecer a comunicação, embora as grandes corporações façam uso do EDI ou da internet.

As compras dos materiais produtivos são bastante complexas, daí a falta de automação no processo. Como os produtos têm grande especificidade, não é fácil catalogá-los. Em contrapartida, a forma de decisão para os materiais indiretos é quase exclusivamente orientada pelo preço, enquanto os materiais produtivos levam em conta outros fatores, como desempenho de entrega e qualidade substancial em conformidade com as especificações.

As organizações, em geral, possuem os sistemas corporativos que geram as necessidades dos itens estratégicos por meio do MRP. Contudo, a colaboração e a comunicação com fornecedores, partindo dos resultados gerados, têm sido difícil de concretizar em termos de utilização de ferramentas tecnológicas.

Conhecido como "*sourcing* estratégico" ou "compras estratégicas", esse processo possibilita uma aprimorada gestão do relacionamento com fornecedores e sua interação desde o projeto de materiais e componentes, como planejamento e colaboração entre as partes, automatizando todo o processo – da seleção dos fornecedores até a entrega de produtos.

11.4.4.5 Preparando-se para o *e-procurement*

Muitas organizações ainda têm dúvidas sobre a utilização de ferramentas como o *e-procurement*, e com razão, pois são ferramentas caras e os processos internos nem sempre estão preparados para elas. Por esse motivo, alguns passos devem ser considerados quando se pretende entrar em um processo dessa natureza.

O primeiro passo é desenvolver uma estratégia de *procurement* para materiais diretos e indiretos. Fundamentalmente, a visão deve ser orientada para um processo estratégico de vantagem competitiva, e não apenas para reduzir os custos internos da organização. A maioria das organizações vê o *e-procurement* como um redutor de custos. Essa é, na verdade, uma de suas consequências, mas ele oferece muito mais, como melhor relacionamento com fornecedores, maior controle, melhor qualidade e respostas imediatas às necessidades.

Para se estabelecer a estratégia apropriada e priorizar tipos de fornecimento e fornecedores, é importante analisar os gastos tanto de itens diretos como indiretos – serviços e materiais. Identificados esses fatores, deve-se definir os processos e o enquadramento dos itens nos modelos de relacionamento existentes. O tipo de solução pode estar orientado para um leilão reverso, compras por catálogo, cotações pela internet e transações de compras propriamente ditas.

Uma vez segmentadas as categorias e classificadas as soluções, deve-se entender as ferramentas disponíveis no mercado e analisar aquelas que melhor se adaptam à estratégia que a organização está gerando, bem como que impactos organizacionais essas soluções teriam ao ser implementadas com relação às políticas da empresa, aos indicadores de desempenho e às possíveis resistências pessoais. A gestão da mudança é fundamental.

11.4.4.6 Gestão de catálogos

O conteúdo de um catálogo é elemento vital no processo de relacionamento eletrônico. A falta de informações ou informações desnecessárias trazem custos adicionais. A habilidade que uma organização tem de compartilhar as informações de seus serviços e produtos determinará o sucesso dos seus esforços para competir no mercado eletrônico. Para quem compra, seja consumidor, seja cliente empresarial, a qualidade do conteúdo do catálogo é muito importante. Facilidades de pesquisa de produtos, preços visíveis, classificação e categorização dos itens e visibilidade dos produtos são elementos que podem determinar a transação.

11.5 TORRE DE CONTROLE EM *SUPPLY CHAIN*

A analogia de uma torre de controle de *supply chain* com uma torre de controle de um aeroporto parece ser algo bastante óbvio. As torres dos aeroportos monitoram visualmente e gerenciam o uso dos recursos em tempo real, como: pistas, portões e espaço aéreo. É possível tomar decisões e iniciar ações pela observação e pelo controle das aeronaves que estão para chegar, as que estão esperando a descida ou a subida de passageiros e cargas ou aquelas que estão prontas para partir.

As aeronaves, em conjunto com seus passageiros e cargas, funcionam como produtos e peças em uma cadeia de valor. Dessa forma, uma torre de controle da cadeia de abastecimento fornecerá ferramentas para que uma organização monitore e administre seus recursos por meio da tão pretensa visibilidade.

11.5.1 Mas... o que é uma torre de controle no contexto de *supply chain*?

Graças principalmente à evolução tecnológica, o conceito de "torre de controle" está se tornando cada vez mais comum na gestão da cadeia de abastecimento. A torre de controle pode ter significados distintos para diferentes pessoas ou empresas. Eu vou explorar o mais usual. Implementar tal conceito possibilita monitorar e rastrear as entregas em tempo real, tornando tal atividade mais eficaz. A torre de controle é um *hub*, um ponto focal que permite visibilidade, tomada de decisão e ação com base em diferentes análises em tempo real.

A execução de operações e entregas de última milha apresenta grandes desafios. As organizações necessitam superar a falta de visibilidade de materiais e produtos e seus estoques, alocação de recursos, como capacidade de movimentação, envolvendo diferentes modais de transporte, veículos e pessoas, bem como gargalos de tráfego. A falta de agilidade e a ineficiência são outros elementos importantes e que impactam radicalmente as operações logísticas das organizações, afetando os níveis de serviços contratados, bem como a satisfação de clientes e consumidores.

Portanto, aparece aqui um ponto fundamental, em que as empresas não só terão de incorporar novas tecnologias, assunto mais que debatido ultimamente, como também adotarão novos modelos estratégicos em suas operações para não se tornarem irrelevantes neste mundo extremamente competitivo.

Ao criar um ecossistema estratégico orientado à satisfação do cliente, as empresas podem ter visibilidade dos pedidos ou das ordens para reduzir o risco de potenciais rupturas.

Espera-se que uma torre de controle da cadeia de abastecimento, no mínimo, seja um lugar onde os colaboradores possam ver os recebimentos previstos, as remessas aos clientes, as ordens de produção e estoques, tanto disponíveis quanto em processo. No passado, falava-se muito do *cockpit*, que era mais voltado aos indicadores de desempenho. Diria que aqui não é muito diferente, porém usando ferramentas que efetivamente auxiliem as pessoas de operações a ser mais ágeis, eficazes e assertivas em suas tomadas de decisão.

11.5.2 Principais características da torre de controle

Segundo o conceito atual da torre de controle, algumas características incorporadas às plataformas tecnológicas podem ser:

- visibilidade e controle de toda a cadeia no que tange a pedidos de clientes, de variáveis que influenciam o desempenho dos níveis de serviço, como também a integração com os operadores logísticos;
- monitoramento em tempo real por meio de dispositivos inteligentes;
- multiplicidade de canais, possibilitando ter acesso às informações em diferentes dispositivos, compartilhando-as e colaborando com o ecossistema em tempo real;
- análise de dados – aplicações de administração de entregas podem utilizar análise de dados para direcionar eficientemente os responsáveis pela entrega de última milha para os destinos pretendidos, acelerando e mantendo a qualidade do processo de entrega;
- notificações e alertas eficazes e em tempo real, possibilitando resolver interrupções antes que provoquem qualquer ruptura na cadeia de valor.

11.5.3 Benefícios da torre de controle

Como definido previamente, a torre de controle é um local central que possui organização, tecnologia e processos. Tais elementos permitem coletar os dados essenciais da cadeia de abastecimento para dar maior visibilidade às ações a serem tomadas, no curto e no longo prazo, alinhadas com os objetivos estratégicos da empresa. Estrategicamente, dois grandes benefícios devem advir desse contexto:

- colaboração: a plataforma da torre de controle deve permitir a colaboração entre todas as partes do ecossistema, tanto internas, quanto externas, com todos trabalhando uníssonos com as mesmas informações para obter resultados comuns;
- otimização: a plataforma deve também suportar a otimização, o que facilita a tomada de decisão. Atualmente, os desafios da cadeia são tão complexos que muitas vezes estão além da compreensão humana. É necessário possuir algoritmos e regras de decisão para automatizar ou pelo menos apoiar os processos de tomada de decisão.

Os colaboradores que estão no comando da torre de controle podem tomar decisões com base no *feedback* recebido do sistema centralizado. Ao coletar dados dos processos de entrega diários, as torres de controle também oferecem uma visão única do desempenho. Com ferramentas automatizadas, a equipe pode realizar análises para otimizar decisões, identificar rupturas de processo e gerenciar as ordens com base nos tempos normais de ciclo.

Contudo, com os avanços tecnológicos e a economia digital, as organizações precisam estar dispostas a dar um passo adiante. Não podem restringir as ideias apenas ao campo dos controles; devem torná-las uma solução que também permita administrar os processos de negócios.

É importante pensar em plataformas digitais que possam incluir elementos voltados para a Indústria 4.0 ou Internet das Coisas. A estratégia visa alavancar as áreas de planejamento e a gestão da demanda com estimativas mais refinadas e redução das incertezas.

Uma torre de controle pode ser extremamente valiosa. É fundamental entender como ela pode melhor atender aos propósitos da empresa.

11.5.4 Algumas empresas usam o conceito da torre de controle

A torre de controle pode atender a vários e diferentes objetivos organizacionais. A seguir, apresento algumas empresas que buscaram o desafio de implementá-la com sucesso e atendendo a diversas demandas e requisitos de negócio. Há muitas outras!

- A Unilever tem usado o conceito na Europa para obter maior visibilidade e controle de sua logística de distribuição de produtos. Alguns dos benefícios relatados são: melhor serviço ao cliente, redução de custos e na emissão de carbono em função de uma coordenação eficiente dos transportes em diferentes modais logísticos.

- A P&G, uma empresa que possui uma das melhores *supply chains* do globo, nomeou sua torre de controle de Business Sphere. Tem obtido visibilidade global dos estoques e melhoria de desempenho na cadeia de abastecimento por meio de melhores níveis de serviço.
- A plataforma da torre de controle da Pfizer permite medir o fluxo de produtos, pedidos e despachos. Além disso, a plataforma dá à Pfizer e a seus parceiros uma visão única dos dados. Os benefícios incluem a capacidade de medir o fluxo de produtos, pedidos e remessas para estabelecer conjuntos de indicadores baseados em fatos e fundamentados no comportamento real da cadeia.
- O sistema da torre de controle da L'Oréal possibilita a sincronização de informações com todos os seus fornecedores, podendo responder mais rápido aos eventos de mercado.
- A central de comando da Dell visa coordenar a logística de peças e os técnicos de campo para atender a solicitações e requerimentos dos clientes.

A busca da vantagem competitiva na esfera global ou regional demanda uma gestão mais efetiva da cadeia de abastecimento, que depende da visibilidade dos recursos, sejam eles materiais, sejam produtos, ativos ou pessoas, e da capacidade de resposta. Existem diversos fatores determinantes para esse fim. Bons exemplos são conhecimento e domínio de processos empresariais, ferramentas de tecnologia da informação, experiências de planejamento de vendas e operações e integração entre as diversas áreas empresariais, habilidades em modelos de negócios e estratégias. Tais habilidades possibilitam a formação de teoria e prática para o conceito de torre de controle da cadeia de abastecimento. Por outro lado, a torre de controle não se presta apenas a ter uma melhor gestão e otimização dos custos da cadeia, mas seguramente é uma fonte potencial de receita e de valor agregado na busca da fidelização e satisfação dos consumidores e clientes. Assim como as estratégias e os modelos de negócios sofrem transformações e evoluções, as torres de controle também devem ser ajustadas e adaptadas às novas realidades. De outra forma, não trarão os resultados esperados. A fim de harmonizar e orquestrar a cadeia de abastecimento, é importante atentar para os detalhes dos serviços-alvo das torres, que podem ser hierárquicas. Por que não? Portanto, mecanismos de integração entre os diversos níveis da estrutura organizacional devem existir para se obter a tão almejada visibilidade da cadeia.

11.6 SISTEMA DE GESTÃO DE TRANSPORTES (TMS)

Um dos temas que tem atraído a atenção de líderes de *supply chain*, gerando debates e conflitos nas organizações, é a implantação de um sistema de gestão de transportes (*Transportation Management System* – TMS). A questão tem fundamentalmente um viés financeiro e a decisão de implantá-lo nem sempre é muito simples. Na minha visão, independentemente do tamanho da empresa, se ocorre a movimentação de materiais e produtos de um local a outro, um sistema TMS pode ser relevante, uma vez que ele pode trazer um melhor nível de serviço ao cliente, reduzir os custos de frete e aumentar a eficiência operacional.

As razões para considerar um TMS são muitas. Mas por onde começar, já que há tantas soluções no mercado? Existem soluções denominadas de classe mundial, como Oracle, SAP e JDA, cujos custos de implantação podem não caber no bolso de todo mundo. Despesas de fretes iniciais superiores a 50 milhões de reais anuais podem viabilizar a implantação desses produtos. Então significa que quem possui uma despesa de fretes inferior a esse valor não deve contemplar um TMS? Nada disso! Existem muitas alternativas de mercado que podem atender às necessidades daqueles que possuem custos de fretes inferiores ao mencionado. Contudo, na minha concepção, análises de retorno de investimentos devem ser realizadas, alinhando a estratégia de negócios da empresa com os projetos a serem viabilizados.

Um dado importante divulgado pela empresa de consultoria Bain & Company considera que um desempenho típico dos custos de transporte e distribuição de uma organização corresponde a algo entre 6% e 8% em relação ao faturamento. Acima de 8% pode existir potencial oportunidade de otimização. Logicamente, tais percentuais são médios, mas servem para nortear algumas decisões.

11.6.1 TMS – o que é?

Considerando que sua organização está presente nos segmentos de varejo, comércio eletrônico, manufatura, distribuição ou operação logística, é essencial ter conhecimento desse aplicativo que pode muito lhe ajudar na gestão de seus transportes e elementos vinculados a ele, como: planejamento de rotas, multimodalidade, gestão de frotas e controle de fretes. O TMS é uma plataforma logística que possibilita que empresas possam administrar e otimizar suas micro-operações nas atividades de transporte. Suas principais funções encontram-se no planejamento e na execução do movimento físico das mercadorias.

11.6.2 Desafios – por que considerar um TMS?

O consumidor não quer saber se o produto está em estoque ou não. Ele quer receber o que pediu o mais rápido possível. Importante ter em mente que entregas de mesmo dia terão um apelo muito forte nos próximos anos. Esse é o conhecido "efeito Amazon", forçando as cadeias de abastecimento a focar em agilidade; portanto, a escolha de um TMS passa a ser fundamental.

Para a maioria dos negócios que envolvem distribuição, principalmente multicanais, o custo de transporte tem uma participação significativa tanto para embarcadores quanto para transportadores. O embarcador é o responsável e o dono da mercadoria e necessita buscar formas para distribuir sua carga deslocando-a de um ponto a outro. Já o transportador é responsável por mover fisicamente os produtos do local de saída até o destino.

11.6.3 Benefícios de um TMS

A decisão de implantar um TMS passa inicialmente por conhecer os tipos de benefício que ele oferece a embarcadores e/ou transportadores. A seguir estão alguns deles.

- Melhora no fluxo de caixa e redução nos gastos de fretes: um bom *software* de gestão de transporte afetará os custos logísticos da cadeia de abastecimento. O sistema correto analisará os aspectos financeiros de cada uma das rotas logísticas. Ele gerará recomendações orientadas às reduções das despesas em áreas específicas, como consumo de combustível ou horas extras demandadas pelos condutores dos veículos.
- Planejamento e execução integrados: tais sistemas podem ser integrados com os sistemas existentes, permitindo melhor gerir as necessidades de transporte de uma empresa. Podem ser os sistemas de compras e gerenciamento de pedidos, gestão de armazém (WMS), gestão de relacionamento com clientes e gestão de relacionamento com fornecedores. Essa integração permitirá que a organização execute encomendas por meio das alternativas mais rentáveis ou com menor custo, trazendo as vantagens de um melhor planejamento de rotas e otimização de cargas.
- Redução da papelada: a automatização com o uso do TMS trará um melhor aproveitamento do tempo e do dinheiro gastos na papelada exigida pelo exercício manual de planejamento. As despesas de administração serão reduzidas e fatores críticos, como erros de faturamento, serão minimizados. A eficiência geral melhorará.
- Gestão de estoques: por meio do TMS, as empresas podem monitorar o ciclo de vida das encomendas e dos embarques em tempo real e obter atualizações de *status* e níveis de estoques. Isso oferece a elas mais elementos para prever os estoques, além de melhorar o fluxo de comunicação entre as partes responsáveis pela cadeia de suprimentos, tanto externa como internamente.
- Visibilidade em *supply chain*: os TMS atuais integram toda a cadeia de abastecimento e proporcionam uma visão holística do que está se passando. Possuir essa visibilidade operacional completa e o acesso aos dados em tempo real traz uma vantagem significativa. A visibilidade permite que os responsáveis atuem rapidamente em quaisquer oportunidades ou resolvam quaisquer problemas que apareçam, consolidando o desempenho e os níveis de serviços.

- Otimização de rotas e veículos: os ciclos de pedidos encurtaram e os tamanhos dos lotes expedidos encolheram. Isso faz com que o roteamento seja mais crítico do que nunca. O TMS oferece métodos mais baratos e mais rápidos de entrega, trazendo maior visibilidade e controle. Os pedidos mais complexos podem ser divididos e roteados separadamente, economizando tempo e dinheiro.
- Rastreamento de motoristas: permite que os colaboradores avaliem a eficácia das diferentes rotas tomadas pelos motoristas, o que pode gerar uma programação de entregas mais eficiente. Adicionalmente, a avaliação individual do desempenho deles pode ser feita facilmente. As movimentações são rastreadas e o *feedback* pode ser dado. O rastreamento em tempo real também fornece enormes benefícios de segurança, especialmente em casos de assaltos, quebra de veículos e acidentes.
- Acurácia do atendimento aos pedidos: um sistema TMS confiável garante que o transporte se torne mais preciso. Com rastreamento em tempo real e visibilidade completa da cadeia de suprimentos, a precisão do cumprimento do pedido aumenta. Erros de envio e discrepâncias são reduzidos. E, mesmo se forem encontradas algumas pequenas falhas, as situações podem ser resolvidas sem que o cliente seja afetado negativamente.
- Melhorando a experiência do cliente: hoje, os clientes exigem entregas rápidas, fazem mudanças de última hora nos pedidos, demandam prazos de entrega personalizados e muito mais. É um verdadeiro desafio para as empresas adaptarem suas operações para atender às expectativas deles. Um sistema de gestão de transporte é uma arma essencial no arsenal de qualquer empresa. Para sobreviver em um ambiente de negócios em constante mudança, um TMS é uma necessidade. Embora os ganhos possam ser lentos no início, os benefícios incrementais redundarão em melhores práticas de negócios e entrega dos níveis de serviço contratados com os clientes. Imagine a satisfação de um cliente quando recebe a mensagem de que a próxima entrega será a dele. Isso só é possível em razão da combinação e da integração de aplicações.

11.6.4 Com tantas vantagens, por que tão poucos implantam o TMS?

Sistemas especialistas ao longo de suas vidas têm encontrado grande barreiras de implantação. E não tem sido diferente com o TMS. A seguir estão algumas das razões que fazem com que as decisões sejam adiadas.

- Custos envolvidos: o custo é frequentemente um dos fatores para não abraçar o TMS. Contudo, as organizações que o adquirem e implementam veem relevantes retornos em seus investimentos, e atualmente grande parte dos sistemas de TMS não demanda gastos de capital, uma vez que eles se utilizam da computação em nuvem e são ofertados na forma de serviços.

- Resistência à mudança: algumas pessoas e empresas ficam presas aos processos e às formas de execução, além de terem dificuldades em entender que muitas atividades e tarefas podem ser feitas de formas diferentes e automáticas. É cultural! Acostumam-se a fazer tudo de forma manual: relatórios, contatos telefônicos, faturas, rastreabilidade, reconciliação de pedidos, cálculos de fretes, entre outros. Os benefícios de uma solução automatizada de sistema de gerenciamento de transporte são claros. A comunicação eletrônica e automática que uma solução TMS oferece pode melhorar a produtividade, a velocidade, os níveis de serviço e a visibilidade. Mas, para muitas empresas, a perspectiva de mudança pode ser complicada. Funcionários podem sentir uma perda de controle quando não podem fazer as coisas manualmente. É importante que as lideranças reconheçam isso para evitar problemas futuros. E é fundamental fazer com que todos se sintam confortáveis com esse tipo de mudança abordando os impactos funcionais e pessoais de maneira transparente e proativa.
- Falta de recursos: adquirir e implantar uma solução TMS demandarão obrigatoriamente o investimento de recursos por parte da organização. A participação dos times de tecnologia da informação, finanças e *supply chain* é fundamental. No entanto, em muitas empresas, pode ser que as pessoas não tenham tempo para trabalhar e dedicar-se ao projeto. Na verdade, se a organização decidiu pela implantação, ela não pode se dar ao luxo de postergar atividades em função da falta de recursos. Se a decisão é pelos ganhos e pelas vantagens oferecidos, deve-se investir o tempo e os recursos necessários.
- Conflito de prioridades: é complexo implementar um TMS e obter seus benefícios se há muita concorrência com diversos outros projetos que demandam os mesmos recursos e *expertise*. Este é um elemento que não pode ser desprezado. As empresas estão em constante mudança. Contudo, à medida que os benefícios se tornam mais óbvios, os projetos voltados ao TMS têm alcançado um papel mais estratégico e de destaque.

11.6.5 Desenvolver TMS em casa – sim ou não?

Muitas vezes, as pessoas acreditam ser possível justificar o investimento em uma solução TMS por meio do desenvolvimento interno. A grande verdade é que uma solução de TMS desenvolvida de forma personalizada requer um grande investimento de dinheiro, recursos e tempo. Especialmente para empresas de pequeno a médio porte, essa decisão não é provavelmente uma boa alternativa, uma vez que os recursos são escassos e restritos.

A velocidade com que a tecnologia caminha nos força a pensar muito mais em uma parceria com provedores de soluções de sistema de gerenciamento de transporte baseadas em nuvem. Os avanços em plataformas de hospedagem, computação em nuvem, novos modelos de negócios e cobranças, inteligência artificial, algoritmos de otimização, interfaces sistêmicas, análises de dados, entre outros, levam a crer que manter um desenvolvimento interno pode significar grandes despesas de manutenção. Por outro lado, o negócio principal do provedor de soluções é ajustar frequentemente a solução de tal maneira que novas e melhores práticas sejam inseridas no produto de forma consistente para sua atualização e vantagem mercadológicas. Enormes investimentos em desenvolvimento de *software*, gestão, manutenção e relações com fornecedores já foram realizados. E a solução já foi inteiramente testada. Claro que as decisões devem ser avaliadas caso a caso. E jamais desconsiderar o Retorno no Investimento (ROI).

Importante ter em mente que qualquer empresa que se relacione de alguma maneira com a logística deve considerar a avaliação de um TMS, pois é uma solução que pode trazer eficiência e produtividade às operações, impulsionar os negócios e oferecer melhor serviço aos clientes. Porém, antes de adquirir um TMS, entenda o valor desse sistema e como ele pode ser benéfico para sua empresa.

Chego a pensar que nenhum outro aplicativo da cadeia de abastecimento ofereça tantas maneiras de economizar dinheiro ou gerar valor como o TMS. Mas a principal razão pela qual as empresas implementam essa solução se concentra na redução de gastos com frete, por meio da análise e otimização de processos e algoritmos de roteamento.

Recomendo montar uma proposição de valor. Entenda seus problemas e os de sua organização. Verifique se a implantação seria viável ou não. Avalie os aspectos tangíveis e intangíveis. Interaja com os colegas e com o mercado!

11.7 INDÚSTRIA 4.0

O mundo tem sofrido fantásticas transformações. Em todos os segmentos: na medicina, nos negócios, na educação, no entretenimento e na forma com que as pessoas se relacionam umas com as outras. E a tecnologia tem sido o grande viabilizador dessas possibilidades, desempenhando um papel extremamente relevante nessa transformação. Desde os primórdios, o homem tem buscado alternativas para desempenhar suas atividades. Suas buscas redundaram em importantes descobertas desde a Pré-História até o momento atual. A descoberta do fogo, que permitiu iluminar as cavernas escuras e cozinhar a carne, dando um sabor diferenciado à caça, foi uma notável conquista do ser humano.

Darwin inteligentemente percebeu que o ser humano, com a habilidade e a capacidade de se adaptar ao meio ambiente, teria uma vantagem sobre aquele que era mais forte. A lei da sobrevivência, que ao longo do tempo tem sido elemento-chave para que o homem possa superar outras espécies e a si próprio, sempre existiu.

11.7.1 A evolução da indústria 4.0

No mundo dos negócios, até o século XVIII, a produção era extremamente manual, com pouco ou quase nenhum apoio de equipamentos. Isso pode ser observado nas minas de carvão e no cultivo das plantações. A isso denominamos indústria 1.0. Na sequência, com o advento das máquinas a vapor e de produção em série nos voltamos para a indústria 2.0. A indústria 3.0 culmina com os circuitos integrados e já com grande avanço da tecnologia. Contudo, nos dias atuais tal transformação tecnológica e digital leva as empresas a outro estágio, que denominamos indústria 4.0, em que o uso da tecnologia de uma forma apropriada leva a uma condição de competitividade extremamente poderosa.

Fundamentalmente nascem na sociedade conceitos particularmente importantes apoiados em inteligência artificial, robótica, redes sociais e capacidade de armazenagem de dados e comunicação nunca vistos. Dados e informações são elementos cruciais na era em que vivemos. Aparelhos antes essenciais para manter uma função secundária, como é o caso da televisão e do rádio, passam a não ter a mesma importância de outrora. Os aparelhos mais inteligentes passam a ser mais atrativos por causa da mobilidade e da acessibilidade que oferecem, além das funções de vídeo, fotografia e outros recursos que permitem comunicação e socialização, entre tantos outros não menos importantes.

Essa mudança radical provocada pela tecnologia muda a forma como pessoas e organizações se comportam, desde a maneira como vão divulgar seus produtos até a forma como vão precificá-los e reutilizá-los para proteger o meio ambiente.

E a indústria 4.0 nada mais é que o uso intensivo e inteligente da tecnologia para planejar, comprar, fabricar e entregar produtos, subprodutos ou componentes. Nesse contexto, as partes conectam-se e usam os dados para gerar informações que são extremamente úteis tanto no ambiente da indústria como no de serviços.

Na conjuntura que estamos abordando, falar de indústria 4.0 ou de Internet das Coisas, que são conceitos similares, leva a um objetivo essencial: as organizações precisam entender o uso da tecnologia e aplicá-la adequadamente para a vantagem competitiva.

No contexto da *supply chain*, muitas empresas têm buscado posicionar-se na vanguarda por meio da otimização dos custos, da agilidade dos serviços, da visibilidade dos estoques e do melhor serviço ao cliente.

Muito se comenta sobre as iniciativas visionárias da Amazon, do Google, da Volkswagen, da Microsoft, da Walmart e mesmo da Apple, ao buscarem posicionar suas cadeias de abastecimento para melhor atender a suas necessidades e seus objetivos estratégicos. O Brasil ainda engatinha nessa questão, pois os investimentos têm sido baixos. E, em meio à crise, as empresas buscam conter os gastos.

Até pouco tempo atrás, uma das funções críticas em logística era ter a visibilidade dos estoques ao longo da cadeia de abastecimento, seja no armazém, seja no centro de distribuição ou nos próprios modais de transporte, envolvendo caminhões, trens, navios e aviões. Era traumático para muitos gestores não possuir, em tempo real, a informação do abastecimento do produto na gôndola ou a entrega a um consumidor final por meio de canais especificamente montados para tal finalidade, como é o comércio eletrônico. Hoje, a tecnologia permite a administração desses estoques ao longo da cadeia e a identificação da posição geográfica em que se encontram. Sem dúvida, há que se avaliar o nível de investimento a ser feito.

11.7.2 Inteligência artificial

A inteligência artificial pode auxiliar as empresas no aprimoramento do planejamento de produção e programação operacional de fábrica, possibilitando analisar os diferentes problemas e, em seguida, otimizá-los. As restrições e os gargalos podem ser mais bem equilibrados, trazendo maior produtividade no momento de se planejar a produção. Tal funcionalidade pode ser muito utilizada principalmente em empresas que produzem ou montam contrapedidos.

Adicionalmente, a Inteligência Artificial (IA) pode melhorar a experiência do cliente por meio da customização do relacionamento de consumidores com os operadores logísticos, em que serviços de voz podem ser disponibilizados para rastrear as remessas.

Ao usar a IA na gestão da cadeia de suprimentos, é possível analisar o desempenho e criar soluções para os problemas. Para encontrar os fatores e os problemas que afetam o desempenho da cadeia de abastecimento, a IA combina as capacidades de diferentes tecnologias para "aprender" como recomendar soluções factíveis. Com ela, também é factível realizar previsões e recomendações para determinar a satisfação e melhorar a experiência do cliente. No âmbito dos estoques, é possível detectar objetos no armazém ou nos veículos para determinar o inventário certo, tornando possível acelerar a entrega e otimizar o nível de estoques.

11.7.3 *Machine Learning* (ML)

A ML pode ser fortemente aplicada na área de vendas e planejamento para realizar estimativas de demanda de produto por meio da análise das vendas diretas e indiretas. Um dos grandes desafios enfrentados pela indústria é prever o futuro, e os algoritmos utilizados ajudam a analisar uma grande quantidade de dados, de maneira que uma previsão mais precisa pode ser executada.

Em um contexto colaborativo, as organizações se ajudam compartilhando dados preciosos de consumo, podendo automatizar os serviços aos clientes e aos consumidores. A tecnologia é capaz de interpretar as indagações do cliente, coletar dados e responder com soluções adequadas, avaliando os comportamentos do consumidor em paralelo às necessidades de estoque, por exemplo. Inspeções visuais podem ser efetuadas rápida e facilmente por meio do reconhecimento de certos padrões, com o objetivo de reduzir riscos e ameaças à cadeia de valor.

Adicionalmente, o uso de ML permite aumentar a longevidade de ativos como máquinas, motores e equipamentos de transporte, nos quais dados são coletados por sensores. Uma combinação com a inteligência artificial. O recurso pode também calcular as restrições e os gargalos e otimizá-los, melhorando o planejamento e o programa de produção de determinado produto, reduzindo, assim, rupturas na cadeia de abastecimento. A visibilidade da cadeia de abastecimento é outra substancial contribuição que a ML pode trazer para a *supply chain*.

11.7.4 *Big data* e análise de dados

A escalabilidade e a abrangência de dados gerados na cadeia de abastecimento estão acelerando as possibilidades de múltiplas análises em um contexto mais amplo e inteligente. A quantidade de dados gerados e a rapidez com que podem ser processados permitem acessar as redes de fornecedores e compartilhar o conhecimento, tendo o efeito de colaboração como elemento de valor agregado.

O *big data* e as análises de dados avançadas estão sendo integrados em uma série de ferramentas, incluindo previsão de demanda, planejamento de negócios, otimização e colaboração de fornecedores, além das análises de riscos. O *big data* permite, ainda, que análises geográficas possam ser executadas, otimizando as entregas. Pense nas vantagens da última milha. A rastreabilidade, bem como o *recall* de peças e produtos, é baseado em dados intensivos, tornando a contribuição do *big data* ainda mais relevante. Este fator funciona nas duas pontas: *inbound* e *outbound*. A inspeção na chegada de insumos e componentes buscará o aperfeiçoamento de qualidade do fornecedor, pois auditorias evitarão que o produto fora de especificação seja utilizado na produção ou na montagem final. A capacidade de filtrar e analisar a grande massa de dados que chega constantemente com o uso de ferramentas e algoritmos apropriados vai evitar possíveis rupturas na cadeia. E, importante, as organizações serão capazes de monitorar e medir o desempenho da *supply chain* e adotar ações para corrigir os rumos em tempo real. E aí entra a computação em nuvem: tornar funções extremamente complexas mais acessíveis.

Nesse contexto, entra outro elemento importante: a Internet das Coisas (*Internet of Things* – IoT). Os dispositivos de IoT têm a capacidade de gerar uma enorme quantidade de dados por meio do uso de sensores – volume este que pode ser analisado no contexto do *big data* e permitir que conclusões direcionem tomadas de decisão para possíveis melhorias contínuas no âmbito operacional. Problemas podem ser previstos e solucionados antes que eles venham a acontecer, saindo-se de um comportamento reativo para um proativo. Isso vale para equipamentos de produção, de armazenagem ou de transportes. Sensores que identificam variações de umidade, temperatura, vibrações e impactos podem ser coletados, trazendo à cadeia de valor muito mais visibilidade. Aliás, visibilidade é um dos grandes desafios da cadeia de abastecimento.

E a rastreabilidade não se limita apenas a máquinas, produtos e componentes, ou veículos, engloba também pessoas. Algoritmos ajudam a calcular os níveis adequados de estoques e as estimativas de mercado. Mais importante: todo esse contingente de dados pode ser processado em tempo real, tornando possível que previsões de entregas sejam feitas e rapidamente se refaça rotas de veículos, por exemplo. E, em um processo ainda mais interativo, pode-se estabelecer a comunicação com os clientes ou fornecedores avisando que algo está fora da normalidade.

Os dados sempre foram elementos fundamentais para se obter a vantagem competitiva. Contudo, com a capacidade de processamento e novas análises, é possível ser mais ágil e eficiente, alinhando-se com a experiência do cliente, uma das tendências fundamentais no mundo da transformação digital.

CONSIDERAÇÕES FINAIS

Está claro que a tecnologia da informação já é parte das estratégias das organizações. Em função dos desafios hoje existentes, de aspectos econômicos, exigências de clientes, alta competitividade, regras governamentais, a tecnologia apresenta-se como uma aliada importante no suporte às necessidades de negócio. Seja suporte às funções que buscam maior visibilidade, seja àquelas que melhoram o desempenho de funcionários e de processos, os sistemas existem para apoiar as necessidades organizacionais. Com a evolução, a tecnologia móvel e as redes sociais passaram a desempenhar um papel diferenciado na vida das pessoas e das empresas. Compras e pagamentos são realizados por meio de celulares. Os profissionais da cadeia de abastecimento precisam estar conectados a esses elementos para fazer melhor uso deles e ter atendimento em tempo real. Contudo, é necessário avaliar com cuidado toda e qualquer iniciativa para colher resultados positivos e que fundamentalmente estejam alinhados com as estratégias da organização.

CASO

MAGAZINE LUIZA: AS VANTAGENS DO PROCESSO COLABORATIVO[1]

Na medida em que a internet vem amadurecendo e se consolidando como um canal de apoio aos negócios, as organizações começam a fazer uso dela de uma maneira mais objetiva e inteligente, compartilhando as informações por meio da malha ou rede de negócios. Começa, então, a essência do ciclo colaborativo entre as organizações. Passa-se a entender melhor a cultura de colaboração. Confiança mútua, definição de responsabilidades, estabelecimento

[1] Estudo de caso elaborado pelo autor com base em pesquisas de textos, entrevistas e vídeos disponibilizados em diferentes meios de comunicação, como televisão, internet, jornais e livros.

de regras de negócios e objetivos comuns extrapolam as fronteiras de uma organização em busca do ganha-ganha e da excelência na satisfação do consumidor.

Traçando essa estratégia, o Magazine Luiza, uma rede de lojas do interior de São Paulo, resolveu colaborar com seus fornecedores para prestar aos seus clientes consumidores um atendimento superior, demonstrando sua paixão e seu zelo pelo cliente na prática, e não nas retóricas acadêmicas.

A empresa, com sede em Franca, é a terceira maior rede de lojas de departamentos do Brasil. Em 2001, seu faturamento bruto atingiu 588 milhões de reais. Em 2018, seu faturamento foi de 19,7 bilhões de reais, com um lucro líquido próximo de 600 milhões de reais, sendo o comércio eletrônico responsável por aproximadamente 36% do faturamento. No final de 2018, a rede possuía 954 lojas e 12 centros de distribuição estrategicamente localizados em 16 estados brasileiros.

Em 1992, a empresa lançou no Brasil um conceito pioneiro de comércio eletrônico: as lojas virtuais, estabelecimentos sem produtos em estoque ou exposição, em que o cliente compra com a ajuda de terminais multimídia e de vendedores treinados. E, no ano de 2019, adquiriu a empresa de comércio eletrônico Netshoes, dando continuidade ao seu movimento de expansão.

Graças a esse pioneirismo, enquanto a maioria das empresas ainda engatinhava com o comércio eletrônico, o Magazine Luiza ampliava sua experiência no ramo. Além disso, com a abertura de capital em 2011, houve um pesado investimento em comércio eletrônico visando ampliar o volume de vendas por meio desse canal.

Para atender com presteza e eficiência uma clientela de 22 milhões de pessoas, clientes ativos (dados de 2019, após a aquisição da Netshoes, que demanda volumes gigantescos de vendas), foi desenvolvida uma estrutura de logística e informática, da qual fazem parte oito centros de distribuição estrategicamente localizados. Os centros de distribuição são totalmente informatizados e atendem tanto as lojas virtuais como as convencionais.

Utilizando um sistema de colaboração interempresarial, a rede consegue interligar os diferentes sistemas de gestão empresarial dos fornecedores, estabelecendo um fluxo de trabalho entre as organizações com base em regras de negócios definidas entre as várias empresas participantes da malha de colaboração.

Os benefícios alcançados com o projeto foram:

- relacionamento dinâmico e funcional;
- compartilhamento e troca de informações de maneira ágil e confiável;
- redução de custos relacionados aos níveis de estoque, ao ciclo de armazenagem e à operacionalização;
- redução nos prazos de entrega;
- aumento na disponibilidade dos produtos;

- melhor monitoramento da situação do pedido;
- maior frequência de faturamentos diluindo o fluxo de pagamentos;
- maior visibilidade dos estoques na malha;
- gerenciamento preventivo, e não reativo.

O Magazine Luiza tem dado particular e rara importância aos processos da cadeia de abastecimento, buscando velocidade, qualidade e rentabilidade, pois sabe que os serviços aos clientes são um diferencial competitivo importante. Os processos são simples, o poder descentralizado e as pessoas são vistas como ativos importantes para viabilizar os negócios, os processos, e encantar os clientes.

Questões para revisão

1. Descreva quatro exemplos de inserção e uso da tecnologia da informação.
2. O que é ERP e para que serve?
3. Qual a diferença entre MRP e MRP II?
4. O que é CPFR e qual é seu principal benefício?
5. Qual é a diferença entre CRM e otimização e planejamento avançado?
6. O que é *e-procurement*? Descreva o modelo de compras para materiais indiretos.

12 Navegando no comércio eletrônico

OBJETIVOS

Após a leitura deste capítulo, você será capaz de entender:

✓ as atividades do comércio eletrônico e seus benefícios;
✓ as tendências empresariais no contexto B2B;
✓ as tendências no contexto de venda ao consumidor B2C;
✓ a internet e os desafios da cadeia de abastecimento.

FIGURA 12.1 Entendendo o comércio eletrônico

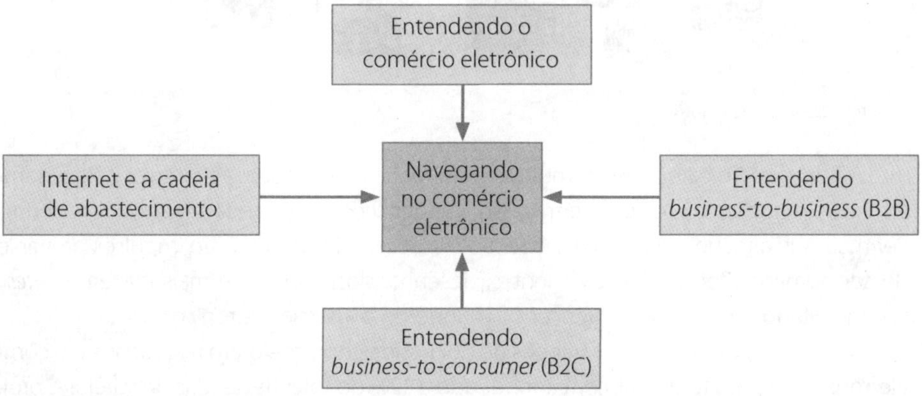

Fonte: elaborada pelo autor.

12.1 VISÃO GERAL

O relacionamento entre o comércio eletrônico e a cadeia de abastecimento abriu novos caminhos para as organizações por meio do desenvolvimento de novos modelos de processos, suportados por ferramentas inéditas.

As organizações transformam-se e a tecnologia é um elemento fundamental nessa transformação. É possível fazer compras direto de casa, de onde se solicita o que se quer, paga-se e recebe-se os produtos sem ter o trabalho de se deslocar a um estabelecimento comercial. É a conveniência. O famoso tripé-pessoas, processos e tecnologia –, mais do que nunca, é fundamental. Qualquer iniciativa no mundo do comércio eletrônico exige mudanças culturais e de processos.

Para que uma organização possa colher os frutos de um mundo voltado para a informação e a tecnologia, deve-se tomar alguns cuidados especiais. Ter uma visão estratégica voltada para o cliente é essencial; criatividade e habilidade para inovar devem ser características em produtos e em processos. Contudo, da mesma forma que não se inicia uma casa pelo telhado, a orientação da estratégia não pode ser tecnológica. Primeiro, o processo, o desenvolvimento da estratégia, o reconhecimento das fortalezas e das debilidades, a busca pela competência necessária. Depois, sim, a definição de solução tecnológica.

FIGURA 12.2 Internet e cadeia de abastecimento

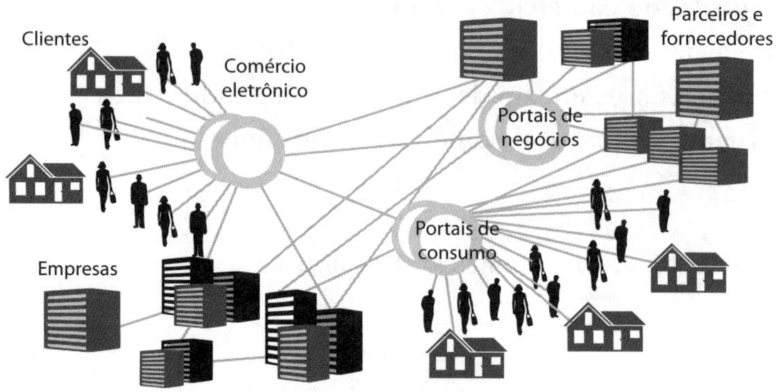

Fonte: elaborada pelo autor.

Ainda que isso pareça óbvio, muitas organizações iniciam suas estratégias pela ferramenta, tornando grandes as chances de fracasso. Vender e comprar ainda são atividades humanas. Por mais que a tecnologia auxilie, a decisão e o desejo de comprar são impulsos provenientes do ser humano. Portanto, atrair clientes, desenhando melhores e mais eficientes *sites* para serem visitados, é vital para se vencer no mundo do comércio eletrônico.

No ano de 2018, cerca de 3 trilhões de dólares de compras foram realizadas pelo comércio eletrônico em âmbito global, correspondendo a 12% do total de vendas do varejo. A projeção mostra, segundo dados do eMarketer de 2019, uma participação de 22% em 2023.

12.2 ENTENDENDO O COMÉRCIO ELETRÔNICO

O comércio eletrônico é um meio pelo qual as empresas podem se relacionar comercialmente com seus fornecedores, clientes e consumidores em uma escala global. Com a tecnologia, é possível agilizar o fluxo de informações e reduzir os custos totais, visto que ela possibilita a eliminação de certas barreiras existentes no comércio tradicional. Esse "relacionamento eletrônico" permite que as companhias sejam mais eficientes e flexíveis, respondam com agilidade às necessidades dos clientes e trabalhem de forma mais próxima dos fornecedores.

A tecnologia tem evoluído rápida e constantemente. As organizações procuram, aos tropeços, acompanhar essa evolução, tentando alcançar a vantagem competitiva e tirar proveito dela. A internet apresenta-se como um meio de intercâmbio cuja penetração é espetacular.

A clara percepção de que a internet "faz maravilhas" com a tecnologia disponível gera, por parte de empreendedores, uma busca extrema por capital, e, do outro lado, os investidores apostam seu dinheiro naquilo que parece ser uma fonte de lucro. O início foi muito mais efusivo; as ideias não eram descartadas e sofriam avaliações superficiais. Atualmente, os investimentos são mais direcionados e analisados, e as análises de retorno no investimento são utilizadas. Por causa da grande quantidade de negócios equivocados, o ceticismo obriga investidores e empreendedores a arrojar-se de forma mais planejada.

Os intermediários precisam entender a situação e adaptar-se à nova tecnologia, agregando valor antes que sejam eliminados.

Com o advento do comércio eletrônico, os intermediários se veem em uma situação alarmante. A tecnologia possibilita o contato direto entre compradores e vendedores, o que não significa que os intermediários foram ou serão eliminados do processo, mas que serão forçados a passar por uma adaptação. Na fase inicial, percebemos muitos elementos críticos. Como uma empresa pode vender direto ao cliente sem estar concorrendo com seu distribuidor? Muitas alternativas existirão e muitas já estão sendo praticadas.

A internet deu origem às empresas virtuais, que têm um *site* de comercialização e trabalham sem estoque. A grande maioria delas surgiu da boa vontade de empreendedores e investidores, que acreditaram na ideia e abriram seus negócios. No entanto, tropeçaram em conceitos básicos de administração: planejamento, estratégia, logística e serviço ao cliente. Como prestar um bom serviço sem possuir uma logística eficiente? Muitas empresas se deram mal pelo fato de prometer eficiência e não ter os meios para atingir o desempenho prometido.

Esse novo modelo de comercialização está mudando o dia a dia das empresas e das pessoas. Ainda existem temas importantes a serem tratados, como a segurança das informações, principalmente com os meios de pagamento, a confiabilidade na entrega, prazo e produto, os preços e a qualidade, além da presença constante de charlatões digitais, mas já há forte evolução nos dias atuais.

12.2.1 Impacto do comércio eletrônico nas organizações e na sociedade

O comércio eletrônico tem transformado o mercado com mudanças nos modelos de negócio, nos relacionamentos entre as diversas organizações e com sua contribuição para a reestruturação do mercado. Essas transformações acontecem com muita rapidez, de modo que várias histórias de sucesso já podem ser narradas, ainda que muitas iniciativas bastante conhecidas tenham tardado em obter êxito, como é o caso da Amazon, do Magazine Luiza e do Alibaba.

O impacto do comércio eletrônico atinge tanto as empresas quanto a sociedade. As mudanças provenientes do seu uso influenciam radicalmente o comportamento e as expectativas dos clientes, de modo que redefinem o mercado ou até criam novos mercados. À sociedade é apresentada uma nova forma de acessar informações ou comprar bens; barreiras geográficas e de tempo são eliminadas; o estilo de vida é alterado. Essa mudança pode ser comparada à invenção do telefone, do carro e da televisão.

12.2.1.1 Criando novos modelos de negócios empresariais

O comércio eletrônico cria alternativas para os modelos de negócios por meio da organização da produção e da forma de executar as transações de negócio.

A capacidade de adaptação e a flexibilidade dos funcionários, em todos os níveis, são fundamentais para que a empresa adote o comércio eletrônico e tenha sucesso na reorganização dos negócios.

As tecnologias atuais de comunicação e informação permitem que as empresas, tanto as pequenas como as grandes, possam se comunicar, realizar transações e se relacionar a um custo baixo e com uma flexibilidade nunca observada. Esse particular tem estimulado as organizações a efetuar modificações em seus modelos de negócios e também promovido a criação das empresas virtuais. O conceito de múltiplos canais ou *omnichannel* tem sido amplamente aplicado. Empresas comercializam seus produtos em lojas físicas e também pela internet. A Natura é um exemplo e tem-se mostrado extremamente eficaz. O conceito de multicanal expande as fronteiras de apenas comprar em canais diferentes. Ele oferece múltiplas possibilidades. Imaginemos uma visita a Disney, onde se compra o ingresso pela internet ou nos quiosques. Pode-se baixar um aplicativo no celular e identificar horários dos diversos *shows* e a localização geográfica dos principais personagens. É uma integração pura e consistente.

O que se percebe é que uma enorme quantidade de novas empresas chega ao mercado, recebendo significativa atenção. É conveniente registrar, no entanto, que a atenção dada a elas ultrapassa seu significado econômico. Algumas têm grande sucesso, outras nem tanto – e todas estão sendo observadas pelas empresas tradicionais, uma vez que, sem sombra de dúvida, essa é uma nova forma de realizar negócios. As grandes organizações usam as mesmas tecnologias e técnicas, e pode ser que as chamadas empresas puramente virtuais sejam substituídas.

Tornar-se virtual implica realizar importantes ajustes na organização. A empresa virtual é uma empresa em tempo real, que deve se ajustar imediatamente às condições impostas pelo negócio. Caracteriza-se por estruturas mais enxutas e horizontais, com capacidade para responder rapidamente às necessidades dos clientes e efetuar modificações no ambiente empresarial.

Nesse novo ambiente, as organizações necessitam inovar constante e continuamente. O comércio eletrônico fornece oportunidades fantásticas na manipulação e na administração de informações geradas a partir de uma transação, o que auxilia a melhoria do planejamento, a eficiência da produção e da distribuição, culminando com um melhor suporte ao cliente.

A internet pode também auxiliar em projetos de produtos, tornando seu desenvolvimento ainda mais flexível, permitindo que os engenheiros de projeto possam refinar continuamente o produto por meio da retroalimentação proveniente de clientes e consumidores.

12.2.1.2 Competindo de forma diferente

A forma como as organizações competem e se relacionam sofreu mudanças com o comércio eletrônico. Alguns fatores importantes na competição do mercado eletrônico incluem a capacidade de:

- criar marcas fortes e cultura digital;
- organizar comunidades de usuários;
- atrair propagandas;
- fornecer serviços e valor agregado, incluindo suporte, funcionalidade e qualidade;
- estabelecer alianças estratégicas;
- expandir-se em mercados locais e internacionais.

A vantagem de sair na frente

Todos os componentes que constituem o mercado – produtos, estruturas industriais, comércio, regras de competição, normas governamentais – estão em constante transformação no mundo digital, onde a quantidade de ofertas e competidores é avassaladora. As primeiras organizações, aquelas que sobreviveram e que adentraram esse mercado, tiveram a vantagem de influenciar os modelos, segmentando o mercado em benefício próprio.

A competição na rede mundial é orientada por alguns tipos relevantes de estratégia: definição da tecnologia-padrão, aquisição de informações dos clientes e segmentação do mercado para explorar um nicho.

É muito importante sair na frente na rede para adaptar-se rapidamente ao novo ambiente, em especial em relação a estabelecer uma reputação para a marca, definir os padrões e explorar novos mercados.

Alianças estratégicas

A melhor maneira de enfrentar os riscos é compartilhá-los com as diferentes organizações que interagem no ecossistema. Esse relacionamento permite alavancar as competências e os recursos necessários e, embora esse conceito não seja um elemento novo no mundo dos negócios, as estratégias voltadas para os modelos digitais procuram alianças que sejam diferentes das convencionais, focalizando alguns aspectos essenciais, como:

- envolvimento de um número maior de organizações;
- coordenação de mecanismos nas relações dos negócios diferentes dos convencionais;
- liderança por poucas empresas e que possa oferecer atrativos, incentivando outras organizações a fazer parte do grupo.

Competindo globalmente

O comércio eletrônico tem se expandido significativamente, abrindo fronteiras globais, com um incrível aumento do número de participantes. Sua própria natureza conduz para um mercado global, aumentando seu tamanho e modificando sua estrutura. Consumidores podem comprar a qualquer hora do dia, em qualquer dia da semana, e as empresas cada vez mais enfrentam uma competição de cunho global.

O comércio eletrônico cria também novas oportunidades de negócios, mudando radicalmente a forma de entrega. Alguns produtos podem ser transmitidos por meios eletrônicos, como é o caso de aplicativos, livros e músicas. Serviços de educação têm o potencial de se tornarem mais globais pelas características que possuem. Alguns fatores, contudo, reduzem esse potencial global, como idioma, custos de transporte, reputação local, acesso à rede mundial, além da qualidade dos meios de comunicação.

12.2.1.3 Canalizando os esforços para melhor desempenho e crescimento

Existem algumas evidências de que pequenas empresas têm crescido com o uso do comércio eletrônico. É interessante avaliar porque esse mercado tem dado às pequenas e inovadoras empresas algumas vantagens especiais.

A natureza das empresas que ingressam no mercado eletrônico pode ser classificada em:

- empresas concebidas para atuar diretamente no mercado eletrônico;
- empresas que migram para o mercado eletrônico;
- empresas que mantêm os pés nos dois segmentos: comércio físico e eletrônico.

As empresas que adotam o comércio eletrônico com frequência investem em pesquisa e desenvolvimento, voltados principalmente para tecnologias de informação e de comunicação. Com a adoção de novas tecnologias de informação, o mecanismo de inovação é alterado. A impressão que se tem é que pesquisa e desenvolvimento passam a ser responsáveis por importantes descobertas voltadas para grandes quantidades de pequenas inovações, em vez de uma ou duas grandes inovações. Pesquisa e desenvolvimento parecem se direcionar mais para o entendimento das demandas do consumidor do que propriamente para os fundamentos altamente tecnológicos e científicos.

Não resta dúvida de que o comércio eletrônico virá a estimular inovações do ponto de vista tecnológico, como internet, extranet e intranet.

12.2.2 Os desafios do comércio eletrônico

Como canal de vendas, a internet ainda tem muito que amadurecer. No momento da compra, as transações são realizadas com cartões de crédito. A segurança dos *sites*, cujo objetivo é evitar que informações confidenciais sejam utilizadas, não está desenvolvida o suficiente para impedir que intrusos os acessem e passem a fazer uso de determinado número de cartão. Também as empresas se veem em situação parecida, uma vez que dados confidenciais podem cair nas mãos da concorrência ou de alguém que não deveria estar tomando conhecimento do assunto. Casos de vazamento de dados têm ecoado pelo mundo.

A internet, como canal de vendas,
ainda tem muito espaço para amadurecimento.

Assuntos como segurança de dados, privacidade das informações, confiabilidade e até acesso à rede mundial devem ser particularmente focos de preocupação por parte das organizações. São muitos os desafios que a grande rede tem enfrentado ao longo de sua existência com a finalidade de tornar-se um canal maduro de comunicação e de vendas com clientes, consumidores e fornecedores.

Não há dúvida de que o terreno tem sido sabiamente preparado e hoje estamos usufruindo desse serviço com um conforto muito maior do que há cinco ou dez anos.

12.2.2.1 Segurança

A navegação pela internet apresenta restrições básicas com relação à segurança. Os *hackers* colocam em xeque grandes corporações, acessando suas bases de dados e reduzindo substancialmente o grau de confiabilidade do processo. Ainda que algumas tecnologias sejam voltadas para a segurança dos *sites*, continua sendo desagradável deixar o número do cartão de crédito ou qualquer tipo de informação confidencial na rede. Nunca se sabe que uso se pode fazer dessa informação. Esse aspecto é importante tanto para o comércio eletrônico orientado para o consumidor como para aquele no qual os parceiros de negócios compartilham informações.

O tema tem recebido atenção especial ao longo dos anos, uma vez que a expansão do comércio pela rede passa pela solução desse problema, o que significa dar mais segurança ao usuário e privacidade às informações ali depositadas.

12.2.2.2 Acesso aos computadores

Apesar de se registrar o crescimento da venda de computadores pessoais, ele ainda é pequeno nos países menos desenvolvidos. Conforme dados do Internet World Stats,[1] de 2019, nos Estados Unidos e no Reino Unido, 95% têm conexão via internet. Países como Noruega, Islândia, Bermudas e Qatar superam os Estados Unidos com praticamente 99% de penetração. No Brasil, o percentual de penetração chega a cerca de 70%.

Nos países menos desenvolvidos, caso do Brasil, os custos relacionados aos serviços de comunicação, aplicativos e computadores ainda estão em um patamar elevado para a grande maioria da população, o que a impede de acessar a rede mundial.

Por essa razão é que se vê a propagação da pirataria. A instalação de pacotes básicos em uma estação de trabalho custa o mesmo valor que comprar um computador pessoal.

12.2.2.3 Privacidade

A privacidade, no contexto da internet, deve ser entendida como a forma como uma organização manipula e processa as informações em todas as fases, que incluem coleta, registro, organização, armazenagem, uso, destruição e disseminação de informação.

O advento da internet como canal de negócios demonstra claramente a prioridade que deve ser dada à privacidade, uma vez que a facilidade para registrar e armazenar informações individuais é muito grande. Não raro, existem empresas que vendem ou replicam dados para outras, sem nenhuma consulta anterior. O compartilhamento das informações deve ser regido por um código de conduta, o que não deve se limitar à internet, e sim se estender às transações diretas com clientes e consumidores.

---

[1] INTERNET WORLD STATS. Disponível em: https://www.internetworldstats.com. Acesso em: 25 nov. 2019.

Não apenas a operação dos sistemas deve levar em conta essas limitações ou restrições, o projeto e a implementação dos sistemas também devem considerar esse aspecto.

Para manter o bom relacionamento e uma aliança duradoura com funcionários, clientes e fornecedores, o aspecto da privacidade tem relevância, e as consequências de não considerá-la pode provocar sérios danos.

Exemplos característicos estão ligados ao perfil de compras e consumo. As visitas aos *sites* podem registrar informações que eventualmente o consumidor queira manter em sigilo. O computador pessoal pode manter um histórico de todos os caminhos e visitas efetuados a *sites*. O mau uso dessas informações pode trazer problemas ao comprador.

12.2.2.4 Idioma

A internet é um meio de comunicação e, como tal, requer padronização de linguagem. A língua inglesa predomina e é também o idioma usual nos meios empresariais. É necessário, portanto, identificar antecipadamente os objetivos do *site* e decidir se será local ou global. Para acessos locais, a utilização do idioma local é o mais coerente, mas *sites* globais devem receber tratamento diferenciado. Hoje, navegando na internet, podemos encontrar *sites* em diversos idiomas, o que aumenta o nível de manutenção e pode gerar inevitáveis inconsistências.

A globalização começa a impor um padrão mundial de idioma e esse supostamente deverá ser o caminho a ser seguido pela internet. Embora existam tecnologias de tradução, elas ainda não são efetivas. Essa discussão não é simples, uma vez que barreiras culturais devem ser ultrapassadas. Com conhecimento de inglês, é possível navegar em mais de 80% dos *sites* da rede mundial. Mandarim, inglês e espanhol são os idiomas mais falados no mundo. De acordo com o relatório do Internet World Stats de 2019,[2] os idiomas mais utilizados são, respectivamente, inglês (950 milhões), chinês (760 milhões) e espanhol (290 milhões), com o português vindo em quinto lugar (155 milhões de pessoas).

12.2.2.5 Propriedade e direitos autorais

Os produtos cuja distribuição pode ser feita de forma eletrônica estão mais sujeitos à pirataria e podem ser facilmente copiados e disseminados pela rede. O grande desafio é conscientizar os internautas, e mesmo as comunidades e as organizações virtuais, da importância dos direitos de propriedade de tais produtos. Por outro lado, tem sido extremamente difícil obter informações de boa qualidade e dados confiáveis, além da veiculação e da proliferação das notícias falsas, as famosas *fake news*.

---

[2] INTERNET WORLD STATS, 2019.

12.2.3 O impacto do comércio eletrônico nos preços para o consumidor

Pela rede de computadores, os fabricantes vendem seus produtos diretamente aos consumidores, reduzindo as transações com a eliminação de intermediários. Esse processo baixa os custos da cadeia de abastecimento e motiva a entrada de novos negócios na rede, aumentando a competição. Um mercado mais concorrido pressiona os preços para baixo, e a tendência seria de que os consumidores passassem a pagar menos pelos produtos. Com a entrada de novos concorrentes, os consumidores passam a ter mais opções, característica do mercado que os fortalece ainda mais, oferecendo-lhes mais variedade e alternativas de canais para realizarem suas compras. Adicionalmente, os consumidores intensificaram as pesquisas antes de efetivar compras. E tem sido muito comum ir a lojas físicas, como se fossem grandes lojas de exposição ou *showrooms*, para posteriormente efetuar suas compras *on-line*, onde comumente os produtos são mais baratos.

12.2.4 Criando uma solução de comércio eletrônico

O comércio eletrônico traz vantagens significativas para as empresas, mas essa é uma transação que requer planejamento detalhado, suportado por objetivos estratégicos e táticos muito claros. Análises de como a construção do *site* afetará os negócios, tanto nos limites internos como externos, e de como a infraestrutura deve ser adaptada são fatores fundamentais no processo.

As características apresentadas a seguir ajudam a entender por que o comércio eletrônico deve ser considerado um assunto relevante nas decisões da empresa.

- O comércio eletrônico deve ser visto como uma estratégia de negócio, e não como mais uma ferramenta de tecnologia que deve ser implementada por estar na moda.
- A internet é uma tecnologia que viabiliza negócios rápidos e possibilita a armazenagem de informações. Pensar em como essas informações serão guardadas, manipuladas e eliminadas faz parte de um processo extremamente importante.
- As informações a serem compartilhadas devem ser seguras e confiáveis. Cometer falhas no processo de segurança pode trazer comprometimentos sérios à relação com os parceiros comerciais e com os consumidores.
- A infraestrutura tecnológica – comunicação, aplicativos e equipamentos – deve ser condizente com as necessidades da empresa, uma vez que se tornará totalmente dependente desse processo.

12.2.5 Oportunidades e benefícios do comércio eletrônico

O comércio eletrônico pode oferecer vantagens e oportunidades tanto aos fornecedores de bens como aos clientes. Embora muitos desses benefícios ainda sejam questionáveis, vale a pena mencionar o potencial que eles apresentam.

12.2.5.1 Presença global *versus* escolha global

O comércio eletrônico não tem limite geográfico; ele alcança a todos que estejam presentes na rede de computadores. Como a rede é global, o comércio eletrônico possibilita que mesmo uma organização extremamente pequena tenha presença global e possa competir nesse cenário. Essa característica beneficia os clientes, uma vez que lhes dá alternativas para selecionar de onde comprará, independentemente da localização geográfica. Esse processo é válido tanto na relação empresa-empresa como na relação empresa-consumidor.

12.2.5.2 Melhor posição de competitividade *versus* qualidade de serviço

Como as organizações estão mais próximas dos clientes, têm mais informações sobre eles e os conhecem melhor, o comércio eletrônico possibilita que o nível de competitividade seja maior entre aqueles que concorrem na rede. Essa elevação de nível transforma-se em serviço para os clientes na forma de suporte pré-vendas e pós-vendas, informações mais detalhadas sobre os produtos, manuais de utilização e respostas às perguntas dos clientes.

12.2.5.3 Redução de tempo de ciclo da cadeia *versus* resposta rápida às necessidades

Dependendo do produto a ser comercializado, o tempo na cadeia de abastecimento pode ser muito reduzido. Muitos produtos podem ser comercializados diretamente do fabricante para o cliente ou consumidor sem necessidade de intermediários. Alguns podem ser transportados diretamente pela rede, sendo descarregados eletronicamente, como é o caso de livros, filmes, aplicativos, artigos e músicas. Dessa forma, o cliente ou consumidor tem sua demanda atendida com rapidez sem se deslocar de casa.

12.2.5.4 Redução de custos *versus* redução de preços

Uma das grandes contribuições provenientes do uso do comércio eletrônico corresponde ao potencial de redução dos custos transacionais. Essa redução de custo, dependendo da estratégia adotada pela organização, pode ser repassada aos preços praticados com clientes e consumidores.

12.3 ENTENDENDO *BUSINESS-TO-BUSINESS* (B2B)

As soluções B2B permitem uma comunicação mais eficaz, integrando as organizações, seus processos e seus fornecedores, clientes, parceiros estratégicos e distribuidores.

O mercado tem se manifestado com grande dinamismo na nova economia, de modo que as estratégias de negócio passam a considerar também os parceiros de negócio dentro da cadeia de valor. Tanto os fornecedores como os compradores vivem um momento especial. A tecnologia, incluindo a internet, está disponível. As organizações têm oportunidades espetaculares para extrair benefícios dela.

Na era da transformação digital, os consumidores possuem uma expectativa enorme em relação ao acesso a conteúdos que sejam relevantes e que possam ser acessados a qualquer hora e em qualquer lugar. Para que esse desejo se transforme em realidade, um esforço enorme precisa ser feito pelas organizações em suas cadeias de valor. A estrutura organizacional, a cultura da empresa, os negócios e as tecnologias devem estar alinhados para prestar os melhores serviços aos clientes. Portanto, as estratégias voltadas para o atendimento ao cliente e a tecnologia devem estar totalmente alinhadas. Qualquer mudança deve ser refletida, colocando o cliente no centro das decisões.

Os elementos fundamentais que devem ser considerados, principalmente por organizações B2B, são: lucratividade, satisfação do cliente e agilidade para colocar produtos e serviços no mercado. Assim, um foco extraordinário em como as vendas são feitas é um passo importante para realizá-las com lucratividade.

12.3.1 Estratégias para os negócios digitais

Muitas são as razões que levam as organizações a entrarem no mundo digital, mas isso não deve ser feito apenas porque os concorrentes estão indo nessa direção.

Para os negócios eletrônicos, devem ser traçadas metas realistas e deve-se selecionar qual parte dos negócios será conduzida na rede nos meses ou anos seguintes. Essa decisão não é fácil, pois a internet movimenta-se em uma velocidade fantástica, e fazer previsões nesse ambiente é relativamente difícil. Por isso, é necessário considerar as tendências. Onde a empresa deseja estar nos próximos anos? Com que rapidez se deseja fazer a empresa crescer? Quais são os canais utilizados pela organização? A internet os substituirá ou será mais um canal?

As expectativas da organização devem ser muito bem definidas e administradas para se atingir os objetivos planejados. O suporte financeiro é outro aspecto relevante para entrar no mundo digital. O retorno do investimento pode ser demorado. Há também um aspecto muito importante: muitas organizações entram no mundo digital em busca de redução de custos, preparam toda a infraestrutura e percebem tardiamente que seus processos para dar suporte aos negócios não respondem à altura. Muitas vezes, uma revisão de processos pode levar a uma redução de custos, independentemente da utilização do comércio eletrônico.

As principais razões a serem consideradas pelas empresas para entrar no comércio eletrônico são a visibilidade, a experiência em um novo segmento, as respostas imediatas aos clientes e a redução de custos.

12.3.2 Oportunidades e desafios

No contexto de mudança de modelo de negócios, saindo do desenho tradicional e indo para o B2B, algumas vantagens podem ser delineadas.

12.3.2.1 Utilização da rede

O efeito de utilização da rede é muito interessante. Todos querem usá-la e aqueles que não o fizerem ficarão para trás. O correio eletrônico é um exemplo característico. Algumas pessoas começaram a utilizá-lo e, forçosamente, outras foram obrigadas a incorporá-lo para não ficarem "de fora" da evolução tecnológica. O mesmo se aplica ao uso dos computadores pessoais, aos aplicativos de gestão empresarial e outras práticas impulsionadas pela tecnologia da informação.

Não adotar o uso da tecnologia denota a intenção de estar fora dos negócios.

A adoção da tecnologia é fundamental. Sua utilização não trará vantagem competitiva, mas não adotá-la denota a *intenção* de estar fora dos negócios.

12.3.2.2 Alcance

O alcance oferecido pela internet é muito maior que o dos canais convencionais, como jornais e revistas. Trata-se de um meio ainda em evolução, não acessível à maioria das pessoas e que, portanto, apresenta algumas limitações, que podem estar relacionadas à potencialidade de acesso e também à disponibilidade para o acesso.

As ferramentas de busca possuem critérios de pesquisa que podem eventualmente não localizar determinado *site* durante uma varredura na rede. Quando os clientes acessam a rede e procuram determinado item, as organizações precisam se assegurar de que estejam no topo da lista ou não terão chance de competir. Algumas empresas, preocupadas com esse detalhe, fazem com que *banners* sejam mostrados quando a pesquisa se relaciona a determinada palavra. O *site* de comércio eletrônico Amazon.com aparece no topo das ferramentas de busca, mencionando que livros com aquelas palavras-chave podem ser encontradas no seu *site*.

Imagine a busca que possa apresentar centenas de *sites* que atendam a certo critério. Quem estará no topo da lista?

12.3.2.3 Preços

A revolução da internet antevê uma queda importante nos preços em relação aos praticados nos canais convencionais. Grandes empresas estão se organizando para obter vantagens da internet com ofertas de suprimentos. Dessa forma, os fornecedores passam a vender um volume mais alto por um preço mais baixo. Essa prática, contudo, fará com que muitas empresas desapareçam, visto que levará a uma concentração muito maior. Em um primeiro momento, as ofertas virão de todos os pontos do globo; depois, sobreviverão somente aquelas que tiverem poder e capacidade para prestar melhores serviços, produzir quantidades demandadas e sobreviver com margens menores, atingindo seus resultados sobre os volumes comercializados.

Hoje, ferramentas de comparação de preços como Buscapé e Bondfaro já colocam em evidência as organizações que praticam preços menores. É como fazer cotação de preços, mas a uma velocidade infinitamente maior e sem a necessidade de custos administrativos adicionais.

12.3.2.4 Valor agregado

A prática do B2B tem trazido importantes modificações na área de serviços, em que as atividades relacionadas a empacotamento, armazenagem, análise de qualidade, transporte e aprovação de crédito são executadas por terceiros. Naturalmente, muitos desses serviços já estão disponíveis no comércio convencional. Embora hoje eles apresentem um diferencial, visto que nem todos estão disponíveis no comércio tradicional, disponibilizá-los no comércio comum seria apenas uma questão de tempo.

12.4 ENTENDENDO *BUSINESS-TO-CONSUMER* (B2C)

As soluções B2C são voltadas para os consumidores. Dessa forma, seu enfoque deve ser mais direcionado à interface com o usuário, atraindo compradores com propagandas em diferentes *sites*. Devem ter alta capacidade de resposta às exigências do consumidor, incluindo tempo de entrega, disponibilidade de produto e preço. A experiência do cliente é um elemento fundamental a ser considerado. Hoje, ferramentas virtuais possibilitam disseminar notícias de insatisfação com produtos e serviços de uma maneira muito rápida, causando fortes impactos na imagem da empresa e da marca.

Esse tipo de comércio eletrônico sofreu uma evolução bastante rápida e apresenta um importante desenvolvimento na atividade econômica mundial, criando novas oportunidades de mercado, que antes se limitavam a informações, livros e CDs.

Sites de leilões, barganhas, reservas de hotéis, viagens domésticas e internacionais, educação a distância, despesas domésticas, entre uma infinidade de diferentes ideias, são exemplos de como os empreendedores estão usando a rede mundial para atingir o consumidor e fazer negócios.

12.4.1 Impacto na economia

O desenvolvimento do comércio eletrônico voltado para o consumidor está influenciando significativamente as atividades do mercado.

Esse tipo de canal oferece aos consumidores a conveniência de escolher produtos, fornecedores e preços sem ter de sair de casa. Em um primeiro momento, mais fornecedores podem estar presentes na rede, oferecendo seus produtos. Isso demonstra claramente a possibilidade de quebra de oligopólios e o surgimento de novas organizações não presentes no mercado convencional.

Outro aspecto fundamental é que os consumidores podem, teoricamente, ter acesso direto aos fabricantes, sem a necessidade de passar por intermediários tradicionais. Na prática, contudo, essa afirmação pode não ser verdadeira, uma vez que os fabricantes continuam dependendo dos intermediários. Tome-se como exemplo a venda de automóveis. Os fabricantes podem efetuar suas vendas diretamente ao consumidor e também ter uma competição direta com suas concessionárias ou revendas. Essa atitude, sem dúvida, pode gerar conflitos significativos.

Ainda que o comércio eletrônico possa encurtar as distâncias entre fabricantes e consumidores, os processos de negócio precisam ser revistos para que a cadeia de abastecimento possa funcionar adequadamente.

Além disso, outras organizações são somadas ao processo, como provedores de acesso à internet, serviços de autenticação, sistemas de pagamento eletrônico, provedores de ferramentas de busca etc. O comércio eletrônico apresenta características ideais para aproximar as atividades econômicas da perfeita competição, ao menos do ponto de vista do consumo, uma vez que reduz os custos transacionais, elimina as barreiras para se entrar no mercado e permite que o consumidor tenha acesso qualitativo às informações.

Por apresentar uma nova forma de administrar os negócios, chances existem de que novos produtos e posições de trabalho surjam no segmento, permitindo um crescimento da economia.

12.5 COMO A INTERNET AFETA A CADEIA DE ABASTECIMENTO

Em sua essência, o comércio eletrônico requer uma mudança radical na forma de pensar, agir e propor modelos de negócios, quer estejam voltados especificamente para a relação entre a indústria e o comércio, quer para o comércio e o consumidor.

As organizações estão buscando um caminho para que o comércio eletrônico possa definitivamente melhorar os processos de negócio, tanto no âmbito interno como no externo. Sem dúvida, o domínio da tecnologia levará a uma melhor integração das cadeias de abastecimento, tornando-as logisticamente muito mais eficientes.

As organizações estão cientes de que, na verdade, o uso da tecnologia está modificando o paradigma da detenção do poder na cadeia de valor. O cliente, de uma vez por todas, é quem dita as regras. Apesar de estar sendo enfatizada há algum tempo, na verdade, essa mudança ainda não havia ocorrido. Com a internet, essa situação tende a ser verdadeira, pois dependerá de como as várias organizações virtuais sobreviverão e de como se comportarão as grandes organizações tradicionais. Dependendo da mobilização e das estratégias aplicadas ao conceito do comércio eletrônico, uma vez mais os modelos poderão ser mais generosos para as grandes corporações, com o cliente comprando, mas não ditando as regras.

Independentemente das características e do envolvimento do cliente, é certo que o comércio eletrônico poderá afetar de forma positiva todas as cadeias de abastecimento e as organizações, digitais ou tradicionais, e elas deverão estar preparadas para enfrentar esse novo modelo.

12.5.1 Desafios na cadeia de abastecimento

12.5.1.1 Compras

Os fabricantes dependem significativamente da eficiência do processo de obtenção de materiais para compor seus produtos. Os principais tópicos considerados na escolha dos fornecedores podem ser resumidos em:

- confiabilidade na entrega;
- preço competitivo;
- flexibilidade do fornecedor;
- qualidade do material a ser entregue.

A utilização de tecnologia com frequência traz às grandes empresas a oportunidade de estabelecer relacionamentos com os fornecedores que se preocupam com as condições mencionadas. Contudo, o grande desafio para as organizações está associado ao desenho dos seus modelos de negócio, de tal forma que estejam alinhados com suas estratégias e assegurem que os sistemas sejam projetados e implementados para que permitam o máximo de flexibilidade. Na prática, isso significa afirmar que:

- os catálogos eletrônicos devem fornecer informações confiáveis e específicas dos produtos;
- a conexão eletrônica deve ser utilizada – *e-mail*, *chat* ou outro recurso da internet – com os fornecedores para a troca de informações, como especificações de produto, cotações, pedidos, situações de pedidos etc.;
- as informações precisam ser compartilhadas nos casos de desenvolvimento conjunto, planos e programas de produção, desenhos e outros detalhes significativos.

12.5.1.2 Marketing

Nos últimos anos, muito se tem discutido sobre as mudanças em marketing como resultado direto da tecnologia da informação. Mudanças na forma de administração das marcas, no comportamento e nas preferências dos consumidores são características que podem ser notadas na evolução da administração.

O foco de atenção das organizações passa a ser o cliente, e não mais o produto ou a marca.

Os novos meios de comunicação – como a internet – e mesmo o 0800 não podem ser tratados simplesmente como um canal para disseminar as mensagens da empresa ou apenas processar transações. Esses canais devem ser considerados elementos poderosos, que estabelecem elos com os clientes e fortalecem o relacionamento com eles. A interação com o cliente é acentuada em virtude da disponibilidade da ferramenta. Um exemplo característico são as mensagens eletrônicas enviadas pela Amazon, Livraria Cultura, Saraiva, entre outras, com o intuito de fornecer informações sobre lançamentos de livros em áreas de interesses que, de outra forma, obrigariam a uma longa pesquisa e, muitas vezes, não seriam descobertas.

12.5.1.3 Vendas

Os produtos apresentam um ciclo de vida mais rápido, obrigando os profissionais de vendas a aprender e a *desaprender* as informações sobre os produtos também em uma velocidade maior. Além disso, o cliente tem acesso a muito mais informação, ampliando seu conhecimento de modo que possa exigir produtos e serviços como nunca.

Em contrapartida, a tecnologia pode ajudar os profissionais de vendas dando suporte às apresentações de produto em multimídia, pedidos eletrônicos, catálogos magnéticos, entre outros. O acompanhamento do comportamento de compra dos clientes, armazenado em bancos de dados da organização, auxilia os vendedores na tarefa de prestar melhores serviços aos clientes.

O vendedor passa a ser muito mais exigido pelas organizações que compram, uma vez que se espera que ele tenha conhecimento das empresas para as quais vende e possa sugerir soluções competitivas, e não apenas produtos isolados.

A preparação das visitas é fundamental para aproveitar o tempo e efetuar negociações importantes, considerando as expectativas dos clientes. Uma vez mais a tecnologia da informação pode ser útil. Pesquisar históricos e comportamentos individuais e empresariais levam a uma aceitação maior por parte de quem está comprando. Portanto, possuir um banco de dados com informação confiável e facilmente acessível é fundamental para a área de vendas.

12.5.1.4 Logística e distribuição

As organizações de manufatura estão atualizando e integrando seus sistemas de informação relacionados à cadeia de abastecimento. Elas são obrigadas a fazer isso, afinal, trata-se de uma questão de sobrevivência.

Armazenar o nível correto de estoque no local certo demonstra um grau de coordenação e retroalimentação que só é possível com informações confiáveis ao longo da cadeia de abastecimento. A redução dos ciclos de vida dos produtos, as demandas dos clientes e os novos canais de distribuição forçam invariavelmente as empresas a se organizarem nessa direção.

Iniciativas como resposta eficiente ao consumidor e *just in time* ajudam as organizações a obter operações logísticas de classe mundial. Outros conceitos paralelos conduzem à redução de tempo na cadeia e à eliminação de falta de produtos, como é o caso do abastecimento contínuo e da entrega direta da fábrica. Novos indicadores de desempenho, cujos resultados são significativos, são criados para medir consistentemente o desempenho da cadeia de abastecimento.

12.5.2 O relacionamento na cadeia de abastecimento

O conceito de colaboração que vem sendo implantado entre as organizações com a utilização da internet permite aos diversos componentes da cadeia obterem alguns benefícios importantes, como:

- redução no tempo de ciclo;
- redução dos níveis de estoque;
- redução dos custos de administração dos estoques.

O bom desempenho desses indicadores é resultado de um balanceamento e um relacionamento mais coordenado entre as atividades de demanda e suprimento.

As organizações estão aplicando conceitos de planejamento, estimativas e programas de abastecimento nos quais o foco principal é a colaboração. Esse sistema possibilita que as companhias trabalhem em conjunto para projetar as demandas para seus produtos com o compartilhamento das informações. Essas informações dizem respeito à disponibilidade de produtos em estoque, ao histórico de vendas, aos programas de promoções e aos objetivos de estoques.

A utilização do conceito de colaboração em conjunto com as ferramentas digitais ainda tem um espaço importante a ser conquistado.

12.5.3 Administrando a cadeia de abastecimento

Convencionalmente, todas as organizações que operavam ao longo da cadeia de abastecimento o faziam de maneira independente, o que gerava conflitos tanto com as expectativas de clientes como com as metas de marketing, produção e distribuição.

O varejo, buscando baixar os custos de estoque, está demandando menores quantidades de itens em uma frequência mais alta. Quem é penalizado com essa prática acaba sendo o distribuidor, o atacadista ou o fabricante, que obrigatoriamente precisam administrar seus custos de transporte e manter um fluxo adequado de informações.

Dessa maneira, a cadeia de abastecimento precisa ser revisada com a finalidade de reduzir os tempos e aumentar a eficácia do fluxo físico de materiais. Portanto, a otimização do fluxo de informação é uma demanda muito forte e exige que o uso da tecnologia da informação seja enfatizado ao longo da cadeia, bem como que ferramentas de administração de armazéns e aplicativos integrados sejam cada vez mais utilizados. As necessidades de redução de nível de estoque somadas às demandas impostas pelos clientes tornam a cadeia de abastecimento um elemento vital para qualquer organização.

As organizações estão utilizando práticas de negócio orientadas à redução de custos na cadeia de abastecimento, em um equilíbrio com o melhor atendimento às exigências de clientes e consumidores. Estudos comprovam que melhorias em custo, giro de estoque e tempo de ciclo têm sido alcançadas por meio de:

- baixa formação de estoque;
- mudança do conceito de "empurrar" para "puxar";
- redução do número de fornecedores;
- alianças estratégicas em todos os níveis e processos da cadeia de abastecimento;
- ensaios importantes com tecnologias digitais, como é o caso dos *drones* utilizados pela Amazon (equipamentos de transporte não tripulados e que podem realizar entregas) ou mesmo o Amazon Dash, cujo objetivo é identificar reduções de estoques nos lares para automaticamente solicitar um reabastecimento.

12.6 COMÉRCIO ELETRÔNICO E ÚLTIMA MILHA, A DERRADEIRA JORNADA!

A entrega de última milha, milha final, último quilômetro ou quilômetro final é definida como a movimentação de mercadorias de um ponto ou centro de distribuição para o destinatário final. O destino da entrega é tipicamente uma residência (casa, apartamento) ou escritório. O foco da última pernada logística é entregar itens para o consumidor ou usuário final o mais rápido possível.

O uso da última milha no comércio eletrônico pode significar a diferença entre uma experiência positiva do cliente e um retorno da mercadoria. Simplesmente não entregar um pacote no prazo estabelecido aumentará dramaticamente a taxa dos retornos, onerando os custos logísticos.

Um dos modelos de negócio mais explorados atualmente é o comércio eletrônico. Qualquer tipo de planejamento, por mais bem elaborado que seja, vai falhar se não levar em conta essa parte vital da movimentação de mercadorias. Já aqueles que buscam entender melhor os desafios dessa parte do trajeto podem sobressair, reduzindo seus custos e suas perdas, e consequentemente impulsionar a rentabilidade.

No contexto de *supply chain* e sua versão atual de mundo digital, é muito comum perder de vista a última milha no despacho de mercadorias. As empresas são tão focadas em movimentar produtos para locais mais próximos dos consumidores e atender às demandas, que ignoram, muitas vezes, o mais importante, que é colocar o produto nas mãos dos usuários, que chamo de "a jornada da última milha".

Interessantemente, restrições de trânsito, motoristas disponíveis e limitação de capacidades têm movido as empresas e as organizações da cadeia de valor a considerar novas opções e modelos no que tange a essa jornada. Em constante atualização com amigos e profissionais que enfrentam os dilemas dessa fase, alguns dos muitos pontos que eles relacionam são basicamente:

- malhas de transportes projetadas – quando projetadas – para transporte interurbano e de longa distância;
- constante variação nas demandas;
- transportadores enfrentando crescente pressão por custo e eficiência;
- consumidores com crescente expectativa em relação a prazos e sensíveis a preços;
- negociações contratuais com entidades do ecossistema.

12.6.1 Desafios

A jornada da última milha está sempre associada a importantes desafios e principalmente aos custos. Quando as entregas são incompletas ou as rotas e os endereços estão equivocados, custos adicionais são gerados na cadeia, reduzindo a competitividade.

- A expectativa do cliente
  O comércio eletrônico promoveu uma transformação importante no que denominamos expectativa do consumidor. A experiência de compra mudou. À medida que cresce a preferência pelas compras via internet, as expectativas também aumentam. A entrega rápida passa a ser uma exigência cada vez mais constante. Estudos realizados por grandes empresas têm demonstrado que existem segmentos de consumo que estão dispostos a pagar uma taxa extra para receber produtos mais rapidamente. Por outro lado, nota-se que grande parte busca preço e agilidade. O desafio está em conciliar esse binômio. Modos mais rápidos de entrega a um preço mais barato têm tirado o sono de muita gente. Modelos de negócios precisam ser revistos.

- Entregas com atraso e incompletas
  Outros desafios voltados para a melhor *performance* na jornada se vinculam aos endereços incorretos e incompletos, congestionamentos urbanos, locais remotos e clientes ausentes do local. Tais problemas exigem tentativas de entrega repetidas. Além de encarecer as entregas e os custos logísticos, esses problemas tornam mais difícil fazer qualquer tipo de projeção de custo para eventualmente proteger "o desempenho financeiro". Nem todos estão dispostos "a jogar dinheiro no ralo" em função da ineficiência.

12.6.2 Problemas

Na maioria das vezes, temos a oportunidade de rastrear nossas encomendas, seja de algumas garrafas de vinho ou camisetas, seja daquele televisor maravilhoso e de última geração, que podem ser provenientes do exterior ou produzidos localmente. Como usuários, podemos acompanhar nossos pedidos. É possível identificar a eficiência ou a ineficiência das empresas ao informar o *status* do transporte das mercadorias. Tais atividades estão alinhadas com a mágica das nossas expectativas, que nos farão voltar ou não a comprar daquela empresa.

O problema maior dessa jornada chama-se ineficiência, isso porque essa parte final do transporte normalmente envolve várias paradas e descargas de mercadorias de diferentes tamanhos, quantidades e formatos.

Nas áreas rurais, os pontos de entrega ao longo de uma rota podem estar a diversos quilômetros de distância. Nas cidades, as perspectivas não são melhores. O que se pode ganhar em proximidade, se perde nos congestionamentos, nos semáforos e nas dificuldades para estacionar, causando constantes atrasos.

Sem dúvida, os custos e as ineficiências do problema da última milha foram agravados pelo avanço contínuo do comércio eletrônico, o que aumentou drasticamente o número de entregas a cada dia. As expectativas dos clientes aumentaram, pois têm a conveniência de comprar e receber rapidamente sem sair de casa e, na maioria das vezes, pagando menos.

12.6.3 Soluções e oportunidades

A forte demanda por uma gestão de custos e eficácia na milha final leva a estratégias e modelos de negócios mais criativos, pois o desafio está em mover pacotes rapidamente e se manter competitivo no mercado, considerando todo o ecossistema, principalmente os operadores logísticos. Não adianta explorar os pequenos. Amanhã eles quebram. Por isso, as instituições da cadeia de valor devem considerar resultados e receitas que fechem a conta e mantenham a experiência do cliente nos níveis adequados. Uma estratégia efetiva para a jornada da última milha deve apostar nos tópicos a seguir.

- Os custos envolvidos na última milha são consideráveis, podendo representar até 50% do quinhão logístico. Portanto, modelos disruptivos devem ser considerados para avaliar novas alternativas de serviços. Em alguns países, já se fala da "uberização" da última milha, o que pode vir a ser um fator de custo, eficácia e alinhamento com as expectativas de quem compra. A tecnologia já está disponível!
- E a papelada ainda continua. Dessa forma, possíveis soluções para eliminar processos de trabalho intenso podem ser implantadas com o uso da tecnologia e da automação, gerando entregas mais rápidas, rastreáveis e desonerando algumas atividades de colaboradores ao longo da cadeia de valor, incluindo aí os

motoristas, que deveriam estar concentrados nas entregas das mercadorias, e não no preenchimento de formulários.

- O valor da marca e da imagem é fundamental. O sucesso na última milha também está vinculado à utilização de práticas sustentáveis em toda a cadeia de valor. A otimização das rotas, com o uso de tecnologias disponíveis, promove a redução no consumo de combustível, pois agiliza a entrega e tem efeito direto nos custos logísticos.
- Agilidade, flexibilidade e escalabilidade dos operadores logísticos. A milha final é a forma mais fragmentada de toda a estratégia do transporte, implicando entregas múltiplas e em várias localizações. Ser ágil nas decisões, flexível e escalável nas atividades de entrega de última milha pode permitir uma reação rápida às mudanças que venham a acontecer nos transportes. Atualizações em tempo real podem facilitar reações e decisões mais rápidas. Entregas parciais, devoluções, ausências do cliente, problemas com endereço, cancelamentos, entre muitos outros, são elementos que devem ser tratados adequadamente, pois seguramente vão redundar em custos adicionais e impactos no reconhecimento das vendas. A terceirização é uma opção altamente viável e deve ser meticulosamente monitorada, já que a imagem da empresa e a marca estão em jogo.

12.6.4 Futuro

Em se tratando de futuro, tenho notado extraordinárias movimentações visando a reduções de custo e uma ansiedade enorme por parte das organizações, principalmente de comércio eletrônico, para atingir as portas dos consumidores cada vez mais rapidamente. Chegar ao endereço do cliente tem um custo significativo, além de representar uma parte demorada do processo.

O modelo Uber tem servido de base para uma série de iniciativas. Algumas empresas estão olhando para esse nicho logístico buscando conectar empresas para realizar entregas rapidamente.

O conceito do *crowdsourcing*, em que pessoas podem entregar mercadorias, vem a ser uma alternativa bastante viável e pode acelerar drasticamente as entregas em áreas urbanas, onde há uma alta densidade de entregas. É o conceito do motorista ou transporte sob demanda.

A tecnologia com aplicativos inteligentes de roteirização e otimização é fundamental nessa jornada. Em adição, elementos como *drones* e veículos autônomos parecem ser algo além de apostas. São novas tecnologias que certamente serão incorporadas aos modelos. Aparentemente modelos híbridos serão utilizados pelas empresas dependendo das características de produtos, modelos de negócio e geografias.

O uso da torre de controle passa a ser essencial para administrar e controlar as entregas. A monitoração dos dados tem um papel decisivo no alinhamento com desempenho e expectativa dos clientes, em um processo no qual a maturidade da integração entre as áreas é essencial. Não dá para falar de *supply chain* como elemento desconectado de vendas, finanças e marketing. E não dá para pensar nele como foco operacional, em que a visão de custos prevalece. Afinal, o atendimento ao cliente não está em marketing ou vendas, mas, sim, na integração entre todas as funções da organização.

12.6.5 Modelos e tecnologia

De fato, muitas coisas que podem gerar boas oportunidades na jornada final até o cliente estão acontecendo. O uso de modelos baseados em conceitos similares ao Uber, agregando tecnologia inteligente para otimizar, planejar rotas e rastrear pacotes em tempo real, é a tendência. Consumidores podem receber alertas pelo celular, WhatsApp, *e-mail* sobre as movimentações das encomendas, o que traz mais transparência e visibilidade às operações de uma forma holística. Isso já existe, inclusive no Brasil.

Outras opções, talvez um pouco mais distantes, estão relacionadas ao uso de veículos autônomos, *drones* e robôs atuando na cadeia e nos processos logísticos internos e externos.

Toda estratégia desenvolvida deve levar em conta fundamentos importantes, como: focar as necessidades do consumidor; pensar "fora da caixa"; comparar-se, em termos de desempenho, com aqueles que estabelecem os padrões de entrega; medir; administrar os retornos e a logística reversa, pois estes invariavelmente vão ocorrer.

Alguns fatores não podem ser deixados de lado. Ser ágil, por exemplo, deve ser prioridade, sem perder de vista a habilidade e a capacidade de rastrear as encomendas e monitorar eficazmente os riscos e os custos.

Conveniência é um elemento-chave no contexto todo. Pensar nela é entender o que realmente clientes e consumidores estão buscando.

É relevante despertar para não se criar a síndrome da última milha e se esquecer das demais, pois cada milha é importante na jornada até o consumidor.

CONSIDERAÇÕES FINAIS

Aparentemente, todos conhecem o comércio eletrônico, certo? Alguém clica e realiza uma compra. Parece simples, mas não é. Apesar da evolução das plataformas tecnológicas, o grande problema continua sendo o aspecto logístico da entrega do bem que se comprou. Modelos diferenciados que focam principalmente a armazenagem e a distribuição já foram testados de várias formas por centenas de organizações. Mesmo a gigante Amazon tinha como objetivo inicial não manter estoque. Alguns deslizes nas entregas foram suficientes para a empresa entender que deveria adotar um modelo híbrido entre armazenar em seu centro de distribuição e utilizar fornecimento direto aos clientes, desde terceiros e parceiros. Tem funcionado.

Os modelos são distintos para cada organização. Entender o objetivo do usuário ou consumidor é essencial. Muitas vezes, ele prefere pagar algum valor adicional para ver realizado seu desejo de possuir o bem ou o serviço no mais curto prazo. Aí entra outra tecnologia que está sendo testada por grandes empresas, como Amazon, Google e Walmart: os *drones*. Até onde a tecnologia vai evoluir para saciar o desejo de curto prazo dos consumidores e dos empresários, o tempo dirá. Contudo, uma coisa é certa: o comércio eletrônico – apesar do nome – é centrado no cliente e no nível de serviço prestado a ele. Portanto, a logística é essencial nessa equação.

CASO

AMAZON: UMA GIGANTE MUNDIAL DO VAREJO[3]

No início da década de 1990, a explosão das empresas pontocom mudou drasticamente o cenário empresarial, de comunicações, negócios e cultura. A crescente popularidade do acesso à internet criou um nicho logístico inspirador, mais tarde popularizado como *e-commerce*, mostrando ser um meio bem-sucedido de compra de produtos. Jeff Bezos, fundador da Amazon.com, foi o primeiro a inovar nesse mercado emergente e tornou-se o maior varejista *on-line* do mundo. Bezos percebeu a oportunidade apresentada pela revolução da *web*. Em 1994, deixou seu cargo de vice-presidente na E. D. Shaw, uma firma de Wall Street, para seguir em frente com sua ideia de negócio que logo se tornaria a Amazon.com. Em 1995, a Amazon tornou-se rapidamente a maior loja de vendas de livros *on-line* do mundo.

As práticas de negócios relacionadas com o sucesso imediato da Amazon eram: a capacidade de ajustar a rápida demanda dos produtos e manter os clientes satisfeitos. A declaração de missão da Amazon ainda reflete esses conceitos: ser a empresa mais centrada no cliente do planeta, onde eles possam encontrar e descobrir qualquer coisa que queiram comprar digitalmente, e empenhar-se em oferecer aos seus clientes os preços mais baixos possíveis.

A Amazon criou uma cadeia de abastecimento baseada em relacionamento com o atacado para eliminar estoques, agindo como intermediária no processo de entrega, uma vez que, à época, só possuía seu armazém localizado em Seattle. Com essa malha logística, Bezos era capaz de entregar produtos para 45 países em 1995.

Ele buscou o equilíbrio entre capacidade, *performance* e custo baixo de operações na venda e na entrega de livros. O tripé é complementado pela cultura orientada para o cliente. De acordo com Bezos, "foco no cliente é uma questão cultural", e para ele este é um componente diferenciador na estratégia da organização.

---

[3] Estudo de caso elaborado pelo autor com base em pesquisas de textos, entrevistas e vídeos disponibilizados em diferentes meios de comunicação, como televisão, internet, jornais e livros.

A Amazon tornou-se uma empresa aberta em maio de 1997 com uma oferta pública inicial (IPO, na sigla em inglês) de 3 milhões de ações. A IPO trouxe os fundos necessários para desenvolver a capacidade de distribuição e recursos tecnológicos do *site*. As atividades de investimento da empresa foram rigorosamente controladas. Em 1998, era uma das principais empresas de internet do mundo. Os negócios atingiam 1,5 bilhão de clientes nos Estados Unidos e em mais 160 países. Transformou-se no terceiro maior vendedor de livros dos Estados Unidos, perdendo apenas para os concorrentes Barnes & Noble e Borders.

O notável sucesso como um vendedor de livros via comércio eletrônico abriu os horizontes para a entrada em novos serviços, produtos e mercados. E as aquisições se sucederam: Internet Movie Database (IMDB), em abril de 1998, e dois outros iniciantes em vendas de livros pela internet: Bookpages, baseada no Reino Unido, e Telebook, da Alemanha – promovendo seu crescimento horizontal.

Em 1999, a Amazon viu-se diante de uma barreira estratégica, incapaz de ganhar a competição, como no passado. Lançou, então, o Amazon Auctions para competir com o *site* de leilões de consumidor para consumidor eBay.

Infelizmente, replicar o estilo de leilão de compras na plataforma existente de *e-commerce* da Amazon mostrou ser ineficaz. Em vez disso, evoluiu para um produto diferenciado, chamado Amazon Marketplace, que aproveitou melhor a plataforma tecnológica existente e permitiu que os clientes pudessem competir com os preços oferecidos pela Amazon, desenvolvendo assim uma solução ganha-ganha.

No primeiro trimestre de 2002, a Amazon publicou um lucro líquido de 3,0 milhões de dólares, significando o fim de sua recessão interna. Operando com uma cultura corporativa de corte de custos, a empresa obteve seu primeiro lucro anual, em 2003, em 35,3 milhões de dólares.

Com um crescimento financeiro estável e mantendo a rentabilidade, reiniciou sua estratégia de aquisições e inovações. Em 2005, a estreia do serviço Amazon Prime se concretizou.

O prazo de entrega era um fator de critério de decisão utilizado ao avaliar pedidos *on-line* e a Amazon Prime queria atender a essa necessidade.

Desde o início de 2000, a empresa tinha expandido suas categorias de produto muito além de livros, oferecendo vestuário e eletrônicos. Também estava fazendo pesados investimentos em tecnologia para obter um diferencial em serviços digitais.

Os investimentos anteriores em infraestrutura técnica feitos pela empresa permitiram um próximo passo na visão de Jeff Bezos. Em 25 de agosto de 2006, a Amazon anunciou sua entrada no setor de serviços computacionais.

Foi a primeira organização a ofertar "computação em nuvem" com modelos fáceis para adquirir, incremental e dinamicamente escalável, de acordo com as necessidades dos clientes. Essa entrada bem-sucedida da Amazon como um fornecedor de serviços de tecnologia vem apresentando constante crescimento. Por outro lado, direcionou investimentos para o desenvolvimento de *hardware*, uma área a ser conquistada, e lançou seu primeiro dispositivo de *hardware* em 2007, chamado Kindle. Em 2009, foi anunciado que a Amazon havia vendido mais livros digitais que impressos.

A empresa também se posicionou nos serviços de vídeo, concorrendo principalmente com a Netflix, e formando alianças importantes com a Disney e a Century Fox. Continuou, ainda, ampliando seus centros de distribuição ao redor do globo, incluindo a China, a Índia e a França.

No ano de 2014, a empresa faturou cerca de 90 bilhões de dólares. A concorrência tem sido extremamente importante com o e-Bay e o Alibaba, outros gigantes do comércio eletrônico.

Proposição de valor

A Amazon construiu uma proposta de valor baseada em quatro dimensões e que estabelecem as suas prioridades. Essas dimensões são:

- conveniência;
- seleção;
- preço;
- serviço ao cliente.

O empreendimento *on-line* era conveniente, pois estava aberto o tempo todo – 24 horas por dia. O *site* foi concebido para manter o mínimo tempo de interação. Também oferecia aos seus usuários várias comodidades, como espaço para comentários, notificações por *e-mail*, recomendações de produtos e referências de pesquisas anteriores e feitas por outros usuários. Ainda fornecia aos usuários uma ampla gama de produtos, que eles poderiam selecionar dos estoques da Amazon, que consistiam em milhões de itens e superavam em cerca de 100 vezes o estoque de uma loja física.

Parcerias estratégicas

A fim de expandir-se rapidamente e de uma forma em que os custos fossem competitivos, a Amazon decidiu fazer parcerias com outras empresas. O principal critério utilizado para selecionar um parceiro foi o nível de serviço ao cliente fornecido pela empresa, característica que estava dentro das quatro dimensões definidas pela organização. De 1998 a 2000, a Amazon adquiriu participações que variavam de 17% a 49% de vários varejistas *on-line* americanos, como: Greenlight.com, Living.com, Drugstore.com, HomeGrocer.com, Pets.com, Ashford, Gear.com e Della.com. Gastou em torno de 160 milhões de dólares na aquisição de participações nessas empresas.

Gestão dos estoques

Quando Jeff Bezos começou sua aventura, ele não queria ter operações próprias. Desejava oferecer a seus clientes uma grande variedade de livros, mas não era sua intenção gastar tempo e dinheiro na abertura de lojas e armazéns nem lidar com estoques. No entanto, ele percebeu que a única maneira de satisfazer os clientes e, em paralelo, garantir que a Amazon pudesse se beneficiar do tempo e da eficiência de custos era mantendo seu próprio centro de distribuição. Foi uma decisão muito difícil. Em 1999, a Amazon possuía dez armazéns, a maioria deles construída nos Estados Unidos com pouco ou nenhum imposto de vendas.

O maior varejista americano movimentou 67,8 bilhões de dólares em valor de mercadoria de suas dezenas de centros de atendimento para as casas dos clientes em 2013, gerando a receita combinada dos dez concorrentes mais próximos.

É uma quantidade impressionante de Kindle, ferramentas de jardim, carretilhas de pesca, livros, tigelas de comida de cão e outros produtos. Foram cerca de 430 itens pedidos por segundo, aproximadamente 37 milhões de itens em um dia. Para atender a essa demanda, a Amazon desenvolveu sofisticados sistemas de gestão de inventário e cadeia suprimentos para preencher a quantidade diária de ordens, selecionar os itens, embalá-los em caixas e enviá-los.

Automação dos armazéns

A Amazon oferece aproximadamente 200 milhões de produtos, nenhum dos quais precisa ser encontrado pelos cerca de 1 mil trabalhadores em cada centro de atendimento. Quando os produtos chegam a um armazém da Amazon, empregados movem as caixas do caminhão para uma correia transportadora; outros abrem e desembalam as caixas, colocando-as em veículos que seguem até outras equipes de trabalhadores, que as classificam em unidades de armazenamento, organizadas por um algoritmo de inventário.

Durante anos, para preencher as ordens, os funcionários da Amazon percorriam os corredores do armazém, selecionando itens para cada pedido e levando-os para uma estação de embalagem. Isso significava um enorme tempo gasto para caminhar, pesquisar e selecionar.

Esse ainda é o processo em muitos centros da Amazon, mas, em alguns, um robô laranja inteligente, chamado de Kiva, é quem traz a mercadoria para o selecionador, acelerando o atendimento de pedidos e eliminando a necessidade de os colaboradores percorrerem os armazéns.

Robôs e outras formas de automação podem trabalhar contra o relógio, aumentando a eficiência, melhorando o controle de estoques e possivelmente reduzindo acidentes. A Amazon possui cerca de 15 mil robôs espalhados pelos armazéns nos Estados Unidos.

Quando um cliente compra um produto, um robô é designado para localizá-lo e trazê-lo para o separador. O robô viaja ao redor do armazém até encontrar o local onde está o produto. Agarra o produto, faz seu caminho pelo sistema de corredores do armazém e cuidadosamente realiza manobras coordenadas por sensores para evitar colisões com outros robôs até atingir a estação de separação.

Os robôs têm acelerado dramaticamente o processo de embalagem e pedidos da Amazon, reduzindo o tempo de atendimento de uma ordem, que antes era de 90 minutos para cerca de 15 minutos.

Os robôs Kiva podem ser apenas o início de automação em armazéns da Amazon. Futuramente, a empresa visa ter robôs que possam realmente pegar os itens dos escaninhos diretamente, automatizando ainda mais o processo.

Drones em *supply chain*

A Amazon sempre busca estar um passo à frente da concorrência com tudo o que faz. Os *drones* são outra maneira de realizar entregas em um período muito curto, alinhando-se substancialmente com a proposição de valor da empresa.

O CEO, Jeff Bezos, é conhecido por seu foco em alguns aspectos, como: rapidez de entrega e preços mais baixos.

A Amazon precisa dos *drones* para cumprir sua estratégia de entrega no mesmo dia, a qual está rapidamente se tornando uma vantagem competitiva. Se realmente planeja alcançar seu grande objetivo de entregar no mesmo dia, não poderia ter outra alternativa senão tentar algo diferente. A Amazon já oferece mais de 500 mil itens diferentes a serem entregues no mesmo dia em algumas áreas metropolitanas dos Estados Unidos, sem os *drones*. Com eles, ela poderia entregar rapidamente quase tudo em todo lugar, com raras exceções.

A Amazon quer estar na vanguarda da logística. Os *drones* são outra peça dos quebra--cabeças. Não será a solução certa para todo cenário, mas para alguns seguramente será.

Se os *drones* serão uma alternativa de entrega mais barata somente o tempo dirá. Hoje, a tecnologia é extremamente cara e não existe precedente em utilização para entregas a consumidores em larga escala. Argumentos positivos existem. Algumas simulações concluem que o uso de *drones* levaria o custo médio de entrega para 2 dólares. Atualmente varia entre 2 dólares e 8 dólares. Sem considerar a redução de emissão de carbono, por causa da utilização de caminhões.

A Amazon é hoje uma empresa gigante e sua segmentação é, no mínimo, interessante. Seria uma empresa de varejo com modelos físicos e comércio eletrônico? Empresa de logística?

Em 2017, adquiriu uma grande rede de supermercados nos Estados Unidos denominada Whole Foods. Com isso, a Amazon aumentou a visibilidade e os benefícios a seus clientes denominados *prime*. A aquisição estimulou muitas mercearias e comerciantes em massa a reforçar seus serviços de supermercado de comércio eletrônico. Embora ainda longe de ser uma potência no segmento de supermercados, a empresa permite que pedidos da divisão de supermercados sejam colocados *on-line*.

A Amazon iniciou sua expansão também no setor aéreo, com cerca de cinquenta aviões no início de 2019, objetivando chegar a setenta aeronaves até 2021.

QUESTÕES PARA REVISÃO

1. Discorra sobre os impactos que o comércio eletrônico poderia causar à sociedade e às organizações empresariais.
2. O que são comunidades virtuais?
3. Quais são os principais desafios do comércio eletrônico? Por que o tema segurança é uma prioridade e relevante preocupação nos meios empresariais?
4. Explique a diferença entre os conceitos do B2B e B2C.
5. Qual é a relação entre o comércio eletrônico e a cadeia de abastecimento? Quais deverão ser as características de uma cadeia de abastecimento para atender às demandas provenientes da internet?

Índice de empresas

Índice remissivo

A

B

C

D

E

F

G

H

I

J

K

L

M

N

O

P

Q

R

S

W

X

Z

Referências

AMERICAN MANUFACTURING RESEARCH. *The report on supply chain management*. Boston: [*s.n.*], 1998.

AYERS, J. *Retail supply chain management*. Florida: Auerbach Publications, 2008.

BALLOU, R. H. *Business logistics management*. New Jersey: Prentice Hall, 1999.

BASSI, L. J.; BENSON, G.; CHENEY, S. The top ten trends. *Training & Development*, v. 50, n. 11. Disponível em: https://www.questia.com/magazine/1G1-18957341/the-top-ten-trends. Acesso em: 25 nov. 2019.

BERTAGLIA, P. R. *Desmistificando a manufatura 4.0*. São Paulo: Logweb, 2018.

__________. *Entrega de mercadorias:* última milha, a derradeira jornada! São Paulo: Logweb, 2019.

__________. *Estratégias logísticas*. Maringá: Unicesumar, 2010.

__________. *Logística de armazenamento e movimentação de materiais*. São Paulo: Unicastelo, 2014.

__________. *Logística de distribuição e logística reversa*. São Paulo: Unicastelo, 2012.

__________. *Logística de suprimentos e processos de aquisição*. São Paulo: Unicastelo, 2013.

__________. *Logística de transportes em múltiplos modais*. São Paulo: Unicastelo, 2013.

__________. *Movimentação*: armazenagem de materiais e embalagem. Maringá: Unicesumar, 2014.

BERTAGLIA, P. R. *Supply chain e evolução tecnológica*: o que eu faço agora? São Paulo: Logweb, 2019.

__________. *Tecnologia da informação aplicada à cadeia de abastecimento (supply chain)*. São Paulo: Unicastelo, 2014.

__________. Tecnologia da informação aplicada à logística. *Revista Mundo Logística*. Maringá, 2014.

BERTAGLIA, P. R.; PANITZ, C. *Serviços ao cliente*. Curitiba: Iesde Brasil, 2010.

BOOZ & COMPANY. *Strategy to win*. New York: Booz & Company, 2013.

BOVET, D. *Value nets*. New York: John Wiley & Sons, 2000.

BOWEN, H. K. et al. Development projects: the engine of renewal. *Harvard Business Review*, aug. 1994.

CAMPOS, L. M. *O novo perfil do profissional de suprimentos e logística na economia globalizada*. Disponível em: http://www.abradisa.com.br/leitura/onovo_perfil.htm. Acesso em: 1º jun. 2015.

CHENG, T. C. E.; PODOLSKY, S. *Just-in-time manufacturing:* an introduction. London: Chapman & Hall, 1996.

COLLINS, J. C.; PORRAS, J. I. *Built to last:* successful habits of visionary companies. New York: Harper Business, 2004.

CONFEDERAÇÃO NACIONAL DO TRANSPORTE (CNT). Volume de cargas transportadas por ferrovias cresce 10% em um ano. *Agência CNT de Notícias*, 15 ago. 2018. Disponível em: https://www.cnt.org.br/agencia-cnt/volume-cargas-transportadas-ferrovias-cresce-10-um-ano. Acesso em: 24 set. 2019.

CRAIG, T. Are you a supply chain partner for your customers? *World Wide Shipping*, oct./nov. 1999.

CROSBY, P. B. *Quality without tears:* the art of hassle-free management. New York: McGraw-Hill, 1995.

DAVENPORT, T. *Process innovation:* reengineering work through information technology. Boston: Harvard Business School Press, 1992.

DAVIDSON, A. *Innovation zeitgeist:* digital business transformation in a world of too many competitors. [*S.l.*]: Eclicktick Consulting, 2013. *E-Book*.

DAY, G. *Strategy from the outside-in*. New York: McGraw Hill, 2010.

DEMING, W. E. *Qualidade:* a revolução da administração. Rio de Janeiro: Marques Saraiva, 1990.

DI SERIO, L. C.; VASCONCELLOS, M. A. *Estratégia e competitividade empresarial*. São Paulo: Saraiva, 2009.

DRUCKER, P. F. *The executive in action*. New York: Harper & Collins, 1996.

DUDIK, E. M. *Strategic renaissance*. New York: American Management Association, 2000.

EVANS, P. *Blown to bits*. Massachussets: Harvard Business School Press, 2000.

FEIGENBAUN, A. *Total quality control*. New York: McGraw-Hill, 1961.

JURAN, J. M. *Managerial breakthrough:* the classic book on improving management performance. New York: McGraw-Hill, 1995.

GATTORNA, J. *Strategic supply chain alignment*. Hampshire: Gower Publishing, 1998.

__________. *Supply chain management:* best pratices in supply chain management. Hampshire: Gower Publishing, 1998.

GODDARD, W. E. *Just-in-time:* surviving by breaking tradition. Vermont: Oliver Wight, 1986.

GOLDRATT, E. *A meta*. 2. ed. São Paulo: Educator, 1998.

__________. *Mais que sorte:* um processo de raciocínio. São Paulo: Educator, 1994.

__________. *What is this thing called theory of constraints?* Massachussets: North River Press, 1990.

HAINES, S. G. *The A-B-C's of strategic management*. San Diego: Centre for Strategic Management, 1998.

HAMMER, M.; CHAMPY, J. *Reengenharia*: revolucionando a empresa em função dos clientes. São Paulo: Campus, 1993.

HAUSER, J. R. House of quality. *Harvard Business Review*, may/jun.1998.

HAX, A. *The strategy concept and process*. New Jersey: Prentice Hall, 1996.

HELM, C. The performance advantage. *APICS*. Georgia: Lionheart Publishing, Feb. 2001.

HERZBERG, F. *One more time:* how do you motivate employees? *Harvard Business Review*, 1998.

HOOVER, W. *Managing the demand-supply chain*. New York: John Wiley & Sons, 2001.

INSTITUTO DE LOGÍSTICA E SUPPLY CHAIN (ILOS), 2019. Disponível em: https:// www.ilos.com.br/web/rodoviario-perde-participacao-mas-matriz-de-carga-ainda-e-desequilibrada. Acesso em: 03 fev. 2020.

INTERNET WORLD STATS. Disponível em: https://www.internetworldstats.com/. Acesso em: 25 nov. 2019.

ISHIKAWA, K. *Guide to quality control.* Tokyo: Asian Productivity Organization, 1991.

ISMAIL, S. *Exponential organizations:* why new organizations are ten times better, faster, and cheaper than yours. New York: Diversion Books, 2014.

JORDAN, H. *Inventory management in the JIT age.* Georgia: Sugar Hill, 1998.

KELLY, J. Comércio eletrônico e cadeia de abastecimento: fortalecido ou eletrocutado? In: CONVENÇÃO ANUAL DA ASSOCIAÇÃO NACIONAL DOS FABRICANTES ELÉTRICOS, 1998, Georgia. *Anais* [...]. Georgia: [s.n.], 1998.

KOTEY, B.; HARKER, M. A framework for examining strategy and strategy-types in small firms. In: ICSB WORLD CONFERENCE, 43, 1998, Singapore. *Proceedings* [...]. Singapore: Council of Small Business, 1998.

KOTLER, P. *Marketing management.* Singapore: Prentice Hall, 1996.

KRAJEWSKI, L. J.; RITZMAN, L. P. *Operations management:* strategy and analysis. New York: Addison-Wesley Publishing Company, 1990.

KUGLIN, F. *Customer centered supply chain management.* New York: American Management Association, 1998.

LAMBERT, D. *Supply chain management: processes, partnerships, performance.* Florida: Supply Chain Management Institute, 2014.

LAMBERT, D.; KNEMEYER, M.; GARDNER, J. *Building high performance business relationships.* Sarasota, Florida: Supply Chain Management Institute, 2010.

LAPA, R. P. *Programa 5S.* Rio de Janeiro: QualityMark, 1998.

LEAL, A. L. A Wine vende vinho para as massas em loja online. *Exame,* São Paulo, 15 ago. 2013. Disponível em: https://exame.abril.com.br/revista-exame/vinho-para-as-massas. Acesso em: 26 nov. 2019.

LING, R. C.; GODDARD, W. E. *Orchestrating success*: improve control of the business with sales & operations planning. New London: Oliver Wight, 1988.

LOCKAMY, A.; MCCORMACK, K. The development of a supply chain management process maturity model using the concepts of business process orientation. *Supply Chain Management: an international journal,* v. 9, p. 272-278, 2004.

LOWSON, B. *Quick response.* New York: John Wiley & Sons, 1999.

LUSTIG, I. *Optimization*: achieving maximum ROI within the supply chain. [*S.l*]: Montgomery Research, 1999.

MAISTER, D.; GREEN, C. H.; GALFORA, R. M. *The trusted advisor*. Carmichael: Towhstone Books, 2001.

MALHOTRA, Y. Knowledge management & new organization forms: a framework for business model innovation. *Information Resources Management Journal*, jan./mar. 2000.

MANNING, H.; BODINE, K. *Outside in*: the power of putting customers at the center of your business. Las Vegas: Forrester Research Inc., 2012.

MARTIN, A. J. *Distribution resource planning*. Vermont: Oliver Wight Publications, 1993.

MARTINS, P. G.; ALT, P. R. C. *Administração de materiais*. São Paulo: Saraiva, 2001.

__________.; LAUGENI, F. P. *Administração da produção*. São Paulo: Saraiva, 2000.

McGEE, J. *Managing information strategically*: increase your company's competitiveness and efficiency by using information as a strategic tool. New York: John Wiley, 1993.

McQUARRIE, E. F. *Customer visits*: building a better market focus. California: Sage Publications, 1998.

MEADOR, C. L. *Outsourcing IT*: operational improvement or strategic imperative? [S.l.]: MST Working Paper, 1993.

MELNYK, S.; DENZLER, D. *Operation management*: a value-driven approach. Chicago: Irwin, 1996.

MILES, R. E.; SNOW, C. C. *Organizational strategy, structure and process*. California: Stanford University Press, 2003.

MINISTÉRIO DOS TRANSPORTES. Disponível em: http://infraestrutura.gov.br/index.php. Acesso em: 25 nov. 2019.

MINTZBERG, H. Crafting strategy. *Harvard Business Review*, p. 66-75, jul./aug. 1987.

MOURA, R. *Sistemas e técnicas de movimentação e armazenagem de materiais*. São Paulo: Livro Texto, 1979.

NORRIS, G. *E-business and ERP*. New York: John Wiley & Sons, 2000.

OAKLAND, J. *Total quality management*. Oxford: Butterworth-Heineman, 1997.

OSTERWALDER, A. *Business model generation*. New Jersey: John Wiley & Sons, 2010.

__________. *Value proposition design*. New Jersey: John Wiley & Sons, 2014.

OHMAE, K. *The mind of the strategist*. New York: McGraw-Hill, 1982.

ONU. *World Population Prospects 2019*. Disponível em: https://population.un.org/wpp/. Acesso em: 23 nov. 2019.

PARENTE, J. *Varejo no Brasil*. São Paulo: Atlas, 2000.

PEARCE, J. A.; ROBINSON, R. B. *Strategic management:* strategy formulation, implementation and control. New York: McGraw-Hill, 2000.

PEPPERS, D.; ROGERS, M. *The one to one manager*. New York: Randon House, 1999.

PINE, J. *Mass customization*. Boston: Harvard Business School Press, 1999.

PLOTT, C.; HUMPHREY, J. Trends: preparing for 2020. *Training and Development*, v. 50, n. 11, 1996.

POIRIER, C. *Advanced supply chain management*. San Francisco: Berret-Koehler Publishers, 1999.

PORTAL ABRAS. Setor supermercadista fatura R$ 355,7 bilhões em 2018. In: *Abras Brasil*. [*S.l.*: *s.n.*], 18 mar. 2019. Disponível em: http://www.abras.com.br/clipping.php?area=20&clipping= 67505. Acesso em: 23 nov. 2019.

PORTER, M. E. *Competitive advantage*. New York: The Free Press, 1985.

__________. *Competitive strategy*. New York: The Free Press, 1980.

__________. From competitive advantage to corporate strategy. *Harvard Business Review*. p. 43-59, may/jun., 1987.

PRAHALAD, C. K. The core competence of the corporation. *Harvard Business Review*. p. 79-91, may/jun., 1990.

QUINN, F. The payoff potential in supply chain management. *Supply Chain Management Review*, sep./oct., 2001.

RAGSDELL, K. M. *Quality in government*. Yokohama: International House of Quality, 1996.

__________. *Total quality management*. New York: American Society of Mechanical Engineers, 1994.

RAPAPORT, R. To build a winning team: an interview with head coach Bill Walsh. *Harvard Business Review*, v. 71, n. 1, p. 110-120, 1993.

RIGGS, D.; ROBBINS, S. *Supply management strategies*. New York: American Management Association, 1997.

ROLNICKI, K. *Managing channels of distribution*. New York: American Management Association, 1998.

RUSHTON, A.; OXLEY, J.; CROUCHER, P. *The handbook of logistics and distribution understanding the supply chain*. London: Kogan Page Business Book, 2014.

SANDRAS JUNIOR, W. A. *Just-in-time*: making it happen. Vermont: Oliver Wight, 1989.

SCHULMAN, D. *Shared services*. New York: John Wiley & Sons, 1999.

SEMENIK, R. J.; BAMOSSY, G. *Princípios de marketing*. São Paulo: Makron Books, 1996.

SENGE, P. *The fifth discipline*: the art and practice of the learning organization. New York: Doubleday, 1990.

SKAGGS, T. *The "5S" philosophy*. Hodgenville: [*s.n.*], 1997.

SLACK, N. *Administração da produção*. São Paulo: Atlas, 1997.

SMAROS, J. *ECR in the e-Grocery business*. Helsinki: Helsinki University of Technology, 2000.

SOLANA, R. F. *Producción*. Buenos Aires: Ediciones Interoceanicas, 1994.

SPENCER, B. *An exploratory study of the link between strategic types and quality implementation*. Starkville: Mississippi State University, 1996.

STARK, J. *A few words about TQM*. [*S.l.*: *s.n.*], 1998.

STERN, C.; DEIMLER, M. *The Boston Consulting Group fala de estratégia*. São Paulo: Campus, 2007.

THAIN, G.; BRADLEY, J. *FMCG:* the power of fast moving consumer goods. Sarasota: First Edition Design Publishing, Inc., 2014.

STEVENSON, W. J. *Production*: operations management. New York: Richard D. Irwin, 1993.

STROCK, J. O. *Engineering for profit*. Florida: CRC Press, 1994.

THE WORLD FACTBOOK. Disponível em: https://www.cia.gov/library/publications/download. Acesso em: 25 nov. 2019.

WERNKE, R. *Custos logísticos*. Maringá: Mag, 2014.